U1001853

中国共产党历史（地方卷）集成　社会主义革命和建设时期

# 中国共产党甘肃历史

## 第二卷（1949—1978）

中共甘肃省委党史研究室 著

中共党史出版社

图书在版编目（CIP）数据

中国共产党甘肃历史. 第二卷，1949—1978 / 中共甘肃省委党史研究室著. -- 北京：中共党史出版社，2023.1

（中国共产党历史（地方卷）集成. 社会主义革命和建设时期）

ISBN 978-7-5098-6218-6

Ⅰ. ①中… Ⅱ. ①中… Ⅲ. ①中国共产党—地方组织—党史—甘肃—1949-1978 Ⅳ. ① D235.42

中国版本图书馆 CIP 数据核字（2022）第 226405 号

出版发行：中共党史出版社
责任编辑：王鸽子
责任校对：申宁
责任印制：段文超
社　　址：北京市海淀区芙蓉里南街 6 号院 1 号楼
邮　　编：100080
网　　址：www.dscbs.com
经　　销：新华书店
印　　刷：北京汇林印务有限公司
开　　本：170mm × 240mm　1/16
字　　数：595 千字
印　　张：38.75
印　　数：1—3000 册
版　　次：2023 年 1 月第 1 版
印　　次：2023 年 1 月第 1 次印刷

ISBN 978-7-5098-6218-6

定　　价：93.00 元

此书如有印制质量问题，请与中共党史出版社出版部联系
电话：010-82517197

第二卷

# 目　录

## 第一编
## 人民政权的建立和实现向社会主义过渡
（1949 年 12 月—1956 年 9 月）

# 第 二 编
# 社会主义建设的曲折发展
## （1956 年 9 月—1966 年 5 月）

# 第三编
# “文化大革命”

（1966年5月—1976年10月）

# 第四编 在徘徊中前进与真理标准讨论

（1976年10月—1978年12月）

# 第 一 编

# 人民政权的建立和实现向社会主义过渡

（1949年12月—1956年9月）

# 第一章

# 党的建设与人民政权的建立

1949年7月28日，中共中央批准成立中共甘肃省委。8月19日，中共甘肃省委在定西召开第一次会议，随即迅速建立省委所属各级地方党的组织机构。8月26日，兰州解放后，在省委领导下，省人民政府成立、省首届各界人民代表会议召开、省首届各界人民代表会议协商委员会成立，标志着甘肃省人民民主专政政权的建立。1950年6月至1953年6月，根据中共中央和西北局的指示精神，省委在全省各级党组织中开展整党整风运动，为适应党从局部执政到全面执政的新变化，打下了良好基础。

## 第一节　省委及所属地方党组织建立

### 一、省委及各级党组织建立

1949年7月，中国人民解放军第一野战军继扶眉战役胜利后，以解放甘肃全境及西北广大地区为目标，迅速向甘肃进军。7月26日，中共中央西北局作出《关于甘肃干部配备及行政区域划分的决定》，决定组建中共甘肃省委，按照全省行政区域划分，成立庆阳、平凉、天水、武都、岷县、临夏、会宁（9月，会宁地委易名为定西地委）、武威、酒泉9个分区地方委员会和兰州市委，对甘肃省委及各地、市委党政军主要领导干部进行配备。28日，中共中央批准成立中共甘肃省委。同时，成立甘肃省行政公署（简称甘肃行署）和中国人民解放军甘肃军区[①]。陕甘宁边区政府发布命令，第一野战军第二兵团政委王世泰兼任行署主任，霍维德任第一副主任，吴鸿宾任第二副主任。命令同时任命了财政、公安、教育、农业、工商、贸易、民政、交通等政府职能部门以及人民法院负责人，这些职能部门机构随之建立。在省人民政府成立之前，行署暂时代行省人民政府职权。中国人民解放军甘肃军区由王世泰兼任司令员，张德生兼任政委，孙作宾兼任副政委，徐国珍任第一副司令员，任谦任第二副司令员，王再兴任政治部主任。

8月19日，中共甘肃省委在定西召开第一次会议，讨论兰州解放后的主要工作及甘肃省委机关机构设置等问题。中共甘肃省委由张德生任书记，孙作宾任副书记，张德生、孙作宾、王世泰、霍维德、徐国珍、强自修、陈成义、魏怀礼8人为常委[②]，陈成义、强自修、徐国珍等18人为委员。甘肃省委和各地、市、县委成立后，原中共甘肃工委及所属组织即行撤销，所管工作移交甘肃省委和各地、市、县委。

26日，兰州解放后，中共甘肃省委（以下简称省委）、甘肃行署进驻兰州市，迅速开展建立新解放区党的各级组织，领导开展对国民党政权的接管，建立各级人民政权，稳定社会秩序和恢复发展工农业生产等项工作。除庆阳分区之外，其他地区都是新解放区，为适应甘肃解放后的形势，迅速建立健全党的各级组织，就成为解放之初省委的中心任务。

甘肃全境解放过程中，在中共中央西北局[③]的直接领导下，省委自上而下组建各地委、市委及所属各县、区党的地方领导机构。党的各级地

① 中国人民解放军甘肃军区成立后，历经机构名称演变。1962年1月，改称中国人民解放军甘肃省军区。本书中简称省军区。

② 1949年12月，中央又任命许光达、朱明为甘肃省委委员。

③ 1941年5月13日，中共中央决定，原中央西北工作委员会与陕甘宁边区中央局合并成立中共中央西北局，统管西北地区解放区和国民党统治区的工作。1949年6月14日，西北局迁入西安。1954年4月27日，中共中央作出撤销大区一级党政机构的决定后撤销。1960年11月，中共中央决定重新设立西北局。1966年，中共中央西北局取消。

方领导机构的人员，以中共中央西北局从陕甘宁边区、晋南老解放区抽调的3869名干部为主，部分由军队干部、原中共甘肃工委的干部组成。从陕甘宁边区、晋南老解放区抽调的干部，先后组成甘肃工作团随解放大军西进。到达指定地区后，与抽调的部分军队干部以及部分原中共甘肃工委所属党组织的骨干一起，迅速接管当地旧政权，组建各级党委机关和政权领导机构。到1949年底，省委共下辖庆阳、平凉、天水、武都、岷县（1950年5月撤销）、定西、临夏、武威、张掖、酒泉10个地委和兰州市委，73个县（市）委、503个区委。至1951年底，全省有党员32384人，建立基层党支部1786个。

1952年2月，为加强甘肃南部藏族地区的工作，省委决定成立中共甘南藏区临时工作委员会，工作委员会于7月正式成立。随后又建立起中共甘南藏区工委所属的夏河、卓尼、临潭、碌曲、玛曲5个县委。1953年10月，以平凉地委所辖的西吉、海原、固原县为基础，成立中共西海固回族自治区工委（后改为固原地委）。为加强党的领导，省委决定在省人民政府及其所属财政经济委员会、政治法律委员会、文化教育委员会成立党组，在省财经、政法系统各办、厅、局、院、行建立14个党小组和2个党委，分别由财委、政法委党组领导。至此，甘肃全省各地（市）、县、区、乡全部建立起党的地方领导机构，并积极发展党员和培养党的干部，扩大党的队伍，建立健全党的基层组织。

中共甘肃省委及其所辖地方党组织的建立，使甘肃党组织的地位发生了根本性变化，由原来处于领导革命斗争的党转变为领导人民进行革命和建设的执政党，成为带领全省人民彻底完成新民主主义革命、开展各项社会改革、恢复国民经济、发展生产的领导核心和战斗堡垒。

## 二、中共甘肃省第一次代表会议①

1950年7月26日至8月25日，中共甘肃省第一次代表会议在兰

---

① 党的代表会议不是党的领导机关，它只是有重要问题需要党内及时讨论解决时，由同级委员会召集的重要会议。代表会议的代表名额和产生办法由召集代表会议的委员会决定，不需要报上一级委员会批准，部分代表可不采用选举办法产生。

州召开。到会正式代表249人,列席133人,旁听227人,来宾21人,共630人。会议根据中共中央七届三中全会和西北局扩大会议精神,检查和总结省委成立一年来的工作,重点讨论执行党的民族统战、减租土改政策和党的建设问题,确定今后的工作方针和任务。

会议听取并讨论省委书记张德生关于传达西北局扩大会议决议的报告,省委副书记孙作宾作的《关于党务工作报告》,省委常委兼职工委、兰州市委书记强自修作的《关于土改减租问题的报告》。通过《中国共产党甘肃省第一次代表会议关于贯彻西北局扩大会议决议的决议》《中国共产党甘肃省第一次代表会议关于少数民族工作决议》等决定。

经过讨论,会议一致拥护西北局扩大会议决议,要求各级党委要认真传达张德生的报告精神,并切实贯彻到各项工作中去;一致同意孙作宾所作的《关于党务工作报告》,并要求各级党委坚决执行中共中央《关于巩固和发展党的组织的指示》,关于开展批评与自我批评和关于加强党委制的指示,为党的更加布尔什维克化而斗争;会议审议通过强自修《关于减租土改问题的报告》,决定根据《中华人民共和国土地改革法》、西北军政委员会《关于农村减租办法》、刘少奇《关于土地改革问题的报告》以及西北局第二书记习仲勋《关于西北地区土地改革计划的报告》等文件精神,在全省有步骤有秩序地进行减租和土改工作,推动农业生产逐步发展。

会议针对甘肃多民族省份、群众尚未很好发动、工作基础还很薄弱的实际情况,确定党的工作任务是:深入发动与组织群众,团结各族各界人民群众,全力肃清土匪、特务,安定社会秩序,搞好生产;全省除庆阳分区在秋收后实行土改外,其余地区暂不进行土地改革;在汉族地区,应积极准备,进行减租反霸;在少数民族聚居与各民族杂居地区,首先做好民族团结工作。

关于民族问题。会议肯定一年来省委在执行民族政策方面取得的成绩,检查存在的问题,分析存在问题的原因,总结经验教训。会议认为:做好民族团结工作,把民族政策贯彻到一切工作中去,是做好甘肃全部工作的关键。对少数民族地区工作,必须遵照中央指示,坚持慎重稳进的方针,反对急躁轻率情绪,坚持民族平等团结政策,反对大汉族主义思想残余，把民族政策贯彻到一切工作中去。必须认真地、有计划地培养民族干部。在少数民族聚居地区，要逐步实行民族区域自治；在各民族杂居地区，要充实和建立各民族人民联合政府，以增进各民族之间的友爱团结；在处理问题时，凡涉及民族问题，务须谨慎从事，切忌不分民族一律对待。会议确立了照顾少数民族特点和特殊照顾少数民族的思想，规定有关少数民族问题，事无大小，均须随时请示报告的制度。

关于土改减租问题。会议着重解决保存富农经济的问题，并讨论庆阳地委关于土改的初步计划，解决土改减租中有关政策的问题。

关于财经问题。会议深入贯彻中共中央七届三中全会精神，一致认为：全党必须十分重视财经工作，继续加强对财经工作的领导，贯彻党的财政经济政策和政务院关于统一国家财政经济工作的决定，进一步精通业务，了解情况，互相配合，端正作风，做好调整工商业和税收工作，为争取国家财政经济状况的基本好转而斗争。

关于党的建设问题。会议纠正对解放以前甘肃地下党组织的一些片面看法，认为：为了加强党的纪律性，必须健全和加强各级党委纪律检查委员会的工作，对于党员中一切破坏党的纪律的行为，必须交纪律检查委员会认真处理，并视其性质在党内或群众中公布。各级干部，特别是县以上负责干部，对党中央和中央政府及各级党委和政府的重要文告、指示、决定，必须深入理解和认识，并作为开展工作的依据。严格执行请示报告制度，凡涉及政策的重大问题，应先行请示，再去处理。

关于整党整风问题。会议指出，重点是整顿党的组织，加强党员思想政策教育。整顿干部思想作风，应以反对官僚主义、命令主义为中心，与检查工作相结合，总结工作，分析情况，教育干部，强调外来干部与本地干部的团结问题。领导干部必须发扬党内民主，开展批评与自我批评，以自身的表率作用，促进整风工作的开展。在整党整风工作中，要采取谨慎地发展党组织的方针，有步骤地吸收工人中的积极分子入党。

全省召开的党的首次代表会议，具有重要的意义。这次会议检查和总结省委成立以来，领导全省人民开展城市接管、人民政权建设、地方基层党组织建设、减租反霸、生产救灾、土地改革以及开展少数民族地区工作等各项工作,讨论和提出了今后继续开展土地改革、恢复生产发展经济、实施民族区域自治、巩固和建设人民政权以及加强党的组织建设等一系列具体政策和工作方针,明确了继续做好党在甘肃的各项工作的方向。

## 三、群众团体的建立

随着全省各级党组织的建立,甘肃的工人联合会、妇女联合会、青年团组织以及农民协会等人民群众团体,在省委的统一领导下,也迅速建立起来。

工会组织。省委建立后,立即开始省工会组织的筹建工作,在《一九五〇年工作计划》中提出要“吸收百分之七十的产业工人及百分之五十的手工业工人参加工会。召开各城市的职工代表大会,正式建立各城市各产业部门的职工会。”并在“五月份召开全省职工代表会议成立省工会临时委员会。”1950 年 5 月 20 日,甘肃省暨兰州市首届工会会员代表大会在兰州召开,参加大会的 307 名代表,代表着全省各地 6 万多名工人。西北局常委、兼职工委书记贾拓夫,第一野战军副司令员张宗逊,省委书记张德生,省政府主席邓宝珊出席大会并作重要讲话。强自修在会上作《甘肃省当前工运的方针与任务》的报告,提出当前甘肃工人运动的具体方针和任务是:依靠工人,办好企业,恢复与发展生产,厉行节约,克服困难,为迎接本省即将到来的建设高潮而努力。大会正式宣告甘肃省工人联合会、兰州市工人联合会成立。随后,选举出甘肃省、兰州市总工会主席团。甘肃省总工会主席团由强自修、肖彩萍等 23 名委员组成,强自修任主席,肖彩萍任副主席。

省总工会成立后,在省委的领导下积极组织和领导工人运动,带领全省各级工会一方面在广大工人群众中开展“劳动创造世界”的唯物史观教育,帮助广大职工提高阶级觉悟和政治热情,树立主人翁思想和新的劳动态度,巩固和发展工会组织;一方面组织职工订立爱国公约,积极开展技术革新和劳动竞赛,努力恢复和发展生产,积极发动职工参加抗美援朝、民主改革、镇压反革命、“三反”“五反”等运动,在医治战争创伤,恢复和发展生产,恢复和发展国民经济,巩固和建设新生的人民民主政权中发挥了重要作用。

青年团组织[1]。早在大革命时期和抗日战争时期,甘肃就建立起共青团组织,在党的领导下积极开展革命斗争。土地革命和全民族抗日战争时期,陕甘边和陇东分区青年团开展了一系列工作。解放战争时期,陇东解放区加强党对青年工作的领导,1949 年 5 月,中共陇东地委正式成立团地委。在国统区,甘肃工委建立中共兰州市学委,领导兰州各大专院校和 13 所中学的党组织,开展学生运动。1949 年 4 月,中共中央西北局中国新民主主义青年团委员会成立。8 月 27 日,中国新民主主义青年团甘肃省工作委员会正式成立。

青年团甘肃工委成立后,以在新解放地区建立各级青年团组织为中心,领导全省各地的广大青年学生,积极配合党委和政府开展对当地国民党政权的接管和建立各级人民政权,剿匪肃特,稳定社会秩序和恢复发展工农业生产的工作。到 1950 年 10 月,全省除少数民族地区之外都建立起地、县、区青年团的组织,共建立基层团支部 973 个,培养提拔团干部 1400 多人,发展青年团员 15560 多人。在农村组织 3.6 万余名青年农民参加了青年小组、识字班、夜校等。在城市中等以上学校普遍建立青年团组织,成立学生会,工厂企业中的青年工人大都参加了工会组织或工会学习小组。1950 年 7 月 1 日,青年团甘肃工委、兰州市青年联合会、天水市青年联合会联合提议召开甘肃省青年代表大会。对于青年团甘肃工委的工作,省委及时给予指导,1950 年 7 月 5 日,省委在对团省工委的工作指示中指出:目前青年团甘肃工委的工作,“应在继续作好城市青年工作的基础上,开始有计划、有步骤、有重点地开展农村工作;发动青年农民参加农会,剿匪肃特,生产救灾工作以及在汉人地区参加减租和结合反霸工作。”[2]并要重视和加强开展少数民族青年的工作。为

---

① 中国共产主义青年团,1922 年 5 月成立时名称为中国社会主义青年团,1925 年 1 月改称中国共产主义青年团,1949 年 4 月改称为中国新民主主义青年团,1957 年 5 月改称为中国共产主义青年团。

② 中共甘肃省委:《关于贯彻西北局加强青年团工作决定的指示》(1950 年 7 月 15 日),《甘肃日报》1950 年 9 月 4 日第 2 版。

贯彻省委这一指示，1950年11月1日，青年团甘肃工委召开全省青年团县委书记会议，省委副书记孙作宾、省政府主席邓宝珊等出席会议并作重要讲话。会议听取团工委书记袁力刚作的《关于发动青年参加减租土改，开展农村建团工作》的报告，确定了青年团组织今后工作方针和任务。

1953年5月20日，中国新民主主义青年团甘肃省第一次代表大会在兰州召开。会议总结青年团甘肃工委三年多来的工作，确定今后工作的方针和任务，认真讨论在我国大规模经济建设到来时，青年团组织怎样协助党完成各项重大任务、怎样当好党的助手等问题。大会正式成立中国新民主主义青年团甘肃省委员会。青年团甘肃省工委的成立及各级团组织的健全和发展，为推动甘肃各项青年民主改革运动的深入发展发挥了重要作用。

妇联组织。从土地革命战争时期开始，在陇东革命根据地即已建立起各种形式的妇女群众组织，在党的领导下带领广大妇女群众积极开展拥军支前等活动，为争取革命的胜利发挥了重要作用。1949年9月9日，省委建立妇女运动委员会，孙作宾兼任书记，刘杰任副书记。1950年5月，建立省妇女运动筹备委员会，刘杰任主任，成为甘肃省统一的领导和组织全省各族妇女的机构。10月21日至26日，甘肃省第一届妇女代表大会在兰州召开，出席会议的代表360名，代表全省各族各界、各阶层和团体的300多万妇女。省委书记张德生、副书记孙作宾、省长邓宝珊出席大会。张德生作重要讲话，孙作宾、邓宝珊分别致辞。省妇联筹委会主任刘杰作《关于一年来妇女工作的总结及今后任务》的报告，通过大会总决议，提出省妇联今后的具体任务和方针是“团结各族各界广大妇女，配合政府完成剿匪肃特安定生活秩序，实行减租土改，搞好生产。”① 大会讨论和确定了全省妇女工作的具体任务和方针，对拥军支前、剿匪肃特、减租土改、妇幼卫生、妇女解放、婚姻自由、贯彻新婚姻法等问题进行讨论；选举刘杰、陈桂云、马竹轩、马云、李磊、杜瑞兰、周小惠等

① 《甘肃省首届妇女代表大会总决议》（1950年10月27日），《甘肃日报》1950年10月27日第2版。

43 名委员为甘肃省妇联第一届执委会，刘杰任主席，陈桂云、马竹轩任副主席。甘肃省民主妇女联合会正式宣告成立。1957 年 10 月，改称甘肃省妇女联合会，简称妇联。

省妇委会成立后，积极配合省委省政府的各项中心工作。在城市发动和组织妇女，参加适合城市经济建设条件的各种生产建设事业；在农村发动与组织妇女积极参加改造旧政权，劳军支前，剿匪肃特，劳动生产。积极指导全省各地开展妇女工作，团结和带领全省广大妇女积极参加各项建立和巩固人民政权、恢复和发展生产的活动，并根据妇女工作的实际，先后召开各级妇女代表大会和代表会议，在全省 55 个县建立民主妇女联合会或妇联筹委会，经过各地干部学校的训练，培养出脱产专职妇女干部 498 人以及大批不脱产妇女干部，为推动妇女工作的深入开展奠定了基础。

农会组织。大革命时期，甘肃高台、平凉、天水等地曾建立过农会组织。在陕甘边和全民族抗日战争、解放战争时期，陇东革命根据地普遍建立的各种形式的农会组织，在革命斗争中发挥了重要作用。甘肃解放后，省委决定全面建立健全各级农会组织。1950 年 2 月 6 日，甘肃省人民政府发出准备召开全省首届农民代表会议的通知。3 月 6 日，成立以省委书记张德生为主任的筹备委员会。25 日，全省首届农民代表会议在兰州召开。在为期 7 天的会议中，参加大会的 595 名代表认真讨论全省农村剿匪肃特、减租反霸、实行土改、生产节约、农民组织、恢复农业生产等问题，讨论通过省委书记张德生作的《1950 年甘肃农村各种的任务》的报告及《甘肃省县区乡各级农民协会组织章程》，选举产生甘肃省农民协会委员会，由张德生、安振、李义祥、贾长明等 11 人为委员，张德生任主任委员，安振、李义祥任副主任，并决定在全省各分区设立省农协会办事处，具体组织和领导各地农民协会的建设和农协各项工作的开展。

在省农民协会委员会的指导下，各地新区广大农村的农民协会普遍建立起来。至 1950 年 3 月，全省有 339 个区建立农会，约占全省 503 个县区的 67.4%；有 2110 个乡建立农会，约占全省 3680 余乡的 57%。全省农民协会的普遍建立，成为人民民主政权在农村基层的支柱。

# 第二节　各级地方人民政权的建立

## 一、接管城市的工作

随着人民解放军在甘肃的胜利进军及省委的成立，接管建政、建立新社会秩序的工作相继展开。1949 年 8 月，平凉、天水、临夏等城市相继建立军管会，成为接管期间的临时军政权力机关。23 日，根据中央军委的命令，兰州市军事管制委员会正式成立，由第一野战军副司令员张宗逊兼任主任，张德生、吴鸿宾、韩练成、任谦任副主任。

1949 年 8 月 26 日，军事管制委员会发布第一号公告，明令接管国民党政府在甘肃省的一切政权机关、军事机关、公共机关并没收官僚资本，命令国民党遗留下来的党政军骨干及特务分子到所属系统的军管会或住所在当地的人民公安分局报名登记。平凉、天水、临夏、岷县、武威、张掖、酒泉、武都等城市以及玉门油矿陆续解放后，这些城市的军事管制委员会也相继成立，开始进行对城市的接管工作。

在开展对城市的接管工作中，主要进行摧毁国民党政府的各级政权机关，维护正常的社会秩序，镇压敌特反革命分子的破坏活动等项工作，包括接管国民党甘肃省各级政权机关及军事、公安、法院以及一切公共机关的设施、物资、武器、档案、账册、文件及财产；收缴遗留的国民党党政军人员所携带的武器以及流散在市民中的武器，明令宣布在城乡废除反动的保甲制度。兰州市军管会共接管国民党省市各级政府及所辖单位 150 多个。9 月 17 日，兰州市军管会公布《国民党特务人员申请悔过登记实施办法》，成立“登记委员会”，责令国民党党团骨干分子及特务人员到军管会公安处登记，接受审查和管训。在登记管训中，对旧政权机关职员中有罪行的首恶分子予以逮捕，对有反革命罪行者进行管制，听候审查处理。全省共有 3500 多名旧政权人员得到妥善安置。

在接管城市、摧毁国民党各级政权的基础上，全省各城市建立起人民群众自己的治安组织和基层政权组织。1949年9月27日，兰州市委、市政府部署摧毁保甲制度，建立民主政权的工作，在各区试点的基础上，于10月份全面铺开，召开群众大会揭露保甲制度统治人民的反动性，宣布废除保甲制度。对于旧保甲人员具体区别对待，一般没有民愤的经过审查重在教育，表现好得到群众认可的经过审查可以留用，少数民愤大的经过批准，在群众中进行揭露和斗争，有罪行的予以逮捕和管制。在摧毁保甲制度的同时，新建立35个街政府、685个居民小组、28个乡政府、238个村（小组），民主选举产生街（乡）长、村长、居民小组长，并组建相应的群众治安保卫组织，培养治安积极分子700余人。到年底，兰州市共建立治安小组585个，成员4014人；巡逻小组1341个，成员9643人。这支队伍在户口检查、反特斗争、防火防盗、征粮支前、民主建政等工作中发挥了积极作用。

在接管城市、接收国民党政府各级政权机关的同时，军管会还接管当地的银行、学校、邮局、医院、民教馆等公共机关，并实施保护。在接管中严格按照《中国人民政治协商会议共同纲领》的规定，实施保护民族资本和民族工商业的政策，积极组织各企业工厂复工、贸易集市和商店正常开业经营、学校按时开学复课，保证人民群众的正常生活，鼓励恢复和发展生产。维护医院、邮局等公共机关正常运转，维持正常的社会秩序。在城市接管中，除兰州、平凉、天水等，其余城市的接管工作都较顺利，大多是和平接管。到1950年初，全省城市接管工作基本结束。城市接管工作的开展，彻底摧毁了国民党在甘肃的各级政权，为建立和巩固人民民主政权，没收甘肃的官僚资本及其企业，建立国有经济，恢复和发展生产，实行土地改革及开展一系列社会民主改革奠定了基础。

## 二、省人民政府成立

随着城市接管和没收官僚资本工作的开展，全省面临的主要任务就是建立各级人民民主政权。甘肃境内，除原属陕甘宁边区陇东分区所辖的曲子、华池、环县、合水、庆阳、镇原各县以及关中分区所辖的正宁、宁县部分地区为老解放区，很早就建立革命政权外，其余各地均为新解放地区。从1949年8月开始，在中共中央西北局、陕甘宁边区政府的统一部署和省委的领导下，甘肃行政公署和军事管制委员会派出干部组建分区（12月以后改为专区）、县级、区（乡）级人民政府。在少数民族地区建立人民民主政权，采取单一民族聚居地区实行民族区域自治、两个以上少数民族杂居地区建立民族民主联合政府两种形式。到年底，全省先后建立庆阳、平凉、天水、武都、岷县、定西、临夏、武威、张掖、酒泉、兰州等共11个专区（市）级人民政府和73个县级（包括2个县级设治局）、503个区（乡）级人民政府。①

在新解放的广大农村，结合开展清匪肃特、减租反霸等斗争，有组织有计划地对乡村级基层政权加以改造。在各地充分发动群众、建立农民协会的基础上，废除保甲制度，普遍召开农民协会或农民代表会议，建立具有半政权性质的农会组织，选举产生农村的基层政权。同时，还采取由上级政府指派、推荐和民主选举等形式，建立乡村人民政权。到1950年2月，全省大部分地区的乡村基层政权基本都进行了改造，只有解放较晚的武都地区的文县、武都、成县和少数民族聚居的卓尼、夏河、天祝、肃北等牧区因条件尚未具备，暂时保存旧的基层政权组织。

由于全省刚刚解放，尚不具备召开甘肃省人民代表大会选举人民政府的条件，全省各地建立的人民政权均实行地方各界人民代表会议制度。具体由军管会和上级人民政府组织召集地方各界人民代表举行，作为人民参政议政的初级形式及地方人民代表大会的过渡形式。这是在新中国成立初期实行人民民主专政和人民管理国家的基本方式。

参加各级人民代表会议的代表，采取选举、聘请、推荐和上级推荐相结合的办法产生，分别召开各级各界人民代表会议，建立地方人民政权，代行人民代表大会职权，讨论和决定本地区的重大问题。在少数民族地

① 1949年10月1日前，甘肃省的陇东地区（今庆阳市大部分地区）是陕甘宁边区的一部分，行政建制上设有陇东分区和关中分区（一部分）。在国民党统治区，有兰州1市、9个行政督察专员公署，共10个专区级行政区，辖69个县、2个设治局和1个管理局，共72个县级行政区。1954年，甘、宁两省合并后，全省共辖9个专区、4个专区级自治区、3个行政委员会、8个市辖区（详见第八章）。1958年，宁夏分立后，经国务院批准，对行政区划进行了调整，共设兰州、天水、白银、金昌、嘉峪关5个地级市，临夏、甘南2个自治州，庆阳、平凉、陇南、定西、武威、张掖、酒泉7个地区，敦煌市、玉门市、酒泉市、张掖市、武威市、临夏市、平凉市、西峰市、合作市9个县级市，67个县，11个市辖区。

区和少数民族杂居地区也召开各族各界人民代表会议。

从1949年8月至1950年3月,全省73个县(市)(除甘南藏族聚居区外)均先后召开各界人民代表会议,其中有31个县召开两次。天水、平凉、兰州、武威等城市召开各界人民代表会议均在两次以上。各级各界人民代表会议代行人民代表大会职权,讨论决定本地区和本县内的重大问题。各界人民代表会议和各界人民代表会议协商委员会代表积极参政议政,除听取和讨论政府工作报告外,还围绕政权建设、剿匪、反霸、征粮、生产、减租、清债、救灾等中心问题展开讨论,提出恢复和发展生产的提案和决议。

省委和甘肃行署还积极筹备成立省人民政府。1949年12月2日,中央人民政府第四次会议通过组成甘肃省政府的决议,任命邓宝珊为省政府主席,王世泰、张德生、马鸿宾为省政府副主席,李培福、陈成义、辛安亭等25人为省政府委员。1950年1月8日,省政府在兰州正式成立,甘肃行政公署即行撤销。

1950年1月10日,省政府委员会召开第一次会议,听取原甘肃行署第一副主任霍维德关于行署5个多月工作的总结报告,讨论通过《甘肃省人民政府1950年工作任务(草案)》以及工作机构设置。按照省委《1950年工作计划》中列入的"召开全省各界人民代表会议,代行人民代表大会职权"的任务,省政府确定1950年的主要工作是:在建立人民政权的基础上,稳步地实行民主改革,进行和平建设。省政府的成立,完成了由行署暂时代行省人民政府职权的政权组织形式的转变,加快了迈向实行人民代表大会制的人民民主专政国家制度的步伐。

## 三、省首届各界人民代表会议

省政府成立后,除甘南少数民族牧区外,全省县以上的地区普遍召开了各界人民代表会议。在各级地方人民政权全部建立的情况下,召开全省各界人民代表会议的条件已经具备。根据《中国人民政治协商会议共同纲领》所确定的中华人民共和国的政治制度是人民代表大会制的原则,省委开始认真筹备召开全省各界人民代表会议的工作。

1950年10月1日至12日,甘肃省首届各界人民代表会议在兰州召开。省首届各界人民代表会议的代表,省人民政府委员、省各界代表协商委员会委员,包括各民主党派、人民团体、机关、部队、工商界以及其他爱国民主人士在内的代表人物,具有广泛的代表性。参加会议的517名代表中,有各民主党派、无党派民主人士168人,各少数民族代表115人,约占代表总数的55%。在35名省人民政府委员中,少数民族、民主党派和无党派人士19人,约占委员总数的54%。各民族、各党派和社会各阶层人士参加人民民主政权,为人民民主政权的巩固奠定了基础。

会议的中心议题是:总结省政府成立近一年来的工作以及所提出的任务;讨论部分地区进行土地改革以及农村民主建政和生产建设工作的方针和步骤;审查省政府1950年财政收支概算;选举省政府主席、副主席、委员及省政协委员会主席、副主席、委员。在这次全省各界人民代表会议上,代表们认真听取和审查了省政府的工作报告,经过充分讨论,作出关于甘肃在1950年进行民主改革、减租减息、土地改革等工作任务及实施方针的决议;对土地改革和减租中的政策作出明确的规定,加强对减租土改工作的领导等。会议通过省政府主席邓宝珊作的《关于甘肃减租土改及几项工作任务的报告》,讨论通过《关于1950年甘肃财政收支概算的编成报告》以及省政府工业厅、农业厅、交通厅、财政厅等工作部门的书面报告和会议提案委员会关于提案审查的报告与审查意见等。

会议选举邓宝珊为省政府主席,王世泰、张德生、马鸿宾为副主席,陈成义、孙作宾、李培福等35人为省政府委员。至此,在省委的领导下,全省建立人民民主政权的工作全部完成,全省人民在中国共产党和新生的人民政权领导下开始进行新的建设事业。省各界人民代表会议的召开,也为后来正式召开省人民代表大会,建立中国共产党领导的、实行人民代表大会制的人民民主专政的国家制度做了准备。

## 四、省首届各界人民代表会议协商委员会

实行中国共产党领导下的多党合作和政治协商,是中国共产党作为执政党在新中国所实行的一项基本政治制度。甘肃解放后,按照省委的部署,全省各地在筹备召开各级各界人民代表会议、建立地方人民政

权的同时，还成立由各民族、各党派、社会各阶层民主人士以及宗教界上层人士组成的甘肃各级各界人民代表会议协商委员会。这是党领导下的人民民主统一战线组织，其任务是团结各族各界民主人士，对本地区的政治、经济、社会改革和统一战线等重大问题进行协商。各级各界人民代表会议协商委员会除听取和讨论政府工作报告外，依据各地方的具体情况，分别有重点地对减租反霸、土地改革、整顿工商业、劳资纠纷等一些社会改革问题进行讨论，民族地区着重讨论民族团结、生产救灾等。各级协商委员会在广泛进行民主协商的同时，积极宣传党的各项政策和政府的各项法令，使各界人士逐步消除疑虑，向党和人民政府靠拢。各级各界人民代表会议协商委员会的成立，对于团结一切爱国民主人士，动员各界广大人民群众，建设和巩固新生的人民政权发挥了重要作用。

省委和省政府在人民政权建立中，对于各级各界人民代表会议协商委员会的建设极为重视，在全省各地各级各界人民代表会议普遍建立的同时，成立甘肃省各界人民代表会议协商委员会。在甘肃省第一届各界人民代表会议上，选举产生了甘肃省各界人民代表会议协商委员会，邓宝珊为主席，王世泰、张德生、马鸿宾为副主席。省协商委员会由各党派、各民主团体、各阶层、各民族民主人士组成，具有广泛的代表性。在省协商委员会的53名委员中，中共党员27人，约占51%；民族上层人士、民主党派和无党派人士26人，约占49%。甘肃省首届各界人民代表会议协商委员会的成立，标志着甘肃省人民政治协商基本政治制度的确立。

## 第三节　执政初期的整党整风

### 一、整党整风工作的部署

1950年5月1日和21日，中共中央先后发出指示：要求在全党全军进行一次大规模的以各级领导干部为重点的整风运动，以进一步提高全党的马克思主义理论水平，巩固和纯洁党的组织，加强执政党的建设。随后，西北局对西北地区开展整风运动的一般方针、目的、步骤、计划和组织领导等进行具体安排。

按照中共中央和西北局关于开展整风运动的指示，6月16日，省委发出《关于整顿干部思想作风的计划》，决定从7月份开始，在全省开展一次大规模的整风运动。整风的主要内容是：反对领导工作中的官僚主义和执行工作中的命令主义，以达到加强与群众联系、建立各项必需的工作制度、提高工作效率的目的。同时，在反对官僚主义、命令主义的斗争中，揭发贪污腐化、铺张浪费、违法乱纪等恶劣行为，并加以彻底纠正。7月1日，省委召开省级单位和兰州市委机关500余人的干部动员大会，要求在全省广大干部中进行整风运动的思想政治学习。在7月底召开的中共甘肃省第一次代表会议期间，把干部思想作风列为主要内容进行检查，并对整顿干部思想作风作出进一步部署。从1950年7月至12月，全省各级党的组织普遍对各级干部的思想作风和工作作风进行整顿。

1951年2月，中共中央政治局决定，从1951年下半年起，用三年的时间，有计划、有准备、有领导、有步骤地对全党的基层组织进行一次全面的整顿。在随后召开的全国组织工作会议上，通过《关于整顿党的基层组织的决议》和《关于发展新党员的决议》，对整党建党工作作出全面部署。省委及时制定整党建党计划，对全省开展整党建党工作进行具体部署：基层组织的整顿工作分批在三年内完成；对全体党员进行一次普遍的共产主义与共产党员标准八项条件①的教育；为确定党员身份，要对现有党员进行登记和审查，对混入党内的坏分子坚决开除出党；召开有群众参加的支部扩大会，健全严格的党的组织生活制度；有领导、有

---

① 共产党员标准八项条件为：1. 必须了解共产党是中国工人阶级的政党，是工人阶级先进的有组织的部队；2. 必须具备有为彻底实现党的奋斗目标而奋斗的决心；3. 必须下定决心，终身英勇地坚持革命斗争；4. 必须在党的领导下，执行党的决议，严格遵守党的纪律；5. 必须把党和人民的利益放在第一位；6. 必须经常地开展批评和自我批评；7. 必须全心全意地为人民服务，密切联系群众，向人民群众宣传党的政策方针；8. 必须努力学习马列主义、毛泽东思想，使自己的觉悟更加提高。

计划、有准备地发展新党员。按照省委的部署,全省范围的整党工作从1951年冬季开始。不久,省委按照1951年12月26日中共中央《关于停止整党学习全力转入“三反”运动的指示》的要求,全省整党学习暂时停止,转入“三反”运动。

1952年6月2日,省委按照中共中央《关于在“三反”运动的基础上进行整风建党工作的指示》精神,发出《关于整顿党的基层组织工作的修订计划》,对整党的具体进展和步骤进行调整、安排和部署:整党工作在开展“三反”运动的基础上,结合党员标准八项条件的教育进行;省级和各专区级机关以及县区机关的整党工作6月开始9月完成;兰州市所属工矿、企业、学校等支部,8月开始9月底完成;全省农村10月开始到1953年底完成。同时,要求各地为了取得整党经验,教育干部,整党干部训练开始的同时即应进行整党典型试办工作。全省各级党的组织按照省委的部署和指示,认真进行了各阶段整顿工作。

## 二、省委带头整风

遵照中共中央在全党开展整风运动的指示精神,按照省委对全省整风运动的统一部署和具体安排,从1950年6月至年底,在全省范围内开展了以整顿各级领导机关和党员干部的思想工作作风为重点的整风运动。主要解决五个方面的问题:一是新干部多,未进行系统的政治思想教育。干部队伍构成中,大约有15%的干部来自老区、解放军和甘肃国统区党员,其余的新干部都是解放后录用的工农干部、青年知识分子和留用人员,他们没有受过系统的马列主义教育和训练,思想作风还没有得到彻底改造,还没有真正确立为人民服务的人生观。二是部分干部存在着居功自傲、脱离群众的问题。在革命胜利的新形势下,部分老党员、老干部中滋长了骄傲自满、居功自傲情绪,不善于掌握新区情况,未能很快与广大群众相结合,因而产生官僚主义和严重的命令主义作风,工作方法简单急躁,强迫命令盛行,出现了不同程度的脱离群众、脱离实际的情况,严重损害党和政府与人民群众之间的关系。三是个别领导干部工作上存在着官僚主义倾向。主要表现为对甘肃多民族的特点认识不足,民族政策仅停留在指示和口头上,在民族地区开展工作中机械地照搬套用汉族地区的方法和经验，未能从民族地区的实际和特点出发，制定出符合民族地区实际的具体方针和政策。四是极个别干部存在着贪污腐化和违法乱纪的问题。个别老党员、老干部不能抵制旧社会的腐朽思想影响，生活自由散漫，经不起资产阶级生活方式的诱惑，出现了贪污腐化和违法乱纪的问题，甚至堕落蜕化变质。五是解放初期复杂的社会环境对干部的影响。由于甘肃绝大部分地区是新解放区，情况较为复杂，又是多民族地区，社会秩序尚未完全安定，群众觉悟还不高，各项民主改革和恢复生产建设的任务繁重，匪特反革命分子往往利用我们工作中的缺点和错误以及复杂的民族关系和封建迷信组织，破坏党和政府与人民群众之间的联系，挑拨民族关系，制造社会动乱。因此，在中国共产党成为执政党的新的历史条件下，认真执行党的各项政策和纪律，整顿党的作风，特别是整顿各级干部的工作作风，加强党的作风建设，成为全省党组织在党的建设中的一项十分迫切而重要的任务。

全省的整党整风首先从省委、省委领导开始。1950 年 8 月，中共甘肃省第一次代表会议上，省委副书记孙作宾代表省委作《关于党务工作报告》，对全省党员干部队伍的现状及存在的问题进行分析，对开展培养和提高干部、农村党组织的整顿和建党等工作进行安排。8 月 11 日，省委书记张德生代表省委作《关于省委领导思想与省委领导作风的检讨》的报告，对省委领导在思想和作风上存在的问题进行深刻全面的分析，认为存在的主要缺点和错误有：省委领导在思想上没有正确地处理好民族问题，没有把做好民族工作当作做好甘肃一切工作的关键；省委对于民族工作的策略步骤上，规定得不够明确，掌握得不够稳当，在若干重要问题上轻率地搬用了汉族地区的工作经验；领导作风上存在着严重的官僚主义；在执行党委制度和请示报告制度方面，也存在着严重的缺点以至错误。会议的总结报告指出，整风的最好的方法是检查工作，而且要首先从省委领导检查起，密切联系实际，进行具体分析，弄清是非，分清责任，总结经验，解决各级干部中的思想作风问题。会议总结了开展整风运动的方法和经验，对省委、省委领导思想和工作作风的检查，特别是省委领导在整风中的民主作风和主动的批评与自我批评，不仅对各级干部有很好的教育意义，而且对整风运动的顺利进行产生了积极影响。

在检查和整顿省委领导工作作风的基础上，从 1950 年秋开始至冬季，在全省范围内，各级党委有计划地在干部中开展整风。整风的主要形式是召开三级干部整风会，即以县为单位普遍召开三干会（县、乡、村三级干部参加）。在召开三干会之前，各县召开党代会或书记会、县长联席会，结合当时的征粮、减租反霸、生产救灾等主要工作，检讨各级领导的工作和思想问题，使县级主要领导对于一些重大问题经过认真研究和讨论，在思想上形成共识。在此基础上，再召开三干会，整顿区、乡干部的思想作风，重点解决严重脱离群众的命令主义作风问题，达到密切联系群众、贯彻执行各项政策、做好各项工作的目的。整顿的方法是密切结合工作任务，检查和总结经验，保持艰苦奋斗的传统，深入实际把各项政策正确贯彻到工作中去。通过整顿干部中存在最为严重的脱离群众、较为普遍突出的命令主义的错误，纠正一些原老区干部在新区贯彻群众路线上的错误认识，坚决制止在工作中出现的“一打、二扣、三威胁”的野蛮做法。在新干部中主要进行为人民服务的思想教育，着重纠正部分干部认为在工作中“强迫命令是合理的”错误认识。在检查工作和开展批评中，坚持全面分析问题的方法，在深刻检查缺点与错误的同时，也肯定工作中的成绩与优点，并加以发扬和巩固。如高台县的三干会，在重点解决严重脱离群众的命令主义作风问题上，将干部作风的好坏典型作对比，表扬了在工作中处处为人民利益着想的乡长黄子忠，号召全体干部向他学习，取得了很好的教育效果。西北局在给中央关于在西北地区县区乡整风情况的报告中，也将此作为一个典型的事例。

到 1950 年底，全省范围的整风运动结束。由于省委和省委领导带头，采取的措施得当，正确合理运用方法步骤，因而达到了预期效果。经过整风运动，有效地克服和纠正了在一些党员干部中存在的骄傲自满情绪、官僚主义和命令主义作风，加强了党内外团结，密切了党和群众的关系，为新解放区开展大规模的土地改革运动在思想上和组织上准备了条件。

## 三、机关和企业基层党组织的整顿

1950年下半年全省开展的整风运动遏制并初步纠正了党内各级领导机关干部在工作作风方面存在的问题，党的基层组织中存在的思想不纯、组织不纯等深层次问题仍未解决。1951年12月，省委按照中共中央《关于整顿党的基层组织的决定》精神，作出《甘肃省委整党建党计划》，对全省党的基层组织的整顿和建党工作进行具体部署，要求对全省党的基层组织的整顿工作分批在三年内完成，对全体党员进行一次普遍的共产主义和共产党员标准的教育，整顿和纯洁党的组织。

关于整顿的必要性，省委在《甘肃省委整党建党计划》中作出了阐述。《计划》在肯定党在甘肃的长期斗争中所取得的成绩后指出：党内还存在着思想和组织不纯的问题。由于甘肃省解放前除陇东革命老区外，党的工作处于“地下”环境的限制，解放初期党员发展迅速而不够慎重，特别是普遍没有对党员进行系统的党的基本理论和党章教育，对基层党组织疏于管理和整顿，致使各种非无产阶级思想和行为较为盛行。在机关干部党员中，有少数人在革命胜利后，出现贪污腐化、违法乱纪、弃职逃跑、居功自满、工作消极、蜕化堕落的思想和行为；少数党组织内还混入政治面貌不清、自首叛变甚至敌特等分子，在部分地区的少数基层组织内还混进了特务、土匪、恶霸和作风极端恶劣的流氓分子，个别基层组织甚至还被敌特分子操纵和把持。兰州市直机关325名党员中，有重大政治嫌疑的27人，有特务分子6人；省工业厅、农林厅、财政厅、商业厅、合作局等5个省直机关中有551名干部存在贪污行为。省委部署对全省党的基层组织进行整顿，对全体党员进行一次普遍的共产主义与共产党员标准的教育，不仅十分必要，而且非常及时。

全省范围的整党工作开始不久，中央发出《关于停止整党学习全力转入“三反”运动的指示》，随后，整党工作暂停。1952年5月30日，中央发出《关于在“三反”运动基础上进行整党建党工作的指示》后，省委按照中共中央的要求，对全省基层党组织整顿工作进行调整，先整顿机关、企业基层党组织，后整顿农村基层党组织。整顿的指导方针是：除对发现的中央整党决议中新规定的八种坏分子①要坚决清除出党外，对那些基本上够条件的党员，教育他们继续提高；对那些不够或不完全够党员条件的，要求采取团结、爱护、教育、改造的方针，力求争取绝大多数能具备党员条件；对那些经过长期教育改造仍不进步者，则劝其退党；必须以满腔热忱和治病救人的精神以及严肃慎重的态度来处理党内的复杂问题。省委号召各级党组织将整党与建党结合起来，以积极严肃的态度，有计划有领导有步骤地发展一批新党员。

按照省委的安排部署，区级以上机关、企业基层组织的整顿，从1952年8月初开始，10月底基本结束。为搞好整顿，省委和各地党委分别培训1400名组织员协助开展整顿工作，与此同时，省委还抽调干部到党的基础薄弱的地区指导工作。整顿工作分为三个步骤：先是用20天左右的时间，对党员进行共产党员标准八项条件的教育；后是用7天左右的时间进行党员的登记和处理；接着用5天左右的时间进行支部的改选，同时，注意培养和发展新党员。

全省区以上机关、企业党支部的整顿工作按照省委既定计划展开。首先进行充分思想动员。8月2日，省委召开由省直机关3000多名党员、团员和积极分子参加的整党动员大会，省委副书记孙作宾作整党动员报告，明确提出整党的方针政策、目的、方法步骤等，同时指出在“三反”运动中虽然对一些党员中存在的错误思想进行了批判，但并未解决所有问题，还有一些思想问题和组织问题需要在整党中解决。其次健全组织领导。在“三反”运动中，一些党支书、支部委员因犯错误被处理，一些基层党组织不健全。为此，整顿中边整党边对党的基层组织进行改选，以健全党的组织领导。党总支以上单位还相继成立整党办公室，由负责人领导整党工作，加强对整党工作的领导。最后按照党员标准衡

① 八种坏分子为：1. 有事实证明的阶级异己分子；2. 参加过反动党团或落后会道门，在组织或思想上仍未与之断绝联系的分子；3. 有严重内奸嫌疑的分子；4. 为实现个人野心和私人目的而入党，并有事实证明的投机分子；5. 在过去革命斗争中叛变了党和革命的分子；6. 在重要情节上对党隐瞒或欺骗党的不忠实分子；7. 屡次违反党的政策和人民政策的法令，或对人民群众态度恶劣造成严重影响而不能改正的分子；8. 严重的自私自利、堕落蜕化而不能改正的分子。

量,登记、评定,由组织作出结论。为搞好最后阶段的工作,各级党委选择不同类型的基层党组织进行了试点,在取得经验后,工作全面推开。

通过前期的学习教育,每个党员先按照共产党员标准衡量检查自己的行为是否符合党员八项条件,明确自己努力的方向。进入登记阶段后,各级党委发动党员自愿向党表明是否有决心按照党员必备条件继续做一个共产党员,如有决心则按照规定的时间主动登记,详细说明自己的历史、政治经历及思想作风情况,如没有决心按照党员标准来提高或改造自己或其他原因而自愿退党的,则不登记。进入鉴定审查阶段后,各支部或党小组组织党员开展批评与自我批评,进行对照检查,然后由支部大会对每个党员的历史和政治经历进行审查,作出实事求是的书面结论,最后由会议表决通过。进入组织处理阶段后,主要是召开党员大会进行民主评定。具体的评定中,坚持把思想问题和工作中出现的问题区分开来,按照"思想检查从严,组织处理从宽"的原则,慎重进行处理。把党员划分为 4 种情况,分别作出不同的处理,报上级党委批准。对符合党员标准的,要求他们继续努力,不断提高自己;对不具备条件或有较严重毛病的党员,经批评教育后,只要愿意改正则保留其党籍,等待一个时期,帮助其改造提高;对不可救药的消极落后分子,则劝其退党或撤销其党籍;对混入党内的阶级异己分子、叛变分子、投机分子、蜕化变质分子,则一律开除出党。这次整党实行开门整党,吸收部分群众参加。如省工业厅党总支在整党中召开非党科长、技术人员座谈会,听取对党组织工作的意见,在评定审查党员时广泛征求群众意见。

全省机关、企业整党整风,共整顿基层党支部 536 个,参加整党的党员 6990 人。未参加整党的 211 个机关支部、2816 名党员,主要是平凉、定西、天水、武都地区的区级机关支部中下乡参加征粮工作的党员。1953 年 4 月,在全省土地改革复查结束后,按照省委的部署,未参加整党的机关党员、专区机关的党员集中在地委,县区机关的党员集中在县委,用 15 天至 20 天的时间进行了整党。参加整党的党员中,达到党员标准的约占党员总数的 93.03%;受到开除党籍、取消候补党员资格、劝退出党等处理的约占党员总数的 3.4%;重新入党、限期等待、延长候补者占 1.2%;审查尚未处理的占党员总数的 2.37%。同时,在整党工作中培养了大批入党积极分子,发展新党员 1985 人,新建立机关企业党支部 63 个。

## 四、农村基层党组织的整党整风

1950 年底,按照省委的既定部署,全省农村党的基层组织开展整党整风。甘肃解放初期,除庆阳老区外,新区农村中发展的党员和建立的党支部没有进行系统的党的基本知识教育,农村基层党组织仍然较为薄弱,党组织和党员数量少,分布极不平衡,组织不纯问题也很严重。如酒泉、武威、临夏等分区仅个别的农村有党员,武都专区的岷县、武都、文县、西和、成县 5 个县只有农村党支部 52 个,天水专区的通渭、清水、天水、甘谷等县共有农村党支部 151 个。泾川县有党员 1189 人,其中有 19 人曾担任过国民党政府的镇长、保长,34 人参加过国民党党团组织,180 人参加过青红帮和一贯道组织,17 人曾是兵痞惯匪,此类人员共占党员总数的 21% 以上。通渭县 121 个党员中,地主恶霸、敌党团员等类人员有 55 人。农村党员文化程度普遍较低,部分党员思想落后,不愿参加组织活动,甚至个别党员在工作中强迫命令和打骂群众,还存在违法乱纪和腐化堕落的现象。这些情况严重影响党在农村工作的开展,损害党的形象和威望。在农村基层党组织中进行整党整风,是一项十分紧迫的任务。

1950 年冬至 1951 年春,省委按照西北局《关于整顿农村党组织的指示》及中共甘肃省第一次党代会的安排,结合开展土地改革、生产救灾、剿匪肃特等工作,对全省新区农村党组织进行整顿。这次整顿主要方式是对全体农村党员开展共产党员基本知识的教育,通过党员登记、召开支部大会等办法,对新区农村党支部进行组建,公开党的组织和党员,清除阶级异己分子和蜕化变质分子。由于其他新区的各项群众运动还未系统深入地开展,群众的阶级觉悟还不高,因此,在对一些问题党员的处理上,采取严肃慎重、坚持教育为主的方针和个别妥善处理办法进行。这次整顿只是初步的。

1952 年 6 月,全省广大农村经过开展减租反霸、土地改革、生产救灾、剿匪肃特、镇压反革命、抗美援朝等群众运动,广大农村党支部通过组织党员学习共产党员的标准等，农村党员的阶级觉悟普遍得到提高。在此基础上，省委制定《关于整顿党的基层组织工作的修正计划》，部署农村党组织进行全面的整顿。全省农村基层党组织的整顿从 1952 年 10 月开始，分三期进行：临夏、酒泉、武威、兰州市、皋兰县为一期，于 1952 年冬完成；武都专区为二期，至 1953 年春耕前完成；平凉、天水、定西、庆阳为三期，至 1953 年底完成。

为有效开展农村整党工作，从 1952 年 6 月开始在全省进行整党组织员的培训工作。省委从各地抽调在职区委书记、区长以上干部 420 人参加培训。各地委也抽调干部 900 人开展培训，培训时间均为 3 个月。培训以模拟整顿农村基层党支部的方式进行，着重结合农村党员的思想实际学习党员八项标准，在完成党的基本知识的教育和提高思想认识的基础上，以党员的标准联系实际对照检查，深入开展批评与自我批评，然后进行登记、鉴定、审查，作出结论和组织处理。在培训中还介绍和交流各地的整党经验，选择和确定进行整党试点工作的农村党支部。整党培训工作的开展，为搞好农村整党工作做了充分的准备。

在上级整党组织员的指导下，农村基层组织的整顿工作采取结合土改复查和民主建政的方式进行。针对农村党组织和党员中存在的各种问题，在整党中着重进行共产党员标准的教育，以提高党员的阶级觉悟和政治水平；加强集体主义的教育，使党员明确农村经济发展的方向，积极参加和领导互助合作社；清除阶级异己分子和落后分子，纯洁党组织；对过去整党中存在的一些问题，重新进行调查研究，并适当解决。针对农村党员文化程度偏低的实际，在学习教育阶段，主要由整党委员会组织报告会，着重讲解共产党员的八项标准条件。讲解中，从农民最熟悉的事物出发，以多举实例进行启发，要求党员正确理解基本精神。在登记评定和处理工作中，通常采取自愿登记，本人参加，党员大会讨论的方式进行，除阶级异己分子和坏分子之外，全部按照"思想检查从严，组织处理从宽"的原则给予登记。在这些工作的基础上，按步骤进行支部改选，健全组织生活制度。

第一、二期整党工作结束后，省委在检查总结中认为，通过整党基本上改变了党员认识模糊、觉悟不高、思想不纯的情况，从组织上保证了党的纯洁性,更加巩固和壮大了党的队伍。同时,指出了农村整党工作存在的不足:做整党工作的组织员水平不高,数量不足,全省2200余名组织员中,只有1300余人经过省委、地委专门培训,其余都是临时从机关中抽调的党员干部;个别地区对整党工作不够重视;支部改选不认真不严肃;健全组织生活制度不够严格;有些支部会议流于形式。针对上述问题,1953年2月6日,省委发出《关于训练整党建党组织员的指示》,要求全省各地在春节期间总结第二期土改复查,以县为单位用7天至15天时间,对组织员进行一次专门训练,进一步提高组织员对农村整党建党方针、政策、步骤、方法等的认识和能力。同时要求对所有组织员进行审查,撤换不符合条件的,从机关中抽出一些党员干部参加春节期间的训练,充实组织员数量,参加第三期农村整党工作。

3月至5月,全省进行第三期农村整党工作。西北局组织部和省委组织部抽调45人组成7个检查组,分赴天水、平凉、定西等7个地区的37个县的122个乡,对整党建党工作进行重点检查和指导,所以第三期农村整党工作进展顺利,效果良好。通过这次农村整党,特别是对农村党员进行农村经济发展道路的教育,他们都积极参加农村互助合作组织,并以自己的模范行动引导和推动生产互助合作运动。

全省农村的整党工作,从1952年10月开始至1953年5月底结束,参加整党的992个农村党支部中,有96%的支部按规定和要求完成了预定任务,约91%的农村党员参加了整党。通过对农村党组织的整顿,被开除党籍和劝退的约占参加整党党员总数的11%;受到一般党纪处分的有564人,重新入党或以其他方式处理的有467人,暂未处理的有206人。但是在这次农村整党工作和后期党员的登记处理中,对原中共甘肃地下党组织在国民党基层政权人员中发展的党员,有部分存在着处理不当或处理错误的问题。

1953年8月20日,省委作出《整党工作总结》,认为全省农村基层党组织的整顿工作基本完成,并取得较显著成果。这次农村整党工作成功的主要经验是:准备工作充分是确保高质量完成整党工作的前提条件;依靠支部内在力量是做好整党工作的基本方法;思想教育工作是做好整党工作的关键因素;深入基层检查工作是实行具体领导的唯一门径和确保整党工作质量的有力武器。省委同时部署,未参加整党的40个农村党支部和1927名党员,统一集中到区或乡进行,1954年3月前完成。

## 五、整党整风中加强组织建设

省委在领导全省开展整党整风运动的同时,按照全国组织工作会议的决议和西北局的指示,从甘肃实际出发,以积极、严肃、慎重、稳妥的态度,有领导、有计划、有准备地发展党员和建立党组织。

在全省的党员中,抗战之前入党的4.84%,抗战时期入党的占10.48%,而解放战争时期和解放之后入党的占了84.58%;全省党组织和党员的分布极不平衡,革命老区庆阳有农村党支部348个,党员9000多人,而平凉、天水、临夏、武都、定西专区的1026个乡中没有党员,武威、酒泉等专区以及卓尼等藏族地区,党员很少或没有党员,全省农村四分之三的乡没有党组织;城市机关党支部和党员分布较多,而厂矿较少;学校中仅有兰大、师院、兰州中等学校有少数党员。1951年3月5日,省委组织部制定的《一九五一年工作计划》中,要求所有工矿企业的党组织一律以公开方式建党,增强党组织中的工人成分,提高党的战斗力。在农村,除庆阳专区慎重地发展党员外,其他专区一般暂时不发展党员,主要是整顿基层组织,以建立青年团组织为中心。建党工作的重点是建立工矿党的组织,着重在兰州、酒泉、天水的工矿企业中发展党员。至1951年12月,全省共有党员32918人,党支部1740个。其中农村党支部1026个,党员21221人,约占党员总数的64%;城市机关、工矿、学校、公安部队等党支部714个,党员11697人,约占党员总数的36%。

1951年12月,省委整党建党计划提出:结合整党工作,积极发展党组织和党员,发展的重点继续放在工矿和产业工人中;1953年5月之前,在工矿企业中吸收1800名至2400名产业工人入党;在农村中没有党支部的乡建立党支部,吸收26900名积极分子入党;在机关企业中发展600名党员。1952年7月24日,省委在《贯彻西北局关于整党建党的指示》中指出,整党工作一定要与建党工作密切结合起来,整党建党是党目前重大的政治任务与组织任务,是各级党委目前的一项中心工作。按照西北局整党建党指示,省委对建党计划作出调整,提出到1953年6月底前,顺利完成全省发展新党员2.5万人到2.8万人的任务。

按照既定建党工作计划,省委从1952年7月全省组织工作会议后,农村建党工作与党组织整顿同时展开,并结合土改复查工作或查田定产进行,城市建党工作随同机关“三反”、城市民主改革等运动开展。全省各地党委按照省委建党工作的指示,重点抓三个环节,即认真选择和培养积极分子,充分进行思想教育,按照入党手续接收新党员。首先,在建党工作中注意抓住培养积极分子的中心环节,把能联系群众、出身成分好、政治历史清白、工作积极、思想进步、愿意接受党的教育的农村贫雇农和城市机关干部作为发展对象。其次,在选择积极分子后,对他们进行思想教育,结合土地改革开展阶级教育,通过召开积极分子座谈会、上党课、干部谈话、组织学习小组等形式,提高他们的阶级觉悟和思想觉悟,进行系统的党的基本知识和理论教育,树立为人民服务的观念。同时,动员他们积极参加农村各项中心工作,分配给具体的工作任务,在实际工作中考察积极分子的觉悟程度、工作能力和思想品德。最后,在培养教育的基础上,按照共产党员的标准对接收入党的积极分子进行严格的审查,严格执行入党手续,在履行入党手续中贯穿思想教育的内容,以保持党员标准和纯洁党的组织。

在建党工作中,还对农村党支部组织编制进行规范,规定有3—6名党员者成立支部,只设支部书记;7—15名党员者成立支部委员会,设支书、宣传、组织委员各1人;15—30人者由5人组成支委会,增设副支书、保卫委员各1人;30—50人者由7人组成支委会,再增设青年、妇女委员各1人;50人以上者设总支,总支委由正副书记、组织、宣传、纪委委员5人组成。同时规定,必须建立健全党内组织生活制度,加强对党员的思想教育和党对农村工作的领导。

全省建党工作在进展顺利、取得好成绩的同时也存在着一些问题,主要是选择发展党员对象只要成分好、工作积极就可入党,发展新党员不够慎重;对入党对象的教育工作粗糙肤浅,有的甚至没有做教育培养工作;有的对新党员的审批不严格,存在着严重的形式主义;有的吸收新党员的手续混乱等。这些错误做法的直接后果是降低了党员的标准条件,甚至使极个别坏人混入党内。1953 年 2 月 23 日,省委发出《关于农村建党工作的指示》,指出存在这些问题的原因在于:部分地方党委领导不深入实际,建党工作准备不充分;选择训练组织员工作做得不够,因而有些组织员不懂得建党知识或懂得很少,思想上还有一些糊涂想法,不会做建党工作。《指示》要求,各地领导要不断加强对组织员的教育,经常检查工作与具体领导;在建党工作中,必须从积极分子中特别是青年团员中选择新党员对象,不允许脱离原有积极分子拉人凑数;选择的发展对象人数不宜太少,不允许选择几个就发展几个;不允许将未经教育和未参加学习者发展为党员;不允许变相动员或强迫入党,必须在发展对象程度提高的基础上,由本人自愿申请;对新党员的审批必须在一定的会议上研究进行,不允许个人审批;不允许随意决定新党员的候补期,应按照中央的规定严格执行等。同时还要求,每个区委都应指定副书记或区委委员专门负责做党务工作,加强对农村党支部的领导,建立可行的组织生活制度;对农村支部书记进行一次集中培训等。

按照省委关于农村建党工作的指示,全省各地在建党工作中不断总结经验,解决存在的问题,加强对积极分子和发展对象的培养教育,严格执行各项发展新党员和开展党支部组织生活的规定和程序,逐步建立和健全党内组织生活制度。同时,针对一些农村党支部成员还缺乏支部工作经验和工作方法的问题,在全省普遍开展对支部书记培训的工作,培训的主要内容是党支部如何做好党员和群众工作、如何领导农业生产和合作化运动。据不完全统计,到 1953 年 5 月底,全省共新建党支部 1721 个,发展新党员 12139 人,占原计划的 58.4%,在全省农村四分之三以上的地区建立起党的基层组织。在农村新发展的党员,工作积极,热情高,对土改复查或查田定产、互助合作和扫除文盲等各项工作,都起到很大的推动作用。

这一阶段的整党整风运动,是省委在新中国成立初期,按照中共中央和西北局的部署进行的一次党的自身建设的重要实践,积累了党的建设的宝贵经验。第一,坚持从全省党组织的特点和具体实际出发,总体部署,制定切合实际的方针政策、计划步骤、方法措施等,整党整风才能顺利而深入地进行;第二,坚持与土改、“三反”等各项中心工作密切结合，整党整风才能达到预期的目的；第三，坚持根据城市、农村不同的情况而采取不同的方式方法，整党整风才能收到良好的效果；第四，坚持以思想教育为主，整党整风才能真正解决党员思想上存在的模糊问题；第五，整党整风必须同党的组织建设结合起来，才能巩固和发展党的建设成果，进一步增强党组织的战斗力，从而成为甘肃经济社会各项建设中的领导核心。

# 第二章

# 巩固新生政权的斗争

甘肃全境解放后，省委领导全省人民坚决执行党中央的各项方针政策，通过开展消灭残余匪特、清除反动会道门组织、镇压反革命运动、抗美援朝运动和“三反”“五反”运动，巩固了新生人民政权，为生产和国民经济的恢复发展营造了一个安定的社会环境，也为即将开始的大规模国家经济建设创造了基本条件。

## 第一节　镇压反革命运动

### 一、消灭残余匪特的斗争

甘肃解放前夕，国民党军队溃败后遗留下大量的散兵游勇，部分还与当地的反动地主武装和惯匪纠合在一起。另外，国民党甘肃省政府退逃时还潜伏了一批特务，阴谋颠覆新生人民政权。据统计，1949 年 9 月至 12 月，在甘肃境内有国民党残余散兵与惯匪勾结的大小武装 140 余股、12100 余人。这些残余势力，有的纠集和组织反动武装公开发动反革命叛乱，袭击解放军和乡村新生的人民政权，大肆抢劫骚扰，破坏生产，残害群众；有的则制造散布谣言，挑拨民族关系，制造混乱，暗中进行破坏活动。1949 年秋，临夏地区以马金山为首的国民党残余武装和特务，勾结地方反动势力，挑拨回汉群众关系，制造互相仇杀事件，煽动和胁迫不明真相的群众参加叛乱，甚至组织反革命武装围攻宁定县城（今广河县城）。1950年初，定西县发生多起匪特杀人放火和抢劫案件，仅8月份平均每天就发生一起。4月，残存平凉的敌特分子组成以马云山为首的“忠义军”，裹挟群众发动反革命武装叛乱，袭击区、乡政府，杀害干部和群众，抢劫财物，严重破坏当地社会秩序。夏初，以马虎山为首的临夏敌特分子，公开发动反革命武装叛乱。8月，流窜在新疆、甘肃、青海边境地区的一股以乌斯满、尧乐博斯为首的匪特发动武装叛乱，先后在甘肃境内的安西、金塔、玉门、敦煌等地，拦劫车辆，杀人放火，抢劫财物，不仅给当地人民群众的生命和财产造成极大的危害，而且对新生的人民政权构成严重的威胁。1950年5月至1951年3月期间，全省各地就有32名党政军干部被暗杀。

为巩固新生的人民政权，保卫人民生命财产的安全，维护正常的社会秩序，省委果断决策，坚决消灭残余匪特。人民解放军剿匪部队认真执行“军事打击与政治瓦解并重”的方针和“宽大与镇压相结合”的政策，把受蒙蔽的群众同匪特分子区别开来，把一般匪特与首恶分子区别开来，很快瓦解匪特，取得了斗争的胜利。特别是对一些民族性的问题，采取慎重稳妥的处理办法，分化和孤立少数顽固分子，团结和教育广大人民群众，用强有力的军事力量给匪特以沉重打击，使剿匪肃特工作得以顺利进行。1949年11月初，人民解放军第一军和第六十二军抽调部分兵力组成剿匪部队，对临夏发动叛乱的匪特进行清剿。到12月底，临夏地区的股匪大部被歼灭。在军事打击和政治瓦解的强大压力下，全省有10余股近千名匪特投降。1950年7月，解放军平凉地区驻军在当地政府和人民群众的配合下，歼灭马云山“忠义军”发动的叛乱，歼敌1295人。在此期间，人民解放军剿匪部队还先后平息皋兰、会宁、安西、定西等地发生的叛乱以及临夏1950年夏再度发生的叛乱。经过近一年的清剿，共争取投诚及毙伤俘匪特13000余人，收编和消灭地方反动武装团队万余人，破获特务案件295件，逮捕特务635名，缴获枪24800余支，各类火炮124门以及大批军用物资。在解放后一年内的剿匪斗争中，通过采取政治攻势对匪特进行分化瓦解，在歼灭匪特中投诚和自首登记的匪特16994人，占匪特总数的72%左右，基本上打垮了公开活动的股匪，迫使一些残余匪特潜入地下，社会秩序初步安定。但彻底肃清残余匪特，仍是安定社会秩序、保卫新生人民政权的重要任务。

从1950年8月开始，按照省委的部署，全省各地在清剿匪特的斗争中，结合减租反霸、土地改革、镇压反革命等民主运动，发动和组织群众，贯彻正确的剿抚兼施方针，以政治争取和分化瓦解为主，结合军事武装打击，对零散残存的匪特进行持续不断的打击。全省各地组织起来的民兵积极参加剿匪肃特的斗争，在剿匪斗争中发挥了重要作用。1951年上半年，仅平凉、临夏、酒泉、定西等7个专区和皋兰县的民兵，配合解放军剿匪部队作战92次，破获敌特案件105件，逮捕匪特分子542人，争取自首投降24人。1952年初，消灭活动于酒泉地区一带的乌斯满股匪，活捉匪首乌斯满。至此，全省大部分地区的匪特基本上被消灭，社会秩序日趋稳定。

这场斗争的胜利，不仅彻底剿灭了残敌匪特，团结和教育了广大人民群众，为强化人民民主专政提供了理论与实践依据，而且安定了社会秩序，巩固了新生的人民政权，为土地改革、抗美援朝、恢复和发展国民经济等工作的顺利进行提供了保证。

## 二、开展镇压反革命运动

1950年6月，朝鲜战争爆发后，潜伏在各地的匪特和反革命分子，认为国民党蒋介石“反攻复国”的时机已到，相继组织所谓的“西北剿共总部”“战地青年服务团”“民治党”“自卫军同志会”“西北救国军”“中央反共战斗委员会”“反共救国军”“新国民党”“西北青年义勇先锋队”等40余种反革命组织，频繁进行破坏活动，制造和散布谣言，破坏民族团结，进行纵火、投毒、暗杀、抢劫等，甚至煽动和组织武装叛乱，妄图颠覆新生的人民政权。仅在1950年，全省发生反革命案件3652起。在省委的领导下，各级人民政府按照“首恶必办，胁从不问，立功受奖”的方针和政策，对残余的反革命势力进行严厉打击，清除反革命分子的工作取得显著成效。由此，一些干部产生麻痹轻敌思想，对敌特分子的处理上片面地理解“镇压与宽大相结合”政策，发生“宽大无边”的偏向，对一些罪大恶极的反革命分子镇压不力，对一些反革命分子判刑过轻，致使一些首恶分子未能得到应有的制裁，有些释放后仍然继续作恶，助长了个别反革命分子的气焰，引起群众的不满。

10月10日，中共中央发出《关于镇压反革命活动的指示》，要求各级党委坚决纠正和克服镇压反革命中“宽大无边”的偏向，全面贯彻和正确执行党的“镇压与宽大相结合”的政策，大张旗鼓地开展镇压反革命运动。省委立即组织召开全省公安、司法、检察机关的联席会议，学习中央指示精神，检讨在镇反工作中出现的“宽大无边”偏向，安排部署全省镇反运动计划，并成立特种案件处理委员会。各地区党委成立镇反工作领导小组或委员会、特种案件处理委员会，由党委主要负责人担任领导，掌握运动的进程和重大案件的审批，严格控制逮捕和判处死刑的名单，广泛做好政策的宣传和教育工作。按照省委的部署，各级人民政府在迅速纠正镇反偏宽的基础上，在全省范围内有计划、有准备、有领导地开展镇压反革命运动，重点打击特务、土匪、恶霸、骨干分子及反动会道门头子等五类反革命分子。

全省镇压反革命运动大体上分为三个阶段。第一阶段从1950年10月至1951年10月，主要任务是各地党委按照省委的部署，检讨镇反偏宽的轻敌麻痹思想，统一对镇反工作的认识。各地按照1951年2月中央人民政府颁布的《镇压反革命条例》，坚持“准、稳、狠”的方针，相继捕一批、关一批、管制一批，并处决一批不杀不足以平民愤的反革命分子。同时，还关押一批罪行严重、必须长期劳动改造的反革命分子；交群众管制一批情节较轻、坦白较好、有若干悔过表现但必须管制的反革命分子，有力打击了反革命分子的嚣张气焰。3月，省委召开全省地委书记会议，专门讨论和部署镇反工作。全省镇反运动迅速开展，各地相继处决一批解放初期积压未决的首恶分子，得到群众的热烈拥护。在这一行动的震慑下，全省有3612名反革命分子向人民政府投案自首。

为了巩固镇反运动的成果，1951年5月，省委通过《关于执行第三次全国公安会议决议的计划》，决定在全省城乡建立治安保卫委员会。从6月开始，全省大部分地区普遍建立乡、街道治安保卫委员会，并以县、市为单位陆续召开防奸治安模范代表会议，交流经验，进一步提高对敌斗争的能力。通过治安保卫委员会，使人民政府与广大群众对防特防匪斗争保持密切联系，并积极开展清理积案、组织劳改等项工作，保证镇反工作的健康发展。在镇反运动中，对反革命分子的家属采取给出路的正确政策。1951 年 4 月 27 日，武威专署公安局、人民法院举办一次反革命分子部分家属座谈会，取得很好的效果。5 月 23 日，毛泽东主席看到武威专署公安局的报告后写下了批语："武威的经验很好，全国各县市均应这样做，争取反革命分子的家属，孤立尚未消灭的反革命分子。"省委在转发武威召开反革命分子家属座谈会情况的报告中指出：把反革命分子家属召集起来开座谈会，讲清我们的政策，安定他们的情绪，要他们劳动生产，做新社会的好公民，这是十分必要的。武威的做法和经验被迅速推广到全国各地。

1951 年 11 月至 1952 年 11 月，是全省镇反运动的第二阶段，主要任务是广泛发动群众，紧密结合土地改革、"三反""五反"、抗美援朝、民主改革等项运动，继续肃清残存的反革命分子。经过第一阶段的镇反工作，全省除甘南马良股匪之外，绝大多数地方的社会秩序安定；五种类型的敌人除一贯道之外，其余特务、土匪、恶霸、反动党团骨干分子等四类敌人均受到相当沉重的打击，反革命分子的气焰收敛，力量大为削弱，再无能力与人民对抗。但反革命分子的破坏活动并未停止，仅在 1951 年的 10 个月中，被反革命分子杀害的干部 17 人，伤者 12 人。因此，继续肃清残存的反革命分子，仍是这一阶段镇反工作的重点。1951 年 12 月底，省委扩大会议通过工作大纲提出，镇反工作要继续肃清散匪，随时警惕反革命分子的破坏活动，克服新的麻痹现象。并做好劳改工作。按照省委镇反工作部署，全省各地结合土地改革等项工作，继续坚持"准、稳、狠"的方针，广泛发动群众，开展对反革命分子的打击。同时，还开展清查积案的工作，严格执行镇反运动中对反革命分子逮捕、关押和处决的规定，镇反运动进入高潮。

在这一阶段的镇反运动中，全省各级党委和政府广泛发动群众，组织和依靠群众，深入开展宣传教育工作，普遍采用报告会、座谈会、展览会、文艺演出、报刊报道等形式，宣传《镇压反革命条例》，动员广大人民群众积极参加镇反运动，把动员群众和开展镇反工作结合起来，使镇反运动“家喻户晓，人人皆知”。1951 年底到 1952 年春，全省有 65 个县、市先后召开防奸治安模范代表会议，宣传和弘扬防奸反特的先进事迹，激发群众参加镇反斗争的积极性。通过广泛深入的宣传动员和组织，群众的政治觉悟普遍提高，镇反工作得到群众的热烈拥护。人民群众积极参与到镇反运动中，在检举揭发反革命分子、协助公安机关破获反革命案件等方面，发挥了重要作用。镇反运动中全省约建立各级治保委员会 4153 个，治安委员 32066 人，涌现出治安模范 3179 人，其中天水地区就涌现出镇反积极分子 2710 名。

1952 年 12 月至 1953 年 6 月，全省镇反运动进入第三阶段，主要任务是继续发动群众，深入开展镇反，清理积案，结束运动。经过前两个阶段，镇反运动已在全省县以上城市和广大农村对五类敌人进行了沉重打击，逮捕 20979 名反革命分子，需继续打击的五类敌人大多分散在偏远山区。1952 年底，临夏、甘南民族地区发生马良股匪武装叛乱，该股匪由于得到台湾国民党的空投支持，活动异常猖獗；平凉地区的西吉、海原、固原和隆德等民族地区，也发生一些封建反动势力煽动和组织的武装叛乱；天水、武威、武都一些地方还发生一些地主“反水”[①]的情况。因此，第三阶段镇反工作是在慎重稳进的方针下，重点打击潜入牧区、半农半牧的少数民族地区的反革命分子和匪特，继续打击还在进行破坏活动的匪特和反革命分子，争取和稳定改造大多数匪特和反革命分子，维护和安定社会秩序，以彻底完成镇反运动的任务。按照第五次全国公安工作会议精神，省委决定，第三阶段镇反工作中，在马良匪患影响较大的 402 个乡的地区，继续以打击残存匪特和现行罪犯、安定社会秩序为主；对尚未开展镇反运动的 3486 个乡，限期完成对土匪、恶霸、特务、反动党团骨干等四类敌人的打击，然后全面取缔一贯道等反动会道门组织。这一时期全省共处理各类反革命分子 3644 人，其中公安机关破获马良股匪潜伏案 18 起，捕获匪特 185 人。在全省各级党政机关、企业工厂、事业单位及学校等，也通过整风的方式进行清查，对隐藏在内部的一批敌

① 指被打倒的地主阶级分子打击报复农民、夺取人民政府分配给农民的土地、财产等反攻倒算的行为。

对分子分别作出处理,纯洁了机关单位内部。

第三阶段的镇反工作,仍然坚持广泛发动群众参加镇反工作的群众路线。各地群众积极检举揭发反革命分子,协助当地政府和公安机关进行镇反摸底、破获反革命案件。仅在1953年上半年,全省各地群众检举出各类反革命分子1983人,协助公安机关破获反革命案件149起。同时还开展清理积案的工作,对上万名判处徒刑的罪犯进行劳动改造,开展对9606名判处管制分子的监管工作;对运动中出现的个别错捕、错关、错管及错杀案件等进行认真清理,公开纠正和妥善处理。

在全省深入开展的镇压反革命运动中,对历史上的一些反革命案件和民愤极大的反革命分子进行审理和清算,为烈士雪仇,为人民除害。审理解放前夕国民党反动派制造杀害76名共产党员和进步人士的"兰州沙沟惨案",依法对血债累累的兰州军统站站长任冠军、沙沟监狱看守长梁俭、西北特区副区长王永忠、行动队队长牛世忠等20余人判处死刑。审理"残害西路军红军将士案",对参与残害红西路军将士的499名罪犯进行公审,依法对其中83人判处死刑、5人判处死缓、214人判处有期徒刑,其余都给予群众管制等处罚。

1953年5月17日,省委批转省公安厅《关于结束镇反运动的指示》,部署对全省镇反总结工作。按照省委的部署,各地党委和政府在继续做好镇反摸底、复查工作,追捕潜逃匪特和反革命分子基础上,对镇反运动作出结论。在全省3762个乡中,镇反彻底的约占91.6%;基本彻底的约占5.34%;不彻底的约占3.06%。绝大部分残余的反革命分子被镇压,全省绝大多数地区的镇反运动取得决定性的胜利。至此,这场大规模的、以发动人民群众为主要形式的镇压反革命运动在甘肃基本结束。

## 三、取缔反动会道门组织

新中国成立前,甘肃境内的会道门组织名目繁多,派系繁杂,有一贯道、无极道、皇坛、瑶池等50余种,广泛分布于67个县市。其中一贯道、无极道组织遍布全省且势力颇大,兰州、武威、定西、张掖、武都、酒泉等地聚集人数最多。其道首和骨干分子大多为特务、地主恶霸、土匪流氓,是国民党反动派掌握和利用奴役人民的反动组织。兰州解放前夕,在国民党兰州中统调查站史彦博等人策划下，将皋兰县的无极道改组为“甘肃省调查统计室武装工作队”，配备电台、枪支等，从事特务破坏活动。天水一贯道道首郭西元等人，在天水北道组织“游击队”，妄图阻止人民解放军解放天水。其他一些反动会道门组织也进行了许多反革命活动。甘肃解放后，一贯道、无极道等反动会道门组织披着宗教迷信的外衣，暗地里与匪特和反革命分子相勾结，造谣惑众，进行破坏活动，甚至公开发动反革命叛乱。全省参加一贯道、无极道组织的人员在解放前约 30 万人，至 1950 年底发展到 80 余万人，点传师以上的道首 10605 人，其中首恶分子 7589 人。武威县一贯道头子李性悟，纠合匪特分子组织反革命武装“中央人民救国军”，袭击区乡政府，烧杀抢掠。潜伏在皋兰县的国民党中统特务史彦博等与一贯道、无极道头子魏配中、韩兰亭等相勾结，于 1951 年 4 月，煽动道徒，裹胁群众 300 余人公开发动武装叛乱，袭击乡政府，抢夺枪支，绑架干部，烧毁文档，杀害干部群众多人。解放军剿匪部队果断清剿，毙伤匪徒 85 人，俘获 70 余人，当场释放被裹胁者，迅速平息这场叛乱，其中的首恶分子受到严惩。

1950 年 6 月 6 日，省委关于平息匪特叛乱的意见指出：对一贯道、无极道等反动会道门组织，实行“予以公开取缔，广泛宣传，争取群众，打击首恶”的基本政策。省政府随之宣布取缔一贯道等反动会道门组织，对有罪恶和民愤的道首予以刑事处分，投案自首者从宽处理，其余道首责令登记悔过；对一般道徒在教育的基础上劝其自动退道。按照省委、省政府的指示，至 1951 年 3 月，全省各地党委和人民政府结合开展减租反霸、土地改革和镇压反革命运动，进行打击和取缔反动会道门的活动，公安部门逮捕一批一贯道、无极道等反动会道门首恶分子，许多受骗的群众经过宣传和教育自动退出会道门组织。

1951 年 4 月 27 日，省委作出《关于取缔一贯道的指示》，要求全省各地结合开展镇压反革命运动，积极做好准备，于 7 月底展开全面取缔一贯道运动，并报中共中央西北局批复。5 月 9 日，西北局对省委关于取缔一贯道工作计划作出明确批示，指出当前取缔一贯道应加强城市的工作，农村应在减租、土改中重点取缔。按照西北局指示，省委调整工作部署，全省取缔工作分两步实施，确定在兰州、庆阳、天水等地区进行重点取缔外,其余地区推迟到土地改革完成后进行。按照省委的部署,兰州市迅速逮捕171名反动道首,市政府发出布告,责令坛主以上的道首到公安分局登记,道徒到派出所登记。随后,兰州市自上而下地建立取缔机构,成立取缔一贯道、无极道委员会,各区及工商界建立取缔分会13个,各工厂、学校、机关和乡设立取缔小组,公共场所设立退道站。取缔机构普遍召开各种宣传动员会、座谈会、代表会和控诉会等,建立规劝小组,发动群众检举揭发,规劝道徒退道。并利用五泉山庙会办展览、做宣传、召开群众大会,广泛地开展取缔一贯道等反动会道门的群众运动。经过3个月的工作,兰州市的一贯道等反动会道门组织被彻底摧毁,退道群众达3万余人,逮捕首恶分子130多人,投案自首的道首140多人。庆阳、天水等地区也结合剿匪肃特、土地改革、镇压反革命运动,进行取缔一贯道等反动会道门组织活动,取得重大胜利。

年底,省委扩大会议通过《甘肃省1952年工作大纲》,指出全省应重点打击土匪、特务、恶霸、反动党团骨干、反动会道门五个方面的敌人,目前应在继续做好肃清匪特的基础上,待土地改革完成后条件成熟时,再开展全面取缔一贯道等反动会道门组织。1952年,全省各地党委和政府结合开展肃清匪特、减租反霸、土地改革和镇压反革命运动,继续对一贯道等反动会道门组织进行打击和取缔,各地共捕办反动道首2221人,共有30多万受骗群众退出一贯道组织。但是,全省各地仍有一贯道点传师以上的道首5000余名,道徒40余万人,在兰州、天水、庆阳等已重点取缔和打击一贯道等会道门组织的地区,又出现死灰复燃并蔓延的现象。1953年2月25日,省委发出《关于取缔一贯道的意见》,认为全省取缔一贯道的条件已经成熟,同意省公安厅的行动意见。3月27日,省委在批转公安厅关于取缔一贯道工作计划中,认为“为彻底肃清五方面残余的反革命分子,迎接全省已经开展的大规模的经济与文化建设,对全省一贯道的活动,予以集中的全面的群众性的取缔运动加以解决,是十分必要的”。

1953年3月,省委根据西北局要求于5月份完成取缔一贯道工作的指示,研究全省全面彻底清除反动会道门工作,通过并下发责成由省公安厅拟定的《甘肃省取缔一贯道工作计划》,要求各地迅速部署,组织力量，加强领导，完成彻底清除省内残存的一贯道等反动会道门组织的任务。4月7日，省委宣传部、省公安厅联合发出《关于取缔一贯道的宣传计划》，并由省公安厅派出4个工作组，分赴武威、靖远、陇西、灵台等地协助开展。按照省委的工作部署，各级党委和政府广泛开展取缔一贯道的宣传工作，揭露一贯道首进行反革命活动的罪行以及进行引诱、欺骗、煽惑、诈取钱财的手法；广泛深入宣传党和政府取缔一贯道等反动会道门组织、奖励有功人员、惩办首恶分子的各项政策，争取被骗道徒退出反动会道门组织，坚决打击披着一贯道外衣的反革命分子和首恶分子。

6月，全省取缔一贯道等反动会道门组织的工作基本结束。在取缔反动会道门组织的斗争中，对应打击的点传师以上的道首7783人，用不同方式打击了7589人，占应打击道首的97.5%。另外，又用登记、集训等方式处理了公共坛主以上道首20896人，退道道徒751088人，占道徒总数约80万人的93.88%左右。在取缔运动中受到教育的群众达500万人以上。取缔一贯道等反动会道门斗争的胜利，是巩固新生的人民政权的胜利，有力地配合了镇压反革命、土地改革等运动，为全省工农业生产和国民经济的恢复及发展，进行大规模的社会主义经济建设提供了良好的社会环境。

## 第二节　抗美援朝运动

### 一、抗美援朝运动的发动和宣传

1950年6月25日，朝鲜内战爆发。美国政府立即作出武装干涉朝鲜内战的决定，并派遣第七舰队侵入台湾海峡，公然干涉中国内政，阻挠中国的统一大业。10月初，美军无视中国政府一再警告，悍然越过三八线，把战火烧到中朝边境，直接威胁新中国的国家安全。危急关头，朝鲜劳动党和政府请求中国出兵支援。中央政治局多次召开会议，全面估量国内外形势，既清醒地看到了面临的困难，又深入地分析了出兵作战的必要和可能，作出派遣中国人民志愿军入朝作战，抗美援朝、保家卫国的历史性决策。

26日，中央发出关于在全国进行抗美援朝宣传的指示。同日，全国抗美援朝总会在北京成立，负责领导全国人民的抗美援朝运动。11月3日，省委在兰州召开省、市两级机关干部动员大会，省委书记张德生作开展全省抗美援朝运动的动员报告。随后，省委宣传部组成报告团分别在兰州各机关、工厂、部队、学校以及广大市民中作报告、召开座谈会，进行抗美援朝的宣传教育。1951年4月2日，省委发出指示，要求迅速对各级宣传委员会进行整顿，各专区、各县成立党委领导下的包括各民族各阶层代表参加的各级抗美援朝分会或支会；各地要联系当地的实际，普遍开展抗美援朝宣传周活动，扩大向广大群众进行直接的宣传教育活动；要求区委以上的各级党委在“五一”节组织当地群众召开大会，充分发动群众进行拥护和平和反对美国侵略者的签名活动，并举行示威大游行，把抗美援朝的宣传教育做到家喻户晓，人人皆知。21日，省委再次召开省、市两级干部大会，张德生在报告中号召各机关干部要认真学习抗美援朝文件，重视对抗美援朝运动的宣传教育工作，搞好“五一”节示威大游行。

在省委统一部署下，全省各地党委和政府结合当地实际，积极在各族各界人民中普遍地、及时地召开抗美援朝报告会、宣讲会、讨论会等；广泛利用报纸、广播、张贴标语、图片展览、文艺演出、学习手册、宣传画等，开展抗美援朝、保家卫国的宣传教育，揭露美国侵略朝鲜、袭击我国边境、阴谋将侵略战争引向中国的图谋；广泛进行我们一定能战胜美帝国主义，抗美援朝一定能够取得胜利的宣传。通过各种形象生动的宣传教育活动，激发了广大人民群众积极参加抗美援朝的热情，坚定了打败美帝国主义的信心。兰州等地群众多次举行大规模示威游行，抗议美帝国主义的侵略行径。兰州市各民主党派和地方组织以及工、农、青、妇、工商联等群众团体，纷纷通电拥护全国各民主党派发表的“抗美援朝、保家卫国”宣言，全省的11个少数民族也联合发表拥护世界和平、反对美帝国主义侵略和保家卫国的声明，并纷纷举行示威游行。12月20日，兰州市7000多名工商业者举行“抗美援朝、保家卫国”的示威游行。

随后,临夏八坊的24个清真寺、11个拱北的数千名回族群众举行示威游行;夏河县的藏、回、汉、撒拉等民族群众万余人举行抗美援朝大会,发表支持抗美援朝的声明;清水县245坊清真寺及7万多回族群众等召开抗美援朝座谈会,开展拥护和平签名运动。从1951年2月到“五一”节前,兰州市各界群众举行示威游行人数多达10万多人次。酒泉、天水、定西、临夏等地群众也举行示威游行,卓尼藏区3000多藏族群众、拉卜楞寺的600多僧众、临夏甘藏沟350多名回族妇女在和平公约上签名。特别是在1951年“三八”国际妇女节当天,各地区所在城市都举行由当地妇女组织的抗美援朝示威游行活动。抗美援朝运动在全省各地各民族各阶层中普遍开展起来。

1951年3月,庆阳专区土地改革和全省其他地区减租反霸等运动普遍开展以后,全省抗美援朝爱国运动逐步由城市推向广大农村,从一般思想教育走向与实际工作相结合。在广大农村结合正在进行的土地改革、反恶霸、镇压反革命运动,开展抗美援朝的宣传教育。全省各族人民通过控诉国民党蒋介石、马步芳、恶霸地主以及反革命分子压迫和剥削群众的罪行,从自己亲身经历的痛苦中,进一步认识美帝国主义及其走狗们的罪行。在少数民族聚居地区和民族杂居地区,通过剿匪肃特、调解民族纠纷等工作,各族人民更深刻地认识到过去剥削阶级挑拨民族关系、剥削压迫和屠杀各族人民的罪行,认识到美帝国主义及国民党反动派是各族人民的共同敌人,增强支援朝鲜人民打败美帝国主义的决心和信心。同时,由各县机关干部及学校学生组成的宣传队,有计划地配合农村的土地改革运动,利用各种形式深入到乡村、集市、庙会以及田间地头,进行普遍深入的抗美援朝运动的宣传教育。学校学生在寒暑假返乡期间,利用冬学、夜校、秧歌、走亲访友等形式,在农民群众中广泛宣传抗美援朝的意义。通过抗美援朝宣传教育活动,极大地激发了广大农民群众的爱国热情,有力地增强了各民族的团结,促进了土地改革、减租反霸、镇压反革命等工作深入开展,推动了农业生产的恢复和发展。

五一劳动节当天,根据中共中央和西北局关于举行示威大游行的指示,在省委的统一部署下,全省各族各界人民群众举行声势浩大的示威游行和签署和平公约的活动,全省有46个县市及其大小城镇举行抗美援朝的示威游行，并高呼“抗美援朝、增加生产”“抗美援朝、多打粮食”“拥护缔结和平公约”等口号，把抗美援朝的宣传教育与广大人民群众的实际工作生产结合起来。兰州市参加游行示威的群众达21万人，占全市人口的77%；武威县城只有5万人，但从四乡赶到县城来参加示威游行的农民群众达15万人。全省各地广大农村，特别是实行了减租反霸、土地改革的乡村，农民群众从几十里外赶到城镇参加抗美援朝示威游行，以表达爱国热情。据全省46个县市的不完全统计，全省各地参加游行示威并在和平公约上签名的城乡群众达240万人。

1951年4月6日，志愿军回国代表到达兰州，受到兰州市人民群众的热烈欢迎。志愿军回国代表在兰州作了15场次报告，听众达11.1万多人次。7月5日，第一届赴朝慰问团的代表回到兰州，分赴全省各地作传达报告，两个月内先后在全省65个县市和28个乡镇，作报告304场，听众达80余万人次。11月9日至13日，志愿军战斗英雄归国代表团到达兰州，有8.17万多人次聆听了战斗英雄的报告。1952年2月17日至23日，志愿军归国代表团西北分团、朝鲜人民访华代表团西北分团在兰州，分别向兰州人民和皋兰县农民作抗美援朝的报告，有15万多人次听了报告。报告团的报告内容还通过报刊、广播电台、印发报告宣传提纲等，迅速将中国人民志愿军在朝鲜浴血奋战，取得伟大胜利的好消息传播到全省各地，使各族各界人民群众受到极其深刻的教育，爱国热情更加高涨，抗美援朝的群众运动更加广泛深入地开展起来。

1951年4月，甘肃省抗美援朝分会筹委会和兰州市分会及各专区、各县市抗美援朝机构相继成立，截至6月，全省已成立88个分会、323个区乡支会。10月3日至6日，全省抗美援朝代表会议在兰州召开。会议确定全省抗美援朝运动的任务是：加强爱国主义教育，提高人民爱国的自觉性，使运动由自觉发展到自然，使每个人都养成爱祖国的习惯，在各级党委和政府的领导下把抗美援朝运动持久深入地开展下去。会议正式成立甘肃省抗美援朝分会，选举省政府主席邓宝珊任分会主任，省委副书记孙作宾任副主任。会议对进一步开展抗美援朝运动的内容和方法作出明确规定。甘肃省抗美援朝分会的正式成立，标志着全省自上而下领导开展抗美援朝的各级组织的建立,对促进全省抗美援朝运动更加深入持久地开展有着重要的意义。

抗美援朝运动开始后,通过广泛深入的学习和宣传,提高了全省各族各界人民的爱国主义和国际主义热情,打消了在少数群众中存在的亲美、崇美、恐美的思想,认清了美帝国主义侵略朝鲜的罪行,大大提高和增强了战胜美帝国主义的信心和决心。特别是通过“五一”节抗美援朝示威大游行、志愿军代表团来兰作报告等活动,对促进全省的减租反霸、土地改革、抗灾救灾、恢复和发展工农业生产等起到极大的推动作用。

## 二、响应全国号召,积极参军参战支前

1950 年 12 月 1 日,中央人民政府、中国人民革命军事委员会和政务院联合作出关于招收青年学生、青年工人参加各种军事干部学校的决定。为做好这项工作,在省委的统一部署下,从省、市各专区到县都成立各级军事干部学校招生委员会。全省各族青年都以高度的热情纷纷响应,踊跃报名参军和报考军事干部学校。截至 1951 年 6 月,全省报名参军的各族青年达 9.7 万余人,其中 45459 名青年参军入伍,1792 名新兵赴朝参战。在抗美援朝三年多的时间里,全省共有 6049 名青年学生和工人报考军事干部学校,其中招收录取 1556 人。

在全省各族青年踊跃报名参军的热潮中,涌现出许多父母送儿郎、妻子送丈夫、兄弟争相入伍的感人事迹。天水县原计划征收新兵 2000 人,但报名者多达 8000 人。在陇西县报名参军者有 2204 人,但只征收新兵 141 人,许多未被征收的青年哭着不愿回去。武山县滩歌区农民陈老汉送儿子陈名有参军时,给毛泽东主席写信说:“为了抗美援朝早日胜利,我情愿送自己的儿子献身祖国,打败美帝。”在各族人民群众的大力支持下,全省征收新兵和招收军事干部学校学员的任务,都超额完成。

在各族青年踊跃报名参军参战的同时,全省的铁路职工、汽车司机、医务工作者等,也纷纷要求到朝鲜参战,许多奔赴朝鲜战场的职工,都立功受奖得到表彰。兰州市由 120 名机械、车辆修理工人组成的工作队

和由42名工人组成的汽车运输队,先后奔赴朝鲜战场。兰州市医务工作者在短期内组成66人的“抗美援朝志愿医疗队”,先后分两批赴朝工作。第一批31位医务工作者赴朝后,以精湛的技术热情为志愿军伤病员服务,并克服种种困难,先后创造发明4种医疗器具代用技术,全队荣立集体功。兰州市由5名兽医工作者组成的“抗美援朝志愿兽医队”第二队,在朝鲜战场艰苦的环境中,在做好基础性工作的同时,解决志愿军割储马草的问题,受到表彰奖励。特别是队长马诗兴两次赴朝,积极开展战地科研调查,著有《朝鲜战地割储马草问题的研究报告》,受到全国抗美援朝总会、中央军委兽医局和中央军委后勤卫生处等单位的表扬。

全省各族各界群众采取多种形式开展支援前线的捐献运动。各族群众给朝鲜军民和中国人民志愿军寄去大批慰问品,先后送往朝鲜前线的慰问品达100多种、10多万件,其中有慰问信4.7万多封,慰问袋、针线包等8.7万多个。这些慰问品和信件极大鼓舞了志愿军将士的战斗信心。同时,志愿军指战员的来信,也鼓舞了甘肃各族各界人民努力搞好各项生产、促进经济建设的信心。

1951年6月1日,全国抗美援朝总会向全国各族各界人民发出推行爱国公约、捐献飞机大炮、优待烈军属的号召(即三大号召)。18日,省委发出《关于领导捐献运动及推行爱国公约做好优属工作的指示》,要求各级党委必须把指导订立爱国公约、捐献武器和拥军优属的工作作为当前的一项重要政治任务,各地、市、县委要召开党委会专门讨论如何做好三大号召的工作,并作出积极响应三大号召的决议,提出订立爱国公约所依照的四项原则和捐献武器、开展优属工作的基本方法等。

在全省开展集中的大规模武器捐献的捐款运动中,各族人民踊跃捐款捐物,省内国营企业的职工全部积极参加捐献,私营企业大部分职工也捐献大量现金和实物。学校师生捐献出节省下来的小米、津贴和工资。一些省内的知名人士也积极参加捐献,省政府副主席马鸿宾捐款1万元①,工商界人士柴仁山捐款1.5万元。广大各族人民群众也积极

① 1955年2月21日,国务院发布《关于发行新的人民币和回收现行的人民币的命令》。自3月1日起,中国人民银行发行新人民币,以新币1元等于旧币1万元的折合比率收回旧人民币。本书所用人民币单位一律为新币。

参与到捐献的热潮之中，兰州市救济院的盲人崔五峰捐出全部积蓄 100 元，回族妇女王尕未慷慨捐献出长期积攒的 100 枚银元和一个金手镯，拉卜楞寺院僧侣捐献银元 4.7 万枚，穆扶提第十世教主马孝捐献道堂金银等折合人民币 1 万元，天祝藏族自治县达隆寺捐献羊 400 余只、马 30 匹、羊毛 500 斤和元宝 60 锭等，体现了民族宗教人士对抗美援朝运动的积极支持和拥护。

在各级党委的组织下，6 月 17 日至 7 月 20 日，兰州市共捐款 186.36 万元，完成捐献 10 架飞机的任务。武威县捐献战斗机 4 架，省抗美援朝分会筹备委员会主任邓宝珊、副主任孙作宾为此写信嘉勉。临潭县回、汉族人民共同捐献“临潭团结号”战斗机 1 架。仅有 5 万人口的天祝藏族自治县捐献“天祝号”战斗机 1 架，这是西北少数民族地区捐献的第一架飞机。到 1951 年底，全省共捐款 1060 万元，可购买 70 多架战斗机。其中，天水专区认捐战斗机 12 架，至 8 月底实际捐款数可买 14 架。

在全省各族各界人民的努力下，支援抗美援朝的武器捐献运动取得显著成效。截至 1952 年 4 月，全省各地汇解中国人民银行的支持抗美援朝的武器捐款，总计人民币 1225.57 万元，以每架战斗机 15 万元计算，可折合购买战斗机 81 架，超额完成捐献武器的任务。在进行武器捐献的同时，还捐献 8 万多元的慰问款。全省人民以积极捐献的实际行动，表达了对抗美援朝运动的坚决支持，也标志着全省的抗美援朝运动进入更普及更深入的阶段。

全省人民积极开展订立爱国公约的活动，推动抗美援朝运动。1951 年 3 月开始，全省各行各业、各阶层群众纷纷订立爱国公约，对于更普遍深入开展抗美援朝运动，发挥人民群众爱国热情起到重要作用。6 月 18 日，省委在发出做好三大号召的工作指示后，各级党委和政府认真贯彻执行，全省各级工会、妇联、共青团组织、各民主党派、人民团体和全省各族各界人民积极行动起来，迅速推动订立爱国公约的活动，使全省订立爱国公约由群众自发性的活动，转入到有组织有计划有领导的活动。爱国公约的内容也更加具体明确和规范，通俗易懂。爱国公约一般包括政治任务、生产任务、工作任务、学习任务以及基本的思想道德规范。爱国公约的订立,团结和教育了广大职工群众,推动了各项生产建设事业的发展。兰州市甘宁青邮政管理局业务股业务上的差错率由千分之二下降到万分之二。西北石油运输公司总站经过4次修订爱国公约,节约和增产的价值达100多万元。兰州市的5个工厂订立爱国公约之后,在9个月中,采纳工人提出的合理化建议84件。爱国公约的订立,推动和配合了当时正在开展的抗美援朝和镇压反革命等运动。兰州中学全校师生检举揭发土匪、特务分子30余人,有120多名学生申请加入青年团,有29人退出一贯道,并规劝100多人退出反动会道门组织。

抗美援朝运动开始后,省委、省政府把做好拥军优属工作作为开展抗美援朝运动的一项重要内容。1951年6月,全国抗美援朝总会发出优待军烈属的号召后,全省相继成立各级拥军优属委员会。1952年1月9日,省政府发出进一步开展拥军优属工作的通知,要求全省各地普遍结合土地改革及冬季生产运动,在原有优属的基础上,开展拥军优属月,进一步推动拥军优属工作。各地人民政府在拥军优属工作中,重点解决军烈属生活和生产中的困难问题。在抗美援朝运动期间,全省各级人民政府共支付各种优属事业经费526万多元。志愿军和解放军的家属、烈属以及荣誉军人和转业军人,受尊重和爱戴成为全省各地普遍的社会风气。各级政府和广大群众都积极行动起来,在"先军属,后自己"的口号下,采取一切措施以保证军烈属的生活和生产。在农村的土地改革中,广大农民主动把好地和牲口分给军烈属,帮助他们建家立业。1952年43个县市的统计显示,农村群众为军烈属和荣誉军人代耕土地93430亩,产量一般都达到或超过当地的平均水平。另有35个县的统计显示,群众自发给军烈属送去慰问金4万多元、麦子3500多斤。在城市,人民政府采取介绍工作、扶持搞家庭副业、子女免费入学、治病吃药免费等办法,帮助解决军烈属的困难。人民政府为全省所有的军烈属门上挂上光荣牌,还经常举行座谈会,征求他们的意见。每逢重大节假日,当地人民政府和群众都对军烈属进行物质和精神上的慰问,经常为他们扫房修屋,劈柴担水,庆功贺喜,拆洗被褥。每逢清明节,群众主动为烈士扫墓,慰问军烈属。

## 三、爱国劳动竞赛和技术革新增产运动

随着抗美援朝运动的深入发展,党中央和毛泽东主席发出增加生产、厉行节约,以支持中国人民志愿军的号召。在省委领导下,全省人民开展轰轰烈烈的爱国劳动竞赛和增产运动,在工业战线,开展以技术革新为主要形式的增产节约和爱国劳动竞赛。1950 年全省参加爱国劳动竞赛的职工人数为 8954 人,1951 年增至 11295 人,1952 年激增到 51827 人。在各级党委的领导下,各厂矿企业广泛开展技术革新、增产节约、劳动竞赛运动。广大职工在开展劳动竞赛中掀起学习先进技术,动脑筋、找窍门,搞技术革新,搞创造发明,提合理化建议的热潮,涌现出许多模范先进单位和先进工作者,促进了生产发展。修筑天(水)兰(州)铁路的职工积极开展技术革新和发明创造,为国家节约资金 1000 万元。其中,铁路工人马万林创造的先进操作方法,使工作效率提高 8 倍。玉门油矿工人郭孟和创造的生产新工艺,全年节约资金 1.6 万元。省汽车运输公司汽车队队长刘宝善创造平均每加仑汽油行车 18.47 公里的全国纪录,全公司掀起节约汽油的高潮。省建筑公司工程局泥工孙永川生产小组发挥群众智慧,实行民主管理精神,发明创造出新的施工方法,超额完成全年生产任务,为国家节约资金 1.4 万多元。在爱国劳动竞赛和技术革新增产运动中,涌现出的大量模范人物和先进事迹,鼓舞和激励着全省广大职工爱国增产热情,极大地推动技术革新和劳动竞赛运动的进一步发展。

1952 年 12 月,省首届工业劳动模范代表会议召开。会议对全省公营和私营工业生产中涌现出的 962 名劳动模范、5 个生产模范车间、85 个模范生产小组进行表彰,总结和交流 85 种创造发明、先进经验和工作方法。据 1953 年统计,全省国营企业共提出合理化建议 13302 件,采纳和实施的有 10648 件。其中,仅铁路施工方面采纳和实施的 726 件合理化建议,为国家节约投资 1950 万元。通过爱国劳动竞赛,全省涌现出 125 个先进生产小组、648 名劳动模范、1139 名先进工作者,他们成为全省工业生产建设战线上的旗帜和学习榜样。

农业生产战线上也普遍开展爱国增产运动。在农业生产中,全省

各地的各种劳动互助组织之间，为促进生产发展举行各种不同内容的挑战竞赛，努力改进耕作方法，提高单位面积产量。各地农民生产的热情普遍得到提高，全省有几十个互助组向山西省李顺达、陕西省张明亮两位劳模提出应战，带领群众投入到火热的生产运动之中。民勤农民刘永祥、临夏农民刘奎创造出春小麦丰产的新纪录，受到中央人民政府农业部的表彰奖励。

各地广大农民在努力生产、多打粮食的同时，还以极大的热情争相缴售公粮，称自己缴的粮是“抗美援朝粮”，提出“早交粮，交好粮，抗美援朝保家乡”的口号，以实际行动支援抗美援朝运动。全省各地农民在缴售公粮时，乡与乡、村与村、户与户之间纷纷互相挑战和应战。皋兰县提前 4 天完成 1951 年缴售公粮的任务，还主动多交粮食 19 万斤。武都县各区农民提出在 20 日内完成全部缴粮任务，三区汉林乡的农民一路唱着“赶上毛驴缴公粮，志愿军吃上有力量，你们在前线打胜仗，人民心中喜洋洋”的山歌，集体送粮入仓。庄浪县农民自愿预交公粮，使公粮入仓率达 80% 以上，夏收公粮提前超额完成。在徽县缴纳公粮时，每天天一亮街道上就涌满运缴公粮的农民，伏镇区索罗乡组织由妇女和儿童组成的秧歌队，唱着自己编写的“缴公粮最光荣”的歌曲，载歌载舞进行宣传。全省广大农民踊跃缴售公粮，充分反映了广大农民在经过土地改革得到土地、积极开展农业生产的喜悦心情，也体现出农民以实际行动积极支持抗美援朝运动的爱国热情。

全省工商界也以实际行动支援抗美援朝。兰州市工商界首创先缴后评、集体纳税的办法，并于 1950 年 12 月 29 日向全国各地工商界发出挑战电文，得到积极响应。1951 年 5 月，兰州市摊贩界带头采取先缴后评、集体缴税入库的办法，各摊贩市场以小组为单位，相互之间发起挑战，努力争做纳税入库的模范。天水市工商界公开账簿、提前集体缴税，1951 年上半年税收比上年同期超额 3 倍；武都专区 6 县的工商界两天内迅速将 1949 年、1950 年的滞纳税款和 1951 年第一季度的税款悉数入库。每到纳税时，各行各业纳税户都自动将税款集中起来，敲锣打鼓，集体缴纳，并分别订立集体纳税的爱国公约。

全省还开展群众性的爱国卫生运动，主要是清除垃圾尘秽、杂草粪便、改修厕所、填平污水坑、疏通沟渠、灭蚊、灭鼠、灭蝇。各地在宣传破除迷信、倡导讲究卫生、防治传染病方面取得显著成绩,逐步改变了旧社会遗留下来的迷信和不卫生习惯,涌现出许多模范人物和单位。全省有2113名医务工作者积极报名,要求赴朝参与卫生防疫工作;兰州市清除遗留垃圾14294吨,建立饮水消毒站6处;卓尼县在机关内进行卫生大扫除,并修建厕所15个、浴室1个。

1953年7月27日,美帝国主义在朝鲜战争停战协定上签字,中国人民的抗美援朝斗争取得伟大胜利。全省各族各界群众欢欣鼓舞,举行盛大的庆祝游行等一系列庆祝活动。省赴朝慰问团返回兰州后,先后在兰州和全省各地作报告,至1954年3月底,共作报告406场,各族各界群众听报告者达35万多人次。1954年2月10日,省抗美援朝分会按全国总会的指示,成立由全省各族各界代表和文艺工作者组成的慰问解放军代表团,邓宝珊任团长。慰问团用两个多月的时间,采取慰问大会、慰问报告会、慰问演出、联欢会、英模座谈会等方式,对解放军驻甘部队进行慰问,先后召开慰问大会和报告会75次,演出戏剧、歌舞、话剧等各类文艺节目192场次。通过这次慰问活动,进一步密切了军民、军政关系。

抗美援朝运动以来,在省委的正确领导下,在省抗美援朝分会的组织下,各民主党派、各群众团体、各族各界人民群众积极响应党中央和省委的号召,以极大的爱国热情投身于轰轰烈烈的运动之中,使全省的抗美援朝运动得以迅速普遍地深入开展;在抗美援朝运动中,各族各界人民广泛开展踊跃报名参军参战、订立爱国公约,开展爱国劳动竞赛、厉行增产节约,捐献武器物资、开展技术革新,积极纳税、踊跃缴纳公粮等活动,胜利完成抗美援朝的各项任务,为争取抗美援朝斗争的胜利做出巨大贡献;在抗美援朝运动中,各族各界人民群众还积极参加减租反霸、土地改革、镇压反革命、“三反”“五反”等各项社会改革运动,不仅提高了全省各族人民的民族自信心和自豪感,促进了各族人民的大团结,而且推动了全省新民主主义经济社会的建设和发展,为国民经济恢复和即将开展的大规模社会主义革命和建设奠定了基础。

## 第三节 “三反”“五反”运动

### 一、开展“三反”运动

1951年12月1日，中共中央发出《关于实行精兵简政、增产节约、反对贪污、反对浪费和反对官僚主义的决定》，要求全党采取自上而下和自下而上相结合的方法，在展开全国规模的爱国增产运动中，同时展开反贪污、反浪费、反官僚主义的斗争，并作为贯彻精兵简政、增产节约中心任务的重大措施。12月8日，中共中央又发出《关于反贪污斗争必须大张旗鼓地去进行的指示》，“三反”运动在全国展开。13日，省委召开常委会议，讨论部署在全省范围开展“三反”运动的工作计划，就“三反”斗争的时间、任务、方法、步骤等作出具体的安排。14日，甘肃省生产节约检查委员会正式成立，省政府主席邓宝珊任主任，省委副书记孙作宾、省财政厅厅长黄静波任副主任，各民主党派、政府各部门负责人共25人任委员，负责领导全省的“三反”运动。随后，兰州市、定西、天水、武都、平凉、庆阳、武威、酒泉、临夏等专区生产节约检查委员会也相继成立，省级各机关、各民主党派、人民团体也成立节约检查委员会或小组。15日，由省、市两级党政军民机关团体干部6000余人参加的增产节约动员大会在兰州召开，省委书记张德生作动员报告。16日，《甘肃日报》刊登省生产节约检查委员会开展“三反”运动的工作计划，要求各系统、各机关单位必须成立由负责同志领导，包括各级干部代表参加的节约检查委员会或小组，具体领导本系统、本单位的“三反”运动。

从年底开始，主要在全省各级机关和国营企业中开展“三反”运动。在此之前，全省在整党整风和增产节约运动中，发现在一些党政机关和企事业单位中，不同程度地存在着贪污、浪费和官僚主义现象。据初步检查，全省干部有贪污行为的在700人以上，以财经、贸易、农林、工业系统最为严重，贪污手段多种多样，同时浪费现象也十分严重。这种现象的出现，不仅严重侵蚀着一些干部、损害了党和政府的形象，而且对国民经济恢复工作和经济、文化建设事业带来极大危害。对此，省委有着清醒的认识，认为全省的贪污、浪费和官僚主义的现象是十分严重的，中共中央提出开展“三反”斗争是非常适时的，也是万分必要的，是当前极为重要的政治任务，各级领导必须认真地领导这一运动，必须充分发动广大群众，公开地大张旗鼓地开展这一运动。

“三反”运动分为学习文件、提高认识，检举揭发、坦白交代，追赃定案、定性处理三个阶段。12 月 5 日，学习文件、提高认识阶段开始后，省委针对一些机关干部和工作人员，特别是一些领导干部对中央精神领会不足，对资产阶级侵袭警惕不够等种种错误认识，要求各级领导亲自动手，充分发动群众，组织本部门本单位全体工作人员学习中共中央有关文件和毛泽东有关反对贪污浪费的重要指示。经过学习教育，广大机关干部进一步统一了思想，深刻认识到贪污、浪费和官僚主义的危害，一些错误思想和认识得到批判和纠正，加深了对开展这场运动重要意义的认识，提高了干部群众参加增产节约和“三反”运动的积极性。12 月 22 日，中共中央对省委关于开展“三反”运动的工作计划和安排报告作出批示，指出：“甘肃省委这个报告很好，请在党内刊物上发表。”搞“三反”运动，“不是停止一切工作不做，专做三反斗争，而是和各项工作结合，特别是和整党整风工作结合去做。三反斗争就是目前整风的主要内容。[①]”中共中央的批示，对省委开展“三反”运动的工作计划和安排给予充分肯定，对刚刚开始的“三反”运动是一个极大的鞭策和鼓舞。

12 月底，进入检举揭发、坦白交代阶段后，各级党委遵照中共中央及省委的指示精神，采取自上而下和自下而上相结合的方法，广泛发动群众，大胆检举贪污浪费现象。通过群众的检举揭发，一批隐藏在各级机关和企事业单位的贪污分子被清理出来。1952 年 1 月 3 日，省委将“三反”运动的情况向西北局作出详细的报告，这个报告再次得到中共中央的充分肯定，毛泽东主席批示：“甘肃省委对三反斗争抓得很紧，很

---

① 中央：《中央转发甘肃省委关于三反报告的批语》（1951 年 12 月 22 日），甘肃省委党史研究室编：《毛泽东与甘肃》，中共党史出版社 1995 年版，第 301 页。

认真，反映了真实情况。有些贪污情况比甘肃还要严重的地方，在其报告中却说成不甚严重，贪污人数甚少，款数不多，这是不真实的，请你们加以注意，不要被下面的不真实报告欺骗了。甘肃省委这个报告可在党刊上发表。”①

为贯彻落实中共中央1月4日发出的《关于立即抓紧“三反”斗争的指示》，7日，省生产节约检查委员会召集省、市两级机关及西北地区在兰机关干部共5000余人参加的大会，对前一段运动开展情况进行通报，并对下一步把运动引向深入进行动员。9日，省生产节约检查委员会再次召开会议，作出促进深入开展运动的5条具体决定。会后，省级机关和兰州市各机关单位纷纷召开会议，大张旗鼓地发动群众，开展对贪污行为的检举揭发。各地区的“三反”斗争也迅猛展开，“三反”运动形成高潮。截至1月25日，全省共查处贪污分子2858人，查出浪费总额500余万元。同日，省委召开常委会议，在总结“三反”斗争已取得的成绩后，明确提出下一步斗争的主要对象是大贪污分子。30日，省委常委会对捕捉贪污在千元以上的“大老虎”的工作进行部署，决定进一步动员，掀起一个打“大老虎”的“三反”斗争新高潮。从2月初开始，按照省委的部署，全省各专区和兰州市迅速展开以捉拿大贪污分子为目标的“打虎”战役。各机关单位成立工作小组，实行专案专办，采取群众检举、专案组调查、清查账目、政策攻心等方法，集中力量向大贪污分子发动猛烈进攻。在政策感召和群众力量的威慑下，一些大贪污分子纷纷落网。3月底，历时两个月的“打虎”战役结束，全省8个专区及兰州市、省级机关和西北驻兰机关共计查出贪污在千元以上的“老虎”1943只，查出贪污总人数是17335人。

3月底，“三反”运动进入追赃定案、定性处理阶段。此前，中央人民政府政务院先后公布《中华人民共和国惩治贪污条例》《关于在“三反”运动中成立人民法庭的规定》及中共中央《关于处理贪污浪费问题的若干规定》，规定专区以上机关必须成立人民法庭，按照审判程序谨慎适

---

① 毛泽东：《转发甘肃省委关于三反斗争情况报告的批语》（1952年1月9日），甘肃省委党史研究室编：《毛泽东与甘肃》，中共党史出版社1995年版，第303页。

时地处理“三反”运动中的贪污分子;对贪污分子的处理要坚持宽大与严惩相结合的方针,对浪费和官僚主义的处理也要以严肃的态度,分别情况予以解决,以教育干部,团结群众。省委和省生产节约检查委员会要求各专区各单位,认真组织全体工作人员学习中央的规定精神,坚持“多数从宽,少数从严”的处理方针,认真做好追赃定案、定性处理工作。各级党组织对检举揭发和坦白交代的材料认真甄别,在定案处理时坚持按照中央有关规定,采取实事求是,调查研究,对证材料,本人承认,经组织批准的方法进行。同时,对贪污分子普遍进行一次甄别,改正检举不实和某些逼供信错误。由于方针正确,方法得当,措施有力,处理严肃认真,使犯有各种贪污行为的人都得到应有的处理。

全省的“三反”运动自1951年12月上旬开始,至1952年9月基本结束。参加“三反”运动除省、专区(市)、县各级党政机关、团体、企事业单位外,还有西北军政委员会驻兰机构等,共有50010名干部。农业区的部分县、区、乡“三反”运动开始后,因忙于土地复查、生产救灾、整党等工作中途停止。土改结束后,以县、区、乡三干会的方式解决存在的贪污、浪费和官僚主义的问题。甘南牧区和酒泉专区的牧区县,遵照中共中央和西北局的指示没有开展“三反”运动。全省各级党政机关、团体、企事业单位查出的有贪污行为的24339人,贪污总额467.8万元。按照相关条例进行了严肃处理,其中免于处分的占78.94%;受到行政处分的占16.52%;受到各种刑事处罚的占3.11%;尚未处理的占1.43%。对有贪污行为的3259名共产党员,除按相关条例进行严肃处理外,还按党章规定进行了党纪处理,其中开除党籍195人,留党察看129人,其他党纪处分417人,其余免于处分。全省共追缴赃款赃物总值为286.3万余元,占赃款总数的61.2%。

全省“三反”运动的发展整体上是健康的,但也出现了一些缺点和偏差,主要是在“打老虎”阶段,发生一些检举不实和逼供信的现象。省委按照党中央和毛泽东的有关指示精神,及时纠正工作中出现的错误和偏差,对出现的个别误差,在定性阶段也作出甄别处理,使“三反”运动健康发展。这场斗争,是党在执政情况下保持共产党人和领导干部清廉、惩治腐败的初战,清除了干部队伍里的蛀虫,教育了干部的大多数,对抵制旧社会的恶习和资产阶级腐朽思想的侵蚀,形成清正廉洁的党风政风和健康的社会风气,起了很大作用。

## 二、开展“五反”运动

随着“三反”运动的深入开展,暴露出国家干部队伍中一些贪污和浪费分子的堕落甚至犯罪行为,大都与资产阶级的“五毒”行为密切相连,是不法商人勾引贿赂和资产阶级思想侵蚀的结果。这种情况充分说明,不进行“五反”运动,“三反”运动也搞不彻底。1952 年 1 月 26 日,中共中央发出《关于首先在大中城市开展“五反”斗争的指示》后,省委立即对全省开展“五反”运动作出部署。

甘肃解放初期,一些不法资本家通过与国家机关工作人员和国营经济的联系,采用非法、隐蔽、阴险狡诈的“五毒”手段,向干部行贿、偷税漏税、盗窃骗取国家财产、偷工减料和盗窃国家经济情报,情况相当严重。对兰州市 10989 户私营工商业的不完全统计显示,有“五毒”行为的达 8942 户,占 81.4%。其违法行为中以盗骗国家资财最多,仅汽车运输行业的不法商人盗窃国家汽车 53 辆,汽油、机油 2300 余桶,轮胎 600 余条,黄金 4200 两以及大量现金。同时,一些党员、国家干部和机关工作人员经不起考验,被资产阶级糖衣炮弹击中,蜕化变质,走上贪污和腐化堕落的犯罪道路。这说明在私营工商业中开展大规模的反行贿、反偷税漏税、反盗骗国家财产、反偷工减料和反盗窃国家经济情报的“五反”运动是十分必要的。

甘肃的“五反”运动大致经历四个阶段。第一阶段从 1952 年 2 月初至 2 月 20 日,为学习宣传和动员阶段。按照中央的指示要求,2 月 2 日,由兰州市委书记强自修任主任的兰州市生产节约检查委员会成立,专门领导兰州市的“五反”运动。4 日,兰州市总工会组织召开全市有近千名工人、店员代表参加的大会,动员工人、店员参加“五反”运动。5 日,召开兰州市各界代表及工商业界代表参加的联席会议,省委书记张德生、省政府主席邓宝珊、兰州市委书记强自修等在会上先后作开展“五反”运动的动员报告。会议要求开展“五反”运动必须紧密结合反贪污、反浪费、反官僚主义的斗争,发动广大工人、店员和学徒,团结守法的工商业者，联合各阶层爱国人士，坚决打击不法工商业者的破坏活动，打退资产阶级的猖狂进攻。会后，兰州市抽调30多名领导干部、350多名一般干部以及青年学生和部分民主人士800余人，分编为38个工作组，分赴38个工商行业开展工作，深入私营厂店，宣讲党和政府对工商业的政策，发动工人、店员，团结守法或半守法而能彻底坦白的工商户以及广大市民、各界民主人士，形成声势浩大的“五反”大军，建立广泛的“五反”统一战线，使不法资本家陷于孤立。

第二阶段从2月21日开始至3月底结束，为坦白揭发和清查阶段。在经过广泛深入细致的学习宣传动员后，运动普遍转入坦白交代、检举揭发、重点清查、推动全面的阶段。全省开始“五反”的城镇有：兰州、天水、武威、酒泉、临夏、平凉、武都、定西、西峰、张掖、岷县、临洮、会川、靖远、敦煌、高台、静宁、徽县和庆阳地区的柔远镇。除兰州、天水等城市外，其余各城镇均在运动开始不久，因大都不属于开展“五反”斗争的范围而即行停止。因此，全省“五反”运动主要在兰州和天水两个城市展开。

“五反”运动中，省委始终坚持区别对待的政策，对情节较轻、自动彻底坦白、真诚悔过，并能积极检举其他违法工商户者，一律采取教育改造的方针，孤立和打击少数有严重不法行为而又拒不坦白的工商业者。对不法商人的处理原则是：自动坦白者从轻，拒不坦白者罪上加罪。通过广泛深入地宣传党的政策和细致的思想政治工作，大多数工商户都改变了过去所持的消极、观望甚至抵触态度，积极参加到“五反”运动之中。

第三阶段从3月底开始至7月初结束，为定性处理和补、退、罚阶段。全省的“五反”运动转入定案处理和补税、退财、罚款阶段后，按照中共中央政务院批准的北京市人民政府《在“五反”运动中关于工商户分类处理的标准和办法》，将工商户分为守法户、基本守法户、半守法半违法户、严重违法户和完全违法户5种。同时，在确定退、补、罚款时，为不使工商户因补税、退财、罚款而影响经营和生产发展，在既有利于清除资产阶级“五毒”行为，又有利于团结他们发展生产、搞好经营的基础上，经过认真复核和一再减免，最后确定兰州市应该补、退、罚的总数为 180 万元,仅占违法所得总数 1200 万元的 15%;天水市应补、退、罚的总数为 21 万元,仅占违法所得总数 104 万元的 20.19%。对严重违法工商业者的处罚坚持“斗争从严,处理从宽”的原则,对绝大多数不法工商业者采取批评教育和轻微处罚,坚决打击个别首恶分子。兰州市在“五反”运动中受到各种刑事处理的完全违法商人 17 人,不足总数的千分之二,天水市判处徒刑的违法商人有 6 人。

第四阶段是从 7 月开始的,为改善劳资关系、恢复和发展生产阶段。通过开展“五反”运动,总体上查明私营工商业基本的经营活动和情况,打击了不法资本家的“五毒”行为。但是随着运动的深入发展,正常的经济运行活动或多或少受到影响,一部分资本家和工商业者产生消极情绪,对生产和经营丧失信心,一些工商业主关门歇业,解雇工人、店员,由此出现居民生活不便、劳资关系紧张、城镇工商业经济活动萧条等现象。针对这些情况,省委,贯彻“退补、生产两不误”的原则,采取三条措施尽快恢复和发展生产:一是从各行各业的实际情况出发,按照市场的实际需求,指导工商业继续经营或转业,对在工商界调整中出现的多余和失业人员,由政府合理安排到国营企业参加工作。二是调整劳资关系,一方面教育工人、店员服从资方的业务指导和管理,尊重资方,配合资方搞好生产经营,另一方面要求资方在生产经营中保证工人、店员的福利待遇,不得随意克扣工资和解雇工人、店员,实行账目公开、合同公开、技术公开。三是扶持工商业发展生产和经营,政府继续向工商界加工订货、收购成品,银行继续向工商业发放生产和经营贷款,发展社会上一些急需的行业,有重点地扶持一些工厂开工、商店开门,在国营经济的领导下不断发展生产,活跃经济,繁荣市场。

同时,人民银行给予正当工商户大批生产贷款,扶持其生产和经营发展。兰州市通过加工订货等方式扶持工商业生产和经营,如给百余家砖瓦业订购生产砖瓦的订单;给汽车业配调 165 吨物资的运输订单,并雇用汽车 300 余辆、大车 2000 余辆、牲口 350 余匹运盐等。通过这些政策和措施的实施,资本家和工商业者对党和政府十分感激,他们不仅稳定了情绪,提高了发展生产和经营的积极性,而且还积极想方设法地转产或改变经营方法,增加投资扩大生产经营。年底,全省私营工商业加工订货产值已占全部加工订货产值的近40%。据对兰州市54个主要行业的165户商户的调查,其营业额与上年同期相比恢复96.5%,其中9个行业超过同期水平,百货业、西药业和化学业平均超过55.8%以上。兰州市有300多家工商户刷新门面,有些工商户还报请增加资金,有些还增加工人、店员,准备扩大生产与经营。另外,为保护和扶持工商业者合法的生产经营,在私营企业中建立起工人监督生产和经营的制度,尊重资方应得的权益和合理的利润,改组和整顿工商业者的各种组织。兰州、天水两市整顿基层工会,整顿工商联组织,在工人、店员中建立青年团组织。

全省开展的"五反"运动是在新中国成立初期对不法资产阶级严重破坏国家经济建设行为的沉重打击,巩固了工人阶级和国营经济的领导地位。同时,这场斗争也是一场深刻的社会改造运动,使资产阶级投机取巧、唯利是图、非法牟取暴利等腐朽思想和行为受到揭露和批判,提高了广大干部、工人、店员和群众的阶级觉悟,教育和挽救了一些干部,也为即将开始的大规模国家经济建设和对资本主义工商业的社会主义改造创造了有利条件。

## 三、开展"新三反"运动

在中共中央的领导下,全国经过土地改革、镇压反革命、"三反""五反"、整党整风等运动,各级人民民主政权得到巩固和发展,党的组织建设和作风建设普遍加强,广大党员干部思想政治水平普遍提高,推动各项工作迅速发展。但在工作中也存在着一些官僚主义、命令主义和违法乱纪的现象,有些地方还相当严重。如当时毛泽东主席针对一些官僚主义、命令主义和违法乱纪的典型案件,在最高人民检察署呈送的报告上,给公安部原部长罗瑞卿批示:"像湖南桃江县公安局长高富江,甘肃通渭县公安局长苏朋这一类根本不像样子的公安局长,收集一些生动例证,加上一篇导言,印成一个小册子,发给各省县公安厅局长阅读。"[①]1953

① 中共甘肃省委党史研究室编:《中国共产党甘肃大事记》,中央文献出版社2002年版,第101页。

年1月5日,中共中央发出《关于反对官僚主义、反对命令主义、反对违法乱纪的指示》,要求各级党委坚持从实际出发的工作作风,普遍认真地开展反对官僚主义、命令主义和违法乱纪的斗争,加强和巩固党同人民群众的联系,改进领导方法和工作方法,以迎接大规模的社会主义生产建设高潮的到来。

2月25日,西北局发出《关于反对官僚主义、反对命令主义、反对违法乱纪的指示》,在认真分析西北地区工作中存在的各种官僚主义、命令主义和违法乱纪问题原因的基础上,对西北地区开展"新三反"运动进行具体部署,要求"从处理人民来信和各项工作中已经暴露出来的问题入手,检查一次专区以上和城市中级以上党政领导机关中存在的官僚主义、命令主义和违法乱纪现象。重点应放在检查官僚主义方面"。这次斗争分为两个步骤进行,首先开展专区以上的党政机关反对官僚主义、命令主义和违法乱纪检查工作,在取得工作经验的基础上,然后再开始进行县、区、乡三级反对官僚主义、命令主义和违法乱纪的工作;在区乡基层组织中以反对命令主义和违法乱纪为重点,县级则以反对官僚主义为主导;"应注意结合全国普选运动、整党建党、生产建设等工作有计划、有领导地去进行"。并提出"处理官僚主义、命令主义、违法乱纪分子时应该采取思想教育与纪律制裁相结合的方针"。按照西北局的具体部署,从3月开始,省委在全省各级党组织中开展了以反对官僚主义、命令主义和违法乱纪的"新三反"运动。

全省"新三反"运动分为两个阶段。3月至5月底为第一阶段。这一阶段主要在专区以上领导机关中开展。其方法主要是从直接处理人民来信工作中暴露出的各种典型事件入手,重点检查向下乱发指示命令,刑讯逼供,捆人打人,漠视群众疾苦,浪费民力财力等现象以及抵制群众批评和压制民主的恶劣作风。3月12日,省委发出《反对官僚主义、反对命令主义、反对违法乱纪的指示》,明确领导机关中开展"新三反"斗争的意义、范围及时间和基本要求,并作出安排部署。"新三反"运动开始后,省委随即着手对苏朋案件进行深入调查和处理。苏朋在担任通渭县公安局局长期间,严重违法乱纪,采用捏造事实、刑讯逼供、骗供诱供、教唆串供和大会点名对供,甚至野外审讯、假枪毙等手段,乱抓、错捕、滥押，致使200多人无辜受到迫害，3人含冤而死，造成极其恶劣的影响。30日，省检察署批准将通渭县公安局局长苏朋、通渭县公安局侦察股股长牛象麟逮捕。4月6日，省委发出《关于通渭县在镇反中所犯错误的处理决定》，认为苏朋所犯错误，主要是捕风捉影、刑讯逼供，通渭县委在这件事情上官僚主义严重，对公安局的违法乱纪行为置之不理，熟视无睹。决定开除苏朋、牛象麟党籍，并建议予以刑事处罚；给通渭县委书记、前县长党内警告处分。7日，《甘肃日报》头版以《通渭县前公安局长苏朋严重违法乱纪》为题作了报道，并以《坚决制裁严重违法乱纪分子》为题配发短评。在此之前，省委还认真处理了久拖不决的民勤县副县长王振华、区委书记李治财严重违法乱纪，造成死伤冤案等一些典型案件。

省委在处理严重官僚主义、严重违法乱纪典型案件的同时，决定对省级机关、兰州市、皋兰县等21个单位处理人民来信的情况开展调查。调查显示，自1952年7月至1953年4月的10个月里，共收到3794封人民来信，其中揭露各级人员官僚主义、强迫命令和违法乱纪的占17%；检举匪特和反动会道门的占5.2%；对各项工作提出批评和建议的占42.5%；要求改定成分、改变处分，解决生产、工作、学习、就业等问题的占19.8%；询问政策法令、报告个人生产情况和反映社会问题的占15.5%。为此，省委于7月7日发出《关于处理人民来信来访工作的检查报告》，要求各级党委必须重视人民信访工作，必须亲自动手批办来信、接访群众，组织查处典型案件；建立健全专人专管，收发、登记、转办、催办、统计、归档、报告等一系列可行的制度。《报告》为“新三反”运动的开展，乃至以后全省信访工作的开展，起到很好的规范和指导作用。

5月13日，西北局批转《西北局纪委关于永昌县基层干部强迫命令、违法乱纪的调查报告》，指出《调查报告》所讲的问题带有普遍性，而且十分严重，要求各地应立即采取重点调查的办法，了解情况，发动群众，深入进行反对命令主义、违法乱纪的斗争，彻底改进区乡党政部门的领导作风。25日，省委发出《关于开展县区乡“新三反”斗争的指示》，对在县区乡开展“新三反”运动作出具体的安排和部署。

6月14日，省委向全省各地委、县委批转《甘肃省第三次专区检察长联席会议总结报告》,指出:“目前各级检察署除省署和兰州市署,应组织干部有重点的检察工矿企业部门的重大违法案件外,专县大部力量应检察错捕、错押、错判、错杀、乱管制、刑讯逼供等违法行为,检察时要注意抓住重点,即抓住有意做坏事或官僚主义造成严重恶果,民愤极大的案件,从头至尾进行严肃认真的查处。”这次会议对30个县的统计显示,存在较大违法违纪案件161件,较为严重违法违纪案件131件,全省错捕错判案件246件。按照会议的决定,会后各地组织力量对这些案件进行了甄别和处理,纠正冤假错案,对受冤屈者进行妥善处理。同时,对造成这些错案的官僚主义者,也按规定进行了严肃的处理。

6月至8月,是“新三反”运动的第二阶段,主要在县、区、乡开展,方法是通过检查土改复查、生产救灾、基层选举等工作,揭发和解决存在的官僚主义、命令主义和违法乱纪问题。从6月上旬开始,全省除少数民族地区的各县、区、乡外,其余全部开展“新三反”运动。具体工作分两步走:先以半月时间召开三级干部会议,在认真学习有关文件精神的基础上,通过检查土改复查、生产救灾等工作,充分发扬民主,开展批评与自我批评,揭发官僚主义、命令主义和违法乱纪问题,特别是解决一些存在的突出问题,使大多数县区乡脱产干部都能受到一次深刻的教育。然后在乡选中结合酝酿候选人和选举代表,认真检查乡村干部的作风,使乡村干部在群众揭发批评和监督教育下,能够有效地克服工作中存在的强迫命令和违法乱纪行为。对于一些有官僚主义、命令主义和违法乱纪问题的干部,也分别不同情况予以适当的处理,一般都以批评教育为主,对个别造成重大损失或在群众中影响恶劣者,给予严肃的处分和惩戒。

全省开展反对官僚主义、命令主义和违法乱纪的“新三反”运动,于8月底结束。这次运动是一次重要的加强党的作风建设的运动,也是一次沉重打击官僚主义、命令主义和违法乱纪分子的运动,使广大党员干部受到一次深刻的党性教育,进一步端正了思想作风与工作作风,加强了与群众的密切联系,为开展大规模的经济建设奠定了良好的思想基础。

# 第三章

# 土地改革和各项民主改革

随着全省各级人民政权的建立和巩固,省委、省政府领导全省农民有步骤、有计划地开展废除封建土地所有制的土地改革运动,在两年时间完成全省除藏族地区之外的土地改革,从根本上铲除了封建制度的根基,解放了农村生产力,极大地提高了广大农民生产的积极性,促进了农业的迅速恢复和发展。与此同时,在全社会开展建立新的社会制度的各项民主改革,铲除反动政权的社会基础,治理旧社会所遗留的各种社会痼疾,建立社会主义文化教育体系,为恢复和发展国民经济创造了良好的社会条件。

## 第一节　土地改革的部署与初步实施

### 一、省委对土地改革工作的安排部署

新中国成立前,在封建半封建的土地所有制下,甘肃地主对农民的压迫剥削十分严重。据全省7个专区(市)、63个县(市)、410个区、3031个乡的调查统计,土改前临夏、兰州附近为土地占有集中地区,酒泉、天水、平凉等地为土地占有极为分散地区,定西、武都及武威部分专区为土地占有不集中也不分散的一般地区。这三种不同的土地占有的大体情况是,占人口4%左右的地主与半地主式的富农占有30%—40%的

土地,多为水地和川地;占人口89.5%的贫农、雇农、中农,却只占有60%左右的土地,大部分为半山和高山旱地。地主阶级凭借土地残酷地剥削农民,使广大农民陷于贫困的境地,严重束缚着农村生产力的发展。因此,完成对封建土地制度的改革,不仅是解放和促进农村生产力发展的基础,也是恢复和发展国民经济的先决条件。领导全省人民完成土地改革,解放和促进农村生产力的发展,恢复和发展国民经济,是省委面临的一项非常重要的任务。

1950年6月,中央人民政府正式颁布《中华人民共和国土地改革法》,为全国新解放地区开展土改指明了方向,提供了依据。为了顺利完成领导全省人民开展土地改革,在省委召开的第一次代表会议上,根据中共中央土地改革工作的部署和西北局扩大会议的精神,结合甘肃实际,重点讨论了土改减租问题。会议通过由省委常委强自修作的《关于土改减租问题的报告》。在甘肃省第一届各界人民代表会议上,通过省政府主席邓宝珊作的《关于减租土改工作任务的报告》,对全省减租土改和各项工作任务进行部署。1951年1月,经西北军政委员会批准,成立由省委书记张德生为主任的省土地改革委员会,负责领导全省的土地改革。2月,省委向各地委发出《全省土改范围和土改准备工作指示》,对在全省开展土地改革的范围、土地改革中对基层政权的改造、农民代表会议的组织和召开、参加土改干部的培训、土改政策的学习宣传等工作作出安排。全省人民由减租减息削弱封建土地剥削制度到实施全面推翻封建剥削制度的土地改革运动由此开始。

省委领导下的全省土地改革运动,始终坚持"依靠贫农、雇农,团结中农,中立富农,有步骤、有分别地消灭封建剥削制度,发展农业生产"的总路线总政策;对土地改革运动的部署,总体上是根据各地区的不同情况,用不同的工作方针,分批分步骤开展的方法,大约用两年时间完成的。具体部署为:先期在庆阳专区的庆阳、正宁、宁县、镇原包括部分老解放区进行土改。庆阳地区是老解放区,大多数地区已经完成土地改革的任务,但部分收复区和新解放区土地改革不彻底或还未进行。庆阳专区的社会环境已经安定,农村政权已经过初步改选,进行土地改革的条件已经具备。据此,省委决定:庆阳专区的全部新区,包括庆阳、正宁、宁县、镇原各一部分，共 30 个区、280 个乡、64.8 万人的地区，先期从 1950 年 10 月开始土地改革。在庆阳专区已经土改的华池、合水、环县及正宁、宁县、庆阳各一部分地区内，积极开展生产工作，把发展生产作为压倒一切工作的中心任务。

全省其他新解放地区，尚有残余敌匪特的扰乱破坏，广大群众还没有发动起来，群众基础较差，农会等群众组织尚未建立健全起来，干部准备不充分，进行土地改革的条件还不具备。根据这个情况，省委决定：在 1950 年秋收之前，在新区一律不实行分配土地的改革，而是在定西、天水、平凉、酒泉、武都、武威 6 个专区及皋兰县，共计 53 个县市、2600 多个乡、600 余万人口的汉族居住地区进行减租反霸，待条件成熟后再进行土地改革。

甘肃是一个多民族聚居的省份，少数民族人口约占全省人口的 8%，居住面积约占全省面积的 38%，经济社会发展较慢，宗教势力强大，民族矛盾较深，社会秩序不稳定。根据少数民族地区的情况，省委决定：在少数民族聚居和杂居地区，暂不进行减租清债和土地改革，应以全力做好民族团结和肃清匪特工作，在实行民族区域自治的基础上，逐步实行社会民主改革，以巩固社会治安，恢复和搞好农牧业生产。

省委对全省开展土地改革运动的部署是建立在对全省农村土地占用情况和其他情况全面了解掌握基础上的，为推动全省农村土地改革运动的顺利发展提供了可靠保证。

## 二、庆阳专区的土地改革

庆阳专区是全省先期开展土地改革的地区，西北军政委员会和省委极为重视，抽调 200 多名干部组成两个土改工作团，到庆阳专区指导土地改革。庆阳专区的土改工作干部和西北军政委员会、甘肃省委工作团的干部共 1800 余名组成土改工作团，进驻需要进行土地改革的农村，12000 余名乡级干部积极参加，平均每乡有 7—10 个干部。据庆阳开展土地改革的 280 个乡的统计，占人口 4.6% 的地主与半地主式富农，占有土地面积总数的 14.9%，而占总人口 36.51% 的贫雇农，只占到土地面积总数的 19.27%，土地多集中于地主手中，且大多数是好地。1946 年庆阳解放区在民主政府对地主土地进行征购后,地主的土地仍多于中农土地的4倍、贫农的6倍。庆阳全区解放后,在新解放区虽经过初步发动群众,进行剿匪肃特、减租反霸斗争,但一些地主的嚣张气焰并未被彻底打垮,乡村政权虽经改造但还存在不纯现象。因此,庆阳新解放区的广大农民迫切要求打倒地主阶级,废除封建土地制度,实行土地改革。庆阳专区的土地改革从1950年10月开始,分两期进行,到1951年4月中旬全部完成。

庆阳专区的土地改革首先从反霸斗争开始。土改工作组在宣传土改政策的同时,放手发动群众,动员和组织农民召开农民代表会、控诉会、斗争会、联合斗争大会等,组织起广泛的反封建统一战线,开展反霸斗争,召开斗争恶霸大会,控诉地主阶级的剥削罪行。全专区共划定地主1260户,被批斗的恶霸地主、反革命分子、恶迹多端的国民党政权乡保人员625人,沉重打击了地主阶级和反革命分子。通过打击地主阶级的反霸斗争,提高了广大农民群众的思想政治觉悟,并召开农民代表会,成立农会,对乡村政权进行整顿,农民积极分子中的代表人物参加到乡村政权,农民群众充分发动和组织起来,为开展土地改革创造了良好的条件。

在反霸斗争取得胜利的基础上,依法没收地主阶级的土地财产分给农民。没收的范围,依据土地改革法所规定的项目,由土改工作组指导,农会领导广大农民具体进行。全区各地大都在4天至7天就完成没收工作。土改区有73%的雇农、50%以上的贫农、7.3%的中农得到了土地。分地农民连原有土地合计,土改后雇农每人平均4.2亩,等于土改区农业人口每人平均土地数的60%;贫农每人平均5.6亩,等于土改区农业人口每人平均土地数的80%,基本上满足了雇农贫农的要求。在庆阳地区的土地改革中,除征收半地主式富农的出租土地外,对富农出租的少量土地保留不动,以正确执行保存富农经济的政策。

庆阳专区在全省先期完成土地改革,彻底消灭了封建地主土地剥削制度,农民当家做主,充分调动了广大农民群众的积极性,农村面貌焕然一新,社会风气发生了根本的变化。广大农民的政治觉悟和组织力量迅速提高壮大,有12万农民参加农会,有6855名年轻农民参加共青团组织，为巩固土改成果、保卫家乡，有 36170 名青壮年参加民兵组织，选拔土改中涌现出的 1291 名土改积极分子参加到乡村政权中。农民踊跃缴纳公粮，积极响应政府号召，生产情绪高涨，掀起抗美援朝的热潮。庆阳专区开展土地改革取得的经验，迅速为全省开展大规模的土地改革运动提供了借鉴。

## 三、新区的减租反霸斗争

在庆阳专区先期进行土地改革的同时，按照省委减租土改工作的部署，全省新解放的汉族农村地区开展减租清债和反霸斗争。1950 年 12 月初，全省抽调干部 7454 名，在全省新解放的汉族居住地区的 53 个县市、2600 个乡、600 余万人口的农村，分三期或四期进行减租清债工作。1950 年 12 月初开始试点，1951 年春季普遍展开，到 6 月基本完成，占全部减租乡的 93.5%，其余的乡在土改前全部完成。

按照省委和省政府减租清债工作的部署，各专区、县在开展减租工作前，都召开党代会、农代会、各界人民代表会和县区乡干部会议，讲清开展减租工作的重要性和必要性，进行调查摸底，确定开展工作的具体步骤，广泛地宣传减租政策，为开展减租工作做准备。甘肃的减租清债工作是按照西北军政委员会制定的减租清债办法进行的，减租的范围是地主、富农、祠堂、庙宇、寺院、教堂、机关团体和工商业资本家在农村所出租的土地。凡农民之间的租佃关系，则依据团结互助原则，由双方协商或由农民协会来调解处理。对于工人、手工业者、贫苦的自由职业者、贫苦的革命军人家属等因缺乏劳动力而出租少量土地维持生活者，均不进行减租。解放前农民对地主、富农及其应减租户的欠租，一律免交。减租的标准，一律实行二五减租，即在原租额内减去 25%。减租时间是从各专区、县政府成立时算起。在各专区、县政府成立之后，曾向群众宣布二五减租的办法，有些地区在 1949 年冬还进行过减租工作。因此，开展减租清债时，对当地人民政府成立后，出租人仍按原租额收租者，其多收的租子，应按减租办法规定退还承租人。

关于农村的债务问题，根据西北军政委员会制定的农村债务纠纷处理原则的精神，对 1950 年 2 月以前，农民所欠地主的债务，不论付息多少，一律废除。为了活跃农村借贷，对3月以后的一切借贷关系按当地通常利率，双方协定，放出的债务，均受法律保护。凡群众之间的一切债务，不分解放前后，一律照常生效。据此精神，各专区、县对农民与地主之间的债务进行了彻底的清理。

减租工作开始后，各地县下乡减租工作团（队）、组的干部广泛发动群众，访贫问苦，宣传减租清债的具体政策，消除在群众中存在的一些顾虑，对农民群众反复地进行各种具体政策和斗争策略的教育，激发农民群众的阶级觉悟和革命热情。在广大农民群众充分发动起来的基础上，召开各种形式的群众诉苦说理斗争大会，面对面地控诉和揭发地主阶级剥削和压迫农民群众的罪行，向地主算剥削账，有区别有步骤地领导农民进行合理斗争。各地还针对一些地主采用秘密转移土地、粮食、农具、耕畜、房屋等财产，散布谣言惑众等各种手段破坏和逃避减租的情况，及时发动农民群众揭穿地主的阴谋，教育群众监督地主的不法活动，广泛宣传惩办不法地主条例。对不法地主的犯罪活动，各级人民政府依据西北军政委员会《惩治不法地主暂行规定》，采取有效措施坚决惩办和制止。在广泛发动群众的基础上，各地普遍建立以贫雇农为核心的农民协会，作为减租反霸斗争的主要组织形式，并按照中央人民政府颁布的关于划分阶级成分的规定和标准，准确地划分地主和农民的阶级界限，明确斗争的对象和目标，更加有力地团结中农、孤立地主，使减租清债工作迅速开展起来。

在进行减租清债的同时，对恶霸地主、匪首和反革命分子进行严厉打击。全省进行土地改革地区的各县为保证减租清债政策法令的贯彻执行，依据中央人民政府颁布的《人民法庭组织通则》和西北军政委员会《关于土地改革区建立人民法庭指示》，迅速组建人民法庭，更加有力地打击和镇压恶霸地主和对抗土地改革的一切反革命分子，旗帜鲜明地支持和配合减租清债运动。武威、天水、武都、平凉、定西5个专区及皋兰县1461个乡，在减租清债中共斗争恶霸和不法地主3866人，共清缴粮食218万多石①，土地124.6万多亩，房屋4768间，耕畜894头，其他

① 1石=60公斤。

折合人民币 24.8 万多元，分配给 14.6 万户农民。

通过减租清债和反霸斗争，大大激发了广大农民的革命热情，涌现出大批积极分子，纷纷要求参加农会。到 1950 年 12 月，全省有 56 个县建立起县农会，1755 个乡建立乡农会，农会会员达到 80 多万人，有 10 万多青年农民参加民兵组织。在这场斗争中，培养 21980 多名村干部，使乡村政权组织得到加强。

1951 年 6 月，省土地改革委员会召开第三次扩大会议，讨论通过省委书记张德生作的《关于甘肃省减租工作基本总结报告》，对全省减租清债工作的经验和教训进行总结，并通过了省土改委员会制定的《关于今冬明春土地改革实施计划（草案）》等文件。全省范围的减租清债和反霸斗争胜利完成，为开展大规模的土地改革运动准备了条件，也成为土地改革由削弱封建土地剥削制度阶段，转入彻底消灭封建地主土地剥削制度的重要阶段。

## 四、中共甘肃省第二次代表会议

1951 年 8 月 5 日至 22 日，中共甘肃省第二次代表会议在兰州召开。出席会议的正式代表 281 人，列席代表 156 人，特邀代表 26 人，来宾 34 人。大会的中心议题是：讨论和决定 1951 年冬和 1952 年春在全省（除蒙藏地区）780 多万人口地区，进行土地改革的方针和办法；讨论整党建党和加强党的宣传工作问题。

省委常委、省政府副主席王世泰致开幕词。省委书记张德生作《为完成全省土地改革而斗争》的报告。中共中央西北局书记习仲勋、西北局统战部长汪锋分别作《动员一切力量为完成甘肃土地改革而斗争》《团结一切反封建力量完成甘肃土地改革任务》的报告。会议传达第一次全国宣传工作会议精神和第一次全国组织工作会议精神。会议结束时，张德生作《继续放手发动群众完成土地改革》的总结报告。

会议指出，当前摆在甘肃党和人民面前的中心任务，就是要在今冬明春完成全省除蒙、藏地区以外的 780 多万人口地区的土地改革。为保证胜利地如期完成大规模土地改革的任务，必须根据各地群众工作基础的不同情况，继续贯彻放手发动群众的方针，坚决贯彻“依靠贫农、雇农，团结中农，中立富农，有步骤地有分别地消灭封建剥削制度，发展农业生产”的土地改革总路线和总政策；各级党组织必须对所有参加土地改革的干部，进行土地改革的方针、路线、政策、策略的教育和思想政治工作，把高度的革命热情和踏踏实实的工作作风结合起来；必须十分注意团结一切可以团结的力量，参加到土地改革的斗争中来，结成广泛而巩固的反封建统一战线。各县必须选择在一两个区范围内，或数个区连接的一片地区，分期分批进行试点，总结经验，训练干部，然后全面推开，在明年春耕前分三期完成除蒙古族、藏族地区外7个专区（市）、63个县、3031个乡、780多万人口地区的全部土地改革。会议要求，以土地改革为中心，争取土地改革运动的完全胜利，为有计划地进行经济建设准备条件，还要做好以下几项工作：一是进一步普及与深入开展抗美援朝运动，持久深入地在广大人民群众中进行反对帝国主义和封建主义，加强爱国主义与国际主义的教育；二是继续和反革命分子作斗争，为土地改革和民主改革运动扫清道路；三是依靠工人阶级，开展城市民主改革运动；四是争取在财经工作上做出更多的成绩；五是继续做好民族工作和统战工作。

会议认为，省第一次党代表会议之后开展的减租反霸、抗美援朝、镇压反革命三大运动，为全省大规模的土地改革运动打下良好的群众基础，但要在全省胜利地领导广大农民完成向封建地主阶级最后决战，消灭封建剥削制度这一艰巨而重大的历史任务，还必须根据各地群众工作基础不同的情况继续贯彻放手发动群众的方针，充分调动群众的革命积极性，提高群众的觉悟程度和组织力量，使土地改革成为广大群众自觉的革命运动，在党的领导下，有组织地向地主阶级进行坚决地斗争；在斗争中，必须严格执行不乱打、乱杀、乱斗争，不伤害中农，不侵犯工商业和保存富农经济四条。

会议指出，为了胜利完成全省大规模的土地改革运动，还必须在土地改革运动中，充分运用三干会、农民代表会议、各界人民代表会议，以讲清政策、动员群众、训练农民、训练干部；吸收党外人士参加土地改革委员会，欢迎并尽量多地组织各族各界民主人士、民主党派、知识分子、工商业者参观或参加土地改革运动，以便扩大土地改革的队伍，增加助力,减少阻力,促进土地改革运动健康发展。

会议特别研究了临夏地区等回族聚居和回汉杂居地区的土地改革问题,认为:在这类地区已经过抗美援朝、镇压反革命、民族团结、生产自救等项工作,群众觉悟已经提高,可以不经过减租而直接进入土地改革。但在步骤和方法上必须和汉族地区严加区别,要更加谨慎,更加细致。一切均按群众的觉悟程度办事,反对简单急躁和包办代替的做法。斗争的对象一般要经县人民政府批准,在斗争方法上采取人民法庭结合群众控诉,不采取单纯的群众斗争大会的办法,将斗争对象缩小到最小限度。同时,土改必须有民族干部参加领导和参加工作,成为本民族人民自觉的运动,使土地改革工作在完全有利于民族团结的前提下进行。

会议强调,为了完成以土地改革为中心的各项工作,党必须加强对宣传工作的领导,加强党的思想政治工作;必须加强党的基层组织建设,认真搞好整党整风和党的组织建设工作。按照全国第一次组织工作会议关于整顿党的基层组织的决议,结合土改着重对党员进行共产主义与共产党员标准的教育,清除混入党内的阶级异己分子及其他坏分子。会议决定,对基层党组织分期分批进行整顿。在没有党组织的工厂、企业、机关和专科以上学校,争取在1952年内建立起党的组织。在已有党组织的工厂、矿山、机关、学校大力培养训练积极分子,发展新党员。凡没有党员和党员极少的新区,建立起五六个党员组成的精干支部,扎好建党根子。各级党委必须认真建立党的民主制度,加强集体领导,开展批评与自我批评,活跃党内生活,加强党的建设。

中共甘肃省第二次代表会议是在全省即将开展大规模土地改革运动时召开的一次会议,具有重要意义。这次会议讨论和制定在全省开展土地改革的方针、政策、策略和具体办法,研究和制定在临夏等回族聚居和回汉杂居地区的土地改革具体政策和方法,提出围绕土地改革必须要做好的五项工作任务,提出加强党的宣传工作和整党整风的一系列具体政策和工作方针,为胜利完成全省的土地改革和整党整风运动提供了政治保障。

这次会议增补黄新亭、朱辉照、张达志、彭绍辉、郭炳坤、黄静波为省委委员。

## 第二节　土地改革的全面开展

### 一、土地改革初期的试点工作

为贯彻落实省第二次党代会精神，1951年8月27日至9月3日，甘肃省召开第一届各界人民代表会议第二次全体会议暨全省第二届农民代表会议。会议代表围绕着开展土地改革这个中心议题，经过多次反复讨论，一致通过省人民政府主席邓宝珊作的《各族人民团结起来，为完成全省土地改革而奋斗》的报告，作为具体指导全省土地改革的工作方针。9月11日，省委召开省、市两级干部会议，省委书记张德生作《关于土地改革问题的报告》，就全省开展土地改革的计划、步骤，继续放手发动群众，少数民族农业区的土地改革，贯彻土改总路线总政策，加强领导、加强干部纪律教育等问题。

按照省委全面开展土地改革的部署，各专区、县（市）相应成立土地改革委员会，具体领导土改工作。从1951年9月中旬开始到12月初，全省各地开始土地改革试点工作，即第一期的土地改革。各县在土地改革中都选择在减租反霸斗争中发动群众好的2个乡、3个较好的乡和2个较差的乡进行试点，以达到了解掌握全县情况，总结和推广土改试点经验、推动土地改革顺利发展的目的。全省共确定开展土改试点的乡514个。为保证土改试点工作的顺利进行，省委和省政府抽调省直机关各级干部490多人以及各县到兰州参加省土改训练班学习的干部230余人，共720余名干部分赴各专区参加土改试点工作。省土改委员会组织3个巡视组，分赴各地巡视，指导检查工作，及时交流和推广经验。全省各地都采取先行试点、重点突破、以点带面、点面结合、稳步推进的方法开展工作。各专区、县的党政负责人加强对重点乡土改工作的领导，及时总结经验，全面推广，改进领导，并随时检查，掌握本地区土改工作的全盘情况。

土改试点工作开始之初，为支持农村开展土地改革运动，彻底消灭地主阶级，巩固工农联盟和各革命阶层之间的团结，防止不法地主逃匿城市或违抗和破坏土地改革，同时也避免各地农民进城捕捉恶霸地主而引起秩序混乱。1951 年 10 月，省委特决定在兰州、天水、临夏、平凉等市县成立城乡联络委员会，由市县人民政府及土地改革委员会直接领导，执行土改法令和负责处理城乡间的土改纠纷，遏制部分地主逃匿和分散转移财产。

土改试点一开始，尽管各地农民有得到土地的迫切要求，但是一些农民思想上顾虑较多，持怀疑或观望态度；地主阶级虽然已经受到沉重打击，但仍然采取各种手段破坏土改活动。针对这种情况，各级党委和政府采取继续放手发动群众，稳步深入开展土地改革的方法和步骤。一方面运用各种方式广泛宣传土改政策，深入做好群众的思想工作，充分发动群众，并注重培养贫雇农积极分子；一方面注重对乡村政权的改造，发挥乡村农会、政权及青年团、民兵、妇联等组织的作用，加强农民内部的团结，壮大农民队伍，领导农民通过政策宣传，团结贫、雇、中农，中立富农，孤立地主，同地主阶级进行有理有节的斗争。从土改试点的结果来看，大多数地区群众发动得比较充分，对地主的斗争比较彻底，农民群众的政治思想觉悟普遍得到较大的提高，农民群众组织的力量得到发展和壮大，农会会员已发展到全乡人口的 30%—40%，涌现出大批土改积极分子，在土改试点中发挥了重要作用。从 1951 年 9 月中旬到 12 月初，全省确定的 514 个土改试点乡的工作全部完成，并扩大到 1304 个乡。土改试点工作的完成，为在全省大规模地开展土改取得了经验，也为全面彻底完成全省土改任务提供了保证。

## 二、土地改革的全面展开

1951 年 12 月初第二期土改开始后，采取从试点乡向周边乡逐步扩大的办法，目标要求是争取完成各县 60% 的乡的土改工作任务。第三期土地改革的目标是，完成各县全部区乡土地改革的任务，也采取从重点区向周围区扩大的办法，县委领导机关依托重点区乡指导全面，区委机关依托重点乡指导一般乡。

土地改革全面展开后，省委、省政府动员一切力量，统一工作步骤，共抽调各级干部23035名参加土地改革运动。在土改过程中,注重培养和提拔农村基层干部,健全各级农民代表会及其选举出的农民协会以及各种基层群众组织,进而逐步健全和纯洁各级人民政权组织,以便把土地改革的领导权掌握在阶级立场坚定、政治思想明确、善于走群众路线的干部手中。为改进土改工作方法,根据各地区减租土改的不同基础,将实行土改的地区大致划分为群众发动比较充分的地区、群众发动不够充分的部分地区、群众基本上没有发动起来的少数地区、尚未进行减租的回族聚居和回汉杂居地区等四类,分别采取不同的方法和步骤,实行区别对待的工作措施。在土地改革中还贯彻保存富农经济的政策,以促进农业经济的恢复和发展。到1952年6月底,全省范围的土地改革基本完成。所剩西吉、海原、固原(后归宁夏回族自治区管辖)等回族聚居和回汉杂居地区115个乡的土改工作,由于群众基础薄弱,社会秩序尚未完全安定下来,省委决定,这些地区暂缓进行。这些地区的土改于1954年6月底完成。

土地改革运动的完成,彻底铲除了封建剥削的土地制度,建立起农民土地所有制。天水、定西、平凉、酒泉等8个专区(市)、63个县、410个区、3081个乡,共没收和征收地主和半地主式富农土地1217万多亩,房屋90.9万多间,各种农具293万多件,牲畜29万多头,粮食114万多石,分配给119.3万多户农民。各专区分配果实中,贯彻有利于发展农业生产、有利于群众同干部团结的原则,首先满足贫雇农的要求,同时照顾缺乏土地和生产资料的中农的利益。分配的结果是:雇农平均每人分得土地3.72亩,贫农平均每人分得2.1亩,中农每人分得1.7亩;贫雇农平均3户分得1头耕畜,中农20户分得1头耕畜;贫雇农每户平均分得大小农具3件,房屋1间,粮食11石;中农每户分得农具1件,粮食4斗,每5户分得房屋1间。在分配果实时,本着男女平等的原则,妇女也同样分得一份果实,对于革命烈军属给予照顾,基本上满足了贫雇农对土地及其他生产资料的要求,并适当照顾到中农,保存了富农经济。

经过土地改革运动,农村中地主阶级统治的基础已被彻底摧毁,广大农民群众已充分发动和组织起来。据2170个乡的统计,各族农民已有203.5万余人参加农会，占各族农民总人口的36%；有28.8万余名青年农民参加民兵组织。农村涌现出一大批积极分子，也培养了一批各族乡村干部。临夏地区8个县256个乡，共选拔和提拔区、乡、村各级回族干部12600余人，其中脱产的区、乡回族干部200余人。据1336个乡的统计，新民主主义青年团团员发展到3万余人，较土地改革前增加了4倍。在土地改革中对农村的基层政权及各种群众组织也进行整顿，吸收大批积极分子参加基层政权和各种群众组织。在民族杂居的乡村，一般是按照各民族的人口比例，选举与配备乡政府委员会和农会委员会的干部。各族群众与党和人民政府的联系更加紧密，乡村的人民民主政权更加牢固。在完成土改的地区，广大农民的思想政治觉悟空前提高，在响应党和政府的号召，积极参加抗美援朝运动的同时，立即转入春耕和夏收生产，并进一步在变工互助合作生产中组织起来。其中有59个县建立农业生产互助组16570个，有172.6万农民参加互助组，建立的合作社比1951年增加146.35%，农业播种面积较1951年增加5.5%，水利灌溉面积较1951年增加14.75%。

## 三、土地改革的复查

土地改革是一场激烈的阶级斗争，这场斗争在全省范围取得的胜利，彻底废除了地主阶级封建剥削的土地所有制，实现了农民的土地所有制，使农村的生产力获得解放，为开展大规模的经济建设开辟了广阔道路。但是在这场空前的土地改革基本完成之后，还遗留了一些问题，主要是：有些地方在划分阶级成分中有拔高或降低的现象；土改成果分配中存在着一些不合理的现象；干部和群众之间存在着一些不团结的现象；土地地权还未确定下来，少数不法地主反攻倒算，劫夺土改成果、破坏生产等。为巩固土地改革的胜利成果，解决土改中存在的问题，省委决定开展土地改革复查工作。

1952年9月，省委书记张德生在省政府第二届第七次、省协商委员会第二届第五次、省土地改革委员会第五次会议上分别作了《集中大力做好土地改革复查工作》的报告，提出开展土改复查工作的基本方针、政策、任务和原则等。11月9日，省委发出《对土地复查工作的指示》，对土改复查工作进行全面部署，要求各地委、兰州市委和皋兰县委，按照省委确定的开展土改复查的方针政策和任务，按规定的工作步骤做好六个方面的工作，按期完成土改复查工作。

为保证复查工作顺利进行，省委从省直机关抽调干部 623 人，分赴各地参加土改复查工作。各级党委和政府也抽调干部，组成检查小组，深入到土改复查乡开展工作。复查工作开始后，首先召开农代会、乡村干部一揽子会、群众座谈会、群众大会、妇女会等，广泛宣传土改复查的各项政策，稳定人心，团结中农，稳住富农，分化和孤立地主分子，有效地打击地主分子的破坏活动。在广泛宣传的基础上，与乡村农会配合，检查和纠正划分阶级成分中存在的问题，对极个别漏网的地主成分重新确定并分配土地和财产，对个别中农划为富农的予以纠正；检查和纠正土地及其他生产资料没收分配中存在的问题，对个别分配中不合理的问题予以纠正，对部分土地财产的分配进行调剂；对乡村政权和各种群众组织中贫农、雇农和中农所占的比例，土改后地主的破坏活动，农民群众之间的典当关系，少数民族农业区土改中执行民族政策的情况等，进行普遍的检查，并解决和纠正存在的问题。

按照省委的部署，土改复查工作，共分三期进行，每期 50 天。第一期于 1952 年 10 月中旬开始至 12 月中旬结束，完成 947 个乡的土改复查工作，占全省复查乡的 31%。第一期复查工作结束后，省委及时对复查工作进行总结，认为取得的成绩是主要的，为第二、第三期的复查工作提供了经验。第二期从 12 月下旬开始，至 1953 年 2 月结束，共完成 1258 个乡的复查，占全省复查乡的 41%。第三期从 1953 年春节后开始，4 月中旬结束，完成 876 个乡的复查工作，占全省复查乡的 28%。土改复查工作全部结束。

全省各地在土改复查工作结束时，按照 1952 年 10 月省政府颁布的《关于认真领导颁发土地房产所有证的指示》，在普遍进行查田定产工作基础上，给农民新分得的土地房屋或原有的土地房屋以及土改后分给地主的土地房屋都颁发土地房产所有证，以保障土地改革后各阶层的土地房产所有权，稳定农民生产情绪，提高农民生产积极性，并宣布土地改革前的土地契约一律作废。土地房屋所有证的颁发，巩固了土地改革的成果，从而完成了土地改革的最后一个重要步骤。

## 四、城市郊区的土地改革

中央人民政府政务院颁布《城市郊区土地改革条例》后，省委、省政府按照政务院的要求，制定《甘肃省关于土地改革实施办法的若干规定》，决定在兰州市郊、天水市郊进行土改，并规定地主在城市、城镇及农村中所经营的一切工商业等，均不得没收分配，应加以保护，以促进工商业经济的发展；城郊土地改革必须同镇压反革命相结合；在划分阶级成分时，必须照顾到郊区社会阶层的特点；必须广泛地在群众中宣传郊区土地收归国有的政策。

1952 年 1 月，中共兰州市委、市政府制定《兰州市郊区土地改革实施办法》，组织 244 名干部在兰州市郊区 7 个区、28 个半乡，分三期进行土地改革。在充分发动群众的基础上，成立农会组织，依据土地改革法划分阶级成分，在农会的领导下和在土改工作组的指导下，没收地主阶级的土地和财产。土改中，严格执行中央和省委制定的关于城郊土地改革的政策，认真区分地主兼工商业者，地主与工商业者、小土地出租者、小土地经营者、小手工业者的界限。兰州市城郊在土改中，共没收和征收地主的土地 151128 亩，房屋 15297 间，牲畜 132 头，粮食 965.8 石，大车 89 辆，农具 9780 件，其他生活资料 17758 件，广大贫雇农分得了土地和财产。同年 6 月，兰州市郊土地改革工作完成。与此同时，天水地委和专署也领导完成天水城市郊区的土地改革。

11 月中旬到 1953 年 4 月，按照省委土改复查工作的要求，兰州市郊先后分三期进行土改复查工作。第一期于 1952 年 11 月中旬开始，1953 年 1 月初结束，确定土改复查乡为 9 个半乡。中共兰州市委、市政府抽调各级干部和积极分子近 600 人，分赴各乡开展工作。在复查中，对 40 户阶级成分提高或降低、漏划或错划的问题进行纠正，对其进行土地和财产的分配、赔退和补偿，新没收和征收的 171 亩土地、60 间房屋以及人民币、粮食、农具、衣物等财产，分配给 1046 户农民和非农业户。对基层政权和群众组织进行了整顿，新提拔一批乡村干部，选拔一批土改积极分子参加基层政权和群众组织，农民的政治觉悟得到提高，生产热情迅速增长,为兰州市郊后两期土改复查取得了经验。第二期于1953年1月初开始,对19个乡进行复查,1月底结束。第三期于2月初开始,对27个半乡(均系皋兰县划归兰州市的乡)进行复查,4月初结束。土改复查对划分阶级成分、土改成果分配、基层政权和群众组织工作、农民群众的生产等进行检查,纠正存在的问题,充实和纯洁基层政权,巩固土地改革的成果,促进了农业生产的发展。

在天水地委和专署的领导下,天水城市郊区也相继进行和完成三期土改复查工作。城市郊区土改复查工作结束后,按照省政府的规定,对实行城郊土改的兰州、天水等地,在土改中分配给农民的土地只发给土地使用证,而农民原有的土地则发给土地所有证。

## 第三节　各项社会事业的民主改革

### 一、企业的民主改革

甘肃解放后,省内国营企业除少数由陇东老区迁来和新建的一些工厂之外,主要是在没收和接管官僚资本之后建立的国营企业。对于这些企业,必须在发动群众的基础上进行民主改革,逐步改造,建立与新的生产关系相适应的生产制度和管理制度,以促进生产力的发展。通过对企业的民主改革,废除原企业遗留下来的压迫和奴役工人的包工制、工头制、搜身制以及限制工人人身自由、歧视和侮辱女工的各种制度,对工厂企业的管理机构进行必要的人事调整。同时,普遍地建立工会组织和职工代表会,组织工人参与生产管理和经营事务,增强工人在企业中的地位。但是,这一时期的城市企业的民主改革,主要是以反对封建把头制度为中心开展的,即对管理制度的民主改革不够深入,也未能较深地涉入到生产制度的改革。

为了有组织、有计划、有步骤地深入开展城市民主改革,1951年11月10日,省委制定和下发《甘肃省城市民主改革计划》,确定城市实行民主改革的两个重点是玉门油矿和兰州市,并对全省城市民主改革工作的路线、原则、步骤和计划作出明确规定。全省城市民主改革的工作路线是：依靠工人阶级，团结其他劳动人民，争取与团结民族资产阶级及一切可能团结的社会力量，组成一个有强大群众基础的统一战线，有步骤、有区别地打倒反革命分子和封建残余分子，搞好工业生产及城市其他建设事业。城市民主改革打击的对象是反革命分子和封建残余势力，废除以反革命分子和封建残余分子为骨干形成的封建把头制度与封建特殊势力。城市民主改革的一般原则是：反封建不反资本，不反技术；反首要不反一般；政治斗争为主，经济一般不作清算。工人阶级内部问题采取批评与自我批评方式解决，不作为民主改革的对象。在兰州取得城市民主改革经验的基础上，再向全省中、小城市逐渐推广。全省城市民主改革总体上于 1952 年内全部完成。12 月 31 日，在省委通过的《甘肃省一九五二年工作大纲》中，又对全省城市民主改革的步骤和计划作出具体的安排部署："兰州市公营厂矿的民主改革工作，除五一年内已完成者外，其余公营厂矿五二年一月完成。五二年六月前完成私营厂矿民主改革。行业街道的民主改革工作，到下半年看情况再定。其余天水、平凉、武威等城市厂矿民主改造工作，均于五二年内完成。"

按照省委的安排和部署，各城市的党政机关结合当地企业的实际，组织力量，发动和依靠广大工人、群众，按照工业系统、后勤系统、交通系统、石油系统等，有组织、有计划地深入开展民主改革。企业内部的民主改革的步骤具体经过民主改革、民主团结、民主建设三个阶段。在民主改革阶段，广泛发动工人、群众，清理企业中隐藏和残存的反革命分子，清除压在工人头上的封建把头和其他封建势力，彻底废除封建制度，改革旧的生产管理制度。仅兰州 29 个企业就清查出反革命分子、封建把头 130 名。在民主团结阶段，采用批评与自我批评的方式，调整职员与工人之间的关系，解决职工之间、师徒之间、工人之间及店员之间存在的问题，提高广大职工的政治觉悟，纯洁职工队伍，增强工人团结。在民主建设阶段，确立新民主主义的生产与管理制度，建立有工人代表参加的工厂管理委员会，实行民主管理，进行生产改革，建立车间班组制度，实行计划管理，逐步建立科学、合理的生产和管理制度，技术管理制度、财务管理制度、经济核算制度、安全生产制度、开展劳动竞赛和先进生产者运动，促进生产的发展。这三个阶段按计划有步骤地进行，并与企业的生产与经营相结合。

在对私营企业的民主改革中，仍然按上述三个阶段进行，尽可能团结能够联合的力量，组成有资方人员参加的民主改革委员会，遵循“发展生产、劳资两利”的政策，依靠和发动工人、店员，进行民主改革，废除封建的生产管理制度，签订集体劳动合同，雇主不得随意解雇工人和店员，建立新的劳资关系，促进生产和经营发展。至 1952 年 5 月，全省城市企业的民主改革全部结束。

城市企业的民主改革，彻底废除封建制度，改革旧的生产制度和管理制度，建立新民主主义的生产管理制度，确立工人在企业中的主人翁地位，广大职工的政治觉悟和生产热情得到极大提高，积极投入到生产和建设事业之中，为发展生产献计献策。1952 年，全省国营企业的职工共提出促进生产和经营发展的合理化建议 4400 多条，被采用的 1778 条，不但促进了生产的发展，也使社会主义新型生产关系进一步得到体现，为推动国民经济的恢复和发展起了重要作用。1951 年甘肃工业生产总值超过解放前的 62.12%；玉门油矿 1951 年石油产量为解放前最高年产量的 266%，1952 年超额完成生产计划 118.11%，较 1951 年提高 40%；天兰铁路提前 10 个月通车。

## 二、宗教革新运动

甘肃是一个有道教、佛教、伊斯兰教、天主教、基督教等多种宗教的省份。天主教、基督教自近代以来传入甘肃直至全省解放，一直被外籍主教、神父所控制和把持。

解放初期，天主教在兰州有总主教区和天水、平凉主教区以及兰州、武威、张掖、陇西 4 个总铎区，共有教堂 122 座，教徒 31652 人，其中外籍主教、神父等 67 人。全省基督教共有教堂 171 座，牧师、传教士约 200 人，教徒约 1 万人。新中国成立前后，甘肃基督教中的外国传教士大多数离境，但教会中帝国主义及其势力的影响并未消除。1950 年 9 月，中国基督教界吴耀宗等联名发表《中国基督教在新中国建设中努力的途径》的宣言，号召全国基督教割断教会与帝国主义的关系，肃清帝国主义的影响，实行自治、自养、自传，建立中国人自己的教会。12 月，兰州基督教、天主教人士举行座谈会，开始全省基督教、天主教“三自”革新反帝爱国运动。

1951 年 3 月，省政府成立“接纳外国津贴的救济机关专门登记处”，接着又成立甘肃省宗教工作委员会，领导全省天主教、基督教的宗教革新运动。天主教界就吴耀宗发表的宣言召开座谈会后，兰州总主教区总主教濮登博（德国籍）为维护其对天主教的控制，唆使兰州天主教堂华籍神甫李为权假装革新，于 3 月初成立兰州市天主教“三自”爱国筹委会，暗中控制教权，对抗“三自”革新，继续从事与中国人民为敌的活动。针对这种情况，在省宗教工作委员会的领导下，8 月初从省上和兰州市有关单位抽调 20 多名干部组成工作团，以教徒集中的兰州市第四区为重点，举办教徒积极分子训练班，发动教堂内外群众，揭发披着天主教外衣的帝国主义分子的罪行，深入开展革新反帝运动，并逮捕利用教会进行反革命活动的教会培神小学校长杨德修。同时，掀起控诉帝国主义分子罪行的高潮。根据教徒的控诉和揭发，工作团加强调查研究，先后搜查出帝国主义分子赵承明（德国籍）、海德基（奥地利籍）等隐藏的电台零件、密码本、书面情报、情报照片以及手枪、子弹等，并将其残害人民、窃取情报、秘密组织“圣母军”进行反革命活动的罪行及证据公开展示，兰州市天主教内外的群众纷纷参观，天水、平凉、武威、张掖、陇西等地的天主教也派教徒代表前往参观。这些罪证揭穿了帝国主义分子的面目，使广大教徒受到教育，兰州市签名拥护“三自”革新的天主教教徒占全市教徒总数的 93%。12 月 11 日，兰州市天主教“三自”革新筹备委员会成立。26 日，兰州市人民政府发出布告，下令取缔披着宗教外衣进行反革命活动的秘密组织“圣母军”。在此期间，平凉市、西峰市也先后于 12 月初成立天主教“三自”革新促进委员会。其他地方的天主教“三自”革新组织也于 1952 年初先后成立。全省各地天主教“三自”革新组织成立后，依法惩办了天主教中的反革命分子。到 1952 年底，全省天主教中的帝国主义分子全部被驱逐出境。

为了及早实现“三自”革新，1951 年上半年结合抗美援朝、镇压反革命等运动，兰州基督教界大张旗鼓地开展控诉美帝国主义侵略罪行的宣传教育。兰州21个基督教的组织中有13个召开控诉会，普遍订立爱国公约，开展反对美帝国主义的和平运动及支援抗美援朝的捐献活动。全市有1800多名基督教教徒在和平宣言上签名，发表由1600多名教徒签名的兰州市基督教抗美援朝"三自"革新运动宣言。"五一"劳动节有600多名教徒参加全市举行的示威游行。5月26日，兰州市基督教抗美援朝"三自"革新运动委员会筹备委员会正式成立。筹委会成立后，着手清点教产，废除旧制度，全部财产由革新组织接收，并成立合作社，组织生产，解决自传、自养问题。在"三自"革新运动中，纯系外国各教会的教士所组成的传教机构受到沉重打击，其人员于1951年8月被驱逐出境，财产由省政府接管。在兰州市基督教界带动下，天水、平凉、武威等市、县也先后成立基督教爱国组织，全省基督教很快摆脱帝国主义的控制，走上自治、自养、自传和独立自主、自办教会的道路。

在开展基督教、天主教革新运动的同时，全省还对佛教、道教等进行清理整顿，进行爱国主义和宗教政策的教育和宣传工作。1952年10月，在西北局统战部的指导下，省宗教工作委员会重点检查临洮县的佛教活动，解散擅自成立的临洮佛教支会。1953年3月，对佛、道教和慈善团体进行登记，取缔一贯道等反动会道门组织，检举和清除混入佛、道教中的坏人。1954年对活动频繁地区的佛、道教进行登记审查。按照省委规定的土地改革的具体政策，全省大部分地区在土地改革中给僧尼、道士分配土地，组织僧道参加生产劳动。甘肃省宗教工作委员会先后在兰州举办两期全省佛、道教人士学习会，系统地进行爱国主义、宗教政策和自养教育。在工作中，贯彻党的宗教信仰自由的政策，保护信教群众正常的宗教活动，同时还对有文物价值的寺观庙院进行保护。

## 三、铲除旧社会的痼疾

1950年3月20日，省政府发布《关于禁烟禁毒的布告》，规定各地限于春耕之前一律铲除鸦片烟苗，所有贩制烟毒图利者，应即转入正当职业，敢以武装贩运者从严治罪；所有散存在民间的鸦片烟土即向当地政府登记交出；凡吸食烟毒者立即戒除。经过各级人民政府的广泛宣传和采取各种有力措施，禁烟禁毒运动在全省普遍开展起来。1950 年铲除鸦片烟苗 14.5 万亩，收缴一批鸦片烟土，同时捕办一批重大毒品罪犯。同年国庆节，兰州、天水、武威等地人民政府当众销毁大烟 7335 两、烟棒 4077 个以及一批制毒、吸毒用具，禁烟肃毒取得初步的成果。1951 年 1 月 7 日，省政府再次颁布《关于严禁鸦片烟毒的布告》。各地人民政府认真贯彻执行省政府禁烟肃毒的决定，结合当地开展的减租反霸、土地改革、镇压反革命、“三反”“五反”及民主改革运动，有计划、有组织、有领导地开展禁烟肃毒工作。

1952 年 7 月 30 日，根据公安部的统一部署，全省各地在省委、省政府的领导下，开展声势浩大的禁烟肃毒运动。各县、区、乡成立禁烟肃毒委员会，村建立禁毒小组，广泛深入地发动群众，开展群众性的禁烟禁毒运动。截至 12 月底，兰州市先后组织召开大小禁烟肃毒宣传会 2754 次，参会群众累计占全市人口的 82%，收到群众检举材料 1 万多份，共清查出制贩和窝藏毒品者 4080 人，其中逮捕首恶分子 617 人，管制 533 人，收缴毒品折合大烟 8035 两，没收赃款及非法得利 2.18 万元以及一批毒具和财产。天水市共组织召开大小会议 2159 次，参会群众累计占全市人口的 90%，收到群众检举信 1588 件，逮捕毒犯 440 人，登记坦白毒犯 359 人，收缴大烟 4734 两、毒具 313 件及一批赃款。武都地区各县充分发动群众，铲除烟苗 16699 亩，查获收缴大烟 16296 两。各地在群众性的禁烟肃毒运动中，还开展规劝、帮助、监督吸食烟毒者戒除毒瘾的工作。省民政厅在兰州、天水、临夏、定西、武都等吸食烟毒严重的市县设立戒毒所 26 个，有计划、有重点地进行戒毒工作。各地人民政府还根据当地禁烟肃毒工作的实际，普遍建立群众互助戒烟所，本着“教育改造、治病救人”的方针，规劝、帮助、敦促和监督吸食烟毒者入所戒除毒瘾。至 1952 年底，先后有 6 万多人戒掉毒瘾，改造成为自食其力的劳动者。开展群众性的禁烟肃毒运动，严厉打击了毒犯，切断了毒品种植、制贩、销售及吸食的联系和市场，铲除了旧社会遗留下的污毒，净化了社会风气，教育了广大人民群众，取得了良好效果。至 1953 年，除甘南藏区外，全省烟毒基本禁绝。

1952 年，中共甘南工委按照省委“慎重稳进”的原则，禁烟禁毒工作取得一些成绩，使一些烟田改变为粮田。但由于甘南少数民族地区特殊的历史原因和复杂的社会环境，匪特尚未彻底肃清，一些民族纠纷和问题正在解决，民主改革正在进行，因此在甘南地区大烟种植还较为普遍。随着和平民主改革的逐步深入，1954 年 6 月 3 日，省委作出《关于甘南地区禁种大烟的意见》，决定在甘南地区全面开展禁烟工作。6 日，中共中央西北局批准了省委在甘南地区禁种大烟的决定。

为加强甘南地区禁烟工作的领导力量，省委派第二书记霍维德赴甘南指导工作。6 月中旬，霍维德主持召开中共甘南工委、甘南自治区政府、政治协商委员会联席会议，专门研究讨论禁烟问题，成立由各方代表 50 人为委员的禁烟委员会。会后抽调大批干部，发动组织一批少数民族中上层人士和宗教界领袖人物，深入基层，采取“发动群众，讲清政策，打击匪特，孤立坏人，先易后难，推进全面”① 的工作方法和步骤，开展群众性的禁烟运动。至 9 月底，共铲除烟苗 27300 多亩，收缴大烟 1156 两，逮捕毒犯和首恶分子 32 人。在禁烟的同时，还进行戒烟、医疗、贸易、农牧贷款和适当救济等善后工作，以促进禁烟肃毒，推动农牧生产发展。为配合甘南地区的禁烟工作，与甘南接邻的武都、临夏、定西专区加强所辖地区缉私工作，严厉打击烟贩，杜绝毒品流入。在随后的三年中，甘南连续进行绝种大烟的复查工作，深入发动群众，铲除烟苗，收缴烟土，严惩犯罪分子，直至甘南地区烟毒全部禁绝。至 1958 年，全省禁烟肃毒取得全面胜利，全省累计铲除烟苗 20 余万亩，打击毒品犯 6800 余名，收缴毒品 39 万两，近 10 万名吸食烟毒者戒除了烟毒，旧社会遗留下来的烟毒痼疾，在新社会得到彻底根除。

在禁烟肃毒的同时，全省开展取缔娼妓的工作。新中国成立前，兰州、天水、平凉、武威等城市都有妓院和妓女，仅在兰州市登记注册的妓院有 30 家，妓女 264 人。甘肃解放后，人民政府最初对娼妓的方针是“限制发展，扶助从良，转向正当职业”，随后即明令取缔娼妓。1949 年 9 月，兰州刚解放，兰州市军管会就开始对兰州市的妓院和妓女进行登记，并抽调公安、妇联干部开展工作，对妓院老鸨和妓女进行集训和教育，采

---

① 《甘南藏族自治州人民政府禁烟工作总结报告》，1954 年 11 月 11 日。

取各种形式限制其经营。通过半年多的工作，由于社会秩序稳定，各项民主改革运动相继开展，大部分妓院纷纷关闭，一些妓女回家或从良，但一些妓院仍在经营，一些妓女转为游妓或暗娼。1950 年 6 月 3 日，兰州市政府按照兰州市第二届各界人民代表会议的决议，报经省政府批准，明令宣布妓院为非法经营，对残存的 9 家妓院及财产进行查封。2 月 9 日，按照天水市各界人民代表会议的决议，天水市政府、公安局、妇联组成处理委员会，查封天水市妓院 21 家，127 名妓女由妇联负责教育改造，40 名妓院老鸨由公安局负责集训处理。在此前后，平凉、武威、定西、徽县、甘谷、秦安等地也相继清理查封妓院，对妓院老鸨进行集训，对妓女进行教育改造。甘肃境内的娼妓全部被取缔。

改造妓女是查封妓院、彻底取缔娼妓制度的关键环节。全省各地人民政府根据当地的实际，结合各项民主改革和社会改造工作，在取缔娼妓中加强对妓女改造的工作，取得明显效果。一是对妓女集中进行教育改造。天水、平凉等地对妓女集中进行为期一个多月的教育改造。兰州市政府于 1950 年 6 月设立劳动教养所，对妓女集中进行教育改造。在整个教育改造中，始终坚持以思想教育改造为主，组织集体学习党和政府的有关政策，宣讲婚姻法，辅之以适当的集体生产劳动。二是妥善安置、解决生活出路。在教育改造结束时，对她们都做了妥善的安置，发放了安置经费，部分人回乡参加生产劳动，部分人就地经营小摊贩，部分人进入工厂工作。到 1950 年 11 月，改造妓女工作结束。全省共解救妓女 1300 多名，通过教育改造，使其成为自食其力的劳动者。至此，甘肃旧社会所遗留的娼妓制度被彻底摧毁。

## 四、宣传和贯彻《婚姻法》

1950 年 5 月 1 日，中央人民政府颁布《中华人民共和国婚姻法》（简称《婚姻法》）后，按照省委的指示，各地党委和政府组织广大干部进行学习，在群众中进行广泛宣传。1951 年 10 月 20 日，省委发出《关于土地改革运动中加强妇女工作的指示》，指出在土地改革运动中，必须把广大农村劳动妇女发动组织起来，加强对妇女工作的领导，同时还必须做好宣传和贯彻《婚姻法》的工作。在宣传和贯彻《婚姻法》的工作中，全省各地陆续开始实行婚姻登记制度,各级人民法院按照《婚姻法》处理婚姻案件。省人民法院1950年受理婚姻案件932件,1951年受理5820件,到1952年7月受理9490件。在这些案件中,由女方提出解除封建婚姻的诉讼均占80%以上。同时,各地人民政府结合剿匪肃特、减租反霸、镇压反革命、抗美援朝、土地改革等群众运动,广泛开展宣传教育工作,广大群众对旧社会封建婚姻制度的罪恶有了进一步认识,对保障妇女权益的新婚姻制度表示坚决拥护,履行婚姻登记的人数也大大增加。古浪县1950年结婚登记者仅为122对,1951年达299对,到1952年8月已达367对。在结合土地改革中宣传和贯彻《婚姻法》,一些受封建婚姻制度压迫的农村妇女得到解放。通过宣传和贯彻《婚姻法》,转变了人们的婚姻观念,广大农村原来以财产多少、门当户对等联姻的风俗,开始转变为以劳动好坏,是否团员、民兵,参加学习是否积极等为结婚条件。广大妇女获得婚姻自由和男女平等的社会地位,积极参加新社会的各项建设事业,许多妇女还担任乡村政权、青年团和其他群众团体的干部。

由于反动阶级长期统治,甘肃封建势力根深蒂固,因而封建包办、买卖、童养媳、纳妾、站年汉、换头亲、抢寡妇等封建野蛮婚姻制度和恶习较为严重。解放初虽然大张旗鼓地进行《婚姻法》的宣传和贯彻,但各地封建包办、买卖、早婚、干涉自由婚姻、妇女受压迫和受虐待的现象还较为普遍。《婚姻法》颁布至当年底,天水市城区四街登记结婚的55对青年中,43对是包办和买卖婚姻,11人是早婚;静宁、西吉等14个县市,因婚姻问题妇女自杀或被杀身亡的有269人。尤为严重的是一些基层干部对宣传和贯彻《婚姻法》认识不明确,执行不力,一些妇联和妇代会组织还没有充分发挥维护妇女权益的作用。针对上述问题,9月18日,省政府办公厅、省人民法院、省妇联发出《迅速检查婚姻法贯彻执行情况》的联合通知,要求各地有关部门迅速组织工作组深入基层,认真地检查宣传和贯彻《婚姻法》执行情况,总结经验教训,解决存在的问题。全省各地迅速地开展了检查宣传和贯彻《婚姻法》的执行情况,纠正工作中存在的问题,制订工作计划,深入基层和群众,全面开展宣传和贯彻《婚姻法》的工作。

1953年1月9日，省委发出《执行婚姻法的情况和大张旗鼓地开展宣传婚姻法，检查婚姻法执行情况运动月的计划》，决定在全省进行一次普遍地宣传《婚姻法》、重点检查《婚姻法》贯彻和执行情况的群众运动，同时成立甘肃省贯彻《婚姻法》委员会。25日，省政府发出宣传和贯彻《婚姻法》的指示，决定3月份为宣传运动月。按照省委、省政府的计划和部署，各专区、县也成立相应的机构，制定执行计划，深入地开展宣传和贯彻《婚姻法》的工作。武威专区各县在第二期土改复查总结与第三期土改复查的县、区、乡三级干部会中，集中学习《婚姻法》，讨论贯彻《婚姻法》运动的工作计划，全面地开展宣传和贯彻《婚姻法》的工作。全区共受理婚姻案件3615件，其中妇女提出解除封建婚姻的3399件，都认真按《婚姻法》的规定进行处理。定西专区在各县确定31个乡为工作重点，派出工作组以点带面开展工作，在完成宣传运动月工作计划的同时，全区还评选出军属模范66户，模范家庭98户，模范夫妻90对。全省在宣传运动月中，除少数民族地区、土改尚未完成地区及严重灾区外，各地共派出干部1万余人，在1161个乡约280万人口的地区，有领导、有计划、有步骤地开展运动。解除大量封建包办买卖婚姻，使广大人民群众对《婚姻法》有了进一步的深刻认识，从根本上摧毁了包办买卖、男尊女卑的封建婚姻制度，有效地推动了妇女的解放，从而使男女平等、婚姻自由的新民主主义婚姻制度得到不断巩固。

## 五、旧有文化教育事业的改造

新中国成立前，甘肃教育事业非常落后。新中国成立初期，省委和省政府对接管的各类旧有学校，按照先恢复和维持现状，再逐步改造、稳步前进的工作方针，进行一系列整顿和改造，以建立新型的文化教育体制，并发展工农大众教育和民族教育。

甘肃解放前仅有兰州大学、西北师范学院、兽医学院、西北农专4所高等学校。兰州解放后，兰州市军管会接管上述4所高校后，宣传党的教育方针和政策，迅速建立学校的新秩序，按时正式开学上课，使教职工安心工作，学生安心上课；立即解散国民党、三青团等反动组织，停止其一切活动；清查学校全部校产，取消国民党反动派的训导制度和反动课程。顺利成功地接管高等学校，为甘肃旧有高等教育的教育制度、教育设置、课程设置、学制等进行调整和改造创造了条件。1950 年 2 月，按照西北军政委员会教育部的指示，西北农专合并于西北农学院，甘肃只剩 3 所高等院校，共有教员 291 人（其中兼职的 60 人），职员 118 人。

在省委的统一领导下，开始有组织、有领导地对高等院校进行一系列的调整与改造，以建立社会主义高等教育制度。对高等教育进行改革的主要内容是：（1）恢复和整顿。接管初期，在高等院校组织校务委员会，取消训导制度，对专业设置和课程设置进行调整，并进行必要的科系合并，建立新的学校教育的新秩序。（2）确立党对高等教育的领导。省委和教育主管部门的党组织把做好思想政治工作作为加强高等教育建设的重要内容，在各校系统地开展马克思主义教育，批判反动统治阶级和资产阶级思想，激发和提高广大师生的爱国主义热情和社会主义觉悟。（3）加强政治思想教育。在学生中组织政治学习，作政策问题的报告；公开党组织与建立青年团、学生会，开展评议助学金等活动，提高学生的政治觉悟；开展抗美援朝的时事学习，对学生进行深入的爱国主义教育，激发学生的爱国热情。（4）改革教学。1950 年 7 月间，各高等院校贯彻全国高等教育会议精神，执行学制、课程、学校管理等五项改革决定，克服高等教育脱离实际、系科重复等现象。各高校课程进行初步调整，个别科系还建立教学研究组，开展以正课为中心的学习，纠正过多的课外活动。同时，各校成立政治教学研究组，开始正常的政治课教学。

从 1949 年 9 月开始，党领导广大师生对全省 91 所中等学校逐步进行一系列改革：（1）废除旧有的“训育制度”和“导师制”，建立班主任制度，贯彻西北军政委员会教育部提出的“肃清封建的买办的法西斯主义的思想，发展其为人民服务的思想和培养爱祖国、爱人民、爱劳动、爱科学、爱护公共财物的新道德”的精神。（2）开展政治学习运动。通过政治课、时事学习、土改教育、社会活动、学生会工作、建团建队等工作，揭露国民党统治时期美蒋反动派的造谣欺骗，进行毛泽东思想的宣传教育，提高学生爱国主义与国际主义的思想觉悟。（3）开展对教师的政治业务学习。通过参加教育研究班、假期研究会及在职学习，对教职员进行改造与提高的工作。全省中学教师参加学习的有 1200 多人，选派到西安教育研究班学习的有248人。(4)进行民主改革。各校普遍建立起校务委员会,建立工作制度、经济稽核制度与鉴定制度等。在学生中成立学生会,并在学生会的领导下,建立各种生活学习制度,制订各种公约,配合学校行政完成学习计划。(5)教学改革开始进行。初步精简课程与教材,注意理论与实际结合的问题,各校组织语文、政治、史地、理化等教学研究小组,并开展以正课为中心的学习。

省委、省政府在对旧有文化教育事业的改造中,大力恢复和整顿全省旧有的小学,并适当发展小学教育,小学数量和学生数量急剧增加,使全省的初等教育得到迅速发展。到1950年9月,学龄儿童入学率达31%。在恢复和改革小学教育的过程中,全省各地的党组织和政府本着争取团结、教育、改造知识分子的政策,举办教师假期学习会,提高教师的思想觉悟和业务水平,推动小学教育的恢复和改革。为了帮助小学教师钻研业务,省教育厅还选编印发教育文选9000册。小学教材采用新课本,省教育厅先后购买儿童读物77000多册,有重点地分发给各县完小,以促进小学教学质量的提高。到1952年9月,全省小学增至7755所,学生增至63.29万人,学龄儿童的入学率达44%。

在恢复和改革高、中、初等教育的同时,还有组织、有计划、有领导、有重点地开展工农教育和少数民族教育。工农教育就是对工人、农民及工农干部的教育,这是新中国教育的重要内容之一。为抓好对工农的教育,省委、省政府成立省职工业余教育委员会,专门负责工农教育。在对工人及职工的教育方面,主要抓好城市中的职工业余教育,成立工农速成中学,开办职工业余学校以及对在职干部的业余补习教育。到1950年底,全省共有职工业余学校46处、178个班,职工学员5910人。在农村,主要抓冬学、夜校、扫盲班、识字组、读报组等多种形式的农民教育活动,广泛吸收和组织农民参加各种类型的文化学习。1950年,省文教厅计划全省冬学7万人入学,结果入学农民人数达到98000余人,超过原定计划40%。当年省文教厅免费发放全省冬学各种课本73000余册,并对全省300名冬学优秀教师颁发模范教师奖章,对3000名参加冬学的优秀农民学员颁发模范学生奖章。同时,在全省先后恢复民教馆41所(其中38所改成文化馆),初步进行对群众的宣传教育。

为了发展少数民族教育,先后恢复陇东师范、临夏师范、夏河师范及少数民族小学 274 所。在少数民族学生较多的学校,加授少数民族的历史与语文课程,并尊重其风俗习惯。对少数民族的学生采取优待政策,对卓尼、夏河、西吉、泾源、东乡、天祝等少数民族地区的民族小学学生均免费发给课本,仅 1951 年就免费发放教材 4700 套。对全省少数民族中学生也免费发给教科书及代交代办费。大中学校招生时对少数民族学生都从宽录取。助学金的发放也照顾少数民族学生,在师范与职校就读的全部享受助学金,在中学的享受 50%,在大学的有优先享受的权利。

# 第四章
# 国民经济的恢复

在开展土地改革和各项社会民主改革的同时，省委、省政府领导全省人民开始有步骤地进行以恢复和发展生产、争取财政经济状况基本好转为指导方针的恢复国民经济的各项工作。在这一方针指导下，经过三年努力，迅速建立起国有经济和集体经济，稳定了市场物价，统一了财政经济，实现了节约增收并完成了合理调整工商业的工作，使国民经济得到恢复和初步增长。

## 第一节　公有经济的建立和国民经济的初步恢复

### 一、没收官僚资本及企业

新中国成立前，全省的经济命脉掌握在官僚资本手中，垄断和半垄断着全省煤炭、电力、石化、机械、纺织、交通、银行等生产和金融部门。随着对城市接管工作的开展，省委按照党的新民主主义的基本经济政策，对全省的官僚资本及其企业先按照原来的组织机构和生产系统，保持原职、原薪、原制度，由军管会把它们接收下来，实行监督生产，然后逐步进行民主改革和生产管理改革，将其直接转变为国营经济。整个接收的过程是按军事、交通、公安、民政、企业、工商、金融、教育、文化、新闻等系统进行的,由当地军管会派军代表,组织接收和接管。因此,随着各城市的解放,军管会即责令各单位、企业原有供职人员负责保护资财、机器、图表、账册、档案资料等,听候军代表的清点和接管。

从1949年8月开始到年底,在省委的统一领导下,全省共接管没收属于官僚资本企业的交通、邮电、新闻、卫生、农牧、水利、工矿、贸易、金融等单位360多家,其中兰州市有150多家。

在接管的官僚资本企业中,金融方面有:四大家族的“四行两局一库”,即中国银行、中央银行、交通银行、中国农民银行、中国信托局、邮政储金汇业局、中央合作金库在甘肃的分支机构等6个金融单位,还有地方官办金融机构甘肃省银行总行、甘肃省合作金库和陕西、青海、绥远等省银行在甘肃的办事处。

工矿企业有:官办的玉门油矿、兰州电厂、甘肃煤矿厂、甘肃化工材料厂、甘肃机器厂、甘肃水泥公司、地质调查所、兰州工业实验所、石油公司运营处和勘探处、兰州自来水工程处、雍兴实业股份有限公司、兰州面粉厂、兰州毛织厂、兰州制药厂、兰州机器厂和驻陇办事处30多个厂矿企业以及西北面粉厂和西北毛织厂中的官股。

交通运输有:甘肃省运输处、交通部公路第七运输处及第七公路管理局所属企业、甘宁青邮政管理局、交通部第八电讯管理局5个单位及阎锡山的官僚资本所办的裕兴长途汽车公司。

财经商贸有:西北盐务局、甘肃企业公司、国际贸易所西北分所、中国茶叶公司等23个财经商贸单位。

这些官僚资本企业、单位在接管没收归全民所有后,直接转变成为具有社会主义性质的国营经济,并逐步使之成为整个国民经济的领导成分,为恢复和发展国民经济奠定了物质、技术基础。

在接管没收过程中,为了完整地把官僚资本企业接收下来,并迅速地恢复生产,省委、甘肃行署和随后成立的省政府贯彻中央关于迅速发展国民经济的方针,对工矿企业实行“安定人心,恢复生产”和“依靠工人,管好工厂”的方针,积极依靠职工、群众,一面进行接管,一面迅速恢复生产。主要采取三方面的措施:一是严肃接管纪律。加强对部队、机关和群众的教育，强调接管应由军事管制委员会统一领导和指挥，确定按原属系统自上而下、原封不动、逐步进行的接收原则，整套接收。在接管中避免新旧交替时发生损失和混乱，保证生产的正常进行，严禁在接收中破坏和分散物资。二是严格执行接收政策。严格区分官僚资本和民族资本，对既有民族资本又有官僚资本的公私合办的企业，只接管没收官僚资本的部分，保护民族资本，对私人股份的合法利益则予以承认和保护。三是完整地接收官僚资本企业，保持其原有的组织机构和生产系统。即原来的厂长、矿长及工程师和其他职员，愿意留下来为人民服务的，只要不是破坏分子，就继续担任原职务；企业中的各种组织和制度，暂且照旧保持；旧的实际工资标准和等级及实行多年的奖励制度，也不取消和改变，以利于恢复和稳定生产。

对官僚资本企业进行完整接收后，实行监督生产和管理，逐步开展民主改革和生产改革，把官僚资本企业改造成为社会主义性质的国营企业。官僚资本直接转为国营经济后，广大职工群众当家做主，政治地位和社会地位大大提高，极大地调动了广大工人恢复和发展生产的积极性和主动性，积极投入到抢修设备、恢复生产之中。除天水、平凉和兰州的个别企业和工厂，因解放前夕遭受破坏和拆迁暂不能复工外，全省绝大多数企业均在当地解放后几天内就恢复生产。兰州市在对官僚资本企业接管后，为迅速恢复和发展生产，1950 年初，召开第一次包括各工厂厂长、军代表、工程师、工会主任等参加的厂联会，提出管理民主化、经营企业化的方针，制订 1950 年的生产计划，研究建立工厂管理委员会、职工代表会议等，制定厂规、奖惩规则、考勤管理、会计制度、材料管理等规章制度，并于 3 月份先后组织 4 个检查组，以兰州面粉厂、兰州电厂、第一煤矿、兰州毛纺厂、甘肃水泥厂为重点，检查会议的执行和落实情况。玉门油矿在接管中一直坚持生产。交通企业复工后，自 10 月份起，凡已解放地区的线路均先后正式通车，并积极组织车辆支援前线。同时，甘肃行署还迅速成立中国人民银行甘肃省分行，并准许原国民党时期的中央银行和交通银行在中国人民银行甘肃省分行的领导下开业，开展各种金融业务。

1951年1月5日，中央人民政府政务院颁布《企业中公股资产清理办法》等政策和法规，省委、省政府据此又在全省范围内，对隐匿在私人资本企业中的官僚资本股份进行清理和没收。至此，全省接管没收官僚资本、建立国营经济的任务基本完成。没收在甘肃的官僚资本及其企业，建立国营经济工作的完成，不仅奠定了甘肃国营经济成为整个国民经济领导力量的基础，也为迅速组织和恢复国民经济，建立和发展社会主义国营经济奠定了重要的物质技术基础。

## 二、建立国有经济和组织集体经济

全省解放后建立的国有经济，其主要部分是通过没收和改造官僚资本企业建立的，同时还有一小部分是陇东解放区在战争年代创建的。1949年底，全省有国有工业企业11个，地方国营企业19个，工业产值为2138万元，占全省工业总产值的16.83%。

国有企业建立后，在对旧企业进行整顿和改造中，紧紧依靠工人、群众，开始以建立健全生产管理机构和管理制度、实行民主管理为中心的一系列民主改革。1950年1月和6月，省工业厅先后召开两次全省国有企业各工厂厂长、军代表、工程师、工会主任等参加的厂联会，讨论、研究和制定管理民主化、经营企业化、生产制度化等一系列管理制度。通过整顿和改造，企业增添生产设备，扩大生产能力，改进生产技术，降低生产成本，产品数量和质量不断提高，使工厂的管理和生产走上规范发展的道路。1951年全省国有企业各行业生产的绝大部分产品比1950年均有所增长，最高增长达101.3%，最低也达1.8%，共实现利润161.54万元，超额完成1951年的生产任务。同时，从工人中培养各类干部803名，增加工人1836名，充实、增强了企业的生产力量。

在对建立的国有企业进行民主改革的同时，省委、省政府根据人力、物力、财力等条件，开始投资改造和扩建旧厂设备，建立新的工厂，加强国有企业建设。仅1950年，投资兰州电厂增设1000千瓦新机装置，投资兰州面粉厂日产500袋面粉设备扩建工程，筹资新建兰州毛织厂、兰州朱喇嘛峡水电厂、甘肃高家湾水泥厂、天水农具厂等。对工业的投资比例也在逐年增加,1951 年对工业的投资比 1950 年增加 12.5%,1952 年又比 1951 年增加 116%。从 1950 年至 1952 年,对石油工业共投资 1563 万元,电力工业投资 364 万元,机械工业投资 140 多万元,煤炭工业投资 205 万元。到 1952 年,全省国营企业总产值达 8807 万元,国营企业在工业总产值中的比重从 1949 年的 17% 增至 1952 年的 32.2%,增长近一倍。大部分工业产品在 1951 年时就超过解放前最高年产量,而且增加了许多新的产品品种,满足社会生产和人民群众生活的需要。

在建立国有企业的同时,还建立发展国有商业。1949 年 9 月至 1950 年 5 月,全省先后建立国营贸易、粮食、土产、茶叶、皮毛、百货等专业公司或办事处,按专业系统实行统一管理、统一经营,建立统一的物资分配、调拨和资金管理制度。到 1950 年底,国营商业零售额达到 1311 万元。国营商业的营业额占市场的比重,批发占到 35.55%,零售达 9.63%。1951 年,国营商业在收购工、农、牧产品方面,比 1950 年增加 197.27%,在销售方面比 1950 年增加 510.79%。到 1952 年底,国营贸易机构发展到 201 个。国营贸易根据民族政策,与各民族群众建立公平合理的贸易关系,实现等价交换,加强对少数民族地区的贸易和物资交流。国营经济开始成为全省整个国民经济的主体,并使非常落后、遭受战争创伤的经济开始得到恢复,并有所发展。

建立和发展国营金融业,是建立和发展国有经济的重要组成部分。在兰州接收的 9 家官僚资本银行及其外县分支机构、3 家官商合办银行的基础上,1949 年 8 月 29 日,在省委、甘肃行署、兰州市军管会的领导下,以兰州市军管会金融处为基础建立中国人民银行甘肃省分行,并迅速在全省各主要地区建立 22 个分支机构,推行和流通使用人民币。到 1950 年 3 月,除兰州市外,全省各地的人民银行机构增加到 68 个,建立金库 70 个,人民币的流通和使用在各主要城市已占据绝对优势,并普及到广大城镇和乡村。到 1950 年底,就发放各种工商业贷款 327 万元,农业贷款 70 余万元,对初步建立的农业生产合作社发放合作贷款 8.7 万元。国营金融业的建立和发展,对全省农工商生产的恢复和发展起到重要的作用。

在建立和发展国有工商业经济的同时，省委、省政府还积极组织发展集体经济，作为国有经济的重要补充，以促进经济的恢复和发展。兰州市军管会农林处接管国民党政府遗留下来的带有合作性质的合作行政、合作业务、合作金融等机构的人员和财产，成立甘肃省合作总社，采取合并、转产、解散等办法，将全省尚存的 90 多个旧合作社改造为 22 个新社，并本着先行代管、扶助复业、清理资产、实行改造、发展经济的原则，组建新的手工业生产合作社。到 1949 年底，全省有供销合作社 28 个，手工业合作社 122 个，从业人员 6975 人，实现产值 151. 7 万元。

1950 年 5 月，按照省政府的指示，由省财政经济委员会组织成立甘肃省合作局，统一组织领导全省供销、消费和手工业合作社，发展合作事业。到 1950 年底，全省新建 43 个基层合作社。全省供销合作商品零售额达 64. 6 万元，占社会商品零售额的 0. 46%；手工业生产合作社生产的总产值达 164. 46 万元，占全省手工业总产值的 1. 17%。集体经济的建立，作为国有经济的重要补充，对于恢复和发展全省经济起到积极作用。

## 三、抗灾救灾和恢复农业生产

由于战争的破坏，国民党军队溃退时的大肆劫掠，加之长期以来封建及半封建的土地制度，致使甘肃本就非常薄弱的农业经济遭到很大破坏，广大农民生活极为贫困。加之 1949 年临夏、平凉、天水、武都、定西等专区遭受严重的旱、涝、雹、虫、黑穗等自然灾害，农业生产严重歉收。1950 年初，全省大部分地区再遭风、沙、霜、冻等灾害，形成严重的春荒，庆阳、天水、平凉等地灾情更为严重，全省受灾的耕地面积达 210 余万亩，灾民 90 多万人，受灾地区群众生活和生产极为困难。为克服严重的灾荒，巩固新生的人民政权，省委、省政府认真贯彻西北军政委员会发出的《关于生产救灾的指示》，领导全省人民，开展抗灾救灾、恢复和发展农业生产的工作。

3 月 11 日，省委、省政府在给中央《关于甘肃灾情的报告》中，汇报重灾之后严重春荒的情况，提出生产救灾以“生产自救为主、互助互济和政府救济为辅”的工作方针，确定对生产救灾工作的具体安排。从

4月开始,省委、省政府采取一系列生产救灾措施,领导灾区群众开展生产自救,战胜灾荒,渡过难关,恢复和发展农业生产。省政府在重灾区设立救灾机构,具体领导当地救济灾民的工作。先后发放救济款27万元,发放救济粮3134石,全省发放农贷小米387万公斤,水利贷款小米412.5万公斤,中央和西北军政委员会拨救济粮337.5万公斤。同时,还发动全省各机关、部队、团体开展捐助。酒泉、临夏等专区的机关、部队、团体普遍开展每人每天节约一两粮运动,共节约粮食3.5万多公斤救济灾民。人民解放军驻军官兵和各级人民政府干部,节衣缩食,捐出大批粮食和人民币救济灾民。仅解放军驻河西某部队就捐出粮食9.5万公斤和人民币4600多元,省级机关干部和兰州市干部捐款2万余元,以解决农民生产生活的困难,稳定并提高农民的生产情绪。

各地党委和政府还宣传恢复和发展农业生产的政策,动员农民生产救灾。通过县区乡的各界代表会、农代会以及其他各种会议形式,在广大农民中积极宣传省委、省政府为恢复农业生产、生产救灾所提出的"劳动致富,生产发家""减债清债""保护谁种谁收""自由雇佣""不侵犯中农利益""自由借贷"等具体政策,消除农民群众中在春耕前普遍存在的一些疑虑,激发群众生产救灾的积极性。为解决部分贫苦农民无地或少地的困难,各地还进行土地调剂,酒泉、天水两个地区,从官田、庙田、学田中调剂土地66225亩分给贫苦农民,增强了农民生产救灾的能力。

各地党委和政府积极动员农民抓紧春耕生产,扩田增产。主要是全省普遍组织农民开展春耕生产,组织各种变工互助合作组织,以解决农村生产资料和劳动力的困难。1950年全省共组织11768个变工互助小组,有12.1万多农民、2.19万头牲畜参加互助合作生产。庆阳地区参加变工组织的劳动力达35%,提高劳动生产效率30%。全省开垦荒地31万亩(包括军队开荒11万亩),植树530万余株,防治牲畜61万余头。全省棉花播种22.9万余亩,超过原播种计划的14.5%,粮食作物耕地面积4000余万亩,普遍改进耕作方法,增产细粮40余万石。与此同时,全省各地农民群众在当地人民政府的领导下,积极兴修水利与整修小型水利,贷款新开渠道16条,长约45.5公里,打井30000眼,掏泉4207眼,完成水利工程9个,增加灌溉面积12.4万多亩。1952年底,全省有效灌溉面积增至489.13万亩,增加75万余亩。

另外,各地政府组织农民开展副业生产和自由借贷,进行生产生活自救。通过组织农民搞运输、纺织、农副产品、熬盐、砍柴、挖药等副业生产,增加收入。榆中、景泰、酒泉等地组织农民采集青冈、香柏、油松、杏、沙枣等土特产,进入乡村集市开展贸易;天水、定西、酒泉等地还组织灾区群众参加修路和城市建设等。1950年,灾区各地和兰州市农村在自愿的基础上,共自由借贷出粮食77377石、棉花3430斤以及一些现款和柴、面、麦草等,解决23489户农民的口粮、耕畜、农具、籽种和肥料等困难。定西县内官营区通过自由借贷,解决20%的春耕籽种。

由于各灾区党委和人民政府认真贯彻执行省委、省政府的一系列生产救灾的方针和措施,灾害程度大为减轻,灾民平稳度过春荒。到1952年,全省农业有了较快的发展,粮食作物耕地面积比1950年的4000万亩增加35%,棉花种植面积比1950年的22.9万亩也增加35%;全省农村有23.1万个生产互助组,约占全省农业劳动力的71.6%。新式农具的应用和推广以及耕作技术上的改良和提高,不仅推动了农业生产的恢复和发展,也增强了抵御自然灾害的能力。1952年与1949年相比,全省农业总产值由6.63亿元增至8.93亿元,增长34.69%;粮食总产量由206万吨增至267.72万吨,增长29.96%;棉花、油料、药材等经济作物以及大牲畜、猪、羊等的存栏数都有较大幅度地增长。

省委、省政府在领导广大农村开展生产救灾、恢复农业经济的同时,还组织和帮助城市失业工人开展生产自救工作。解放初期,全省登记失业的工人近1.2万余人。为帮助解决城市失业工人的生活困难,1949年全省组织手工业生产合作社(组)122个,帮助失业工人6853人就业。1950年6月,省政府先后成立失业工人筹募基金委员会和失业工人救济委员会,并拨救济小米10万公斤,同时募集到一批社会救济资金,以解决失业工人的生活困难问题。另通过介绍就业、转业、回乡生产、以工代赈、发放救济金等多种办法,安置失业工人5211人,使大多数失业工人重新就业。

在面临严重灾荒的严峻形势下,省委、省政府采取一系列有效的政策和措施,带领全省人民克服困难,开展生产救灾,战胜严重的自然灾害,农业生产得到初步恢复,为进一步发展创造了条件;广大农民切身感受到党和政府的温暖,赢得了人心,为进一步开展减租反霸、完成土地改革任务奠定了基础。同时,生产救灾的成功实践,也为后来在农业生产建设中抵御自然灾害、开展抗灾救灾工作提供了经验。

## 四、扶持私营工商业恢复发展

在建立和发展以国营为主导的公有制经济的同时,省委、省政府认真贯彻“公私兼顾、劳资两利、城乡互助、内外交流”的方针,积极扶持帮助私营工商业复工复业,发展生产。新中国成立初期,全省较大规模的私营工商业主要集中在兰州、天水、平凉等城市,由于区域之间、城乡之间的物资交流尚未恢复,在原料、销售和资金周转方面困难很多,难以开工复业;一些奢侈品行业和违法经营业,因失去市场而被迫歇业;有些私营工商业者对共产党和人民政府的政策尚不理解,在等待观望,仅兰州市私营商业歇业者就占私营商业总数的64.6%。纺织、面粉、肥皂、砖瓦等私营工业户歇业者,占私营工业户总数的11.8%,其中面粉、纺织几乎全部停工,失业工人8700余人。

针对上述情况,省委、省政府认真贯彻执行中央对私营工商业的各项政策和法令,对工商业者进行政策教育的同时,采取一系列措施予以扶持和帮助。1949年9月30日至10月4日,兰州市军管会召集工商界人士及工农代表座谈会,宣传党的商业政策、金融政策、税收政策以及人民币的性质作用。同时,采取多种措施,积极帮助私营工商业户解决原料供应、产品销售等方面的实际困难,通过行政手段,取缔违法经营,限令复工复业或转产转业。如针对全省火柴生产业产品质量低劣成本高、盲目生产、销路不畅的情况,省工业厅及时组织召开兰州市火柴专业会议,根据各生产厂家不同的情况,劝导省内的一些厂家转产转业,要求一些厂家提高生产质量,按照分配的数量计划生产,使全省的火柴业的生产经营迅速走上健康发展的道路。与此同时,召开面粉行业等专业会议,解决生产经营中存在的问题。对经营确有困难的私营工商业户发放货款，予以扶持，并通过加工订货、统购统销等方式，帮助私营经济迅速恢复生产。以纺织品为例，解放初兰州市的纺织工厂开工生产的只有几家，整个纺织业陷入倒闭境地。人民政府为扶持纺织业的发展，采取低税率、折实货款、减轻税负、休养生息等措施，使其得以复苏，当年便有一半恢复生产。1950 年初，兰州市对 50 余户私营毛纺织业给予复工贷款，10 月，又给予 45 家毛纺织业、8 家制革业、35 家印刷业、4 家制皂业以及其他一些私营工业户共 112 家发放复工贷款。对经营国计民生重要商品的私营商业，如土产、皮毛、粮食、纱布等，除给予贷款支持外，还适当地减免税收，鼓励其发展。

为更好地帮助和扶持私营工商业发展，6 月，省委、省政府抽调干部，参加兰州市工商工作团和工商联合筹委会的工作，宣传和解释保护工商业的政策，并成立劳资协商会，解决劳资纠纷 290 件；整顿工商市场和生产秩序，研究生产原料供给、生产产品推销、生产技术改进等；倡导与组织私营工商业联营，引导他们逐步脱离盲目生产竞争，走向有计划有组织的合作经济道路。9 月 21 日，省工业厅和商业厅联合召开各专署与各县、市工商科长会议，研究加强对私营工商业的管理与指导工作。至年底，已组织成立毛纺、麻织、棉织、面粉、铁工等业各小工厂的联营生产。各小工厂联营后，产销方面都有所好转。

由于省委、省政府制定和实施扶持帮助私营工商业的正确政策，具体措施落实到位，全省所有复工复业的私营工商业，均在很短时期内恢复生产经营，并有所发展，对全省经济的恢复起到重要作用。1949 年 8 月，兰州市及各专区所在地工商户数为 7383 户，到 1950 年底增加到 51103 户。至 1951 年底，全省私营工商业发展到 63147 户，其中私营工业增加 5342 户，私营商业经营户增加 6702 户。为使一些零、小、散的个体工商业、手工业，特别是服务业更好地发挥作用，当地政府还根据其特点组织各业工人小组，加强领导，帮助他们发展生产。全省经济的逐步恢复，为争取国民经济状况根本好转任务的实现创造了条件。

# 第二节　统一财政经济，稳定经济秩序

## 一、稳定市场物价，加强市场管理

正当各级人民政府大力扶持私营工商业复工复业、恢复发展之际，一些投机资本家利用掌握的资本，与全国其他城市投机资本相勾结，在市场上大肆进行金融和商业投机活动，造成全省 1949 年 10 月和 1950 年 2 月的两次物价大涨风。这两次物价大涨风，都是从上海波及西安再波及兰州的，涨势异常迅猛，严重影响人民生活和经济的恢复。在兰州市场上，以金融投机最甚，伴之以粮食、布匹投机。当时，兰州曹家巷的“黄牛党”（金融贩子）成群结伙，集结成公开的金银市场，明目张胆地提高银元兑换比价，有时一个星期之间银元与人民币的比价就上涨几倍。粮食和布匹价格也随之出现暴涨，仅在 1949 年 10 月至 1950 年 2 月，全省小麦价格平均上涨 10 倍，棉布价格上涨 7 倍多。兰州、天水、平凉等 7 个城市主要市场日用品的物价测算，1950 年 1 月与 2、3 月的比价是：100 ∶ 209 ∶ 749。为制止由于投机资本操纵而加剧的市场混乱，整顿市场，稳定物价，省委、省政府采取有力的经济措施和必要的行政及法律手段，同投机资本进行坚决地斗争。

首先，确立国营商业在市场上的领导地位。省委、省政府依靠国营经济的力量，扩大对影响全省物价涨落的主要市场、主要物资的直接掌握和管理，用加大物资吞吐量的办法，促使降低工商业的批发价格指数和零售价格指数，战胜投机资本，使主要商品的物价逐步回落。1949 年 10 月，当全省物价出现暴涨之后，国营贸易公司以低于市价一半的面粉价格供应市场。在两次物价飞涨中，国营商业抛售出总值 770 万元的主要商品物资，从而抑制投机活动，基本控制了市场物价。1950 年 3 月统一财经后，市场出现滞销情况，为照顾私营工商业者的利益，国营贸易公司从 4 月下旬起，实行少售或停售，让出市场，并有重点地收购市场剩余物资。如棉布 3 月份牌价平均高于市价 7.99%，4 月份高于市价

21.02%,但自5月下旬起,物价渐趋正常,市价几乎与牌价相等,6月份棉布平均差率仅为0.24%。到10月下旬,由于政府执行“现管”措施及国营公司已有足够的物资储备实行平抑,打击投机,物价波动幅度迅速减小,很快走向全面稳定。兰州、平凉、天水、酒泉、武威、岷县、临夏等7个主要市场的12种商品,1950年全年物价上涨不到1倍。从1950年10月起,国营公司为防止谷贱伤农,开始有计划地掌握粮价,工农业产品的比价也逐渐缩小,提高了农民的购买力,促进城乡物资交流,充分发挥了国营商业在市场上的领导地位。

其次,实现现金管理,争取金融稳定。金融稳定对于市场稳定有着重要的作用。1950年初,省委、省政府采取断然措施,坚决用经济、行政及法律的手段,对金融市场实行管制,通令全省不分城市农村,一律以人民币为唯一的货币,银元等皆为非法货币,禁止流通。加强缉私,取缔金融黑市,由公安、税务、银行、贸易等部门联合组成缉私委员会,打击金融投机商,先后破获248家制造、贩运、倒卖黄金和扰乱物价及市场的金融案件,26家银楼和钱庄歇业,操纵金融黑市的不法资本家被依法处理。同时,实行现金管理,把所有属于国家但分散在各机关、部队、企业、合作社的现金,由国家银行集中管理,采取有计划、计成本地调节流通措施,各单位的经费往来均由银行转账或汇拨。全省逐步开始建立人民银行支行和金库,至6月,除兰州市外,人民银行在全省各地建立68个支行、办事处和营业所,70个金库。从3月实行现金集中管理后,各单位的现金便陆续存入银行,银行存款余额到年底比年初增加25倍,全年银行经常的存款余额,相当于本省货币流通量的5至7倍,从而避免因大量货币流入市场而引起的物价波动,制止了通货膨胀,稳定了金融和物价。为了广泛地吸收存款和加强汇兑,银行还采取吸纳保本保值的短期存款和廉价多汇的方针,使公私存款日渐增加。汇兑额亦大为增加。以1950年3月份汇出总额为基数,四月份增加152.6%,五月份增加726.7%,七月份增加604.4%。银行成为货币出纳的中心,制止货币在市场上盲目流通,调节现金使用,大大减少货币发行。

为了充分发挥银行在稳定市场物价中的作用,人民银行还拿出一部分资金,扶助国营贸易的发展。在人民银行的扶助下,1950 年 6 月后,各专区的各种专业贸易公司相继成立,并按照专业系统实行统一管理、统一经营,建立统一的物资分配、调拨和资金管理制度,全省皮毛、粮食、土产及布匹百货等的收购与供应逐渐扩大,城乡经济日益活跃。1950 年 5 月前后,全省的私营工商业处于暂时困难时期,各主要城市有不少私营工商业倒闭或歇业,其中兰州市有 192 家,平凉市有 159 家,天水市有 74 家,武威县有 43 家。人民银行为配合调整工商业的工作,调剂市场的货币流通量,扩大贷款数额,第三季度放贷额比第二季度增加 3 倍,比第一季度增加 0.9 倍。1951 年给予全省私营工商业贷款额比 1950 年增加 84%,这对促进工商业的发展,稳定物价,稳定金融起到积极作用。

1950 年 10 月 30 日,省委发出《关于稳定物价的指示》,要求各地党委认真贯彻当前金融物价总任务,即有计划地组织货币流转,争取今冬物价不再上涨,甚至某些物资如粮食等物价下降。全省各地认真贯彻省委稳定物价、稳定金融和货币管理的制度,实施银行转账,少用现金,防止大量提存,争取增加货币回笼,减少发行等稳定金融的措施。各地人民银行还开展对私人的存储及汇兑业务,掌握公私资金并适当地紧缩放款及农贷。由于认真贯彻省委稳定物价、稳定金融的政策,到年底,全省实现紧缩货币流通,金融物价趋于平稳,收支基本平衡,人心安定,为恢复经济和顺利开展土地改革创造了条件。

最后,加强市场管理。1950 年 1 月,省政府颁布《甘肃市场管理办法》,进一步加强对交易市场的监督和管理。严令取缔囤积居奇、哄抬物价、买空卖空,坚决打击投机活动。商行、货栈和兼营代客买卖的管理局,到货必须登记,销货必须报告。在兰州、天水、张掖等主要城市建立棉布、粮食、皮毛等商品交易市场或交易所,凡成批交易均在场(所)监督下进行。11 月 14 日,中央贸易部发出《关于取缔投机商业的几项指示》后,甘肃工商行政管理部门按照《指示》精神,从经营范围和经营作风等方面明确提出加强市场交易管理、取缔投机违法活动的办法,为全省稳定物价奠定了基础。同时,有重点地进行营业登记、行业改组和摊贩整理,整顿工商业组织,并在兰州、天水、武威、武都、张掖、清水、徽县、秦安、甘谷等市县成立工商联合会筹委会,从而使商业贸易进入规范有序的轨道。

## 二、统一财政管理,增收节支

1950 年 3 月,中央人民政府政务院颁布《关于统一国家财政经济工作的决定》,指出统一国家财经管理是克服财政经济混乱状况的关键措施,要求各级政府坚决执行。4 月,省政府召开全省财政会议,研究贯彻执行统一财经工作的措施。会议认为,统一财政经济,不仅是经济问题,而且是政治问题,必须坚决、彻底、无条件地贯彻中央人民政府决定,克服和纠正各种错误认识,统一各级干部的思想,做好统一财政经济的工作。会议重新编制当年的财政预算,建立会计、审计和财政监督制度,并明确规定:凡国家收入一概入库,非中央调拨命令,任何人不得动用分文。实行统一的财政领导和统一管理,彻底改变过去那种“自收自支、乱挪乱用”的分散脱节状态,克服和纠正铺张浪费现象,使财政经济实现统一管理、统一领导,开始逐步有了计划性和预见性。

从 4 月开始,省委、省政府认真贯彻中央关于财政经济工作中“增加收入、节约支出、统一管理”的指示,采取各种积极措施,在短期内努力使全省财政由分散脱节、赤字很大的状况,转变为赤字消灭,统一管理。到 5 月 1 日,完成财政收入预计数的 170%,实际为第一季度收入总额的 169.3%;6 月份完成预计数的 174%,为第一季度财政收入的 139.2%。截至 1951 年初,全省各项收入实际完成数与实际支出数相比较,结余占 61.78%,如按照应完成收入与实际收入相比较,其结余占 69.15%。在节约增收方面,也取得很大成绩,截至 1951 年 1 月 31 日,全省财政的实际支出,仅为预算支出的 42.31%。

在统一财政管理中,节约支出是紧缩赤字、争取收支平衡的重要环节,在实现财政收支平衡和增加财政收入中发挥着重要作用。在 1950 年 3 月重新编制全省当年的财政预算中,在节约支出中新的财政预算比原来的财政预算减少 73.71%。在执行新财政预算中,当年 1 至 6 月行政经费减少 5.7%,建设经费减少 84.4%,文教卫生经费减少 21.2%,总计 6 个月财政经费支出减少 60.4%,约占财政实际收入全额的 49%。由于严格执行财务制度，实现专款专用的审核方针，使各项生产建设事业开始有了一定程度的计划性和预见性。实行统一财政管理，通过节约支出措施，成效最为显著的是各机关通过整顿机构、核实核定人数和统一编制，消除了盲目增加人数、虚报冒领及铺张浪费的现象，使年度财政预算经费大量节减下来，各种效率普遍也有较大提高。同时，进行清库工作，不仅清查出一定数量的资金物资，也使财政经费的统一调配和节约物力成为可能。如通过对全省工业部门的清库整理之后，纠正物资、库存与账目不符或由此而产生的损坏、浪费、贪污等现象，对于合理确定各生产工厂的流动资金与成本核算起到重要作用。再如对省级 18 个行政事业单位、4 个地区清查的结果，共清查出黄金 156 两、银元 39272 元、白银 1916 两以及其他一些财产物资约值 165 万元，其中动产约占百分之三十，不动产占百分之七十。

统一财政管理和节约增收工作的开展，不仅有效地克服了财政管理中分散脱节的状况，使财政管理进入统一领导和统一管理的轨道，而且迅速消灭了旧概算的赤字，使全省财政状况开始好转。财政收支达到平衡，金融趋于稳定。到 1950 年底，全省财政收入 4892 万元，支出 1891 万元，结余 3001 万元。市场物价趋于稳定，巩固和扩大了人民币的市场，为国民经济的恢复和进行重点建设以及满足人民生产生活的需要提供了保证。

## 三、调整工商业，加强工商行政管理

甘肃地处西北内陆，封闭落后，工商业很不发达。新中国成立前夕，全省 77 个县市仅有生产手段落后的 40 多个工矿企业、1129 家小手工业作坊及 5 万余大小商贩户。除厂商比较集中的兰州市外，其余各县市连同小商、小贩、流动行商及小手工业作坊一并计算在内，有 2000 户以上工商户的仅 3 个县、市，1500 至 2000 户的有 4 个县，1000 至 1500 户的有 4 个县，500 至 1000 户的有 18 个县，500 户以下的有 17 个县。这些工商业中有相当一部分是在全民族抗日战争和解放战争时期，为适应战争需要而发展起来的。由于基础脆弱，设备简陋，绝大多数工厂作坊都以手工生产为主。在私营商业户中，资金 500 元以下者占总户数的

81.4%。解放初期,虽然政府给纺织、制革、印刷等行业贷款14万元,贸易公司用原料换成品,直接或间接地帮助部分小手工业克服困难,恢复生产,但工商业本身存在的问题并没有从根本上得到解决。

为推动国民经济的恢复和发展,在物价趋于稳定后,从1950年下半年开始,省委、省政府在"统筹兼顾"方针的指导下,决定以兰州为中心,逐步在全省开展对现有工商业进行调整,帮助有利于国计民生的私营工商业渡过难关,在国营经济的领导下为国民经济的恢复和发展服务。对私营工商业的调整主要是解决三个方面的问题。

调整公私关系。政府对私营的正当工商业户,采取保护与扶助的政策。根据公私兼顾、劳资两利的方针,在调整中,把国营公司的主要业务放在批发上,零售商店的设置,以能稳定零售价格为限。国营公司设在大、中城市,并尽量组织私商及合作社经营城乡物资交流的业务。各专业公司、国营公司在经营商品的种类上,重点放在有关国计民生的大宗商品,主要以经营粮食、纱、布、油、煤炭等类物资为主,其余鼓励合作社及私商经营。调整税收是调整公私关系的一个重要内容,为做到合理负担,按照中央人民政府税收工作会议的规定,对过去的税种、税目、税率的某些不合理部分,全盘作出调整,并适当减轻税率。原规定税种14种,减少为11种。货物税由原来的1136个,减并为358个,减少68.5%。印花税由30目减为25目,并简化征收手续。盐税减少50%,农业税在新区平均减少4%。工商税率也相应的减少。

调整产销关系。调整产销关系的目的在于克服产销脱节、盲目生产的现象。各级政府根据以销定产的原则,对不同工商业实行不同的政策。对有利于国计民生又有发展前途的工商业,给予必要的贷款,并适当减免税收,鼓励其发展;对于当时销路不大,但经过一定时期或努力之后,仍有发展前途的企业,暂时减少产量,以销定产,准备将来有条件时再发展,如肥皂、火柴、面粉加工等行业;对于已失去存在条件,将来也没有什么前途的工商业,如高级奢侈消费品、迷信用品等则劝其转业。仅在1950年6月,就有许多预备歇业的决定继续经营或转入有利于国计民生的行业,如瓷器业转为制锅业6家,百货业转为皮毛业,机器零件转为布业的有10家。国营公司正确掌握价格政策,使生产者、贩运者、消费者三方面都得到适当利益。根据市场情况变化,适当地进行物资吞吐,从而调节供求关系,国营公司开始领导私营工商业走向产销计划性的道路。

调整劳资关系。劳资关系的调整,是遵循确认工人的民主权利、有利于生产的原则进行的。解决劳资问题,是由协商方式过渡到更稳定的合同关系。根据这一原则,统一财经后,1950 年 5 月,在省委和省政府的领导下,全省主要城市的人民政府有组织有领导地在私营工商业中建立劳资协商委员会,进行协商订立集体合同的工作,贯彻劳资两利的原则,协商解决劳资纠纷,使劳资关系开始好转。兰州私营工商业成立 12 个行业的劳资协商委员会,并在平等协商的基础上订立卫生、国药、机器、面粉等 7 个行业的集体合同,调解劳资纠纷 217 件,并部分地改善工矿卫生。由于劳资集体合同,照顾到劳资双方的利益,从而改善了劳资关系,提高了工人的生产积极性,促进了工商业的发展。在调整劳资关系的同时,全省各级党委和政府又加强工商行政管理,完成工商登记,建立健全各地工商联合会及各行业工会的组织与领导,使其配合政府贯彻执行各项方针政策。全省各地国营企业也都参加当地各同业工会,随时协商解决有关问题。通过调整工商业,既保证国营经济的不断壮大,又使私营工商业有适度发展,使私营工商业走上劳资两利、发展生产的轨道。

## 第三节　国民经济恢复任务的完成

### 一、国民经济的恢复和初步增长

1952 年,全省国民经济恢复任务胜利完成,各条战线发生了巨大变化,工农业生产成就显著。1952 年,全省国内生产总值达 13.32 亿元,人均国内生产总值 125 元;全省工农业总产值达 11.35 亿元,比 1949 年增长 43.67%;国民收入达 9.95 亿元,增长 52.14%。全省地方财政收入由 1950 年的 0.49 亿元增加到 1952 年的 1.12 亿元,增长 128.57%。全省的财政经济状况有了根本好转,国民经济得到初步增长。

工业方面,全省工业生产恢复很快,且有较大发展。1952 年,全省工矿企业增加到 1687 个,工业总产值达 2.42 亿元,比 1949 年增长 90.55%。三年工业生产平均重工业增长率为 43.72%,轻工业为 15.36%。其中建材工业为 96.65%,化学工业为 88.52%,机械工业为 40.07%,石油工业为 40.04%,均以超高速度增长。私营工业生产在国营经济的领导下,也获得迅速发展,私营工业户及手工业作坊由 1950 年的 12664 户,到 1952 年增加到 35592 户。

农业方面,到 1952 年,全省耕地达 5454.09 万亩,比 1949 年扩大 408 万亩。全省粮食产量逐年增长,1950 年粮食产量达 44.03 亿斤,1951 年达 50.34 亿斤,1952 年为 53.54 亿斤,比 1949 年增长 29.96%。1952 年农业总产值达 7.09 亿元,比 1949 年增长 38.75%。粮食、棉花、油料、甜菜等主要农产品的种植面积都有所扩大,产量都有所增长;畜牧业、林业和副业也有较大的发展,和 1949 年相比,大牲畜增加 41 万头,生猪存栏率增长 24.7%,造林 1.6 万余亩;水利建设投资,水田面积有较大幅度的增长。

商业贸易方面,1952 年与 1949 年相比,国营商业由 201 个增至 630 个,增长 3 倍多;私营商业及摊贩户数由 53781 户增至 74356 户,增长 38.26%;社会商品零售总额由 1.48 亿元增至 3.40 亿元;商业产值由 1.69 亿元增至 2.18 亿元,增长 29%。1952 年与 1950 年相比,全省社会商品零售额增长 78.95%,全省社会农副产品收购总额增长 66.14%。

交通运输状况有显著变化。在全面整顿和改造宝天路段的同时,仅用三年时间,建成兰州到天水的铁路,于 1952 年 10 月 1 日正式通车,沟通了甘肃与中部、东部各省市的经济联系,为进行大规模经济建设创造了重要条件。全省公路通车里程,解放初只有 3703 公里,其中 90% 以上晴通雨阻。到 1952 年底,全省通车里程达 4042 公里,增长 23%,新架公路桥梁 46 座,修补和整修 86 座。8 个地区、1 个市、37 个县均通了汽车,形成甘青、甘川、平宁、兰阿、西兰、甘新等主要公路干线。和解放初相比,客运量增加 244%,货运量增加 33%,交通运输业产值由 5490 万元增至 1.1 亿元,增长 100.36%。

邮电事业也有很大发展。全省 1952 年邮电业务量比 1949 年增加 143%，邮电业务总量达 217.8 万元，长途线路里程增加 23%，地方线路里程增加 103%，市内电话增加 324%，邮政里程增加 56%，邮电生产收入增长 59.11%，其中电讯生产收入增长 30%。

三年经济恢复时期，全省基本建设累计投资 2.68 亿元，其中以交通运输、邮电为重点，共完成投资 1.98 亿元。生产性投资 2.57 亿元，占总投资的 95.9%，全省新增固定资产 2.46 亿元，固定资产交付使用率达 91% 以上。1950 年 10 月，地质部 641 勘探队在皋兰县境内勘探出当时全国储量最大的铜矿，为开发白银有色金属创造了条件。在此期间，国民经济结构也发生很大变化：一是所有制结构的变化。一个以国营为主导，国营、集体、国家资本主义、民族资本主义和个体等五种经济成分并存的经济结构已经形成。二是产业结构的变化。在工农业总产值中，农业所占比重由 1949 年的 80.9% 下降到 1952 年的 75.3%，工业则由 19.1% 上升为 24.7%。在工业产值中，重工业所占比重由 1949 年的 22.01% 上升到 1952 年的 35.3%；轻工业产值所占比重由 77.99% 下降到 64.7%。

## 二、社会事业发展和人民生活改善

在取得经济状况基本好转和国民经济初步恢复的同时，全省文化、教育、科学、卫生等社会事业也得到恢复和发展。省委、省政府对旧有的教育事业进行改造、整顿和必要的调整，并采取提高人民助学金，对私立学校实行定额补贴、新修校舍、扩大招生名额和加强师资培训等措施，努力吸收工农子弟接受教育，扩大工农子弟接受教育的范围。1949 年 10 月，省委在兰州设立西北人民革命大学兰州分校，培养和轮训各类干部。1952 年 11 月，在该校的基础上，成立了中共甘肃省委党校，成为全省党政干部教育的主要基地。随后又相继成立了省行政干校、省团委等干部学校，有计划地对全省各级各类干部进行培训教育。到 1952 年，全省各级各类学校由 1949 年的 7401 所，恢复和发展到 7851 所，在校学生数由 47.6 万人增至 66.81 万人。其中大学增至 5 所，在校大学生增加 747 人，达 2577 人；中专、中师增至 29 所，在校学生增加 6258 人；普通中学

62 所,在校中学生增加 4370 人,达 1.9 万人;小学增至 7755 所,小学生增加 18 万人,在校学生达 63.29 万人。特别是工农教育蓬勃兴起,1951 年至 1952 年,全省大量兴办各级各类职工业余学校和农民冬学、民校、工农速成学校、干部培训学校等,参加各类文化学习的工农群众达 122 万多人,为全省社会主义教育事业的发展奠定了良好的基础,也培养出大批有文化的劳动者。

文化事业得到较快发展。1949 年至 1952 年,新成立电影放映单位 20 个,全省电影放映单位达 30 个;新增艺术表演团体 7 个,艺术团体达 44 个;新建文化馆 20 个,文化馆达 76 个;新华书店 55 处,新创办报纸 12 种,发展广播转播、收音站 300 余处。1951 年成立甘肃人民出版社,1952 年出版图书 93 种,达 431 万册。全省增加 2 个科研机构、26 名科技人员。人民群众能够较好地享受到文化事业发展的成果。

卫生事业得到迅速发展。全省的卫生事业 1952 年与 1949 年相比,各地卫生机构增加 6.5 倍,达到 346 个。其中医院 87 个;医院的病床增加 7.8 倍,达到 1441 张;卫生医药技术人员增加 2.4 倍,达 3535 人。各地普遍建立起妇幼保健机构,婴儿的出生成活率显著提高。随着爱国卫生运动的开展,对危害人民身体健康最大的几种常见疾病如霍乱、天花、伤寒、痢疾等,进行有效地防治,使患病人数显著减少,人民群众预防疾病的卫生意识显著增强,健康水平不断提高。边远山区和少数民族地区医疗卫生事业也开始起步。

随着国民经济的恢复和发展,全省各族人民生活初步得到改善,基本上解决了失业问题。1949 年底至 1952 年底,全民所有制单位职工人数由 4.3 万人增加到 18.1 万人,增长 3.2 倍。职工工资总额由 772 万元增至 8.71 亿元,平均工资由 1949 年的 216 元增至 499 元,增长 1.31 倍。城镇居民人均消费水平达到 157 元。广大农民经过土改,免除了地租和高利贷的残酷剥削,解放了劳动生产力,加上农业生产丰收,生活获得改善,1952 年农民人均消费水平为 52 元,比 1949 年有较大的增长。1952 年全省人均主要经济指标:社会总产值 159.61 元,国民收入 94.70 元,油料 12.04 斤,布 0.16 米,原煤 0.03 公斤,发电量 0.96 度,社会商品零售额 33.37 元,都比 1949 年有了较大幅度的增长。全省在实行统一财经后，物价稳定，工农业生产产品逐步增加，工农产品剪刀差逐步缩小，人民群众的购买能力逐步提高。全省各族人民群众的生活水平得到较大提高和改善，增强了扩大再生产的能力。

全省各族人民在省委、省政府的领导下，经过三年的艰苦奋斗，完成了恢复国民经济的任务，实现了党中央提出的争取财政经济状况好转的目标要求，巩固了新生的人民民主政权，奠定了进行社会主义经济建设的基础，为第一个五年计划的实施创造了良好的条件。

# 第五章

# 民族地区的民主改革和区域自治

甘肃是一个多民族聚居的省份，民族发展不平衡，少数民族之间以及少数民族与汉族之间有隔阂。新中国成立后，按照党中央实行民族平等团结的政策和在民族地区"慎重稳进"的工作方针，省委、省政府开始在少数民族地区进行民主改革，稳定牧区的社会秩序，完成少数民族农业区的土地改革。与此同时，建立和实行民族区域自治制度，促进了少数民族地区的社会稳定、民族团结、农牧业生产发展，为少数民族地区经济社会的进一步发展奠定了基础。

## 第一节　民族地区的民主改革

### 一、少数民族农区的民主改革

甘肃是一个多民族聚居的省份。解放初期，全省少数民族人口不足汉族人口的10%，而聚居区面积却占全省面积的三分之一以上。少数民族区域社会经济发展一般都较汉族区域落后，各少数民族之间的经济社会发展很不平衡，有以牧业为业，有以农业为业，也有农牧业结合的经济结构。长期以来，由于历史上反动统治阶级歧视少数民族，造成少数民族之间以及少数民族与汉族之间的隔阂。解放初期，国民党反动残余势力与当地封建残余势力相勾结，不断造谣惑众，煽动和制造骚乱，民族关系紧张,社会秩序很不稳定。因此,随着在汉族地区城市民主改革、农村减租反霸、土地改革运动的开展,省委按照党中央制定的民族平等团结的基本政策,坚持在民族地区“慎重稳进”的工作方针,对民族地区区分不同类型,有步骤地开展民主改革各项政策的宣传工作,逐步实施民主改革。

随着各级人民政权的建立,全省除武威外,庆阳、平凉、天水、武都、岷县、定西、临夏、张掖、酒泉和兰州市都先后成立民族事务委员会,成为开展民族工作的专门机构,负责调解和处理民族事务方面的问题。按照中共甘肃省第一次代表会议通过的《关于少数民族工作决议》。全省各民族地区在实行肃匪清特、安定社会秩序,团结和争取民族、宗教上层,保护宗教自由,实行区域自治的基础上,积极开展民族地区社会民主改革政策的宣传工作。宣传工作的主要方法和内容是:建立更加广泛的民族统一战线,除反革命分子外,团结各民族的各阶级各阶层、民族领袖人物、宗教界上层人士、牧区部落头人、知识分子等;召开各种形式的座谈会、拜访会、联谊会等,广泛宣传党的各民族平等团结的基本政策,解除他们思想上的疑虑,稳定他们的情绪;尊重当地少数民族的宗教信仰、风俗习惯,调解民族之间和民族内部的纷争。对少数民族地区历史遗留的各类纠纷采取既往不咎的方针,通过团结争取上层、说服群众、民主协商、团结互让的方法解决处理;组织派出访问团、慰问团、工作团到少数民族地区访问,疏通民族关系,促进民族团结,宣传民族平等团结政策。1950 年 8 月,中央民族西北访问团访问临夏回族聚居区和甘南藏族地区,带去党中央对少数民族群众的关怀,宣传党的民族平等团结政策。1950 年至 1951 年 11 月,省上先后组织 17 个工作组,分 6 次赴全省各少数民族地区进行民族地区社会民主改革政策的宣传工作。1951 年 5 月,中央人民政府政务院发出《关于处理带有歧视或侮辱少数民族性质的称谓、地名、碑碣、匾联的指示》后,全省各少数民族地区党委和政府先后对历史上遗留下来的、带有歧视或侮辱少数民族性质的称谓、地名、碑碣、匾联等,认真进行清理,分别予以禁止、封存或收管。这些民族平等团结政策的宣传和实施,为在少数民族地区进行社会民主改革奠定了基础。

全省少数民族聚居区域除甘南藏族地区以及河西的天祝、阿克塞、肃南、肃北、额济纳等少数民族为牧业区外，临夏、平凉、天水、庆阳、岷县等专区以及西吉、海原、固原等地县有部分区域为少数民族农业区，而这些地区大多数为回族聚居区域。对少数民族农业区的社会改革，是全省解放后在进行剿匪肃特、安定社会秩序的基础上，随着实行民族区域自治和土地改革运动的开展，采取民主的形式逐步进行的，实行比汉族地区温和的政策和做法。

1952 年 7 月，在省委召开的全省统战工作会议上，按照《中华人民共和国土地法》中“清真寺所有的土地，在当地回民同意下，得酌予保留”的精神，对少数民族农业区的土地改革作出明确规定：有意识地放宽尺度，予以照顾，中心任务是做好上层人士的统一战线工作；少数民族农业区域的拱北、道堂、清真寺的土地，一律不实行减租，也不进行土地分配。

各少数民族农业区在民主改革和土地改革中，贯彻执行省委的指示精神，在工作中不发动群众开展对上层人士的检举揭发和斗争，采取温和的保护过关的做法，及时召开民族宗教界上层人士座谈会，经过与民族宗教上层协商的办法进行。同时，在实行民族区域自治政权建设中，对民族宗教界上层人士，在各级政权组织和协商组织中安排一定数量的职务。如在临夏各级政府机关中，有少数民族、宗教界方面的中上层人士 700 余名，占临夏全区干部总数的 24.1%。通过采取这种温和和平民主改革的政策和做法，消除了民族宗教界上层人士的疑虑，稳定了他们的情绪，减少了少数民族农业区域土地改革和民主改革的阻力。

## 二、少数民族牧区的和平民主改革

甘南藏族地区和河西地区的天祝、阿克塞、肃南、肃北、额济纳等少数民族牧区，解放前经济社会发展落后，基本上是带有农奴残余的封建领主制经济。甘南藏区少数民族大多信仰藏传佛教，实行政教合一的制度，寺院拥有大量的土地、牧场和其他财产，用以残酷剥削广大牧民。寺院、官府、头人的盘剥，约占牧民总收入的 60% 以上。特别在牧区解放前夕，国民党反动派残余势力与当地封建反动分子相勾结，利用民族间的隔阂，造谣生事，甚至煽动和组织骚乱，使牧区的社会秩序很不稳定。一些宗教上层、部落头人和牧民群众，对共产党和人民政府存在着疑虑和戒备心理。因此，对甘南少数民族牧区实行民主改革，必须制定适合甘南藏族牧区特殊情况的政策。

按照省委《关于少数民族工作决议》的指示，从 1950 年开始，在甘南等少数民族牧区肃匪清特、安定社会秩序的同时，省委下派的少数民族工作组积极开展团结争取民族上层和宗教上层的工作，宣传对藏族牧区实行和平民主改革的基本政策。这些基本政策的主要内容为：坚持实行不宣传减租反霸，不分草山牛羊，不发动牧民斗争牧主，不划分阶级成分，实行牧主、牧工两利，保护和发展包括牧主经济在内的畜牧业经济的方针，采取和实施和平的民主改革政策。继续开展团结和争取民族、宗教上层的工作，实行区域自治，建立民族民主自治政权，大力培养少数民族干部；保护宗教自由，不动员不提倡喇嘛、和尚及僧人还俗，等等。少数民族自治政权建立后，采取发展牧业生产的各种措施，如发放生产和救济贷款，扶助贫苦牧民，改善牧民生活；建立国营贸易公司和畜产品公司，提高畜产品价格，较大幅度地减免各种税费；修筑公路，促进牧区的物资交流等。对牧区部落之间因纠纷赔偿损失给牧民群众造成的困难，也由政府采取发放救济贷款的办法适当补偿。

在藏族牧区实施和平民主改革中，通过召开各种形式藏族中上层人士、部落头人、宗教界代表人士的座谈会、联谊会、报告会等，并组织他们外出参观学习，宣传和执行党的民族平等团结的基本政策，调解民族内部和部落之间的纠纷，消除民族间存在的严重隔阂，增进各民族之间的团结，并联络各方面人士组织和建立新的地方政权，维护和安定牧区的社会秩序，有步骤地推行民族区域自治政策。1950 年春，在牧区夏河拉卜楞地区，通过团结和争取藏族上层人士黄正清、杨世杰、贡唐仓、达吉等，成立夏河行政委员会，在维护社会稳定方面起到重要作用，也为在藏族牧区开展工作创造了条件。5 月，在成立的卓尼自治区（县级）行政委员会 19 名委员中，藏族上层人士占 16 名。

在对藏族牧区实行和平民主改革的工作中，还开展慰问访问牧区群众、帮助牧区群众防病治病、向牧区发放救济和贷款、帮助发展牧区畜牧业生产和改善牧民生活的实际工作。1950年中央访问团在访问甘南藏族牧区后，派出中央防疫队，省上也组织医疗队、妇幼保健队，先后深入卓尼、夏河、天祝、肃北等牧区防病治病，坚持巡回医疗三年，免费治疗各种疾病30万人次，并先后在这些地区设立医疗卫生院4个、卫生所和保健站5个，不断提高藏族人民群众的卫生健康水平。1951年，中央人民政府和省政府先后派防疫大队、性病治疗队、黑热病治疗队等，多次到东乡自治区为东乡族人民群众治病，共医治病人1.5万余人，并帮助东乡自治区建立卫生院1所、卫生站2个。1951年至1953年，甘肃省国营贸易公司和畜产公司在少数民族地区设立贸易机构81个，还组织贸易小组深入牧区，为广大牧民牧业生产服务。在牧区新修公路400余公里。为扶助穷苦牧民，发展牧业生产，向牧区发放大批救济物资和生产生活贷款。1952年至1953年，在肃南、肃北、阿克塞发放救济款31.3万元；在夏河牧区发放救济款16.54万元；1953年在天祝牧区发放保畜款6万多元。从1951年至1954年，为扶助贫苦牧民和发展畜牧业生产，向甘南、天祝、肃北、肃南等少数民族牧区共发放贷款103.65万元。人民币也逐渐被藏族群众接受。这些工作的开展，有力地配合了党对藏族牧区实行和平民主改革政策的宣传工作，为牧区和平民主改革政策的实施以及民族区域自治制度的建立创造了有利条件。

## 三、少数民族农区的土地改革

省委在制定开展全省土地改革的总体部署和计划中，只在汉族地区的53个县、325个区、2583个乡、600余万人口中开展土地改革，少数民族农业区即回族聚居和回汉杂居地区暂不进行土地改革，主要是做好民族团结和恢复生产工作，待条件成熟后再进行土改。但是，由于回族聚居区和回汉杂居的农业地区，经过民主改革、清剿匪特、抗美援朝和镇压反革命等运动和生产自救等项工作，各级民族民主政权巩固，民族团结加强，社会秩序稳定，各族群众觉悟有了较大的提高，广大回汉民族的农民迫切要求分得土地，一些回汉民族的民主人士也主张在这些地区及时进行土地改革。根据这种情况的变化，省委适时地调整全省土地改革工作计划，在1951年5月10日发出的《甘肃省今冬明春土改实施计划

（草案）》中，决定在全省的回族聚居区和回汉杂居，即少数民族农业区的25个县市、81个区、526个乡、100余万人口的地区，与全省的汉族地区同时开展土地改革运动。

在全省的回族聚居区和回汉杂居地区进行土地改革运动，是未进行减租反霸斗争而直接开展的。省委对少数民族农业地区土地改革的方针是：坚持慎重稳进，贯彻党的民族政策，从民族团结出发，依靠贫雇农，中立富农，有计划、有步骤、有分别地消灭封建土地剥削制度，发展农业生产，并在反封建斗争和发展生产中，进一步加强和巩固各民族间的团结。少数民族农业区的土地改革仍然分为三期进行，虽然进行的时间与汉族地区基本一致，但是在具体做法上与汉族地区又有严格的区别。首先，必须在做好民族和宗教上层人士统战工作的基础上，由当地本民族广大群众起来自己进行土改，要有本民族干部参加和领导土改工作。其次，各级农会和农民代表会议的代表，必须按照当地和民族人口的比例适当配备，民族聚居区乡村干部，必须由本民族群众选举本民族的人担任。第三，对清真寺、拱北的土地，一般可予保留不动，如当地土地缺少可根据当地本民族广大群众意见决定是否征收，在征收中与教主阿訇等协商，经县以上人民政府批准，征收一部分或全部。第四，在进行反霸斗争时，只斗争少数罪大恶极、群众痛恨并已完全孤立的恶霸地主和反革命分子，斗争对象一般要经县人民政府批准，特殊者要经专署或省人民政府批准，把斗争对象控制在最小范围。斗争的方式一律采用人民法庭主持，结合群众控诉，要以本民族群众为主，一般不采取单纯的群众斗争大会的办法，以便有领导有秩序地进行，以利于各民族的团结。第五，对于一般阿訇，积极进行团结争取，吸收他们参加各界人民代表会议和土地改革运动，在土改中对他们予以适当照顾。在这些地区工作的干部，必须严格尊重回族群众的风俗习惯和宗教信仰，使土地改革运动完全在有利于民族团结的前提下进行。在民族团结的基础上，在开展反封建剥削土地制度的阶级斗争中，提高各族广大劳动人民的政治觉悟，以巩固和加强民族团结。

按照省委对回族聚居区和回汉杂居地区进行土地改革运动的方针，全省各少数民族农业区土地改革有序进行，三期土改均按计划顺利完成。在这些地区回民聚居的乡村，乡村干部均由回族群众选举本民族的人担任，在民族杂居的乡村，一般都做到按各民族的人口比例，选举产生和配备乡政府委员会和农会的干部。临夏地区各县土改委员会中均吸收民族民主人士参加，先后组织250名民主人士，389名教长、阿訇、满拉，345名工商界人士，参加土地改革或赴各地参观土地改革。对于清真寺、拱北等的土地，也坚持按照党的民族政策执行。如在临夏、和政两县征收清真寺、拱北土地时，群众主动派代表与清真寺、拱北阿訇协商，双方意见发生分歧时，土改工作组对双方进行政策宣传和解释工作，最后经政府部门调处，双方取得一致意见，圆满解决问题。永靖县21个乡有199户地主，经研究并结合人民法庭，只斗争和打击其中民愤较大的17个地主。在土改复查阶段，临夏各县都组织民族民主人士和宗教界代表参加复查工作，协助解决有关民族宗教问题。对地主富农出身的民族民主人士、宗教界人士和知识分子等123人，都与家庭区别另定成分。对由于献地较多影响开支的39个清真寺，退补部分土地，同时对于一些清真寺土改后私自收回献出土地及私占公房等情况，也通过民族民主人士向其指出错误，作出适当的处理。

全省回族聚居区和回汉杂居地区进行土地改革，是在坚持党的民族平等团结的前提下，采取慎重适当而又有序的方法进行的。在少数民族地区开展反封建土地制度斗争取得的胜利，进一步提高了各族劳动群众的政治觉悟，加强和巩固了各民族的团结，也促进了民族地区的经济发展和社会进步。

## 第二节　民族区域自治

### 一、民族区域自治政策的学习和宣传

实行民族区域自治，是党和政府解决民族问题的一项基本政策，也是适合我国国情的有利于民族团结和发展的基本政治制度。甘肃有回族、藏族、蒙古族、撒拉族、哈萨克族、土族等16个少数民族，其中东乡

族、裕固族、保安族是甘肃省独有的少数民族。解放初期，全省少数民族人口约为96.32万人，约占全省总人口的9.95%，少数民族聚居地区面积约占全省面积的38%。全省解放时，少数民族地区的社会政治状况非常复杂，经济、文化、教育事业落后，国民党残余匪特与当地封建反动势力相勾结，使民族关系趋向紧张，社会秩序很不稳定。全省大多数地区人民政权建立后，在少数民族地区开始实行民族区域自治，在党和政府的统一领导下，由少数民族管理本民族的地方性事务，对于实现各少数民族在政治上一律平等，促进各民族团结和社会的稳定，促进少数民族地区经济社会发展具有重要的意义。早在全民族抗日战争时期，中国共产党即已在陕甘宁边区试行民族区域自治，在甘肃陇东地区先后建立镇原县三岔回族自治乡、新正县一区回族自治乡，为实行民族区域自治提供了成功的经验。1949年11月，中共中央西北局在兰州召开扩大会议，会议按照党中央制定的各民族平等团结政策和在民族地区慎重稳进的工作方针，研究执行党的民族政策、实行民族区域自治等问题以及开展学习和宣传民族区域自治政策，并作出《关于若干问题的决议》，对实行民族区域自治中的具体问题、具体政策、具体措施等作出规定。

省委按照西北局的决议精神，及时提出开展民族工作的计划，把全省少数民族地区分别划分为不同类型地区，有步骤地推行民族区域自治的工作，并在广大干部中加强对党的民族区域自治政策的学习和宣传。省委在工作计划中提出：鉴于甘肃是一个民族复杂的地区，1950年，不论新老干部均应着重学习党的民族政策。并要求县委书记和县长以上的领导干部，必须联系工作实际学习党的民族政策和民族理论，以更好地开展对少数民族的工作。1950年8月，省委副书记孙作宾在全省第一次党代会的报告中，对学习和宣传民族区域自治政策以及在少数民族地区实行民族区域自治中的一些问题，提出具体的意见：认真执行民族平等团结政策，彻底检查执行民族政策的情况，使各民族都有相当数量的代表参加政府工作，并特别照顾当地人数较少的民族。民族杂居的地区，应有少数民族的人担任政府主要工作，在少数民族聚居区，应积极准备区域自治。1951年1月27日，省委召开全委会议，在讨论通过的《省委1951年工作计划》中指出：在少数民族地区应认真进行民族政策的宣传和教育，加强民族团结，解决各族人民迫切要求解决的切身问题。

随着少数民族地区解放的推进步伐，省委、甘肃行署及军事管制委员会立即派出一批干部到少数民族地区，在消灭残存敌特匪徒和安定社会秩序、开展少数民族地区民主改革的同时，广泛召开各族各阶层民主人士座谈会，努力宣传实施民族区域自治的基本政策。在汉族地区人民政权逐步建立的同时，省委抽调一批干部到天水、平凉、临夏等少数民族杂居地区，领导各族人民在摧毁旧政权的基础上，建立各族人民政府；在少数民族聚居比较集中的肃北、天祝、卓尼、东乡、夏河等地，分别不同情况，先后建立以地区为单位的统一政权，或暂时保持原有行政组织。

## 二、民族区域自治的实行

全省实行民族区域自治，是随着少数民族地区的解放相继实行的。1949年9月25日，酒泉和平解放。10月1日，酒泉分区行政专员公署成立。3日，刚成立的酒泉专署即派出人员沿着疏勒河寻找蒙古族牧民，于10月25日在鱼儿红柳沟峡召开第一次蒙古族牧民群众大会，宣布成立“肃北蒙古族临时自治委员会”，建立县级临时民族自治政府，开始新中国成立后民族区域自治的最早实践。从1950年开始，在全省少数民族聚居地区民族团结逐步加强、社会治安初步安定的条件下，省委、省政府根据《共同纲领》的政策规定和各族人民的愿望，有计划、有步骤地在各少数民族聚居地区实行民族区域自治的政策，在民族杂居地区建立民族民主联合政府。在各少数民族聚居地区，经过各阶层人民积极的民主协商和筹备召开各界人民代表会议的基础上，有步骤地建立民族区域自治政府，实施民族区域自治。

1950年1月，省政府决定将永登县的天祝区改为天祝藏族自治区（县级），下辖10个乡；2月，武威专区召开各族各界人士协商会议进行协商，随后成立天祝自治区筹备工作团；5月6日，天祝藏族自治区首届各族各界代表会议召开，宣告天祝藏族自治区正式成立。3月，省政府决定撤销肃北设治局（1938年国民政府设置），在“肃北蒙古族临时自治委员会”的基础上正式建立肃北自治区（县级），以原来肃北设治局的行政区域为肃北自治区的区划，下辖3个乡。7月29日，第二次蒙古族牧民群众大会在盐池湾红泉召开，宣布肃北自治区人民政府成立。6月19日，省政府决定设立东乡自治区（县级）筹备委员会，以临夏县的锁南区、唐汪区，宁定县（随后依次改名为广通县、广河县）的平善区、乐善区、牟家区，和政县的白合区、启明区以及永靖县至忠区所属的一、二、三乡为东乡族自治区的行政区划，共5个区公所、22个乡政府。9月25日，在锁南坝召开各族群众大会，宣布东乡族自治区正式成立。解放前，国民党反动派对东乡族人民采取分而治之的政策，东乡族聚居地区分别由临夏、和政、永靖、宁定4县管辖。东乡族自治区人民政府成立后，实行民族区域自治，使东乡族人民获得政治上的平等权利，开始当家作主，管理本民族的地方性事务，为促进民族团结和民族地区经济社会发展提供了可靠保障。

1949年9月，卓尼藏族地区和平解放后，省委联络、团结和争取当地藏族上层人士杨复兴及其部属，采取将原来的政权接管下来的办法，与中国共产党共同组建新政权，在稳定社会秩序和促进民族团结方面取得显著成效。1950年5月25日，省人民政府决定将卓尼设治局改为卓尼自治区（县级），由省直辖，下设7个乡公所、48个乡政府。9月4日，省政府决定卓尼自治区名称定为卓尼自治区行政委员会，在行政委员会19名委员中，有藏族上层人士16人。10月初，卓尼藏族自治区人民政府正式成立。在此前后，全省还建立了一些区、乡一级的民族自治地方政权。7月24日，经西北军政委员会民政部批准，古浪县安远乡的安远驿站划归天祝藏族自治区，天祝藏族自治区人民政府迁至安远驿；同时，批准成立岷县的洛大、西固（今舟曲）县的阳山、武坪3个乡级藏族自治政府。1951年8月，又批准成立2个乡级自治区。

在省委的领导下，在甘南、肃北等少数民族聚居区实行民族区域自治的同时，天水、平凉、临夏、武都等专区的少数民族杂居区，推翻旧政权以后，也相继召开各族各界人民代表会议，按照各民族人口比例，建立起各级各族人民联合政府。在自治区内的两种以上民族杂居的地方，成立区、乡民族民主联合政府。在单一民族聚居的区、乡，开始建立区、乡一级的自治政府。如在武都地区建立平牙藏族自治乡，在临夏地区建立保安族自治乡等。

到1951年8月,全省建立4个县级民族自治区,并在24个区、63个乡建立民族民主联合政府或自治区、乡。全省少数民族聚居区实行民族区域自治,标志着甘肃实行民族区域自治政治制度的确立。实行民族区域自治,使少数民族开始当家作主,管理本民族的地方性事务,实现同汉族在政治上的平等,不仅促进了各民族间的团结,保障了少数民族地区社会秩序的稳定,而且在全省全面实行民族区域自治、不断完善民族区域自治的政治制度方面取得了经验。

1952年8月9日,中央人民政府颁布《中华人民共和国民族区域自治实施纲要》。14日,中央人民政府政务院又发布《关于地方民族民主联合政府实施办法的决定》,积极推行民族区域自治,对实施民族区域自治作出具体明确的规定。为贯彻执行《实施纲要》精神,省委、省政府根据全省少数民族地区的具体情况,统一部署促进全省民族区域自治的实施计划,积极开展民族区域自治的组织工作。省政府成立民族区域自治办公室,统筹安排开展全省民族区域自治的工作,认真检查民族政策执行情况,及时总结工作经验,加快实行民族区域自治的步伐。9月16日,中共中央发出《关于甘肃定西地委执行民族政策情况检查报告》,毛泽东主席在批示中指出:"中央认为,定西地委以严肃认真的精神检查民族政策之执行,是好的。中央同意西北局通知各有关党委均作一次认真的检查","并把这种检查经常化、系统化,以保证民族政策能以正确地贯彻执行。"①12月23日,毛泽东主席批转甘肃省委《关于甘肃民族统战工作的报告》:"这个报告很有用,发给各同志参考。"② 毛泽东两次重要批示,对甘肃省委开展的民族工作和实行民族区域自治工作予以充分肯定。当月,甘肃省人民政府民族事务委员会扩大会议在兰州召开,会议总结了全省三年来民族工作的成绩、经验和教训,讨论推行民族区域自治问题。这次会议对全省民族区域自治工作起了积极推动作用。

---

① 中共甘肃省委党史研究室编:《中国共产党甘肃大事记》,中央文献出版社2002年版,第98、99页。

② 中共甘肃省委党史研究室编:《中国共产党甘肃大事记》,中央文献出版社2002年版,第98、99页。

1953年1月,省委就《关于区域自治计划(草案)》,征求各地民族意见。2月,政务院批复同意《甘肃省推行民族区域自治计划》。5月,省委常委(扩大)会议确定完成民族区域自治的任务。6月,省委制定《关于民族区域自治实施计划》,印发各地执行,全省民族区域自治步伐明显加快。

1953年7月,张家川回族自治区(县级)成立。9月,广通(今广河)回族自治区(县级)人民政府成立。10月1日,甘南藏族自治区(专区级)成立,下辖夏河、卓尼、临潭,以及西固(今舟曲)、岷县、武都、会川(后并入渭源县)等县部分地区。10月30日,西海固回族自治区(专区级)人民政府成立,下辖西吉、海原、固原3个县,以及隆德、静宁、靖远的部分乡。在此期间,经中央人民政府内务部批准,肃北自治区改为肃北蒙古族自治区,天祝自治区改为天祝藏族自治区,东乡自治区改为东乡族自治区。还成立了6个区级自治区和13个乡级自治区。1954年3月,肃南裕固族自治区(县级)成立。同月,舟曲、碌曲、玛曲3个县级行政委员会成立。4月,阿克塞哈萨克族自治区(县级)成立。5月,省人民政府批准成立13个区级自治区和21个乡级自治区。11月,宁夏省撤销合并甘肃省后,甘肃省增加河东回族自治区和巴彦浩特蒙古族自治区。截止1954年底,全省建立有专区级自治区4个、县级9个、区级19个、乡级37个。各级自治区的总人口150多万,其中少数民族人口占100多万。

## 三、民族区域自治地方经济社会的初步发展

实行民族区域自治和各级民族自治地方政权机构的建立,为全省少数民族地区各民族的团结、共同发展创造了有利条件。在省委、省政府的领导下,经过各民族地区的各级党委、政府和各民族人民的共同努力,全省各民族区域自治建设不断充实和完善,社会经济建设取得重大成就,少数民族地区农牧业发展,广大群众的生活得到明显改善,逐步形成社会稳定、民族团结、经济发展的良好局面。

实行民族区域自治和各民族自治地方政权机构建立后,少数民族干部在数量上有了迅速增长,在质量上也有了很大提高。在开展对少数民

族地区的民主改革、民族区域自治的工作中，省委、省政府非常重视对少数民族干部的培养和选拔，把大力培养少数民族干部及汉族地方干部，当作做好甘肃民族工作的关键。在对少数民族地区干部的培养和选拔中，按照党的干部政策，采取以培养政治干部为主，培养专业与业务干部为辅，学校培养和在实际工作中锻炼等办法相结合，特别是通过在人民政权建设、剿匪肃特、减租反霸、土地改革、民族区域自治等实际工作，培养和锻炼了大批少数民族干部。1951 年 8 月成立的西北民族学院，成为培养全省各级各类少数民族干部的基地。在培养少数民族干部中，还注重从工人、牧民、农民等基层群众中选拔培养。按照党的民族宗教政策，省委、省政府还对少数民族中上层人士开展工作，选拔和培养了一批少数民族中上层人士，把他们安排到省、地（州）、县、乡各级政权机构中做适当工作，有一部分人担任当地政府的主要领导。这些人在政权机构中有职有权，对于在新中国成立初期民族地区的民主建政、民主改革、民族区域自治、政权的巩固等方面起到重要作用。1950 年初，全省少数民族干部共有 1654 人，仅占全省干部总数的 1.4%。到 1954 年，全省少数民族干部发展到 7796 人，其中地级干部 15 人、县处级干部 74 人，少数民族干部约增长 3.7 倍。

民族地区的民族区域自治，促进了各民族之间和民族内部的团结、互助和发展。在省委、省政府的领导下，各级党委和政府在民族工作中，特别是在民族区域自治地方，通过开展深入细致的工作，本着团结平等、互让互谅、共同进步发展的精神，很好地解决了历史遗留下来的县、区以及民族部落之间的各种矛盾和纠纷。到 1954 年底，全省少数民族地区共调解和处理牧区纠纷 3000 多件、农业区的纠纷 1000 多件，有效地改善了民族关系，促进了民族团结。在全省开展民族地区的民主改革和实行民族区域自治中，涌现出许多维护民族团结的事例，许多民族聚居地区纷纷成立民族团结委员会，制订民族团结公约，不少村落、设施被命名为团结村、团结路、团结桥、团结渠等，维护民族团结成为各民族的共识。各民族的团结和互助合作，使各民族自治地方在发展农业、畜牧业生产以及各项工作上都取得显著成绩。

与此同时，民族自治地方经济得到全面发展。省委、省政府在领导全省恢复国民经济和发展生产建设中,始终坚持扶持和帮助民族地区经济发展的原则,采取一系列特殊的政策和灵活的措施,在财力、人力、物力、技术等方面大力支持和帮助少数民族地区发展经济。1953 年 10 月至 1954 年 8 月,在甘南藏族自治区成立后的 10 个月中,给甘南藏区发放各种生产和生活贷款 64.4 万多元。1952 年,给东乡族自治区发放各种贷款、救济款和以工代赈款共 39.5 万元。在经济上扶持帮助的同时,还在各民族自治区设立农业技术指导站、畜牧兽医工作站等,帮助农牧民改进耕作技术和饲养方法以及防治兽疫和各种疾病,促进农业和畜牧业生产的发展。通过开展这些工作,全省少数民族地区农牧业生产得到较快发展,1950 年到 1955 年,农业耕种面积由 35.1 万亩迅速增至 45.3 万亩,农业产值由 3935 万元增至 6223 万元,粮食产量由 151864 吨增至 334501 吨;牲畜总数由 179.2 万只(头)增至 302.9 万多只(头);全省民族地区的林业产值由 86.4 万元增至 210.25 万元;工业总产值由 207.14 万元增至 1402.2 万元。同时,在少数民族地区开始交通、电力、邮电等基础设施的建设。少数民族地区广大人民群众生活得到明显改善。

# 第六章

# 贯彻过渡时期总路线和第一个五年计划

1953年，我国开始进入有计划经济建设和社会主义改造的过渡时期。省委、省政府全面贯彻落实党“要在一个相当长的时期内，逐步实现国家的社会主义工业化，并逐步实现国家对农业、对手工业和对资本主义工商业的社会主义改造”的总路线，编制并实施甘肃发展国民经济的第一个五年计划。在全省开展学习宣传党在过渡时期总路线的同时，粮食的统购统销政策开始执行，十六项国家重点项目开工建设，地方能源、交通及轻工业企业也开始兴建，全省进入大规模的经济建设时期。

## 第一节　学习宣传过渡时期总路线

### 一、省委对过渡时期总路线学习宣传的部署

1952年9月，毛泽东主席根据新中国成立以来的实践，开始考虑我国如何向社会主义社会过渡的问题。1953年6月，毛泽东首次提出党在过渡时期总路线的基本内容。11月，毛泽东在审阅中共中央宣传部起草的总路线学习宣传提纲时，将过渡时期总路线内容的完整表述

修定为:“从中华人民共和国成立,到社会主义改造基本完成,这是一个过渡时期。党在这个过渡时期的总路线和总任务,是要在一个相当长的时期内,逐步实现国家的社会主义工业化,并逐步实现国家对农业、对手工业和对资本主义工商业的社会主义改造。这条总路线是照耀我们各项工作的灯塔,各项工作离开它,就要犯右倾或‘左’倾错误。”[①]9月,第一届全国人民代表大会第一次会议通过的《中华人民共和国宪法》,以根本大法的形式,把这条总路线作为国家在过渡时期的总任务确定了下来。总路线发布后,全党和全国各条战线立即掀起学习宣传总路线的热潮。党在过渡时期总路线的学习宣传活动,是新中国成立后中共中央部署第一次在全党和全国人民中开展的大规模学习活动,也是第一次在全党和全国人民中开展的对社会主义观念的深刻教育活动。

省委积极贯彻落实中央关于学习宣传过渡时期总路线的指示,认真进行安排部署。1953 年 10 月 26 日至 11 月 3 日,省委召开全省第一次县委书记联席会议,省委书记张德生作《关于过渡时期的总路线和总任务》的报告,阐述学习宣传总路线的重要性,对全省学习宣传总路线总任务进行动员和部署。此后,全省宣传总路线的工作逐步展开。11 月 20 日,省委发出《关于学习党在过渡时期总路线总任务的通知》,要求全省广大干部从 12 月 1 日开始,用两个半月的时间,对有关我国经济建设方面的九个主要文件和全国第二次财经会议的主要内容、《联共(布)党史》中关于经济建设等内容进行一次系统的学习,以加深对党在过渡时期总路线总任务的深刻领会。12 月 14 日,省委发出《执行中央关于今冬明春向农民宣传总路线的指示的通知》,部署全省用两个半月时间分两个阶段对农民进行总路线的宣传。第一阶段以宣传统购统销粮食政策为主要内容,第二阶段以宣传发展互助合作和 1954 年农业增产为主要内容,并提出通过宣传活动,对党在农村的宣传教育工作加以彻底整顿,纠正农村党组织忽视思想政治工作的问题,逐步恢复和健全农村支

---

① 中共中央宣传部:《为动员一切力量把我国建设成为一个伟大的社会主义国家而斗争——关于党在过渡时期总路线的学习和宣传提纲》,1953 年 12 月,中共中央文献研究室编:《建国以来重要文献选编》第四册,中央文献出版社 1993 年版,第 700—701 页。

部的教育工作。

1954年1月8日，根据西北局要求，省委发出《关于进一步学习党在过渡时期总路线的补充通知》，要求将原定的学习宣传时间延长一个半月到4月底；在学习中党支部和总支要把学习宣传总路线作为中心工作对待；学习必须和实际相结合，以学习文件为先导；加强领导，有计划地组织专题研究等。

## 二、学习宣传过渡时期总路线总任务

1953年10月下旬到11月下旬，省委书记张德生分别在全省农场工作会和首届农业生产互助合作会议上作了《关于党在过渡时期的总路线和总任务》的报告。与此同时，全省各地根据西北局宣传部拟定的25个专题和省委增加的6个专题，制订具体学习计划。省市级机关、各专区的总路线学习正式开始。全省学习总路线的活动分层次、有重点地组织进行。

根据中央要求，在省级机关党委（1954年5月，经西北局批准，改称为省级机关委员会）领导下，省级机关干部按照文化程度不同划分的高级组和中级组系统学习《联共（布）党史》（简明教程）第9章至第12章和列宁、斯大林论社会主义经济建设的一部分著作，初级组干部学习《经济建设常识读本》和《政治常识读本》下册。目的是加深对苏联社会主义工业化经验的认识，加深对社会主义工业化的意义和实现工业化的艰巨性、复杂性以及工农联盟等问题的理解。全省各地、市、县普遍运用以会代训的方式，对党的基层干部和积极分子进行总路线的教育，以提高广大党员干部的认识。同年，全省参加总路线学习的高级组干部有93人，中级组2592人，初级组23832人。到1954年9月底，全省参加总路线学习的高、中、初级组干部和县、区乡机关干部以及少数民族地区县委委员以上的党员干部近10万人次。1955年7月27日，省委宣传部根据省委《关于加强区、乡干部在职教育的指示》，作出《关于党在过渡时期的总路线学习计划》，规定从1955年9月1日至1956年6月底，全省区、乡干部读完华东局编写的《党在过渡时期的总路线》一书。各地根据省委的指示精神，采用学习日等形式，每季度讨论一次干部教育，每两个月召开一次总路线教育座谈会，以加深对总路线的认识和理解。在实际宣传学习中，各级党委特别是党委的主要负责人，都亲自主持和参与。省委主要领导不仅主持省级报告会议，还多次召开地委书记参加的电话会议，向省、地（市）级干部作学习宣传报告。会后，省委还将报告提纲印发到县区干部和报告员手中，具体指导学习宣传工作。宣传工作采取先党内后党外的步骤，逐级训练干部、分片包干、步步深入，各县先召开三干会议，接着再分层召开党团员、基层干部、积极分子会议，训练农村骨干，组建宣传队伍。

按照省委学习宣传过渡时期总路线的安排部署，1953 年 11 月 30 日，省委宣传部拟定“社会主义就是要大家都过富裕生活”“按照农民自愿，发展互助组，成立生产合作社，一步一步过渡到社会主义”“把余粮卖给国家，支援工业大建设”“组织起来，集体大生产，就能多打粮食”等 17 条过渡时期总路线的宣传标语，在农村和集镇广为宣传。在粮食统购统销工作中，重点以全体农民为主要对象，进行深入系统的总路线的宣传。从 1954 年 1 月开始，《甘肃日报》除在头版转载《人民日报》相关社论外，在二版和三版开辟“国家过渡时期总路线宣传材料”“组织起来走大家富裕的道路”两个专栏，对总路线的学习宣传进行引导和推动。“国家过渡时期总路线宣传材料”专栏，以简洁和通俗易懂的语言，分别围绕为什么要有一个相当长的过渡时期和过渡时期的特点，总路线的精神实质，为实现国家工业化而斗争，逐步实现农业、手工业、资本主义工商业的社会主义改造以及粮食的统购统销等问题，连载学习材料达 5 个多月，以解决农村缺少学习资料和宣传员的实际困难。“组织起来走大家富裕的道路”专栏，主要是以农业互助合作运动中的典型人物和互助组、合作社为目标，采用“解剖麻雀”式的手法，对人物思想的转变、互助组的优势、合作社的好处等进行宣传。至 6 月底，共刊登 46 个典型材料，这些生动的典型人物和实际案例，对群众学习宣传总路线和促进农业合作化运动发挥了积极的引导作用。除此以外，在学习宣传活动中还结合粮食统购统销、普选、推销经济建设公债等工作开展。不少地区把农村党员、团员和宣传员组织起来，实行分片包干，向群众开展广泛宣传和个别教育活动。各地组织农民群众学习《人民日报》发表的《帮助农民算三笔账》的社论,《甘肃日报》也刊登《共产党和人民政府对农民的好处——正宁县帮助农民算三笔账的资料》等文章,抓住发展生产这一中心环节,坚持从正面讲道理,积极、耐心地说服和引导少数落后农民,批驳反革命分子的谣言。农村党支部采取边学习边宣传的办法,晚上学习,白天宣传,提出"先当学生后当先生,当先生的同时也要当学生"的口号,动员青年团员、宣传员和各乡的基层干部,组织互助组、读报组,利用土广播、黑板报等进行宣传,还组织召开老年会、妇女会、青年会、院子会、家庭会等形式的座谈会,通过回忆过去、对比今昔和算细账等办法,启发农民自己教育自己。各项宣传教育活动的深入开展,对推动广大农民学习宣传过渡时期总路线的活动发挥了重要的引领作用。

1954 年 6 月至 9 月,省协商会学习委员会组织工商界进行了为期三个半月的学习,以"扩大左翼,争取中间向左,分化和独立瓦解右翼"为目的,按照"彻底敞开,适当分析批判"的方针和"有理、有利、有节"的原则,对工商界普遍进行总路线的教育,使大多数人提高了接受改造的觉悟,为全面开展社会主义改造打下了思想基础。

这次大张旗鼓地学习宣传过渡时期总路线的活动,使广大农村党员干部和人民群众的社会主义觉悟得到很大提高,对于社会主义观念在广大干部群众中的确立,对于总路线和总任务在全省的贯彻执行,对于社会主义经济制度在全省的确立,都具有重要意义。全省干部党员及各界人民群众普遍统一了思想,增强了走社会主义道路和建设社会主义的决心与信心,激发了人们投身社会主义革命和建设事业的热情。在广大农村出现踊跃出售余粮、积极购买生产和生活资料以扩大生产、主动购买国债、将余钱存入银行等行动。永昌县焦家庄农业合作社的 264 户社员,通过学习总路线后,决定把 41 万斤余粮全部卖给国家,并给毛泽东主席写信报告卖粮计划。1953 年 12 月 30 日,《人民日报》第二版以《甘肃永昌县焦家庄农业生产合作社学习总路线后把全部余粮卖给国家》为题进行了报道。这一典型事例,对于促进农业生产发展和后来开展的合作化运动起到积极的推动作用。

# 第二节　贯彻统购统销政策

## 一、贯彻落实统购统销政策

全国大规模经济建设开始后，粮食供应一度出现紧缺局面。1953年10月10日，全国粮食会议在北京紧急召开。16日，中共中央作出《关于实行粮食的计划收购与计划供应的决议》，制定全国粮食实行统购统销的四项政策：在农村向余粮户实行粮食的计划收购；对城市居民和农村缺粮群众实行粮食的计划供应；由国家严格控制粮食市场，对私营粮食工商业实行严格管制；在中央对粮食实行统一管理之下，由中央和地方分工负责。根据中央决议，政务院下达《关于实行粮食的计划收购和计划供应的命令》，具体政策为：计划收购，计划供应，简称“统购统销”。

“一五”计划实施后，全省出现四个“迅速增加”的局面：建设投资迅速增加，就业人数迅速增加，社会购买力迅速增加，人们对生活资料的需求迅速增加。但是，由于全省农业生产仍处在落后的小农经济状态，生产力水平较低，生产技术落后，粮食、油料、棉花等的生产赶不上全省工业生产发展的要求，也不能满足人民日益增长的物质需求，形成供应和需求之间的不平衡。加之粮食自由市场上投机商人作祟，农村余粮户贮存观望，不愿卖出余粮，导致国家征购任务无法完成。与此同时，粮食销售量激增，又促使粮食市场紧张局面加剧。1953年初春至10月，武都、庆阳、天水、平凉、定西、皋兰等地区粮价出现波动，销量激增、粮贩套购、黑市交易、粮食外流等现象相当严重，市场粮价高出牌价一般都在50%左右，个别地区、个别粮食品种甚至超过1倍。

10月26日至11月4日，为贯彻落实中央关于粮食统购统销政策和西北局粮食工作会议精神，省委召开全省第一次县委书记联席会议，由陈成义传达中央粮食会议精神，省政府副主席霍维德作《关于粮食统购统销的任务及办法》的报告，提出全省粮食统购统销的控制数字、工作步骤和方法以及有关粮食收购供应等问题，并对粮食统购统销政策的宣传教育进行初步安排。随后，各地相继召开县、乡、村三级干部会和各界人民代表会议，动员全省党内外各级干部统一思想，确定实行粮食统购统销的工作步骤、办法和具体方案。11 月 29 日，省政府发布《关于实行全省粮食的计划收购和计划供应的指示》，对落实粮食统购统销政策作出具体部署。为谨慎起见，省委还选择永登、临洮的两个乡提前进行试点，以取得经验来指导全省工作。同时，在扩大物资供应、调拨货币、增设仓库和粮站等方面也开始相应的准备工作。

关于全省的粮食统购工作，西北财经委员会分配给甘肃省 1953 年的统购任务控制数为 4.32 亿斤，统销控制数为 6.2 亿斤。为确保粮食供应，省委提出全省统购任务在西北财经委员会规定控制数的基础上再增加 1166 万斤，确定 1953 年全省统购任务为 4.4366 亿斤。全省除牧区、半农半牧区不实行统购，西海固、甘南、天祝藏族自治区的少数民族聚居的农业区采取介于计划收购与自由收购的变通办法外，其余地区一律实行统购。统购对象包括农村余粮户、城镇的粮店和大宗囤粮户。在农村，统购面占总户数的 50% 左右。统购的粮食价格，按照粮食市场的收购牌价执行。与此同时，省委对统购统销的步骤和方法、注意的问题提出明确要求，规定凡进行统购的县份，均应立即召开各界人民代表会进行传达讨论；会上主要应讲清楚政策，统一认识，确定任务，研究办法；12 月初，全省统购工作均应普遍开始；1954 年 1 月底以前基本完成入仓，2 月份内要全面完成任务。

按照省委、省政府粮食统购统销的部署，全省各级党委和政府迅速动员，各级人民政府立即成立粮食办公室，由各级党委书记和政府主要负责人亲自主管，开展工作。

为推动工作的开展，全省各地共组织 1 万多名区以上干部下乡指导统购。干部下乡后的工作分四个步骤进行：第一步，以半月时间召开干部会、乡代表会，进行党的总路线和粮食政策的宣传教育，在此基础上，采取先干部后群众的办法统一思想，激发群众售粮积极性。同时，了解粮食情况，初步拟定应进行收购户的收购数字。第二步，根据所掌握材料，初步提出各村统购数字，各乡各村成立统购评议委员会。在自报认购的基础上开展民主评议，尽量做到公平合理。评议完毕后，召开乡人民代表会最后确定，并动员送粮入库。第三步，组织运送，完成入库。所有粮食，除农村销售粮应留在区上，其余均应送至指定仓库。第四步，处理遗留问题，总结统购工作。省委在每个阶段的工作开展之前，都召开部分地委书记和县委书记参加的电话会议，对下一步工作进行具体指导。其间，省委还组织由 13 个厅部长带领的工作组赴各地巡视检查，发现问题及时纠正和解决，保证统购工作如期完成。1954 年 2 月，全省实际完成粮食统购任务 5.2559 亿斤，比西北局下达计划超额 9359 万斤，比省计划超额 8193 万斤。

关于全省粮食统销工作，省委计划要求，兰州、各专署所在地及铁路、公路沿线各县城，必须在 12 月开始计划供应，然后再逐渐向其余城镇推行；1954 年 1 月，把一般城市和重要集镇的供应工作大体做好；农村的计划供应工作，可待统购任务大体完成后，大约在 2 月或 3 月再开始进行。统销与统购同样是一项关系国计民生的全新工作，由于涉及面更广，显得时间更紧、任务更重。所以在工作开始时，宣传教育、供应点的部署、供应办法和手续、细粮和杂粮的搭配等工作都同步推进。

为保证工作的顺利进行，省委从 1954 年春开始的一年多时间里，多次对粮食购销工作进行专题研究并作出指示，但在实际工作中还是出现不少问题，主要集中在城市中的供应办法和农村中的政策宣传方面。在城市主要表现为供应点很少，营业时间短，只卖食品给当地人，买粮手续繁琐，粮证发放缓慢，甚至 6 岁以下小孩不供应粮食等；在农村有许多群众还不知道统购后可以出售余粮，可以相互调剂余缺、互通有无，甚至有些干部也不清楚这些政策。所以，省委认为统销领域的问题相当严重。①造成这些问题的原因，除甘肃情况的复杂性和干部队伍整体水平不高的影响外，从中央到地方尚未形成一个比较统一的计划供应办法也是原因之一。各地都没有确实把握和可靠依据来控制供应数字，而农村初级市场统得过死，使粮食市场调节余缺的功能丧失，又加剧统销工作的困难。省委发现这些问题后，及时对各地委、县委作出指示，要求大力扭转普遍存在的重统购轻统销的思想，除对供应点过少等问题作出纠正外，还

① 中央甘肃省委：《对统销中存在问题的意见》，1954 年 2 月 27 日。

允许余粮出售和互通有无,并要求没有试点的地区按照省委指示认真试点,已经试点的要将经验和存在问题上报省委,省委也同时向西北局作出报告,为中央的下一步决策提供依据。

中共中央于1954年5月发布《中共中央关于限期建立国家粮食市场的指示》,限期6月份以内在全国普遍建立初级粮食市场。截至8月底,全省共建立547个粮食市场,占原计划的77%。到年底,共建立699个粮食市场,收购各种粮食15536万斤。粮食市场的建立,有效缓解了统销工作中存在的矛盾,不同程度地减轻了国家供应的负担,便利国家收购农村余粮,抑制了粮食方面的投机活动,稳定了粮价,为粮食统购统销政策的顺利实施提供了有力保证。

## 二、"三定"政策的实施与统购统销政策的完善

1954年,长江、淮河流域遭遇百年不遇的水患,为了救灾,国家在粮食主产区多征购70亿斤粮食。甘肃统购任务量1954年要比1953年大,省内又有部分地区受灾,加之评产偏高偏低或留量不足、征"过头粮"、强迫命令等,导致一部分农民对粮食统购统销政策产生不满,严重影响了农民的生产积极性。在供销工作方面,由于经验不足、制度不健全导致的供应不足或供应不及时、不平衡问题不可避免,还有一些机关、团体、厂矿等虚报人数,冒购粮食和糟蹋粮食现象比较普遍。再加上粮食保管、调运与加工方面的损失,加大了供应量,从而严重影响了工农关系、城乡关系。由此造成1955年开春后,甘肃发生部分农民缺粮闹粮现象,形势比较紧张。

1955年3月3日,中共中央、国务院发出《关于迅速布置粮食购销工作安定农民生产情绪的紧急指示》,决定除减少征购任务外,在全国实行粮食定产、定购、定销的"三定"制度。要求各地在春耕前,以乡为单位,将全乡的粮食计划产量大体确定下来,并将国家的征购数字向农民宣布,从而使农民预先知道生产量、收购量、留用量和本村缺粮户的供应量,以安定民心。3月15日,省委召开全省财经会议传达学习中央、国务院指示精神,接着省上召开全省粮食会议,对"三定"到乡工作进行具体部署。各地也相继召开财经会议、三干会议以及各级人民代表大会,

将政策和任务逐级传达。4月20日,《甘肃省一九五五年度粮食征、购、销方案》下达,再次强调除不实行统购统销政策的地区外,全省已经实行粮食统购统销政策的地区,必须要贯彻中央关于粮食“三定”的制度。“三定”工作是一项新的工作,省委要求各级领导必须加强督促检查,深入基层进行试点,逐步取得经验并及时纠正偏差;在确定数字时,不宜过分算细账,应根据当地具体情况,做到大体接近,留有余地。由于缺乏经验,在随后的实际工作中,各地出现不该供应的供应、该供应的却未供应,该少供应的多供应、该多供应的却少供应等问题;一些干部对计划供应存有宁宽勿紧的思想认识,导致主观供应计划与客观供应的需要量差距过大。在临夏,仅东乡族自治区七区三四季度粮食计划前后就报了三次,第一次报113万斤,第二次报87.68万斤,第三次报70万斤,东乡四区开始报计划数是8.6万斤,后增加到20万斤。在陇南宕昌县,发放供应证时,不论缺粮与否,一律供应,仅白龙区预报的供应量就达100多万斤,比前一年超出一倍多。康县因市场粮价低于国家牌价,因而缺粮群众不到供应点买粮,粮证也积压在乡上。针对上述问题,省委于6月10日向各地(工)委、兰州市委、皋兰县委发出《关于粮食供应工作情况的通报》,要求各级党委切实遵照省委指示,对农村粮食供应工作加以检查,发现问题,迅速认真解决,以安定农民生产情绪,做好农业生产工作,完成粮食增产任务。同月,省粮食厅派出3个工作组,用半月时间,调查民勤县上润乡,定西县巉口乡、碾盘乡和泾川县戴家乡4个乡1954年粮食购销及1955年粮食统销情况。6月16日至27日,省上召开首届粮食调运会议,传达中央粮食部第三届粮食运输会议精神,检查总结半年来粮食调运工作,并对下半年粮食调运任务作出具体安排。在此基础上,7月28日至8月5日,全省粮食会议着重讨论“三定”到户的具体做法和步骤,拟定农村粮食统购统销和市镇粮食定量供应暂行办法的两个细则,对市镇定量供应也作出若干规定。各专区将这些精神及时通过县委书记会议或县长及粮食科长联席会议、县乡三干会议和乡人民代表大会等形式逐级传达,并对乡的试点工作作出全面安排。

全省试点工作9月份全面铺开,10月底结束。省政府在取得试点经验的基础上,制定下发《关于粮食“三定”到户工作的指示》,对试点工作进度、干部训练、政策宣传和核实产量、各县区购销平衡计划以及若干具体规定都作出规定,并要求将该项工作与农业生产和农业合作化运动结合起来进行。《指示》要求,每一阶段工作结束,要作出总结,以便及时发现问题及时纠正。试点工作分训练干部、了解情况,宣传政策、发动群众进行评定,核实产量、“三定”到户,组织入仓、检查总结四个步骤。按照省上的安排部署,共有 529 个乡开展试点工作,武都、天水专区各县的每一个区有一至两个试点,其他各专区、各县有一至两个试点,先后共抽调约 22600 名脱产干部、58000 名不脱产干部和积极分子参与试点工作。在宣传上,主要采取忆过去、算细账对比分析的方式,消除群众顾虑。在评定产量上,一般是在调查登记人口、土地、播种面积和牲畜种类数量的基础上,根据土质、阳光、气候等自然条件,作物生长和收获情况进行划片分等,反复比较后进行评定。定产办法坚持因地制宜的原则,具体确定分为四种:以 1954 年征购时的土地等级、产量为基础,一般不动,个别调整;以 1954 年的实际产量和 1955 年的计划产量为基础,结合 1955 年实际产量评定;以 1955 年春“三定”到乡所定产量为基础,一般不动,个别调整;连年遭灾地区,以当地正常年景产量为基础,参考历年实际产量评定。评定方案先由村党支部提出,提交乡评议委员会讨论,再交各村群众讨论提出意见,并以区为单位进行联评,最后提交乡人民代表大会讨论通过,报区批准,张榜公布。“三定”到户,定量是关键步骤,对农户的生产情况定量,具体采取两种办法:一种是定产略低于实际产量,并定出升降幅度,根据每一户生产条件的好坏,对其整个产量作出升降;另一种是只定降低幅度,对生产条件不好的农户,在其整个产量内适当予以调整。经过试点,初步取得了经验,省粮食工作办公室在《关于粮食三定到户情况的综合报告》中指出,全省 91.7% 的乡都可以“三定”到户,由试办乡总的来看,经过“三定”到户,农民了解了“三定”的好处,认为公平合理,生产热情普遍高涨,积极进行生产,准备入社,踊跃缴纳公粮,积极准备购粮,对“三定”反映,普遍良好。

1955 年 8 月 25 日,国务院发布《农村粮食统购统销暂行办法》和《市镇粮食定量供应暂行办法》,规定:从 1955 年起,余粮户交售任务在正常情况下一定三年不变;缺粮户供应量每年核定一次;市镇发行粮票,按人定量供应,凭票购买。省委、省人民委员会①( 以下简称 z )于 9 月 26 日颁布经省人委第 28 次行政会议通过的《甘肃省对于“市镇粮食定量供应暂时办法”的实施细则》和《甘肃省对于“农村粮食统购统销暂行办法”的实施细则》,要求全省“三定”到户工作必须遵照国务院发布的两个“办法”进行。由于甘肃有试点工作的基础,当年全省“三定”工作完成得比较顺利。从 11 月开始,全省范围内实行市镇粮食定量供应,全省粮食、食用油的统购统销进一步制度化。

全省统购统销制度的建立和完善,在稳定农业生产、调动农民积极性方面发挥了重大作用。到 1956 年 4 月底,公粮入库率达 105.42%,统购粮入库占全部任务的 91.93%,平凉、定西、张掖专区和固原、甘南藏族自治区的统购任务超额完成。同时,该项工作也有力地促进了农业合作化进程。

1956 年,全省农业合作化运动进入高潮,加入高级社的农户达 98.83%。在农村社会主义经济成分已经占绝对优势的情况下,1955 年农村粮食统购统销办法已经不适应新的形势,按照国务院 1955 年发布的《农村粮食统购统销暂行办法》规定,省上于 8 月初拟定《甘肃省 1956 年农村粮食、油料统购统销实施办法( 草稿 )》,提出在继续贯彻“定产定购三年不变,定销一年一评”原则的前提下,采取以农业合作社为单位统一平衡,社员之间粮食余缺由社组织调剂的办法进行统购统销。

实行粮食等主要农产品的统购统销,是我国工业化初创阶段采取的一项重大决策。作为自然条件差、少数民族多且贫穷落后的农业省份,省委、省政府( 省人委 )在坚决贯彻执行党中央、国务院和西北局统购统销方针政策的前提下,结合甘肃实际,边组织学习宣传,边组织试验推广,稳步推进统购统销工作,稳定了市场,保证了粮食的生产和供应,促进了三大改造的进程,为甘肃“一五”时期建设国家新型工业基地提供了可靠保障,但也割断了农民同市场的联系,限制了商品生产的发展,这在当时的历史条件下是难以避免的。

---

① 根据 1954 年 9 月《中华人民共和国地方各级人民代表大会和地方各级人民委员会组织法》的规定,甘肃省于同年 12 月召开的一届二次人民代表会议决定,省人民政府改称省人民委员会,省人民政府主席、副主席改称省长、副省长。

# 第三节　第一个五年计划及建设任务

## 一、“一五”计划的编制

1953 年 1 月 1 日，中共中央和中央人民政府在《人民日报》发表社论，宣告我国开始执行国家建设的第一个五年计划，具体的计划在编制修订之中。中央在编制“一五”计划的同时，要求各省、市召开计划会议，根据中央的计划草案和主要精神，结合本地实际编制各省、市的计划纲要。

甘肃“一五”计划纲要的编制按中央大框架的要求，边制定边执行、边修改完善。1952 年春，省委、省政府开始编制计划。1953 年 9 月 12 日，省委召开常委会讨论《1953—1957 年甘肃国民经济五年计划纲要说明》，提出发展地方工业和农业建设的基本方针。1954 年 3 月，西北局财经委员会《关于编制西北地区国民经济五年计划纲要建议数字（草案）的报告》发布，成为甘肃进一步修改完善五年计划的依据。1955 年 5 月，中共甘肃省委第三次党的代表会议正式通过《甘肃省发展国民经济第一个五年计划》，随后因宁夏省并入甘肃，“一五”计划再一次进行调整和补充。11 月 9 日，国务院以第 72 号命令下达执行。

甘肃“一五”计划的基本指导思想是：以完成国家“一五”计划在甘肃的重点投资项目为核心，动员经济、社会、资源等各方面力量，努力做好配合和配套工作，相应地发展区域经济；在发展农业生产的基础上，逐步提高人民的物质文化生活水平；在保证国家“一五”计划在甘肃重点建设项目按期完成的前提下，加强地方工业建设和农业生产建设，为把甘肃建设成为国家新兴工业基地而努力奋斗。

甘肃“一五”计划的基本任务是：积极支援国营工业建设；努力发展以互助合作为中心的农业生产运动；增产粮食、经济作物，发展畜牧业，使农牧业生产的发展适应于工业建设的需要；在地方工业建设上，着重发展煤炭工业、小型农具制造和修理工业、地方建筑材料工业等 58 个项目,以满足当地人民和国家建设日益增长的需要;随着工农业生产的发展,相应地培养建设人才,发展商业、交通运输业和文教卫生事业;在发展生产的基础上,逐步提高人民群众的物质文化生活水平。

甘肃“一五”计划提出国民经济的具体任务和主要经济指标是:在农业生产建设上,积极发展农业生产,特别注意粮食生产的增加;在互助合作的基础上,集中人力和物力,根据山、旱、川、塬的不同条件进行农业基本建设和水利建设,扩大耕地面积;积极增加农副业产品和土特产品的生产,有计划地扩大工矿区和城市郊区蔬菜水果的生产。1957 年,总播种面积要达到 6750 万亩,其中粮食作物播种面积 5843.56 万亩,农业总产值达 9.08 亿元,粮食总产量达 835090 万斤。同时,大量发展畜牧业,提高畜牧数量和质量,有计划有重点地发展国营牧场,使粮、棉、油、肉等各种生产和农、林、牧、副、渔等各业,都有较大的增长。

在工业生产建设上,为配合和保证国家重点建设,积极发展地方工业。地方工业要贯彻为当地农业生产服务、为人民生活需要服务、为国家建设服务的方针,把地方工业投资主要用于新建和扩建电力工业、煤炭开采、农具制造及修理、建筑材料、食品加工等 58 个项目。同时,努力利用、整顿和改造现有企业,为国家积累资金和培养干部。“一五”期间,地方工业的基本建设和老企业的更新改造都达到一个新的规模。1957 年,地方工业总产值计划达 3.5 亿元,电力、煤炭、农具制造、建材、食品、毛纺等主要的生产能力,都有较大幅度的提高。

为了适应经济建设和人民生活需要,必须相应地发展交通运输业和商业。修建兰新、包兰等铁路,并相应地发展公路运输。到 1957 年,新建公路 10 条,改建线路 12 条,公路通车里程达 6307.7 公里,货运量达 205.5 万吨,货物周转量达 262153 千吨公里。千方百计从各个方面增加生产,组织货源,扩大商品的供应。到 1957 年,全省社会零售商品总额达 10.3 亿元。计划还对其他各项社会事业,如城市建设、公共设施建设、文化设施以及教育、卫生等都提出具体的发展要求。

按照省委、省政府的要求,省计划委员会将地方工业和财政计划的各项任务指标直接下达到各县,由各专区领导督促完成。

甘肃在编制计划纲要时,充分联系本省的实际和特点,但由于一无经验二无基数参考，大部分指标都是估计的，难免出现一些不符合实际的问题。“一五”计划纲要在实际执行中，省委、省政府及计划部门清醒地认识到这一问题，要求各县不要受指标限制，在积极执行的前提下，对指标上存在的问题逐级向上反映，为第二个五年计划的制定积累经验。

## 二、落户甘肃的国家重点项目

经新中国成立后三年的努力，国民经济逐渐得到恢复。党和国家决定采取优先发展重工业的战略，建立国家工业化和国防现代化的初步基础。在国防工业建设中，中央在合理利用和改建东北、上海等其他沿海地区城市已有工业基础的同时，果断决策在内地建设一批新的工业基地。甘肃以其所处的地理位置、丰富的矿产资源以及中央改变工业地区分布、促进经济落后地区发展等特殊条件，被中央确定为全国重点投资建设的地区。

当时，抗美援朝正在进行，在远离战争的后方建厂是当时战略上的需要。“特别是国防工业企业，除有些造船厂必须摆在海边外，其他都没有摆在敌人飞机可以轰炸到的沿海地区。”[①] 甘肃处于祖国内陆腹地西北，是重要的战略后方。省会兰州是西北政治、经济、文化的中心之一，又是西北重要的交通枢纽，早在全民族抗战时期就是苏联援华物资最重要的战略通道。甘肃地广人稀，黄河从兰州穿城而过，适合建设一些重大项目。

甘肃有较为丰富的矿产资源。依资源而建厂是新中国成立初期工业建设的原则。“一五”时期，已在甘肃境内探明的矿藏资源主要有铀、铜、铁、煤、油页岩、石灰石等，白银等地探明的有色金属特别是铜储量在全国居重要地位；解放初国家石油勘探表明，玉门油田可采石油储量占当时全国原油产量的近三分之一。

甘肃经济落后，工业基础十分薄弱，投资建厂是促进区域经济平衡

① 薄一波：《若干重大决策与事件的回顾》（上卷），中共中央党校出版社 1991 年版，第 298 页。

发展的需要。1949 年新中国成立时,全国的工农业总产值中工业所占的比重为 23.1%,而甘肃工业总产值只占 19.15%,比全国平均产值还要低 4 个百分点。甘肃现代工业的产值,在工农业总产值中只占 2.15%。旧中国工业设施 70% 左右集中在东北或沿海大城市。工业过于集中在东部沿海的现状,不仅不利于资源的合理配置,也不利于西部的发展。为了从根本上改变这种状况,"一五"时期,中央对"156 项"重点工程①及其他重要项目的分布给工业基础薄弱的西部地区安排得较多。中央的这一战略布局从客观上起到改变甘肃经济落后面貌、带动甘肃经济发展的决定性作用。

甘肃经济的较快恢复在客观上为大规模工业建设准备了基本条件。在 1949 年至 1952 年的经济恢复时期,甘肃面貌发生很大变化,国民经济恢复到解放前的最高水平,整个工业生产增长近一倍。恢复期间,国家加大对甘肃的投资力度,国家投资整修天水至兰州的铁路。1952 年 10 月,天兰铁路通车,兰(州)新(疆)铁路开工建设,包(头)兰(州)铁路进入勘察。在"一五"计划开始时,省委、省政府积极向中央争取项目和投资,全力配合中央工业布局战略,为重点项目落户甘肃争取了主动。

基于上述原因,中央确定甘肃为国家新的工业基地之一,决定以兰州为中心兴建苏联帮助建设的"156 项"中的 8 项现代工业企业,连同"156 项"配套项目、限额以上项目②和国防军工企业共 16 项。它们是:兰州炼油厂,兰州热电站,白银厂有色金属公司,兰州氮肥厂,兰州合成橡胶厂,兰州石油机械厂,兰州炼油化工设备厂,八〇五厂(银光公司),永登水泥厂,兰州供排水工程(兰州自来水厂),国防军工企业的一三五厂(国营万里机电厂)、二四二厂(国营新兰仪表厂)、七八一

① 为集中力量发展重工业,建立国家工业化和国防现代化的初步基础,党中央决定在第一个五年计划时期从苏联与东欧国家引进的重点基本建设项目,共计有 156 项。这些项目的建设,构成 20 世纪 50 年代中国工业建设的核心和骨干。

② 为便于对重大基本建设项目进行管理,国家规定了各类基本建设项目的投资限额,数目是 300 万元到 1000 万元不等。凡是全部投资大于限额者为限额以上项目,小于的即为限额以下项目。全国确定的限额以上项目为 694 个,其中部署在甘肃的有 119 项。

厂(国营长风机器厂),四〇四厂,五〇四厂,八一二〇基地(现东风航天基地)。

以上项目,统称为第一个五年计划期间国家在甘肃投资的重点工程建设项目。为慎重起见,这些落户甘肃的重点工程项目,从论证、立项、选址、建设到最后竣工投产,中央都给予高度重视。1953 年 12 月,时任政务院财政经济委员会副主任、重工业部部长、国家计划委员会副主任李富春,带领部分苏联专家、中国专家以及有关部委负责人来到兰州,就兰州的城市建设、工业布局、发展规模进行实地考察。通过对兰州市、皋兰郝家川初步选定的厂址实地勘察和分析研究,最终确定了在兰州西固、七里河和郝家川摆布三个工业区的格局。

## 第四节 "一五"计划的实施

### 一、国家重点项目的建设

要保证重点项目的建设顺利实施,必须把建设的基本条件准备好、服务好、保障好,任务是十分艰巨的。因此,省委加强对重点项目建设工程的领导与部署。1953 年 5 月,省委常委扩大会议明确提出领导重心要转移到经济建设上,并通过《甘肃省委 1953 年 5 月至 12 月份工作计划》。省委、省政府将保障和服务重点项目建设工程作为全省经济建设的中心工作,及时研究、指导、部署和解决建设中出现的各种问题,采取有效措施,调动全省的财力、物力、人力,全力投入到重点项目建设工程当中。

为适应大规模经济建设需要,省委决定建立省、市工业机构,加强兰州市领导力量,同时对西固、安宁、七里河三个工业区的领导班子进行统一调整和配备。9 月,按照中央《关于建立与充实各级计划机构的决定》的要求,省委决定成立省计划委员会(简称省计委),负责全省国民经济的综合、平衡、协调工作,随之各专区、县的计划机构相继成立。10 月,郝家川建设委员会、兰州市委工业部、兰州市委基本建设部、兰州市公用事业管理局等机构相继成立。

加大人才培训力度。省委、省政府作出决定，抽调 120 人分三批到工业比较集中的东北、华北、华东参观学习；派人去省外企业实习，取得经验，特别是管理企业的经验，有计划地给本省现有工厂派遣技术人员。同时，省委加强对技术学校的领导，扩大原有技术学校规模，成立新的技工学院。省委还要求所有新老干部都要认真钻研工业建设的业务，从外行变为内行，以适应新情况、新任务的要求。1954 年 4 月，省委发布《关于贯彻〈中央关于统一调配干部，团结、改造原有技术人员及大量培养、训练干部的决定〉的指示》，提出必须认真做好厂矿及其他经济建设单位干部的调配与培养工作；必须大量培养、训练新的技术工人和技术干部；加强对现有技术人员的团结、教育和改造工作；必须加强党的各个方面干部的大力培养选拔工作，遵循党的“德才兼备”的标准，放手选拔新生骨干力量，以建立雄厚的干部后备队伍。

加强对现代工业建设的领导。在新厂的筹备和建设过程中，省委领导既认真听取各新建厂的汇报，定期讨论、研究新建厂矿的工作，解决新建厂投资、建设方面遇到的困难和难题，派遣干部深入施工现场，检查重点工程项目执行情况，并给予指导意见。1953 年 5 月 30 日，省委发出《关于加强党对工业生产领导的意见（草案）》，强调党要把领导重点适当地转移到工业上来，办好现有厂矿，加强党对厂矿的具体领导，要重视厂矿建设工作中党的建设和思想政治工作。为此，从省级机关和专区机关抽调大批干部充实到工业生产部门中，要求各部委要和各厂矿建立联系制度，以熟悉厂矿，搞好工业生产。1953 年下半年，省委多次听取白银厂六四一队的工作汇报，对六四一队提前完成矿山爆破任务提出表扬。1956 年，省委多次召开国营筹建单位工作座谈会、建筑安装汇报会等，对建设中存在的问题及时给予解决。兰州工程总公司第三工程处存在职工生活问题、施工管理问题和一些单位执行苏联专家意见不认真等问题，省委及时给予解决和纠正，对一些解决不了的问题及时上报中央。1954 年 4 月 10 日，省委《关于国营厂矿筹建单位中存在问题的报告》，将甘肃几家新建厂矿筹建中存在的问题如实反映，在呈送中央时，提出了解决的意见和建议，得到中央的批准。由于上下沟通，相互协作配合，重点项目的建设顺利实施，计划迅速推进。

在党中央和省委正确领导下，为改变甘肃落后面貌，全省人民团结一致、积极行动，只要涉及重点项目建设工程的事都全力以赴帮助解决。比如，建设新厂需要征收土地，而所征地大都是在居民比较集中的河谷川地，存在着居民居住场所用地、耕种用地与大规模建厂用地之间的突出矛盾。兰州市西固区和七里河区需要迁移的居民有 3 万多人，全部就地安置有困难，部分不得不外迁，被征地的广大农民顾全大局，拆房屋、迁祖坟、砍果树，移居他乡。在两年多的时间里，西固区征用土地 21026.85 亩，占原有耕地的 21.38%，安置移民 1732 户、9931 人，其中外地安置 454 户、2909 人。在工业建设中，当兰州市化工厂劳动力出现紧张时，省长邓宝珊等省、市领导先后率军民 5 万余人到工地义务劳动，挖运土方 6 万多立方米。兰州热电厂因缺乏运力将要影响工期时，兰州市运输公司派出大批汽车和架子车，西固区各农业合作社抽出大量马车和人力帮助搬运材料，保证建设工程如期完成。在永登水泥厂建设中，为满足永登水泥厂职工生活需要，永登县政府在中堡陆续设立百货公司、粮站、银行、邮局；当地驻军派电影放映队慰问职工，在运力紧张时还专门派出汽车帮助运输。省、市党政领导也经常带领慰问团深入一线工地慰问建设大军。五年中，全省各族人民支援建设的劳动力达 30 余万人次。另外，为使援助甘肃的外来企业人员能安心工作，并留得住、用得上，省委、省政府专门拨款 375 万多元，用于解决迁甘厂矿企业人员的旅途费、安家费等，对援甘职工的工资方面也予以照顾。

为克服甘肃工业建设初期的各种困难，确保落户甘肃重点项目工程的建设顺利进行，国家利用计划经济的手段，集中调控，在资金、人力、技术、物资等方面全力给予扶持，采取各种有效措施，援助甘肃。

第一个五年计划期间，国家力保重点，对重点项目工程和铁路建设的投资达 23.27 亿元，占全省基本建设投资的 95.56%。铁路建设方面，开工修建兰新、包兰铁路。兰新铁路由兰州至乌鲁木齐市，东接陇海线、西连北疆线，是我国贯穿东西的一条交通大动脉，也是一条重要国际干线，是亚欧大陆桥的重要组成部分。兰新铁路全长 1903.8 公里，其中在甘肃境内长 1150.3 公里。1952 年 10 月 1 日，兰新铁路在兰州举行开工仪式。1956 年 6 月 25 日铺轨到玉门油田，7 月 1 日，玉门的原油通过铁路源源不断地运往省内外支援国家建设。包兰铁路，起自内蒙古自治区包头市，进入兰州后与陇海线接轨，全长 989.78 公里，是沟通东北、华北与西北地区的主要干线。1954 年 11 月 8 日正式开工修建，1958 年全线通车。

在人力支援方面，党中央、国务院实施“调配技术力量支援兰州城市建设和工业建设”的方针，发出“建设西北保卫国家”的号召。1954 年 9 月，国家建筑工程部决定在全国抽调大批专业建筑队伍支援甘肃建设。1955 年 2 月起，曾经转战大西北的中国人民解放军建筑工程第 3 师等建筑单位奉调来兰，组成兰州工程总公司，承担新厂建筑施工。随着工程的展开，9 月 3 日，建筑工程部党组决定抽调长期在哈尔滨担负锅炉厂、仪表厂及扩建飞机工厂和高层民用建筑等任务的一公司 7000 名工人和 3000 名干部支援兰州。1956 年 2 月，兰州工程总公司和东北一公司合并，正式成立建筑工程部兰州工程总公司，共有职工 2 万余人。国家化工部在 1956 年至 1957 年间，先后从吉林省抽调吉林第八机械安装公司 70% 的力量到兰州，组成兰州第一机械安装公司，负责兰州氮肥厂和兰州橡胶厂的设备安装。国家石油部从玉门、大连、上海等炼油厂集中数百名专业技术干部和技术工人，组成石油部第二建筑安装公司，承担炼油厂的设备安装。兰州自来水厂建设中，上海自来水公司抽调技术骨干 108 人，还从广州、北京、天津、沈阳、大连及四川、湖北等省市调来支援各新建厂开工的一大批技术工人。永登水泥厂建设过程中，全国几乎所有的水泥厂都支援了技术人员、技术工人和管理人员。同时，国家还从老工业基地和沿海较发达地区的企事业单位中抽调干部，高、中级专业技术人员，部队转业干部等组成各新建厂强有力的领导班子，负责新厂建设。大批专业技术人员、工人、青年学生从祖国的四面八方来到甘肃参加建设，而当时建设者们住的大都是临时搭起的工棚、农村的土房和窑洞，吃的是土豆、青稞等杂粮，喝的是黄河水。施工条件差，机械化程度低，许多作业要靠人拉肩扛，劳动强度很大。然而，数十万劳动大军以建设现代化企业为荣，万众一心，群策群力，使工程进展突飞猛进，许多工厂提前建成投产，为甘肃工业建设作出了积极的贡献。

国家对甘肃商业、轻工业、服务业的发展也给予大力支持与扶助。大规模建设工程相继动工和外来人口急剧增加后，甘肃落后的城市和商业、轻工业、服务业无法满足现实需要，党中央、国务院决定上海等大城市支援甘肃。由此，上海地区的大批企业先后迁至甘肃，其中有历史悠久、享有盛誉的信大祥绸布庄、王荣康西服店、泰昌百货店、意姆登洗染店、登记理发店、上海照相馆、悦宾楼京菜馆、佛慈制药厂、上海搪瓷厂、热水瓶厂、胶鞋厂、美高皮鞋厂等。上海方面还动员私营工商业者捐资200万元组建一批公私合营企业，包括建兰饭店、大众市场、大众浴场、永昌路百货商店、和平饭店、定西路百货商店、浴池等，还建立兰州市商业学校。1955年到1956年，上海支援甘肃的商业、服务业企业人员达11328人。商业企业迁兰填补了甘肃商业、服务业的空白，初步解决了人们在兰州住宿、理发、洗澡、购物等方面的困难。这些行业落户甘肃，在经营理念和服务方式等方面发挥了引导作用，有力推动了甘肃服务业自身的发展。

在物资供应方面，根据重点项目建设工程的需要，国家从全国各地调运大批钢材、水泥、木材、大口径铸铁管等重要物资和施工机械。刚刚建成的天兰铁路，承担起为甘肃重点项目建设工程运输物资和设备的繁重任务。全国上百家企业为甘肃重点项目工程赶制配件、辅助材料等，为甘肃的起步发展作出了特殊贡献。

甘肃重点项目建设工程，得到苏联政府的真诚援助。按中苏协议，新建项目的设备近70%由苏方提供，但在实际建设中，苏联政府不仅提供项目所需的成套设备，而且提供大量资金并派来200多人的专家队伍帮助建设。1953年，在工业建设筹建初期，苏联开始帮助选择厂址，搜集设计资料，修改建厂规划。1954年又有大批苏联专家相继来到甘肃，仅支援白银厂建设的苏联专家就有50余名。他们在地质勘察、选址测量、资料搜集、设计建厂、指导建筑安装、开工运转以及提供新产品技术等方面给予全面、系统指导。特别在技术方面解决了许多难题，不但加快了工期，而且大大节约了资金。除重点工程外，苏联专家还在甘肃的地质勘探，玉门油矿改扩建，兰新铁路、包兰铁路、宝成铁路和兰青铁路四条新建铁路干线设计等方面，都做了许多有益的工作。

1954 年 9 月,国家部署在甘肃的重点项目工程全部开工建设或进入筹建阶段。国家投资重点项目建设,对改变甘肃一穷二白的落后面貌,对城市的发展和人民群众的生产生活都产生了深远影响。

第一,构建起现代工业的基本框架,奠定了甘肃工业的基础,积累了成功经验。“一五”时期重点项目的建设,大大改变了甘肃的落后状况。国家重点投资、布局的这些建设工程,使甘肃现代工业迅速崛起,改变了先前没有化学工业、炼油工业、重型机械制造业、电力、建材、有色金属冶炼以及国防工业方面的航空、航天、核工业的状况。重点项目开工建设以及为配合重点项目建设工程进行的改建、扩建企业的基本形成,地方工业的兴起,新修铁路的通车,使得甘肃工业生产总值迅速增长,到 1956 年底,达 5.08 亿元,比 1952 年增长 2.94 倍。各主要生产部门都超额完成“一五”计划制订的目标。这些以能源、原材料为主的重工业,改变了甘肃以农业为主的传统经济结构,构建起现代工业的基本框架,奠定了甘肃工业的基础,并为以后工业的建设发展积累了宝贵经验。此后,甘肃重工业基地的地位逐步确立,使得我国东西部工业布局极不平衡的状况得到改善,区域经济差距开始缩小。

第二,装备了国民经济重要部门,填补了中国工业领域的部分空白。新建的兰州自来水厂,当时属于国内设备最新、规模最大的水厂,有“亚洲第一”之称;中国现代炼油工业更是以兰州炼油厂为起始,并为以后国家新建炼油厂积累了宝贵经验;兰州合成橡胶厂则成为新中国合成橡胶技术的第一个基地,丁腈橡胶等一系列产品是国防工业生产中不可或缺的原材料;兰州石油化工机器厂是新中国最大的石油钻采、炼油化工设备制造企业,在二十世纪五六十年代即创造了中国工业的众多第一,如生产中国第一台深井石油钻机、第一台万吨维尼纶设备的大型第六精馏塔、第一台年产 11 万吨的不锈钢衬里尿素合成塔、第一台 1500 大气压高压釜等,填补了中国工业领域的空白;白银有色金属公司是新中国成立后建设的第一个大型有色金属联合企业,它的铜、硫产量在 20 世纪 70 年代为全国产量的 25% 和 40%。在国防工业方面,四〇四厂的建成,使中国核工业生产形成完整的体系;五〇四厂是新中国第一座铀同位素分离工厂,中国首次核试验及以后的“两弹一艇二站”(即原子弹、氢弹、核潜艇动力装置、秦山核电站、大亚湾核电站）制造生产、科研使用的核燃料都是由五〇四厂提供的。所有这些，形成了中国社会主义工业化、国防现代化大格局中不可或缺的重要组成部分。

第三，推动了甘肃城市建设，使兰州、白银等成为新兴的工业城市。“一五”期间，国家将兰州市列为全国重点建设城市，是全国8个新建工业城市之一。在省委、省政府领导下，按中央要求编制的兰州市1954年至1974年城市总体规划，1954年12月被国家建设委员会审查通过。建设期间，城市公用事业的投资不断加大，五年中，全省城市公用事业的投资为8119.89万元，兰州市就占98.21%。由于得到重点投资和全国各地的支援，兰州市在市政建设、交通运输、文教卫生、公共福利事业等方面都有了长足发展。特别是重点建设的西固、七里河等新工业区的给排水、道路、公共交通和防洪工程等都顺利完成。为满足厂矿企业生产职工和建设工地建筑职工的需要，1956年，兰州市商业局在工业区和新建区规划建立100多个商业网点，涉及百货、饮食、食品、蔬菜、煤建、纺织、福利等行业。这些商业网点的建立，不仅促进了兰州市城市建设，也为全省的商业、服务业、轻工业的发展起到示范推动作用。

白银市是典型的工业建设新兴城市，它的前身郝家川是隶属皋兰县一个仅有数户人家的荒凉小村庄。随着当地大型含铜黄铁矿的发现，国家在郝家川投资兴建白银厂有色金属公司、国营银光化学材料厂。1954年10月，省委批准成立郝家川建设委员会，办公地点设在郝家川西部的大坝滩，负责建市规划和基本建设。1955年4月，郝家川建设委员会向省委、省计委提出用白银厂为市名的建议，得到省委、省计委的批准，正式确定“白银市”的名称。1955年5月，省委讨论郝家川的城市规划并上报国务院审批，在国家建委指导下，经三次修改，于1957年6月得到国家建委批准，白银市被定性为新兴的小型重工业城市。

第四，培养了大批技术专家、技术工人和管理干部，为甘肃经济的可持续发展奠定了智力资源基础。“一五”时期苏联援建的重点企业，都是采用当时先进的工艺设计和新型的设备装备。为掌握新技术，国家从建厂开始就注意培养储备技术人才。在建设初期，国家选派技术干部、技术工人、留学生到苏联等国学习。例如，为建设兰州热电厂，早在1954

年 3 月,国家就从上海、西安和东北等地发电厂抽调厂长、总工程师、运行班长和技术工人 80 余名到苏联学习;兰州炼油厂选拔 135 名人员,分三批赴苏联学习;兰州橡胶厂、国营银光化学材料厂、白银有色金属公司等也先后派骨干去苏联培训。在新建项目施工中,广大工程技术人员在现场刻苦学习,技术水平不断提高。尤其是在重点工程建设中,省委积极争取外援,主动吸收先进技术,重视科学技术人才的培养。1956 年 7 月 25 日,省委在《关于加强对支援甘肃建设的外来职工、科技人员和学生的工作指示》中,除明确规定在生活、工作等方面对他们给予照顾外,强调要“关心他们的政治生活和政治前途,大胆选拔其中的优秀分子参加各级领导工作”。

## 二、地方工业的建设

1953 年 5 月,中共中央下发《关于发展地方工业的意见》,要求地方工业的建筑材料走在前面。19 日,省委召开常委会,讨论甘肃工业今后的工作任务,通过《关于发展甘肃地方工业的意见》,对甘肃地方工业服务国家重工业基地建设作出部署。《意见》指出:要对甘肃现有的工业企业进行分类整顿,加强管理,对有一定基础的企业进行改扩建;地方工业的主要任务就是为大规模基建服务,要发展建筑材料业,扩建和发展煤矿业,加强矿产勘探工作,建立中小型工业,发展农村服务和供应。按照省委的部署,兰州、张掖、酒泉等地陆续建起砖瓦厂、石料厂、耐火材料厂、木材加工厂和木器制造厂等,生产部分工业建设需要的生产资料。7 月 23 日,《人民日报》以《甘肃发展地方工业》为题的报道中指出:“甘肃二十多个地方的国营厂矿正在改建和扩建,其中包括电站、农具厂、建筑材料厂、榨油厂、乳制品厂、亚麻加工厂、铁工厂和煤矿等。”与此同时,还建成兰州郑家庄电厂和西固热电厂,架设郑家庄至河口的第一条 35 千伏高压输电线路,形成以兰州为中心的电力网;对玉门油矿进行较大规模的勘探开发及技术改造,相继找到石油沟、白杨河、鸭儿峡等油田,把一些低产油田改造为自喷高产井。

另外,全省各地还积极兴办轻工企业,陆续兴建和扩建兰州玻璃厂、日化厂、造纸厂、热水瓶厂、甘南乳品厂、天水火柴厂、徽县酒厂、安口陶瓷厂等,使全省轻工企业由1952年的14个增加到1957年的37个。对兰州毛纺厂也加大技改力度,使其生产能力大大提高,产值增加了一倍。

为保证石油东运和内地物资西运及一些重点物资的开发利用,"一五"期间,全省加大投资力度,大力发展交通运输业。首先是由国家投资,重点对甘新公路打柴沟至玉门段进行全面修整,加固和修整黄河铁桥,改善西(安)兰(州)、华(家岭)双(石铺)、甘(兰州)川(四川昭化)、甘(兰州)青(西宁)、兰(州)宝(鸡)、宝(鸡)平(凉)等公路干线,新修建武威至九条岭、永登至天祝、永登至窑街的运煤线路,修通河西堡至雅布赖的运盐线路和平庆地区的几条运粮线路,整修两(河口)郎(木寺)、兰(州)郎(木寺)等木材运输线路。其次,开始兴建连接各地、县的公路网。全省各级党政部门积极动员当地群众大修县、乡公路,至1957年,全省通车里程达1.13万公里,19个不通车的县通了汽车,实现县县通车,初步改变了交通不便的状况。为发展交通运输事业,"一五"期间,根据交通部的意见,在地方工业运输企业中开展"安全、四定、车吨月产两千吨公里"运动,开展以提高运效为中心的双班拖挂运输,实行运行作业计划等措施,大大促进运输企业运效。另外,还根据国家政策,在对1000多辆汽车进行编组编队管理的基础上,组织公私合营和合作社运输。统计显示,1957年一个车吨的运效比1952年提高48.4%的运力;1957年,全省民用汽车达8109辆,比1952年增加5808辆。与此同时,还加强对民间运输的管理和改造,到1957年,参加民间运输的胶轮大车、木轮大车、人力车、驼畜完成的货运量占全省公路货运量的80.65%,占总周转量的30.84%,缓解了"一五"时期运输紧张的局面。

## 三、农业的建设

甘肃农业生产条件比较差,河东地区水土流失严重,河西地区则饱受风沙灾害,总土地面积中沙漠、戈壁、石山裸地、沼泽水域等约占39.2%。省委、省政府清醒地认识到甘肃农业发展面临的严峻形势,在编制"一五"计划时,对全省农业的发展进行精心谋划。为实现计划目标,主要采取以下五项措施。

第一，兴修水利，扩大灌溉面积。1953 年，在省委和省政府“兴修水利，保持水土，改变甘肃干旱面貌”的总谋划下，各地开展合渠并坝、裁弯取直、卵石衬砌、新建桥闸、取消串地浇水等整修工程，使水浇地基础设施初步得到加强。民乐县重点开展渠道引水及干渠的治理，群众就地取材创造性地用卵石干砌、胡麻草塞缝、砂石筑岸的办法，修建宽浅式的引洪灌溉干渠，有效减少渠水的渗漏，受到省委、省政府的表彰奖励，该县整修渠道的经验在全省得到推广。1954 年 6 月，省委就甘肃干旱地区情况及如何解决的问题，向西北局作出报告，提出与旱灾斗争的几项措施，包括种草种树，限制开荒；兴建水库，土地铺沙；在洮河、黄河兴修护岸工程，装设抽水机。报告得到西北局的批准后，全省掀起种草种树和兴修水利工程的热潮。在兴修水利工程的过程中，广大干部群众自力更生，发扬艰苦奋斗的精神，因地制宜，就地取材，充分利用五水（雨水、雪水、河水、消冰水、地下水），变害为宝，兴修各种水利工程。12 月，高台大湖湾水库竣工，有效库容达 175 万立方米。

1956 年 3 月，省委贯彻落实《中共中央关于全民动员，大搞农田水利的决定》，号召各县放开手脚大力开展农田水利建设。当年开建的山丹祁家店水库是全省修建的第一座中型水库；玉门昌马河总干渠是当时全国重点水利基本建设项目之一；全省第一处规模较大、计划灌溉旱地 9 万亩的引水上塬工程——临夏县北源灌溉渠开工建设，并在引水上塬、提水灌溉等实践中，摸索创造出细水长流、长蓄短灌、远程引水、零蓄整灌等经验，充分显示出人民群众的聪明才智和改造自然的伟大力量。到 1956 年底，全省总灌溉面积达 1400 余万亩，平均每人约有 1.15 亩水地。

第二，开展水土保持，改变干旱面貌。从 1954 年开始，《甘肃日报》专门开辟“保持水土增加粮食产量”的专栏，及时推广武山县邓家堡水土保持、综合治理的经验，全省很快涌现出 1138 个“邓家堡”。1955 年，甘肃被确定为全国水土保持重点省份之后，省委于 9 月召开全省第三次干旱地区工作会议，总结和交流各地工作经验，制定《甘肃省干旱地区 15 年远景规划初步意见》，推动全省水土保持工作的全面开展。在集中治理阶段，仅河西走廊就有 40 多处较大的水利工程开工修建。广大农民在保源、固沟、护坡、防沙及土地合理利用的总要求下,积极采用兴修梯田、条田、沟坝地、培地埂、挖蓄沟和旱地铺压沙石以及护林、育林、造林、种草等方法进行水土保持。有的地区还把水土保持和农田基本建设结合起来,进行综合治理,创造出许多成功经验,保证了农业增产。

第三,改良农业技术,提高粮食产量。为推广农业先进生产技术以提高粮食产量,在建立省、地级农业试验场(站)的同时,各农业区普遍建立农业技术推广站、植物保护站,部分乡还设立农技站。这些组织成立后,开始引进良种,对粮食作物的种子进行选育、试验示范和推广;开始开展农作物的病虫害综合防治和新农药的使用;在耕作技术上,天水、武都的复种,临夏的梅花点种,天水的三角形窝种,平凉的间作套种,以及全省范围内改撒播为条播、合理密植等经验的推广,都对农业增产起到显著作用。

第四,推广与应用畜牧业生产新技术。进入第一个五年计划实施期后,为进一步提高农业生产力水平,增强运输,繁荣经济,全省加大对畜牧业的保护和发展,每年都对畜牧业的生产方针有针对性地进行调整。1953 年,省农林厅将种植苜蓿列为全省农业生产计划,并开始推广绵羊的人工授精技术,各地陆续建立人工授精技术推广站,促进养羊业的发展。肃南裕固族自治区 1950 年共有 6300 多只羊,到 1954 年春,羊只达 13600 多只。牧民出售肉品及大批羊毛、羊皮支援工业建设。10 月,省畜牧兽医工作队成立后,全省各县陆续建立畜牧兽医站等初级科研组织,引进种畜与当地牲畜进行杂交改良,同时加强对牲畜的疫病防治。为贯彻西北局关于《大量发展耕畜是农业地区的紧迫任务》的指示,1954 年,《甘肃日报》不定期集中刊登牲畜饲养和疫病防治方面的典型材料和经验,并配发短评,以教育和引导各地群众保畜爱畜,号召群众修圈搭棚,改进圈棚和饲槽的卫生,储备冬季饲草,组织兽医利用中药开展防治牲畜疫病、选拔优良畜种等项工作。各县先后成立保畜委员会,动员防治力量给牲畜进行地方病如炭疽病的免疫注射。1956 年又陆续成立畜牧兽医工作站(所),建立起较为完善的兽医防治体系,集中对防疫员、配种员、饲养员开展培训。在农村普遍推行三改(改长草为短草,改烧草为烧煤,改低槽为高槽)、四勤(勤添草、勤垫圈、勤扫槽、勤起圈)、六净(槽净、料净、水净、草净、圈净、畜体净)的科学饲养方法和粗粮细作、碱化麦草、青贮饲料等饲养技术。

由于全面保护,普遍繁殖,这一时期的畜牧业发展较快。1956年,全省有大牲畜392.95万头,比1949年增加119.73万头,增长43.82%;有羊657.35万只,比1949年增加240.99万只,增长57.88%;有猪141.15万头,比1949年增加55.85万头,增长65.47%。大牲畜数量的增加,有效改善了畜力状况,进一步提高了农业的生产力水平。

第五,建立国有农场,示范、推广使用新的耕作技术、农业机械和先进生产经验。全省开始在推进农业社会主义改造的同时,建立国有马拉机农场,使用马拉农机具耕作,兼做实验示范和出租。1953年底,全省建立各级国有马拉机农场50个,比1952年增加18个。1954年5月,省农林厅将农场管理科并入国营机械化农场管理局,下设机务科统管国营拖拉机站和国营机械化农场的农机化工作。7月,全省第一个国营拖拉机站——焦家庄农业机器拖拉机站成立,第一次实现机械代耕,到1955年庆阳董志塬和临泽拖拉机站成立,全省的拖拉机保有量达到22个混合台。同年,国营黄羊河和张掖老寺庙机械化农场成立。1956年4月,在农业合作化大发展的同时,省委农村工作部提出《关于重点试办“三化”县的意见》,提出在临泽试办“机械化、电气化、文化化”,在庆阳试办“电器化、绿化化、文化化”。随后,在全省建立起省农具厂(后改名手扶拖拉机厂)、张掖农具厂、天水农具厂等几家专门从事农具制造的工厂,加快新农具的生产和供应。农具厂的建立及其生产的扩大,促进国有农场的进一步发展。到12月底,全省地方国有农场增加到115个,耕地面积扩大到61万亩。在地方国有农场中,农业系统的机械化农场增加到12个,耕地面积达19万亩。

在省委、省政府领导下,第一个五年计划的前4年中,全省农业生产迅速发展,粮食产量稳步上升,平均每年增加5.6亿斤粮食。1956年粮食总产量达380.06万吨,比1949年增长84.5%,为历史最高水平,保证了大规模基本建设对粮食的需要。

# 第七章

# 社会主义三大改造的完成

从1953年开始，按照党在过渡时期总路线的要求，省委对全省农业、手工业、资本主义工商业的社会主义改造进行总体部署与实施。在这场深刻的社会变革中，省委认真贯彻执行党中央关于社会主义三大改造的基本原则、工作方法和具体步骤，从实际出发，制定和实施一系列具体政策措施，使三大改造得以顺利进行。1956年，社会主义改造全面完成，以公有制为基础的社会主义经济制度确立。以公有制为基础的社会主义经济制度的建立，是甘肃历史上最伟大的社会变革，具有重大意义。

## 第一节 个体农业、牧业的社会主义改造

### 一、大办互助组与建立初级农业合作社

省委在领导大力发展互助组的同时，开始大胆探索农业合作社发展的路子。1951年9月，中共中央发布《关于农业生产互助合作的决议（草案）》，省委和武威地委立即选派干部在永昌县焦家庄蹲点实验，试办以土地入股经营为主要特点的初级农业合作社。1952年2月，全省第一个初级农业合作社——焦家庄初级农业合作社试办成功。6月底，全省土地改革基本完成。同时，在焦家庄合作社的带动下，到年底，全省试

办初级社 18 个。初级农业合作社的建立,为土地改革全面完成后,农业互助合作运动的发展作出了榜样。

1953 年 2 月 15 日,中央发出通知,取消《关于农业生产互助合作的决议(草案)》中的“草案”二字,决议正式执行。决议要求在条件比较成熟的地区,有领导、有重点地发展初级农业生产合作社。全省的互助合作运动由此进入大办互助组、试办初级社阶段。

1953 年 1 月下旬召开的全省农业生产工作会议上,省委常委、省政府副主席霍维德作题为《为巩固和提高农村互助合作组织,争取今年农业生产的伟大胜利而努力》的报告,提出把整顿、巩固、提高现有互助合作组织作为 1953 年农业工作的首要任务。为加强对农村工作的领导,3 月,省委成立了农村工作部,以负责执行省委农村各项工作的方针政策,组织与领导广大农民的互助合作运动。按照自愿互利的原则,采取先宣传政策,后查找问题,然后进行耐心细致的教育方法,解决互助组内存在的各种问题,同时对组织进行整顿。主要做法是:研究制定简单易行的记工算账办法和民主管理制度,制订切实可行的丰产计划,以保证提高生产,增加组员的收入;随时随地研究总结群众的经验,集中群众的意见,避免急躁冒进、强迫命令等错误的发生;培养骨干力量,积极引导典型示范,逐步推广。与此同时,从实际出发总结生产成绩,采取算细账的办法,通过互助合作组织与单干对比的实例,进行两条道路的前途教育。对全省的 23 万多个互助组,从组织上、制度上、思想上进行检查和整顿,帮助解决存在的问题,改进和健全制度。

经过上半年大力整顿后,全省互助组减少 6 万个,其中常年互助组占 10% 左右,组织起来的农户也由总农户的 52% 下降到 45%。尽管数量减少了,但群众对互助合作的认识大大提高,合作组织中生产环节和各种制度中存在的问题得到解决。更为重要的是,通过对比发现,生产合作社比互助组粮食产量高,互助组又比单干户产量高。农户组织起来,在生产生活中解决了许多单干户想干而干不了的事,如平田整地、深耕多锄、选种密植、治理沙害、防旱抗旱等。部分整顿后的互助合作组织进一步改进制度,主动添置农具,一些互助组积极向初级农业社迈步,全省初级农业合作社从 8 个增加到 32 个,参加农户达 700 余户。

9月，过渡时期的总路线发布后，中共中央提出适时将农村的互助合作运动引向深入的要求，并召开第三次农业互助合作会议进行部署。为贯彻中央精神，11月19日至26日，根据省委决定，召开全省首届农业生产互助合作会议，听取西北局财经委员会副主任蔡子伟作《关于中央三次互助合作会议的传达报告》、省委书记张德生作《关于过渡时期总路线的报告》、省政府副主席霍维德作《关于农业生产互助合作的报告》。总结了全省互助合作运动的经验，制订了今后稳步发展的工作计划。要求今冬明春每县至少要办一两个合作社，1954年全省组织起来的农户要达到总农户的55%左右，其中常年互助组应达到15%—20%。会后，全省各级党委普遍召开互助组代表会议进行传达学习，各级参会人员达13000余人次。

12月，中共中央《关于发展农业生产合作社的决议》要求，各地把农村工作的重点更多地转向兴办初级农业生产合作社。1954年3月26日，西北局向各级党委发出《关于春季生产和互助合作工作的指示》，要求各级党委和农村支部从春耕开始，一切工作要围绕增加产量去进行。会后，全省贯彻落实中央决议和西北局指示精神，在农村掀起建社高潮。为使建社工作健康发展，省委以主要精力研究和指导全省农业合作化运动。4月5日，省委转发农村工作部《关于互助组的一些情况和意见》，要求各地必须切实加强对农业互助组的领导，注意解决互助组中的自愿互利问题，总结经验，以促进互助合作运动的正常发展。6月28日，省委发出《成立地县党委生产合作部的通知》，确定生产合作部的责任是协助党委负责农业生产战线的日常指导工作；中心工作则是掌握生产、供销、信用和手工业合作的政策方针，组织和领导广大农民的互助合作运动，以逐步完成对农业和手工业的社会主义改造。针对个别地方出现土地买卖的现象，7月10日，省委下发《关于目前处理农村土地买卖问题的意见》，要求各级党委和全体农村干部纠正和杜绝这类现象的发生，要加强对农民的宣传教育，坚持走互助合作的道路，发展生产，共同富裕。9月，省委抽调257名干部组成工作团，分赴庆阳、平凉、定西、天水、武都、酒泉、武威、临夏、西海固9个地区和皋兰县，按照中共甘肃省第一次代表大会决议的相关要求，帮助开展以互助合作为中心的农业生产运动。10月，省委针对干部尤其是乡村干部比较普遍存在的不能正确理解和贯彻党的政策、以建社为由放松对互助组的领导、盲目急躁和强迫命令、胡凑数字以及不开展农村建党工作等引发的一系列问题，先后发出《为进一步开展农业生产互助合作运动加强农村党支部工作的指示》《关于农村冬季生产工作的指示》《关于迅速彻底转变党的领导中心的指示》和《关于训练互助合作干部给各地的指示》等，要求各级党委大力发展互助组，改进党的领导方法；党的领导重心坚决迅速地向互助合作工作转移，真正把党的主要力量用于领导以发展农村各项互助合作为中心的农业增产运动方面来。同月，全国第四次农业互助合作会议提出1957年以前应集中力量来发展半社会主义的农业生产合作社的指示精神，要求1955年春农业合作社发展到60万个，1957年组织50%以上的农户加入合作社。为贯彻落实此次会议精神，省委于11月16日至27日召开全省第二次互助合作会议，在总结全省1953年11月以来互助合作工作的基础上，提出1955年10月底，全省新建初级社6000个，加上原有的，使入社农户占全省总农户的60%左右；互助组发展到27万个，其中常年互助组应占20%左右；参加农业社和互助组的农户占总农户的68%左右。到1957年，全省40%左右的农户要参加初级社，加入互助组的农户要达到总农户的80%。12月初，省委第二次全体会议再次强调互助合作会议的目标和要求。

在省委领导下，全省各地根据不同地区的具体情况，按照训练干部、选择建社对象、进行宣传教育、组织建社筹委会与议定土地、劳力和耕畜、农具的分成比例与报酬以及选举管理委员会、制订生产计划等步骤，陆续开展建立农业生产合作社的工作。为指导全省各地农业生产计划的制订工作，省委农村工作部将《皋兰县委关于大力全面开展以互助合作为中心的农业增产运动计划》作为样本向全省印发，在批语中，特别指出制订计划的重要意义和计划主要包括的基本内容。由于省委高度重视，1954年全省各地初级农业生产合作社发展迅速。到年底，全省互助组发展到252695个，初级社由32个增加到857个，增长近27倍，入社和入组农户达总农户的59%以上，各地农业合作社和互助组也都有不同程度的增产，社员收入普遍超过单干农民。据51个县的统计，农业合作社小麦平均亩产超过单干农民的27%,超过互助组的15%,充分显示出互助合作组和农业合作社的优越性。

按照全省第二次互助合作会议制定的目标,1955年的农业合作化,是在纠正1954年问题的基础上开局的。1955年1月6日,省委将全省第二次互助合作会议的总结报告《甘肃省一九五四年互助合作运动总结和一九五五年工作任务》批转各地执行。为推动互助合作运动更加健康发展,2月3日,省委以《通报》的形式将农村工作部整理的关于1954年互助合作运动中存在的8大类18个问题印发各地党委。这些问题是依据下乡干部的汇报和150份各地的报告材料整理出来的,包括农业合作化、供销合作、信用合作、粮食统购统销、干部工作作风、农村党支部工作和富农破坏、地主反水等涉及基层政权稳固的方方面面。省委认为这些问题是严重的,某些问题已经在政治上造成很坏的影响。要求各级党委、政府和合作社、粮食、银行等各业务部门以此为鉴,切实对照检查各自工作中存在的问题,认真加以处理,对突出问题和带有破坏性质的问题,要逐一深入彻底解决并报省委,以挽回党的信誉,教育提高干部。

1月至3月,中共中央先后发出《关于整顿和巩固农业生产合作社的通知》《关于大力保护耕畜的紧急指示》《关于迅速布置粮食购销工作,安定农民生产情绪的紧急指示》等文件,决定农村合作化运动转入控制发展、着重巩固的阶段,对粮食购销实行“三定”政策。省委根据中央指示精神,于2月10日发出《关于整顿、巩固农业生产合作社的指示》,要求全省互助合作运动要坚决转入控制发展、着重巩固阶段。3月7日,中央农村工作部向甘肃省委建议,要求今冬明春农业生产合作社的发展应控制在1万个以内,到1957年达到2万至3万个,入社农户占总农户的25%—30%,到完全实现时,应控制在5万个以内(哪一年可以实现合作化由省委规定)。按照建议精神,23日,省委决定:全省在10月底前,原则上停止发展农业生产合作社,集中力量做好现有农业生产合作社巩固工作。4月5日,省委批转农村工作部《关于巩固现有社的几点意见》,决定压缩原订计划,将1956年秋收前发展1.5万个社的目标压缩为1万个,1957年秋收前入社40%的目标降到30%。为做好整社工作,省、地、县抽调1000多名干部组成联合整社工作组,深入各地农村进行检查指导。

全省各级党政组织在整顿、巩固和发展互助组和初级社的同时，以发展生产、增加农民收入为首要目的，依据当地情况，积极发展多种经济，推行包工制度，健全劳动组织。按计划生产，在有利于农业生产的前提下，经营副业生产。处理个人利益与集体利益和社员之间的互利关系，做好收益分配工作。积极培养农业社会计人员，健全农业社财务制度。利用冬学和民校相结合，认真进行思想教育和舆论宣传，引导农业社健康发展。通过这些措施，绝大多数社都得以巩固。加上粮食市场建立的原因，粮食紧张情况得到缓解，中农与贫农之间矛盾有所缓和，农民生产积极性开始恢复，干部政策水平得到提高。5 月 26 日至 6 月 17 日召开的中共甘肃省第三次代表会议《关于农业互助合作和增加生产的报告》认为，全省提前并超额完成了 1955 年建设计划。会议决定全力整顿巩固现有社，加强对社员的思想教育和增加生产的教育，解决现存的一些不利于团结和增产的因素以保证所有的社都要增产。

## 二、批判“甘肃落后论”，掀起合作化高潮

1955 年 7 月底，中共中央在北京召开省、市、自治区党委书记会议，毛泽东主席作《关于农业合作化问题》报告，集中论述加快农业合作化的紧迫性，着重批评农业合作化的“右倾保守思想”，批评某些同志像“小脚女人”走路，有数不清的清规和戒律。报告指出，全国农村中，新的社会主义群众运动高潮即将到来，“我们应当积极地热情地有计划地去领导这个运动，而不是用各种办法去拉它向后退。”[①] 这个报告，经修订后印发到全国各级党组织，包括农村党支部。

8 月 12 日至 15 日，省委召开一届四次全委扩大会议，传达《关于农业合作化问题》的报告，分析研究全省农业互助合作发展状况，讨论确定全省开展农业合作化运动的全面规划。在会上，省委主要领导带头查找全省农业合作化运动中的“右倾保守思想”，认为在全省的农业

① 毛泽东：《关于农业合作化问题》（1955 年 7 月 31 日），中共中央文献研究室编：《建国以来毛泽东文稿》第 5 册，中央文献出版社 1991 年版，第 234 页。

合作化运动中，过分强调甘肃经济文化的落后、地域辽阔和民族关系复杂等因素，忽视了各级党委领导重心转移后的积极有利因素。会议提出“全面规划，加强领导”的方针，修订全省农业计划，决定掀起合作化高潮。会议要求1956年春播前，全省新建11101个社，使入社农户占总户数的23%左右，1957年冬季前入社农户要达到45%以上。另外计划在盐池（今属宁夏）试办几个畜牧合作社或以畜牧为主的农牧结合的合作社；在武都与天水的部分山林区试办几个林业合作社或以林业为主的农林结合合作社。同时，把公共积累较多、干部素质较强、党的基础工作较好的永昌县焦家庄合作社和平罗县（今属宁夏）前进合作社试办为高级社，从中摸索办牧业社、林业社和高级社的各种经验。会后，省委下发《关于发展农业生产合作社的规划》，认为省委在领导合作化运动上思想落后、迟钝和摇摆不定。在分析原因的基础上，省委修订了发展计划，确定了1956年春播前全省新建11101个新社，加上原有的要达到18252个社，入社农户站总农户23%，1957年冬季前社数发展到35000个，入社农户达45%以上。为实现上述目标，《意见》提出十四项措施要求：两三年内把老贫农、新中农中间的下中农、中中农，老中农中间的下中农这四部分人中的积极分子分批组织起来；社务委员会要以老贫农中的觉悟分子为主；合作社必须继续保持比当地互助组与单干户增产；坚决贯彻自愿互利原则；合作社每年应整顿三次；大力解决会计问题；每十个社配备一名办社专职干部；要积极发展常年互助组与互助组联组；继续办民族联社；注意办好常年民校和发展农村文化娱乐；调整组织机构，通过合区并乡、缩小专属编制①、县级领导配备一线、省级整编等措施抽调一批干部办社；结合整社建设抓紧整党建党；落后乡也要建社。此外，还对涉及老区已经改造过的地主、富农入社，土地牲畜入社等八个具体问题作出进一步规定。《意见》在下发各地工委、兰州市委和皋兰县委执行的同

---

① 1955年9月29日，省委作出《关于调整专区区划与合并专区结构的决定》，将庆阳、平凉合并为平凉专区，领导机关设平凉；酒泉、武威合并为张掖专区，领导机关暂时在酒泉，后移设在张掖县城关；将永登、景泰、通渭、陇西及省直属皋兰县划归定西专区；成县、礼县、西和三县划归天水专区；某些地区可以按照不同情况采取合区并乡，或取消区加大乡，或取消部分区，适当合并乡等。合并调整工作10月开始，年内基本完成。10月10日，《决定》得到国务院批准。

时上报中央。

省委上报的《规划意见》得到中共中央的高度评价，认为“甘肃的方针是正确的”，并于9月9日批转上海局和各省市委、自治区党委“可以根据自己的情况酌量采用”。①受此鼓舞，全省92个农业县先后在县、区、乡三级干部会议上传达学习毛泽东《关于农业生产合作化问题的指示》以及省委有关指示精神。10月2日，省委制定《全省农业合作化全面规划》，依据各地不同的经济特点、合作化基础、干部条件、民族关系等因素，将全省分为三类不同地区，分别规定出合作化发展速度。酒泉、武威、银川专区以及兰州市郊、皋兰县、岘口乡为一类地区，共308.2万人口，要求于1957年春耕前基本达到合作化。天水、定西、庆阳、平凉专区及吴忠自治州（今属宁夏）为第二类地区，共564万人口，要求于1958年春耕前基本达到合作化。临夏、西海固（今属宁夏）和武都为第三类地区，共289.8万人口，要求于1958年底基本达到合作化。并用通知形式将各地州市的规划指标发布全省执行，要求各地党委结合当地具体条件，制定出本区农业合作化规划。同月，中共七届六中全会（扩大）讨论通过《关于农业合作化问题的决议》，根据不同省市区条件，规定了合作化运动的发展速度。

1955年10月25日至30日，省委举行一届五次全委（扩大）会议。会上，省委第一书记张仲良传达中央七届六中全会精神，代表省委常委会对领导全省农业合作化运动作检讨，认为“解放后几年来甘肃的发展变化是很大的……看不见这些变化，不充分利用这些新的条件，积极努力改变甘肃的面貌，老是拿地区特点作为自己的‘宁缓勿急’，‘稳步不前’的掩护和借口，这是绝对错误的”。这是第一次明确提出“甘肃落后论”的观点。会议期间，有68人在围绕农业合作化速度问题的发言中，将一些如实反映甘肃实际情况和问题，主张慎重稳进的干部视为“甘肃落后论”者进行批判，并提出反对“甘肃落后论”。经过五天的讨论，会议决定在全省范围内，从上到下集中批判“甘肃落后论”的做法和思想。

① 中共中央：《中央转发甘肃省委关于农业合作化问题的报告》（1955年9月9日），中共中央文献研究室编：《建国以来毛泽东文稿》，中央文献出版社1990年版，第五册，第368—369页。

11月2日,《甘肃日报》刊发省委第五次全体会议公报,并将会议的决定上报中共中央。省委在给中央的报告中认为:“甘肃落后论”已经在甘肃党组织内变成一种公开合法的论调,这是在甘肃工作中出现右倾保守的主要理论根据,已经给甘肃的社会主义建设和社会主义改造事业带来了不利影响。

为促进合作化高潮的到来,11月14日,省委决定将永昌县焦家庄、皋兰县庄子坪、定西县仁化和平罗县前进、新民5个初级社转为高级农业生产合作社,在报请中央批准的同时,采取三项措施:首先,为缺会计的地区和少数民族地区训练会计人员。11月初,从兰州招收300多名初中和高小文化程度的社会青年,经过短期训练后分配到缺乏会计员的地方。其次,下派干部参与领导建社。将1万多名干部抽出后下派到农村,农业区的每个乡平均有7名左右干部,其中3名专管建社、建党整党、镇压反革命等工作。最后,下派工作组检查指导。省级机关抽调100名在职干部(部厅长级9名),组成9个工作组,分赴各地帮助并巡视检查工作。至15日,全省各县参加农业合作化的干部全部到达农村,全省范围内开始新的建社工作。23日,省人委召开的第六次全体扩大会议上《关于甘肃农业合作化问题的报告》指出:全省农业生产合作社已发展到7439个,占总农户的10.08%。《报告》认为,运动中存在的主要问题是消极的右倾保守思想。

30日,中共中央对省委批判“甘肃落后论”等右倾机会主义思想的报告和合作化进展情况的报告的批示认为:甘肃的“路线是正确的,只是合作化的发展计划小了一点”。“你们应当改变这个计划,将已经积极要求入社占总农户百分之四十的农户,就在今冬明春分两批吸收入社,连同已经入社的农户,共达百分之五十左右,这样你们就主动了,明年秋冬再来一个浪潮,就可以基本合作化了。”① 为贯彻落实中央指示精神,12月5日至6日,省委一届六次全委扩大会再次修改计划,决定1956年春耕前,全省入社农户达到总农户的80%左右,并试办一些高级社,基本上

① 《中央对甘肃省委关于批判“甘肃落后论”等右倾机会主义思想的报告和合作化进展情况的报告的批示》,1955年11月30日。

实现半社会主义农业合作化。

在中央肯定下，全省农业合作化高潮迅速掀起。到1955年底，全省初级合作社猛增到43155个，入社农户已占总农户的80.67%，高于全国60%的平均水平，全省基本上实现初级农业合作化。1956年1月14日，中央巡视组的报告指出："甘肃省的合作化发展速度很猛，从去年十一月以前七〇三一个社，发展到目前的四一六七八个社，入社农户由占总农户百分之一〇点八发展到百分之八四点三……其速度为各地所少有"。"虽然社的发展很多很猛，而运动的本身基本是健康的正常的。据天水、临夏专区和临洮县四〇六二个新建社的检查，好的占百分之五四点七，一般的占百分之三五点一，不好的占百分之一〇点二。"[①] 报告认为由于速度快，问题也不少，主要表现在四个方面：群众思想发动不够，强迫命令和变相威胁的做法还不少；生产资料处理不够合理与互利；办成的社中还遗留很多问题没有解决；忽视老社的整顿巩固工作。报告还建议1956年春不宜试办高级社，腾出力量整顿解决现有问题，试办工作主要放在下半年进行。

事实上，对于中央巡视组提出的问题和建议，省委还没有来得及研究解决，1月23日，中共中央政治局就制定下发了《一九五六年到一九六七年全国农业发展纲要（草案）》，提出条件成熟的初级社应当分期分批转为高级社；合作化基础较好且已经办了一批高级社的地区，在1957年要基本完成高级形式的合作化，其余地区要在1956年办一至几个户数在100户以上的大型高级社作榜样，到1958年要完成高级合作化。为贯彻中央精神，省委于1月30日至2月1日召开一届七次全委（扩大）会议，讨论《中共甘肃省委贯彻执行〈全国农业发展纲要〉（草案）的具体规划（初稿）》。会议提出，全省各地积极地试办好一批全社会主义性质的农业生产合作社（高级社），加入农户占总农户的10%左右。秋收后到明年春耕前，加入全社会主义性质生产合作社的农户达到总农户的70%以上，至1957年底要完成社会主义农业合作化。会后，仅

① 张邦英：《给谭震林及中央二办的情况汇报——有关天水、临夏、定西农业合作化》，1956年1月14日。

仅一个月，全省第一次区委书记会议的报告宣布：全省加入高级农业社的农户占总农户的 22.83%，大大超过省委 10% 的预期目标。

导致全省合作化进程超常规发展，过快推进的重要原因，一个是集中批判“甘肃落后论”，压制了正确思想的传导，无视对省情和客观规律的认识。1956 年 2 月至 3 月，省委主要领导先后在不同会议上对“甘肃落后论”的主要表现和开展批判的必要性发表讲话。2 月 27 日至 3 月 5 日，省委召开由地、县、区委书记共 1118 人参加的第一次区委书记会议，讨论制定《中共甘肃省委贯彻执行〈全国农业发展纲要〉（草案）的具体规划（初稿）》。会议认为，自一届五次全委（扩大）会议以来，由于认真批判“甘肃落后论”，解放了手脚，全省的工作有了很大的进步。这次会议后，省委宣传部向全省各级党委发出《关于开展批判“甘肃落后论”的错误观点报告活动的通知》，但在活动开展过程中，一直存在两种不同看法、不同观点的争论。

对于这次批判活动，从提出甘肃落后的观点到组织开展批判，全省上下尤其是省级干部中间的认识始终不一致。1956 年 5 月，在省级干部参加的高级组自修班第二期上开展的大讨论[①]和 6 月省委两次常委会的争论中，都显示出分歧的存在。6 月 15 日至 20 日，省委召开一届第八次全委（扩大）会议，在讨论省委报告时，有 7 人在发言中提到“甘肃落后论”，一种看法认为批判是有好处的，另一种看法认为批判的做法是不全面的，否认了客观实际，甘肃的落后是历史上就存在的，把它说成是资产阶级思想是不对的。对此，省委主要领导主张，今后不再继续批判，但可以作为一个问题独立思考。在随后召开的中共甘肃省第二次代表大会的工作报告认为，“甘肃落后论”作为我们党内的主要错误思想倾向来说，现在已经基本克服，但站在认识论和方法论的方面来看，则是一个长期的斗争。第一次集中批判“甘肃落后论”活动暂时停止。伴随着批判活动的开展，全省的农业合作化快速推进。

---

① 根据省委的通知要求，5 月下旬，省委在省委党校举办高级干部第二期自修班，研究讨论批判“甘肃落后论”的错误观点。会议原定三天，因为讨论的意见比较激烈又延长两天。讨论中形成三种意见：一种认为要继续批判“甘肃落后论”；一种认为已经纠正了，不要再继续批判了；一种认为根本就不应该提出“甘肃落后论”，只批判右倾保守就行了。

另一个重要原因是《中国农村的社会主义高潮》一书的促进。1956年1月,毛泽东主席主持选编的《中国农村的社会主义高潮》一书出版。在为该书所写的104条按语中,有两条是关于甘肃的。其中,刊登在1954年12月18日甘肃《工作资料》第140期省委农村工作部转发的《皋兰县委关于大力全面开展以互助合作为中心的农业增产运动计划》,收入《中国农村的社会主义高潮》一书时,毛泽东主席将题目改为《皋兰县的三年发展计划》,并加了按语。在按语中,在对计划进行评价后提出:"我们建议每个县都在国家和省(区)的计划所许可的范围以内,根据当地的实际情况,做出一个可行的全面的计划,送省(区)批准实行。甘肃省委农村工作部对于各县做计划这件事,认为可以先由县级将计划的轮廓发给区乡,制订本区本乡的计划,报告到县,然后由县综合起来,再行决定县的计划。我们认为这个意见是好的。"[①] 这本书的编发和对甘肃制订发展计划的肯定,使甘肃的干部备受鼓舞,加上国务院发布的《农业生产合作社示范章程草案》对合作化运动的规范,对加快全省农业合作化进程产生很大推进作用。

全省合作化工作,以乡规划为基础,采取五个步骤,由下而上制定合作化全面规划。第一,调查研究,摸清各乡的基本状况、农村阶级情况和各阶层农民的思想动态、互助组的基础和领导骨干情况。用阶级分析的方法看各阶级、各阶层对入社的态度。在这个基础上,从全局和长远角度出发,分类排队,初步制订出乡一级的农业合作化规划方案。第二,规划经支部委员会讨论通过后,再经支部大会讨论,然后将乡支部的规划方案在领导骨干中进行充分酝酿、讨论和修改。第三,规划方案在领导骨干中通过后,召开群众大会宣布初步规范方案,并召开各种座谈会征求群众意见。在这些会议上,进一步向群众进行宣传教育,内容包括党的阶级政策、自愿互利原则、建设的目的和条件、合作社的优越性,等等。第四,领导骨干、积极分子深入群众进行个别说服,以"一把钥匙开一把锁"的方法,解除群众中各种不同的思想顾虑,根据自愿原则互相联络、

---

① 毛泽东:《〈中国农村的社会主义高潮〉按语》(1955年12月),中共中央文献研究室编:《建国以来毛泽东文稿》第5册,中央文献出版社1991年版,第545页。

协商，搭起架子来，分别组成农业生产合作社或互助组。第五，组织互助合作网、会计互助组以及建立社、组联系制度，以老社带新社，帮助解决办社或生产中的一些具体问题，如社、组奋斗目标和实施计划，各项劳动制度和生产计划等。同时，以社带组，有计划、有对象地进行培养，积极为互助组创造建社条件，贯彻“全年办社”的方针。通过以上五个步骤，进一步摸清农村实际情况，在避免领导盲目性和群众自发性的同时，使农村基层党支部明确如何领导，老社明确如何向前发展，新社明确如何进行建立，互助组明确提高的具体方向，有效提高了支部和广大群众的积极性、主动性。中共甘肃省第二次代表大会的报告宣布：截至4月底，参加农业合作社的农户已占总农户的91.54%，其中加入高级社的占31.6%。

## 三、推广临夏经验，完成农业改造

1956年6月30日，全国人民代表大会第一届第三次会议通过并公布《高级农业生产合作社示范章程》，对高级社的管理制度和分配原则作出规定。《甘肃日报》全文刊登，省委及时部署学习宣传，对初级社向高级社健康发展进行规范和指导。7月1日，中共甘肃省第二次党代表大会《决议》要求：1956年内基本完成农业地区的高级合作化，并对转社过程中各社原有的公共财产、公积金、公益金、牲畜及林木等问题作出具体规定。此后，全省的农业合作化运动掀起由初级社向高级社转变的高潮。成立不久的初级社成批转为高级社，甚至一些单干户、互助组直接进入高级社。

尽管省党代会作出了要求，但在各地的转社工作中，强迫命令和变相威胁的做法、群众思想发动不够、生产资料的处理不够合理等问题仍然不断出现。为解决这些问题，11月10日，省人委发布《关于农业地区在转社工作中处理畜牧和林木问题的若干规定》；18日，省委又将临夏地委《关于试办高级社问题的报告》加注评语批转。省委认为，临夏地委对初级社转高级社的问题进行具体研究，提出较为详细的处理意见，这种做法较好；要求各地学习临夏经验，对转社问题加以研究。

临夏地委早在1月4日至15日，为确保办社的质量，防止干部的盲目行为，召开各县合作社干部和66个提出转为高级社要求的合作社党员干部、各社所在乡支部书记和党员驻社干部共231人参加的专门会议，对转社的条件、处理社员生产资料入社的具体意见、转社的工作步骤和工作方法等问题进行讨论，最后经过地委扩大会议进一步研究后形成转社的专门意见，并报告省委。临夏在《报告》中规定，凡由初级社转变为高级社的，必须满足五个条件：一是连年增产，其生产水平已接近或超过当地富裕中农的生产水平；二是转社后要有90%以上的社员都能够增加收入，老弱病残社员的工作和生活都有安排；三是社内公共积累较多，社员社会主义觉悟已经提高，并且真正自愿转社；四是社内已经有党的小组或分支（或即可成立党小组或分支），社的骨干也较强；五是民族联合社，各民族之间必须团结；单一民族的社也必须与外社其他民族关系正常，并已经有本民族的党员和社员。此外，《报告》还对初级社转高级社的社员的土地、耕畜、农具、羊只、林木、果园、副业设备以及并社中各社共有财产和原有社负债等这些比较复杂的问题也作出具体规定。

省委批转临夏地委的《报告》后，对各地解决转社中出现的问题起到一定的指导作用，推动了初级社转高级农业社工作的发展。1956年底，全省农业的社会主义改造取得决定性胜利。省统计局《关于甘肃省1956年度执行国民经济及国家计划执行结果的公报》显示：1956年，全省实现农业合作化，截至年底，共有合作社20573个，入社农户2118801户，占全省农户总数96.4%，其中高级社数达15733个，入社农户1917045户，占全省农户总数的87.2%，每一个高级社平均户数达122户。

## 四、少数民族农牧区的改造

少数民族地区的农牧业生产资料社会主义改造持续时间较长，省委在改造中坚持从牧区和半农半牧区的实际出发，坚持“慎重稳进”方针，保证了全省少数民族农牧区的社会主义改造的顺利进行。

少数民族聚居区农业区的社会主义改造，早在1952年土地改革完成后就开始了，在部分民族地区组织建立临时性、季节性和常年性的农业生产互助组。土地改革任务全面完成后，少数民族的农业区也实行粮食、棉花等的统购统销政策，开展互助合作运动。在运动中，贯彻自愿互利原则，由少数民族单独成立互助组或合作社，或组成民族联合组、联合社。拱北、道堂、清真寺的土地不入社，由农业生产合作社暂时租种。这些政策和一些具体措施的实施，使互助合作运动得到大部分民族、宗教界上层和群众的拥护。1953 年参加互助组或合作社的农户达到 40% 以上。1955 年，农业合作化高潮兴起后，对民族地区产生显著影响，到当年秋，全省已经有单一少数民族农业社 323 个，两个以上民族联合社 338 个。入社的全部农户达 8000 多户（其中回族 7000 多户，东乡族 846 户，保安族 20 户，撒拉族 29 户，土族、藏族各 1 户），约占农区少数民族农户总数的 4%。

为促进少数民族农业地区的互助合作运动，1955 年 6 月至 7 月，省民族事务委员会组织由 78 人组成的少数民族参观团，在兰州、西安、灵武等地的 603 厂、西安国棉三厂、玉门油矿等 7 个大型厂矿和西北农学院、西北民族学院、灵武国营农场、王莽村农业社、临潼华清池、天水梁家坪水土保持站等地参观学习，使参观团人员受到一次深刻的社会主义教育，看到了科学技术的重大作用和组织起来走合作化道路的好处，真切地感受到了党和国家对少数民族的关怀。10 月，省民委召开全省少数民族农业地区民族、宗教界人士座谈会，着重讨论农业合作化问题。会议采取摆事实、讲道理的方法，有理有节地分析批判部分民族、宗教界人士中存在的模糊思想，推动了少数民族农业地区的互助合作运动。到 1956 年 3 月，全省少数民族农业地区建立起单一少数民族高级农业社 67 个，联合社 303 个；单一少数民族初级社 1821 个，联合社 1932 个。入社农户达少数民族总农户的 80% 以上。宗教界也发生很大变化，全省回族阿訇家庭入社的约占阿訇家庭总数的 70%—80%，其中临夏地区入社的回族阿訇家庭有 1611 户，达 91%。农业合作化运动的发展，使少数民族农业地区的阶级关系和民族关系发生重大变化，社会主义基本制度已经在少数民族地区初步建立起来。

全省牧区的社会主义改造开始相对较晚，且政策更加温和。甘肃少数民族牧区主要分布在河西走廊和甘南藏族自治州。1954 年 11 月，省委召开全省第一次牧区工作会议，分析牧区政治、经济、社会状况，研究牧区的各项工作和畜牧业生产的互助合作问题。根据牧区实际情况，会议决定：在肃北、肃南、天祝，要进一步巩固团结，提高教育上层，深入开展群众工作，在少数民族机关工作中发展党、团员，稳步培养选拔民族干部，试办临时性、季节性的互助组织；在剿匪任务还没有完成、社会秩序还不稳定的甘南地区，要做好联系群众工作，建立基层政权；在阿克塞地区，要稳定群众情绪，领导发展牧业生产。在半农半牧区，要坚持牧业生产第一的方针，保护、培育草原，制止任意开荒；牧区的供销合作社，允许牧主参加，按股分红；要尽量照顾牧区宗教界的特点和可能接受的程度，争取其支持当地政府的中心工作，教育他们爱国守法；要大力培养少数民族干部，逐步培养牧民出身的干部；要把牧区建党建团的重点放在机关和学校中，吸收政治可靠、历史清楚、忠心为党的工作者入党，不把放弃宗教信仰作为入党条件；在基层劳动者中，要逐步发展党员和团员，同时也要积极吸收中上层人士的子弟入团。①

这次会议后，各牧区的社会主义改造工作和牧业生产更加卓有成效地开展起来。到 1955 年底，牧区牲畜已达 311 万头，比解放初约增长 80.2%。贫苦牧民减少，中等牧户（300—500 只羊以上）、富裕牧户（1000 只羊以上）增加。仅肃南县中等牧户增加 1 倍，富裕牧户增加 2.5 倍。1952 年，政府给接受安置的阿克塞牧户平均分配牛羊，以奠定牧民发展生产的基础，激发牧民养殖积极性。到 1954 年 4 月，累计发放 16000 多只羊，537 头牛。至 1955 年底，这些牧民中 8 户有羊达 1000 只，41 户有羊达 300—500 只，267 户有羊达 150—300 只。牧区的互助合作组也初步得到发展，肃北、额济纳、天祝、阿克塞 4 县已经有临时性、季节性的互助组 312 个，常年互助组 11 个。喇嘛教内的宗教特权开始削弱，公开打骂群众的现象有所减少，绝大部分地方基层政权已经与宗教分离。商业、粮食交易也由国营公司和供销合作社掌握。医疗、教育、文化等各项事业受到牧民群众的欢迎。全省牧区的民族干部已经增加到 1548 人，占牧区干部总数的 28%，其中从劳动人民中选拔的积极分子和青年学生经过培养后提拔起来的占 70%。在牧区少数民族中发展党

① 中共甘肃省委统战部编：《甘肃统战史略》，甘肃人民出版社 1998 年版，第 152 页。

员 102 人，占牧区党员总数的 12.3%；团员 413 人，占牧区团员总数的 21.4%。

1956 年 1 月和 10 月，省上先后两次召开少数民族牧区工作会议，讨论牧区开展社会主义改造的问题。会议确定牧区继续贯彻“不分不斗，不划阶级，保护和发展包括牧主在内的畜牧业经济”的政策，采取自上而下协商与自下而上组织教育群众相结合的办法，实行通过合作化走社会主义道路的方针。4 月，又召开全省牧区代表人士座谈会，藏、蒙、哈、裕固等族的民族、宗教界上层人士共 258 人参加座谈会。会议学习宣传党的牧区政策，并讨论牧区社会主义改造问题。会议后期，还组织参会代表中的 90 多名上层人士前往北京参观。这次会议的召开，推动了牧区社会主义改造的进程。

1956 年，肃南县开始试办公私合营牧场。8 月，肃南、肃北、天祝 3 个少数民族自治县已建立 27 个农牧业生产合作社。其中，纯牧业合作社 9 个，农牧结合社 18 个，入社农牧户占总户数的 7.13%，入社牲畜占牧区牲畜总数的 4.11%，入社土地占半农半牧区土地的 15%；建立信用社 35 个，入社户数占总户数的 61.7%。甘南牧区和肃北、肃南、天祝、阿克塞常年互助组发展到 636 个，临时互助组 1381 个。其中，牧业组 367 个，农业组 1013 个，农牧结合组 637 个。组织起来的农牧户达 60%，其中肃北达 94%。伴随着牧区的社会主义改造，牧区党组织加紧对积极分子的培养和发展党员的工作，8 个月共培养积极分子 10524 人，发展党员 3047 人、团员 4730 人，与第二次牧区工作会议时相比，党团员人数增加 1.8 倍，其中少数民族党员增加 6 倍多，团员增加 4 倍多。肃南、肃北、天祝 3 县在乡一级普遍建立党团基层组织。

1957 年 7 月，省委召开牧区工作汇报会，交流和总结河西牧区试办牧业社的经验，确定推进牧业合作化的方法。会后，全省牧业地区合作化步伐加快。到 1958 年上半年，河西牧区的天祝、肃北、肃南和阿克塞自治县共建立合作社 276 个、公私合营牧场 30 个、互助组 192 个，入社入组农牧户占总农户的 90% 以上。在甘南，卓尼县已实现农牧业合作化，夏河县的半农半牧区基本实现合作化。碌曲、玛曲、夏河的纯牧区互助合作工作也在积极进行前期准备。

全省民族地区农牧业的社会主义改造,虽然在后期工作中有急躁冒进现象,但整体进程基本上是健康的。农牧区社会主义改造的完成,使全省民族地区在较短时间内完成由封建农奴制社会或封建社会向新民主主义社会,再向社会主义社会过渡的历史性跨越,极大地影响和改变了民族地区各族人民的生产方式、生活方式、传统与信仰,解放和发展了民族地区的社会生产力,推动了民族地区各项事业的进步。

## 第二节　手工业的社会主义改造

### 一、手工业改造的起步

新中国成立初期,全省的工业基础薄弱,但手工业经济在国民经济中占有一定比重,主要有金属制品、针织纺织、鞋帽、缝纫、硝皮制革、木石器具、竹藤编织、工艺雕漆、造纸、制糖等行业。有的手工业产品是少数民族的特需用品,有的是传统的出口商品。手工业的特点是:品种多、范围广、规模小,且多分布在小城镇,保留着场店结合、产销一体、串乡走街、上门服务等传统经营方式。城市中有一些生产较为集中、规模较大的民间作坊,但工艺落后,管理带有浓厚的封建性。1949 年底,全省有手工业从业人员 51748 人,手工业总产值约 8856 万元;有各类手工业合作组织 122 个,社员 6583 人,产值 161 万元。

由于手工业产品与人民的生产和生活密切相关,新中国成立后采取两条腿走路的办法,一方面积极筹建国营企业和国营商业公司;另一方面采取发放贷款、提供原料、委托加工、收购产品等方式,扶持私营工商业者发展,以满足市场的需要。

1950 年,为推动全省合作工业的开展,省政府在财经委员会下设省合作局,统一领导全省供销、消费、手工业生产合作社。经过四年努力,手工业生产的合作化在全省已有一定的基础。到 1953 年底,全省共有手工业生产合作社 25 个,社员 982 人;手工业供销生产社 4 个,社员 4300 余人;手工业生产小组 81 个,组员 1600 余人。组织起来的手工业者占全省手工业者总数的12%左右;手工业合作组织生产总值为254万元,占全省工业总产值的0.88%。

1953年11月,全国第三次手工业生产合作会议确定对手工业进行社会主义改造的方针后,全省手工业的社会主义改造开始起步。1954年2月18日至24日,全省第一次手工业合作社工作会议召开,通过的《一九五四年手工业生产合作工作的基本方针与任务》要求:必须继续巩固提高现有的手工业生产合作社和手工业生产小组;积极创造条件,加强领导,稳步地发展手工业生产合作社、生产供销社,并广泛地发展手工业生产小组;相应地培养干部,建立领导机构;计划全年发展手工业生产小组1138个,组员6268名,生产供销社47个,社员3706名,手工业生产合作社25个,社员569名。

会后,全省26个县、市相继召开手工业者代表会议,部分县、市召开手工业生产合作会议,兰州、天水、平凉和武山县召开供、产、销结合会议,传达会议精神,安排部署改造工作。各级党委、政府本着“自力更生、勤俭办社”的原则,将大量分散的手工业者团结和组织起来,逐步培养和锻炼手工业生产者的集体思想和集中生产的习惯,丰富生产管理和经营经验,形成行业优势。改造首先从供销入手,让个体手工业生产者和国营商业挂钩,扩大社会主义经济阵地。通过组建各种形式的社(组),吸收更多的闲散劳动力和辅助劳动力,大量发展一些初级合作社组织。对农村的小手工业者,组织其在农业生产合作社中成立农业生产合作社的修理部、加工部或副业部。对关系国计民生的手工业作坊、皮毛厂等,采取逐步过渡的办法,变为国营商店的加工厂。此后,手工业生产合作组织逐步发展到机械、纺织、金属加工、食品、玻璃、缝纫、肥皂等行业。到1954年底,全省已建立手工业生产合作社(组)1015个,完成年度计划的76.55%;社(组)员人数达15818人,完成年度计划的109.93%;手工业生产合作社(组)全年生产总值达1143.2万元,相当于1953年3.4倍,完成年度计划的126.7%。

## 二、手工业改造的全面展开

1954年的手工业改造,在取得很大成绩的同时也出现不少问题。

由于领导力量不强，业务机构不健全，有些干部对该项工作的复杂性、长期性认识不足，在组织发展工作中贪大求高，导致不少社（组）在生产管理、财务管理、业务经营和思想政治教育等方面存在很多问题，实际工作中出现一边组织一边垮台的现象。再加上大规模经济建设开始后，国家对主要农产品和某些工业品实行统购统销、统购包销，私营手工业的原料供应和生产遇到很大困难。基于这种情况，12 月全国手工业第四次生产合作会议提出“发展一批，巩固一批；巩固一批，提高一批”的工作原则和从购销入手发展新社的要求。1955 年 5 月，党中央在批转会议报告时进一步提出“统筹兼顾，全面安排，积极领导，稳步前进”的手工业改造方针。

按照全国手工业第四次生产合作会议提出的工作原则和党中央制定的新方针要求，全省各级党委和政府开展了对手工业合作组织的整顿、巩固和提高工作。经过整顿，全省各地绝大多数手工业社（组）合作社都建立起生产管理机构，民主选举干部，加强生产管理，制订生产计划和管理制度，从而增强了生产的计划性，产品质量提高，生产成本降低，公共积累、社员收入和福利待遇不断提高，充分显示出组织起来的优越性。1955 年底，全省组织起来的手工业生产合作社（组）减少为 943 个，但产值却提高到 2007 万元。

在农业合作化运动的促动下，1955 年 12 月 9 日，国家手工业管理局、中华全国手工业合作联合总社筹委会召开全国重点地区手工业组织检查工作座谈会，提出“加快发展，迎接高潮，全面规划，计划平衡”的新任务和手工业合作化到 1957 年要达 70%—80% 的目标。12 月 12 日，省委召开对资本主义工商业改造会议，听取省委书记处书记、副省长霍维德作的《关于私营工商业社会主义改造问题的报告》，确定在 1956 年底以前基本完成私营工商业和个体手工业的社会主义改造。17 日至 23 日，甘肃省召开手工业合作社联社首届一次社员代表大会。会上，省委第一书记张仲良和霍维德分别代表省委和省政府作手工业工作报告，报告在提出加快手工业合作化发展步伐的同时，又不恰当地认为手工业改造中存在所谓“右倾保守”思想并进行批判。会议通过《甘肃省手工业社会主义改造一九五六年任务及一九五七年至一九六二年的全面规划意见》,决定要在1956年基本完成手工业合作化,组织社(组)人数要占总人数的80%,1957年占90%,1958年占95%,1959年全部实现手工业合作化。会议还决定采取四项举措以保证完成新的规划任务:学习毛泽东《关于农业合作化问题》的报告,总结手工业社会主义改造工作,提高认识,在各级党、政统一领导下,掀起手工业合作化运动的高潮;通过全面规划,平衡供产销工作,加强计划性,减少盲目性;提高生产技术,改进产品规格、质量,试制和仿制各种适合于农业生产和城乡人民生活需要的新产品;继续整顿、巩固和提高现有社(组),批判资本主义经营思想,改善经营,提高技术水平,生产更多、更好、更便宜的产品,满足社会需要,并成为新社的榜样。会上,正式成立甘肃手工业生产合作社联合社,制定出全省手工业生产合作社联合社章程,选举组建联合社领导机关,并推选出席全国手工业生产合作社联合总社首届一次社员代表大会的代表。这次会议加快了全省手工业社会主义改造的步伐。

## 三、手工业改造的基本完成

1956年1月初,省手工业管理局、手工业生产合作社联合社作出《关于一九五六年工作安排意见》。全省各级政府认真贯彻《安排意见》,除修订或制定全面规划外,还成立专门机构,组织广泛宣传和加强具体领导。省工商联执监委召开扩大会议,对加快工商业和手工业的改造提出要求。各地工商联也召开代表会或其他形式的会议传达会议精神,层层加压,力推工作进度。

在各方强行促进下,1956年全省的手工业合作化进入超常规发展阶段。首先在平凉、兰州、天水3市掀起改造高潮。1月初,平凉市手工业生产合作社联社和手工业劳动者协会,接连收到620个手工业者的入社申请书,其中竹器、木器、金属、修理等16个行业集体申请入社。至17日,平凉市有86%的手工业者加入合作组织,18日,平凉市手工业者举行大会,庆祝提前实现手工业合作化。19日,兰州市人民委员会在兰州中央广场召开各行各业各族各界人士参加的私营工商业公私合营和手工业合作化批准大会,全市42个手工业行业的2119户按行业实行合作化。至此,兰州市基本实现手工业合作化。23日,天水市10个手工业行业的845户按行业组织合作社。

在平凉、兰州、天水的带动下，全省手工业合作运动迅速发展。1月底，酒泉、张掖等县、市已全部批准手工业合作化。“广大职工、手工业者为了迎接社会主义改造高潮，许多城镇都张灯结彩、锣鼓喧天，好像欢度盛大的节日一样。”① 在3月份召开的全省第一届人民代表大会第三次会议上，省手工业联合社负责人对全省手工业社会主义改造基本情况的汇报中指出：到2月中旬为止，已经全部合作化或从业人员合作程度达到90%左右的合作化组织已达到30个县市。其他不少县市手工业的组织发展工作，在县城已经基本完成或全县范围以内已达到百分之六十、七十的也为数不少。1956年7月16日，《甘肃日报》一版以“全省手工业基本实现合作化”为题进行报道：全省已组织起来的手工业生产合作社（组）有1416个，加入手工业生产合作社（组）的手工业者已占全省手工业总人数的80.1%，较全省手工业合作化的规划提前半年基本实现合作化。

## 第三节　资本主义工商业的社会主义改造

### 一、资本主义工商业改造的起步

甘肃经济以农业为主，工商业十分落后。1950年6月至8月的普查统计显示，全省全部私营工商业共63021户，从业人员97980人。其特点是：规模小，每户平均1.55个从业人员；商重工轻，工业只有1232户，商业为61789户；分布不平衡，较大的工商企业多集中在兰州、天水、平凉等几个主要城镇，小型工商业户多散布在各地县，而河西地区缺少工商企业；流动性和季节性较强。

新中国成立后，我国对资本主义工商业的社会主义改造通过两个步骤来实现：第一步是把私人资本主义转变为国家资本主义，第二步是

① 甘报讯：《全省私营工商业和手工业社会主义改造进入高潮》，《甘肃日报》1956年1月26日第1版。

把国家资本主义转变为社会主义。全国各地按照中央要求,采取加工订货、统购包销的办法扶持私营工商业者发展经济,这是对私营工商业的初步改造。通过加工订货、统购包销的环节,逐步将私营资本主义工商业纳入国家资本主义轨道。

根据甘肃省情,省委、省政府对全省私营工商业的社会主义改造的部署安排,严格按照中共中央制定的基本原则和具体步骤进行。首先从商品批发环节开始,通过国营形式,逐步替代小型的批发业务。对从业者,或吸收安排到国营批发部,或引导他们转行转业;对零售商,主要是采取经销、代销形式加以利用、限制和改造;对个体小商小贩,主要采取合作商店或合作小组形式加以改造,具体办法仍然是经销、代销。通过这些举措,全省国家资本主义成分逐年增加。1950 年的商品批发总额中,国营占 22.12%,私营占 77.88%,到 1953 年,国营份额占到 65.25%,超过私营份额。1954 年,主要物资由国家统购统销后,私营批发商业基本退出市场。在全省商品零售业中,公私比重也逐年发生变化。从 1950 年到 1953 年,国营所占比重由 11.89% 上升为 31.82%,供销合作商业份额由 0.47% 上升到 12.49%。1954 年,国营商业、供销合作社以及国家资本主义商业的零售额继续上升,占商品零售总额的 57.25%,1955 年上升到 72.01%。

国家资本主义的高级形式是公私合营。1953 年 10 月,省委发出《关于商业工作的指示》,要求全省各地坚决贯彻执行中共中央利用、限制和改造的方针,努力恢复和适当扩大国营商业,加强对商业的计划管理。1954 年,全省根据国家确定的“巩固阵地,重点扩展,作出榜样,加强准备”方针,开始对公私合营企业进行整顿。在私营商业领域,重点试办公私合营形式的专业代销店;对其他国家资本主义商业形式,根据需要和可能有计划发展;对个体手工业则组织起来走合作化道路。在私营工业方面,为了有步骤地将 10 人以上的资本主义工业基本上改造为公私合营企业,从 2 月份开始先在兰州进行摸底调查的基础之上,逐步在全省推开。

为推进私营商业改造进程,省上抽调 80 多人成立私营商业调查办公室,从 1954 年 7 月开始,在全省 19 个重点城镇和 26 个县市、226

个小集镇进行调查摸底(包括合并后的原宁夏省辖区)。调查显示:全省共有大小城镇及农村初级市场733个,私商81270户,从业人员10.8268万人,资金总额4848.92万元,平均每户资本额为597元。其中,2万人以下小城镇和初级市场共714个,个体商户占60.77%,从业人员占59.85%,平均每户资本额为450元;没有公私合营形式的商业户。

在充分调查基础上,1955年3月29日,省委常委会讨论通过《甘肃省1955年安排改造城市私营商业的方案》和《关于贯彻农村私营商业社会主义改造的初步意见》,部署对全省私营工商业采取不同的政策措施进行改造。在私营工业改造中,对涉及国计民生且有发展前途的企业,一律进行改造;对没有发展前途且资金缺乏、设备陈旧的逐步淘汰,从业人员转业安置;对一些虽无前途但涉及群众暂时需求的企业,维持生产,逐步改造。对需要改造的与生产业务相关的企业,采取以大带小、以先进带落后的原则,先并厂后公私合营;对已经公私合营的企业,按业务关联性、生产好坏或流动资金的宽缺情况等,进行小厂并大厂、私营企业与私营企业并厂等办法改造。对私营商业采取适当限制营业额,控制商品品种,控制大户,维持中户,照顾小户,将其先全面维持下来再进行改造。5月9日,省委批转《银川地委关于召开财经会议及市场安排的报告》时指出:关于市场零售公私比重的确定应以国营、合营能基本掌握零售市场不致发生物价波动为原则;应特别注意当前最困难(私商)户的维持问题;了解私商营业变化情况,研究市场发展变化;抓紧私商思想的改造工作,做好国营、合营已掌握的部分国营批发工作,为公私合营积累经验,不宜急于代替。16日,中共中央向各中央局、分局和各省、市委转发这个报告,认为甘肃省委的意见很好。由于1955年省委对工商业改造的政策较稳妥,至年底,全省30%的私营商业纳入各种形式的改造,其中合作商店(组)与供销合作社合营及代销代购的占34%,经销占66%。

## 二、资本主义工商业改造的基本完成

在农业社会主义改造高潮推动下,1955年11月,《中共中央关于资本主义工商业改造问题的决议(草案)》颁布。为贯彻落实决议要求,省委于12月8日召开会议，决定成立资本主义工商业改造五人小组及办公室。省委书记处书记、副省长霍维德任组长，统战部部长蒙定军任副组长。11日，省委召开对工商业加快改造工作会议，确定1956年底以前全省基本完成对私营工商业和个体手工业的社会主义改造工作。会后，省上抽调180名干部分赴全省各地指导工作。同日，省工商业联合会召开第三次联席会议，决定1956年底以前把全省私营工商业基本纳入公私合营或合作化道路。23日至26日，省供销合作社召开全省第三次县社主任会议，决定到1956年底，基本完成对农村私商的半社会主义改造，实现80%的目标，1958年底基本完成改造任务。会后，各地、县、区遵照中共中央文件和省委的要求，成立私营工商业改造领导小组，下设私营工商业改造办公室（简称私改办）负责具体工作。

按照省委的统一部署，各地、县、区本着“统筹兼顾，全面安排，积极领导，稳步前进”的原则，派工作组深入基层，调查摸底并加强宣传教育工作。1956年1月4日至6日，兰州市举行5场大型报告会，参会的工商界人士达6000多人；工会通过举行办公会、短期培训班，向3000多名职工、店员宣传私营商业改造的政策；5日，市纱布行业率先宣布全行业公私合营，召开庆祝大会。这些活动，引导工商户普遍提高了思想觉悟，解除了顾虑，为全面开展私营商业的社会主义改造奠定了思想基础。随后，其他行业先后集体提出公私合营申请。12日，百货业申请被批准后，100多家百货店张灯结彩，公司报喜队敲锣打鼓，穿街过巷宣传庆祝实现公私合营。百货业完成合营，极大地促进了公私合营的进程。到17日，全市有15个行业批准合营，13个行业成立合营筹委会；有44个工商户将企业的账外资产投入企业。19日，兰州召开各行各业公私合营批准和庆祝大会，宣布兰州市12个工业行业户全都实行公私合营。大会后举行了声势浩大的游行庆祝活动。兰州市的合营活动，推动了全省合营工作的步伐。

为实现年底前把全省的私营商业基本纳入公私合营或合作化道路的目标，省委于1月25日发布《关于加快对私营工商业和手工业的社会主义改造的指示》，再次强调分三步加快改造，要求全省各直属市、县城及较大市镇的私营工商业的改造应在2月中旬前完成第一步，即发动各行业自动申请；4月底完成第二步清产核资和第三步经济改组、调整商业网点、人事安排等各项工作。在农业合作化高潮推动下，全省各行业掀起公私合营高潮，公私合营的实际进展远超计划。到3月底，全省除少数民族地区外，公私合营形式的工商业已经占到总数的80%以上。

在社会主义改造过程中，党和政府坚持“和平赎买”的方针，具体办法是定股定息。发放定息是和平赎买政策的重要措施。公私合营后，政府对合营商业户进行清产核资工作，要求变而不乱，生产合营两不误，坚持自报、自填、自估、自查原则，确定合营资金。根据中共中央《关于公私合营企业定息办法的若干指示》要求，对个体私营商业者发放私股定息，年息5厘。

合理安排私方人员是公私合营中最核心的一项措施。按照中央政策精神，1956年8月8日，省委批转省委统战部《关于目前在对私人资本主义改造对资方安置问题和今后意见的报告》。《报告》提出，合营后对私方管理人员，采取全部包下来的办法，量才录用，区别对待，安排和合理使用相结合或先收容，再逐步改编和安排。对私方人员，采取批评与鼓励相结合的方法，尊重其职权，给予适当信任；教育私方克服依赖思想，做到守职尽责，树立新的工作态度和作风。在具体工作中，为引导工商业者积极参加改造，全省有70多个县市工商联办讲习班，宣讲党的各项改造政策。有70%的资本家和资本家代理人担任国营和公私合营公司、厂店、车间、门市部正副经理、厂长、科股长、主任等职务，有1313人安排为各级人民代表、政协委员、工商联委员、民建会委员，占资本家和资本家代理人总数的53.41%。企业还组织他们与职工一起参加社会主义劳动竞赛，改善与职工的关系，培养提高劳动技能等。他们中的许多人为企业发展生产、改进企业经营管理、提高企业生产技术和降低成本作出积极贡献，不少人被评为先进工作（生产）者。

在公私合营过程中，各地正确解决合营者的工资待遇问题。采取合理和适当照顾相结合的原则发放工资、薪金，对高于同类国营企业标准的工资一律不降，对低于同类国营企业标准的加以调整，从而稳定合营企业人员的思想。公私合营后，全省普遍加强企业管理和制度建设。为推行新的会计制度，各地工商联举办培训班，培训财会人员；积极建立采购员进货制和出纳记账制，完善财务制度，控制偷税、漏税。以上这些措施，深得公私双方和广大从业人员的拥护。在改造中，还注意培养积极分子和骨干力量，及时组建起了新型的社会主义性质的商业队伍。

甘肃资本主义工商业的社会主义改造步伐相对稳妥，成效是显著的。省统计局《关于甘肃省 1956 年度执行国民经济及国家计划执行结果的公报》显示：1956 年，全省私营商业、饮食业、服务业的社会主义改造取得巨大胜利，已改造的私营商业、饮食业、服务业为 61887 户，占总户数的 87.4%；人数 82696 人，占人员总数的 90.1%。转为公私合营的商业、饮食业、服务业大部分实行定息，本年共发放私营股息 64.3 万元；全省私营工业转变为公私合营企业总产值 1608.5 万元，占私营工业产值的 93.9%，比上年增长 1.6 倍；私营商业在全省社会商品零售总额中只占 3.9%。这标志着甘肃私营工商业的社会主义改造任务已基本完成。

## 第四节　甘肃社会主义改造的重大意义及经验教训

全省农业、手工业和资本主义工商业的社会主义改造，在 1956 年取得决定性胜利。以公有制为基础的社会主义经济制度的建立，是甘肃历史上最伟大的社会变革，具有重大意义。

全省的农牧业社会主义改造从试办初级合作社到基本实现高级合作社，大致经历 5 年时间，在遵循自愿互利原则的前提下总体上是稳步前进和健康发展的。农业合作化的完成，把分散的个体农牧民组织成为由农牧民党员和农牧民积极分子领导的合作社，确保构成基层政权巩固的主要基础；把农牧民固定在集体经济组织内进行农牧业生产，减少农牧民离乡进城，减轻了城镇的就业压力，确保农业政策的有效实施；在一定程度上降低了农村社会管理的成本，并能在较长时间内维持农村社会稳定，巩固了基层政权，确保了经济社会发展必需的安定环境。把个体农户组织起来，将分散的土地、耕畜等主要生产资料集体化，使那些靠一家一户无法完成的如水利设施整修、农业科技推广和应用、畜种改良和畜牧业发展等一系列农牧业生产活动及发展具备了基本条件，为农业生产发展和建设社会主义新农村开辟了广阔道路，为工业化建设提供了坚强的物质保证。

手工业和资本主义工商业改造的完成，确保了大规模经济建设所需的供给和物价粮价基本稳定。手工业和私营工商业改造后，那些组织起来的手工业生产合作社（组）和公私合营的商业网点，在各级党委、政府的领导下，通过各地国营贸易、合作部门的业务指导与原材料供应、产品推销上的具体帮助和国家银行贷款扶助等方式，逐渐克服资金不足、原料短缺、生产停断、产品滞销和积压、销路不畅等困难，从而依托协作，放手生产，改进技术，改善设备，提高劳动效率和产品质量，使生产力水平不断提高，不但丰富和改善了人民生活，也确保了甘肃大规模经济建设的需要。

三大改造，积累了丰富经验，其中最主要经验就是党组织核心领导作用和共产党员先锋引领作用的充分发挥，这是推动工作稳步前进的关键因素。解放初期，党在农村的领导力量相对薄弱。据 1952 年底统计，全省四分之三的村级没有党组织。三大改造中，全省农村党的组织和党员队伍普遍得到加强。1953 年 3 月，省委结合农业社会主义改造运动的开展发出《关于农村建党工作的指示》后，全省各级党委加大了对农村党组织建设的力度，经过一年的努力，各级组织和党员队伍快速发展壮大，农村党组织的核心作用和共产党员的先锋引领作用充分显示了出来。1954 年 6 月 30 日，《人民日报》第三版《甘肃临夏专区有三百八十多个少数民族优秀农民参加共产党》的报道指出，临夏专区有 382 个回、东乡、保安、撒拉等少数民族的优秀农民加入共产党组织，在贯彻民族政策和发展各项工作中发挥了很好的作用，许多共产党员成为当地政权组织中的领导骨干。临夏县 160 个回、东乡、保安、撒拉等民族党员中，有 95% 以上都被各族人民选为乡长、乡人民政府委员等。至 1954 年 12 月，全省各族农民中的先进分子已有 3400 多人加入党组织，建立起农村支部 3938 个，建立支部的乡占全省农业乡总数的 70.54%。在互助合作组织中有 16200 多名党员，其中 212 人担任农业生产合作社社长，6500 多人担任互助组组长。在党组织和党员的带领下，全省农业生产合作社由春耕前的338个发展到773个,互助组由1953年的194400多个增加到245300多个。

历史证明,党提出的过渡时期总路线是完全正确的。但在改造的后期存在要求过急、工作过粗、改变过快,以及在生产资料所有制形式和经济成分上过于简单化等缺点。尽管如此,社会主义改造作为一场前所未有的深刻的社会变革,是在保证经济发展、社会稳定、人民群众拥护的情况下完成的,其成就和影响是伟大而深远的。

三大改造是一项全新的实践,带有探索性特点,难免会出现失误,一些教训也是值得吸取的。1955年夏季以后,由于反对“甘肃落后论”的政治氛围不断升温,农业合作化运动一度忽视省情,一些地方单纯追求合作社数量,出现要求过急、强迫命令等现象,加上缺乏经验,在实际工作中出现一些忽视自愿互利、民主办社原则和赶急图快、硬性编组转社、社员的牲畜折价偏低、还款期长等问题,严重侵犯了中农特别是富裕中农的利益,导致农业合作社在组织形式上过于单一,经营管理上统得过死,分配方式上存在平均主义。这些问题的存在,一度挫伤了农民的生产积极性。在手工业和私营商业改造中由于,过分强调速度,一些干部不做耐心细致的说服工作,赶急图快,工作方法简单粗暴,要求有些行业不分大小一律公私合营,有相当一部分小商、小贩、小手工业者被带进公私合营中,以后又长期没有把他们从资产阶级队伍中分离出来,而是当作资本家一样进行改造,混淆了剥削者与被剥削者的界限,挫伤了这部分人的积极性;个别行业大裁大并,导致产品质量下降,品种减少;个别地方调整商业网点过猛,流动商贩减少,给群众生活带来不便,尤其使农村群众买卖两难。这些问题不但给社会主义改造造成消极影响,有些问题还长期困扰生产的发展。

甘肃社会主义改造的实践告诉我们:在任何时候任何情况下想问题、办事情,必须坚持理论联系实际和党的群众路线,必须坚持实事求是的原则,必须牢牢把握党的各项工作的出发点和落脚点,要从实际出发,站在群众一边,维护群众的切身利益。如果违反了这些原则,我们的工作就要出问题。

# 第八章

# 过渡时期的政治建设和文化建设

省委领导全省各族人民进行大规模经济建设和开展三大改造任务的同时,开展政治建设与文化建设,不断加强和推进党的基层领导体制建设,适时召开党的代表会议和代表大会,对干部的培养选拔与审查、党员的发展与基层组织建设等作出安排与部署;领导完成第一次人口普查、基层选举工作和对宪法草案的集中学习,在此基础上,筹备召开甘肃省第一届人民代表大会并完善党的统一战线机构,对民主人士作出合理安排与使用;顺利实现甘、宁两省合并,调整与完善民族区域自治,为进一步适应全省经济基础变革迈出了重要步伐。

## 第一节　甘肃省第一届人民代表大会

### 一、会议的筹备

1953 年 1 月,根据中共中央的提议,中央人民政府委员会通过《关于召开全国人民代表大会及地方各级人民代表大会的决议》,规定 1953 年召开由人民用普选方法产生的乡、县、省(市)各级人民代表大会,并在此基础上召开全国人民代表大会。3 月 1 日,《中华人民共和国全国人民代表大会选举法》公布。从此,我国建立人民代表大会制度的工作在全国大陆地区启动。

1953 年 4 月,按照中共中央要求,全省各级人民政府建立选举委员会及其办事机构,开始积极准备普选工作。5 月 4 日,省委召开常委(扩大)会议,对全省普选工作做出部署。其程序是:人口普查,选民登记,讨论提出候选人,进行选举。

普选前夕,甘肃同全国各省一样,进行人口普查,这是新中国成立后的第一次。普查的方针是“不重复、不遗漏、全面、确实”,以 1953 年 6 月 30 日 24 点为标准时间进行人口统计。统计显示:全省人口总数为 1134.9434 万人,其中男性 604.5963 万,女性 530.3471 万。这次人口普查工作为以后全省经济社会发展提供了重要基础资料,也为省第一届人民代表大会召开前的普选工作做好了准备。

为做好普选工作,按照省委的指示,全省各地首先进行普选试点,并培训万名干部和登记工作人员。1954 年 3 月 1 日,省地方选举委员会召开第六次委员会议,讨论确定省级、各县市人民代表大会的代表名额,并决定由省选举委员会组织力量,具体帮助兰州市开展基层选举工作,以取得指导全面工作的经验,保证全省普选健康进行。21 日,省委为贯彻中央精神,以急电形式发布《关于在普选中适当安排民主人士的指示》,要求必须根据各地实际情况,特别注意吸收有较大影响力的科学技术专家、革命知识分子及资产阶级的代表人物。同时,还强调各地区要考虑甘肃多民族地区的特殊性,在适当安排民主人士时,必须对当地具体情况,如民族、阶级、人口分布状况、经济文化特点等加以具体研究后确定各区比例。

5 月中旬,全省 70 多个县、市、自治区,共 5000 多个基层单位的选举工作全部完成。6 月 3 日,省委发出《关于宪法草案的学习宣传工作指示》,要求用两个月时间,集中在全省开展一次关于宪法草案的讨论学习活动。省宪法草案讨论委员会主任委员霍维德还向省、市机关干部 1 万多人作动员报告。各专区、县区都成立宪法草案讨论委员会,按照省委要求,普遍在群众中开展宪法草案学习宣传活动。为使宪法草案家喻户晓、深入人心,各地广泛动员各种宣传力量,利用报纸、黑板报、有线广播、幻灯片、读报组等形式,全面宣传有关宪法草案的主要内容。在农村,宣传宪法草案结合农业生产来展开,在方法上充分利用空闲时间,采取小型漫谈形式开展宣传,宣传员深入田间地头进行宣讲。一些少数民族自治县则利用集市或赛马会等向群众宣讲宪法草案,宣传工作开展得有声有色。7 月 17 日,《人民日报》第一版对甘肃的宣传活动进行了报道。基层选举工作的完成和对宪法草案的集中学习,为甘肃省第一届人民代表大会的顺利召开奠定了良好社会基础。

## 二、甘肃、宁夏两省的合并

1954 年 6 月,中央人民政府第 32 次会议通过的《中央人民政府关于撤销大区一级行政机构和合并若干省、市建制的决定》中,将宁夏省撤销并入甘肃省。7 月 13 日,甘肃、宁夏省委提出两省合并的初步意见,经过西北局审查后报告中央。8 月 16 日,中央复电同意两省合并的意见。24 日,省委发出关于两省合并工作的具体通知。随后,西北军政委员会第二次会议通过《关于撤销大区一级行政机构和改变宁夏省、西安市建制实施方案》规定:宁夏省建制撤销后,原河东回族自治区机构不变,其余 8 县和银川市,应划为 1 个专区,建立专区级机构,领导该县、市工作。以上回族和蒙古族自治区及新建的专区均由省政府直接领导。

9 月 1 日,宁夏省正式撤销,新成立银川地委和专署,连同河东回族自治区(专区级)和内蒙古自治区(专区级)均归甘肃省直接领导。银川专区辖银川市(县级,驻在地)和贺兰、永宁、宁朔、平罗、惠农、中卫、中宁、陶乐 8 县;河东回族自治区(1955 年改称吴中回族自治州)辖吴忠市(县级,驻在地)和金积、灵武、通信、盐池 4 县;内蒙古自治区辖阿拉善旗(县级、驻在地)和磴口县。

23 日,甘肃省政府、宁夏省政府联合发布公告:宁夏省建制撤销与甘肃省合并为甘肃省,宁夏省政府从即日起停止行使职权。

1958 年 3 月,根据第一届全国人民代表大会第四次会议《关于成立宁夏回族自治区的决定》,析出甘肃省的 1 专区、2 自治州及 2 县级市、16 县、1 自治县,共 19 个县级行政区,即银川专区即所辖行政区,吴中回族自治州及所辖行政区,固原自治州的固原县、海原县、西吉县以及平凉专区的隆德县、泾源回族自治县,划归宁夏回族自治区。

10 月 25 日,中央批准成立宁夏回族自治区。

## 三、甘肃省第一届人民代表大会第一、第二次会议

1954 年 8 月 16 日至 20 日,甘肃省第一届人民代表大会第一次会议在兰州召开。会议是在甘、宁两省合并完成前夕召开的。会议应到代表 530 名,实到 440 名,其中甘肃省代表 291 名,原宁夏省代表 149 名;少数民族代表 133 名,妇女代表 78 名。会议听取和审议通过省政府主席邓宝珊作的《关于甘肃省人民政府五年来工作概况和今后工作任务的报告》、宁夏省人民政府主席邢肇棠作的《关于宁夏省五年来工作基本总结的报告》;听取省委第二书记霍维德作的《关于宣传和讨论中华人民共和国宪法草案的报告》;批准《关于甘肃省 1953 年财政收支决算和 1954 年财政收支预算的报告》;选举张仲良等 25 人为出席全国人民代表大会的代表。邓宝珊在报告中说:5 年来,甘肃各级政府和全体干部在党中央、中央人民政府和西北军政委员会的正确领导下,遵照国家过渡时期总任务的方向,进行了土地改革、抗美援朝、镇压反革命、“三反”“五反”等规模巨大的民主改革运动和恢复发展国民经济的工作,使全省的面貌在各方面发生了根本的变化。这次会议的召开,标志着全省各界人民代表会议代行人民代表大会职权历史使命的完成和甘肃最高权力机关——甘肃省人民代表大会的正式确立。

同年 12 月 21 日,省第一届人民代表大会第二次会议在兰州召开。根据《中华人民共和国地方各级人民代表大会和地方各级人民委员会组织法》的要求,会议决定:甘肃省人民政府改为甘肃省人民委员会,主席、副主席改为省长、副省长,甘肃省人民法院、检察署改为甘肃省高级人民法院和人民检察院,并从政府组织机构序列中分离,独立行使审判权和法律监督权。会议选举出由 37 人组成的甘肃省第一届人民委员会,选举邓宝珊为甘肃省省长,马鸿宾、霍维德、黄正清、孙殿才、陈成义为副省长。

# 第二节　推进党的统一战线工作

## 一、设立地方统一战线组织

在由新民主主义向社会主义过渡时期，如何处理同民族资产阶级的关系，成为新的历史时期必须要慎重解决的重大问题。1953年7月，中央政治局召开会议专门研究讨论统战工作，作出继续同民族资产阶级保持经济上、政治上联盟的决策。随后，相继批转全国第四、第五次统战工作会议通过的《关于人民代表大会制实行后统一战线组织问题的意见》《关于实行人民代表大会制时安排民主人士的意见》等文件。

根据中央指示精神和甘肃实际，1954年3月11日，省委提出全省应设立地方统一战线组织的具体意见，建议设立专区级地方统一战线组织的自治区及市为甘南、西海固、兰州市；相当于县的市、区及自治区为酒泉、敦煌、肃南、张掖、武威、天祝等45个县区。另有安西、高台、阿克塞、临泽、肃北等45个县区不设统战组织。意见得到西北局批准。1954年8月，甘肃省第一届人民代表大会召开后，原各界人民代表会议的历史使命已经完成。省、州、市和部分县、市、区在原各界人民代表会议协商委员会的基础上，按照中国人民政治协商会议章程和有关规定，正式成立中国人民政治协商会议（简称政协）地方委员会，不成立政协的专区和部分县，原来的协商会随即撤销，各界民主人士在人民代表大会代表中做出安排。

1955年2月15日至19日，中国人民政治协商会议第一届甘肃省委员会第一次全体会议在兰州召开。大会选举产生政协甘肃省第一届委员会，选举张仲良为主席，杨慎之、高健君、王庚山、达理札雅、马腾霭、马惇靖、徐宗孺为副主席，蒙定军任秘书长。此届政协共由128名委员组成，常务委员30人，其中常委中中共党员有9人。常委会第一次会议围绕动员各族各界开展反对使用原子武器签名运动、兵役法修正草案的学习宣传、发行新版人民币、回收旧版人民币以及推销1955年国家经济建设公债等议题进行讨论，并形成相关意见。政协甘肃省委员会成立及第一届常委会议的召开，对全省统一战线组织的建立和作用发挥起到促进作用。

在省委领导下，1956年全省建立政协组织27个（8个为筹备委员会），广泛安排各界代表人物参与政治协商。各级政协建立后，把党和政府的各项政策、主张与各方代表共同协商，取得一致认识，并通过他们向联系的各界群众宣传解释和协助推行，在推动民族资产阶级、城市上层小资产阶级、民主党派、知识分子以及少数民族、宗教界的中上层人士参加各项政治活动，广泛动员各方面力量参与社会主义革命和建设任务，为党和政府执政施政发挥出重要作用。

在各级政协组织建立的同时，其他民主党派、工商联组织也开始建立和发展。新中国成立前，甘肃只有中国民主同盟（简称民盟）建有组织。解放后，中国国民党革命委员会（简称民革）、中国民主建国会（简称民建）、九三学社（简称九三）也先后建立和发展各自组织。到1955年底，民盟、民革建立省级领导机构，民建、九三学社建立市级（兰州市）组织；民主党派成员总数有2145人。民主党派的负责人还在省和地方人民政府中担任领导职务，参与省和地方重大事项的协商和决策。

1950年6月，在工商业相对集中的兰州、天水、平凉、武威等地，先后成立工商业联合会筹备委员会。1951年上半年，这些地区陆续召开成立大会。1952年12月，甘肃省工商联合会筹备会代表会议召开，成立省工商联筹备会，1954年1月正式召开会员代表大会，成立省工商联合会。全省有74个市县也成立工商联合会（其中11个为筹备会）。各级工商联合会成立后，在全省资本主义工商业的社会主义改造中，做了大量工作，发挥了重要作用。

## 二、安置民主人士

安置民主人士是新中国成立后党的一项重要政策，也是党的统一战线工作的一项重要内容。1952年以前，主要安置民主革命时期有过贡献和社会地位较高的民主人士，包括民主党派负责人、无党派知名人士和起义投诚的原国民党军政上层官员、民族上层人士、宗教首领等。1952年7月,全省统战工作会议决定安置1100名民主人士。1953年2月,西北局分配甘肃安排700名社会民主人士名额,并成立政府参事室,主要安排原国民党县团级以上军政人员;成立文史研究馆,主要安排社会上一些无业而有名望的老年知识分子。3月12日,省委转发《省委统战部关于安置民主人士的简报》,通报全省安置民主人士的情况:省级已安置150名;送西北师范学院学习34名;省委统战部创办的甘肃省政治学习会吸收69名,学习期满分配工作。兰州、平凉、定西、天水、庆阳、武都5个市和专区以及甘南藏族自治区筹委会等地安置民主人士386人。到1954年初,全省共安置社会民主人士1152人。省人民代表大会和省政协会议召开前后,全省又进一步扩大对民主人士的安排。到1956年底,全省安排为各级人民代表、人委委员、政协委员、政府厅局长以及民委委员、参事室参事、文史馆馆员、人民团体委员中的上层民主人士共2627人。其中:省政协委员138人,常务委员24人,副主席6人;省人民代表160人,人委委员18人,正、副省长3人,正、副厅长15人;省参事室参事80人,省文史馆馆员84人。对各界民主人士的合理安排使用,不仅调动了各方面的积极性,也为新生人民政权的巩固和社会秩序的稳定产生了深远影响。

## 三、调整与完善民族区域自治

1952年12月19日,全省民族事务委员会扩大会议在兰州召开,省民委委员和全省11个民族的198名代表出席会议。省委书记张德生、省政府副主席霍维德、省委统战部部长杨和亭等参加会议,并作重要讲话。会议在认真总结全省三年来开展民族工作,实行民族区域自治成绩、经验和教训的基础上,着重讨论在全省全面推行民族区域自治问题。张德生作会议总结报告,对在全省进一步推行民族区域自治,发展少数民族经济、文化教育事业,加强各民族团结,培养少数民族干部等工作做出部署。这次会议以1952年颁布的《中华人民共和国民族区域自治实施纲要》精神为指导,明确了在全省全面推行民族区域自治的思想认识,统一了推进民族区域自治的工作方向,对在全省少数民族聚居区和杂居地区全面实行民族区域自治起到积极的推动作用。

1953年1月6日,省委发出《关于区域自治计划(草案)》,对全省全面实施民族区域自治提出指导性意见,要求各专区根据当地少数民族分布等具体情况,经过认真讨论和研究,提出全面实行民族区域自治的意见。天水、武都、临夏、武威、甘南等专区提出修改意见以及实施民族区域的计划,省委及时给予批复,并上报西北局。各专区按照省委的批复意见,积极开始全面实行民族区域自治的前期筹备工作。甘南藏族地区召开各族各界联谊会,选举成立甘南藏族自治区筹委会。平凉专员公署召开西吉、海原、固原、隆德、静宁等县回、汉各界人士座谈会,经讨论成立西海固回族自治区筹委会。泾源、张家川、宁定等自治区筹委会也先后成立。2月5日,中央政务院批复同意《甘肃省推行民族区域自治计划》。5月4日,省委召开常委扩大会议,确定全面完成民族区域工作的任务。6月6日,省委制定《关于民族区域自治实施计划》,印发各地执行。《计划》从有利于各民族之间团结与民族内部的团结出发,在全省建立2个相当于专区级的自治区,5个相当于县级的自治区,39个相当于乡的自治区。要求对各地在筹备民族区域自治期间,必须慎重统一解决民族组成、区域划分、政府人选等问题。同时,对筹备工作存在的问题、自治区干部配备、基建预算、自治区编制等问题作出具体安排。

从1953年开始,省委全面推进民族区域自治工作,加快推进全省民族区域自治的步伐。5月,泾源回族自治区成立;7月,张家川回族自治区成立;9月,广通(今广河)回族自治区成立(以上均为县级自治区);10月,甘南藏族、西海固回族两个专区级自治区先后正式成立。同时,还成立6个区级自治区,15个乡级自治区。在此期间,为完善民族区域地方自治建制,经中央人民政府内务部批准,省委、省政府对3个县级的民族自治区进行调整,即肃北自治区改为肃北蒙古族自治区,天祝自治区改为天祝藏族自治区,东乡自治区改为东乡族自治区。1954年2月和4月,肃南裕固族自治区、阿克塞哈萨克族自治区(县级自治区)先后成立。9月,宁夏省并入甘肃后,甘肃增加2个专区级民族自治区和1个县级自治区,即河东回族自治区、巴彦浩特蒙古族自治区、额济纳自治区。到年底,全省建立的专区级民族自治区有4个,即甘南藏族自治区、西海固回族自治区、河东回族自治区、巴彦浩特蒙古族自治区；县级自治区有 9 个，即天祝、肃北、东乡、肃南、泾源、广通、张家川、阿克塞、额济纳；区级自治区 19 个，乡级 37 个。对民族区域自治地方建制的调整，推动了全省民族区域自治工作的发展，为进一步完善全省民族区域自治地方建制工作积累了经验。

9 月，第一届全国人民代表大会制定的《中华人民共和国宪法》，将民族自治地方分为自治区、自治州和自治县三级，设立自治机关，行使宪法赋予他们的权利。从 1955 年 3 月开始至年底，省委、省政府根据《宪法》的规定和国务院的有关政策，逐步对全省民族区域自治地方建制再次进行调整和改建，决定专区级的民族自治区改为自治州，县级民族自治区改为自治县或旗，撤销区级民族自治区，保留乡级自治区并更名为民族乡。

1956 年，省委和省人委继续对民族区域自治地区的组织机构进行调整和完善。甘南藏族自治州由夏河迁驻合作镇，撤销临夏专员公署，设立临夏回族自治州，广通回族自治县改为广通回族县；对乡级民族自治区再次进行调整，民族地区成立人民公社后，民族自治乡随之取消。其间，由于甘肃行政区划有所改变，民族自治区的地方建制也随之变更。1956 年 4 月，国务院批准巴彦浩特蒙古族自治州和额济纳自治县划归内蒙古自治区管辖。全省实行民族区域自治的地方有甘南藏族自治州、临夏回族自治州、吴忠回族自治州、固原回族自治州和天祝、东乡、肃南、肃北、阿克塞、张家川 6 个自治县。实行民族区域自治的少数民族主要有藏、回、哈萨克、蒙古、裕固、东乡、保安、撒拉、土 9 个民族。经过此次调整，全省民族区域自治地方建制大格局基本上趋于稳定和完善，直至 1981 年又新成立积石山保安族东乡族撒拉族自治县。

全省各民族区域自治地方政权机构建立后，为充分体现自治特点，各级党政机关主要配备民族干部。据 1954 年对全省自治地方政府委员的统计，4 个专区级自治政府共有委员 135 人，其中汉族 43 人，回族 45 人，藏族 30 人，蒙古族 16 人，满族 1 人，少数民族委员共 92 人，占委员总数的 68%。甘南藏族自治区政府主席、副主席 4 人中，主席和 2 名副主席是藏族，委员 41 人中，藏族有 27 人；西海固回族自治区政府主席、副主席6人中，主席和3名副主席是回族，委员32人中，回族有20人。全省9个县级自治政府中，共有委员174人，其中汉族33人，回族58人，蒙古族28人，哈萨克族21人，藏族18人，东乡族9人，裕固族6人，土族1人，少数民族委员共有141人，占委员总数的81%。各自治区、县的主要领导职务，基本上由实行民族区域自治地方的民族干部担任，在领导成员中，少数民族干部占半数以上，干部总数中少数民族干部占30%以上。民族区域自治地方自治政策的落实和不断完善，使各少数民族真正当家作主，实现政治上的平等，少数民族干部参与管理国家政权和管理本民族地方事务，成为促进民族地区政治、经济、文化等各项事业不断发展的决定性因素。

## 第三节　稳步推进党的建设

### 一、大力培养选拔干部

“一五”计划开始实施后，大力培养提高干部的素质是各级党委面临的首要任务。据1952年底统计，全省列编干部共58712名，其中高小文化程度以下的干部约30820名、文盲6896名；全省共有党员37016名，文盲有23302人。这一现状严重影响党的路线、方针、政策的贯彻执行，与“一五”时期大规模的工农业建设要求极不适应。

从1953年开始，按照省委的统一部署，省委组织部针对干部队伍的实际状况，作出分层次短期培训的安排，并着眼长远进行谋划。首先对提高工农干部文化水平作出安排。1953年2月5日，省委作出《甘肃省委关于提高工农干部文化水平的计划》，重点解决干部队伍中工农干部比例大、文化程度低的问题。除县级以上干部由西北局党委安排分期分批抽训外，一般干部由各地制订计划在训练班、工农速成中学补习班分期逐步培训，使其达到高小毕业文化水平。集中解决区委书记、区长与各县科级干部751人提升文化水平的问题，经过两年学习达到初中毕业文化程度。其次是对有一定文化水平的干部和新吸收干部也进行培训。2月10日,省委作出《甘肃省委1953年干部训练计划》,提出要通过省委党校培训干部1000名,行政干校招收失学失业知识分子900名,省团校招生400名,妇联轮训干部100名,省合作联社训练班轮训干部1240名,省级各专业部门训练班训练干部5200名,调赴西北局党校轮训干部157名;各专区干校轮训干部4700名,县级训练干部15644名。9月6日,省委作出《中共甘肃省委五年干部文化教育计划(草案)》,提出对全省80%高小以下文化程度的干部实行文化教育。12月,《中共甘肃省委关于五年干部政治理论训练计划(草案)》发布,提出5年内,分期分批对各级干部进行培训,除县级以上干部由中央和西北局训练外,要求对区委书记、区长级干部中的64%,各中等学校领导骨干中的50%,厂矿领导中的22.6%,通过各级党校、干校等多种方式,进行为期一年的理论教育。一般干部的60%争取用半年时间进行政治、业务教育培训。

1954年4月,省委发出《关于贯彻〈中央关于统一调配干部,团结、改造原有技术人员及大量培养、训练干部的决定〉的指示》,进一步对青年干部的培养和使用、旧有经济技术干部的改造和新技术干部的吸收培养作出部署。到年底,全省为141项重要工程配备领导干部136名;为经济建设部门调配干部1751人;配备地县委生产合作部长73名。全省共选拔区级以上骨干2940名,其中党、团员占90.8%,高小以上文化程度的干部占85.2%。

1955年2月,省委组织部提出培养和选拔5300名各级领导骨干的目标。为完成这一目标任务,全省在加大干部培养和选拔的同时,更加注重培养和提拔妇女干部、少数民族干部。另外,经中央组织部批准,省委还决定从北京、天津、成都等地招收2626名知识青年和复员军人,以解决全省青年干部不足的问题。到1956年底,全省各级各类干部人数增加到184279名。为全面提升各级干部的理论素质,从1956年开始,省委对提高各级干部理论水平的工作做出安排部署,发出《关于设置训练专职理论教员和业余政治学校专职干部的指示》,要求建立讲师团制度和集体备课制,定期分散到各县开展宣讲。经过几年努力,全省干部队伍不仅在数量上,而且在质量上都得到很大提升,为“一五”计划的实施和各项社会事业的发展提供了组织保障。

省委特别重视对少数民族地区干部的选拔和培养工作。1950 年初，全省仅有少数民族干部 1654 人；1954 年，少数民族干部增加到 7796 人；到 1956 年底，少数民族干部已经增加到 10894 人，其中县级以上干部 226 人。从 1953 年起，省委安排少数民族干部在西北民族学院进行轮流培训，10 个月一期，每期 300 人。大批少数民族干部逐步成长。

## 二、发展党员和加强党的基层组织建设

大规模经济建设开始后，需要广大党员在各项工作中发挥带头示范和引领作用，但党员发展和基层组织建设的现状却相对滞后。从 1953 年开始，结合农业社会主义改造运动的开展，省委对发展农村党员和健全区乡党组织的工作进行部署。3 月，省委先后发出《关于农村建党工作的指示》和《关于建立与健全党的区委员会的指示》，针对农村建党工作中存在的突出问题，要求各地必须从乡村干部和各群众团体原有积极分子中认真选择新党员对象，将参加教育学习的积极分子接受为党员；从各方面考察了解新党员对象，加强培养，吸收积极分子入党。省委要求，年底除甘南藏区外，各地市要全部建立起区一级党委会，设委员 5 人至 7 人，正、副书记分管组织、宣传、武装等工作。

12 月 8 日，省委批准《省委组织部关于全省专区及县市各人民政府及人民团体中党组活动的情况及存在问题今后意见的报告》。报告显示，专署、县市政府已建立党组 74 个，占总数 82 个的 90.2%。在人民团体中，专区妇联已建立党组 2 个，县妇联建立党组 8 个，县工会建立党组 1 个。已经建立的组织中，存在党组的职责和工作范围不明确、党组织的制度不健全、农村党的组织发展缓慢等问题。为此，省委要求各级党委逐步建立健全非党组织中的党组，规定党组的职责与工作范围。1954 年 10 月，省委发出《为进一步开展农业生产互助合作运动加强农村党支部工作的指示》，要求所有农村支部要把以互助合作为中心的农业生产运动作为党组织的活动中心；农村党支部要提高能力，发挥核心领导作用；结合互助合作开展建党工作是农村工作的主要任务；县和区委必须加强对农村支部的领导，切实加强对农村党员的社会主义思想教育。

经过努力,收到较好成效。12月15日,《人民日报》第一版以“甘肃农村党组织成为领导生产的核心力量”为题,对甘肃省委加强农村党支部的工作予以报道。

1955年2月,省委组织部确定全省组织工作的任务主要是:培养和选拔5300名各级领导骨干;加强支部工作,继续贯彻“积极慎重”的建党方针,发展3.2万名新党员;进一步健全党委制,加强党的集体领导,发扬党内民主,提高党的战斗力。随后,省委又批转省委组织部1955年下半年到1958年底《关于农村建党和整党工作计划》。《计划》要求,在建党上,农村党员要从5万余名发展到18万至24万名,达到农业人口的1.5%—2%左右;在整党方面,要求在建社和整社的同时,1956年底以前对党的基层组织普遍进行一次整顿,目的是提高党员的社会主义觉悟,纯洁和巩固党的基层组织,增强党的战斗力。各级党委积极贯彻省委的指示,分别制定出1955年下半年至1958年农村建党整党规划意见,在农村党员中认真开展整党建党活动。1955年9月,省委发出《关于牧区和半牧区进行建党工作的指示》,要求各地严格贯彻中央积极慎重的方针,结合实际制定建党计划,开展建党工作。

1956年2月4日,省委组织部制定《甘肃省委组织部工作七年(1956—1962)规划》,确定7年内发展43.2万名新党员的目标,其中“一五”计划最后两年为20.1万名。由于盲目执行,导致1956年发展党员工作中,一些地方出现在积极分子中开展党的知识教育不够,甚至不严格履行入党手续突击入党等问题。针对这种情况,7月,省委批转省委组织部就建党工作的现状和存在的问题再次给省委的报告,提出凡是党员达到农村人口1.6%的地区,一般应当暂时停止发展新党员,集中全力做好候补党员的考察教育和转正工作;在力量比较薄弱的地区和单位仍按原计划发展新党员;加强在知识分子、少数民族、妇女中发展新党员。11月,省委再次批转省委组织部《关于加强预备党员工作的意见》,对抓好16万名预备党员的培养、教育、考察和审查工作提出要求。经过各级党组织的努力,到1956年底,全省农村基层党委发展到48个,党总支1623个,党支部7367个,农村党员204589名。有近5000个支部和10万余名党员参加整党,在整党过程中,共清退、开除党籍和取消预备党员资格1814人。

进入大规模经济建设时期以来,企业基层党的组织建设工作也逐步开展起来。1953年5月,省委下发《关于加强党对工业生产领导的意见》后,企业党的基层组织建设明显加强。到年底,企业党的支部增加到127个。到1954年底,企业中的党支部发展到429个,基层党委33个,党总支44个。1956年4月,党员实行分部管理后,企业党组织由各级党委组织部划归各级党委工交部管理。6月,省第二次党代表大会上作出在工业、商业、交通等所有企业里,实行党委(支部)领导下的个人负责制,要求企业中的一切重大问题都必须经过党委(支委)的讨论。厂长、经理应在党委领导下根据党的决议指挥生产,既向上级业务机关负责,也向企业党组织负责。此次会议,促进了工业企业党员的发展工作和党的基层组织建设工作。到1956年底,全省工业企业党员数达42410人,建立起基层组织1752个,其中基层党委74个,党总支165个,党支部1513个。

1956年4月初,根据中央组织部的要求,省委制定《关于党的基层组织及组织机构分部管理的规定》要求:省、地、县各级党委分管各部所属系统党的组织形式、组织机构的增设变动,领导关系的转移和确定及重大问题由各部提请同级党委研究确定;党的基层组织,除农村基层组织仍由组织部负责管理外,其余按系统交有关各部负责管理,但整党建党仍由组织部负责,思想教育仍由宣传部负责;国家事业、企业的组织形式,组织机构的变动、增设,由分管各部提出意见报省委决定;编制问题由各部负责提交省编委会研究决定;分部管理后各级党委的组织部除负责研究、管理省、地、县、区、乡的基层组织、组织机构和本部门业务外,对全省的基层组织、组织形式应负综合责任。实行分部管理后,全省党员队伍发展很快,到1956年底,新党员人数达148797人,是1955年的2.4倍;发展妇女党员15600名,占新党员总数的10.5%;发展少数民族党员11192名,相当于过去几年的1.3倍;发展知识分子党员3358名,其中高级知识分子111名;公交企业、党群政法、文教财贸系统的党员分别占该系统职工总数的14.74%、56.37%、10.4%;农村党员占农村人口的比例达1.72%。

在发展党员和加强基层党的组织建设的同时加强党员教育。1954年3月,省委常委会通过《中共甘肃省委加强农村党支部教育计划》,确定农村党支部的教育方针是:依靠党在过渡时期的总路线总任务,特别是对农业的社会主义改造的原则,向全体农村党员进行系统地经常性教育,不断提高农村党员的社会主义觉悟,克服少数党员中存在的资本主义思想,使党员对党的纪律与各项社会政策进一步深化。各地遵照省委指示开展党员教育活动,以西北局宣传部编写的党在过渡时期的总路线总任务为教材,结合党员课本进行。在少数民族地区,党支部的教育还突出了党的民族政策的教育。截至1954年7月,全省共训练乡党支部书记1731名、支部委员1424名,分别占计划的64.1%和35.6%。

1955年3月,省委在全省地委组织部长联席会议后的报告中指出:加强对党员的教育,提高觉悟,清除剥削阶级思想,树立高度的社会主义觉悟是一项长期的任务。9月,省委宣传部发出《学习毛主席"关于农业合作化问题"的通知》,要求所有区乡干部和农村党员从10月1日开始,用两个月时间集中学习研究一次农业合作化问题。11月,省委发出《中共甘肃省委关于加强农村党支部经常教育工作的指示》,规定农村党支部开展经常性教育的基本内容是:进行党在过渡时期的总路线、党的互助合作政策、共产主义与共产党的基本知识教育。具体形式是:建立党课训练制度;举办短期培训班;进行个别谈话;健全党的组织生活;通过"三干会"或其他会议,总结检查支部工作;结合中心工作进行支部教育等。至1956年8月底,全省8个专区、61个县(市)配备专职支部教员288名,每个支部都有兼职教员,大部分地区建立并坚持党课制度。到年底,共训练党支部书记1375人、支部委员和党小组长568人。

## 三、贯彻中共七届四中全会决议

1954年2月,中共中央召开七届四中全会,通过《关于增强党的团结的决议》,向全党强调增强党的团结的极端重要性。

为贯彻落实中央决议精神,省委有步骤、分层次开展学习传达和组织讨论,并作出具体安排。3月13日至15日,省委召开全体委员会议,传达四中全会决议,结合甘肃实际检查讨论党内团结和集体领导问题。

会议强调,要加强党的组织性和纪律性,增强党的团结,继续深入学习和宣传党的总路线,加强党对经济工作的领导,保持党同人民群众的密切联系。在全体委员统一思想认识的基础上,4 月 8 日至 14 日,省委召开全体委员扩大会议。出席会议的除省委委员外,还有各地委书记、省厅局级党员领导干部、甘肃省军区及各军分区党委书记、国营厂矿党员负责人共 71 人。会议的中心议题是传达、讨论党的七届四中全会和西北局扩大会议精神。省委书记张德生作了题为《关于甘肃地区党的团结的状况》的报告。报告认为,甘肃地区的党组织内部基本上是团结的,但妨碍团结的不利因素和不利于党的团结的现象,在许多干部中间不同程度地存在着。主要表现在计较个人得失、骄傲自满、自由主义、本位主义、分散主义、宗派主义、民族主义情绪 7 个方面。会议要求,要克服影响党的团结的因素,防止不利于党的团结的现象,时刻警惕资产阶级个人主义思想的侵蚀和影响,充分发扬党内民主,开展批评与自我批评,特别是自下而上的批评;努力学习,增强抵制资产阶级思想侵蚀的能力。会议同时要求,全体党委委员要关心集体,增强责任心,充分发挥集体领导的作用。全省各地迅速学习传达这次会议精神,传达中各地还结合本地区、本单位实际,对党内的团结问题进行全面系统的检查。

## 四、审查干部和内部肃反

1953 年 11 月,中共中央作出《关于审查干部的决定》,决定在两三年内对全国干部从政治上进行一次细致的审查,史称“审干运动”。审干的目的是全面了解干部。中央要求主要从政治上进行审查,清除混入党政机关内的反革命分子、阶级异己分子、蜕化变质分子,以保持干部队伍的纯洁;同时也从多方面了解干部的思想品质、工作才能,以便有计划地培养干部和使用干部。审查范围包括各级党政机关、人民团体和文教、财经等部门的全体干部。其步骤是:先党内后党外;先领导骨干后一般干部;先要害部门后一般部门;先审查地委、专署(市)以上领导机关和重要的国营厂矿企业,后审查县、区级机关和一般厂矿企业;先查政治面目不清、来历不明和重要关节上含糊不清的干部,后审查其他干部。审查不采取突击审查的方式,而是结合工作进行。

此次审干范围广，涉及人员多。为贯彻好中央决定，省委组织工作组在甘肃日报社和省建筑工程局进行三个多月试点后，于1954年8月21日下发《关于执行〈中央关于审查干部的决定〉的计划》，要求成立各级干部审查委员会，在省、地、县党委领导下，具体负责这一工作。

审查工作从1954年8月至1956年3月，分三个阶段进行。第一阶段是1954年8月至1955年4月，具体由省委审查地委委员、正副书记、正副专员，省属部、委、厅、署、行、局长（主任）和厅属科级以上干部及中央、西北局属重要国营厂矿工程等单位党委委员以上主要领导骨干，地方国营较大厂矿、相当于县级以上的厂长、主任等领导骨干。同时，地委、县委也相应进行。第二阶段是1955年6月开始至年底，主要是在省、地、县、厂矿等党委的领导下进行，分别审查各级各单位的一般干部。第三阶段是1956年1月至3月，主要是总结检查。进入第二阶段后，省委为保证审干工作健康进行，在全省抽调600多名专职干部分赴地（市）、县指导审干工作的开展。审干工作从全面清查干部历史档案入手，认真细致地审查干部的政治面貌、个人经历、社会关系及参加工作后的一贯表现等。对发现有问题的，通过组织内查外调，并结合个人交代，搞清问题，排除疑点，作出审查结论。第二阶段进行过程中，中央于1955年7月决定在全国党政机关和群众团体机关、高等学校、中小学（不包括学生）和干部学校、军队、国营及合作社营和公私合营的企业开展肃清暗藏反革命分子的运动（简称内部肃反运动）。由于审干和肃反工作之间产生交叉和冲突，审干工作一度停止。10月24日，中央紧急发出《关于审干工作同肃反斗争结合进行的指示》，指出审干工作同肃反斗争二者任务、性质和工作方法有区别但工作具有联系性和一致性。肃反斗争是要肃清暗藏的反革命分子和其他坏分子，而审干则是审查属于好人一类干部的政治、历史问题。此后，省委按照中央要求，修订审干工作计划，对全体干部的政治情况再次进行研究，重新确定审查对象，运用肃反和审干经验，逐个进行审查。具体按照大会动员、主动交代、发动群众、开展批评与自我批评、组织审查的步骤，采取和风细雨、不追不逼、凭证据作结论的方式进行。这样，原定的审干工作，延长到1956年底，个别地方延续到1957年上半年才结束。

审干工作前后四批，共列入审查对象129003人，确定审查的31409人，最终作出审查结论的27630人，其中地级以上干部53人，县级干部475人，区级干部3609人，一般干部23493人；查出有各种隐瞒政治、历史问题的9651人，其中隐瞒重大问题的2469人，隐瞒一般问题的7182人；给予各种处分的干部883人，其中开除党籍的99人，留党察看的43人。

根据中央开展肃反工作的指示，1955年7月18日，省委修订审干工作计划，成立肃反五人领导小组，下设办公室具体开展工作。该项工作原定从1955年7月开始到1957年10月结束，但实际到1959年10月才结束，历时4年多。

省委部署后，各专区、县、区也都成立肃反五人领导小组，各单位普遍成立肃反领导小组，下设办公室开展工作。运动采取群众检举揭发和专案审查相结合的办法，分四批进行。第一批在行政、企事业单位中开展，第二批在厂矿中开展，第三批在民主党派中开展，第四批在学校中开展。运动采取“四步走”的方法步骤：第一步，做准备，具体从组织、思想和材料三个方面着手；第二步，做动员，即发动群众，积极参加斗争，采取自上而下，由党内到党外的方法动员群众积极参与；第三步，开展斗争，以政治手段为主，坚持生产斗争两不误的原则，机关集中开展，工厂利用生产淡季，学校利用假期进行等；第四步，按照中央七条标准复查验收，巩固肃反成果。

此次肃反贯彻“以事实为依据，以政策为准绳”和“既严肃又慎重”的原则与“提高警惕，肃清一切特务分子；防止偏差，不要冤枉一个好人”① 的方针，但在运动前期还是出现一些偏差，如工作过粗，调查研究不够和乱捕乱斗等现象。为进一步加强对此项工作的领导，1956年8月10日，省委发出《关于召开工矿、交通、地、市、县委五人小组负责人会议情况及对今后肃反工作安排意见给中央的报告》，要求党委把肃反列入正式议程予以讨论、监督，党委书记一定要亲自过问肃反。五人小组

① 中共中央党史研究室：《中国共产党历史》第二卷（1949—1978）上册，中共党史出版社2011年版，第300页。

组长应有书记或副书记中的一人担任,负责领导肃反工作,只有一个书记,也要兼管肃反,五人小组成员必须有三分之二的人专职负责这项工作。肃反运动取得很大收获,全省共查处各类反革命分子及其他坏分子5870人。到1957年底,全省查阅18万余名干部的档案材料,共确定审查对象43971人,作出结论39271人(包括写出调查报告的3896人),完成总任务的89.3%。运动期间,武都挖出负有血债的反革命分子、窃取武都地委监委副书记职务的郭俊杰;兰州市挖出9个反革命组织和反革命集团,查处亲手杀害陈潭秋、毛泽民、林路基和其他革命进步人士以及无辜群众300多名的国民党新疆第二监狱监狱官芦秉林(工人,时为兰州电影院对号员),残害中共甘肃省工委副书记罗云鹏凶手之一的马极祯(时为兰州市建工人)等299名有血债的历史反革命分子,搞清楚13343名干部、职工的政治历史问题。这些事实充分说明开展内部肃反运动在甘肃很有必要,客观现实需要肃清暗藏的反革命分子和其他坏分子,纯洁干部队伍,巩固新生政权。

审干与肃反开展期间,也正是三大改造进行之时,这两项工作的开展,一方面使党的各级组织比较全面地掌握了干部队伍现状,查处隐藏的反革命分子和其他坏分子,纯洁了干部队伍;另一方面,也使干部得到锻炼,群众受到教育,对三大改造运动也起到积极的推进作用。但由于当时对阶级斗争尖锐程度估计得过于严重,有些问题政策界限不清,调查研究不够,工作过粗,使一些地方和部门在肃反中发生了斗争面过宽,处理过重等偏差。

## 第四节　中共甘肃省代表大会和代表会议

### 一、中共甘肃省第一次代表大会

1954年8月2日至11日,中共甘肃省第一次代表大会在兰州召开。出席大会代表766人(宁夏代表91名),候补代表47人,代表全省57378名正式党员。大会的中心议题是:贯彻党的七届四中全会精神,在进一步增强党的团结的基础上,以党的过渡时期总路线为指针,讨论确定今后党在甘肃的主要工作任务。省委副书记高健君受大会代表资格审查委员会委托,作代表资格审查情况的报告。省委第二书记霍维德致开幕词,省委第一书记张仲良(6月由青海调任)代表省委作《甘肃省委五年来工作情况及今后工作任务》的报告。

《报告》指出,甘肃解放以来,依靠全体党员、干部和各族各界人民的一致努力,在取得社会秩序基本稳定的基础上,全省进行空前的、大规模的土地制度改革、剿匪、镇压反革命、"三反""五反"、思想改造、司法改革、《婚姻法》宣传等社会改革和抗美援朝运动,有力推动了工农业生产、交通运输和商业的发展。深入宣传和执行党的民族政策,大力推行民族区域自治。党的组织不断得到加强并进一步纯洁,党员觉悟得到提高。封建地主阶级已经被消灭,各类反革命分子受到镇压,各民族的关系已经根本改变,人民民主政权更加巩固。国民经济得到迅速恢复和发展,广大人民的物质文化生活有了不同程度地改善,整个阶级关系向着有利于社会主义革命的方面变化,为进一步进行社会主义改造和经济建设创造了条件。《报告》认为,省委工作中存在的主要问题是,官僚主义作风相当严重。造成这一问题的主要原因是集体领导制度不健全,批评与自我批评不够,特别是自下而上的批评不充分等。

会议传达党的七届四中全会通过的《关于增强党的团结的决议》精神,讨论党的建设和党的领导问题、全省工业建设和三大改造问题、民族工作和统战工作问题,印发《中共甘肃省委关于整党工作的总结》《甘肃省军区党委关于解放以来剿匪工作总结》《省公安厅党小组关于全省五年来公安工作的基本总结》《中共宁夏省第一次代表大会的报告》等材料。会议讨论通过的《中国共产党甘肃省第一次代表大会决议》指出:党在甘肃的任务,就是从实际出发,依照国家的建设计划,领导全省人民与全国人民一道,继续为实现党在过渡时期的总任务,为完成国家第一个五年计划而奋斗。今后两年全省的主要任务是:加强对工业建设的领导,把甘肃建设成为祖国新的工业基地之一;开展以互助合作为中心的农业生产运动,逐步进行对农业的社会主义改造;积极发展社会主义商业，加强市场管理，逐步实行对私营商业的社会主义改造；切实做好民族工作与统战工作。为完成上述任务，关键是要加强党的组织建设和思想建设，进一步增强党的团结，改善党的领导。

大会经过反复酝酿讨论，采取无记名投票方法，选举产生中国共产党甘肃省第一届委员会委员 41 人，候补委员 13 人。12 日，召开的一届一次全体委员会议上，选举张仲良、霍维德、李景林、强自修、高健君、廖汉生、徐国珍、孙殿才、陈成义、李培福、杨和亭、吴文遴、苏明德（未到职）13 人为省委常务委员会委员；选举张仲良为第一书记，霍维德为第二书记，李景林为第三书记，强自修、高健君分别为第一、二副书记。

中共甘肃省第一次代表大会对甘肃解放五年来党的工作作出全面总结，对甘、宁两省的合并，对下一步党的建设、党的领导、全省工业建设和三大改造、民族工作以及统战工作进行安排部署。会议的召开，对国民经济恢复任务完成后，全面推进甘肃政治、经济、社会建设以及各项事业发展具有重要意义。

## 二、中共甘肃省第三次代表会议

1955 年 3 月，中国共产党召开全国代表会议，决定将高岗、饶漱石开除出党，撤销党内外一切职务，会议决定成立党的中央和地方各级监察委员会，以代替中央和地方各级党的纪律监察委员会，加强对党员特别是对党的高级干部的监督。为贯彻落实这次会议的决议，5 月 26 日至 6 月 17 日，中共甘肃省在兰州召开第三次代表会议。参加会议代表 301 人，列席代表 11 人，中共中央副秘书长马明方出席会议。

这次会议学习和讨论党的全国代表会议通过的《关于高岗、饶漱石反党联盟的决议》《关于成立党的中央和地方监察委员会的决议》和《关于中华人民共和国发展国民经济第一个五年计划草案的决议》等有关文件；听取和讨论省委《坚决克服骄傲自满情绪，增加党的团结，为胜利完成第一个五年计划而奋斗》《关于甘肃省发展国民经济第一个五年计划（草案）》《关于农业互助合作和增加生产》三个报告。在长达 23 天的会议上，先后有 97 位代表运用批评与自我批评的武器，揭露甘肃党内存在的骄傲自满情绪。

会议要求，各级党委特别是农业地区党委要把领导好农业生产摆在工作首位；对现有6910个农业生产合作社进行整顿巩固，保证所有农业社都能增产，所有社员收入都比单干时增加；省委要像重视农业一样重视对工业的领导，大力加强各工矿企业和基建单位的思想政治工作，严格监督国家计划的执行，努力达到五年计划规定的各项生产指标；进一步做好粮食统购统销工作，农村要贯彻"三定"政策，使统购统销工作经常化、制度化，在城市实行以人定量，广泛进行节约粮食的检查和教育工作，严格纠正一切浪费粮食现象。

会议补选张达志、冼恒汉、蒙定军、薛程、李维时、贺建山、黄恩明为省委委员；选举产生中共甘肃省监察委员会，李景林为书记。同时，根据中央要求，成立省委书记处，书记处成员由原省委书记和副书记组成，负责组织省委全体委员会议和常委会议决议的执行并检查执行情况，处理省委日常工作，并向常委会和全委会报告工作，书记处成立后，又增补常务委员4人。张仲良任第一书记，霍维德、李景林、强自修、高健君任书记处书记。这次会议对加强党对各项工作的领导，增强党的团结，加快农业合作化运动，做好粮食的统购统销以及全面完成第一个五年计划的各项任务起了推动作用。

## 三、中共甘肃省第二次代表大会

1956年6月21日至7月1日，中共甘肃省在兰州召开第二次代表大会。应出席代表703人，实到679名，候补代表68名，代表全省30.9万余名正式党员。大会的中心议题是：总结省委第一次代表大会以来的工作，确定今后党在甘肃的主要任务，选举出席中共第八次全国代表大会的代表和中共甘肃省委委员和候补委员。张仲良代表中共甘肃省第一届委员会向大会作工作报告。报告分工业与交通、农业、贸易、科教文卫、政法、统战与民族和党的建设七个部分，对全省经济社会建设取得的成就、存在的问题作全面总结，对今后抓紧做好的各项工作进行部署。报告指出，自党的第一次代表大会以来，社会主义深入人心。在农村，全省除少数民族牧区外，旧的生产关系已经基本改变，社会主义生产关系已经建立，千百万劳动人民坚定地走上社会主义大道。报告还指出，

"甘肃落后论"作为党内主要的错误思想倾向,现在已经基本克服,但是作为认识论和方法论来看,则是一个长期的斗争。为把甘肃尽快建设成为新的工业地区,完成省委提出的各项任务,必须切实加强党的领导,加强党本身的工作。第一,充分发扬党内民主,加强党的集体领导。在全体党员和干部,特别是领导干部中开展反骄傲自满和夸大个人作用的斗争;第二,加强党员思想修养和革命品德教育,提高党员的共产主义觉悟;第三,继续壮大党的组织和干部队伍;第四,提高全体党员和干部的马克思列宁主义理论水平。

会议通过《中国共产党甘肃省第二次代表大会决议》,明确今后两年的工作任务:又多、又快、又好、又省地完成工业交通建设的任务;发展农、林、牧业生产,办好农业合作社,巩固农村社会主义关系;扩大和加强商品流转,保证市场继续稳定;积极提高科学文化水平,加强社会主义建设;运用一切力量,保证社会主义事业的胜利;继续扩大与巩固人民民主统一战线,加强民族团结;加强兵役和民兵工作;加强党的领导,调动一切力量为社会主义服务。

大会经过无记名投票,选举出中共甘肃省第二届委员会委员 37 名,候补委员 10 名;选举习仲勋、汪锋、张仲良、霍维德、杨一木、李培福、王秉祥、王志强、杨拯民、梁大均、吴治国、马云(女)、张养吾、陈遗、刘铁岩、马有德、道吉策让(藏)17 人为出席中共第八次全国代表大会的代表,任子和、贺进民为候补代表。

大会对在社会主义建设和改造事业中涌现出的 34 个基层党组织和 227 名优秀党员进行表彰奖励,并号召全省各级党组织和全体党员,紧密联系群众,坚持从实际出发,反对主观主义,提倡独立思考问题,继续保持谦虚谨慎、不骄不躁的作风,为把甘肃建设成为新的工业区而奋斗。

7 月 3 日至 4 日,省委召开二届一次全体(扩大)会议。全体省委委员、候补委员,各地(市)委书记、专员、市长和省委秘书长出席会议。高健君传达中央体制会议精神,研究和讨论加强领导和省党代表常任制等问题。会议经过充分酝酿,采用无记名投票方法,选举张仲良、霍维德、李景林、高健君、强自修、王秉祥、何承华、李正廷、王耀华、张达志、葛士英、李培福、马青年、孙殿才、杨一木 15 人为省委常委;张仲良为第一书记，霍维德、李景林、高健君、强自修为书记处书记。

中共甘肃省第二次代表大会是在加快社会主义改造和掀起大规模工业化建设高潮的形势下召开的。会议主要对省委第一次代表大会以来推进政治、经济等各项社会建设所做的工作进行总结，同时针对存在的问题提出改进意见并进行重点工作部署。这次会议对全省加快社会主义建设，促进第一个五年计划任务的全面完成产生了重大影响。

## 第五节　加强党的宣传思想工作

### 一、构建宣传网络与改进党报、创办县报

构建宣传网络是新中国成立后加强党的路线、方针、政策教育的一项重要举措。1951 年 1 月 1 日，中共中央发布《关于在全党建立对人民群众的宣传网的决定》。4 月，省委常委会通过《关于建立对人民群众的宣传网的计划》，此后全省先后在省级、专区（级）市级和大部分县级以及一部专区级领导机关建立党的报告员制度。11 月，省委发出《关于在土地改革中普遍建立农村群众宣传网络的指示》，要求在原有宣传组织的基础上，通过采取冬学、读报组、秧歌队、幻灯、黑板报、屋顶广播等多种形式，普遍建立群众宣传网络，对群众进行土地改革政策、抗美援朝等时事方面的教育。为指导宣传员的工作，甘肃人民出版社在 1953 年主办《宣传员手册》半月刊，设有“宣传员讲话”“怎样当好宣传员”“整顿巩固互助稳步前进”“连环画”“学习苏联”等栏目。到 1954 年，全省已经发展 52000 多名宣传员和 1800 多名报告员。

1956 年 2 月，针对当时宣传网存在的问题，省委宣传部作出《关于宣传网的处理意见（草案）》，提出：在工矿、农村、城镇基本上处于名存实亡或者时有时无的宣传网，要取消其组织名义，以全党作宣传工作来代替。在牧区和一些工矿、农村、城镇，由于党、团组织力量薄弱或者是宣传网经常发挥作用的，仍应保留并予以加强，但必须改进领导方法，

特别注意提高宣传员的质量,从壮大队伍、加强管理等方面加强报告员工作。

为做好宣传工作,各类宣传机构和设施逐步健全完善。从 1956 年起,全省逐步建立起地(州、市)、县级电影发行、管理机构。至年底,全省电影放映单位达 237 个,其中电影院 15 座、电影放映队 222 个。1956 年,全省已经有收音机站 890 个和有线广播站 14 座,其中县站 92 个、区站 260 个、文化馆收音站 96 个;农业生产合作社和民族地区收音站 440 个;专区有线广播站 13 座,天水县九台式广播站 1 座,60 多个县购买扩大器;有 250 个广播站分布在工矿企业。12 月,甘肃人民广播电台藏语广播节目开办。随着全省有线广播站的建立,广播收音站逐渐被有线广播站取代。"一五"期间,全省图书发行工作也得到大发展。到 1955 年初,全省新华书店中心支店、支店发展到 74 个,销售网点达 98 个。

1952 年底,为加强对省报和专区报的政治和业务领导,省委宣传部根据西北局指示,作出《关于改进报纸工作的意见》,决定省委和各办报专区地委成立党报委员会,报纸要坚决贯彻地方化、通俗化、群众化的方针,加强培养报社干部,全面提高办报水平和报纸质量。1953 年 12 月,为适应大张旗鼓地学习宣传过渡时期总路线的要求,西北局发出《关于改进报纸的决定(草稿)》,要求西北地区各省、市报纸,必须根据西北工业发展的形势和规模,加强对国民经济建设的宣传,加强党委对报纸经常的具体的领导。省委根据这一精神,发出《关于执行中央〈改进报纸工作的决定〉的决议》,指出:《甘肃日报》《甘肃农民报》及各地工委的机关报,必须改进报纸的编辑工作,加强马列主义、党的生活、经济工作、民族问题和时事政策的宣传,加大言论力度和新闻报道分量。《甘肃日报》继续办好"党的生活"专栏。较大的工矿企业和党政机关,设专职或兼职通讯秘书,负责组织该部门通讯工作和重要问题的报道。一般情况下,省委每月、省委宣传部和各地委每季度讨论一次报纸宣传方针和计划。召开党代表大会或代表会议时,讨论报纸工作,以增强全党关心党报、办好党报的意识。《甘肃日报》由省委直接领导,1 名书记负责对报纸工作进行日常指导,1 名省委委员担任总编辑;报社设编委会,在总编辑领导下实行集体领导;编委会委员及报社正副秘书长、编辑组长、记者等均由省委任命。《甘肃农民报》由省委宣传部领导,各专区报由各地委直接领导。《决议》同时指出,根据中央指示,《甘肃日报》总编辑、副总编辑、编委委员和《甘肃农民报》总编辑,按中央计划轮流送马列学院学习;省报和其他专区报的其他党员干部,轮流送省委党校学习。省委宣传部报刊处应经常检查《甘肃农民报》和其他专区报、工矿报,并根据各报经验教训和存在的问题,撰写报纸述评,在《甘肃日报》上发表。各地委、县委要配齐通讯干事,并要加强对报纸发行工作的领导;有报纸的各地(工)委、工矿党委要组织学习省委《决议》,作出改进自己机关报的工作决议。

1956 年 4 月 25 日,省委发出《关于创办县报的指示》指出:为进一步贯彻执行中央决议,适应农业合作化和农业生产的需要,加强党在农村中的社会主义宣传,密切党与群众的联系,满足广大农民群众政治的和文化的需要,在全省范围内有计划地创办县委机关报。县报是县委的机关报,同时又是通俗的农民报,其主要对象是农民群众,基本任务是以社会主义和爱国主义思想教育农民党员,组织广大农民在党的领导下,为实现农业的社会主义改造、发展农业生产和支援社会主义工业化而斗争。宣传的重点是:报道当地实现省委根据全国《农业发展纲要四十条》(《一九五六年到一九六七年全国农业发展纲要(草案)》)制定的《全省农业发展纲要(草案)36 条》的执行情况,增进群众的社会主义建设积极性。《指示》还对报纸的篇幅、经费、办刊人员的选拔等问题作出要求,并规定县报为《甘肃日报》驻各县记者站。全省各县积极贯彻落实,截至 10 月,全省有 75 个县创办县报。

构建宣传网络、改进党报、创办县报,不但促进了学习宣传马列主义、加强党的生活、推进经济工作、宣传民族政策和时事政策以及党在农村的社会主义教育等项工作的开展,也在密切党与群众的联系,满足广大农民群众政治的和文化的需要等方面发挥了重要引导作用。

## 二、开展干部政治理论学习教育活动

从 1953 年开始,以中央关于大张旗鼓地学习宣传党在过渡时期的总路线为起点,党在宣传和思想教育方面的工作任务发生转变,从过去着重于新民主主义纲领、方针政策的宣传和思想教育工作,转向用党在过渡时期的总路线和社会主义思想来宣传和教育全国人民。这一阶段,全省干部的学习内容主要围绕深入理解和认识过渡时期的总路线来进行。

1955 年 6 月 27 日,省委宣传部发出《关于初级组学习内容规定通知》,要求理论学习初级组学完《经济建设常识读本》后,专区级以上和各直属机关干部学习《中国共产党的三十年》,各县学习《政治常识读本》。10 月,按照中央关于在干部中有计划系统地进行马列主义教育的指示精神,全省高级组开始学习《哲学》,中级组学习《政治经济学》和《联共(布)党史》,初级组学习《中共党史》和《政治常识读本》。同时,省级试办的业余政治学校逐步走向正规,代替学习小组的形式。11 月 18 日,省委《关于 1955 年度在职干部高级组理论学习计划》中规定,从 11 月上旬起至 1956 年 7 月,高级组干部以轮流调入高级党校学习和每年离职学习两个月的办法,学完辩证唯物主义和历史唯物主义、政治经济学问题、苏共党史、中共党史、党的建设五门课程,重点阅读篇目是:斯大林的《辩证唯物主义和历史唯物主义》,恩格斯的《反杜林论》《路德维希·费尔巴哈和德国古典哲学的终结》,毛泽东的《矛盾论》《实践论》,康士坦丁诺夫主编的《历史唯物主义》,以提高领导干部对马克思主义世界观的认识和运用马克思列宁主义的思想方法分析处理实际工作中存在问题的能力。到 1956 年 6 月,全省参加理论学习的在职干部共 104791 人,其中高级组 324 人,中级组 42086 人,初级组 62381 人。

从 1955 年开始,省委按照中央的指示要求,组织开展“批判资产阶级唯心主义思想”的演讲工作。3 月 28 日,省委发出《关于在本省开展宣传唯物主义、批判资产阶级唯心主义思想演讲工作的通知》,决定在酒泉、武威、定西、平凉、庆阳、银川、天水、临夏、武都 9 个专区和兰州市的机关及省级机关等单位,开展宣传唯物主义、批判资产阶级唯心主义思想的演讲工作。依据中央精神,确定在 1955 年组织党内外干部及知识分子约 5 万人参加听讲学习。省委宣传部印发《中央关于宣传唯物主义思想、批判资产阶级唯心主义思想的指示》35500 份,作为党内外干部及知识分子学习的基本文件。4 月 21 日,根据省委的指示,甘肃日报社、省文联、省科联联合发起成立“甘肃省宣传唯物主义、批判资产阶级唯心主义思想委员会”，下设办公室负责日常工作，成立9个演讲小组赴基层开展宣讲工作，成员共有158人。首场演讲在西北师范大学举行，6000多人聆听演讲报告。4月30日，省广播电台作出学习《辩证唯物主义基本知识选题计划》，开辟专题讲座；5月，甘肃日报社成立理论宣传组，发表相关社论，增加理论文章的分量。11月7日，省委宣传部发出《关于理论学习高级组学习辩证唯物主义与历史唯物主义的通知》。1956年11月7日，省委批转省委宣传部《关于改进在职干部理论教育工作的通知》，要求把唯物主义演讲与干部的正规理论学习相结合，年内在县城以上城市普遍开展起来（1957年扩大到较大集镇）。到1956年底，全省参加理论学习的干部达10万多人。

面对复杂的形势任务和干部的实际状况，省委制定和实施的一系列加强在职干部尤其是党员领导干部马列主义理论教育的具体政策和措施，提高了各级党员干部的政治理论水平和政策水平，保证了社会主义改造和“一五”计划各项任务的胜利完成。

## 第六节　党对教育文化事业的领导

### 一、推动教育事业的发展

第一个五年计划确定后，为适应经济建设的需要，党中央作出加快有计划地调整、扩大和开办各级各类学校，并充分利用企业和机关的有利条件，训练培养各类建设人才的决策。全省教育事业由此得到很大发展。

在学校教育方面，随着工农业生产的发展，1953年后，在城市提倡厂矿企业创办中、小学，在农村提倡民办中、小学，成为新型普通教育的主要组成部分。农村小学毕业学生回乡后，一部分人担任农业合作社和各行各业基层的工作人员，有力地支援了社会主义建设。由于小学的快速增长，学校教师严重不足。为解决全省小学师资力量不足的问题，1953年省人委专门发布规定明确提出，小学教师不能任意调动，如果抽调时，应取得县（市）教育行政部门的同意，并经县（市）政府批准，区乡政府无权调动或撤换教师。1956年3月，省人委从上海、天津等地招收4000多名高、初中毕业生来甘肃，经过半年的师范速成班训练，分配到全省各地小学任教。中学实行国家教育部颁布的《中学暂行规程（草案）》，以学习苏联教学经验为主，实行教学改革，重点提高教学质量。

在成人教育方面，全省各地借鉴老解放区办教育的经验，逐步建立了冬学、民校以及干部、职工业余学校为主的工农业余教育，以开展识字活动、减少文盲为主旨，同时进行政治、文化、技术教育。1952年4月，省政府颁发《关于举办在职工农干部文化补习教育的指示》，要求各级政府教育部门成立"工农干部业余教育委员会"，以自筹经费为主、行政适当补助的方式对文化程度较低的机关干部开展补习活动。1953年全省区级以上干部中文盲达5100人，占区级以上干部总数的17%。为此，省委组织部制定干部教育发展规划，要求尽快扫除干部中的文盲，学习时间为一年半到三年不等。从1953年夏至1956年6月，全省共开办干部业余文化学校135所，离职干部文化学校2所。在省委党校和10所地委干部学校附设开办文化班，还在各县开设41个干部流动扫盲班，对干部分期分片进行扫盲。全省共有26000多名干部参加学习，其中有7900余人达到初中或高小毕业的水平。

1953年下半年开始，全省又加大对农民的文化教育力度。首先按照中央的教育方针，对农民的业余文化教育进行整顿，在此基础上，向农民进行过渡时期总路线的教育，宣传党在农村的各项政策。1954年，随着农业合作化运动的开展，将农村扫盲教育的学习组织与生产组织结合起来，由农业社根据"业余自愿、小型多样"的原则，组织农民常年坚持学习。当年全省有784个农业合作社共办874所农民业余学校。1955年8月，记者车宏彰、黄显德采写的《银达乡农民业余文化教育收到了成果》一文，对酒泉银达乡农民从1954年成立永丰农业社后，将原有的4处冬学改办成社办民校，克服生产与学习之间的矛盾，提高农民的文化水平、政治水平的经验进行介绍，引起毛泽东的高度重视。1955年12

月，在选编《中国农村的社会主义高潮》一书中，收录了该篇材料，并以《酒泉银达乡是怎样进行农民业余文化教育的》为题，毛泽东加了按语，肯定永丰农业社的做法，银达乡因此被树立为全国农民业余文化教育先进典型。该书出版后，对甘肃农村文化教育活动产生了重大影响。1956年1月6日，《甘肃日报》发表《信心百倍地加速扫除农村文盲》的社论，号召各地党政领导一定要克服少数干部中存在的保守思想，加快扫除文盲的速度，争取于1962年扫除全省主要农业区的500万个文盲，使农村扫除文盲运动蓬勃开展起来。从1956年1月开始，全省举行声势浩大的扫盲活动，以银达乡为榜样，贯彻“以民教民”的方针，由农业合作社统一安排学习时间，运用多种形式进行文化教育。经过业余学习，扫除文盲的农民在农业改造运动中发挥了骨干作用。他们中的许多人分别担任农业生产合作社的会计、记工员和业余教师。同时，各专（地）县区也举办企业速成识字班，对职工进行文化教育培训。

在中等教育方面，从1952年开始，全省实施按专业需要培养人才的制度，将中等技术学校纳入中等专业教育体制，按照中央教育部关于学校统一名称的规定，各校相继更名。1953年，为培养经济建设技术人才，全省贯彻中央对中等专业学校进行以调整为主、有条件的地方发展的方针，调整并新建一批学校。原山丹培黎工艺学校迁到兰州，改建为兰州石油技术工人学校，成为全省第一所技工学校。到1956年，全省建起12所技工学校，在校学生达5872人。由于受招收条件的限制，甘肃生源无法满足招生需要，1955年开始在省外招收学生；1956年，申请国家教育部、高教部批准，将省内各中等技术学校的部分招收任务调配到辽宁、吉林、天津、河南等省市。

在高等教育方面，按照国家教育部的统一要求，甘肃开始引进苏联的高等教育经验，从1952年起对省内原有高校进行调整和院系设置，在学系之内设置专业，建立教研组，实行统一的教学计划和各科大纲，建立起新的高等教育体制。全省共设全日制高等学校4所，设置文、理、师范、农业、医药、财经7类本科专业26种，设置师范类专科专业10种。文、理、医药、师范类专业得到加强，法、商、农学类专业及外语、体育专业停办。

在少数民族教育方面，正式设立省、自治州、县的民族教育专设机构，设立民族教育事业专项补助经费。如当时的东乡自治区，1949 年全区只有 9 所小学、400 多名学生，到 1953 年底，已有小学 28 所、2100 多名学生，下拨的教育事业经费超过 1952 年的 3 倍以上。1954 年 1 月 11 日，《人民日报》第三版《文化简讯》栏目以《东乡自治区小学教育事业有了很大的发展》为题进行了报道。针对多民族省份的实际，全省在民族地区除接办私立中、小学外，还增设一批公立民族学校。1955 年，全省新建 10 所少数民族小学，改扩建 8 所完全小学，全省牧区共建立初级小学和完全小学 23 所，共有小学生 11918 人，其中少数民族学生占 3.1%；各牧区建立中学 1 所，师范学校 3 所，中学生 619 人，其中蒙、藏族学生占 5.2%。在教学中，加强爱国主义、民族团结和科学知识教育，逐步采用民族语言文字教学。1951 年 8 月，肃北自治区创办了全省第一所寄宿制形式的蒙古包小学，正式开始双语教学。从 1953 年至 1957 年，共组织蒙古语识字班 30 多个，大多数蒙古族青壮年参加了蒙古文扫盲学习。至 1958 年底，全县有 85.6% 的青壮年突破了蒙古文的基础关。1953 年，甘南藏族自治州机关报《甘南报》创刊，一直用藏汉两种文字发行，1956 年自治州人民政府又设立翻译科，大量培养藏语翻译人员。1953 年，天祝师范学校开设藏语班，先后培养本民族的教员 200 多名，其中藏语文教员 28 名。阿克塞哈萨克族自治县成立后，设立翻译室、广播站等机构，发布各种文件都使用哈、汉两种文字。对少数民族地区学生，在入学、升学、助学金评定等方面给予特殊照顾。这些举措，初步建立起具有民族特点和社会主义内容的少数民族教育体系。

全省教育事业的迅速发展，使全省人民的文化知识水平整体上有了明显提高，为全省社会主义建设培养了大批有文化的劳动者，在一定程度上满足了社会主义各项建设对劳动力素质提升的需要。

## 二、推动文化艺术事业的发展

新中国成立后，群众艺术工作开始创立和发展。随着甘肃全境的解放，陇东和部队的一批文艺工作者相继来到兰州，奠定全省文化艺术发展的基础。

1950年,甘肃省文联成立,下设文学、戏剧、音乐、美术四个工作委员会,对旧有的一些文化艺术团体进行改造,创办《甘肃文学》杂志,1956年改名为《陇花》。1955年4月,甘肃省话剧团创作的《在康布尔草原上》,获第一届全国话剧观摩演出会演一等奖、导演一等奖、舞台美术设计一等奖、剧本二等奖、制作管理二等奖,3名演员获二等奖,6名演员获三等奖。3月25日,毛泽东、朱德、刘少奇等党和国家领导人在中南海怀仁堂观看演出,并以此剧招待各国驻华使节,《人民日报》《光明日报》等发表评述文章。1955年8月,在全国第一届民族民间音乐舞蹈会演中,甘肃的《二姐娃做梦》和舞蹈《太平鼓》《滚灯》等四个节目获得好评,毛泽东、朱德、刘少奇、周恩来等亲临观看。各地文化团体建立后,普遍开展活跃和丰富基层建设者文化生活的活动。1955年七八月间,兰州市各剧团、电影院、曲艺工作者和一些企业、学校中的各文艺组织,在兰州市委的统一领导下,组成基本建设文化服务队,到基本建设工地巡回演出,受到建设者们的热烈欢迎,观众达35000多人。为改善甘肃文化的贫乏状态,1956年上海市决定将“春光越剧团”派到甘肃,剧团到兰后,更名为“兰州市越剧团”。越剧团落户兰州后,在丰富甘肃文化艺术的同时,一定程度上满足了上海援甘建设员工的精神文化需求。

群众文化艺术工作开始创立和发展。1950年起,全省陆续建立县、市文化馆以领导和促进群众文化的发展。全省各县成立文化馆,建立新华书店支店、电影放映队和县级广播站,成立秦腔剧团,修建影剧院等。其中,文化馆开展业余识字教育、政治宣传、文化娱乐、放映幻灯、展览图片、黑板报、图书阅览等。至1956年,全省已建立237个放映单位。放映工作结合当时的各项政治运动和中心工作,走遍城乡的各个角落。1956年,甘肃省群众艺术馆(简称省群艺馆)建立后,各地、市县也陆续建立群艺馆,并组织冬学、夜校、文化室和各种民间艺术团队,开展广泛的群众文艺活动。按照省文化局“关于文化馆站在农业合作社开展文化活动及试建俱乐部的意见”的精神,从1955年开始,以初级农业社为基础建立农村俱乐部,开展群众性的文艺活动。活动主要以业余剧团、创作组、图书馆、读报组、歌咏队、黑板报等形式开展,组织原则是“业余自愿,小型多样”,活动方法是“节日集中,平时分散”,深入田间地头开展宣传。1956年,全省举办老艺人秦腔汇演,对优秀剧目还灌制唱片。这些活动的开展,既促进了各项运动的进行和工农业生产的发展,也丰富和发展了人民群众的文化生活。

从1953年到党的八大召开前的三年多时间内,党的力量在社会建设的各个方面都得到加强。政治上,各级党组织逐步建立健全,并开始发挥领导核心作用;在经济建设、思想文化和社会事业等各个领域,广大党员充分发挥带头示范和引领作用,有力推动了新中国成立初期各项建设事业的开展。与此同时,广大人民群众逐渐树立起社会主义、爱国主义和集体主义意识,新型的社会主义社会关系以及与此相适应的良好社会风气、社会道德规范开始建立。1956年,社会主义社会制度在全国建立后,甘肃人民在党的领导下,又进入一个新的历史发展阶段。

# 第 二 编

# 社会主义建设的曲折发展

（1956年9月—1966年5月）

# 第九章

# 社会主义建设的良好开端

随着“一五”计划的不断推进和各项事业的展开，围绕探索和开辟一条适合中国情况的社会主义建设道路问题，党中央初步提出了发展科学文化、社会主义经济建设和政治建设的若干新方针。在省委领导下，全省先后学习贯彻中共中央《关于知识分子问题的指示》、“向现代科学进军”和“百花齐放、百家争鸣”的方针、处理党与各民主党派关系的“长期共存、互相监督”的方针。党的第八次全国代表大会后，全省人民继续学习贯彻八大路线和《关于正确处理人民内部矛盾的问题》的重要论述。所有这些党对社会主义建设探索的理论成为人们深入理解、认识中国社会主义制度和解决现实当中思想及生产生活问题的理论依据。

## 第一节　学习贯彻中共中央各项新方针

### 一、学习贯彻知识分子问题会议精神

面对世界范围内科学技术的迅猛发展和我国社会主义建设的大好局面，科学技术和知识分子的作用日益凸显。全省各级非党高级知识知识分子，在科学研究、教育、工程技术、医疗卫生、文学艺术等各个方面都以自己的专长为社会主义事业服务。不可否认的是，甘肃高级知识分子

总量太少,据统计只占国内高级知识分子约10万总数的2%,与甘肃经济建设的需求极不匹配。

1956年1月14日至20日,中共中央在北京召开了关于知识分子问题的会议。毛泽东在会上讲话提出要进行技术革命、文化革命;要搞科学,要革愚昧无知的命。搞这样的革命,单靠大老粗,没有知识分子是不行的。他要求在比较短的时间内造就大批的高级知识分子,同时要有更多的普通知识分子。他号召全党努力学习科学知识,同党外知识分子团结一致,为迅速赶上世界科学先进水平而奋斗。

周恩来则进一步指出,新中国成立六年来,贯彻执行党对知识分子的团结、教育、改造的政策,我国知识界的面貌已经发生根本变化,他们中的绝大部分已经成为国家工作人员,已经为社会主义服务,已经是工人阶级的一部分。会上提出了在知识分子中大量吸收党员的计划,争取在1962年做到高级知识分子中党员占三分之一左右。

会后不久,中央政治局通过《中共中央关于知识分子问题的指示》,肯定我国知识分子的面貌已经发生了根本的变化,知识分子基本上已经成了为社会主义服务的工作人员,知识分子的基本队伍已经成了劳动人民的一部分。4月14日,中共中央批转《中央组织部关于在知识分子中发展党员计划的报告》。5月21日,中共中央批转《中央组织部关于高级知识分子入党情况的报告》。按照中央要求,在知识分子中吸收党员时,应特别注意吸收高级知识分子入党。

为了贯彻中央知识分子问题会议精神和相关文件的要求,1956年3月1日,省委作出《关于贯彻执行中共中央〈关于知识分子问题的指示〉的决定》。《决定》指出:"知识分子的政治状况经过6年的社会主义改造已经发生了根本的变化,他们中间的大多数都拥护共产党和人民政府,拥护社会主义,在社会主义建设和学习马克思列宁主义中,都获得了显著成效。各级党组织必须对知识分子给以足够的评估,充分认识他们的历史作用和社会主义建设中的重要地位,切实解决好知识分子工作中存在的各种问题。"8日,省委又在省委组织部检查建党工作的通报中进一步指出:如何严肃认真地对待知识分子政治上进一步的要求和社会主义的积极性,并在坚持党员条件的前提下,积极地接受他们中具备党员条件的人到党内来,是目前各级党组织的一项重要任务。针对一些党组织行动犹豫、迟缓、观望的情况,省委的指示提出具体要求:某些行动迟缓特别是还没有行动起来的单位,应立即行动起来,结合传达贯彻中央知识分子会议精神,制定在知识分子中建党工作的全面规划和年度、季度计划,并提出具体措施,保证实现。

为了克服对待知识分子问题的历史偏见和鼓励广大知识分子积极向党组织靠拢,省委在1956年至1957年上半年通过制定文件、召开会议、领导讲话或报告等形式和运用省内新闻媒体及时宣传、报道知识分子加入党组织的有关情况,客观分析、评价知识分子自身的特点以及新中国成立六年来的积极变化,以营造重视、信任和发挥知识分子积极投身社会主义建设事业的有利氛围。概括起来,主要体现在以下几点:

检查、检讨以往知识分子工作中的缺点和不足。省委在当年召开的第二次党代会的报告中明确指出:在过去的工作中,存在着轻视知识分子的作用,看不到知识分子的进步,对待知识分子有各式各样的宗派情绪,对知识分子的政治要求和工作条件不够关心,对知识分子使用不当等情况。在培养和发展知识分子,特别是高级知识分子党员的工作中,也存在着不少缺点。虽然知识分子能否入党,关键在于个人是否努力,但各级党的组织未能有领导有计划地进行这一工作,对积极要求入党并且已具备党员条件的知识分子,也没有把他们吸收到党内来,这实际上就是一种关门主义倾向。这种错误倾向必须进行批判,并采取有效措施,从思想上和工作上切实加以纠正。

对知识分子在社会主义建设中的积极变化和作用给予新的估价。省委认为:几年来经过党的培养教育及历次社会改革运动的锻炼,知识分子的政治思想情况已经发生根本性的变化。他们中间已经出现大批拥护党和人民政府、拥护社会主义、愿意为祖国社会主义事业服务、愿意学习马克思列宁主义的进步分子。省委指出:必须深刻认识到,我们所进行的社会主义事业,除了必须依靠工人阶级和广大农民的积极劳动外,还必须依靠知识分子的劳动,也就是要依靠工人、农民、知识分子的联盟。在我们的社会主义建设中,比以往任何时候都更加需要充分地提高生产技术,更加需要充分地发展科学和利用科学知识,急需越来越多的知识分子参加这一伟大事业。没有大批具有高度科学知识和政治素质的知识分子,社会主义建设是不可能进行的,而且随着各项事业的巨大进展,必须提高全体人民的文化科学知识,更必须有大批精通技术且忠实于人民事业的党与非党专家。

将知识分子工作列入党的工作的重要议事日程。在贯彻执行中央知识分子问题的有关精神和政策中,省委明确提出:"把知识分子的工作提到各级党委的议事日程上",认为:"随着社会主义事业的发展,党对高级知识分子教育的加强,进步分子会一天天地增多,要求入党的人也会一天天地增多,我们对此必须有正确的认识"。"这就要求各地党组织以及每个党员,都要积极地团结和帮助自己周围的非党知识分子,经常地同他们接触,了解他们,帮助他们。同时,各地各部门党组织应当总结过去在知识分子特别是高级知识分子中发展党员的工作,批判关门主义倾向,根据本地本部门的情况,定出在知识分子中发展党员的规划,以便把更多的优秀知识分子吸收到党内来"。①

党对知识分子政策在甘肃的贯彻执行,初步打破了过去在对待知识分子问题上存在的估计不足、信任不够、安排不妥、使用不当、待遇不公、帮助不够的局面,为甘肃全面开展大规模的社会主义建设打下了重要基础。1956 年 3 月 5 日,《甘肃日报》在头版以《兰市一批高级知识分子入党》的醒目标题,报道了包括 35 名高级知识分子在内,有汉族、回族、藏族、维吾尔族四个民族的 71 名知识分子加入中国共产党的消息。中共甘肃省委第二副书记高健君出席入党仪式并向新党员表示祝贺,年近六旬的国内著名的植物分类学家、西北师范学院生物系主任、新党员代表孔宪武教授发表入党感言。这批高级知识分子加入党组织,极大地鼓舞了全省广大知识分子向党组织靠拢和要求加入中国共产党的积极性,也为党的各级组织开创党对知识分子工作的新局面开了好头。截至 1956 年 5 月,全省有 1300 余名知识分子加入中国共产党,其中高级知识分子达 104 名。

---

① 社论:《积极吸收优秀知识分子入党》,《甘肃日报》1956 年 3 月 5 日第 1 版。

## 二、学习《论十大关系》

从1955年底到1956年春天，为准备党的八大召开和开展大规模经济建设，毛泽东等中央领导人进行了一系列调查工作。在调查中，毛泽东形成了一些对中国社会主义建设有长远指导意义的思想。1956年4月25日，毛泽东在中央政治局扩大会议上作《论十大关系》的报告。5月2日，又在最高国务会议上作了报告。“十大关系”包括：重工业和轻工业、农业的关系，沿海工业和内地工业的关系，经济建设和国防建设的关系，国家、生产单位和生产者个人的关系，中央和地方的关系，汉族和少数民族的关系，党和非党的关系，革命和反革命的关系，是非关系，中国和外国的关系。前三个关系是探索工业化道路的问题，中间两个是涉及经济体制的问题，后五个关系是探索社会主义建设中的如何处理政治关系的问题。《论十大关系》的提出，一方面反映了党为寻找适合中国国情的社会主义建设道路的探索和努力；另一方面也使中国社会主义建设道路的基本思路逐步清晰起来，“对当前和今后，都有很大的针对性和理论指导意义”。

省委、省人委在学习、领会《论十大关系》过程中，结合本省实际，吸收各地、各单位意见的基础上提出了一些可贵的认识和政策。在甘肃地方工业发展主要矛盾认识上体会到，随着国家第一个五年计划在甘肃重点建设的一批重工业项目和限额以上若干项目的实施，一方面开始了改变甘肃地方经济、文化落后状况的进程；但另一方面也引起了一些新的矛盾。主要是现有甘肃地方工业的生产能力不能适应国家重点项目的建设和农业合作化以后农业大发展对地方工业的需要。其矛盾突出表现为：多与少、快与慢、大与小。所谓多、快、大是指国家重点建设项目、限额以上及其他项目多，而且要求地方工业也要建立数量相当的配套、服务性厂矿；国家重点项目由于资金充足、技术力量雄厚，所以建设的进度快；大则体现在国家项目规模大，对砖、瓦、砂、石等建筑材料的需求量大。而少、慢、小是指地方工业基础薄弱，总量少，甚至有的品种、门类尚无厂家生产经营，仅有的也是规模小，设备落后，很多是手工工场，生产赶不上当前的需要。对于这些在社会主义建设中产生的矛盾，省委、省人委采取积极应对措施。大力兴建一批地方重点工业项目和农业生产发展相适应的地方工业，以扩大生产和再生产的能力；对现有地方工业、企业进行技术改造和扩建，增加投资和设备，扩大其生产能力；充分挖掘现有地方工业、企业潜力，发挥职工群众的创造性和积极性，开展以先进生产者运动为内容的社会主义劳动竞赛，利用一切可以利用的力量提高生产效率，以弥补不足。

毛泽东在《论十大关系》中关于“党与非党的关系”的论述中，提出了“长期共存，互相监督”的方针，指出：还是几个党好，不但过去如此，而且将来也可以如此。为贯彻“长期共存，互相监督”的方针，中共甘肃省第二次代表大会上，省委第一书记张仲良在工作报告中对这个方针进行了阐释：“最近，我们党中央和毛主席解决了一个世界共产主义者过去没有完全解决的问题，就是在社会主义国家里是否可以容纳多党派。我们中央和毛主席认为：在我国除过我们党以外，其他党派也可以同时存在。只要都是为着社会主义服务，多几个党派并没有什么害处，相反的倒有好处。当然几个党派中必须要有一个核心，这个核心就是我党。就是以我们党为领导，其他党派也同时存在。因此，中国可以有两个万岁，一个是中国共产党万岁，一个是民主党派万岁。这也就是说：共产党活到什么时候，民主党派也活到什么时候。共产党与民主党派虽然不是同生，但是可以同死。这样的好处，就在于能够互相监督，把我们国家的事情办得更好。因为既有不同的党派，就会有不同的意见。如果只有我们共产党，那就只有一个意见，只能听一种话。这就容易使我们脱离群众，脱离实际，产生官僚主义，结果会使我们的事业发展停滞不前。因此，我们必须善于合作，善于听取各种不同意见。只有如此，才能使我们经常保持警惕，才能使我们经常注意克服无产阶级专政的阴暗面。”

7 月 11 日，为深入学习、领会“长期共存，互相监督”的方针，政协甘肃省委员会召开第十四次常委会。出席会议的各民主党派人士一致认为：中共中央的这个方针给了各民主党派、民主人士鼓舞和力量。他们表示要更加团结在共产党周围，为社会主义建设贡献力量。在发言中，大家坦诚地提出了以前长期存在的疑问和顾虑：认为我国进入社会主义后，剥削阶级消失了，民主党派也就不会存在。现在中央的这一方针完全解除了民主党派、民主人士的顾虑。讨论中，大家对以往党在甘肃的统一战线工作中的缺失，进行了坦率的批评，认为过去有些部门对民主人士生活方面关心的多，政治上帮助的少；有些共产党员习惯了在党内开展批评与自我批评，缺乏与非党人士之间互相批评，建议今后应该和党外人士一起开展批评与自我批评，共同改进工作中的缺点，实事求是地互相帮助。大家对中共甘肃省第二次代表大会决议中关于继续扩大与巩固人民民主统一战线的决定表示满意和拥护，认为这是中共甘肃省组织执行中央方针的具体措施。与会者认为：今后各民主党派任重道远，要在今后的工作中消除依赖思想，树立主人翁的态度，加强独立思考和独立工作的能力，积极在共产党与非党之间贯彻知无不言、言无不尽、思想见面、畅所欲言的精神，要加强联系、互相帮助、共同提高。省委第一书记兼省政协主席张仲良在发言中鼓励各民主党派、民主人士大胆揭发统一战线工作中的缺点，知无不言、言无不尽，对工作中的缺点提出批评，以便互相帮助、共同提高。

“长期共存，互相监督”方针在甘肃的贯彻执行，调动了各民主党派、民主人士参加社会主义建设的积极性。一些民主党派在甘肃的负责人连续在《甘肃日报》上发表文章，表达广大民主人士对这一方针的认同。认为这一方针是人民民主制度的进一步发展，是马克思主义的普遍真理与中国革命的具体实践相结合的又一典范，密切了共产党与各民主党派的关系；认为这一方针既是对民主党派的鼓励，又是鞭策，愿意在共产党的领导下，努力工作，认真学习，特别是加强马克思主义的立场、观点和方法的学习，学习中国共产党忠于革命、勤于钻研、勇于创造、善于团结的美好品德，更好地发挥互相监督的作用，为甘肃的社会主义革命和建设作出贡献。

1956 年 10 月前后，根据《论十大关系》对一切反革命分子都要给以生活出路，使他们有自新机会的精神，结合贯彻《全国农业发展纲要》，甘肃开展了地主、富农和农村中的反革命分子加入农业生产合作社的试办工作，并取得了相当的成绩。当时，《甘肃日报》的社论指出：“在社会主义建设事业已近取得决定性胜利的情况下，把地主、富农和农村中的反革命分子吸收到合作社里来，根据他们表现的好坏，分别使他们成为社员、候补社员和管制生产，这是有利于农业合作化运动的发展和巩固的，同时也有利于监督改造地主、富农和反革命分子，以消灭农村中的剥削阶级和肃清农村中的残余反革命分子”。“一切地主、富农和反革命分子，都应该选择这条道路。只要他们遵守人民政府的政策法令，勤劳生产，努力改造自己，那么就可以和全国人民一道，共享社会主义美满幸福的生活”。

## 三、贯彻“双百”方针

1956年4月28日，毛泽东在中共中央政治局扩大会议上提出，艺术问题上的“百花齐放”，学术问题上的“百家争鸣”，应该成为我国发展科学、繁荣文学艺术的方针。中共中央赞同毛泽东的意见，确定“百花齐放”“百家争鸣”为党的科学和文化工作的方针。

党中央提出“双百”方针后，省委采取召开科学界、文化艺术界座谈会的形式，进行传达贯彻。省委还在6月召开的中国共产党甘肃省第二次代表大会的报告中对“双百”方针的贯彻执行提出要求。省委的报告指出：在科学工作上，必须进行科学工作规划，积极开展科学研究，培养科学技术力量，普及科学知识教育，提高干部和群众科学技术水平。尤其要依据“百家争鸣”的方针，开展学术上的自由争论。不仅要认真地、系统地学习苏联和各人民民主国家的先进经验，对资本主义国家的创造发明和有用经验，也应当把它接受过来，达到提高我们科学技术水平的目的。省委的报告还指出：要继续贯彻“百花齐放、推陈出新”的艺术方针，使文化艺术事业大力而迅速的开展。必须有计划地组织全省创作力量，面向群众，培养青年作家，使创作繁荣起来。

省委还对科技和文化艺术工作提出具体要求：科技工作方面，各县市的科学普及协会应当迅速建立起来，使其成为科学普及工作有力的组织者。各地区各部门要根据具体情况积极设置和推广技术研讨会，业余技术讲授会、技术夜校、师徒合同等群众性的技术研究组织，并经常举行科学技术展览会、报告会，组织群众观摩、学习，从工人和农民中，逐步培养出一批科学技术人才，扩大科学技术力量。文化艺术方面，要对现有的文化艺术团体采取具体的措施，不断充实提高。尤应积极组织民间职业剧团、曲艺团体、民间艺人等进行各种改革，提高艺术水平，满足广大人民群众的需要。要积极开展厂矿企业职工的文艺体育活动，积极建立和发展以俱乐部为中心的农村文化网。

6月16日，由省委文教部牵头，中国民主同盟甘肃省委员会、九三学社兰州分社筹委会、中华全国自然科学专门学会联合会兰州分会筹委会、甘肃省文学艺术界联合会、甘肃日报社等五个单位联合邀请在兰州的科学、教育、文学艺术工作者及各民主党派人士共167人，举行如何执行“百花齐放、百家争鸣”方针座谈会。与会者认为：中央提出“双百”方针，既是国家建设社会主义事业的需要，也是文艺界和学术界的普遍愿望。“双百”方针；既是党和人民政府在文学艺术和科学工作上的政策，也是繁荣和提高文学艺术、发展科学的正确途径。在执行这个政策中，要调动一切积极因素，珍惜任何一点一滴的社会主义积极性，协调各方面的关系，使文学艺术和科学工作不断得到发展和提高。只有实行和贯彻“双百”方针，才能改变我国科学和文化落后的状态，在一定时期内赶上国际水平，在我国造成一个崭新的科学和文化昌盛的时期，更快更好地建设社会主义。

12月20日，为进一步贯彻“双百”方针，繁荣全省的文学艺术创作，甘肃省文联在兰州召开全省文学创作者会议。会议代表根据“百花齐放、百家争鸣”方针的精神，对全省文学艺术创作近年来取得的成绩和今后如何繁荣发展进行讨论。在如何做好文学艺术刊物的出版发行，创作中存在的公式化、概念化倾向，专业作者和作家要经常深入生活，加强业余作者的培养、组织、联系，开辟更多的创作园地，加强少数民族文学、文艺理论工作诸方面提出许多意见建议。“会议充满了独立思考、自由辩论、学术讨论的空气”。① 出席会议的省委书记处书记强自修勉励文学创作者要用马克思主义的立场、观点和方法洞察生活。要求作者要熟悉生活，掌握人民群众阶级斗争和生产斗争的知识。要勇于独立思考，认识问题，分析生活。号召文学创作者提高思想水平，防止骄傲，体贴关心工农群众的生活，通过自己的作品去教育人民群众。

---

① 黄权舆：《省第一次文学创作者会议闭幕》，《甘肃日报》1956年12月28日第1版。

“双百”方针的贯彻执行，给全省的科教文化事业带来盎然生机。1956年至1957年上半年，省内各种文学刊物、报纸杂志发表关于科学技术探讨的活动和争鸣文章明显增多。铁道部第一设计院为加速西部铁路各在建项目和提高工程质量，专门在兰州召开发扬技术民主的工程技术人员争鸣讨论会。批评学术空气稀薄，学术探讨上的懒汉思想，断章取义的不良现象等争鸣文章屡见报端。文学艺术创作的作品、品种也明显增多。创办了一些新的文艺刊物，《甘肃日报》也开辟文艺园地，大批文艺作品不断出现。由于国家支援西北建设，外省籍人员增多，上海越剧等也在兰州安家落户。为了培养文艺新生力量，成立了包括秦腔、陇剧、话剧、眉户剧、京剧5个班的戏曲学校，并举办戏剧培训班，共培训学员2000余人，为全省戏剧事业发展准备了力量。

“双百”方针经过传达、学习、讨论后，在甘肃的科学、文化界引起共鸣，初步收到了解放思想，打破教条主义束缚、发挥各方面创造性的积极效果。1957年4月24日，《甘肃日报》社论指出：“一向较为沉寂的甘肃文化科学界，也活跃了起来。广大业余作者创作了或正在创作着各种题材，各种形式的作品；搁笔很长时间的老画家提起笔来了；各个剧团曲艺社也挖掘和整理许多具有丰富内容和优美形式的民间、民族遗产，科学、教育界的研究空气，也逐步高涨起来。”

## 第二节　学习和宣传党的八大精神

1956年9月15日至27日，中国共产党第八次全国代表大会在北京举行。八大正确分析了国内形势和主要矛盾的变化是：人民对于先进的工业国的要求同落后的农业国的现实之间的矛盾，已经是人民对于经济文化迅速发展的需要同当前经济文化不能满足人民需要的状况之间的矛盾。由此提出党在今后的根本任务是：就是要集中精力来解决这个矛盾，把我国尽快地从落后的农业国变为先进的工业国。会议还进一步做出了经济、政治、文化、外交等方面的一系列政策。提出党的建设的主要任务就是提高全党的马克思列宁主义水平，坚持理论联系实际、实事求是的原则，把马克思列宁主义的普遍真理同中国革命的具体实践密切结合，反对主观主义、官僚主义和宗派主义；要把贯彻执行党的群众路线作为执政党必须要着力解决的历史问题。这次会议对中国建设社会主义道路的探索提出的许多新方针和设想是富有创造精神的，是站在比较高的起点上的探索，对于党和国家事业的发展具有长远的重要意义。

## 一、联系实际贯彻八大路线

党的八大闭幕后，1956 年 10 月上旬，省委向各地、各级党委发出通知，决定从当年 11 月 10 日起至 1957 年 2 月底，组织全体干部党员学习八大会议文件和有关精神，并要求各级党委加强领导，把这一学习当作当前政治工作的中心任务去完成。10 月 25 日至 11 月 1 日，省委又举行了二届二次全体（扩大）会议，省委第一书记张仲良传达了八大精神。

在学习贯彻党的八大精神过程中，省委对新中国成立以来党在甘肃取得的成绩和存在的不足进行了总结。省委认为：几年来，党在甘肃全省的组织有了很大的发展，广大党员在实际工作和政治生活中得到了很大的锻炼和提高，党同群众的联系进一步加强。在各级党委的正确领导和广大群众的支持下，党在社会主义改造和社会主义建设的事业中取得了巨大成就，现正在领导全省各族人民为把甘肃建设成为祖国的一个新的工业基地而奋斗。这就对全体党员和党的各级组织提出了更高的要求。但是，由于各项建设事业的迅速发展，工作任务的繁重，建设队伍的扩大，新情况新问题经常出现。而党的思想工作和组织工作却常常赶不上形势发展的需要。

省委针对党的组织和党员队伍存在的不足指出：目前，党组织中绝大部分党员是解放以后入党的，他们不但对日益开展着的建设事业的业务知识还需要不断提高，同时对党的基本知识还缺乏系统了解；有些党员对党的决议和指示还不善于全面执行或执行不力，甚至对党的领导作用还认识不足，忽视党员义务和权利或违背党章规定的行为也时有发生。党的根本组织原则——民主集中制在不少党组织中还未很好贯彻执行，表现在上下级关系还不够活泼生动，民主作风不足，缺乏自下而上的监督；甚至有些同志在胜利的形势面前，骄傲自满，不喜欢批评，尤其是不能很好地开展自下而上的批评，不善于或不喜欢深入群众，对下情不了解，对工作经验特别是群众中的创造缺乏及时而系统的总结；不少同志对党的理论、政策和决议缺乏认真地学习，思想落后于实际，滋长着主观主义和官僚主义，工作盲目性很大，不善于独立思考问题，往往以风为准，对党的政策决议执行得不好；有的同志仍然以关门主义和宗派主义情绪去处理问题，看不见新鲜事物的发展，对新生力量支持不力。所有这些缺点和错误，都不可避免地要削弱党同群众的联系，妨害党组织和党员群众积极性和创造性的充分发挥，影响到党的团结和统一，减弱党的领导作用。

为纠正不足和缺点，省委要求通过八大文件和精神的学习贯彻，力求在以下几个方面取得实效：

通过学习，着重弄清党的群众路线是党的根本的政治路线和根本的组织路线，从思想方法上明确“从群众中来，到群众中去”是党的领导方法的根本原则，从而使全体党员懂得党的领导必须保持谦虚、谨慎的态度，反对骄傲、专横、鲁莽、自作聪明，不同群众商量的态度，为有效地克服主观主义、官僚主义和宗派主义奠定思想基础。

通过学习，着重使全体党员懂得党的民主集中制是党的根本组织原则，是党的群众路线在党的生活中的应用。使全体党员从思想认识上解决充分发扬党内民主，发挥党的下级组织和党员群众的积极性、创造性的重要意义。

通过学习，着重使全体党员懂得党的团结就是党的生命，是党的力量所在。使全体党员懂得党是工人阶级组织的最高形式，以便从认识上树立坚强的党的观念，在各方面工作中加强党的领导，防止任何企图削弱党的领导的倾向。

通过学习，着重使全体党员懂得批评与自我批评不论对任何人都是绝对必需的。鉴于党在国家和社会生活中的领导地位，目前更加需要展开批评与自我批评，特别是自下而上的批评。

在学习和贯彻党的八大精神过程中，省委对全省各级党组织和广大党员提出坚持党的群众路线,发扬党内民主,加强各项工作中党的领导以及开展批评与自我批评的要求,对贯彻八大路线和正在全省开展的社会主义各项建设事业有着重要的意义。

## 二、学习贯彻《关于正确处理人民内部矛盾的问题》

1957 年 2 月 27 日,毛泽东在最高国务会议第十一次(扩大)会议上作《关于正确处理人民内部矛盾的问题》的重要讲话。讲话全面分析社会主义的矛盾,指出:社会主义社会存在着敌我之间和人民内部两类性质根本不同的矛盾,前者需要用强制的、专政的方法去解决,后者只能用民主的、说服教育的"团结—批评—团结"方法去解决,决不能用解决敌我矛盾的方法去解决人民内部矛盾。毛泽东主席系统地分析和阐明了正确处理各方面人民内部矛盾的方针和方法。这一套系统的关于社会主义社会内部不同性质矛盾及其处理这些矛盾的理论,是党的八大路线的继续和发展。

从当时的情况看,在 1956 年至 1957 年上半年,由于中共中央为全面开展我国社会主义经济建设和科学文化建设,不再完全照搬不符合中国国情的苏联模式,探索中国自己的社会主义建设道路,连续推出了一系列调动各个方面积极因素的方针、政策,特别是党的八大关于国内主要矛盾的论述和毛泽东《关于正确处理人民内部矛盾的问题》中关于两类不同性质矛盾的论述,成为人们深入理解、认识中国社会主义制度和解决现实当中思想、生产生活问题的理论依据。从甘肃的实践来看,这一系列的方针、政策确实起到了团结广大干部群众、调动社会各界人士的积极性,逐步消除社会不同阶层隔阂,缓和各方面矛盾的积极作用,并在实际工作中得到了体现。

"双百"方针及"长期共存、互相监督"等方针经过传达、学习、讨论后,初步收到了解放思想,打破教条主义束缚、发挥各方面创造性的积极效果。但在这一过程中也暴露出一些问题,主要有以下两个方面:

一个方面主要体现在党的各级组织和领导干部身上,他们对"双百"方针和"长期共存、互相监督"方针的深远意义,还缺乏深刻认识,只愿看鲜花,就怕出毒草,只愿唯物主义独鸣,不愿与唯心主义争鸣;在执行这一方针时，缩手缩脚，前怕狼、后怕虎。自觉不自觉地习惯用阶级斗争的手段和方法，对待人民内部的思想问题。

另一方面，在民主党派、知识分子中，不少人存在着思想顾虑，怕放错了整思想、查历史，怕鸣错了丢面子、受打击，瞻前顾后，怕这怕那，不敢提出自己的见解，不愿拿出自己的东西；还有一些参加了“鸣”“放”的，也是顾虑重重，既怕权威学者盛气凌人，又怕犯了原则性错误，丧脸丢丑、心存戒意，怕成了打击和批判的对象，欲放而止，欲鸣而罢。因此有人说：“虽然放了，但是放的羞羞答答；虽然鸣了，却是鸣的吞吞吐吐。”

针对这些问题，省委结合传达、学习、领会毛泽东《关于正确处理人民内部矛盾的问题》的论述，于 1957 年 4 月 13 日至 22 日，召开长达 10 天的由省内科学、文化、教育、工程技术、卫生、体育等各界的党内外人士 450 余人参加的文教工作会议。会议首先重点传达学习毛泽东在最高国务会上《关于正确处理人民内部矛盾的问题》的重要论述。然后，对“百花齐放、百家争鸣”“长期共存、互相监督”的方针采取分组、大会等形式进行了充分讨论。其间，中共中央统战部副部长、全国人大民族委员会主任刘格平就上述方针的理解和执行作了专题讲话，省委第一书记张仲良自始至终参加会议，并分别同科学和高等教育、普通教育、体育卫生、文艺界部分人员举行了四次座谈会，听取意见。经过反复、认真、深入讨论和交流，与会者就会议的多项内容形成共识：

拥护和赞成《关于正确处理人民内部矛盾的问题》的论述。大家认为：这个论述的提出有着深刻的社会和思想基础，是完全符合社会发展规律的，是马克思列宁主义的普遍真理与我国具体实际相结合的光辉范例，是承认社会主义社会有矛盾存在的前提下，对知识分子和人民群众进行教育和改造的思想武器，是繁荣艺术、发展科学、发现真理的最好途径；特别适合解决具有复杂性的思想问题。

以往存在的问题党内党外都有责任。大家认为：不仅党内有宗派主义，党外也有宗派主义。从成见出发考虑问题，就是宗派主义的一种表现形式。在甘肃，一个时期以来，党内一些干部在政治上有优越感，党外有些人士在业务上也有优越感。所以党内与党外的关系不是水乳交融，而是存在着隔阂。这种隔阂是贯彻中央各项方针政策的主要障碍。要通过反对官僚主义、主观主义和宗派主义,加强对知识分子的思想教育,特别是贯彻从团结的愿望出发,通过批评教育,在新的基础上达到新的团结的办法解决。

解决人民内部的思想问题要以理服人。大家认为:过去摧毁旧的东西,多是采用“大炮轰”的办法,以解决敌我矛盾。今天对于人民内部的错误思想,决不能采用这种办法,必须和风细雨。“一砖一木”地建或拆,不好的丢掉,有用的留下,不能全部一炮轰垮,也不应先作“打虎状”。总之,要将错的得到纠正,好的得到保留,不够好的经过改造变成好的。

关于“双百”方针。与会者一致认为:首先要鼓励“放”和“鸣”,要相信群众的辨别能力。害怕“放”和害怕“鸣”,就是不相信真理;其次要在“放”和“鸣”中比好坏、求真理,要获得真理必须在斗争中求得,而“百花齐放、百家争鸣”的方针,就是求得真理的最好方法。

关于“长期共存、互相监督”的方针。与会者认为:中国共产党的群众观点,是以历史唯物主义为基础的,所以共产党提出监督并非客气。而对党和国家的各项工作进行监督,人人有责。各民主党派更是责无旁贷,应该以主人翁态度,对党进行监督。

张仲良在会议结束时的讲话中指出:毛主席的《关于正确处理人民内部矛盾的问题》,是我们解决当前人民内部矛盾的一把钥匙,只要善于使用,成山的问题也可以迎刃而解。人民内部矛盾属于是非问题、思想问题,所以必须用自由争辩、以理服人的方法,而不能用一意孤行、以力压服的方法。他说,“百花齐放、百家争鸣”,都是以人民的利益为前提,以搞好社会主义建设为基础。“放”出来就会有香花也有毒草,“鸣”出来就会有真理也有谬论。“放”出来大家看,“鸣”出来大家听,就可以识别真伪,分辨是非。过去害怕“放”、害怕“鸣”,就是不让大家亮出来,不要人民去分辨。争鸣是炼钢的方法,只有争鸣才能百炼成钢。张仲良说:“党所以需要各方面的监督,是因为当政了,容易从心所欲,而且党员也难免有越轨的地方。监督会使我们克服缺点。有些共产党员怕监督,就是怕去掉缺点。割尾巴是要痛的,但要忍着,不痛则不快。犯了错误,只要能认识根源,加以改正,就使人受到锻炼。如犯了错误就灰心,丧气,不积极起来纠正,就是经不起考验。”

1957年4月24日,《甘肃日报》在第一版以《大胆地“放”大胆地“鸣”》为题发表社论。社论认为:省委召开这次重要会议,“为今后共同争鸣和互相监督打下了更坚实的思想基础,为今后大胆地‘放’、大胆地‘鸣’、互相监督、共同进步创造了更有利的条件。”省委在贯彻中央方针、政策时扎实有效的工作与社会各界共同营造的相对宽松和谐的氛围,为随后不久在全省范围内开展的以正确处理人民内部矛盾为主题的整风运动准备了有利的条件。

## 第三节 “一五”计划的完成与经济建设的良好局面

### 一、第一个五年计划的完成

1953年,按照国家建设社会主义的大政方针,甘肃省开始实施发展国民经济的第一个五年计划。“一五”计划的实施,为把甘肃建设成为国家新兴的工业基地奠定了坚实基础。

到1957年,经过甘肃各族人民的团结奋斗、艰苦创业,第一个五年计划顺利完成,国民经济各部门都获得了巨大的成就。截至1957年,全省社会总产值达到20.11亿元。其中,工农业总产值达到16.48亿元;国民收入达15.1亿元,比1952年增长51.1%;财政收入达2.04亿元,比1952年增长82.1%。

“一五”计划时期,甘肃共完成基本建设投资24.35亿元,新增固定资产15.73亿元。大规模的工业建设,极大地提高了全省企业的生产能力。工业总产值有了大幅度的增长,到1957年底,工业总产值达6.35亿,比1952年增长162%。各主要生产部门都超额完成了“一五”计划制定的目标。

这一时期,全省的所有制结构和产业结构发生了重大变化。首先,体现在中央所属企业的产值在全部工业产值中的比重逐年提高,由26.56%提高到51.52%;其次,地方工业有了较大的发展,产值达3亿元,比1952

年的1.8亿元增长了60%。在所有制结构中,全民所有制企业的产值增长了4倍多,达4.77亿元;集体所有制企业产值增长47倍,达1.23亿元。重工业年产值达3.77亿元,占工业总产值的59.38%,轻工业年产值达2.58亿元,占工业总产值的40.62%。

这一时期,全省的交通运输、民用航空和邮电事业也有了很大发展。继1952年天兰铁路通车后,从1952年10月起,又开始修建兰新铁路。1954年开始建设包兰铁路,到1958年8月1日全线通车。与此同时,还兴建了一些铁路支线。铁路营业里程由1952年的50公里发展到1957年的715公里。到1957年底,公路里程已达到11372公里,全省的公路网初具规模,实现县县通汽车。全省的民用航空通航里程由1952年的2255公里发展到1957年的6287公里。乡村邮电所由8个发展到497个,邮路总长度由2.19万公里提高到5.55万公里,长途线路和电报电路分别由65路和85路发展到112路和169路,实现了乡乡通邮路,73%的区乡通电路,全省交通闭塞的状况有了根本的转变。

这一时期,全省的广大农民为改变农业生产条件进行了艰苦的努力。到1957年,全省扩大耕地面积394万多亩,水地面积增加156万多亩,控制水土流失面积达3万多平方公里,植树造林700多万亩,大大增强了抗御自然灾害的能力。农业生产条件的改善,使粮食生产有了较大的增长,粮食平均亩产由1952年的120斤提高到134斤,总产量由53亿多斤增加到63亿多斤,使甘肃由缺粮省变成自给有余省。棉花总产量由1952年的6.77万担增加到11.44万担;油料总产量由126.57万担增加到130.46万担。截至1957年,全省农业总产值达到10.13亿元。总之,农业生产超额完成了"一五"计划所规定的各项指标。

这一时期,全省的教育、文化、科技、卫生等事业也得到长足的发展。到1957年,高等学校虽然只有5所,但经过院系调整和充实力量,教师增加了1.62倍,毕业生是1952年的1.67倍。中等专业学校发展到17所,5年增加6所,毕业生人数比1952年增长3.46倍。普通中学比1952年增加83所,小学达到11393所,增加3638所。学龄儿童入学率达到57.53%,比1952年提高23.95%。与此同时,医疗卫生事业也有很大的发展。随着大规模建设的展开,全省科技工作走上迅速发展的道路,各类科研机构纷纷建立,1957 年达 19 个,比 1952 年增长近 3 倍;科技人员由 74 人增加到 509 人,是 1952 年的 6.8 倍。1954 年成立的中国科学院兰州分院,下设近代物理、化学物理、地质、高原、大气物理、冰川冻土、沙漠等研究所,是西北地区的一个多学科综合性科研基地。

这一时期,生产发展,各项事业繁荣,提高了人民群众的生活水平。1955 年国家机关工作人员的薪酬由供给制一律改为工资制。1956 年 4 月,按照全国工资制度改革的要求,全省国家机关事业单位实行职务、职称等级工资制;企业则按不同行业实行 5 级或 8 级工资制。至 1957 年底,全省国家正式职工人数达 48.46 万人,5 年增加了 30.4 万人,比 1952 年增长 1.7 倍。全省的工资总额为 4.03 亿元,比 1952 年增长 3.6 倍;职工年平均工资为 790 元,比 1952 年的 499 元增长 58.3%。城市居民的消费水平由 1952 年人均 157 元上升到 1957 年的 253 元。“一五”时期全省的农业税一直稳定在 1953 年的水平上,国家又适当提高了农副产品的收购价格,农民收入明显增加。到 1957 年,全省农民家庭人均年纯收入为 92.71 元,比 1952 年增加 38.3%,人均消费为 78 元,比 1952 年增长 50%。

第一个五年计划的顺利完成,不仅使甘肃的经济建设取得了辉煌的成就,各方面事业有长足的发展,人民生活有明显的改善,生产和建设的能力有较大的提升,也极大地鼓舞和增强了全省各族人民在党的领导下建设社会主义的热情和信心,为甘肃社会主义的全面建设开创了崭新局面。

## 二、兰炼、兰化等大型企业建成投产

兰州炼油厂是第一个五年计划时期苏联援建中国的 156 项重点工程之一,也是 156 项中唯一的石油炼油企业,成为新中国成立以后兴建的第一个大型现代化石油炼油企业。

新中国成立后,为了改变中国石油炼油工业生产技术水平落后、生产能力低下的状况,国家在 1949 年至 1952 年国民经济三年恢复时期,相继对甘肃的玉门炼油厂、新疆的独山子炼油厂等进行了恢复和改建、扩建，全国原油加工能力虽有所提高，但石油制品奇缺的局面并没有得到根本的改观，不得不从苏联进口大量的石油产品。建设和发展我国自己的石油炼油工业，就成为国家在工业化初兴时首先考虑的重点项目。

当时，国内已探明的石油资源主要集中在西北地区。据1952年石油生产资料表明，仅甘肃玉门油田的原油产量，就占全国原油产量的近三分之一。因此，作为第一个五年计划时期国家部署的156项苏联援建的重点工程中唯一的现代化炼油厂的建设，就被安排在了甘肃。

1952年5月，国家燃料加工部石油管理局、国家计划委员会、甘肃省和兰州市人民政府分别派出人员，会同苏联专家，组成厂址勘探队，历时一年多，调查了甘肃14个县区，先后对16个预选厂址的气象水文、工程地质、交通等情况进行详尽勘探和论证比较，最后确定在兰州市西固区瞿家营建厂。1954年3月，国家计委批准在兰州建厂计划。厂名确定为兰州炼油厂。①

根据1953年5月中、苏两国政府签订的贸易协定，由苏联帮助中国建设炼油厂，全套设备和技术也由苏联引进。兰州炼油厂原设计年原油加工量100万吨，一期工程设计项目193个，需要建设16套炼油生产装置及储运和辅助设施，并以玉门原油为原料。兰州炼油厂的大部分设计工作由苏联承担，中方承担20%—30%技术设计和施工图样设计。年加工原油100万吨，比1949年以前中国42年的原油总产量还要多，是1949年全国炼油加工能力的5.9倍，也是当时亚洲设计能力最大的炼油厂。1954年3月16日，国家批准兰州炼油厂设计任务书。

1956年4月28日，兰州炼油厂第一期工程破土动工。一期工程投资1.8亿元，工业与民用建筑及基础面积达40万平方米，安装设备1.3万吨，铺设各种管道长达860余公里，土方工程量200多万立方米，地上、地下混凝土量14万立方米，最高建筑物达73米，单体设备最重170余吨，吊装大、小塔60多座，制作、安装各类油罐287座，还有大量高温高压容器和管线焊接、保温工程及仪表安装调试等。

到1958年9月，一期工程历时两年零五个月时间全部建成，并分批

① 1988年5月更名为兰州炼油化工总厂，1999年9月重组为兰州炼化公司。

投入试运转。建厂期限比国家计划提前 15 个月，工程造价比预算降低 5.75%。

1958 年 8 月 2 日，第一列满载玉门原油的油槽车驶进兰炼；9 月 13 日，兰炼第一套原油电脱盐装置正式投产；9 月 18 日，兰炼炼出第一批汽油、煤油、柴油等 6 种成品油；1959 年 3 月，国务院总理周恩来为兰炼的建成投产欣然挥笔，写下了“依靠党的领导，发挥广大职工群众积极性和创造性，学习苏联先进经验，加强组织工作和具体措施，鼓足干劲，力争石油生产的量多、质好和品种齐全，以逐步满足国家和人民的需要”的题词。1959 年 6 月，兰炼一期工程 16 套生产装置全部建成投产；1960 年 1 月，兰炼一期工程通过国家验收委员会验收，总评为优良。

兰炼的建成投产，使中国原油加工能力比 1957 年扩大了 1.4 倍，在全国新增生产能力中，兰炼以 30% 的比例独占鳌头。兰炼的建成投产，为国内炼油设备的标准化和系统化、炼油企业建设程序的科学化以及炼油厂建设施工技术标准和规范等方面，积累了经验、创制了标准、建立了规范、拟制了程序、形成了方法，其在国内炼油工业的开拓性和样板式作用是不言而喻的。兰炼的建成投产，以其不断扩大生产水平和较为先进的工艺技术，以及由此形成的系列产品开发和生产能力，使中国炼油工业生产发生了质的飞跃。

兰化是兰州化学工业公司化肥厂和兰州化学工业公司合成橡胶厂的简称或总称。①

国家在第一个五年计划期间，决定把苏联援建的 156 个重点建设项目之一的化学肥料工程建在兰州市西固区。1952 年 10 月，国家重工业部化学工业管理局在兰州成立西北化工厂筹备处，负责兰州氮肥厂的

① 这两个厂在历史上曾多次改换名称，且有过合并历史。其中，兰州化学工业公司化肥厂 1954 年初建时为兰州氮肥厂；1956 年 3 月更为兰州肥料厂；1957 年 9 月与兰州合成橡胶厂合并为兰州化工厂；1960 年更名为兰州化学工业公司合成氨厂；1965 年 5 月更名为兰州化肥厂；1968 年 6 月更名为兰州化学工业公司化肥厂；1999 年 7 月更名为中国石油兰州石化分公司化肥厂。兰州化学工业公司合成橡胶厂先后为兰州合成橡胶厂、兰州化工厂、兰州化学工业公司合成橡胶厂、中国石油兰州石化分公司合成橡胶厂等。在叙述中采用“化肥厂”和“合成橡胶厂”的名称区别。

筹建。化肥厂的厂址选择、勘探和设计工作随之展开。1955年至1957年,随着苏联方面设计工作的完成,化肥厂的土地平整、机械修理辅助工程、合成车间主厂房的土建工程等陆续开始施工。1957年9月,根据国家化学工业部的指示,正在建设中的化肥厂与合成橡胶厂合并,成立兰州化工厂。

1958年,按照边基建、边试车、边投产的要求,化肥厂的建设连续取得了当年"五一国际劳动节"实现空分装置试车、"七一党的纪念日"实现造气炉烘炉、"十一国庆节"出甲醇、"十一七俄国十月革命胜利节"出硝酸铵的重大进展。

1959年3月15日,肥料厂一期工程通过国家验收。工程总建筑面积达32万多平方米。总安装量5万吨,国家投资总额2.1亿元,建成时间为一年半,比原计划三年时间提前了一年半。

化肥厂的投产结束了我国西北地区不生产化肥和甲醇的历史,实现了"零"的突破,掀开了甘肃现代工业建设、发展的新篇章。

合成橡胶厂也是156个重点项目之一,建在兰州市西固区。1953年5月,中国政府与苏联政府在北京签订了合成橡胶厂建设项目决定书,确定全套引进苏联装置、设备及技术。1953年3月1日,国家计划委员会发电同意合成橡胶厂建设选址在兰州市西固区,并启用"兰州合成橡胶厂"名称。18日,国家计委批准兰州合成橡胶厂的初步设计计划任务书。此后,在国家有关部委、苏联专家和省委、省政府的帮助支持下,合成橡胶厂建设的地质勘探、项目设计、施工方案等基础工程全面展开。1956年3月,工厂建设的一期工程——丁苯橡胶装置破土动工。在历时两年多的时间里,先后完成了近30万平方米的建筑工程,建成丁苯橡胶聚合、凝聚、苯乙烯、酒精法丁二烯、合成酒精5个生产车间及中央实验室、原料产品检验室等生产辅助装置。至1959年底,国内第一套合成丁苯橡胶装置正式建成。1960年5月20日,随着第一批合格的丁苯橡胶的产出,兰州合成橡胶厂成为中国不能生产合成橡胶历史的终结者。

合成橡胶厂的建设、投产和发展,填补了我国合成橡胶的空白,满足了与国计民生密切相关的国防、交通、石油、航空、民用、机器制造等行业的迫切需求。

同属156个重点项目在甘肃落户的还有其他5个建设项目：

兰州热电站。它筹建于1953年，1955年12月开工兴建，1957年11月16日一期工程一号机组正式投产发电。到1958年12月一期工程全部移交生产，装机容量达到10万千瓦，是当时西北地区最大的一座电站。

白银有色金属公司。它于1954年底开始基本建设，设计年生产规模铜采矿325万吨，选矿330万吨，电解铜3万吨，硫酸18万吨。1959年10月1日，露天矿提前一年出矿。1960年3月，选矿厂正式投产。6月14日，冶炼厂正式建成投产。到1965年，主要产品生产能力和机修、动力、运输等辅助生产能力全部形成。

兰州石油机械厂和兰州炼油化工设备厂。由于两个项目同属国家第一机械工业部，且两厂厂址相邻，一些辅助生产能力和动力设施可以共用，为节省投资，第一机械工业部于1958年4月16日批准两厂合并，定名为兰州石油化工机器厂。这两个项目于1953年筹建，1956年7月破土动工，1959年12月部分项目投产，并试制成功我国第一台大型石油钻机，开创了我国制造深井石油钻机的历史。1965年12月正式通过国家竣工验收。

国营银光化学材料厂。该厂属国防军工企业，厂址选在白银，筹建于1953年9月，设计能力为年生产高能炸药4万余吨。1956年破土动工，次年国家决定缓建。1958年6月恢复建设，1964年8月建成投产。

另外，这一时期还有8个[①]不属于156项重点项目的其他项目相继落户甘肃，它们的建设投产情况是：

永登水泥厂。该项目属于当时国家规定的限额以上建设单位，由德意志民主共和国援助建设，全套设备由该国引进。该厂设计总投资5582万元，年生产水泥36.1万吨，于1950年开始筹建，1954年9月破土动工，1957年12月10日正式建成投产，并通过国家验收，是西北第一座现代化水泥厂。它的建成使甘肃基本建设所需水泥不再从2000余

---

① 这8个项目中的最后一个项目，见本章“酒泉卫星发射基地的筹建”。

公里以外的其他地区运进,同时也奠定了甘肃现代水泥工业的基础。

兰州自来水厂。属于配套项目,由苏联设计并提供主要设备。该项目筹建于1955年5月,1956年3月破土动工,1957年9月26日提前建成投产,是当时国内设备最新、规模最大的自来水厂,有“亚洲第一水厂”之称。

国营万里机电厂、国营新兰仪表厂、国营长风机器厂。以上三厂均属国防军工企业。它们是1955年11月中苏两国政府签订的关于苏联援助中国22个航空电子工业项目协议中落户甘肃兰州市安宁区的项目。三厂于1956年1月开始筹建,1957年2月因国家调整建设计划,三厂暂缓建设。1958年1月,三厂又恢复建设。万里机电厂于1958年9月28日局部建成投产,12月10日试制成功第一台航空产品——APY-2A型水平尾翼力臂调节器。新兰仪表厂于1958年10月20日建成投产,1959年4月28日研制成功第一个产品——APX-2B型飞行指示器。长风机电厂于1959年4月完成厂区建设,同年底试制成功代号11#和7#的新产品。

同属核工业的404厂、504厂,是1956年8月17日中苏两国政府签订的《关于苏维埃社会主义共和国联盟为中华人民共和国在建立原子能工业方面提供技术援助的协定》中的主要援建项目。其中,404厂选址在甘肃酒泉,1958年10月动工兴建,1963年一线工程建设投产,1964年加工生产出第一个核部件,1970年二线工程建成投产。504厂选址在兰州西郊,1958年破土兴建,1964年一期工程建设,一次投产成功,并生产出质量合格的高浓缩铀产品。

“一五”时期以国家16个重点建设项目为骨干的大型企业在甘肃建成投产,不仅结束了之前甘肃连一辆自行车都不能制造的历史,为成为国家新兴的工业基地打下了基础。更重要的是这批项目的建成,极大地振奋了甘肃1200余万各族人民的民族自豪感和建设社会主义的信心。

## 三、党和国家领导人对甘肃工作的指导

“一五”时期,国家重点项目在甘肃的建设,自始至终得到了党和国

家的关心和支持，一些党和国家领导人以及有关部门的负责人先后到甘肃视察、指导工作。

1956 年 3 月 22 日，中共中央政治局委员、国务院常务副总理陈毅率中央代表团，前往拉萨祝贺西藏自治区筹备委员会成立途经兰州，并在兰州由火车换乘汽车。中共甘肃省委第一书记张仲良、省长邓宝珊、兰州军区第一副司令员韩练成中将等和省内各民主党派负责人到兰州火车站迎接。3 月 28 日，陈毅针对代表团制定的《宣传大纲》中存在的只讲汉族帮助少数民族，没有讲兄弟民族对祖国贡献等问题，提出意见建议。代表团在兰州补充、修整一周之后向西宁进发。

11 月，中央人民政府革命军事委员会副主席、中华人民共和国国防委员会副主席、中国人民解放军武装力量监察部部长、中国人民解放军训练总监部代部长叶剑英到甘肃、新疆视察、指导工作。叶剑英途经甘肃时，分别以《甘肃》《永登》《武威》《高台》《酒泉》《玉门》为题写下了边塞诗《西游杂咏》六首，记录下沿途所见所闻，讴歌了甘肃人民的奋斗场景。1957 年 7 月，叶剑英再次来甘肃，视察了兰州军区炮兵第十五师和永登坪城炮兵靶场。

1957 年 4 月 4 日至 4 月 6 日，中共中央总书记、国务院副总理邓小平在结束对山西省的视察后，乘坐专列抵达兰州视察。5 日，邓小平视察兰州西北民族学院，向参加省、市干部会议的甘肃省领导干部作关于形势的报告。报告针对我国经济发展中出现的一些新情况、新问题，阐述了解决问题的原则。邓小平特别强调要充分发扬民主，加强和改进党的领导，积极进行切实有效的思想政治工作，搞好经济建设。他指出：从整个党派来说，阶级斗争这门科学，我们的党，我们的干部是学会了；但在建设方面，对我们党来说，对我们的干部来说，或者是不懂，或者是懂得太少了。他提醒广大干部，如果不好好学习，不总结经验，我们也会在建设问题上栽大跟头，犯大错误。邓小平最后强调，要充分认识“长期共存、互相监督”“百花齐放、百家争鸣”的重要意义；加强党的领导，关键是加强党与群众的联系，调动一切社会力量，把我们的国家建设成为一个真正富强的而不是现在这样穷的社会主义国家。当天，邓小平还视察了正在建设中的兰州炼油厂工地和西固福利区。在听取有关工程建议、技术革新、产品开发等情况汇报时，邓小平称赞说："这符合我们勤俭建国的精神。"他鼓励广大职工自力更生、艰苦奋斗，依靠科学技术兴厂兴国。邓小平还视察了西固剧院。当时的西固剧院是兰州市文化局的同志利用拆掉一座旧桥和一座旧庙的废旧木料，因陋就简、自力更生建成的。他们的做法受到邓小平的称赞，称其为：少花钱、多办事的典范。其间，邓小平还看望了中国共产党的老朋友、甘肃省省长邓宝珊。

邓小平这次在兰州的时间虽然短暂，但在兰州见到的一切给他留下了深刻的印象。4 月 8 日，他在视察西安的一次讲话中说："我在兰州见到一个工厂，设备极简陋，厂长的办公室很朴素，一切都很简单，但是生产出来的产品并不差。"他还称赞西固剧院说："在兰州我看到很多简易的东西，戏院还可以放电影，座位也不错。这样的戏院盖起来只花 10 万元，有的花钱更少就可以解决问题。"① 邓小平的这次讲话不久，4 月 18 日，《人民日报》发表题为《兰州的路子走对了——评兰州西固剧院因陋就简少花钱、多办事的做法》的评论文章。同时，《甘肃日报》也作了长篇报道。此后，全国一些剧院开始学习西固剧院的经验和做法。

## 四、酒泉卫星发射基地的筹建

20 世纪 50 年代中期，根据国防建设的需要，党中央、国务院决定发展我国的导弹事业，并以国防科研、工业机构为主，重点发展弹道式地地导弹，以建立我国独立的战略核反击力量，也为发展运载火箭技术打下物质、技术基础。另一方面，以中国科学院为主，首先以研制探空火箭开路，开展高空探测活动，同时开展人造地球卫星有关单项技术的研究和测量、试验设备的研制，为发展我国航天器技术和地面测控技术作准备。这些科研工作和探测活动首先要求要有一个符合条件的发射场地。1957 年 10 月 15 日，中苏双方签订了"新技术协定"。根据协定，1958 年初，苏联专家来中国进行发射场的选址考察。专家们先后在我国东北、华北和西北的广大地区，进行了拉网式勘察选址。经过慎重勘察、

① 评论员文章：《兰州的路子走对了——评兰州西固剧院因陋就简少花钱、多办事的做法》，《人民日报》1957 年 4 月 18 日第 3 版。

分析和比较，1958 年 3 月 3 日，确定在甘肃酒泉以北 200 多公里的巴丹吉林沙漠深处的戈壁滩上建设中国第一座具有综合试验功能的火箭发射场。

当时，国家从全国调集了包括刚从朝鲜归国的中国人民志愿军第 20 兵团在内的 10 万大军参加建场工作。一时间，铁道部队、工程兵部队、通信兵部队、汽车运输部队和地方科研院校、建筑公司等纷纷抽调精兵强将，从四面八方汇集到戈壁滩，拉开了大规模的基地工程建设序幕。为了确保基地建设与北京、三总部有线电话长途通讯的机密，基地的通讯代号确定为“东风”。后来，基地建成后正式启用了“东风”这一名称。这就是后来人们把酒泉卫星发射基地也称为“东风基地”或“东风航天城”的缘由。

在基地建设初期，这里除了稀稀落落的骆驼刺、红柳和低矮的芦苇，别无其他植物，满眼大漠戈壁。当地有民谣称：“地上不长草，天上无飞鸟，北风吹着石头跑。”极度干旱和冬季的凛冽北风，使建设者们嘴唇干裂、手脚开裂，甚至有人天天流鼻血；呼啸的风、飞扬的沙尘使初到的人彻夜难眠。没有水，打土井，而打出的却是咸水。喝咸水、伴风沙、睡帐篷，是 10 万大军最初艰苦生活的写照。经过建设者们的艰苦奋斗，酒泉卫星发射基地在浩漠荒滩上奇迹般地建成了。1960 年 9 月 10 日，基地首次用国产燃料成功发射苏制 P-2 导弹。11 月 5 日，新中国自己制造的第一枚近程导弹发射成功。之后，随着 20 世纪 60 年代中期我国第一颗人造卫星等研制工作的全面展开，酒泉卫星发射基地以更大的规模、更快的速度向前发展。

省委努力贯彻党的八大确定的党和国家工作重点转移到经济建设上来的主要决策，在实际工作中，坚持即反保守又反冒进，在综合平衡重稳步前进的方针，加上中央调动社会各方、各界积极性的正确方针和政策对甘肃的大力支持，在以第一个五年计划为主要内容的全面建设社会主义的开局中，全省各项事业都取得了长足的发展，特别是经济建设取得旧中国难以企及的辉煌成就，鼓舞着甘肃各族人民，在党的领导下为建设社会主义伟大事业而奋斗。

# 第十章
# 整风运动和反右派斗争

进入全面建设社会主义阶段后，面对国际共产主义运动出现的大波折和国内新出现的复杂情况，如何正确处理人民内部矛盾问题日渐成为国家政治生活的重要内容。随后，围绕这一主题，全党开展了整风运动。省委按照中央的统一部署，认真组织开展整风运动，并在运动后期将此前反“右倾保守主义”斗争的事和人联系起来，开展了对“地方主义”的批判。在整风过程中，出现了极少数右派分子向党进攻的复杂局面，开展反右派斗争是必要的。但斗争被严重扩大化的同时，还制造出“孙、陈、梁右派反党集团”案，不仅错误地打击了一大批党的干部，也使甘肃社会主义建设的良好开端遭受了重大挫折。

## 第一节　整风运动

### 一、整风运动前的国内外形势

1956 年在东欧的社会主义国家中，相继发生了波兰和匈牙利事件。6 月，波兰西部的波兹南地区发生由于工人的某些要求没有得到满足而引起的罢工、流血冲突。事件暴露出波兰政府在处理工人罢工问题上的严重官僚主义，同时也说明人民内部矛盾，如果处置不当，同样会激化成为对抗性矛盾。10 月 21 日，波兰统一工人党中央改组。匈牙利劳动人民党内外纷纷要求效法波兰，走独立发展的社会主义道路。23日，在匈牙利首都布达佩斯，爆发了20万人参加的示威游行，各种反动分子、亲法西斯分子也混进队伍。示威游行者在右翼势力的煽动下，提出反政府的口号，占领了电台和一些军事设施，冲击劳动人民党和政府的机构，后来又残酷杀害劳动人民党员及政府官员，致使这场游行演变成反政府暴乱。为此，苏共中央决定在匈牙利采取进攻方针，尽全力挽救匈牙利局势。11月4日，匈牙利工农革命政府宣告成立，苏军开进布达佩斯，迅速控制了局势。此后，波兰和匈牙利国内的社会秩序逐渐恢复。

国际共产主义运动中出现的重大波折，不能不引起党中央的高度重视和深入思考。毛泽东说：现在摆在世界各执政的共产党面前的问题是如何把十月革命的普遍真理与本国的具体实际结合的问题，这是个大问题。波匈事件应使我们更好地考虑中国的问题。他认为，在波兰和匈牙利，一方面，已经出现否定苏联的一切以致否定十月革命的倾向；另一方面，官僚主义、脱离群众、照搬苏联经验、阶级斗争不彻底等方面错误的恶果也逐渐表露出来。能否正确区分和处理敌我矛盾和人民内部矛盾，关系到社会主义建设的成败，关系到人民政权的存亡。

就国内来看，1956年下半年，国内经济出现生产资料和生活资料供应紧张的情况，也出现了一些不安定的情况。由于社会主义改造的迅速完成，加上经济建设出现冒进的影响未能完全消除，一些新的社会矛盾也表现得比较突出。许多城市出现粮食、肉类和日用品的短缺，一些学生、工人和复员转业军人在升学、就业和安置等方面遇到不少困难。从1956年9月到1957年3月半年时间内，全国发生数十起罢工、请愿事件。在农村，1956年夏收以后，不少地方连续发生闹缺粮、闹退社的风潮。在甘肃，当时也先后发生甘肃兰州林业学校（校址在天水）学生因寒假往返旅费问题闹事及处置不当事件，由上海迁建兰州的搪瓷厂职工、家属因生活安置、户口迁转、买粮等问题闹事及处置不当事件。人们刚刚还在欢庆社会主义改造取得伟大胜利，中国已进入社会主义社会，怎么会出现这么多问题呢？这是许多人始料不及的。

对这类问题、事件怎么处理，全党既没有思想准备，也缺乏经验。一些党的地方部门领导习惯于按照革命时期的经验办事，用类似处理敌我矛盾的办法处理罢工、罢课事件，造成了矛盾激化。面对新情况和新问题，需要有新的方针、新的方法、新的理论。这是摆在全党面前的新课题。

## 二、省委对中央整风指示的贯彻落实

1957 年 4 月 27 日，中共中央发出《关于整风运动的指示》指出：我们国家已经从革命的时期进入了社会主义建设时期。社会主义的关系根本变化了，人们的思想意识也在随着变化。党要更好地领导全社会的改造和新社会的建设，更好地调动一切积极力量、团结一切可能团结的人，并且将消极力量转化为积极力量，必须同时改造自己。《指示》同时指出，几年来在我们党内，脱离群众和脱离实际的官僚主义、宗派主义和主观主义，有了新的滋长。因此，有必要按照“从团结的愿望出发，经过批评和自我批评，在新的基础上达到新的团结”的方针，在全党重新进行一次普遍地、深入地反官僚主义、反宗派主义、反主观主义的整风运动，提高全党的马克思主义水平，改进作风，以适应社会主义改造和建设的需要。《指示》还就整风运动的指导思想、主题、主要内容、方法步骤等作出要求和规定：整风运动的指导思想是毛泽东 2 月在扩大的最高国务会议上所作的《如何处理人民内部的矛盾》和 3 月在中央召开的宣传工作会议上代表中央所作报告的主要精神；整风运动的主题是正确处理人民内部矛盾；整风运动的主要内容是“一个总结改进，五个检查”，即总结改进本地区、本部门的工作。检查处理人民内部矛盾问题的情况，检查对于党的“百花齐放、百家争鸣、长期共存、互相监督”方针和“勤俭建国”方针的执行情况，检查那些脱离工人群众、农民群众、士兵群众、学生和知识分子群众的官僚主义现象，检查那些不从团结六亿人民出发，不从团结各民族各党派和广大党外群众出发，不从团结全党出发的宗派主义现象，检查那些不从实际情况出发的主观主义现象。整风运动的方法步骤是一次既严肃认真又“和风细雨”的思想教育运动，是一个恰如其分的批评和自我批评的运动。坚决实行“知无不言、言无不尽，言者无罪、闻者足戒”“有则改之、无则加勉”的原则。整风采取“开门”形式，既在党内开展批评与自我批评，也欢迎党外人士参加，对党和政府及党员、干部工作中的缺点错误予以批评。《指示》发出的同一天，中共中央又发出《关于即将发出整风、党政主要干部参加体力劳动的指示和请各地分析研究党与人民群众各项具体矛盾的通知》，要求各级党政军主要干部，每年以一部分时间参加体力劳动，以克服主观主义、官僚主义作风；要求各省部级党委、党组注意党同工人、农民、学生、解放军战士、知识分子、民主党派、少数民族等七个方面之间所存在的各项具体矛盾，分别召集会议，加以分析研究，使自己心中有数，由盲目到自觉，以便有根据地说服干部和群众。

5 月 1 日，中共中央《关于整风运动的指示》在《人民日报》上公开发表，全党整风由此开始。省委于 4 月 30 日接到中央《关于整风运动的指示》后，省委书记处即指定专人负责与有关负责同志就甘肃开展整风运动进行沟通、交谈、酝酿，并提出初步计划。5 月 6 日下午至 7 日，用一天半的时间召开有省级各厅局、高等院校、人民团体及铁路系统等单位负责同志参加的省委常委扩大会议，在对初步计划进行充分讨论的基础上，对全省的整风运动作出初步部署。

成立甘肃整风运动的领导组织。会议决定，成立以省委第一书记张仲良、省委书记霍维德等 7 人组成的省委整风领导小组，在省委的领导下进行工作；在省级机关，除省委领导小组兼管党群系统整风运动外，以霍维德为首组成政府系统领导小组，负责领导国家机关和事、企业机关的整风运动；各地、市、州委和省级各单位党组织，也都要立即成立整风领导小组，并从现在开始即行作动员报告，组织干部学习文件，进行整风。

全省各级党组织的整风运动采取分期分批的办法进行。省级（包括省委、省人委所属各部、办、委、厅、局等），各地、市、州委和大型厂矿、大专院校为第一批，这些部门和单位的整风运动从即日开始，至 10 月底结束，为期 6 个月；县、区级各单位为第二批，从 11 月开始，至 1958 年 3 月底结束，为期 4 个月，但应从现在起开始学习整风的有关文件，做好准备工作；全省县、区级以下的基层组织为第三批，于1958年4月起开始整风，为期4个月。总的时间要求全省各级党组织的整风运动要在1958年内完成。

整风运动学习的主要内容。毛泽东《关于正确处理人民内部矛盾的问题》《在中国共产党全国宣传工作会议上的讲话》《实践论》《矛盾论》,《人民日报》编辑部《关于无产阶级专政的历史经验》《再论无产阶级专政的历史经验》等6部（篇）；各单位还可以选择一两篇与自己业务有关的文件作为参考。

主要领导干部参加体力劳动。会议认为，主要领导干部参加体力劳动，是整风运动的重要内容之一，是领导与群众相结合、脑力劳动和体力劳动相结合的一个重要方法。有劳动能力的领导干部每年必须有一定时间参加体力劳动，了解情况，密切联系群众。

整风运动的方法。边学习、边检查、边改进工作；结合实际研究分析本单位的工作性质、存在的突出问题，提出解决的办法；整风、工作两不误。

5月14日，省委向中央报送《关于在全省开展整风运动初步计划的报告》。

为更好地贯彻执行中央关于整风的指示，针对甘肃党员干部的基本情况，存在的问题和运动中可能出现的偏差等，省委在给中央的报告中，进行了认真地分析和梳理。

省委认为，甘肃干部的文化、政治水平一般比较低，老干部较少。县以上机关党员干部在1945年党的七大以前入党的只占4.6%，而95%以上的干部没有经过整风。这些同志虽然几年来经过党的教育和群众运动的锻炼，在思想上有了很大的进步和提高，但在阶级意识和思想方法、工作作风上存在着不少问题，特别是对面临的新形势、新任务认识很不深刻，对正确处理人民内部矛盾问题的看法还非常模糊，需要进一步地加强改造和提高。就是过去参加了整风运动的同志，其中一些人的体会是不深刻的，不少人甚至忘记了党的历史经验和优良传统。革命的胜利、人民群众的拥护和所处的执政党的地位，有些人就滋长了严重的居功骄傲情绪和特权思想，单纯地依靠行政命令的办法处理问题，因而使领导与被领导、党内与党外关系上问题很多，严重地脱离了群众。

省委认为，甘肃原有经济文化基础很差，解放后各方面事业发展速度较快，但也带来了许多矛盾和困难。面对这种情况，有些人只看到有利方面而忽视了困难的方面，因而夸大成绩，甚至把工作中的巨大成绩看成是个人的特殊作用，因而滋长着严重的骄傲自满情绪。另外一些人则相反地强调困难而忽视有利的条件和工作中的成绩，怨天尤人。特别是社会经济的大变化，引起人们思想上的剧烈变动。由于我们对这种变动认识不足，理解不深，思想落后于实际，赶不上客观形势的发展，因而在处理人民内部矛盾问题上和调节各方面关系上，就发生了不少很严重的错误和偏差，使矛盾和困难更加突出和复杂。

省委认为，甘肃自然条件和经济文化发展方面有很大的差别性，这种复杂多样的客观情况有许多好处，但从主观方面来讲，全面情况不易掌握，使领导上往往发生主观性、片面性和一般化的偏向，使工作遭到损失，使矛盾更加复杂尖锐，因而上下之间的关系和各专区之间的关系，即局部与整体的关系问题上也就表现比较复杂。过去我们虽然对上述情况有了初步的认识，并采取群众路线的工作方法，创造了不少克服困难、解决矛盾的经验，取得了显著成绩。但是，因为领导上有严重的官僚主义、宗派主义和主观主义，对这些好的、成功的东西发现很不及时，总结提高不够，推广不力。

省委认为，在整风运动中，正确贯彻执行既严肃认真，又“和风细雨”的方法，对全体党员来说也是一个新问题。我们长期以来习惯了“疾风暴雨”的一套方法。从领导者角度来讲，有些人不易接受“严肃认真”的一面，从被领导者方面看，特别是官僚主义严重的地方，有些人不易接受“和风细雨”的方法。具体掌握不好，往往容易抄袭过去的做法，或形成“无风无雨”一团和气的偏向。

正是因为存在上述诸多的问题，省委要求，整风运动首先要从检查党委常委和行政部门主要领导同志开始，作出榜样，取得经验，然后层层向下推行。各地区、各单位主要领导，要放手发扬民主，虚心听取来自各方面的批评和意见，广开言路，使大家畅所欲言，并要切实以身作则，带头深刻检查自己的工作和作风,为大家树立榜样。省委认为:在甘肃以正确处理人民内部矛盾为主题,开展一次普遍深入的整风运动,克服官僚主义,宗派主义和主观主义,更具有特殊重要的现实意义。

## 三、党内的整风与“大鸣大放”

按照中央的要求和省委的安排,全省整风运动首先在省委、省人委及其所属各部、委、办、厅、局,各市、地、州委以及各大专院校和大型厂矿企业党委中开展。从5月7日到6月8日,运动又大致可分为“和风细雨”式的党内整风和“大鸣大放”的整风两个阶段。

第一阶段,即“和风细雨”的党内整风阶段。参加整风的各单位普遍经过整风动员、制定整风计划、学习整风文件、召开各种类型的有党内外人员参加的座谈会、广泛听取各方面人士对党委党组的批评和建议、着手研究和解决自己能够解决的问题等过程。

为了鼓励和发动省内各民主党派、民主人士在整风运动中对甘肃党的工作多提意见,政协甘肃省委员会于5月8日下午,邀请各民主党派的负责人举行座谈会,省委第一书记、政协甘肃省委员会主席张仲良主持会议。他在讲话中希望各民主党派、民主人士和老前辈们,对甘肃的整风多提意见,多批评、多帮助,并对甘肃的整风计划安排提出补充意见,以利把甘肃的整风运动进行好。各民主党派、民主人士在发言中认为:在国内形势大变动的今天,党提出整风是非常适时和必要的。整风是中共党内的事,但对各民主党派、民主人士同样有重大意义。党内存在着官僚主义、宗派主义、主观主义,在党外人士中也有各种不同程度的表现,虽然民主党派人士经过了思想改造,但思想认识已远远落后于客观实际。各民主党派应以正确的态度,主人翁的态度,实事求是地用“和风细雨”的方法,帮助党内同志揭露矛盾,分析矛盾,调节矛盾,共同提高;还应本着与人为善的精神,对近几年来滋长了骄傲自满情绪的某些党员同志,认真地提出批评,帮助他们改正缺点,提高思想认识。这样,不仅帮助了别人,而且对自己思想意识的锻炼和自我改造方面都有很大好处。他们认为:这次整风,党内领导同志热切要求党外人士帮忙,党外人士也要自觉帮助这一运动的健康进行。

从当时的情况看,甘肃的各民主党派、民主人士经过党的知识分子政策的调整和“双百”方针、“长期共存、互相监督”方针的学习贯彻后,对帮助共产党开展整风运动,虽还有一些顾虑,但总的来说,还是积极和愿意参加的。但党内相当一部分党员、干部甚至是领导干部对整风运动在思想上有各种不同的反映。正如省委6月1日报送中央《当前整风运动进展情况简报》中所说:“运动还不够深入,一般来说党外比较活跃,党内比较消沉,一般党员干部比较活跃,领导干部特别是基层比较消沉,党内外思想都还有某种程度的混乱现象。”

针对党内整风存在的问题,5月13日至14日,省委召开各地、市、州委及大厂矿党委书记会议,就整风运动和文件进行再部署、再学习。会议强调,正确处理人民内部矛盾是党的一个战略转变,也是一个长期性的问题。经过整风学会正确处理人民内部矛盾,对全党来说很有必要。会议认为,在社会主义时期,甘肃的主要矛盾有以下五种:工业、农业以及文化建设之间的矛盾,也就是中央的各项政策在甘肃地区贯彻执行中的矛盾;领导与被领导之间的矛盾;党与非党之间的矛盾;上下之间、左右之间的矛盾;民族关系方面的矛盾。集中起来,也就是领导与群众、党与非党之间的两大矛盾。整风就是要认识这些矛盾,正确解决这些矛盾,达到全党团结,全体人民的团结,各民族之间的团结,调动一切积极因素,很好地建设社会主义社会。对党员干部在整风运动中各种不同思想的反映,会议认为,这些不同的反映,在一个大的运动开始时期是很自然的,必须反复进行宣传教育,展开讨论,认真阅读文件,认识整风的意义,才能收到整风的效果。这次会议还提出第一批参加整风的单位,可根据自己单位的实际情况安排整风运动的时间,但最迟要在当年的12月底结束的要求。

随着党内整风运动的进一步发展,从甘肃所召开的各级、各类座谈会征求到的意见看,党外的批评意见主要集中在以下几个方面:批评党的领导不民主,不听反面意见,乱扣帽子,行政命令,包办一切,以党代政;对党外人士和知识分子信任不够,尊重不够,有职无权;在干部提拔、使用和待遇方面,党与非党人员存在不公平,如晋级提薪党员在先,早晨入党下午提科长,党员犯了错误不公开处理,处理也是党内宽党外严;有不少党员特别是基层干部，对中央的方针政策研究不够，致使在执行中走了样，是歪嘴和尚把好经念歪了；在历次运动中，特别是肃反运动中，方法粗暴，冤枉了人，伤害了党外人士的感情和面子；公私合营企业里，公方代表不民主，安插亲戚朋友，业务生疏，经营管理上赔钱多，公方代表应退出；实行统购统销后，农村的粮食征购太多，群众有意见；过去对党外和民主人士就是“疾风暴雨”，现在对党内人士是“和风细雨”；各民主党派也应办报；官僚主义严重，对下边情况不了解，对党员和积极分子的汇报偏听偏信；部分党员有功臣自居，骄傲自满，特权思想；有些党员不学无术，不懂装懂；省委的部太多，只要组织、宣传、统战三个部就可以了，各民主党派的组织，也应向基层发展等。

5 月 24 日，省委召开常委会议，对党内整风运动开展以来的情况进行分析梳理，认为从已经暴露出来的问题看，绝大多数的批评是对的，在我们某些单位的工作中确实存在着许多缺点。现在揭露出来的问题，对我们帮助很大，必须进行研究改进。常委会议还对全省进一步深入进行整风运动做出了安排。

就全国情况看，整风运动进入 5 月中旬以后，在报纸、杂志上发表的议论、报道和评论中，出现一些怀疑以致否定共产党的领导和社会主义制度的议论，引起了党中央、毛泽东的高度关注，中共中央连续发文，对整风运动包括内容、方法、目的等作出重要调整。

5 月 14 日，中央在《关于报导党外人士对党政各方面工作的批评问题给各地的指示》中，第一次提出“右派分子”的概念，并把“右派分子”和反共分子并列；15 日，中央下发的《事情正在起变化》的文章中，使用了“右派猖狂进攻”的提法；16 日，中央又下发《关于对待当前党外人士批评的指示》。这个《指示》一方面指出，当前党外人士的批评，诚恳的、正确的占 90% 以上，对于党的整风，改正缺点错误，大有利益。另一方面也尖锐地指出：“最近一些天来，社会上有少数带有反共情绪的人跃跃欲试，发表一些带有煽动性言论，企图将正确解决人民内部矛盾、巩固人民民主专政、以利社会主义建设的正确方向，引导到错误方向去。此点，请你们注意，放手让他们发表，并且暂时（几个星期内）不要批驳，使右翼分子在人民面前暴露其反动面目，过一个时期再研究反驳的问题。”19

日起,北京有的高等学校开始贴出“大鸣”“大放”的大字报,全国各地高等学校一部分学生起而效仿,一时间大字报铺天盖地。25日,毛泽东在接见中国新民主主义青年团第三次全国代表大会的全体代表时的讲话中强调:中国共产党是全中国人民的领导核心。没有这样一个核心,社会主义事业就不能胜利。他号召大家团结起来,坚决地勇敢地为社会主义的伟大事业而奋斗,一切离开社会主义的言论行动是完全错误的。这实际上是党在整风鸣放的重要时刻公开发出的反击右派的预警。6月8日,中共中央发出《组织力量反击右派分子的猖狂进攻》的党内指示,反右派斗争猛烈展开。整风运动的主题开始由正确处理人民内部矛盾转向对敌斗争,由党内整风转向反击右派。

甘肃以“大鸣”“大放”为主要形式的整风运动要比全国晚一些。5月中旬,中央的几个文件和署名文章下发后,省委在安排整风运动时力图按照中央的要求,赶上全国步伐。省委6月1日给中央并主席的《当前整风运动进展情况简报》中说:“目前运动正在逐步走向深入,大‘鸣’、大‘放’的气氛已经逐步形成。但是‘鸣’得还很不够,争论还很少见”等。但是省委还是按照5月中旬中央文件的要求,对整风运动中暴露出的问题进行整理和摸排。24日召开的省委常委会明确要求,省委整风领导小组和省委宣传部组成10人小组,开始整理整风运动中提出的各种意见,在摸排整理右派分子言论过程中,省委认为,“右翼分子的面貌已经开始暴露,他们在会议上、报刊上对我党进行谩骂和攻击,有的人企图煽动群众,将运动的方向引导到错误的道路上去。”省委认为,当前甘肃的情况是:右翼分子比较嚣张,中间分子的态度还不够明朗,左翼有孤单之感。因此,要完全暴露右翼的真面目,团结大多数中间分子,孤立右翼分子,争取胜利,还必须做很大的努力。

根据中央5月中旬的指示,省委在6月1日给中央的《当前整风运动进展情况简报》中,对甘肃整风运动的情况作出如下判断:一些“在历次运动中被斗争过的人以及对党一贯不满的人,把他们的不满情绪和我们工作中的若干错误缺点混淆起来,表面上是批评我们的错误缺点,实则对我党进行攻击,争夺领导权。也就是在政治、思想战线上的阶级斗争。”据此,省委对下一阶段的整风运动作出新的安排:针对上述情况,如何加强领导,掌握形势,争取时间;通过有目的地大“放”,挤出脓包,摸清底细,以争取胜利,就成为当前的主要问题。遵照中央指示精神,应该继续进一步地放手贯彻执行大“放”的方针,首先要于最近半月内,在兰州市四个大学和省级机关及各民主党派机关中大“放”起来,以便充分地暴露问题,掌握情况,使运动深入下去。

6 月 12 日,省委整风领导小组给中央并主席的一份报告指出:“我们的‘大鸣大放’是 5 月 31 日以后相继开始的,首先是兰州大学(31 日),其次是其他院校(6 月 2 日、3 日),民主党派、省市机关。”甘肃的“大鸣大放”从 5 月 31 日开始,到 6 月 8 日止,共 9 天时间。

这一阶段,为推动“大鸣大放”,省委相继采取一些措施:抽调负责干部,分别到兰州 4 所大学协助和指导运动,要求各单位整风领导小组直接领导一、两个典型单位,以便掌握情况;在“大鸣大放”中,组织左、中、右分子和党员一起鸣放,以便发现问题等。从形式上看,各单位普遍采取了汇编整风简报、利用黑板报、墙报、大字报等形式反映“大鸣大放”所提的各种意见。以兰州大学为例:先是省委派出了以省委文教部长为组长的工作组进驻兰大,6 月 5 日,省委第一书记张仲良到兰大向全校的师生作有关整风运动的报告,积极支持和鼓励兰大师生的“大鸣大放”,并明确要求学校领导迅速赶上鸣放的形势。7 日,兰大成立下设秘书和宣传、组织、资料搜集、专题研究 4 个小组的全校鸣放委员会,并决定自 7 日起停课三天,以便开展鸣放。鸣放期间,全校师生共贴出大字报 1400 余张。

“大鸣大放”的开展,使甘肃的整风运动很快突破“和风细雨”的氛围。开展整风运动的各单位、各部门,普遍以大字报作为提意见的主要形式,所提意见的尖锐程度、意见所涉及内容、语气的激愤程度,都与之前有较大的不同,甚至部分人出现过激行为。

针对这些情况,省委整风领导小组在给中央“关于‘大鸣大放’中暴露出问题”报告中认为:“有些不怀好意和动机不纯的恶意攻击,是企图削弱或取消党的领导,争夺领导权,甚至想推翻党,某些右派分子,一向装得很拥护党,但在高潮中由于过分得意忘形,暴露出了真面目,这对我们是极好地警惕和教育。”

# 第二节 反右派斗争

## 一、党内和各民主党派中的反右派斗争

1957年6月8日,《人民日报》发表题为《这是为什么?》的社论,指出:资产阶级右派在“帮助共产党整风”的名义之下,“向着共产党和工人阶级的领导权挑战”。同一天,中共中央向各省、市、自治区党委下发《中央关于组织力量准备反击右派分子进攻的指示》,对由整风运动转入反右派斗争作出初步部署和安排,并特别指出:这是一场大战,战场既在党内,又在党外,也就是说,在共产党内和共青团内也要揭露和批判右派分子。社论和党内指示的下发,标志着反右派斗争的开始。

7月,在中共中央召开的有各省、市委书记参加的青岛会议上,对正在全国开展的整风运动和反右派斗争提出几点重要的补充和观点:一是会议根据毛泽东主席的建议,将整风运动分为四个阶段,即:“大鸣大放”阶段,反击右派阶段,着重整改阶段和研究文件、批评教育、提高自己阶段。二是毛泽东主席在会议期间写的《一九五七年夏季的形势》一文中提出两个重要的观点:第一,确认反共反人民反社会主义的资产阶级右派同人民的矛盾是敌我矛盾,是对抗性的、不可调和的、你死我活的矛盾,向工人阶级和共产党猖狂进攻的资产阶级右派是反动派、反革命派。第二,批判资产阶级右派是一次在政治战线上和思想战线上的伟大的社会主义革命,单有1956年在经济战线上的社会主义革命是不够的,不巩固的,必须还要有一个政治战线上和一个思想战线上的彻底的社会主义革命。因此,“还需要几个月深入挖掘的时间,取得全胜,决不可以草率收兵”。

为贯彻落实中央关于反右派斗争的指示和部署,省委经过一段时间的准备后,于6月25日开始,陆续在第一批开展整风运动的单位、部门开始反击右派的斗争。在初期阶段,全省的反右斗争虽然在安排上是党内及各民主党派、民主人士中同时展开,但侧重点放在党外。至

7 月 18 日,在不到一个月的时间里,全省在第一批参加反右派斗争的 37601 人的范围中,认定右派分子 1147 人,其中在报纸上公开点名批判的 13 人。

8 月 7 日,省委整风办公室负责同志以答报社记者问的形式,在《甘肃日报》第一版以《全省反右派斗争取得巨大胜利并正深入发展》为标题,对反右派斗争的基本情况、特点、收获以及今后反右派斗争的发展等作出阶段性的评估和安排。省委认为:从一个月反右斗争进行的情况看,第一批参加整风运动的绝大多数系统、单位都已经全面地展开了反右派分子的斗争,并已取得重大胜利。但反右斗争在各系统、各单位中,并不平衡。省委强调:当前的任务是将反右派斗争加宽、加深,推广到各系统、各单位、各角落,不使一个右派分子轻易溜过去。

省委整风办公室负责人在介绍甘肃右派分子的反动言行及特点时认为:甘肃的右派分子和全国各地的右派分子一样,都是利用党整风的机会,在“帮助党整风”的幌子下,向党进攻。他们的目的只有一个,就是不要共产党,不要社会主义,不要人民当家作主。所不同的只是在甘肃的右派分子中多了一些挑拨民族团结,挑拨本地与外来干群关系,夸大甘肃落后等问题。

省委在 8 月 14 日《关于省、专整风情况及县以下机关整风部署向中央的报告》中统计,截至 8 月 2 日,在全省各民主党派、大专院校和省、地(市)级机关总数为 54000 多人的范围内,已发现右派分子 1411 人,其中极右分子 170 人。

由于县、区级部门、单位整风运动的开展和省委的推动,全省的反右派斗争力度不断加强,右派分子的人数不断攀高。截至 8 月底,仅专区以上机关、各民主党派、大专院校和大的厂矿企业中,右派分子的人数已达到 2352 人,其中定为极右分子的人数达 177 人。省委判断,加上县、区级和中小学教员中的右派分子,全省右派分子的总数可达 6000 人左右。

9 月 7 日至 14 日,省委召开党的第二届第四次会议,着重对全省的反右派斗争进行阶段性的总结。省委指出,反击右派斗争是政治战线上和思想战线上的社会主义革命,是一个尖锐的复杂的你死我活的阶级斗争，对中央的指示，经过两个多月的实践过程，我们已有了亲身体会。这个运动不仅挖出了大批右派分子，而且同时发现和解决了许多历次运动中尚未发现和解决的问题。

会议还按照中央的指示，对全省整风运动的四个阶段作出明确要求。省委指出，前两个阶段以政治斗争为主，后两个阶段以思想斗争为主。但四个阶段是互相掺和的，不是截然分开的。前两段着重反右派，同时也抓紧改进工作；后两段着重改进工作，同时也会暴露和反击右派。这次会议还对8月中、下旬相继在全省展开的农村社会主义教育运动及大辩论、牧区和半农半牧区开展的大辩论、厂矿交通企业中开展的大辩论作出进一步安排、要求和部署。

根据1957年9月2日中共中央《关于严肃对待党内右派分子的指示》，9月26日，省委召开常委扩大会议，对反对党内右派分子斗争问题进行专门研究和讨论。从会议反映的情况看，全省第一批参加反右派斗争的21087名中共党员中，共有右派350人，占参加运动党员人数的1.66%；在参加运动的中级以上党员干部3375人中，查出右派50人，占总数的1.48%。省委于10月3日向中央上报并向各地、市、州委发出《关于反对党内右派分子斗争问题的报告》，并制定下发同党内右派分子斗争的四条措施和识别、确定党内右派分子的四条标准。

10月16日，省委发出《关于分批逐步转入着重整改的指示》，要求专区以上机关应根据反右派斗争的具体情况，分批逐步转入着重整改阶段。此时，全省从区以上干部包括小学教师等和各民主党派成员中，已确定的右派分子达6900余人。

当时，甘肃在处理右派时，将一部分划为右派的人员，送到酒泉地区夹边沟农场实行劳动教养。由于后来甘肃发生粮食严重困难，对夹边沟劳动教养人员处置失措，造成了部分人员非正常死亡的不幸后果。

## 二、反右派斗争扩大化的原因

全省的反右派斗争是按照中共中央有关文件的部署要求开展的。反右派斗争的过程、做法、表现形式，造成的后果和教训，都与全国的情形基本相同。

从开展反右派斗争的必要性看，自整风运动进入“大鸣大放”阶段以后，甘肃的确出现了个别质疑甚至反对党的领导、反对社会主义道路的言论，个别单位或部门亦发生了一些过激行为，对这种情况进行适当的反击，以教育广大党员和人民群众，巩固和稳定七年来社会建设的成果和社会主义制度，澄清思想上和政治上的大是大非，促进包括党外人士在内的社会各界人士的思想改造，不仅是正确的，而且是必要的。但是，由于党中央对国内阶级斗争和右派进攻形势作了过分严重的估计，把大量人民内部矛盾当作敌我矛盾，把大量思想认识问题当作政治问题，并且沿用革命时期大规模的急风暴雨式的群众性政治运动的斗争方法，对斗争的猛烈发展又没有能够谨慎地加以控制，导致反右派斗争被严重扩大化。

甘肃反右派斗争扩大化的成因主要表现为以下几个方面：

第一，轻率地突破整风运动所规定的政策界限。在部署整风运动的初期，中央就明确指出：应该放手鼓励批评，坚决实行“知无不言、言无不尽；言者无罪、闻者足戒；有则改之、无则加勉”的原则。“对于在整风运动中检查出来犯了错误的人，不论错误大小，除严重违法乱纪者外，一概不给以组织上处分，并且要给以积极的、耐心的帮助，这样来达到‘惩前毖后，治病救人’的目的”。省委在安排全省整风运动时也明确要求：“整风只能解决一些重要问题，企图把一切问题都要在整风运动中解决是不可能的。因此，注意不要追究历史问题和已经处理过本人业已改正的问题，不要纠缠于琐碎的生活细节问题，以免发生混乱，影响对主要问题的研究和解决。”上述指示和要求，不仅是对参加整风运动的党的各级领导干部、党员，对应邀来提意见、建议而参加整风运动的各民主党派和非党人士以及广大干部、群众民主政治权利的保障，而且也是整风运动在“和风细雨”氛围中，达到从团结的愿望出发，在批评和自我批评的基础上达到新的团结和正确处理人民内部矛盾目的的重要保障。从甘肃当时的历史情况看，反右派斗争开展以后，这个政策界限被突破，因言致“罪”和追查、清算个人历史上的“污点”，成为认定右派分子的主要方法。

第二，过分地强调阶级斗争和党组织、无产阶级阵营的纯洁性。新中国成立仅仅只有8年不到的时间，当时参加到新中国建设行列中的人，除少数在民主革命时期参加党或革命工作的人以外，绝大多数人都与旧社会有着这样或那样的关系。在整风运动前后，省级以上党政机关，包括大专院校、国营厂矿、铁路系统及各民主党派、非党人士共有干部169431人，其中中共党员干部56997人，非党干部112434人，而中共七大前，即1945年6月以前入党的党员仅有2453人。所以，当反右派斗争将个人历史“污点”，包括阶级成分等条件，作为判别右派分子的重要参考依据之一时，扩大化就在所难免。从反右派斗争开始到1958年，全省共划定右派分子9595人；但由于存在着基层党组织越权划定右派、反右派斗争后历次政治运动又加划右派，加上后来中央国家机关下放的右派和外省调入的右派等因素，全省被划为右派分子的人数多达12447人。

第三，一批“中间状态”的群体，其中相当一部分人因在“鸣放”阶段提过一些意见，或因这样那样的历史问题，被错划为“中右”。当时，对这部分人的处理虽然没有右派那样严厉，但长期的“控制使用”使他们难以发挥工作的积极性；此外，在反右派斗争的中后期，按照中央的部署和省委的安排，全省工矿企业的广大工人群众、农业合作社的农民群众以及牧区和半牧区的农牧民群众等，先后参加旨在通过整风进行社会主义道路教育的大辩论和向党交心的运动。省委认为，在这个以工人、农民、营业员等基本群众为主的群体中“暴露出了很多严重问题”，其中有“形形色色的资产阶级个人主义”、有“暴露出的坏分子”、有“反党反社会主义言行的人”、有“对党的各项政策和历次运动不满或怀疑的人”、有“长期隐瞒严重或一般政治历史问题的人”、有“盗窃国家财产行为和组织盗窃集团的人”、有“严重流氓行为的人”，等等。虽然省委执行了中央不在工人、农民中划定右派分子的指示要求，但仍将有上述情形的许多人划定为“反社会主义分子”或“坏分子”。在处理这些人时，省委明确指示：“对反社会主义分子的处理，可参照对右派分子的处理办法”。全省错划右派复查改正工作结束时统计，以上两项，即全省划为“中右”和“反社会主义分子”人数为5365人。

第四，反右派斗争扩大化开启了新中国成立以来用阶级斗争即对敌斗争的方式来解决党内不同观点、不同意见、不同认识的先例。全省在反右派斗争中，共有1405名共产党员、1904名共青团员被定为右派分子，两项合计超过全省右派分子总数的四分之一。这不仅给相当数量的共产党员、共青团员个人和家庭带来极大痛苦，也给党的事业造成难以挽回的损失。

反右派斗争的严重扩大化，使党探索中国社会主义建设道路的良好开端遭受挫折，这是党的历史上的一大教训。

## 第三节　反对“右倾保守主义”和批判“地方主义”

### 一、反对“右倾保守主义”

1957年9月7日至14日，省委召开第二届第四次全体会议。会议的一项主要任务就是反对“右倾保守主义”。

会议在回顾1954年全省第一次党代表大会以来的情况时指出：三年多来，有两年左右的时间右倾保守思想比较严重或占上风，工作上像小脚妇女，走不前去或前进的较慢。会议特别强调，1955年8月，在当时省委召开的第一届第四次省委全体委员会议上，开始对右倾保守的批判，解放了干部的思想，工作出现了新局面。同年10月底又召开第五次全体委员会议，对右倾保守思想作了进一步的批判，并指出“甘肃落后论”是右倾保守思想在甘肃的主要表现形态。认为由于克服了右倾保守思想的阻挠，1955年7月至1956年7月这一年，全省工作出现了大变革、“大跃进”的局面。但有些人又抓住变革、跃进中的毛病，使右倾保守思想的歪风又刮了起来，主要表现形式是：把一些个别的、局部的、暂时的缺点毛病，扩大成一般的、普遍的、长期的现象，进而大肆攻击。会议认为：这股歪风影响到粮食产量定不下来，粮食征购任务分配不下去，大生产和兴修水利运动中的许多积极分子被批评得抬不起头来，1956年12月的专员会议上有些人发言几乎完全否定了1956年的成绩。1957年兴修水利、水土保持、植树造林的土地面积都没有按进度完成任务。右倾保守思想不仅在农业合作化和农业生产上造成了严重损失，在工业建设和政法工作上也造成了严重的损失。会议还对产生所谓右倾保守思想的历史根源、认识根源、阶级根源进行了分析。

9月26日，《甘肃日报》在第一版的显要位置和第二版全版的篇幅，以《挖断右倾保守根子，掀起社会主义建设高潮》为标题，向全省披露省委第二届第四次全体委员会议批判、反对“右倾保守主义”斗争的情况，这就将党内在甘肃经济建设和民族工作中存在的不同看法、不同意见、不同观点的争论和分歧，公开披露，使得全省在开展反右派斗争的氛围下，政治空气更为紧张。这个分歧也是后来反“右倾保守主义”斗争进一步发展和升级为批判“地方主义”斗争的重要原因。

## 二、批判“地方主义”

1957年12月13日至1958年2月11日，省委在中共甘肃省第二届代表大会第二次会议的60余天时间中，将此前反“右倾保守主义”斗争的事和人联系起来，开展了对“地方主义”的批判。省委主要领导在代表省委所作的《鼓足干劲，苦战三年，为了改变甘肃面貌而斗争》的报告中，用大量的篇幅对甘肃“地方主义”进行揭露和批判。报告说：这次会议最突出的成就之一，就是从我们党的队伍中揭发了以孙殿才①、陈成义②、梁大钧③为首的，以地方主义为基础的反党集团。报告认为：经过九个多月的整风和反右派斗争，形势起了很大的变化，为这次会议彻底粉碎孙、陈、梁反党集团创造了条件。

报告认为：从已经揭发的材料看，孙、陈、梁都是一些“地方主义”者，都是一些怀着个人野心的反党反社会主义分子，并认为这个集团的首领和思想奠基人是曾任甘肃省委副书记，时任青海省委书记、省长的孙作宾。报告认为：远在解放以前，以孙作宾为首，包括陈成义、刘余生④等人，就开始形成了一个“地方主义”小集团。解放以后，这个小集团不

① 孙殿才，时任中共甘肃省委常委、甘肃省人民委员会副省长。

② 陈成义，曾任甘肃省人民委员会副省长，1957年8月15日病逝。

③ 梁大钧，时任中共银川地委第一书记。

④ 刘余生，时任甘肃省民政厅副厅长。

仅没有停止活动，反而变本加厉。他们完全无视全国已经统一的局面，无视党中央的政治路线，处处强调“甘肃特殊”，抗拒党的方针政策的贯彻执行。孙作宾离开甘肃之后，陈成义、陆为公①、刘余生、王新潮②等继承和发展了孙作宾这个“地方主义”衣钵，向党进行种种攻击。甘肃、宁夏两省合并后，孙殿才、梁大钧等“地方主义”者也就和这个集团结合起来，共同进行反党活动。

报告还特别指出，孙、陈、梁反党集团，人数虽然不多，但危害很大。因为这个集团的主要分子，都在党政机关担负重要的职务。

报告认为：“地方主义”是封建社会的产物，是宗派主义的一种表现；“地方主义”是分裂主义、是排外主义、是现状维持派、是民族主义者、是右倾机会主义者、是些狂妄的个人野心家。因此，党同“地方主义”的斗争，实质上就是社会主义同资本主义两条道路的斗争。这个报告提出了“彻底粉碎孙、陈、梁反党集团”的口号，并要求同志们必须以孙、陈、梁反党集团为鉴，努力改造自己。会议还听取和通过了省委书记处书记高健君所作的《粉碎孙、陈、梁反党集团，清除右派分子，进一步巩固党的团结》的报告。会后，参会者开展了揭发批判“地方主义”的斗争。

1958 年 2 月 24 日，在《甘肃省委关于第二届党代表大会第二次会议情况向中央的报告》中，省委决定，对“右派反党集团”分子孙殿才、梁大钧、陆为公、刘余生、曹又参③等，给予一律清除出党，行政撤职降级的处分④。

---

① 陆为公，时任甘肃省人民委员会秘书长。

② 王新潮，时任甘肃省司法厅副厅长。

③ 曹又参，时任银川专署委员。

④ 1963 年中共甘肃省委常委会议决定，孙殿才、陈成义、梁大钧、陆为公、刘余生、曹又参等原定性和省二届二次党代会上认为他们结成右派反党集团和给予陆为公、曹又参的处分是错误的，应予撤销；孙殿才、梁大钧、刘余生等处分过重，作相应更改。1983 年 7 月 12 日，中共甘肃省委发出《关于撤销 1963 年对梁大钧等 4 同志处分的通知》。《通知》指出，接中央纪律检查委员会 1983 年 5 月 7 日函：“同意甘肃省委对孙殿才、梁大钧、陆为公、刘余生 4 同志的复查处理意见。撤销原中监委（63）监审批字 142 号文”。各地区、各单位对因此收到株连的干部均应平反。至此，“孙、陈、梁右派反党集团”案得以彻底平反。

所谓“孙、陈、梁右派反党集团”一案，给当时甘肃经济社会的发展，给甘肃党的组织建设和健康发展所带来的负面影响是巨大的。5月27日，省委给中央的一份报告中说：“自我省二届二次党代会结束后，全省采用大鸣、大放、大字报、大辩论的方法，展开了揭发和批判地方主义、地方民族主义、严重的个人主义和右倾保守思想等工作。从目前揭发和暴露的问题看，党的组织和干部不纯情况是严重存在的。全省共有干部13.8797万人，有各种严重问题的2.0632万人，占干部总数的14.86%。全省县以上机关领导核心全部垮了和基本垮了的约占7%；省级党政部门系统608个科处单位，领导核心（科处长）全部垮了24个，部分垮了34个。初步定成各类反党集团的有34个，其中属于反党反社会主义的右派反党集团14个，进行非组织宗派活动的反党集团有20个。”

在6月2日至13日省委召开的第二届第八次全体委员（扩大）会议上，为研究和总结甘肃建设中大跃进——缓进——大跃进的经验教训，又对以时任省委书记处书记强自修为代表的所谓“右倾思想”进行了“彻底批判”。①

所谓“孙、陈、梁右派反党集团”案，是甘肃反右派斗争扩大化的结果，不仅错误地打击了一大批党的干部，也使甘肃社会主义建设事业遭受了重大挫折。

① 关于强自修的定案处理情况，参见本书第十一章“总路线、‘大跃进’和人民公社化运动”相关内容。

# 第十一章

# 总路线、“大跃进”和人民公社化运动

第一个五年计划的顺利实现，全省上下社会主义建设的热情进一步高涨。中共中央制定了社会主义建设总路线，并在全国发动了“大跃进”和人民公社化运动。全省广大干部、群众响应中央的号召，认真学习和宣传党的总路线，力图通过大干快上，改变甘肃经济落后的面貌。但由于忽视了经济建设的客观规律，片面追求高指标、高速度，大刮“五风”，全省工农业生产出现严重问题，发生严重经济困难。为了克服困难，省委按照中央有关指示，对“左”的错误进行纠正。但“反右倾”斗争的开展，使纠“左”的努力中断。

## 第一节　学习宣传社会主义建设总路线

### 一、省委对总路线的宣传和贯彻

1958 年 5 月 5 日至 23 日，党的八大二次会议通过了“鼓足干劲、力争上游、多快好省地建设社会主义”的总路线。总路线反映了党和广大人民群众迫切要求改变我国经济文化落后状况的普遍愿望，但违背了经济建设所必须遵循的客观规律。

党的八大二次会议的有关文件下发以后，省委召开常委会议，讨论部署在全省范围内宣传贯彻八大二次会议精神的工作。会议讨论决定，立即动员全党力量,组织千军万马的宣传队伍,以一个月的时间大张旗鼓地宣传八大二次会议精神,宣传社会主义建设总路线。

省委常委会指出:为了使群众和干部深刻了解东风压倒西风的国际形势和社会主义建设正经历着“一天等于二十年”的国内形势,以鼓舞人心,进一步提高群众和干部的革命斗志,坚决与一切修正主义、右倾保守思想进行斗争,以旺盛的革命气概贯彻执行总路线;为了使广大群众和干部明确认识总路线的基本内容和精神实质,以总路线为照耀各项工作的灯塔,促进工农业生产跃进再跃进,掀起技术革命和文化革命的高潮;为了破除迷信,解放思想,在广大群众干部中进一步树立起敢想、敢说、敢作、敢为,大胆革新创造,为真理而冲锋陷阵的共产主义风格;为了使群众和干部都懂得党的领导是社会主义建设事业胜利的根本保证,劳动人民是建设社会主义最伟大的动力,从而在整风运动的基础上,进一步正确处理人民内部矛盾,充分发挥人的主观能动性,使政治思想工作在贯彻执行总路线中真正挂起帅来;宣传运动必须规模浩大,造成声势,各级党委第一书记必须亲自挂帅,动员全党,有计划、有组织、雷厉风行的进行,务使家喻户晓,深入人心,使总路线变成推进全省社会主义建设的巨大物质力量。

省委常委会要求:宣传运动可因地制宜,灵活多样。对机关、企事业、学校干部应紧密结合当前整风运动,深入检查工作,检查思想作风,每周可抽出三分之一的时间,对八大二次会议的文件组织认真学习和讨论。对工农群众应组织报纸、广播、戏剧、电影、音乐、美术等一切宣传工具和党团员、积极分子,以各种生动活泼的形式,进行深入广泛的宣传,并组织讨论,把群众的干劲和智慧更充分地发挥起来,去冲击一切右倾保守思想,破除迷信,使我们在社会主义建设中出现更多的奇迹。

省委常委会议特别强调,这次宣传,实质上是一场激烈的两条路线斗争,各级党委必须及时掌握宣传运动中各方面的思想动态和提出的重大问题,使宣传运动深入再深入。

按照中央制定总路线时提出的在继续完成经济战线、政治战线和思想战线上的社会主义革命的同时,逐步实现技术革命和文化革命;在重工业优先发展的条件下,工业和农业同时并举;在集中领导、全面规划、分工协作的条件下,中央工业和地方工业同时并举,大型企业和中小型企业同时并举,即“三个并举”的要求,省委在 1958 年 6 月 14 日召开的全省第二次先进生产者会议上向全省发出“高高举起无产阶级革命红旗,向技术革命、文化革命大进军”的号召。省委认为,技术革命的主要任务是:把全省国民经济有计划有步骤地转到现代化大生产技术的基础上,使一切能够使用机器的劳动都使用机器,实现全省城镇和农村的电器化;使全省所有城镇都成为工业城镇,并在那些具备资源条件的地方逐步建立起新的工业基地,使全省乡社都有自己的工业,使全省各专区、县的工业产值都超过农业产值;在全省范围内建立一个以现代工具为主的四通八达的运输网和邮电网。在尽可能地采用世界上最新技术成就的同时,在全省的城镇和农村中广泛地开展改革工具和革新技术的群众运动,使机械操作、半机械操作和必要的手工劳动适当地结合起来。省委认为,为了适应技术革命的需要,必须同时进行文化革命,发展为经济建设服务的文化教育卫生事业。只有如此,才能使我省国民经济建设获得高速度的发展;只有如此,我们才能同全国人民齐步前进,才不会落在其他先进省之后;也只有如此,我们才能在赶上和超过英国的伟大斗争中,做出更多更大的贡献。

为推动技术革命,早在 1958 年 5 月上旬,省委即向各地发出《关于培养百万初级技术人员的指示》。这个指示明确要求,要在 5 年内全省培养百万以上工农初级技术大军,力争 3 年内基本完成。省委的指示说,随着全省工农业生产大跃进形势的发展,必须掀起一个技术革新的新高潮。在工农业生产跃进高潮中,要提高劳动生产率,不能单靠群众的热情和劳动强度,必须尽快地利用新技术来促进生产的发展,以便为全省逐步实现农业机械化、电力化、水利化、化肥化、绿化、车辆化以及地方工业的大跃进提供足够的技术力量。因此,加速培养成千成万的工人阶级技术队伍和能够领导工农业生产的红色专家,就成为党的当前重要任务之一。省委认为,5 年内在全省培养百万以上工农初级技术大军,并争取 3 年内基本完成,不仅可能而且是十分必要的。

省委指示中还对那种只重视正规学校毕业的技术人员,忽视从生产实践中锻炼出来的工农技术人员的错误做法进行了批驳。省委指出,正规学校毕业的技术人员,他们从书本上学到的知识,如果不在实践中去运用和考验,就是不完全的和无用的。因此,必须组织正规学校毕业的技术人员进行实地操作的锻炼,达到学用一致的目的。同时,更重要的是要从生产实践中提拔与培养更多的科学技术人员,以壮大工人阶级的科学技术队伍。

省委的指示还对培养的方针和对象等作了明确的规定。方针是:就地取材、自力更生,多次培训、逐步提高,边干边学、又红又专,为工农业生产服务并促进工农业生产的不断跃进。对象是:在各系统各行业的基层组织中选择具有社会主义思想,年龄在 18 岁以上 30 岁以下,小学以上文化程度的青年男女,在工农群众中选择具有某项专长或具有丰富生产经验的人员加以培训。培养方法是:主要采取两个途径,即,一是做什么学什么,缺什么补什么,田间就是学校,车间就是课堂,掀起一个以师带徒、以老带新,互教互学、轮流传授的高潮;二是通过各级各类学校,并大力举办各种专业或业余技术学校、农业中学和短期训练班,进行培训或代训。另外,要重视和组织培训对象到本省或外省先进地区参观学习,各级有关部门在进行勤工俭学、半工半读、办试验田、考察研究、巡回治疗的同时,均应担负对当地技术人员的培训工作。

6 月底,在党的诞辰纪念日前夕,省委专门召集省、市机关科学技术、文教卫生等方面 2200 多名负责干部和兰州市工人、农民、学生中的先进生产者和发明创造者,召开向技术革命和文化革命大进军的动员大会。省委主要负责人就技术革命和文化革命问题作了报告。报告认为,由于甘肃较之其他地区更穷更白,“大跃进”充分说明了甘肃人民力争迅速改变这种穷白状况的迫切心情和干劲。我们现在要着重抓三个“元帅”和三个“先行”。三个“元帅”是粮食、原材料工业(主要是钢铁)和机械制造工业,三个“先行”在粮食方面是土、水、肥、种、密、保、管、工;工业方面是动力工业(主要是电力)和交通运输业。在文化教育事业方面,要迅速建成全省社会主义文化网,电影放映、发行和修配网,以文化馆俱乐部为中心的群众文化网、博物馆网和发行读报网。继续发展各种大专学校。为了实现技术革命和文化革命任务,必须依靠群众,走群众路线。报告还特别强调了在技术革命和文化革命中党的领导的重要意义。报告指出,事实证明,只有党是了解和善于指挥各行各业的大内行,因为各行业的工作都是人做的,而党是做人的工作的,因此,必须加强党的领导,政治挂帅,拔白旗插红旗。政治和技术结合了才能多快好省地建设社会主义,在 15 年或更短一点的时间内在钢铁和其他主要工业产品产量方面超过资本主义大国。实现技术革命和文化革命必须接受“马鞍型”的教训,必须吸取逼、推、斗的经验,即在群众革命要求的逼迫下,在中央指示和邻区先进事例的推动下,为了跃进,必须经常注意坚决地开展两条道路和两条路线的斗争。不斗争是一潭死水,一斗争是不尽长江滚滚来。

## 二、全省各地学习宣传总路线精神

社会主义建设总路线公布后,按照省委常委会议的要求,全省各地立即展开了一场学习、宣传社会主义建设总路线的运动。甘肃省参加党的八大二次会议代表和列席会议同志分别在各地传达会议精神,迅速掀起学习八大二次会议精神、宣传总路线的热潮。在兰州市,5 月底至 6 月初,成千上万的工人、农民、干部、文艺工作者、学生组成宣传队伍,深入城乡街道和农户宣传总路线。同时,中共兰州市委组成千人检查团,分别到街道、乡、社,结合宣传党的八大二次会议精神和总路线,对各项工作进行全面检查,开展“插红旗、拔白旗”的突击运动,许多人在运动中受到错误的批判和斗争。在天水地区,地委发出《组织百万人学习和宣传社会主义建设总路线的指示》,要求“各县区立即行动起来,书记挂帅,全党动员,组织千军万马的宣传队伍,掀起一个规模巨大的学习、宣传、贯彻总路线的群众运动”,要求“人人都要破除迷信,解放思想,树立起敢想、敢说、敢做、敢为、敢于革新创造,敢于坚持真理的共产主义风格”,提出“人有多大胆、地有多大产”“只怕想不到,不怕做不到”“跑步进入共产主义”等口号。在平凉地区,地委召开县(市)委书记会议和第八次全委扩大会议,传达贯彻党的八大二次会议精神和省委有关会议精神,结合讨论平凉地区大跃进形势和社会主义建设速度上的“马鞍型”教训,批判一部分领导干部的“条件论”“习惯论”“落后论”和“中间派”“观潮派”“秋后算账派”等，提出“插红旗寸土不让，拔白旗一个不留”等口号。开展贯彻总路线的宣传月活动和“插红旗、拔白旗”运动，致使华亭等地的一批干部和知识分子被“拔白旗”，受到错误处理。在张掖地区，地委组织2500人的工农业检查团，由地委第一书记任团长，采取边宣传、边贯彻、边检查、边评比的方法，提出1958年粮食增产8亿斤至10亿斤、兴建地方矿场8000个的目标任务。7月，地委又提出通过大鸣、大放、大字报、大辩论的方法，发出“拔白旗、插红旗”，开展兴无灭资、打破迷信、超英赶美的号召，并在“拔白旗、插红旗”的运动中，对一些不能接受高指标的干部进行组织处理。在定西地区，地委组织发动30万人的宣传队伍，广泛深入地进行总路线的宣传活动。地委还组织检查团，分赴全区各县、乡、农业社指导工作，明确提出“干劲不足查思想，思想不通搞辩论，指标落后反保守，行动不力查措施”的要求，并组织对“定西落后”“满足现状”等观点和个别县发展中“马鞍型”问题进行批判，要求拔掉“白旗”“黑旗”“灰旗”，还对一批干部和“有富裕中农资本主义思想和行为”的以及地富反坏右五类分子进行组织处理和批判斗争。在临夏回族自治州和甘南藏族自治州等少数民族聚居区，也都按照中央和省委的要求，普遍开展社会主义建设总路线的传达、学习和宣传工作。短短的几天之内，临夏全州已有50万人听到了总路线的宣传。

中共中央提出的社会主义建设总路线，反映了全国人民迫切要求改变中国经济文化落后状况的普遍愿望，尤其在甘肃这样一个经济、文化都比较落后的省份，更需要在社会主义建设中，保持总路线倡导的鼓足干劲、力争上游这样一种精神状态，并在处理好多与快、好与省的关系的基础上，求得健康的发展。但是，由于这条总路线是在批评所谓“少、慢、差、费”和“反冒进”过程中形成的，是在急躁冒进、急于求成的思想指导下制定的，存在着严重的缺陷，其过高、过急的要求，也是当时的历史条件下难以达到的。甘肃和全国一样，从宣传、学习、贯彻总路线开始，就出现片面强调经济建设速度，过分夸大人的主观意志和主观努力的作用，忽视经济建设所必须遵循的客观规律和量力而行、实事求是原则的偏差。

# 第二节 “大跃进”运动

## 一、“大跃进”运动的开始

1957年9月、10月间，党的八届三中全会改变了八届一次会议关于我国社会主要矛盾的判断，认为无产阶级和资产阶级的矛盾、社会主义道路和资本主义的矛盾，是当前我国社会的主要矛盾；改变了经济建设上既反保守又反冒进的方针，对1956年采取的纠正冒进倾向的正确方针提出了批评；又一次提出和倡导多、快、好、省的建设方针。11月13日，《人民日报》发表社论指出：“有些人害了右倾保守的毛病，像蜗牛一样爬行得很慢，他们不了解在农业合作化以后，我们就有条件也有必要在生产战线上来一个大的跃进。”这是提出“大跃进”的先声。11月，在莫斯科举行的各国共产党和工人党代表会议上，苏联提出15年赶上和超过美国，中共代表团提出中国15年钢产量赶上或者超过英国。

为了贯彻总路线和中央有关生产战线上“大跃进”的指示精神，1957年12月13日至1958年2月11日，中共甘肃省第二届代表大会第二次会议召开。这次会议运用大鸣、大放、大争、大辩论、大字报的形式，在党内开展了激烈的斗争，并将包括省委、省人委在内的部分领导干部错误地定为“右派反党集团”，对1957年9月拟定的甘肃省“二五”计划的各项指标进行了大幅度的调整。其中要求甘肃“二五”期间的农业总产值、粮食总产量、棉花总产量、地方工业总产值、手工业总产值等，分别以年平均23.51%、37.6%、400%、315%、52.8%的幅度递增，是“一五”时期实际增长速度的三倍、四倍甚至十倍。省委二届二次会议还通过省委的《鼓足干劲，苦干三年，力争工农业跃进！再跃进！》的报告，揭开甘肃省“大跃进”的序幕。

## 二、工业领域的“大跃进”

第一个五年计划期间，甘肃的工业虽然得到较快发展，地方工业的产值增长两倍左右，但地方工业的落后面貌并没有得到根本的改变。“大跃进”运动开始后，省委认为：几年来，由于地方工业领导部门有严重右倾保守思想，对多、快、好、省的建设方针贯彻执行不力，省委对地方工业的检查督促也抓得不紧，甘肃地方工业的落后面貌，没有得到应有的改变。为此，省委在这次会议上提出在三年之内，使甘肃地方工业产值从当时只占全省工农业总产值8%的基础上，达到50%左右水平，并在三年到五年内，建立一个遍布全省的工业网，以实现甘肃地方工业的大跃进。1958年3月召开的全省地方工业规划会议上，进一步制定了《地方工业大跃进规划》，要求三年内建成全省的十大工业网。即动力工业网，农机、排灌、运输工具、加工机械修配网，煤炭工业网，肥料工业网，采矿、冶炼工业网，纺织工业网，纤维加工工业网，造纸工业网，食品工业网，建筑材料工业网。4月，省委相继在甘肃东部和西部召开省委常委会庄浪扩大会议、武威扩大会议，以促进甘肃工业领域的大跃进。针对存在的措施赶不上，忽视抓重点，下面缺乏经验，上面帮助不力等问题，省委制定下发《甘肃省委关于当前发展地方工业中几个问题的意见》。意见强调：“全党全民大办地方工业的形势已经在全省范围内形成。截至3月底，除2100多个厂矿投入生产外，尚有1400多个正在筹建。这一引人入胜的繁荣景象，将会进一步鼓励全民办工业的积极性。”

为了促进甘肃地方工业的大跃进和实现地方工业三年规划，根据发展国营工业与发展地方工业同时并举的方针，省委于4月初专门召开常委扩大会议，对国营工业和地方工业，现有企业支援发展地方工业大跃进作出决定。会议要求：要充分发挥国营工业和县有地方工业的作用，采取分区指导、系统负责、母鸡下蛋、以大帮小、制造设备、培训人才等方法，在最短期间建成一批新厂矿，增加地方工业产品种类，扩大地方工业行业，为建设丰富多彩的地方工业网创造良好条件。

会议同时要求，为全面指导地方工业的发展，全省按地区实行分片包干。如张掖地区由玉门油矿负责；同时，按行业系统分工，帮助指导地方工业的发展。

会议强调，1958年要充分利用现有企业的技术力量和多余的、废旧的机器设备,帮助地方工业建设新厂矿。并对对口工作作出具体安排。会议还对大型厂矿企业从设计、施工、安装、材料、筹建以及技术指导方面,支援地方工业新建铁路和厂矿作出具体规定。

会议还对工业设备制造也作出明确的规定。如兰州通用机器厂负责矿山机械的制造;兰州热电站和石油机械厂负责发电设备的制造;物理探矿厂负责探矿设备的制造;兰州化工厂、石油机械厂、兰州热电站和兰州炼油厂负责氮肥设备的制造;兰州机器制配厂、驻兰部队后勤部门、石油技工学校、兰州工校、劳动局技工学校等,负责各种机床设备的制造。会议还作出国营企业和现有地方工业,都必须为新建厂矿培训技术人才和进行技术指导的要求。

在各级党委、政府的主导下,甘肃全党全民大办地方工业出现第一个高潮。截至1958年4月底,全省共建起3500个厂矿,其中新建2815个,其余的为扩建和手工业合作社升级而成。这些厂矿的类型包括炼铁厂59个,煤矿223个,电厂35个,农具制造厂887个,此外还有淘金、铜矿、锑矿、肥料、亚麻加工、药材、炸药、造纸、食品等项目。从规模上看,5人以下的占37%,5人至20人的占53%,20人至50人的占6%,50人至100人的占3%,100人以上的仅占1%。对上述结果省委给予充分肯定,认为:“这是一个巨大的成绩,这是全党全民办工业正确方针的伟大收获。这个高潮的特点是:进度快,花钱少,办法多,效果好,遍地开花,到处结果,充分发挥了群众的积极性和创造性。对这一段的工作的估价应该说是‘好得很’。”但省委认为这个高潮中也还存在一些不足,主要体现在:第一,这个阶段地方工业的发展在各专区、各县市,甚至在同一地区、同一城市是有差别和不平衡的,这与思想解放的程度和对地方工业的发展的重视与否有很大关系;第二,新建的3500个厂矿,绝大多数都是小的、产值不高的厂矿,忽视和放松了骨干厂矿的建设;第三,新建的3500个厂矿,大多存在着劳动工资、劳动福利、生产成本、利润、产品价格、产值计算、产供销平衡等经营管理上的问题,特别是各地普遍存在着混淆地方工业和农村副业以及忽视与人们生活密切相关的手工业的情况;第四,各地普遍注意了新建厂矿,放松了对老厂矿的领导,以致老厂矿的生产计划完成得不好。

5月6日至13日,省委召开全省地方工业工作会议,明确提出“乘风破浪,把全省地方工业从现有的基础上推向一个新的高潮”的要求。在这次会议上,省委还对这个新高潮的标志提出了三条硬性要求:第一,在目前地方工业已有点、片的基础上,面向普及,进一步开展县县、乡乡、社社大办工业的新高潮。地方工业发展较差的地区,必须抓紧时机,迎头赶上,掀起一个全民办工业,县县、乡乡、社社建工厂的新高潮。第二,根据大中小相结合的原则,必须集中力量加紧骨干厂的建设。目前已列入骨干厂计划的项目245个,各级党委应千方百计保证按期竣工投入生产,只准提前,不准拖后。第三,原有厂矿和已建成的厂矿,应发动群众,立即掀起搞好生产的高潮,制定先进指标,采取有效技术措施,以保证产量、产值计划。保证提高质量、降低成本等各项计划指标全面地和超额地完成。

省委的这次会议进一步助长了“大跃进”运动以来甘肃地方工业发展和建设的高指标和浮夸风,在求多、求快的指导思想下,全省出现县县、乡乡、社社、各行各业、机关、学校等大办、多办、快办地方工业的局面,在不到两个月的时间,地方工业的发展又出现了一个新的高潮。至6月底,全省已建成厂矿22万余个,而且出现了10多个万厂县,20多个千厂乡,50多个百厂社。全省每个乡平均有110个厂矿,每个农业社平均有12个厂矿。省委在给中央的报告中认为:“在这一波澜壮阔、声势浩大、万马奔腾、势如破竹的大办地方工业高潮中,广大群众干劲冲天,党指向哪里,他们就立即走向哪里,确实是分秒必争,‘一天等于20年’。许多乡社干部和广大农民为了大办快办多办工厂,他们披星戴月,夜不睡眠,日不休息,白天冒雨,夜间提上灯笼修理厂房,安置设备,寻找工具,搬运材料,突击生产。我们对上半年地方工业发展的估价是:万马奔腾,百花怒放,成绩巨大,战果辉煌,真是好得很。”

“大跃进”中,甘肃的工业建设也取得了一些成绩,兴建的一批地方工矿企业,有些经过后来的调整、充实、整顿、提高得以巩固下来,如兰州棉纺织厂、兰州卷烟厂、兰州一毛厂、兰州机电厂以及地县的一些中小企业等,成为地方工业的骨干。在交通运输方面,新修公路9279公里,使多数人民公社通了汽车。但是“大跃进”不从实际出发,不遵循科学规律,运用群众运动的形式大办地方工业的做法,不仅使不少新建厂矿重复建设、资源浪费严重、效益很差、无法投产,而且在劳动力、资金、物资等多方面冲击农业生产,并造成基本建设规模和职工队伍的膨胀。

## 三、大炼钢铁运动

开展全民大炼钢铁是“大跃进”运动的一个重要内容。1958 年 8 月,中央政治局北戴河扩大会议提出:全国各省、市、自治区应当把工作重心转移到工业方面来,使 1958 年的钢产量比上一年翻一番,达到 1070 万吨。为了钢的生产任务,会议还提出各地由第一书记挂帅、大搞群众运动、全党全民办钢铁工业的方针。紧接着中央又专门召开各省、市、自治区党委主管工业的书记会议,研究落实以钢铁为中心的工业生产计划,并提出要全力保钢的要求。鉴于只靠正规的钢铁企业难以完成任务,会议要求各级党委广泛发动群众,大搞小高炉和土高炉。并要求开展全民性的土法炼钢、炼铁运动,并且具体分配了各地、各部门钢铁生产的任务,强令按时完成,要求对没有完成生产任务和调拨计划的主要领导给予处分。9 月 1 日、5 日,《人民日报》连发两篇社论,指出钢铁产量翻番和生产是全党全民当前最重要的政治任务,要求各地区、各部门把钢铁生产放在首位,其他工作“停车让路,首先为钢”。

早在中央北戴河会议前,省委即对 1958 年全省的钢铁生产工作进行了安排。7 月 6 日,《甘肃日报》在第一版显著位置,以《甘肃省首座小型钢铁联合企业试生产》为题,报道了兰州石油化工机器厂的职工仅用 8 天时间设计、制造、安装建成了年产 1 万吨钢铁的全省第一座小型钢铁联合企业。报道认为:“这座小型钢铁联合企业的建成,为全省发展钢铁工业起了示范作用,为全省炼铁、炼钢大跃进开辟了道路。”8 月 15 日,省委向全省各地、市委、自治州委、各县(市)委、省级各党组,省委各部委发出《关于迅速开展一个群众性的回收废钢铁的指示》,指出:由于工农业的飞跃发展,给机械制造工业提出了一个繁重而光荣的任务,这就是要生产大批的机械设备和农具,以满足工农业建设的需要。目前,全省机械工业在生产中,存在的主要矛盾是钢铁原料供应不足。全省下半年需要钢铁原料数量很大,我省自炼钢铁还没有生产出来,国家分配给我省的钢铁,不仅数量不足,而且在调拨时间上也不能衔接。省委认为,要采取积极措施,解决这个矛盾。唯一可靠的办法是依靠群众,自力更生,除了组织群众大搞炼铁、炼钢以外,还要发动群众掀起一个回收废钢铁的运动。指示进一步指出:事实充分证明,在城乡居民和工矿、企业、机关、学校中,是存在很多废钢铁的,而且潜力很大,只要各地领导重视,认真发动群众,讲清道理,把群众中积存的废钢铁挖掘出来,是完全有可能的。

中央北戴河会议召开期间,省委于8月27日发出《甘肃省委关于成立钢铁办公室的通知》,要求各级党委即速成立钢铁办公室,省委钢铁办公室于当日开始办公。通知要求各地钢铁办公室应每三天用电话向省委汇报一次各地钢、铁、铜、铅、动力机械等的生产情况。9月16日,省委再次向全省下发《关于加强省委钢铁办公室的领导及有关汇报问题的通知》,对省委钢铁办公室的领导成员作出重大调整:由一名省委书记处书记任办公室主任,由三名省委常委或副省级干部任办公室副主任;今后,各地有关钢铁生产的问题,包括冶金设备制造、分配,生铁、焦煤调拨,交通运输等必须服从省委钢铁办公室的统一调度和指挥。10月2日,为统筹解决大炼钢铁运动中的交通运输问题,省委发文成立甘肃省运输委员会。

中央北戴河会议期间,省委即根据会议精神,先后召开三次电话会议推动大炼钢铁运动,指示各级党委要第一书记挂帅,集中全力抓钢铁。之后,全省参加大炼钢铁的队伍骤然升至50万人,建成各种炼铁炉29000多座。截至9月9日,全省已炼出铁1000多吨、铜500多吨。9日晚,省委再次召开电话会议,要求各级党委保证在本月15日前,掀起全省范围内的钢铁生产大高潮。省委第一书记张仲良在电话会议上说:钢铁战线上练兵的阶段已基本结束,各地从现在起即将进入决定性的战斗,猛力发展钢铁生产。宣布全省钢铁生产计划是:本月11日至15日,全省铁的日产量在9月8日40吨的基础上,提高到1000吨;16日至20日的日产为2000吨;21日以后日产3000吨以上,保证年底完成并超额完成产铁30万吨、钢10万吨的计划。为保证全年钢铁任务的完成,张仲良要求各地委和重点县委成立钢铁生产指挥部,第一书记一定要挂起帅来,全党全民动员,认真抓紧钢铁生产,真正睡到炉边去。他还提出要在省级机关和学校抽调1万名干部,支援重点县,全省迅速组成百万大军,分建炉、采矿、炼焦、冶炼、运输五路大军齐头并进。各部门之间要发扬共产主义精神,组织协作,主动为钢铁让路。当时还提出“中小结合、以小为主,土洋结合、以土为主”的发展钢铁的方针,全党全民动员,大战一百天,确保完成钢铁任务。

9月11日,省委又召开二届九次扩大会议,通过《书记挂帅,全党全民动员,大战100天确保完成今年钢、铁和铜的生产任务》的决议。决议提出:必须把钢铁生产作为全省当前压倒一切的政治任务。1958年甘肃全省钢铁等生产任务为:铁30万吨,钢10万吨,铜1000吨。这个任务,必须如期完成,1斤不能少,1天不能迟。各地生产的钢、铁、铜,不得擅自动用,更不允许隐瞒,必须服从统一调拨。各地应按时按量给兰州市供应炼钢生铁,兰州市必须如期完成10万吨钢的生产任务。决议在确认“中小结合、以小为主,土洋结合、以土为主”的大炼钢铁运动方针的前提下,进一步指出,全省现在已经制造出来的74套小高炉和104套小转炉,机械工业局和冶金工业局,必须立即分给各地。各地应努力争取在9月底以前安装起来投入生产。兰州市必须在9月份内再生产44套小高炉成套设备,以便为进一步发展炼铁工业创造有利条件。要完成今年的钢铁生产任务,仅靠这批小高炉还是不行的,因此各地必须继续大建土高炉和土炉子,依靠广大群众,依靠小炉子,依靠土办法来完成任务。在大炼钢铁运动的方法和任务分配上,决议指出,必须抓紧重点,同时也不放松一般。采取野战军、游击队和民兵互相结合的办法,协同作战。全省炼铁以皋兰、临洮、靖远、永登、徽成、天水县、武都、张家川、康县、岷县、静宁、庄浪、华亭、平凉县、平凉市、山丹、武威、永昌、天祝、金塔、临夏县、和政、康乐、舟曲24个县(市)为重点,建立小高炉、土高炉和大量土炉子,成群成片进行生产,作为野战军,担负主要任务。一般资源较少的县市为附点,哪里有矿就在哪里搞,作为游击队,承担一部分任务。钢以兰州为大点,必须保证完成10万吨任务;以玉门、永登、敦煌、白银等为中点,必须各完成5000吨(白银为2000吨);

以山丹、天水、文县、靖远、临夏、华亭为小点，除作为练兵外，必须各完成300吨。

在生产措施上，决议也提出具体要求。第一，普遍实行两定四包，即钢铁生产要自上而下的定时定量。各地必须按月、按旬、按日排出每一个县、每一个厂、每一个炉子的生产量，以便保证按时按量完成全省的生产任务。决议强调：所谓定，就是死任务，即经决定，就只能超过，不能短少，更不容许任何人擅自变动，违者执行纪律。四包是指自下而上的包片、包群、包炉、包任务。各级对炉子、炉群、地区，都应派专人负责包干到底，谁完不成任务，即由谁负责。第二，组织百万大军，分五路向钢铁进攻，在采矿、建炉、冶炼、焦煤、运输5个方面投入足够的劳动力。第三，组织发动群众，大搞技术革命。特别是提高焦炭质量、降低煤耗、延长炉子寿命、改进鼓风设备，提高运输效率、改进操作工具，提高采矿选矿方法等是当前技术革命的重点。第四，要加强对全省24个炼铁重点县钢铁生产的领导。各地、市、州委及24个炼铁重点的县、市委，立即成立钢铁指挥部，由书记任总指挥，迅速把党委的主要力量放在钢铁生产方面来。特别是24个重点县、市的第一书记，必须即日搬到炉群中去，不得延误。省委除由一位负责同志领导农村工作和处理其他日常工作外，凡能抽出的书记、委员和各部委负责同志以及省人委的副省长、厅局长等，均应迅速分赴各地，领导钢铁生产。

在当时的历史条件下，甘肃缺乏钢铁生产的基础。但由于采取了一系列非常的行政措施，全省范围的全民大炼钢铁运动迅速兴起。在各级领导干部的带领下，全省投入大炼钢铁的人力猛增到100余万。各种小高炉、土高炉的数量也不断攀升，许多工厂、人民公社、行政机关、学校、部队都开始建起高炉、办起炼铁厂。原料不足，就用普通煤炭代替炼铁用的焦煤，煤炭不足，就砍伐树木烧成木炭代替；高品位的矿石不足，就用低品位的矿石代替；没有矿石的地方，甚至把家庭用的铁锅等器皿和其他铁器破碎后，用作炼铁的原料。省委还于1958年10月向全省下发通知，指示“各地古代建筑中，清代以前的铁炉、铁钟等经过鉴定，确有价值的，每一专区、市、州可作为文物保留一部，余均可作废铁炼钢”。为了解决炼钢、炼铁所需焦煤、煤炭不足，省委先后于1958年10月16日召开电话会议，于10月29日发出《关于开展第二次煤炭高产周运动的指示》，分别于10月20日至27日，10月31日至11月6日，在全省掀起两次煤炭高产周运动，以期解决炼钢、炼铁的燃料问题。12月3日，省委召开电话会议，再次要求各地紧急动员起来，坚定不移地贯彻“小土群”方针，全民炼钢，大搞炼钢，信心百倍地完成全年10万吨钢的任务。会议在分析全省炼钢情况时指出：全省在炼钢战线上虽然取得了成绩，已完成2万余吨，但距10万吨的任务还相差很远。要在今后20多天内确保炼钢8万吨，必须全党全民总动员，各地一起动手，有什么办法拿出什么办法，百花齐放，坚决贯彻“小土群”方针，迅速在全省范围内掀起炼钢高潮。

12月10日，甘肃省统计局发表全省超额完成产铁计划的公报。公报说：“截至12月10日，经过各地、县、市委的反复核对，全省实际产铁347，510吨，提前21天，超额15.84%完成了全省生铁生产计划。”全年产铁34.75万吨是一个虚报浮夸的数字。1958年甘肃生铁生产的实际数是20.03万吨。这些生铁生产付出了高昂的成本，质量也是问题诸多。完成了生铁生产任务1.32万吨的平凉地区，同时也产出了1.77万吨“烧结铁”。

在宣布“超额”完成炼铁任务后，炼钢的任务显得更加突出，省委要求各地将炼铁的队伍、设备、物资全部转到完成钢的任务上来。12月4日至14日，全省钢的平均日产量比11月份增加7.2倍，但要完成10万吨钢的任务依然是力不从心。16日，省委向全省发出《关于调整今年全省钢的任务的通知》。决定1958年全省10万吨钢的任务，按国家计划调整为5万吨。19日，省委发出《关于撤销省委钢铁办公室的通知》。甘肃的全民大炼钢铁运动终于落下了帷幕。25日，甘肃省统计局发表全省钢产量完成国家计划的公报。公报说：截至12月25日，全省已生产钢5.63万吨，超额12.57%完成了国家分配生产钢5万吨的任务。这也是一个虚报浮夸的数字，实际上1958年全省共生产钢1.40万吨。

## 四、“酒钢”的建设

“酒钢”是国家1958年始建于甘肃境内嘉峪关关城以东5公里，酒泉县城西 20 公里之间戈壁滩上的“酒泉钢铁公司”的简称。早在 1955 年 8 月至 1958 年 10 月间，为适应西北地区工业的布局和发展，西北地质局 645 队、634 队地质勘探工作者千余人，历时三年多时间，完成了在酒泉地区以北的镜铁山矿区 23 个铁矿点的勘探任务，探明铁矿石储量 5 亿吨，具备建设一个大型钢铁企业的基础。1958 年 1 月，国家冶金工业部又对此进行实地勘察，完成企业建厂选址等工作后，向党中央、国务院提交《关于建设西北酒泉钢铁厂的报告》。报告认为：“根据几年来在西北地区进行资源勘察的结果，现在有条件在甘肃的酒泉一带开始一个大型钢铁企业的建设。这将是我国继鞍钢、武钢、包钢之后的第四个钢铁基地。这一基地的建成，对我国的工业分布，特别是对西北腹地的经济开发，将有其重大的意义。”同年 6 月 3 日，国务院对《西北酒泉钢铁厂设计任务书》作出“按年产钢锭 200 万吨的规模进行设计建设”的批复。在冶金工业部向国务院报批的同时，“酒钢”建设的筹备工作即已展开。1958 年 4 月，酒泉钢铁公司筹备处在北京成立。5 月初，在酒泉成立“酒钢”办事处。8 月 1 日，酒泉钢铁公司在酒泉正式成立。筹建中的“酒钢”于 7 月 24 日分别向冶金部、国家计委、中共甘肃省委、甘肃省人民委员会提交《关于酒钢建设方案的报告》，提出把“‘酒钢’规模扩大为年产钢锭 400 万吨，投资增为约 10 亿元，一、二期工程连续施工，建设时间争取在 1961 年，保证在 1962 年建成是必要的，也是可能的”。冶金部党组同意了这份报告。

“酒钢”的建设是在生产、建设条件十分简陋，生活设施缺乏的情况下进行的。建设一开始，很快就从全国各地抽调了 1.2 万人的建设大军到达这里。没有住房，就在戈壁滩上开挖和建起半地窝式的马架活动房或支起帐篷；没有生活用水，先是雇用大批骆驼每日驮水，后来在大家共同努力下，开凿一条临时引水渠，将讨赖河水引至施工现场。位于海拔 3600 米的镜铁山矿的采矿条件就更加艰苦。严重的缺氧，使许多建设者头疼欲裂；85℃就开的水，使吃半生不熟的饭成为常态；粮食供应不足，常常是饱一顿、饥一顿；没有煤烧，只能徒步行走 35 公里山路，装煤扛回来……经过一年多的艰苦努力，“酒钢”的建设者们在实践中感到，以现有的条件，建设“酒钢”这样规模的钢铁企业，条件还不完全具备。

1959 年底,“酒钢”对建厂规划进行了调整,即把第一期生产钢的能力调整为 200 万吨,最终规模为年产钢锭 378 万吨;第一期工程调整到 1964 年结束,第二期工程 1966 年建成。全部工期由原先设想的 4 年延长到 8 年。

1960 年 12 月,中共中央西北局在兰州召开书记处(扩大)会议,决定:暂缓“酒钢”的建设,疏散职工,易地就食,并在三个月内全部撤走。会后不久,5.4 万名“酒钢”建设职工开始疏散转移。“酒钢”建设暂时中断下马。

## 五、粮食产量“放卫星”

1958 年 1 月到 4 月,中央在杭州、南宁、成都、武汉、广州先后召开会议,其间还召开了最高国务会议和中央政治局扩大会议。会议的主要内容是着重研究经济问题,批评“反冒进”,提出了“大跃进”的一系列任务、指标、口号和措施。在随之而来的“大跃进”进程中,许多地方的各项经济指标不断放大。农业的“大跃进”突出地表现在粮食某亩产放卫星,各地上报虚假“小麦卫星”“水稻卫星”“包谷卫星”层出不穷,甘肃也不例外。

1958 年 2 月 11 日,中共甘肃省第二届代表大会第二次会议结束,这次会议为期 61 天。党中央在 1 月召开的南宁会议上,毛泽东主席批判“反冒进”的主张与做法助长了代表会议上对“地方主义”的批判斗争。受此影响,在讨论第二个五年计划的各项指标时,会议最终制定了“苦战三年基本改变全省面貌”“六年实现农业四十条”的全面规划,提出的第二个五年计划的主要指标:到 1962 年,农业总产值 28 亿元,粮食总产量 91 亿公斤,棉花总产量 1.2 亿公斤,地方工业总产值 24 亿—28 亿元。

会后,各专区和地市州及县区,先后召开一系列会议,自上而下宣传贯彻落实会议精神,纷纷提出各自的“五年计划”目标。兰州市委召开的第十三次全体会议(扩大)上决定,一年内粮食亩产过“黄河”,三年过“长江”,五年达到 1000 斤。张掖地委提出“十年指标一年完成,三年跨黄河过长江”的跃进口号。平凉地委也制定了 1958 年的粮食平均亩产 240 斤，其中山地 200 斤、塬地 300 斤、川地 400 斤的目标。这些指标实际上已经明显超出了实际的可能性。

3 月 2 日，《甘肃日报》发表题为《苦干实干跑步前进》的社论。社论说:“全省将有 38 个县（市）分别达到亩产 400 斤、500 斤、600 斤，其余各县（市）大部分也都接近和超过 1957 年的实产的一倍。这是甘肃农业史上的创举。如果这些计划实现，全省近一半的谷物播种面积，今年即可跨过‘黄河’，翻越‘秦岭’，提前 9 年实现全国农业发展纲要的粮食指标，即全省粮食产量将超过 108 亿斤的指标。”拉开了甘肃农业生产“大跃进”的序幕。

4 月，为贯彻落实中央成都会议精神，省委分别在庄浪和武威分片召开常委（扩大）会议，讨论思想问题和工农业生产问题，认为当前在农业方面，群众的尽头足、情绪高、进度快、成绩大。庄浪会议上，检查评比了宁县、正宁、镇远、合水、庆阳、环县的工作，各县纷纷表态，竞相提出高指标。张掖地委召开以评比为中心的县委书记联席会议，传达中央“学先进、比先进、赶先进、组织全面跃进”的精神，在会上，地委提出：比解放思想、首创精神；比多快好省、鼓足干劲、力争上游；比群众路线、工作方法；比从党内到党外、从领导到群众、拧成一股劲的要求。《甘肃日报》为此刊发社论，表扬了张掖的做法。

5 月，党的八大二次会议召开，正式确定“鼓足干劲，力争上游，多快好省地建设社会主义”的总路线。会后，全国各地都掀起了各行各业全面跃进的“大跃进”高潮。在农业上提出“以粮为纲”口号，要求五年、三年甚至一两年内达到十二年农业发展纲要规定的粮食产量指标。6 月，《人民日报》报道了河北安国县甫娄底乡卓头村农业社小麦亩产 5103 斤的高产纪录后，各地争先效法。18 日，省委发出《普遍学习河南、河北、湖北等“高产卫星”的经验的指示》，要求全省农民破除迷信，解放思想，想尽一切办法掀起小麦高额增产运动。19 日，省委又召开电话会议，提出在全省范围内“普遍开展争取今年粮食产量达到亩产平均 600 公斤的运动”，《甘肃日报》也发表《为每人有 1200 斤粮食而奋斗》的社论。此后，部分地方开始出现虚报粮食产量的现象。24 日，兰州市委召开兰州郊区农村工作电话会议，将粮食亩产指标提高到 1000

斤,蔬菜亩产量提高到35000斤。要求各级干部和全市农民坚决贯彻总路线精神,快马加鞭,超额完成当年农业跃进指标,力争1959年实现全国农业发展纲要。7月,省委常委会议提出的“必须在人们的思想上普遍插起无产阶级的红旗,拔掉资产阶级的白旗。做到大破大立,兴无灭资,破少慢差费论,立多快好省论,破增产到顶论,立潜力无穷论”。号召要解放思想,掀起小麦高额增产运动,力争当年平均每人达到1200斤粮食。该指标下达后,各地州市粮食指标再次加码下达。根据各地市州上报的指标数据,1958年粮食总产量为185亿斤(后来压到120亿斤)。1958年10月,省委在秋季农业工作会议上宣布:甘肃粮食总产量由1957年的42.5亿公斤跃进到110亿公斤,已经实现了农业四十条规定的亩产指标。会议进一步提出1959年粮食亩产达到750—1000公斤,总产量达到277.5亿—370亿斤,1960年计划145亿斤(实际产量:1957年63.126亿斤,1958年67.916亿斤,1959年57.92亿斤;1960年40.114亿斤)这一指标在当时的条件下实难达到,当年张掖各县粮食平均才245斤。但是,26日在张掖县梁家墩召开的全国春小麦现场会上,社队干部胁迫社员放出亩产2006斤的“卫星”。随后全省各地市州再次提高粮食亩产指标。兰州将蔬菜亩产量提高到8万斤至10万斤,东岗区还放出亩产蔬菜103万斤的高产“卫星”,雁滩、马滩、十里店先后放出番茄亩产51912斤、68650斤、113330斤的“卫星”。为实现高产目标,一些地方深翻土地和密植秧苗的做法与经验被迅速传播与强行推进。10月,庆阳董志塬深翻生产指挥部向泾河川发出《挑战书》,号称组织了5万劳动大军,38000头役畜,要深翻秋地40万亩,深度保证1.2尺以上,力争1959年亩产达到3500斤。提出的口号是:“政治挂帅全民战,五万雄狮闹翻天,大干、特干、拼命干,40万秋地一扫完,今年深翻尺二、三,明年亩产三、四千,超过泾河赛秦川,红旗插遍董志塬。”

事实上,早在3月份,民勤县、甘谷县、秦安县等就已经发生群众闹粮事件,个别地方出现群众外流讨食和缺粮上访,山丹县、民乐县等六县还出现比较严重的移民返籍。由于1957年大旱,镇原县当年的亩产只有82斤,1958年上半年该县普遍发生粮荒,相当一部分人因此外流,平凉地委向省委的报告中说:“今年3月底4月初已经成为全县性的严重问题,供应人数已达21.9万,占农业人口的75%,几乎是人人谈缺粮,户户嚷供应。”在省委的领导下,增加了供应指标,暂时解决了群众生活问题。但这些问题和现象并没有彻底引起省委的高度重视,为后来甘肃发生比较严重的粮食问题埋下隐患。有些领导干部反而认为镇原的粮食问题是反革命在作怪,7月,平凉地委派工作组进驻镇原,从粮食问题入手,发动群众开展“大鸣大放”、大字报、大辩论,“拔白旗”,反“右倾”,反“瞒产私分”,打击阶级敌人的破坏行动,将县长许国和、副县长张万寿打成“反革命集团”,许、张二人开除党籍,撤销党内外一切职务,逮捕法办。受到牵连的共有1650人,逮捕判刑的1503人,管制的147人,批判斗争3000多人。这一冤案,在当时震动全省,影响全国。

由于生产指标年年提高,征购任务不断加大,全省的“查产斗争”一年比一年激烈,前后延续达4年之久。农业生产“大跃进”,不仅造成了农民生产生活的严重困难和社会的不安定问题,而且极大地损害了政府和党员干部的威信。1960年7月1日,《省委关于检查一个指头问题向中央的报告》中说,“省委提的指标已经很高了,地、县两级又喜欢层层加码,更加脱离了实际可能性,并且使下面滋长了浮夸作风,实事求是的精神大为减弱。”

## 六、教育、文化、科技领域“大跃进”

在工农业生产“大跃进”的带动下,甘肃的教育、文化科技等领域也相继开始“大跃进”。

1958年1月,在“教育事业大跃进”的口号下,为加快发展各级各类学校教育,甘肃省教育厅提出“初中出城,小学上山”的口号,要求1962年全省达到“乡乡有中学,社社有小学”。同年3月,省委提出“三年内基本普及小学教育”“五年内培养百万初级技术人员”的目标后,迅速在全省形成全党全民办教育,大、中、小学一齐上的局面。截至1960年,在短短的三年多时间内,全省高等学校数量增加7.6倍,在校学生增长1.7倍;各类中等学校(含新建的农业中学)数量增加3.4倍,在校学生增长2.1倍;小学校数增加34%,学龄儿童入学率由57.5%猛增到75.7%。另外，在教育为无产阶级政治服务，教育与生产劳动相结合的方针下，开展了教学改革。从1958年春季开学起，全省大、中学校学生下厂、下乡参加工农业生产，与工人、农民同吃同住同劳动，实行勤工俭学，还在校内大办工厂、农场，以使教学与劳动相结合。1958年秋季开学后，生产劳动作为一门课程正式列入各级学校。同时，中小学开设工农业生产常识课，并组织师生参加“引洮上山”、大炼钢铁及其他社会生产劳动，如勤工俭学、劳动教育、社会实践等活动，也在各级各类学校普遍展开。在高等学校和部分中等专业学校，还开展了由“领导、教师、学生三结合”的集体，按照为无产阶级政治服务，紧密联系生产实际的原则，编写和修订各种教材；为了实行教学工作的群众路线，还大力倡导学生上讲台，边学边讲，“能者为师”等做法。由于受到“大跃进”高指标、浮夸风和“左”倾思想的影响，导致甘肃教育事业的发展，脱离客观条件的可能，超越国民经济的负担能力；在“批判学术权威”“拔白旗”运动中，伤害了一批知识分子，使教师队伍建设受到损害；教学改革中，忽视基础知识教学，劳动过多，打乱了正常的教学秩序，教学质量不断下降。特别是1960年后，在国民经济发生严重困难的情况下，各级各类教育大幅度后退。到1962年，全省教育事业的总规模退到1957年的水平以下，新建高等学校除一所外全部撤销、停办；新办的农业中学全部停办；小学学龄儿童入学率降至33.8%，扫除文盲教育基本停顿，造成教育事业的大起大落。

这一时期，全省的文化事业也历经坎坷。1957年反右派斗争扩大化对文化艺术事业和文艺工作者造成很大伤害。“大跃进”开始后，由于片面地强调文艺为政治服务，为党的中心工作服务，致使大批的文艺作品成为图解政治口号的传声筒，成为浮夸风的宣传工具。同时，出现了一些公式化、概念化、经不起历史和时间考验的作品。即使在当时出现的优秀作品中，也不同程度地存在着这些有害倾向。

“大跃进”运动对全省的科学技术工作造成冲击和影响，如盲目发展科研机构，大搞耕地深翻，粮食作物高度密植，工业大搞超声波，土法大炼钢铁，攻尖端技术等，都超越了当时经济生产发展的需要和可能，违背了科学技术发展规律，造成了相当的损失。

## 七、对“大跃进”运动的反思

1958年至1960年的“大跃进”运动，是党和国家带领全国人民探索适合中国国情的社会主义建设道路的一次尝试。这次尝试遭到了失败，给经济建设和国民经济的发展带来了严重的挫折。

从“大跃进”运动发动的原因看，旧中国是一个半殖民地半封建社会，经济发展十分落后，人民生活极端贫困。新中国成立后，人民翻身做了主人，强烈希望发展经济，用最快的速度摆脱贫困和落后状态，使国家富强、人民幸福。“大跃进”运动正是反映了人民群众的这种普遍愿望。特别是随着社会主义改造和第一个五年计划的顺利完成，不仅使社会主义公有制普遍建立，也使国家和地方各个经济部门有了统一调动财力、物力和人力的权利，从而为“大跃进”运动的发动提供了实际的可能。再加上三年经济恢复和“一五”时期建立了一大批现代化骨干企业，培养了一批技术人才，在一定程度上为“大跃进”运动准备了物质、技术条件。另外，急于摆脱苏联模式，提出“以苏为鉴”和“走自己的路”，寻找自己特色的建设道路，建立自己独立完整的工业体系和经济体系也是发动“大跃进”运动的重要原因。

从实践看，由于主观上的急于求成和不按经济规律办事，“大跃进”运动造成了国民经济主要比例的严重失调。主要表现在积累与消费的比例关系上，基本建设战线过长，积累率急剧升高；在工农业比例关系上，农业受到削弱，生产大幅度下降；在工业生产内部，由于实行“以钢为纲”，片面发展重工业，各行业之间的比例关系也严重失调；在社会购买力和商品可供量的比例关系方面，也严重不平衡，市场商品可供量急剧下降，特别是人民生活必需的粮食等消费品已不能保证基本需要。但三年的生产建设也取得了一定的成果，例如那些新建的合乎需要和标准的农用水利工程，那些新增的后来形成了生产能力的设备，还有在许多从来没有工业的地方，办起了工业，虽然很大一部分当时没有能巩固，但终究为后来各地方工业的发展播下了种子。

但是，由于对在经济文化落后的大国建设社会主义的长期性、艰巨性估计不足，对掌握经济规律和科学知识的必要性认识不足，搬用战争年代大搞群众运动的方法指导经济建设，加上党内领导层的民主生活不正常，党未经调查研究和科学论证，凭主观愿望和意志办事，提出了许多违背科学的高指标，结果事与愿违，给国家和人民带了灾难性的损失，教训非常深刻。

## 第三节　人民公社化运动

### 一、人民公社的兴起和全省公社化的实现

人民公社化运动又可分为农村人民公社化运动和城市人民公社化运动两个部分。甘肃的农村人民公社化运动，基本上同全国各地一样，是农业合作化运动中急于求成思想的继续和发展。

1958 年 3 月，在成都召开的中央工作会议上，讨论通过了《关于把小型的农业合作社适当地合并为大社的意见》。8 月上旬，毛泽东主席在河北、河南、山东等地视察时，对河南新乡县“七里营人民公社”的牌子给予肯定和称赞。之后，毛泽东主席说：“还是办人民公社好，和政府合一了，它的好处是，可以把工、农、商、学、兵合在一起，便于领导。”① 这一讲话经各报发表后，“人民公社好”迅速传遍全国，各地闻风而动，紧跟快赶。由此，各地正在进行的小社并大社的工作，便直接转入了大办人民公社的热潮。8 月中下旬，在北戴河召开的中央政治局扩大会议上通过的《关于在农村建立人民公社问题的决议》，决定在全国农村普遍建立人民公社。《决议》指出：“把规模较小的农业生产合作社合并和改变成为规模较大的、工农商学兵合一的、政社合一的、集体化程度更高的人民公社，是目前农村生产飞跃发展，农民觉悟迅速提高的必然趋势，是指导农民加速社会主义建设，提前建成社会主义并逐步过渡到共产主义所必须采取的基本方针”。《决议》还指出：“人民公社将是建成社会主义和逐步向共产主义过渡的最好的组织形式，它将发展成为未来共产主义

① 中共中央党史研究室：《中国共产党历史》第二卷（1949—1978）上册，中共党史出版社 2011 年版，第 495 页。

社会的基层单位。”《决议》还在列举了实现向共产主义过渡的若干条件后，宣布“共产主义在我国的实现，已经不是什么遥远将来的事情了，我们应该积极地运用人民公社的形式，摸索出一条过渡到共产主义的具体途径”。在人民公社化运动中，以高指标、瞎指挥、浮夸风和“共产风”为主要标志的“左”倾错误严重泛滥开来。

8月18日，省委召开电话会议，布置全省各县进行人民公社的试点。9月3日，全省已试办人民公社197个，其中武山县、临洮县、兰州市已经实现人民公社化。9月5日，省委发出《关于在干部和群众中为全省普遍实现人民公社化，开展大辩论的指示》，要求“很快在全省范围内掀起一个普遍建立人民公社的运动，争取9月底普遍实现人民公社化，以迎接伟大的国庆节”。“社的规模，一般的以乡为单位，一乡一社，每社2000户左右，小的可以千户左右，大的可以几千户，敦煌县还可以考虑搞一个以县为单位的大公社”。《指示》还说：建立公社绝不是简简单单的、和和平平的换一个牌子、并一个组织。相反的，它将不可避免地要遇到一系列的两条道路、两种思想的尖锐斗争，甚至还会遇到“一定的敌我斗争”。“要严肃批判有些人的资本主义道路和资本主义思想，认真揭露地富反坏分子的各种造谣破坏活动。”这样，人民公社化运动一开始，就被置于政治压力下，在强行推进中发展。14日，省委发出《关于加强党对人民公社领导的指示》。29日，《甘肃日报》发表《欢呼全省实现人民公社》的社论，宣布截至27日，全省共建成人民公社773个，入社农户194.8万户，除个别牧区县，全省农业区均已实现人民公社化。11月底，肃南、肃北、阿克塞、天祝4个牧区县也分别建成人民公社。至此，全省实现农牧区人民公社化。

与农村人民公社化同步，全省各地也先后试办了一批城市人民公社。当时共建立城市人民公社44个，后经过整顿合并，坚持和巩固下来的有33个。截至1960年5月，全省9个城市也基本实现人民公社化，入社人口约占城市人口的近80%。

## 二、农村公共食堂的兴办

与全国一样，甘肃的农村公共食堂是伴随着农村人民公社化运动兴办起来的。1958 年 8 月中、下旬，在北戴河召开的中央政治局扩大会议讨论通过《中央关于在农村建立人民公社问题的决议》时，就有人提出“公社实行吃饭不要钱”的建议。毛泽东主席的态度是：“吃饭不要钱的办法，可以逐步实行，暂时不定，明年是否实行，到时候再看。”[①] 但随着《中共中央关于在农村建立人民公社问题的决议》的下发，全国农村立即出现了一个人民公社化运动的高潮，公共食堂随之兴起。

9 月 13 日，省委向全省发出第一个《关于办好农村公共食堂的指示》，指出“现在全省农村已经基本上公共食堂化了”。这就是说伴随着全省农村人民公社化的实现，农村公共食堂在甘肃普遍建立。对于农村公共食堂，省委当时的认识是：几千年来，农民都是一家一户为单位进行生产和消费的，那样的实际生活，使他们很难摆脱小生产者和小私有者思想意识的束缚。而“农业合作化之后，在生产方面已经进入到以合作社为生产单位了，但在消费方面还是以家为单位，这仍然对农民思想觉悟的进一步提高有妨碍，公共食堂建立之后，农民消费的一个重要方面——吃饭，已经集体化了，这就解决了农民生活集体化的问题。这将使农民群众可以更快地、更彻底地抛弃旧的小生产小私有的观念，养成新的社会主义——共产主义思想。因此，对于办好公共食堂，必须予以足够重视”。《指示》还特别列举了农村食堂建立后，节省了大量的妇女劳动力，缩短了群众吃饭的时间，解决了粮食分配方面很多不好克服的矛盾，更重要的是使农民的整个生活从生产到消费都更加集体化了等四个方面的好处，并对办好食堂需要解决的 13 个问题作出规定和要求。《甘肃日报》1958 年 10 月 6 日报道：随着人民公社化的迅速发展，全省农村已经基本实现了公共食堂化，共建立起食堂 94013 个。

农村公共食堂的兴办，是关乎千百万人每天吃饭的一件大事，是农村社会生活的一个重大改变。但在当时的历史条件下，匆忙兴办起的农村公共食堂，无论从物质条件和人们的主观认识方面看，都有着难以逾越的欠缺。新中国成立后，虽然广大农村和农民的生产、生活有了翻

---

① 中共中央文献研究室编，逄先知、金冲及主编：《毛泽东传》（1949—1976），中央文献出版社 2004 年版，第 835 页。

天覆地的变化，但农村集体经济的家底还不够殷实，农民的个人生活还不够富裕。尤其像甘肃这样一个经济、文化相对落后的省份，还在为温饱努力奋斗，在很短时间内，匆忙办起数万计的农村公共食堂，对还很脆弱的农村集体经济和农民家庭经济是一场严峻的考验。

为了在短时间内把全省的农村食堂兴办起来，一些地方采取行政手段，无偿征用大量农民群众交归集体的财物，如：房屋、菜地、牲畜、家禽、粮食、耕地、灶具、炊具、桌椅、磨坊等，成为助长人民公社化运动中“平调”风的重要原因；由于地域差异、习俗差异和经济发展水平的差异，匆忙办起来的数万个食堂，也参差不齐，五花八门，千差万别。公共食堂兴办之初，因为强调“吃饭不要钱”“不限量”“放开肚子吃”等，刺激和鼓舞了广大农民的积极性，但却造成了粮食的极大浪费。很快绝大多数食堂因其所属的核算单位，即生产小队、生产大队或公社的粮食仓储不足，取消了在农村公共食堂吃饭“不限量”“放开肚皮吃”的承诺，实行在食堂吃饭定量或限量的办法，采取吃饭记账或凭“小粮票”的措施。由于农村食堂基础薄弱，饭食单一，饭菜质量、数量难以令人满意，再加上食堂管理人员和基层干部多吃多占，甚至扣卡、贪污，引起了农民的极大不满。

1959 年下半年，随着人民公社化运动不断推进，特别是整顿人民公社工作的进一步推进，将办好农村公共食堂上升到政治层面去认识。强调人民公社是通向共产主义的桥梁，而食堂是人民公社的心脏。1960 年 3 月 6 日，中共中央批转《贵州省委关于目前农村公共食堂情况的报告》认为：“食堂也是我们必须固守的社会主义阵地。失掉这个阵地，人民公社就不可能巩固，大跃进也就没有保证。”中央的指示还要求全国不要例外地仿行贵州的做法。

为了办好公共食堂，1960 年 5 月召开的中共甘肃省第三次代表大会的主报告中，提出了后来被称为办好公共食堂的“省党代会八条标准”。6 月 25 日，省委又专门印发《省委办公厅代替各县人委起草的关于办好公共食堂的布告》，要求以各县（市）人民委员会名义发布，张贴到每个公共食堂，使有关食堂各项规定直接与群众见面。省委还专门召开讨论研究全省公共食堂工作的“天水会议”，责成省委生活福利委员会对榆中、宁县、泾川三个县的 36 个农村公共食堂的情况进行调研和检查,并提出进一步办好公共食堂的意见、办法和措施。当时,全省农村公共食堂按照“省党代会办好农村公共食堂的八条标准”被划分三类。第一类是达到了八条标准的,第二类是需要整顿提高的,第三类是要改造的。因此,在开展整顿全省农村公共食堂的工作中明确提出了要“继续整顿提高二类食堂,改进三类食堂,纯洁食堂组织,树立贫农、下中农的绝对优势”。除此之外,对入社农民的口粮分配形式作出重大调整。为了巩固农村公共食堂,避免农民在食堂记账或凭票吃饭后不愿如数缴纳或拒绝缴纳额定的粮食所产生的纠纷,1960 年 7 月 1 日,省委在批转《省委农村工作部关于 1959 年人民公社分配情况和 1960 年分配意见的报告》中,同意了省委农村工作部对 1960 年粮食分配形式作出改变的意见,即实行“指标到户,实物到堂”的分配办法,将农民群众个人的口粮放在其所在食堂的集体库房保管。尽管这个意见中也有“节约归己”的规定,但实际上农民个人失去了对自己口粮的自由支配权。对农民口粮分配形式这一改变,与“大跃进”和人民公社化运动给农业生产带来的危害结合起来,给全省农民的生产、生活造成了灾难性的后果。

连年的浮夸风、高征购和粮食产量大幅下降所造成的农副产品供给的巨大缺口,不仅给全省人民的生产、生活造成难以克服的困难,也极大地削弱了农村公共食堂和家庭为单位的全省农民抵御粮荒的能力。特别是经历了人民公社化运动中的土地和部分财产入社,平均主义对财产、粮食等的无偿调拨,自留地、羊、牛、猪、鸡等被当作“私有制的尾巴”被充公或减少。至 1960 年夏、秋收之际,甘肃的许多农村公共食堂就将口粮标准降到人均每天 6 两左右(16 两秤)。这期间,尽管国家采取了加大返销粮的供应量、大力开展代食品运动、“瓜菜代”、打击破坏食堂的坏分子、加强食堂监管等一系列措施,但都不能从根本上改变粮食匮乏的局面。粮食供应不足,不仅使得一部分食堂难以为继,私下悄悄解散,也使得 1959 年已在甘肃局部发生的人口外流、浮肿病和非正常死亡的情形进一步扩大起来。1961 年夏季,维持三年多的甘肃农村公共食堂被解散。

## 三、人民公社化运动的特点和体制

甘肃的人民公社化运动经历了两个阶段。第一阶段从 1958 年 8 月中下旬到年底,为大办时期。第二阶段,从 1959 年到 1960 年,为整顿时期。

第一阶段呈现如下特征:

其一,完成任务快。自 1958 年 8 月 17 日全省最早的兰州市安宁区先锋人民公社和东岗区雁滩人民公社宣告成立起,至当年 9 月 27 日,仅仅 40 天的时间,就建成由 13783 个农业合作社合并而成的 773 个规模不等的农村人民公社,实现了全省农业区的人民公社化;以畜牧业生产为主的甘南藏族自治州以及肃南、肃北、阿克塞、天祝等自治县,也仅用了三个月的时间,于 1958 年 9 月、10 月和 11 月初分别实现了人民公社化。

其二,公社规模大。甘肃人民公社化运动实质上是先前“小社并大社”的发展和继续。仅从农业区看,当时入社的农户达 194.8 万多户,平均每社 2500 户左右。牧区实现公社化后,这个平均数更是达到每社 3000 户左右。其中万户以上的公社有 15 个,榆中、天水、肃北、敦煌、阿克塞 5 个县市,建成了一县(市)一社的人民公社。户数最多的榆中县人民公社达到 3.6 万户。

其三,民族地区跨越大。在“大跃进”和人民公社化运动的推动下,甘肃各少数民族区域也相继掀起人民公社化的热潮。甘南藏族自治州人民公社化运动开始后,仅用了不足一个月的时间,即成为全省最早实现人民公社化的牧区。这个尚未经过彻底的民主改革、没有全面经过农牧业互助组和合作化阶段的牧区,共建立人民公社 47 个,群众把这种现象称为“一步登天”。

其四,公有化程度高。人民公社化后,不仅把原来属于初级农业社、高级农业社的生产资料统统归公社所有,还把属于农牧民个人所有的生产、生活资料当作“私有制尾巴”统统割掉,包括自留地、草场、小块林地、果园、宅基地、场地、成片林木、大牲畜、成群羊只、大型农具、加工工具、生产运输工具等统统归公社所有。同时,还打破村界、区界、乡界、社界、县界,将公共积累的一部分无偿上交,供调配使用。人民公社实行以公社为单位的全民所有制,统一核算,统一分配,具体采取供给制与工资制相结合的分配制度。大部分公社在当时都实行了包伙食、包医疗,即吃饭不要钱,看病不收费的制度。有的公社免费的项目更多,如敦煌县成立公社后,即在全县实行供给制,对全县干部、社员实行20包,即:包吃饭、穿衣、住房、乘车、医疗、理发、缝纫、洗澡、用电、婚嫁、娱乐、生育、老人养老、死亡安葬、入学、幼儿保育、生活用具、零花钱、菜金、取暖等。

和全国一样,甘肃的农村人民公社化的过程,实质上也是全省农区、牧区的组织形式、管理模式等重大改变的过程。省委发出关于加强党对人民公社领导的指示,要求全省各地在建立人民公社的过程中,必须迅速地以公社为单位建立党的领导机构,实行社党委领导下的社委会负责制,积极领导建社工作后,还专门组织省委常委,省级各部门部长、厅长等400多人参加的工作组,分赴天水、平凉、定西、张掖等地区帮助、指导建立人民公社的工作。

人民公社的体制是完全按照政社合一的要求建立起来的,既是一个经济组织,也是一级政权机构;既要负责全社的农、林、牧、副、渔业的生产,也要负责管理工、农、商、学、兵(民兵)等各方面的工作。每一个人民公社的内部又划分为若干个生产大队,每个生产大队又划分为若干个生产队,实行公社、大队、生产队三级管理。在涉及入社群众的利益分配方面,各人民公社普遍按照省委有关文件的要求,采取和制定了以供给制为主、工资制为辅的分配制度。省委曾在有关文件中提出这两种分配制度的比例:“工资制与供给制相结合的制度必须贯彻执行。工资部分与供给部分的比例,一般为三七开,收入高的可以四六开。收入低一些的可以二八开”。对怎样确定入社群众的工资,1959年2月《甘肃省委关于分配和其他几个具体政策问题的补充规定(草稿)》则具体提出:“为了更好地贯彻按劳分配原则,可以先评定工资级别,在生产过程中,天天汇总,月月评比,一般不动,有升有降。评定工资级别时,应贯彻同劳同酬原则,对于妇女不得有任何歧视,干部和干部家属不得有任何特殊。工资等级划分6至8级,最高最低之间差额大体保持4倍上下,级差以5角至1元为宜。”总的看,占有主导地位的供给制是通过夏、秋收的粮食分配和吃饭不要钱的伙食供给制的两种形式，这也是入社群众收入的主要部分。工资制度常常由于数额低微，且发放不及时，拖欠等因素，群众难以拿到手，以至于省委专门批文："还要想办法给社员发一次工资，解决社员换衣问题"。人民公社化后按照组织军事化，行动战斗化，生活集体化的"三化"要求，对适龄劳动力按军队编制，组成班、排、连、营、团。一般公社建团，生产大队建营，生产队及专业队分别建立连、排、班，视劳动生产任务的大小或范围，由生产大队或公社统一领导，统一指挥，统一调度，采用大兵团作战的方式从事农业生产、从事大炼钢铁、大搞深翻改土、大搞农田水利建设、大搞积肥运动、大搞养殖场等。在生活集体化和家务劳动社会化方面，各人民公社普遍办起了公共食堂、托儿所、幼儿园、敬老院、幸福院、缝纫组等，并提出"放开肚子吃饭""吃饭不要钱"等。

人民公社的体制超越了当时生产力的发展水平，虽然有相关规定，但总体上否定了按劳分配、多劳多得的社会主义分配原则，否定了农村基层组织在生产、生活方面的应有权力，任意平调生产队的人、财、物，对生产力的发展造成阻碍和破坏。人民公社体制下农村兴起各项"大办"的集体福利事业以及"吃饭不要钱""吃饭不定量"造成了粮食的巨大浪费。随着公社化运动而发展起来的严重的平均主义，公社共生产大队的产，穷队共富队的产，穷户共富户的产，破坏了农业生产的发展，打击了农民生产的积极性，大大助长了"共产风"、浮夸风、干部特殊化风、强迫命令风和生产瞎指挥风等"五风"肆虐。依靠所谓人民公社化的"一大二公"，盲目扩大生产规模，脱离实际的高指标，农作物亩产的"放卫星"，否定了农业生产自然规律和科学遵循，也使得耕畜、劳动工具等生产资料蒙受了重大损失。

1958 年冬至 1959 年夏，察觉到人民公社化运动中出现的问题，中共中央先后在郑州、武汉、上海等地召开会议，并通过《关于人民公社若干问题的决议》，试图纠正人民公社化运动中的错误。中央特别强调，要从理论上实践中划清集体所有制和全民所有制、社会主义和共产主义的界限。认为：人民公社仍应该贯彻按劳分配制度，人民公社的商品生产和商品交换必须有一个很大的发展，必须纠正平均主义倾向和过分集中的倾向,并提出了人民公社整顿的要求。

根据中共中央的指示,省委自1958年12月开始,通过多次召开省委常委会议,电话会议和地、市、州委书记会议,专题讨论等部署对人民公社整顿工作,并从省、地、县三级机关抽调1000多名县级以上干部下放全省各个公社,加强对人民公社的领导。还组织由省、地、县、社四级15000余名干部组成的检查团,由省委主要领导带队,对全省人民公社进行大检查。

当月,省委下发《关于人民公社若干具体问题的处理意见》,1959年1月,又发出《关于整顿人民公社的指示》,同时作出对社员生活资料的几项《规定》。同年2月,制定下发关于整顿人民公社的五项标准。这一系列的文件对整顿人民公社提出了一些具体要求。主要内容包括:

人民公社的分配应以按劳付酬、多劳多得的原则为基础,强调仍以实行工资制和供给制相结合的分配形式为好。但工资部分不宜过小,供给范围不宜过大。

为照顾各社之间的差别性,应以原来的小社为单位分配为主,但分配后公共积累和原来的一切生产资料、固定财产应统一上缴公社,转为公社所有。

适当调整公共积累和生活消费之间的比例关系。1958年底规定的分配比例是公共积累部分为45%—50%,社员分配部分为50%—55%,在此基础上调整为公共积累为30%—40%,社员分配部分为60%—70%。

生产资料中的自留地、成片林木、大牲畜、大型农具等,均应归公社所有。社员个人所有的生活资料,在人民公社化后,仍归社员个人所有,并且永远归社员个人所有。

社员可以保留宅旁的零星树木、小农具、小家禽家畜等,也可以在不妨碍集体劳动的情况下,继续经营一些家庭小副业。有些地方在公社化过程中,将上述社员个人生活资料收归公有的,原则上均应退还。

4月和5月,省委再次作出《关于若干具体政策的规定》和《关于恢复社员自留地,发展家禽家畜的意见》,强调人民公社相互之间,公社内部上下之间,在处理一切经济问题时,应当贯彻物资劳动等价交换的原则;并对公共积累和个人分配的比例作了进一步的调整,规定:一般地区公共积累不超过总收入的 18%,允许社员经营一定数量的自留地;自留地的数量以每人占有土地的 5% 为宜。这些规定和措施,对于纠正当时的“共产风”、平调风,调整利益关系,调动群众的生产积极性起了一定的作用。但是,这种纠正仅仅是在肯定人民公社化运动的大前提下的一种“微调”,不可能从根本上纠正人民公社化运动的错误。

上述政策规定和各项措施在实际执行中还没有来得及全部落实,就因 1959 年夏季全省出现的严重的粮食短缺问题和当年秋后开展的反右倾斗争等影响,整顿工作中途夭折。

## 四、人民公社化运动的教训

从人民公社化运动在甘肃的实践过程看,可供借鉴的教训非常深刻,主要有以下几个方面:

“一大二公”的公社所有制,混淆了集体所有制与全民所有制、社会主义与共产主义的界限。人民公社的规模远远超过了当时生产力发展的水平和干部的管理能力。由于公社化运动把原先在土地占有、经营管理及收入等方面存在很大差异的社、队强行合并,实行贫富拉平、平均分配,人为地造成穷队、穷社共富队、富社的产,致使公社内“一平二调”的“共产风”严重泛滥;由于把农民自留地、私有房基、自养牲畜、自营的成片林木、大件农具等一并归公社所有,公社还频繁无偿调用劳力、财物等,引起了土改、互助合作后一部分富裕起来农民的不满,导致发生分散财产、砍伐树木、杀猪宰羊等“破坏”现象。

实行政社合一的管理体制,大大助长了命令主义。这个体制直接导致不讲经济效益,不按经济规律办事,不讲因地制宜,单凭行政命令管理经济,用行政手段干预经济活动,为上级组织侵犯集体所有制和社员民主权利开了方便之门,助长了瞎指挥和强迫命令等不正之风,因而也是以强迫命令大刮“共产风”的一个重要根源。

实行以供给制为主的分配制度,使得平均主义严重地泛滥起来。人民公社建立后,大办公共食堂,并采用把婚、丧、嫁、娶和穿衣、医疗、文娱、教育等费用基本都由公社包下来的办法,使得按人平均的供给部分占了社员分配总额的大部。这种企图过早否定按劳分配、实行“按需分配”的做法，不仅超越了脆弱的集体经济负担的可能，也使得那些“奸猾的、调皮的、与干部或管理人员沾亲带故的”人多占多得，本分老实的人吃亏少得，严重挫伤了广大农民的劳动积极性。

采用“大兵团作战”方式组织生产，导致严重的瞎指挥风。人民公社初期，大搞组织军事化，由公社统一调配，统一指挥生产，导致出现了“社员等派工，上工大糊弄，出工不出力，出力不出活”的消极混乱现象。人民公社体制日益成为阻碍生产力发展的桎梏，农业生产长期处于缓慢的发展中。

人民公社化运动以及人民公社的体制，由于片面追求提高公有化程度，违背客观经济规律，扰乱了生产关系，造成国民经济比例的严重失调，挫伤了群众的生产积极性，也使社会主义建设遭受了重大损失。

## 第四节 “大跃进”中的引洮水利工程建设

### 一、建设引洮水利工程的意义

甘肃的中部和东部地区，土地面积广袤，但河流稀少，地表水资源匮乏，年径流量仅15亿立方米，由东南向西北，年降水量由500毫米逐渐递减至200毫米，约70%的降水集中在秋季，与农作物生长长期错节。因此，旱灾频发。据史料记载，从1865年至1947年的83年间，就曾发生大旱灾11次，尤其是1928年和1929年连续大旱，致使出现“田庐湮没、村落焚毁；树皮草根、俱已食尽；人相争食、死亡枕藉；山羊野鼠、亦均啖罄”的惨景。长期干旱缺水加剧了陇中人民对水的渴盼，历代的人们将目光投向了洮河。

洮河，属黄河上游支流，发源于甘肃南部碌曲县西南部西倾山东麓的勒尔当。河水蜿蜒北下，至岷县折向东流，于永靖县刘家峡注入黄河，全长600余公里。陇中干旱之地的人民引用洮河的梦想由来已久，不少有识之士提出了引用洮水一部分流量，以济渭水之不足的“引洮济渭”设想。

新中国成立以后，陇中地区虽然搞了一些小型水利工程，但由于抗御自然灾害能力较弱，每逢大旱，收成仍无保障。1957 年，在武山县东梁渠引水上山工程建成通水的典型启迪下，地处陇中的定西专区提出引洮河和大通河两项水利工程计划，得到了省委、省人委和毗邻专区的支持。

从定西最初提出的引洮工程的构想和后来经过各方不断完善的引洮水利工程计划看，甘肃兴办这项灌溉为主、综合利用的宏伟工程，是从根本上改变甘肃中东部地区干旱面貌的重大决策。尤其从规划设计的发展远景看，如能完成，其经济效益是很可观的。引洮东流的山上运河，一泻千里，将会在灌区扩大水浇地，林地和草原面积各 1500 万亩，可使粮、棉、油等农作物的产量成倍增长。林、牧、副、渔等多种经营产业得到全面发展，为工业发展提供充足的原材料，加快坡地梯田化，沟壑川台化和荒山绿化的进程。水土保持面积可达 5 万余平方公里。还可利用水利资源发电通航，带动地方工业和经济的发展，使甘肃中东部地区摆脱贫穷落后面貌，改善人民的物质和精神生活，是一项功在当代、利在千秋，泽被万民、荫及子孙的宏大工程。

## 二、引洮水利工程的实施

定西专区提出的引洮工程的最初设想，是从会川县[①]九甸峡（今临潭县与卓尼县的交界处）起首引洮入渠，途经陇中 10 县，到达靖远县新堡子川，全长约 700 公里，流量 100 立方米 / 秒，浇地 500 万亩。在这个设想的基础上，1958 年 1 月，甘肃省水电局组织技术人员，用 20 余天的时间进行了实地勘查，在肯定定西设想的基础上，将引水范围进一步扩大到了甘肃的陇东地区。同年 2 月，中共甘肃省党的第二届代表大会第二次会议决定实施引洮水利工程，并把引水范围扩大到庆阳的董志塬。

从引洮灌区的区域面积看，灌区包括甘肃中、东部干旱地区的大部在内的一个颇为广阔的范围。大致西界洮河，东邻马莲河，南抵渭河、泾河，北接黄河。东西长约 320 公里，南北长约 200 公里，总面积达 6.4 万

① 1958 年该县并入渭源县。

平方公里,共有人口约 450 万,耕地 3299 万亩。其中,原有水浇地 630 万亩。

从当时的工程技术水平和能力看,引洮工程的勘测、设计、规划和各项前期工程,按通常惯例需 5 年左右时间才能完成。但省委作出要“集中力量,先搞定西”的批示,并规定了“全线查勘,统一规划,分段测量,分段设计,分段施工”的原则,要求各方面迅速赶办,势在速成急就,把可能需要的 5 年时间缩短至 5 个月。1958 年 2 月,由省水电局牵头,抽调兰州水电勘测设计院、铁道部第一设计院等 12 个协作单位共 900 多人,分赴各勘测区工作。3 月初,提交了《引洮河及大通河灌溉工程勘查情况及今后工作意见》的报告。5 月底,基本完成第一大段工程的勘测定线;6 月初,完成渠道断面设计;6 月中旬,勾画出首段工程图的大致轮廓,并完成了《甘肃省引洮工程总量初步计划》。又于 7 月、11 月相继完成了《引洮水利工程规划设计提要(初稿)》《引洮上山水利工程古城水库设计》等。

从当时的规划和设计看,引洮工程共分为两期。第一期由岷县古城至西吉县赤土岔,渠长 707 公里;第二期由赤土岔至董志塬,渠长 443 公里。其中,第一期工程又分为两个大段:第一大段由古城至陇西县大营梁,渠长 437 公里;第二大段由大营梁至赤土岔,渠长 279 公里。

为了加强引洮水利工程的组织领导,1958 年 3 月,甘肃省洮河水利工程委员会正式成立,同年 8 月,省政府发文将该委员会更名为“甘肃省引洮上山工程委员会”。工程委员会的主任初由省委书记李景林兼任,同年 7 月后由省委书记处书记高健君兼任。

6 月 17 日,引洮工程开工典礼在岷县古城隆重举行。省委、省人民委员会主要领导及有关厅局的负责人、12000 多名民工代表参加开工仪式,省委主要领导宣布工程正式开工。

引洮工程开工之初,实行“民办公助、土洋并重”的方针,省上除组织领导、勘测设计、技术指导、承担大型建筑物资供应及部分资金外,各工区的劳动力调配、民工伙食、工具配备、器材供应以及一切所需的一般技术力量等费用、资金,都由工区所在的各县或公社统筹解决,包干到底。

引洮工程的施工实行工区制。即由参加分段施工的各有关县组成工区。参加引洮工程第一期第一大段最先施工的有陇西、通渭、渭源、临洮、会宁、定西、榆中、靖远8个工区,后又增岷县、武山、甘谷、秦安、天水、静宁、平凉7个工区,最多时达15个。引洮工程上马后,虽然未能达到施工场地常年保持23万民工现场施工,农闲时现场施工的民工总数达30万人的要求,但常年保持10万以上、最多时达16万人的规模,"民办公助"的财力不堪重负。1960年6月以后,由于劳力、粮食、劳动工具、施工设备等方面面临严重困难,工程的施工量开始逐渐减少。到1961年6月工程全部停工。在工程开工建设的三年中,共投劳动力6000多万个工日,使用国家投资约1.5亿元,累计完成土石方量1.6亿立方米,仅占第一期总干渠工程量的32%。其中,古城至漫河坝一段,许多隧洞尚未开挖,形成的渠道只有相互不连接的15公里。

1961年8月17日至22日,国家水利电力部在北京召开座谈会,形成《关于引洮问题座谈会纪要》。指出:引洮工程"工作量大,工期长,原规划中对引洮效益估计偏大,工作量估计偏小","技术问题未过关",确实存在不少问题和目前尚不易克服的困难。会议同意引洮工程局关于工程举办十分盲目的检查报告。同时,也同意甘肃省委讨论确定引洮工程(包括古城水库)暂时停建的措施。1962年4月18日,省委向中共中央和中央西北局上报《关于引洮工程彻底"下马"的报告》,认为"继续保留相当数量的劳力作长时间的维护工作,也无实际意义","决定对该工程彻底'下马',不留尾巴"。4月24日,西北局批准省委的这一报告,同月,随着留守工地最后500名民工返乡,引洮工程彻底"下马"。

## 三、引洮水利工程的启示和教训

引洮工程限于当时的技术水平和经济条件,终因工程规模过大,国力民力不支等原因被迫停建。但在其开工建设的三年中,广大干部群众所表现出的建设热情和艰苦奋斗精神是宝贵的,仍然有一些历史的启示。

第一,引洮人自力更生,艰苦创业的精神是宝贵的。施工初期,引洮工地几乎没有什么现代化机械设备,各工区仅凭高昂的建设热情,用原始落后的独轮车、背斗(篓)、挑筐、扁担等工具进行施工。在这种情况下，引洮人不是向上等、靠、要，而是发挥主观能动性，因地制宜，集思广益，让土机械、土办法大显神通，使工效有了显著提高。与此同时，还白手起家，就地取材，办起了一批见效快、实用性强的厂子，不同程度地解决或缓解了工地的一些实际困难。

第二，引洮人为解决技术人才不足，立足工地，因材施教，学用结合，培养了一批工程所需的技术骨干。引洮工程开工建设初期，工程技术力量相当薄弱。在10余万民工和2000名干部中，仅有工程师16名，中级和初级水利技术人员422名，懂得一般水利常识和操作技术的农民技术员1217名，远远不能适应工程建设的需要。为破解技术力量匮乏的难题，引洮工程将放手培养技术人才列入重要的议事日程。1958年9月，工程局及党委先后作出《培养技术人员的规则》和发出“建立和加强红专学校”的指示，通过举办多所红专学校，在半年多时间里，先后培养出农民工程师193名，中级农民技术员3746名以及数以万计的初级农民技术员，为工程施工发挥了重要作用。

第三，引洮工程在建期间，省内各行各业以及相关部门发挥体制优势，开展协作，大力支持工程建设。在工程的准备阶段，省内不少地方出现了妻送夫、父送子、弟送兄，自备干粮和工具，徒步上工地的动人事迹。陇西县各界群众在短时间内赶制草席、褥子3万张，护肩3万多个，布鞋3.4万双，收集提供干菜250万斤；靖远县各农业社给工地送活羊500只，蔬菜2.1万斤；渭源县发动群众给工地编制土筐1300个，赶制推土车6000多辆。工程开工后，省内先后有600多个单位无偿支持400多种、7.5万件，价值257万元的生产工具和生活用品。兰州、玉门、白银等地工矿企业运来了工地急需的炸药、测量仪器等。甘南、临夏等地送来大量的木材。省交通厅、商业厅、粮食厅等拨给工程汽车70多辆，大车600辆，皮筏数百个，并先后在工地沿线建起十几个转运站和30多个供应点。鞍钢、沈阳、济南、太原、武汉、西安、新疆等地和企业，也先后支援了许多机电设备和建筑器材等。这些，都给工程建设者以巨大的鼓舞和支持。

引洮工程建设也存在着诸多问题和严重的失误，其沉痛教训值得认真汲取，引以为戒。

第一，仓促上马的引洮工程，虽然主观愿望是好的，但脱离了当时经济社会的发展水平，高估和夸大了人的主观能动作用，对于工程的艰巨性、复杂性和长期性认识不足，没有把当时人民群众的干劲与应有的科学求实的严谨态度结合起来，致使工程出现调度指挥与实际相脱节，总体规划脱离客观实际，工程量过大等错误，从而导致决策一再失灵、失误，预期任务落空。

第二，对于复杂艰巨的工程建设准备不足，没有严格按照工程建设的客观规律办事。大讲"要革自然的命，先革思想的命"，把工程建设中遇到的问题，不是采取实事求是，科学认识的办法，而是以"插红旗高举万丈、拔白旗一个不留"的高压、批判斗争的方式加以解决。遇到具体困难和问题，频繁地采取搞整风，反右倾，斗保守思想，批判工地观潮派、渠前摇头派、秋后算账派等方式，打击处分持不同意见的人，不仅使众多的工程建设者积极性严重受挫，更助长了"左"倾蛮干、虚报浮夸之风，导致许多统计数据严重失实。

第三，由于财力不足，工程开建后，对民工的生活关心不够，对他们"想家""吃不饱""要工资和工分"的合理要求难以及时给予解决。尤其是施工过程中过高的任务、过量的劳动、过长的工时与伙食较差，住宿条件较差，医疗保健较差形成巨大的反差，致使相当数量的施工人员体力不支，并引发消瘦、浮肿等疾病，开小差和伤亡事故也时有发生。

第四，由于缺乏系统、完整、明确的技术措施和施工规范，工程质量问题突出。特别是一些工区组织观念不强，擅自更改施工标准，致使粗制滥造现象时有发生，工程质量难以达到设计要求。

第五，原材料缺乏，机械设备简陋，技术力量不足都是制约引洮工程的重要因素。由于事前没有统一的物资调拨计划，而工程所需物资数量大、品种多、时间急，就当时的条件，不论是市场采购还是国家调拨，都存在相当的困难。还有一些关键、实用的技术问题，如边高坡稳定、滑坡、坡积地区的防渗防破坏，黄土的防渗和湿陷问题等，都未能很好地解决或过关。

第六，大批劳动力集中在引洮工程上，导致1958年丰产的粮食无人回收，部分粮食烂在地里，加重了甘肃缺粮的严重局面。

另外,也还有一些其他因素影响着引洮工程,如当时的“大跃进”和人民公社化运动、社会主义经济建设的大起大落等,都对引洮工程的建设造成重大的影响。

## 第五节　庐山会议与甘肃的“反右倾”斗争

### 一、中央领导考察指导甘肃工作

1958 年 6 月 26 日,中共中央副主席、国务院副总理陈云在甘肃省委和国家石油部有关负责同志的陪同下,视察了甘肃玉门油田。陈云先后对位于鸭儿峡油田的土法炼油炉、正在掘进的钻井,老君庙油田,自喷井、炼油厂、机械厂以及职工家里进行视察和探访,详细了解油井钻探、开采、设备维护修理、榨油、机械制造等方面的情况,指示油田领导要联系实际逐步实现机械化、现代化。在探访职工家庭后,他强调,要想方设法解决蔬菜供应问题。7 月 4 日,陈云在兰州参加了西北协作区讨论第二个五年计划扩大会议并作了重要讲话。他指出:会议提出的增加西北地区“二五”期间钢铁指标的数字,还不能立即定下来。因为,一要综合一下全国其他地区的数字,二是钢铁上去了,其他相应的煤炭、铁路、电力也需要跟上去。各省提出的各项生产指标的可靠性,要再充分研究一下,有些指标可以立两本账。作计划应照顾到各产业部门的协调前进,但在先后次序上可有所偏重。头三年的投资力量应偏重在生产资料方面,在生产资料中则应先偏重冶金、机械。要先建立西北协作的完整的工业体系,把主要力量集中在发展速度最快和最有希望的地方,回过头来再帮助各省,这样做比分散力量速度更快。[①]

1958 年夏秋,中共中央副主席、中央军委副主席朱德两次赴甘肃考察指导工作。其间,他先后听取了甘肃省委和所视察地方的地、市委及

---

① 中共中央文献研究室编:《陈云年谱》(1905—1995)中卷,中央文献出版社 2000 年版,第 423 页。

有关部门负责人的工作汇报，深入到工厂、油田、农村、学校和科研单位实地考察。朱德先后考察了兰州的城市建设、兰州炼油厂、雁滩农业合作社、在建的刘家峡水库工程、中科院兰州分院等项目和单位。考察的间隙，7 月 8 日，朱德根据所见所闻，致函中共中央和毛泽东主席，反映视察甘肃的情况。他写道：甘肃省这几年大办地方工业的成绩很大。但是对于试制出的重要产品，要及时进行鉴定定型，要组织好生产中的协作和分工，避免造成浪费。要抓紧骨干厂矿的建设。10 月 16 日，他在给中共中央所写的报告中又进一步指出，刘家峡水电站的工程要加速进行；兰州炼油厂所需要的原油运进太慢，要赶快解决。

在酒泉，朱德先后视察西峰农业社、酒泉西关农机修造厂、酒泉中学、酒泉县文化馆、玉门老君庙油矿及其所属的注气厂、注水厂、采油厂等厂矿和单位，参观了祁连山矿石标本展览、嘉峪关城楼，在体育场接见了职工群众和干部。并应酒泉干部群众的要求写下了“玉门兴建石油城，全国示范作典型，六万人民齐跃进，力争上游比光荣”的题词。①

1958 年 8 月，国务院秘书长习仲勋来甘肃考察。为了解“大跃进”、人民公社化运动的真实情况，习仲勋受周恩来总理指示率考察组到西北地区考察。9 月 28 日，习仲勋同全国人大常委会副秘书长余心清一行，从青海进入甘肃省，在省长邓宝珊陪同下，考察了阿克塞哈萨克族自治县。他对阿克塞全县成立一个人民公社，也办起了公共食堂表示了不同意见。他说：“牧区要不要搞人民公社，怎样搞，要研究，不要一哄而起，照搬别人。”他还制止了该县在反封建特权斗争中，强迫男人剃掉胡子，妇女去掉盖头，毛拉（阿訇）被批斗，甚至抓人捕人、没收被抓头人和宗教人士财产等“左”的做法，强调要正确执行党的民族政策，尊重少数民族的风俗习惯，团结和依靠少数民族头人共同开展工作。

9 月 29 日至 10 月 1 日，习仲勋一行考察了敦煌人民公社。他通过听取汇报、实地调查、与群众座谈交流，对敦煌县在“大跃进”和人民公社化运动中的真实情况进行了全面了解和掌握，对一些严重脱离实

---

① 中共中央党史研究室编：《朱德人生画卷》，中共党史出版社 1996 年 10 月版，第 329—335 页。

际的“超前”做法，进行了实事求是、客观冷静的分析，并予以纠正。他在专门召开的敦煌县干部大会上着重讲了7个问题：一是关于生产问题。他强调首先要抓好生产，以生产为纲去组织和带动全面工作，这是进一步解放生产力、办好人民公社的先决条件。二是关于劳动力组织调配问题。现在主要的要把工业和农业两个大军、两条战线安排好。一方面要很好安排劳动力，不要浪费；另一方面要大搞技术革命，改良工具，努力掌握先进技术，提高劳动生产效率。三是关于组织机构问题。全县一个社，下设大队、中队，对生产是否有利？可以研究。中央提出的“上动下不动”，这一原则不要改变。四是关于生活福利问题。目前我们的经济基础薄弱，物质力量还不雄厚，如果放松了生产，光在分配问题上打主意，把群众生活福利包得过大、过多、过早，又没有把握做好，这就不对了。解决群众生活福利问题，要遵循“生产长一寸，福利长一分”的原则，如果离开了这一原则，就要犯错误。敦煌就是实现粮棉双千斤，每人不过一千多斤粮食，不是多的处理不了，而是还是穷，也不稳定。现在并不是共产主义，不要一切都供给，还要努力奋斗。五是关于建立居民新村的问题。指出规划房子不要都搞得像兵营一样，要多设计几种样式，不要搞得太大，居住不要太集中，要有利于生产。盖房子不要太急，旧房子不要一下都拆掉。盖房子要适合当地条件，河西多风沙，群众住房多筑高墙是有道理的，要研究这一特点。要多种树，还要提倡培养果树，使农村花园化。六是关于领导方法问题。我们党在群众中威信很高，党指到哪里，群众就跟到哪里。在这种情况下，领导更要谨慎小心，既要大胆设想，又要周密筹划，细致安排；既要爱护支持群众的积极性，又不能头脑发热，要正确领导群众走向健康的轨道，把各方面工作做好。七是若干具体问题。针对全县城乡推进“二十包”的供给制，指出，不要想在一个早晨把许多事情办完，超过客观条件想问题、办事情是不可能的。还是供给制与工资制结合，供给部分小些，工资部分大些，这样不仅可以促进生产，也可解决生产不稳定，以丰补歉。针对公共食堂和幸福院要求全队老小在一起吃饭的情况，指出，群众真正自觉自愿吃集体食堂是可以的，不一定把老人和娃娃都弄到一个食堂吃饭。有些老人住在幸福院不习惯，也可以让他住在自己家里。他还对当地平除社员坟地、禁止国营商店从外地调入扫帚等事宜作出指示，要求从实际出发，因地制宜，不要卡得太死。其间，习仲勋一行还考察了敦煌千佛洞，并给敦煌研究所题词："向莫高窟从事保护修复挖掘发扬艺术宝藏的全体工作同志致以深切的慰问和期望。"

在甘肃考察期间，习仲勋对当时既无电力资源，又无机械化设备，不顾客观条件盲目上马的"引洮水利工程"表示担忧。特别是得知当年甘肃的年成较好，但因绝大多数农村劳动力被抽调到工地上，丰产却未能丰收，习仲勋感到十分焦虑，他对省委第一书记、老战友张仲良直言相告："这样的搞法不行啊！将来老百姓是要吃亏的。"①

习仲勋对甘肃工作的考察和指导，在一定程度上纠正了"大跃进"和人民公社化运动中的一些"左"的错误做法。10 月 2 日，习仲勋一行经当金山进入青海格尔木，重点考察了塔尔寺，经西宁再到兰州，召集有甘肃省长邓宝珊、青海省长袁任远及两省有关人员参加的两省边界问题协商会，就解决两省边界问题达成协议。

1958 年 10 月 22 日至 24 日，中共中央政治局委员、国务院副总理、国防部长彭德怀，在兰州军区有关领导的陪同下，重点对甘肃敦煌县进行视察。22 日下午，彭德怀一行到达敦煌视察。23 日上午，彭德怀一行听取了敦煌县委关于开展"大跃进"、人民公社化运动、大炼钢铁和敦煌县实行一县一社、劳动分配上推行二十个大包干等情况的汇报。彭德怀听到一县一社的情况时说：一县一社不是方向，不是大了就好，要看生产发展的水平。针对劳动分配上的二十包，他指出：包不了就不要勉强，超越了客观现实就要碰壁，就会犯错误，就会遭到失败。共产主义社会，人民要有高度的觉悟，物质要极大的丰富，没有这个基础是不行的。谈到粮食产量和农业生产情况时，他说：粮食打多少算多少，报多少，要实事求是。农业生产上，上一季要看下一季，今年要为明年做准备，打基础。粮食生产一定要抓紧，有粮就好办，没粮就不安宁。下午，彭德怀一行到杨家桥生产大队视察，先后参观了社办缝纫厂、食堂等，对公共食堂的饭菜质量和农民对公共食堂就餐形式进行了调研，提出了意见建议。24

① 中共甘肃省委编：《习仲勋与甘肃》，甘肃人民出版社 2013 年版，第 43 页。

日,彭德怀一行乘车去莫高窟参观。参观之后,为了表达对敦煌文物研究所工作人员的谢意,他题写五言诗一首:“环视千佛洞,历史枉自长,闹市成废迹,敦煌行人稀。一九四九年,兰州灭继援,红旗向西指,春风笑昆天。”彭德怀一行还相继对玉门油矿、武威和兰州进行了视察。他一方面充分肯定甘肃人民改造自然的英雄气概,另一方面多次告诫省委的主要负责干部,党的威信越高,群众也越信赖你,你就越要谨慎,越要警惕,不要骄傲,防止产生命令主义。

1959 年 10 月 14 日,周恩来总理亲临兰州炼油厂视察。当时正值国家经济进入三年困难时期,加上国外经济封锁,国内军用油品奇缺,国家对兰州炼油厂的建成投产抱有很大期望,希望该厂能在短时间内填补国内石油产品的空白,以满足国民经济发展和国防建设的需要。为此,兰州炼油厂积极落实周恩来总理为该厂题词要求,制定了“以军用油为纲,大力发展新产品”的生产方针。周恩来在视察期间,重点询问了军用油的产品质量和其他产品的品种数量等情况。在听取了军用油的试制情况、兰炼的发展情况,广大职工克服困难加紧生产“争气油”情况以及航空汽油、航空煤油、航空润滑油和高寒区用油等几个重要产品技术攻关的汇报后,周恩来感到十分满意。视察期间,周恩来每到一套炼油装置、每个生产岗位,都和工人、干部和技术人员热情握手,亲切交谈,不仅详细询问生产情况,而且向工人问寒问暖,关怀备至。视察中,他还代表毛泽东主席、党中央一再勉励干部、职工要好好学马列主义、毛泽东思想,大力发展石油工业,为国家多炼油、炼好油,支持中国革命和世界革命。

另外,1959 年 1 月,中共中央政治局委员、国务院副总理、李富春来甘肃视察了建设中的兰州炼油厂;1960 年 6 月,国务院副总理薄一波来甘肃视察了兰州西固工业区的建设情况。中央领导来甘肃考察,对党中央、国务院深入了解和掌握甘肃实际,指导甘肃乃至全国的工作产生了重要影响。

## 二、对人民公社的初步整顿

1958 年 11 月,中央召开第一次郑州会议,纠正已经察觉到的“左”倾错误。12 月,党的八届六中全会通过《关于人民公社若干问题的决议》,强调必须划清集体所有制和全民所有制、社会主义和共产主义的两种界限。批评了那种急于向全民所有制、向共产主义过渡和企图过早地取消商品生产和商品交换的思想。指出:人民公社目前基本上仍然是集体所有制的经济组织。农业生产合作社变为人民公社,不等于由集体所有制变为全民所有制,更不等于由社会主义变为共产主义。1959 年 2 月、3 月间,中央在第二次郑州会议上确定了整顿和建设人民公社,以进一步纠正“共产风”。

为贯彻中央《关于人民公社若干问题的决议》和开展人民公社的整顿工作,省委于 1959 年 1 月 6 日下发《关于整顿人民公社的指示》,要求按照中央《决议》,在全省分批开展整顿人民公社的工作。《指示》明确要求,整社内容要思想、生产、生活一齐抓,以思想为纲,以生产、生活为主要内容,做到思想、生产、生活三胜利。《指示》要求:在整社过程中,要切实做好以下八项基本工作:一是做好冬季生产和明年的生产准备工作;二是制定明年全年的生产规划;三是正确处理人民公社的分配问题;四是正确对待社员个人所有的生活资料;五是搞好生活福利;六是改善劳动组织管理;七是在整社过程中把规模和体制确定下来;八是在整社过程中,结合整党、整团,教育干部提高思想,改进作风。《指示》还提出了整社的具体步骤和方法,要求分两批进行整顿。第一批可以多一些达到三分之二;尽可能地做到赶前不赶后,两批整社不能截然分开,可以交叉进行。列入第二批整顿的各公社,应当派出干部,参加其他社的整社工作,在实践中学习,取得经验,少走弯路。

整社工作开展以后,省委又连续下发《关于加强人民公社干部配备的通知》《关于整顿人民公社的五项标准》《关于人民生活问题的若干规定》和制定与整社有关的《关于若干具体政策问题的规定(草案)》《关于人民公社管理体制的规定(草案)》等文件,加强对整社工作的指导和管理。通过这次整顿,全省的人民公社总数稳定在 550—540 个左右。虽然整社工作是在肯定和坚持“大跃进”和人民公社化运动的前提下进行的,但对当时盛行的“共产风”、浮夸风、高指标、强迫命令、瞎指挥,“一平二调”等起到了初步的遏制作用;分配中积累过高、社员所得偏低的矛盾有所缓解;社员个人所有的生活资料,包括房屋、衣被、家具、宅傍的零星树木、小工具、小家畜、家禽归社员个人所有,农闲时从事小副业的权利得到了确认;形势有所好转。

## 三、严重缺粮局面开始出现

随着整社工作的开展,“大跃进”、人民公社化运动中积累的一些深层问题逐渐显露,最为突出的是粮食问题。1959 年 5 月 22 日,省委召开常委会议,专门讨论全省的粮食问题并发出会议纪要。纪要指出:目前全省的粮食形势是,1958 年粮食征购任务是 12.57 亿公斤,截至目前仅完成了 10.87 亿公斤,占计划数字的 86.48% 左右。1958 年底,全省实有库存 1.195 亿公斤,但销售数字直线上升,农村供应面积不断扩大,已供应人口 737 万,占农村总人口的 67.45%。兰州市到 19 日止,库存仅有 2912 万公斤,而日销售量为 64 万公斤,如果不立即采取措施调入 5000 万公斤粮食,势必影响兰州市的供应。纪要还指出,粮食问题发生在农村,解决问题也在农村,根本办法是彻底算账。算账和压缩粮食销量两者要同时进行。粮食销售要控制,供应标准要降低,并要加紧调动粮食,保证在 6 月、7 月内给兰州调运 5000 万公斤粮食。同日,省委发出《关于切实压缩城镇粮食销量的指示》,要求各地根据中央关于合理压缩城市粮食销量的指示,抓紧时机,下定决心,从核实人口、压缩定量标准、整顿外来人口、控制食品粮食、严格供应计划制度五个方面对城市粮食供应工作进行一次彻底整顿,把不合理的销量坚决压缩下来。

6 月 2 日,省委发出《关于当前粮食工作的几个问题的决定》指出,严格压缩粮食销售指标,是保证粮食局势稳定的关键措施。为此,省委决定:一是各地销售指标由粮食厅按月下达;二是恢复粮食支付命令制度;三是国家库存粮食地方没有挪用动用权力;四是粮食库存必须绝对落实;五是粮食调拨必须如期如数保证完成。

面对甘肃存在的粮食困难,省委内部对问题产生的原因有着不同的认识。

一部分人认为,甘肃粮食问题的发生,主要是人民公社化运动初期,无偿剥夺群众的劳动果实,伤害了群众。所以群众甚至一些基层的社队,采取瞒产私分,把粮食藏了起来,造成了粮食的恐慌和紧张。5 月 30

日,省委在转发第一书记张仲良《贯彻郑州会议的方针和全民算账问题的报告》中说:“前一时期由于我们无偿地劫夺了群众的劳动果实,伤了群众的感情,所以群众为了反对平调,便在粮食问题上和我们作对,一面深藏密窖,一面大闹缺粮食,搞得我们关系十分紧张。从去年到现在已8个月了,前4个月是我们整农民,后4个月是农民惩罚我们。”对甘肃粮食问题原因的不同认识,决定了解决问题方法的不同。6月2日,省委在上报中央的《关于当前算账和生活安排问题的报告》中说:“去年刮的‘共产风’和‘一平二调三收款’所引起的恶果太大,生产关系的几个方面(所有制、相互关系、分配)都发生了严重失调,同农民的关系十分紧张。”报告认为,“解决这些问题最好的办法还是继续扎扎实实地开展一个大规模的深入细致的全民算账的群众运动,用党的政策的兑现洗去农民心头的不满,用深入的政治工作恢复群众对党的信任,扭转当前的紧张局面。”中共中央对这个报告作出批示认为:甘肃的意见是对的,这种按照本省实际情况办事的精神应该提倡。中央还将这个报告批转各省、市、自治区党委。6月5日,省委又发出《关于贯彻〈中央关于大力紧缩社会购买力和在群众中解释当前经济情况的紧急指示〉的指示》。指出:当前经济工作主要是市场紧张,供需失调,引起党与人民的关系紧张。在农村,农民一面把粮食“深藏密窖”,一面大喊缺粮,和我们顶牛对抗。在城市,发生排队抢购、套购现象,这些问题都非常严重。省委的指示要求,坚决压缩社会购买力、大力组织货币回笼;合理安排购销,改进购销方法。解决市场供应紧张的根本途径,在于发展生产。省委要求,在供应紧张的情况下,内销必须服从外销,国家分配我省出口任务必须如期如数完成。

另一部分人则认为造成甘肃粮食问题的主要原因是前一阶段“大跃进”、人民公社化运动中“五风”泛滥造成的。具体体现在人民公社化过程中强调“一大二公”,无偿剥夺农民包括粮食在内的财物;全民入食堂,吃饭不要钱,浪费了相当数量的粮食;农业生产上因浮夸风、放卫星等造成粮食虚高的产量,导致了高征购,使库存粮食的实有数量大打折扣;1958年因大炼钢铁等对农业的冲击,丰产的粮食因缺劳力而烂在地里未能收回,而1959年遭受严重灾害,粮食产量大幅下降。另外,“大跃进”中开展的大炼钢铁、大搞农田基本建设、大搞水利工程等都额外支出相当数量的粮食。综合以上因素,造成了当前城乡粮食紧张的局面。认为城市粮食的供应紧张和抢购风潮,农村的“深藏密窖”,并不是有粮食藏起来和政府顶牛对抗,而是城乡群众对粮食紧缺的自然反应。主张在粮食问题上要对群众多予少取,有些已经发生饥荒的地方要开仓赈济,适当减少公购粮的数量。

1959 年 6 月底到 8 月中旬,省委主要领导赴庐山参加中央政治局扩大会议和党的八届八中全会。其间,甘肃的工作由时任省委书记处书记、副省长、省人民委员会党组书记霍维德主持。7 月 3 日,省委发出《关于做好粮食供应工作的指示》指出,今年上半年,全省粮食供应紧张,特别是张掖专区的武威、民勤;平凉专区的静宁,定西专区的陇西、岷县;天水专区的秦安、武山等县尤为突出,有的地方发生了浮肿病,人心不定,生产处于半停顿状态,情况是严重的。为扭转这一形势,并迅速改善供应工作,省委已给各地调拨一批粮食,并制定 8 项供应调剂措施,指导各地执行。7 月 6 日,省委又发出《关于严格制止和严肃处理外流人口问题的紧急指示》。指示说,从反映我省人口外流情况的报告看,问题确实是严重的。人口盲目外流的主要原因还是我们工作上有问题。外流人口中大部分是由于粮食没有安排好而逃出的。为此,省委常委会议讨论制定了制止和处理外流人口、做好粮食安排、搞好粮食供应、保证人人有饭吃,进行收容遣返工作等措施。7 月 15 日,省委又召开常委会议,专题讨论安排人民生活问题,并在此基础上给中央写了《关于粮食问题的报告》。《报告》说,经过认真检查,我省粮食问题确实很严重。全省除兰州市外,共 45 个县、市中,完全没有问题的 19 个县、市;部分地区有问题的 19 个县、市;严重缺粮的有 7 个县、市,即武威、民勤、通渭、陇西、岷县、静宁和张掖市(今甘州区)。严重缺粮地区的人口共有 154 万。有些地方出现人口非正常外流、浮肿、死亡情况,生产陷于停顿状态。省委的报告中主动检讨说,发生这种情况,主要是由于省委领导上主观主义、官僚主义造成的,对粮食估产偏高,对少数县“大跃进”了解不够,加之“共产风”吹了几个月,“一平二调三收款”造成了很多恶果。为此,请中央将给甘肃下达的征购粮总数,从 13 亿公斤减为 12 亿公斤,上调中央的3亿公斤减少为2.1亿公斤。7月18日,中央批复甘肃省委:“同意征购粮数字减少1亿公斤,调出数字待定。”

在粮食问题上,省委领导班子内部的认识分歧和不同的处理方法,不仅在甘肃的各级干部和群众中造成很大影响,也成为后来开展“反右倾”斗争的焦点。

## 四、“反右倾”斗争的开展

1959年7月2日至8月1日,中共中央在江西庐山召开中央政治局扩大会议,纠正“大跃进”、人民公社化运动以来“左”的错误。其间,彭德怀给毛泽东写信陈述意见,引发会议主题逆转,由纠“左”变为反右。8月2日至16日举行党的八届八中全会,认为彭德怀等人犯了“右倾机会主义路线的错误”,对彭德怀等人进行批判。8月7日,中央向全党发出《关于反对右倾思想的指示》,“反右倾”斗争随即在全国展开。

接到中央的指示后,省委于15日发出《关于贯彻执行〈中央关于反对右倾思想的指示〉的指示》。省委指示认为:“正如中央所指出的,右倾思想是当前工作中的主要危险。在这半年多的时间内,从省委到各级党委都集中精力进行整改。我们根据中央的指示,规定的政策,采取的措施,都是完全正确的,必要的,因而取得了伟大的成绩”。“但是,有一小部分干部,他们看不到这种有利形势和各种有利条件,把已经解决了的问题和已经克服了的困难,当作当前的主要困难和无法克服的困难。产生了右倾思想和松劲情绪,并且逐渐滋长起来。”省委《指示》中还说:“有严重右倾思想的人,歪曲党的政策,向富裕中农的资本主义思想让步。有的地方,右倾保守分子公开散布否定‘大跃进’,否定人民公社化的错误言论。站在群众运动后面指手画脚、动摇军心、瓦解士气。有人提出‘撤销人民公社,谁的地谁种’;有的地方,破坏分子的活动也开始露头。”

省委《指示》指出:“必须对右倾思想的危险有足够的认识,党内的右倾思想活动,是社会阶级斗争的反映”。“右倾保守分子的活动,反映了城乡资本主义分子对‘大跃进’、公社化的不满和抵抗。他们的活动和国内外敌人拼命破坏我们的活动,是互相呼应的。正如中央指出的,如果让这股歪风吹下去，就不可能完成今年已经调整后的各项生产和建设任务，就会破坏社会主义建设事业的继续跃进，其结果就是动摇党的总路线”。省委《指示》要求，“立即把精力集中到反对‘右’倾思想方面”。

省委《指示》还对全省的“反右倾”斗争作出如下安排：

第一，开展“反右倾”思想斗争的重点是县委以上和大中型企业、事业单位的领导机关。开展这个斗争的时间，暂定为从8月中旬到9月底。

第二，开展“反右倾”思想的斗争，必须紧密结合生产和各项工作。要妥善安排今后五个月的工作，特别是八、九两月要集中力量抓生产。

第三，在县委以上和大中型企业、事业单位领导机关进行“反右倾”思想斗争的方法，是从动员全体干部（重点是领导干部）学习中央指示，检查思想、检查工作入手逐步深入。运动的开展要采取“大鸣大放”、大字报、大辩论的方法。确定右倾保守分子、破坏分子，均须按照干部管理范围，经过领导机关审查批准。

第四，在公社和厂矿企业基层干部中，在广大农民群众和工人群众中，目前要普遍进行反右倾、鼓干劲的思想教育。

8月21日至9月24日，中共甘肃省二届十一次全委（扩大）会议在兰州召开。会议集中学习、讨论庐山会议精神和党的八届八中全会通过的《关于以彭德怀同志为首的反党集团的错误的决议》《为保卫党的总路线、反对右倾机会主义而斗争》《关于开展增产节约运动的决议》及全会公报等文件。会议作出《中共甘肃省二届委员会第十一次全体会议（扩大）关于以霍维德同志为首的右倾机会主义反党集团的错误的决议》。《决议》认为：在全省贯彻“总路线”“大跃进”和人民公社化的紧要关头，甘肃党内以省委书记霍维德同志为首，包括副省长王孝慈等同志结成的右倾机会主义反党集团，到处搜罗我们工作中的某些暂时性的、局部性的、早已克服了或正在克服的缺点，甚至不惜捏造事实，向党发动了猖狂的进攻。指责搞公社是理论上犯了错误，公开说：公社不如高级社，高级社不如初级社；把公社化后的农村说成是一片荒凉，鸡断种、猪狗全无；认为公共食堂是个包袱，命令下面解散的越多越好；攻击大炼钢铁运动是劳民伤财，得不偿失；指责群众性的农田基本建设工程是浪费劳力，阻止群众不要再搞。诬蔑党的粮食政策是，只要任务，不要政策，只要国家，不要群众。尽力夸大部分地区粮食工作中存在的问题，制造混乱。

根据揭露的“错误”，经省委请示中共中央同意，会议作出《关于以霍维德同志为首的右倾机会主义反党集团的错误的决议》和《〈关于以霍维德同志为首的右倾机会主义反党集团的错误的决议〉的决定》，给予霍维德撤销省委书记处书记、省人委党组书记、副省长、八大代表、人大代表等职务，保留省委常委的处理[①]；撤销王孝慈副省长职务。[②]

1959年9月，中共甘肃省二届十一次全委（扩大）会议结束后，甘肃的“反右倾”斗争在全省开展起来。

随着重点批判、斗争和一般党员、干部自我检查、交心的推进，截至1959年11月中旬，全省公社党委以上党团员干部中，共揭发出需要重点批判的有7225人。按照中央有关精神，省委对这些人进行了右倾机会主义反党分子，右倾机会主义分子，阶级异己分子、反革命分子和其他坏分子，蜕化变质分子的分类。21日，中共中央作出规定，“反右倾斗争”只在党内干部进行，不涉及民主党派和党外知识分子。之后，这一人数有所下降。截至1960年1月，甘肃省、地、县三级党员干部中，受到批判和帮助检查的党员干部占三级党员干部总数的11.13%。5月19日至20日，省委召开二届十三次全体委员会议，对中共甘肃省委书记处书记焦善民进行错误的批判。会议认为焦善民“抗拒中央正确方针政策和

① 1962年5月8日，中共甘肃省委向中共中央和西北局上报《关于霍维德同志问题的甄别结论》，要求撤销1959年9月24日中共甘肃省委第二届第十一次全体会议（扩大）《关于以霍维德同志为首的右倾机会主义反党集团的错误的决议》和《右倾机会主义反党分子霍维德同志的单行材料》，同时恢复其被撤销的一切职务。1962年7月，经中央批准，西北局在兰州召开会议，宣布给霍维德公开平反，恢复被撤销的一切职务；1980年4月2日，中共甘肃省委发出（1980）79号文件，对霍维德在甘肃的工作作出公正的评价，对他两次（包括1962年12月的一次）在甘肃被错误批判和处分给予彻底平反，恢复名誉。

② 1961年10月7日，中共中央（61）630号文件回复甘肃省委并西北局，同意省委对王孝慈同志甄别结论，撤销1959年9月24日二届十一次省委全体会议（扩大）关于王孝慈同志定为右倾机会主义反党分子、撤销副省长职务、降三级的处分决定。

省委指示的贯彻执行、散布右倾机会主义观点，进行右倾机会主义反党活动”，攻击省委领导不民主，积极进行分裂党的活动；“极端个人主义，不接受省委领导”。经中央同意，决定撤销焦善民省委书记职务，保留省委常委，分配担任副省长工作。①

在“反右倾”斗争中，省委还对反右派斗争中因“右倾思想”受到批判的、时任省委书记强自修作出组织处理。1959 年 1 月 12 日，《省委关于强自修同志错误问题给中央的报告》中说：强自修在任兰州市委书记期间，不认真执行中央和当时西北局的指示，不认真服从省委领导，篡改党的城市工作方针，依靠资产阶级，处处维护资产阶级的利益。省委认为强自修的错误是严重的，建议暂停其一切职务。21 日，中央复电，同意省委的意见。1960 年 5 月 22 日，中共中央批准省委二届第十二次全委会议通过的《关于对阶级异己分子，右倾机会主义反党集团首领强自修的处分决定》。该决定认为，强自修“是一个混入党内的阶级异己分子”，决定将其清除出党。②

“反右倾”斗争的后期，按照中共中央“在反右整风运动中，对于错误的批判必须从严，对于犯错误的同志的组织处理，应该从宽”的指示，8 月 7 日至 15 日，在兰州召开的全省第四次组织工作会议上，对全省的“反右倾”斗争作出了初步的总结。会议认为，通过反右整风以及整社、整党的群众运动，全省共审查 5.18 万干部的政治历史问题；揭发批判了“右倾机会主义分子”824 名；清除“坏分子”“阶级异己分子”“蜕化变质分子”1546 名。

其间，“反右倾”运动中的干部审查工作也出现了一些失误。1959 年 11 月，省委组织部提出把政治历史严重复杂、出生剥削阶级、现实表现不好、社会关系复杂、入党手续不清、肃反中的遗留问题等作为审查重

---

① 中共甘肃省委：《关于焦善民同志所犯错误的请示报告》，1960 年 5 月 20 日。1961 年 9 月 14 日，中共甘肃省委向中央并西北局报批《焦善民同志问题的甄别结论》，提出“撤销 1960 年 5 月 20 日二届十三次省委全体会议关于对焦善民同志定为右倾机会主义和反党性质的错误，撤销省委书记处书记的处分决定”。10 月 7 日，中央批复同意省委的意见。

② 1978 年 1 月 12 日，甘肃省委向中共中央作了《关于强自修问题的复查报告》。10 月 23 日，中央通知撤销 1960 年 5 月对强自修的处理决定，恢复组织生活，安排适当工作。

点，加上各地执行中的偏差，致使审查范围扩大，违背了中央审查干部的政策界限。特别是从宁县中学发现的1947年10月至1948年3月国民党、三青团合并问题后，省委组织部在未进行细致调查研究和分析的情况下，便认为这一问题严重而普遍，在转发平凉地委关于这一问题的报告后，又下发了对党、团合并问题进行审查的通知。之后，一些地方采取运动形式突击进行集训国民党、三青团骨干分子，逼迫交代问题，对骨干分子交代的材料盲目相信，致使一批干部遭到不应有的处理。全省有18500人受到审查，2232人受到各种处分。1961年11月，全省各级党委审干委员会及办公室撤销，对党团合并问题进行了复查。

“反右倾”斗争是由于部分党员干部对“大跃进”、人民公社化运动、总路线以及大炼钢铁、公共食堂等提出不同意见而被错误批判斗争的运动；“反右倾”斗争进一步发展了人为制造阶级斗争的“左”倾错误，造成了严重的后果；“反右倾”斗争严重破坏了党的民主生活，削弱了党组织的团结，一批敢于反映实际情况、提出批评意见的同志受到打击，助长了不敢坚持原则、不敢讲真话，明哲保身、但求远祸的不正之风，很大程度上堵塞了党内言论，使得党难以防止、抵制或及时纠正后来发生的更大失误；“反右倾”斗争打断了整顿人民公社后出现的纠“左”进程，使“大跃进”和人民公社化运动中许多已被指出，有待纠正的错误重新发展起来，使甘肃已经出现的经济困难进一步恶化，城乡人民生活陷入更加严重的困难之中。

# 第十二章
# 对国民经济和社会政治关系的全面调整

“大跃进”、人民公社化运动以及后来严重的自然灾害，给我国的国民经济带来了严重困难，促使党中央纠正错误，调整政策。1961 年 1 月，中央召开八届九中全会，正式决定从 1961 年起实行“调整、巩固、充实、提高”的八字方针，对整个国民经济进行调整。甘肃最突出的困难是大量农村人口面临着严重的饥荒。从 1961 年开始，省委贯彻落实中央“八字方针”，按照“西兰会议”精神，组织全省人民进行生产自救、渡过灾荒，并在此基础上对国民经济和其他社会政治关系进行调整，取得一定成效，促进了国民经济的明显好转，使甘肃社会主义建设事业重新呈现出良好的发展势头。

## 第一节　国民经济出现的严重困难

### 一、甘肃各地的严重饥荒

从 1958 年起，全省农村有四分之三的地区严重缺粮，有 700 万人每天口粮在 7 两（16 两秤。下同）以下。全省普遍出现粮荒、肉荒、油荒，几乎所有与人民生活相关的物资严重缺乏，导致水肿病、妇科病和小儿营养不良等疾病和问题十分突出。许多地方的群众食不充饥、衣不遮体、屋不避风，成千上万的人外出逃荒，人畜非正常死亡，大片耕地荒芜。但受极左思想的影响，有的县、市领导因怕被戴上右倾帽子，竟不敢真实上报情况。

1960 年 6 月 21 日，省委在给中央《关于我省部分地区群众生活安排发生问题的经验教训》的报告中说，今年入春以来，我省陆续发现通渭、陇西、和政、民勤、清水、高台、静宁、武山、张掖 9 个县市，发生了群众粮食不够吃、害浮肿病、饿死人的现象。

随着农村形势一天天恶化，城市工业生产和人民生活也逐步紧张起来。由于缺乏原料、材料和燃料，许多工矿企业被迫停工，工业生产处于瘫痪或半瘫痪状态。与此同时，苏联政府对援建项目也开始单方面停止，一些协议合同终止。从 1960 年 11 月开始，援助兰炼、兰化等单位建设的苏联专家陆续撤离兰州，进一步加重了甘肃全省的经济困难。在这种情况下，生产建设难以为继，交通运输几乎中断，人民群众所急需的粮食、煤炭和其他重要物资，调运非常困难，有些物资还在调运途中就被抢。全省的经济形势十分困难，社会发展受到严重挫折。

## 二、省委对困难的初步认识

对于全省出现的"左"倾问题以及粮食困难情况，省委有了初步认识。1960 年 2 月 9 日，省委发出《关于检查和纠正某些"平调"现象、"浮夸"现象和强迫命令的通知》，要求各级党委立即检查本地区的情况，坚决纠正在粮食问题上的"平调"现象和强迫命令行为，做好粮食分配工作，安排好群众生活。在省委召开的地、市、州委第一书记会议和全省电话会议上，着重讨论了这一问题，并对全省的整社、分配、粮食安排、防旱抗旱、农业生产等方面进行检查和布置。同时，采取紧急措施，抽调大批干部深入基层，采取先安后整、边安边整的方法，发动群众，安排生活，检查工作，解决问题。给 9 个县市共调供应粮和籽种 1.5118 亿公斤，发给救济款 114 万元。11 月 21 日，省委就粮食问题向中央和西北局报告提出：我省灾情十分严重，粮食总产量只有 25 亿公斤，据调查统计，我省农村平均每天只能吃到 5—7 两粮食，还有 80 多万人每天只能吃到2两粮食,已发生食堂断炊和大量人口外流现象。对于当前面临的困难,仅靠甘肃自身难以解决。为此,省委多次恳请中央和西北局给甘肃省调粮,以应急需。然而,就甘肃的困难程度而言,这些措施都没有也不能从根本上解决问题,因缺粮发生浮肿病和饿死人的现象日趋严重。

## 三、中共甘肃省第三次代表大会

中共甘肃省第三次代表大会于1960年5月26日至28日在兰州召开。出席大会的正式代表573人,候补代表23人,代表全省33.2503万名正式党员。张仲良代表中共甘肃省第二届委员会向大会作题为《高举毛泽东思想的旗帜,团结一致,奋勇前进》的报告。中共中央书记处书记谭震林出席了会议。

大会认为:几年来,省委进行批判“甘肃落后论”、反右派和反右倾机会主义的三次大的斗争,掀起社会主义改造的高潮,克服两次程度不同的“马鞍型”,保卫和巩固总路线、“大跃进”、人民公社“三大法宝”。通过各级党组织和全省人民的共同努力,提前完成和超额完成了我省第二个五年计划的主要任务,使国民经济获得了高速度的发展,各项工作都取得了伟大的成就。大会要求:为了实现1960年国民经济各个战线的继续“大跃进”,必须更好更全面地贯彻总路线和一整套两条腿走路的方针,坚定不移地执行以农业为基础,以工业为主导,使优先发展重工业和高速度地发展农业紧密结合起来,深入广泛地开展技术革新和技术革命运动,进一步开展文化革命和教育革命,努力办好人民公社,全面安排人民经济生活,推动深入广泛地开展学习毛泽东著作活动。

大会选举出由47名委员、19名候补委员组成的中共甘肃省第三届委员会。5月29日至31日召开的中共甘肃省三届一次全委会上,选出中共甘肃省委常委19人。选举出由13名委员组成的中共甘肃省监察委员会。选举张仲良为中共甘肃省委第一书记,高健君、陈曾固、张鹏图、王秉祥、何承华为中共甘肃省委书记处书记,李正廷、王耀华为中共甘肃省委书记处候补书记。

这次党代会是在继续“大跃进”期间,全党指导思想受到“左”倾错误严重影响之下召开的。会议对全省面临的严峻形势缺乏应有的认识,在提出和制定一些具体政策和工作部署上存在诸多脱离实际、盲目冒进的问题,未能改变严重的困难局面。

## 第二节 “西兰会议”和贯彻中央《紧急指示信》

### 一、“西兰会议”与省委领导成员的调整

当国民经济陷入严重困难时,农业和农村首当其冲。在沉痛的教训面前,全党逐渐清醒过来。1960 年 11 月 3 日,中央发出《关于农村人民公社当前政策问题的紧急指示信》(简称《十二条》),迈出了克服严重困难的重要一步。《指示信》规定:人民公社实行三级所有,队(相当原高级农业生产合作社)为基础,至少七年不变;彻底纠正“一平二调”的错误;允许社员经营少量的自留地和家庭副业;从各方面节约劳动力,加强农业生产第一线;认真实行劳逸结合;“整风整社”等。《指示信》对于扭转当时农村的形势起了积极作用。

在全省面临严重经济困难的紧急情况下,根据党中央和毛泽东的指示,为解决甘肃困难和纠正党内“左”倾错误,贯彻中央《紧急指示信》精神,中共中央西北局书记处第六次(扩大)会议于 1960 年 12 月 2 日至 5 日在兰州召开(简称“西兰会议”)。参加会议的主要领导有:中央书记处候补书记、西北局第一书记、中央监察委员会副书记刘澜涛,西北局第二书记、陕西省委第一书记张德生,西北局书记、甘肃省委第一书记张仲良,西北局书记、新疆维吾尔自治区委第一书记王恩茂,西北局书记、宁夏回族自治区委第一书记汪锋,西北局书记、青海省委第一书记高峰,西北局书记、兰州军区司令员张达志,西北局候补书记、西北局秘书长王甫,西北局候补书记、西北局经济委员会主任王林,宁夏回族自治区区委书记李景林等。此外,中央工作组成员钱瑛、王昭、李步新等人,甘肃省委书记王世泰、高健君、陈曾固、何承华、王秉祥,候补书记王耀华

等人也参加了会议。会上,刘澜涛传达中央政治局扩大会议关于国际问题的指示,张德生传达中央关于国内工作的十条指示,会议的重点是检查讨论甘肃省工作的问题。会议认为:当前甘肃人民生活严重困难,几百万群众处于饥寒交迫状态,浮肿病、死亡现象还没有停止,农村生产受到严重破坏。造成这种局面的原因,主要是近三年来,省委领导特别是主要领导犯了严重错误的结果。会议对省委的错误进行了严肃认真的批评和诚恳热情的帮助。

会议强调,甘肃省救灾工作急迫,形势逼人,必须坚决依靠群众,发动群众,首先把浮肿病、非正常死亡现象停止下来,切实安排好群众生活,省委决不能丢下救灾工作不管,关门检查;应当即刻在适当范围内讲清当前严重形势和省委的要求,动员全党团结一致,同心协力,战胜困难;应当定出明确的奋斗目标和具体措施,争取迅速(如一个月)初步扭转当前严重局势;在一定时期(例如四五个月)彻底改变被动局面。

会议指出,在全国粮食十分困难的情况下,中央决定调给甘肃省5亿斤粮食。一定要珍惜这些粮食,用好这些粮食。目前灾区先按每人每天六两安排,明春再逐步增加一点。要调派最优秀的干部担任管理工作,办好食堂。要继续开展生产自救运动,大搞代食品,防止依赖思想,不开空头支票。会议要求,必须认真改进干部作风,坚决打破封锁,提倡说老实话,提倡和群众同甘共苦的作风,严禁一切贪污浪费和打人、滥斗人等违法乱纪行为,这类问题要发现一件处理一件。对于犯有一般性错误的干部,都要鼓励他们积极工作,在同人民共患难中改正错误,即使错误严重需要处理的,也不要急于作组织结论,可先行调开,集中学习。表扬好人好事,调动广大干部和群众的积极性。关于处理错案问题,可由西北局组织部和甘肃省委有关部门组成工作组,选择一个县进行典型研究,取得经验。

为了加强全省生产救灾工作的领导,会议决定,由中央工作组、西北局和甘肃省委的负责同志组成工作组,在省委统一领导下分片负责,切实安排好群众生活,深入生产小队和食堂进行工作。在工作中,把安排好生活的经济措施和政治措施、组织措施密切结合起来。采取各种有效办法,使广大群众了解我们党一定同他们站在一起克服困难,坚定群众生产自救渡过灾荒的信心。在灾荒严重的地区，首先集中力量，安排好生活，改进作风，把群众牢固地团结在党的周围。

“西兰会议”后，为加强省委的领导工作，西北局决定，王昭、王林、王甫暂时参加甘肃省委书记处工作。1961 年 1 月，中央又对省委主要领导成员进行调整：汪锋任甘肃省委第一书记，高健君任第二书记，张仲良改任省委第三书记（后于 1962 年 12 月调离甘肃）。省委根据西北局要派一批强的干部，充实地、县领导的有关指示，对干部队伍作了一些调整。对有些犯有严重错误，不能继续担任现职的，分配了新的工作；对有些能力太弱，水平太低，不能胜任主要领导职务的，调换为次要职务；领导班子严重不团结的，也作了一些调整。根据省委电话会议精神，各地还对有关市、县的领导机构和领导干部的配备进行了调整和改组。鉴于全省当时急需补充一批领导骨干，2 月 24 日，中央发出《关于给甘肃省抽调干部的通知》，决定从河北、江苏、浙江 3 省抽调 22 名县委书记以上干部到甘肃工作。中央各部委，如铁道部、水利电力部、国家经委等都派负责同志来甘肃帮助做好粮食调运和其他工作。

## 二、贯彻“西兰会议”精神，安排群众生活

在中央和西北局的直接领导和帮助下，省委全面认真地贯彻执行中央的有关方针政策和“西兰会议”的精神。“西兰会议”精神的贯彻执行，拯救了甘肃人民，是扭转全省当时严重局面的关键。

“西兰会议”期间，省委于 12 月 3 日发出《中共甘肃省委关于安排人民生活的紧急指示》。《指示》指出：全力以赴，迅速地采取一切有效措施，认真地扎扎实实地安排好人民群众的生活，是摆在全省各级党组织和全体党员面前的一个重大的、迫不及待的、第一位的政治任务。决定 12 月份以安排好群众生活为中心，集中全力，突击一个月。要求各地必须抽调一批好干部、好党员当管理员、炊事员，办好食堂；口粮标准不到六两的地方，一律补到六两；省、地、县各级必须组织中西医力量，并从医院和医学院抽调大批人员，到疾病严重地区去抢救病人；立即动员广大群众，开展一个大规模的采集和制造代食品运动；各地、市、州委立即作出具体安排，组织和动员必要的运输力量，切实做好粮食调运工作；突

击打碾、打细打尽；省、地、县各级必须迅速建立生活安排领导小组或办公室；凡是已经完成征购任务的生产队，绝对不准再增加征购任务；严格禁止反瞒产、反偷盗、反盲流，绝对不准打骂群众、翻箱倒柜、乱搜乱挖；在安排农村人民生活的同时，城市也必须把安排人民生活列为主要任务之一，列入主要的议程。

12月6日，省委召开省级机关1700多人参加的干部大会，在说明当前农村情况，检讨省委领导工作中缺点错误的同时，提出克服困难转变局势的办法。7日，省委又召开省级和兰州市20000多名党员干部参加的大会，传达“西兰会议”精神。同时，各地（州）委常委扩大会议分别召开。中央工作组、西北局工作组和省委领导干部共同组成张掖地区工作组、定西地区工作组、天水地区工作组、临夏地区工作组等，分赴张掖、武威、酒泉、定西、天水、平凉、甘南、临夏等地，召开县委书记以上干部和部分公社负责人参加的分片会议。分片会议之后，各县又召开公社书记、主任和部分生产大队总支、支部书记、队长参加的会议，并在群众中广泛传达。在全省上下引起很大震动。广大干部群众普遍认为：中央和西北局彻底检查甘肃工作是非常及时和正确的，“西兰会议”是“救命会”。

为了尽快推进救灾工作，“西兰会议”召开时，中央决定给甘肃调拨的救济粮逐渐增加到8亿斤，并派解放军3个汽车团帮助运粮，铁道部由一名副部长带队住在兰州，负责调度铁路运输。省委、省政府从各地调集2200辆汽车，投入人力7000余人，昼夜工作连续5个多月抢运粮食，运回4.8亿斤粮，基本保证了甘肃灾区人均6两口粮的低水平供应。12月中旬，西北局书记处又召开第十、第十一次会议，进一步分析甘肃的形势，提出更具体的指示。根据西北局的指示，在西北局和中央工作组的直接帮助指导下，23日，省委召开常委扩大会议，传达西北局对甘肃当前形势的分析和15项具体指示。经过讨论，省委作出《关于进一步贯彻西北局会议精神的决定》，提出坚决贯彻中央生产自救方针、全面安排好群众生活，克服当前困难。《决定》强调：必须绝对保证灾区群众平均吃6两粮食是最低标准；办好食堂；大搞代食品；抓紧副食品生产；停止征购粮入库；突击抢救人命，迅速制止人口非正常死亡；坚决实行劳逸结合,保护劳动力;社员的自留地由原规定人均占土地的5%增加到7%;决定1961年的各项生产,必须坚决贯彻以农业为基础的方针,争取多打粮食,保证吃饭;同时,要加强城市工作,加强治安保卫工作,加强组织领导。通过这些紧急措施,群众情绪开始稳定,增强了战胜困难的信心,并迅速行动起来进行生产自救,部分农村地区的紧张情况有了初步缓解。

根据中央、西北局关于甘肃河西走廊地区基本建设暂停一年,采取"移工就食",调出一批基建队伍去兄弟省担任基建任务的指示,省委采取了"移工就食"支援兄弟省建设的积极措施。1960年12月,省委召开调出职工单位负责人会议,进行具体安排。各调出单位都是领导干部亲自负责,进行思想动员、组织安排和解决具体问题。各单位都采取先党内、后党外,先干部、后群众的方法,反复讲清当前形势和困难,说明"移工就食"支援兄弟省建设的积极意义,进行纪律和安全教育,及时解决愿东去不愿西去,愿当工人不愿当社员,怕到新疆去回不成家,怕生活不习惯,怕工资、口粮低等思想顾虑,使广大职工、群众深刻认识到党的关怀和"移工就食"的措施。这次调出职工是与军运同时交叉进行的,为了加强调运工作的组织领导,省委成立了甘肃省部队、职工调运指挥部。兰州铁路局、兰州军区、省粮食厅、公安厅、商业厅、劳动局、卫生厅、民政厅以及酒钢、第三工程局、玉门油矿等单位抽调若干人员组成办公室,在兰州铁路局办公。河西地区成立分指挥部,负责本地区调出人员的全部调遣工作。随后,省委发出《关于移工就食支援兄弟省建设的紧急通知》,并经中央同意,决定全省调出107691人。为解决外调职工的吃饭、御寒以及途中食宿生活等问题,省委在天水、陇西、兰州、打柴沟、张掖、武威、玉门、陇东8个地方设立生活供应站,西安、郑州等地设立中转站。指挥部还派出5个工作组,到调出单位和生活供应站检查和帮助工作,并派人随车检查,帮助解决具体问题。为克服面临的严寒,向各地调拨棉布、棉花、粮食、木柴等救灾物资。

为表达党中央和毛主席、西北局以及各省、区对甘肃灾区人民的亲切关怀和热情支援,鼓励甘肃灾区人民战胜严重灾荒的勇气和信心,协助当地开展生产救灾工作,根据西北局书记处第十次会议决定,1961年

1 月 5 日,西北各省、区赴甘肃灾区慰问团正式成立。从 1 月 10 日到 2 月 12 日,灾区慰问团各分团按预定计划深入到灾情比较严重的张掖、天水、定西 3 个专区和临夏自治州的 24 个县、市的 136 个公社、450 个生产队开展慰问活动,挨门逐户访贫问苦,传达党中央、毛主席的有关指示和“西兰会议”精神,并积极帮助群众解决困难,抢救病人。慰问团还积极配合中央工作组和地方党委以及社、队进一步安排好群众生活,解决所到地区群众生活上的一些具体困难;并根据群众要求,协助社、队贯彻执行中央政策;在省委的统一部署下,参加稳定社会治安的工作。

这一系列措施的实行,对于扭转甘肃的严重困难局面产生了重要作用。广大群众生产自救的信心和积极性大大提高,各地的生产自救工作有了新的进展,部分地区的局势出现好转的趋势。群众生活安排逐步得到落实。大部分地区的疾病、非正常死亡、外流现象减少,有些地方已基本制止。广大社员群众也有了生产自救、战胜困难和同错误作斗争的信心。

## 三、调整生产指标,开展“整风整社”

根据灾后实际困难,省委开始对原来工农业生产中的“高指标”现象开始反思,并积极采取措施加以调整。1961 年 1 月至 3 月,省委向中央并西北局提出《恳请调整 1961 年工农业生产主要指标的请示》,提出了 1961 年全省工农业生产主要指标和出口任务的调整计划。随后又在全省工作会议上,根据中央工作会议精神和西北局指示,反复讨论农业生产问题。通过分析形势,实事求是地提出 1961 年粮食及其他经济作物的生产指标,对一些十分迫切的工作进行了具体安排。根据全省工作实际,省委发出《关于 1961 年农业生产的安排意见》《关于贯彻执行中央紧急指示信的具体规定》《关于纠正平调、坚决退赔的具体规定》《关于提高粮食统购价格的通知》等一系列文件。文件提出 1961 年农业生产的总方针是:量力耕种,种足管好,提高单产,粮食产量第一,兼顾各种经济作物,争取获得一个较好的收成,力争粮食产量自给。特别提出检查落实春耕种子,管好用好耕畜,抓紧修复拖拉机、水利排灌机械和修配制造小农具，抓紧整修现有渠道，稳定农村现有劳动力，管好冬麦，大抓代食品生产，继续抓紧生活安排，动员各行各业大力支援农业生产等具体措施。同时，省委在认真研究全省形势，落实中央和西北局精神的基础上，确定全省国民经济计划的主要工作指标。其中，农业：全省粮食作物播种面积4500万亩，总产27.35亿公斤。工业支援农业：从机关、工厂、学校抽5万人支援春耕，抽5000人支援水利，抽2000名技工下乡帮助修理农具。生产资料的制造任务：完成小农具500万件，手推胶轮车8万辆，畜力胶轮车4000辆及化肥、农药、拖拉机、排灌机械等。

“整风整社”是贯彻执行“西兰会议”精神的重要举措。1月24日，省委发出《当前整风整社工作安排要点》，确定张掖、临夏、武山、陇西、清水、武威、山丹、临泽、岷县、秦安、庆阳、静宁等市、县为全省开展“整风整社”运动的重点。省委坚决贯彻执行中央《十二条》《农业六十条》、以生产队为基本核算单位和退赔等一系列政策，制定《甘肃省委关于贯彻执行人民公社条例十个问题的具体规定》和《甘肃省委关于调整专、县、社、队组织规模的意见》等文件，重申了农村人民公社实行“三级所有，队为基础”的制度；要求各地划小基本核算单位，制止原来公社体制下的“平调”之风，纠正平均主义的分配方式。兰州军区派出6000多名干部，经过短期训练后，分赴省委确定的重点县帮助“整风整社”。由12个重点县、市参加的第一批“整风整社”运动于5月底基本结束。期间，共抽调2869名县以上机关干部参加运动。随后省委又确定民勤、永昌、武都、临泽、文县、会宁、平凉7个县、市开展第二批“整风整社”运动。结合“整风整社”，各地还对农村党的基层组织，特别是对社队中的党组织普遍进行整顿。

这些举措，在一定程度上对克服农村工作中的“左”倾错误，调动广大农民的积极性，减轻农民负担，促进农业的恢复和发展，起到了积极作用。随后，根据《中央关于认真进行调查研究工作给各中央局、各省、市、区党委的一封信》和毛泽东关于调查工作的有关指示精神，省、地各级领导分赴各地，深入社、队进行调查研究。

为统一全省干部对“整风整社”的思想认识，省委加大对全省干部轮训工作的力度。1961年2月7日，省委作出《关于整社整风几个具体问题的规定》。省委认为,甘肃工作中的错误大体分为四类:一是省委领导工作中制定错误的方针政策,背离中央的路线;二是执行省委错误决定犯有严重错误的问题;三是执行省委错误决定犯有一般性错误的问题;四是反动分子实行复辟和严重官僚主义分子的问题。《规定》指出,对存在二三类问题的人,帮助他们认识错误,继续工作;对“钻进来和拉出去的坏分子、蜕化变质分子,必须坚决斗争,必要时可集中特训”;“对有对抗情绪的死官僚主义分子,亦可调离集训”。省委在《关于续办集训班和特别训练班的规定》中特别指出:集训班的任务是“对集训对象进行教育,使他们坦白交代,悔过自新,改正错误,争取把他们改正过来”;特训班的任务是“对特训对象进行武装看管,限制自由”,“对他们进行政策思想教育,使他们坦白交代犯罪事实。”特训班有省委举办,个别问题特别严重的地、州、市委经省委批准也可举办特训班,县委只办集训班。6 月以后中央工作会议作出对近几年来受批判处分的党员和干部,进行实事求是甄别平凡,并规定以后不再不脱产干部中开展反右反“左”的斗争,也不许戴政治帽子的决定后,省委即着手纠正集训、特训中出现的问题。1961 年底,全省清理回原单位的集训、特训人员 10692 人,占总数的 96%。1962 年 1 月,省委召开的农村工作座谈会上,再次强调了加快对集训、特训人员的清理复查工作。

1962 年 11 月 11 日,省委发出《贯彻执行〈中共中央关于轮训干部的决定〉的几项具体规定》,提出这次轮训的内容是着重解决党的建设和党的生活中存在的问题,要求各级党委必须加强对轮训工作的领导,并进一步充实和加强各级党校。同时,对轮训的范围、任务和分工、训练的任务和方法等,都作了明确、具体的规定。《规定》提出从 1961 年 11 月 20 日开始到 1963 年 6 月底,分六期在省委党校轮训省级机关、中央部属厂矿和专、县的县级以上党员干部及军队校级以上军官共 4600 人;公社副主任以上党员初级干部约 1.6 万人,在地、市、州委党校进行轮训。《甘肃日报》1962 年 7 月 1 日报道,全省 78 个县(市)和城市区委,已训练生产大队、车间的党支部书记和党员大队长、车间主任 16000 多人,训练支部委员和党小组长 4000 多人。有 70 个县(市)全面开始了对农村一般党员的教育训练工作,其余的县正积极准备陆续开始。

# 第三节 贯彻“八字方针”和进行全面调整

## 一、农业的调整

1960年11月3日中央发出《关于农村人民公社当前政策问题的紧急指示信》的当天，还发出《关于贯彻执行“紧急指示信”的指示》，明确指出贯彻执行“紧急指示信”的关键，首先在于提高干部的思想，提高他们的经济理论水平和政策水平。“指示信”提出可以允许社员经营少量自留地和家庭副业，要加强农业生产第一线，开展“整风整社”等，这一切都对扭转当时农村形势中出现的偏差和问题起到了积极作用。省委随即召开省、地、县三级干部会议，着重讨论如何正确地贯彻执行中央的指示精神。并从11月6日到25日，先后给中央和西北局作了五次书面报告。报告结合纠正“共产风”，认真检讨了“一平二调”“共产风”的错误。省委还发出《关于贯彻执行〈中共中央关于农村人民公社当前政策问题的紧急指示信〉的具体规定》和《关于处理一平二调的具体办法》，提出全省560个人民公社、13521个生产队、61954个生产小队在一定时期内要稳定下来，确保以生产队为基础的公社三级所有制至少七年不变。同时对关于分配与扣除比例问题、办好食堂、菜地和自留地、工资、农村集市贸易等12个问题作出规定。在处理“一平二调”的具体办法中对清理范围、清退原则、应注意的问题和12种不同平调的处理办法，都作出明确规定。

1961年1月20日，中共中央发出《关于农村整风整社和若干政策问题的讨论纪要》，要求所有的农村人民公社进行“整风整社”，彻底检查和纠正“共产风”、浮夸风、瞎指挥生产风、特殊化风、强迫命令风；彻底反对贪污、浪费、官僚主义；彻底清查平调账，坚决退赔。同时，根据省委下发《当前整风整社工作安排要点》的安排，对县、市的领导班子整顿也作出具体部署。

省委在部署“整风整社”工作和贯彻“八字方针”的过程中，首先集中力量抓农村经济政策的调整。

（一）开展经济退赔，恢复广大农民对党的政策的信任

经济退赔是纠正“一平二调”“共产风”的重要措施，是“整风整社”中的一项重要任务。1961年3月，省委制定《关于纠正平调、坚决退赔的具体规定》，指出：清算平调账和退赔兑现必须放手发动群众，掀起一个彻底清算、坚决退赔、兑现政策的运动。必须把党的政策向群众交代清楚，把权力交给贫下中农委员会或社员代表会，充分讨论，三榜定案，最后验收。凡是多数群众认为应该退赔的，就必须退赔。只有如此，才能算得彻底，退得合理，避免私弊。要求省、专、县各部门、各企事业以及部队、学校、人民团体等单位，一定要以身作则，带头退赔。特别是省级各单位，要立即行动，态度要坚决，行动要迅速，算账要彻底，退赔要干净。要扭转领导机关行动迟缓、决心不大的状况。不得找寻借口，坚决反对“舍不得”的思想。必须改变只算账不兑现，只折价、不退实物，只打欠条不退现款的现象。要真正做到上下一起动手，边算边退，一鼓作气，贯彻到底。

4月4日，省委针对各地在《中共甘肃省委关于纠正平调、坚决退赔的具体规定》执行过程中遇到的具体问题，作出《关于退赔工作中几个具体问题的批复》，对一些具体问题作了进一步的规定，促进各地的退赔工作有了新的进展。通过这些举措，全省各地对人民公社成立以来地方各级机关和企事业单位向公社平调的，以及向社员个人平调的房屋、家具、土地、农具、车辆、家畜、农产品等各种财物，都进行了认真清理和坚决退赔。有实物的退还实物，实物已经消耗、无法退还的作价补偿，付给现款。为确保退赔计划的进行，国家拨给甘肃退赔资金6000万元，省委又从地方结余中拿出1亿元，共计1.6亿元作为退赔补助资金，保障这项工作的顺利进行。

（二）深入基层调查研究，解决农民群众最为关切的问题

为了更好地总结正反两方面的经验，以解决各项实际工作中存在的问题，包括“整风整社”中存在的打击面过宽、批判过火的问题，1961年3月23日中共中央发出《关于认真进行调查工作问题给各中央局，各省、市、区党委的一封信》，同时印发之前发现的毛泽东1930年春写的

《关于调查工作》的文献。中央在信中提出：中央要求县以上党委领导，首先是第一书记，要认真学习毛泽东注重调查研究的思想方法和工作方法，把深入基层，蹲下来亲自进行系统的典型调查，当作领导工作的首要任务。这封信发出后，从中央到地方的各级领导干部积极响应中央号召，纷纷走出办公室，深入基层，调查研究。

省委在开展调查研究的过程中，首先认真总结了武山县新城、民山生产队，通渭县南山生产队和白银市兴安生产队等一批在"五风"盛行时敢于坚持真理、抵制"左"倾错误、农业生产搞得比较好的典型经验，对广大农民群众最为关切的问题也开展调查研究。

(三)解散公共食堂，调动农民生产积极性

甘肃农村在食堂问题上存在着动辄上纲上线的"左"倾错误做法。群众在家里吃饭，还是在生产队的公共食堂吃饭，被看成是一个很大的政治问题。1959年"反右倾"时，一些不愿意去食堂吃饭的群众，受到以"大辩论"为名的过火斗争，一些支持和同情群众不去食堂吃饭的干部，被划成"右倾机会主义分子"，受到批判。在当时，公共食堂问题已成为阻碍生产发展和影响党群关系的症结所在。

1961年4月，省委第一书记汪锋带领工作组到临夏回族自治州开始对公共食堂进行调查。在新集公社新一号生产队十几天的重点调查研究期间，汪锋和工作组成员深入到生产队，重点对食堂进行深入调研。工作组在群众中，听到群众的知心话，了解到公共食堂存在的严重问题和群众对公共食堂的意见和要求。5月9日，汪锋根据调查了解到的实际情况，向毛泽东主席写了《关于农村食堂等问题的报告》。《报告》提出：对于食堂问题，应当坚决地贯彻利于生产、利于生活和群众自愿的原则，绝不应当把食堂同社会主义联系起来，强迫群众非在食堂吃饭不可。特别是在像甘肃这样的粮食问题极其尖锐的灾区，目前办好食堂困难更多。只要真正按群众的意见办，解散食堂是没有什么害处的。26日，省委转发《汪锋同志关于农村食堂问题向主席的报告》。省委明确指出，凡是群众不愿办下去的，经过群众讨论，做好解散食堂以后的准备工作，解决好解散食堂后的各项具体问题，散而不乱，食堂就可以解散。省委还特别指出，过去因反对食堂而被批判斗争或被戴了帽子的，如果没有别的错误，应该给予平反。之后，全省各地的食堂相继解散。

（四）改变农村基本核算单位，解决分配上的平均主义问题

在农业政策调整过程中，党中央、毛泽东主席经过调查研究，不断深化认识，一个又一个地纠正1958年以来农村工作的错误。1961年的《农村人民公社工作条例》修正草案取消了公共食堂和部分供给；9月，毛泽东主席提出将人民公社的基本核算单位下放到相当于原来初级社规模的生产队后，要求各地进行广泛调查和试点。1962年2月13日，中央正式发出《关于改变农村人民公社基本核算单位的指示》，确定农村人民公社的生产队为基础的三级集体所有制是一个长时期内，例如至少30年，实行的根本制度。

根据中央精神，从1961年10月开始，甘肃省、地、县三级派出干部，开始调查和试点，了解广大基层干部和群众对这一政策的态度。社员群众普遍反映，以生产队为基本核算单位，穷队不再平调富队了。这种生产管理模式有利于组织生产和安排生活，便于实行民主管理，有利于发展耕畜和添置农具，有利于实行因地种植，推广耕作技术，有效地克服对农业生产上的瞎指挥，也有利于加强队与队之间的团结。

在调查和试点工作的基础上，1961年12月11日，省委召开以生产队为基本核算单位的试点工作座谈会。会议认为，实行以生产队为基本核算单位，是为了继续克服队与队之间的平均主义，更好调动社员对集体生产的积极性。巩固和发展农村人民公社的关键，应该迅速肯定下来，普遍推行，愈早愈好，宜早不宜迟。提出生产队规模原则上平均以30户左右为宜，一村一队或一村数队。同时，要求当年12月中旬，在全省范围普遍铺开基本核算单位的下放工作。各地按照省委的要求普遍开展基本核算单位的下放工作。之后，各地结合进一步学习中央指示精神，对基本核算单位的下放工作进行全面复查。在复查过程中，省委根据群众反映有些生产队规模依然偏大、生产队领导力量弱、劳动管理未走上正轨等问题，提出具体意见：划小部分生产队的规模，按照各地具体情况，生产队的规模以15户左右为宜；对于山区特别分散的小庄、独户，按照实际情况，分别采取“包山组”和“包山户”等形式；健全生产队民

主管理制度,凡是生产队重大事情必须经过全体社员充分讨论后作出决定;生产队的经济收支必须接受社员监督,财粮账目要定期向群众公布;生产队的干部必须是社员民主选举产生,群众不满意的干部,可以由社员大会罢免改选;切实改善生产队的经营管理,在劳动管理上,普遍推行小段包工制,克服窝工浪费现象,在生产管理上,推行长计划、短安排,因地种植,精耕细作,切实调动基层干部的积极性,加强对生产的领导。

截至 1962 年 4 月底,全省农村共有基本核算单位 85056 个,其中三级所有、生产队核算的 84018 个,占总数的 98.8%;三级所有、大队核算的 262 个,占总数的 0.3%;两级所有、生产队核算的 683 个,占总数的 0.8%;两级所有、大队核算的有 72 个;一级所有、公社核算的有 21 个。组织生产和进行分配的单位统一起来后,解决了自 1956 年高级社以来在分配上日趋严重的生产队之间的平均主义问题。

(五)适当放宽小自由,恢复农业生产

基本核算单位的下放,使农民生产生活困境初步得到缓解,但 1962 年全省范围遭受的旱灾,又给群众生活再度造成困难。省委在落实各项政策的同时,于 5 月 5 日向中央和西北局上报并下发《关于加强农业集体生产领导和适当放宽小自由的报告》。明确划小偏大的生产队规模;坚决实行粮食征购大包干和口粮按劳分配;改善生产队的经营管理。制定适当放宽小自由等 7 项具体措施,主要内容包括:在保证完成生产队播种计划的前提下,多余耕地可暂借给社员耕种;社员自留地由原来占耕地面积的 5% 提高到 7%;对于超过 7% 的,允许继续耕种一段时间;划出耕地面积 3% 至 5% 的饲料地,长期归社员使用;凡是社员私人开荒,已经超过自留地数量的,其超过部分在相当于自留地数量的 1 倍至 1 倍半以内的允许继续耕作;生产队可将牛、驴等大牲畜卖给社员私人喂养,也可让社员分户喂养;允许劳动力、畜力比较宽裕的生产队到土地宽广的地方“拉吊庄”;开放集贸市场,实行多渠道流通,调剂余缺等。

## 二、工业的调整

“大跃进”使全省工业发展指标越提越高,战线越拉越长,摊子越铺越大,远远超过当时的人力、物力和财力承受能力,严重影响到工业企业的发展,不得不进行全面调整。首先要解决工业和基本建设存在指标过高、战线过长的突出问题。

（一）工业企业的分批调整

1961 年 7 月,省委在批转省计委党组制定的《关于工业企业的调整方案》时指出:“做好压缩职工的工作,对实现今年压缩城镇人口的计划,关系极大。而调整工业企业,正是压缩职工的一项根本措施,也是实际贯彻执行‘调整、巩固、充实、提高’八字方针的具体化。”《方案》提出全省工业企业的调整办法:同一类型的生产企业,原料、材料、燃料不足,设备能力不能充分发挥的,采取大调整的办法,改变“两个人的饭三个人吃”的状况;现有生产企业的扩建工程,应当以燃料、原料、材料、运输和劳动力为依据,凡是在近期内不易解决的,应把扩建工程暂停下来;必须确保的重点企业,也要按照精干的原则办事,严格实行“五定”(定方向、定任务、定人员、定材料、定资金),有效地节约劳动力;有些建设项目,虽然也很需要,但是由于内部和外部条件的限制,近几年内很难上去的,应暂时停下来;多种经营,综合利用的产品,按行业归口调整,撤销不合理的重复部分;正确处理生产与基建的关系,同一类型的企业,在原材料、设备、劳动力方面,基建与生产发生矛盾时,原则上是保生产,停基建;对现有建设项目,要分别情况,保一批,短停一批,长停一批;企业调整要联系工业布局考虑,对布局不合理,内部外部的主要条件都很差的,应进行撤、并、迁、缩,集中力量充实一批较为合理的企业。《方案》要求,在根据上述办法进行调整时,对全国性的重要产品,如铜、镍、石油、化工产品,应力争保证生产,地方工业主要缩短重工业、机械工业。

11 月 7 日,省委根据中央《关于当前工业问题的指示》精神,发出《关于调整工业的指示》。《指示》提出和确定全省工业调整的原则:一是凡是支援农业所必需的企业,要精干保留,并尽可能地充实一些设备和技术力量,填平补齐,逐步满足农业生产的需要,加强对农业的支援。二是对原材料供应有可能,又为人民生活和市场供应所急需的轻工业企业,应适当地充实设备和技术力量,提高产品质量,增加产品品种;加强轻工业和手工业生产。三是加强采掘工业,特别是煤炭工业的生产能力,保证煤炭生产的逐步好转,促使整个工业迅速活跃起来。四是加强国防工业所必需的新型材料的研究、试制和生产。《指示》还提出全省第二批调整的地方主要工业企业名单。

1962年1月11日至2月7日，党中央在北京召开七千人大会，以进一步总结“大跃进”以来的经验教训，统一认识、战胜困难。甘肃省、地、市、县及国营大企业的主要领导同志参加了这次会议。会后，随着调整工作的逐步深入，全省工业企业的全面调整取得显著效果。盈利企业逐渐增多，亏损企业逐渐减少，截至9月，全省企业亏损户数下降49.1%，亏损金额减少37.8%，并且有一半以上的企业完成清理拖欠的任务。这不仅对支援农业、支援市场、回笼货币起到很大作用，更为企业实行严格的经济核算打下良好的基础。

（二）压缩投资规模和基本建设项目

1962年，根据国家计委关于调整1962年基建计划的通知精神，结合地方基建计划完成情况，在国家计划投资范围内，省委、省政府决定对地方基建计划作进一步调整，停建削减投资项目达15项。在压缩国家预算内基建投资的同时，严格控制自筹基建资金的使用。上收1958年下放的财政和银行权力，限制地方利用机动财力和银行信贷搞基本建设，降低企业利润留成比例，明确规定企业利润留成资金不得用于扩大基本建设投资。严格审查用自筹资金进行基建的项目，如获批准，必须在资金、物资、施工力量三落实后才能施工。用自筹资金进行基建，一般只能搞小型项目，或补充国家预算内大中型项目投资的不足；如用于大中型项目，必须经中央局审查，专案报中央批准。预算外的建设项目，必须全部纳入国家计划，严禁楼、堂、馆、所和一切计划外工程的建设。经过调整，压缩资金，减轻物资供应压力，把节减下来的财力、物力用在急需的事业上，把国民经济严重失调的比例关系逐步调整过来。

全省先后关闭40多个地县的冶金企业，地方小钢铁厂全部下马。至此，“大跃进”时期仓促上马的企业，经过关、停、并、转等方式得到合理调整。对一批原料、电力、运输无保障的建设项目也采取停建、缓建的措施，先后停建、缓建的有兰州棉纺厂、武威黄羊镇糖厂、山丹煤矿、靖远井儿川煤矿等。在调整中，根据投资的情况，对楼、堂、馆、所、舍全部削减；对已经基本建成，但原料仍不落实，建成后仍没有条件进行生产的一律停产。增加了为农业、为市场服务的投资和项目。由于缩短基本建设的战线,投资得以集中合理地使用,保证了重点。1962 年,全年完成投资 2.38 亿元,有 264 个单项工程投入生产,一些新增加的生产能力对于支援农业、支援市场、充实工业力量发挥了重要作用。

(三)加强对工业企业的整顿和管理

国民经济调整前,甘肃工矿企业中的“五风”[①]普遍存在,给生产建设带来了严重后果。不反掉“五风”,就不可能全面、正确地贯彻执行党的“八字方针”,就不可能充分调动广大群众和干部的积极性,扭转生产的被动局面。

根据党的八届九中全会的决定和中央、西北局关于开展城市整风的指示精神,省委确定 1961 年 2 月首先在兰州、玉门、酒泉、白银 4 个省辖市的 10 个单位开展整风试点工作,4 月份逐步铺开。全省企业的整风工作始终以整改为中心,认真归纳整理群众意见,着手整改一批职工迫切要求而又能够解决的问题,多数企业出现了新气象,基本上制止了“五风”。群众说:“过去整风找重点(指找批判对象),这次整风找关键(企业关键问题)”。“思想通了,什么都好办,有了困难也能克服”。

9 月 16 日,中央颁发《国营工业企业工作条例(草案)》(以下简称《工业七十条》)。这是当时用于拨乱求治、整顿工业企业的一个重要文件,对于贯彻执行“调整、巩固、充实、提高”的方针产生巨大影响。从 10 月开始,省委组织全省企业的 28 万多名职工学习讨论《工业七十条》,并选择大、中、小型 16 家企业进行试点。1962 年,全省各级党委和工交厅局把学习贯彻《工业七十条》作为一项极为重要的任务,切实加强领导,与整顿企业工作统一安排,紧密结合进行。全省工业企业的整顿和管理工作取得显著成效,进一步制止了企业管理中的严重混乱现象,不少企业通过加强党委的集体领导,初步建立起党委领导下的厂长负责制,逐步建立与健全各项管理制度和责任制度,企业的管理工作得到加强,生产秩序开始走向正常。职工的情绪基本稳定下来,生产积极性不断提高。

---

① 指“大跃进”期间盛行的“共产风”、浮夸风、强迫命令风、生产工作瞎指挥风和干部特殊风。

《工业七十条》的学习讨论和试行，使工业企业的调整由工业发展指标和速度的调整，发展到对工业企业内部管理的改进和完善，这对于促进工业生产的稳步增长、产品质量的大幅提高、产品品种的显著增加都具有深远的影响，特别是使工业进一步调整的方向更加明确。

## 三、城镇人口的压缩

1961年5月21日至6月12日，中共中央在北京举行工作会议。会议制定《关于减少城镇人口和压缩城镇粮食销量的九条办法》，规定在1960年底12900万城镇人口的基数上，三年内减少城镇人口2000万以上，本年内减少1000万。

7月，省委就减少城镇人口、加强农业战线、压缩城镇粮食销量工作作出规定，明确指出："减少城镇人口，加强农业战线，是进一步巩固工农联盟，调整城乡关系，贯彻国民经济按照农轻重发展次序，是一个极为重要的问题，也是克服当前困难的积极有效的措施，势在必行。"根据中央有关指示精神，省委首先部署各级党委立即在全省范围内的各个城镇彻底核实人口，整顿粮食供应，堵塞一切漏洞，进一步压缩城镇销量，以缓和粮食紧张局势。7月24日，省委发出《关于减少城镇人口、加强农业战线、压缩城镇粮食销量的指示》，提出精减工作的初步方案，明确提出全省今后三年内压缩50万以上吃城镇供应粮人口的任务。到年底，全省吃城镇供应粮的人口控制在190万人以内。为了统一部署，统一行动，省委成立调整城市人口领导小组和专门办公室，并要求各地区、各系统亦应建立相应的机构，负责领导此项工作。减少城镇人口、加强农业战线、压缩城镇粮食销量工作开展初期，由于各级领导对减少城镇人口的重要性认识不足、决心不大，全面动员、全党动手不够，全省精减职工，减少城镇人口，压缩粮食销量工作进展缓慢。

动员几十万人由城市回到农村，涉及面广，问题复杂。为使这项重大而艰巨的工作任务能够较为顺利地开展，省委强调指出"减少城镇人口，态度必须坚决，方法必须稳妥"。"切实做好工作，特别讲究实效"。明确要求"思想工作要做细、做深、做透。各项具体问题，要一个不漏地安排解决好。不能草率行事，赶急图快，不能卸包袱，推出门了事"。要求各级党组织对于每一个要回乡的职工、学生，都要以高度的责任心，做好安置工作，对他们负责到底。省委于9月9日发出《关于加速进行精减职工减少城镇人口，压缩粮食销量工作的紧急通知》，再次强调：精减职工，减少城镇人口，压缩城镇粮食销量，是巩固胜利、战胜困难的有效办法。各级领导必须反复讨论，认清形势，求得认识一致，下最大决心，迅速行动，完成精减任务。《通知》还指出，任何强调本位，不顾大局，以种种借口，不减、少减或推迟减人的做法，都是错误的，都会给整个工作带来不利的影响。通知要求，各级主要领导，必须亲自出马，利用各种形式，对干部和广大职工群众作深入细致地思想动员，教育干部和职工群众正确认识当前的困难，特别在粮食问题上困难还相当严重的形势下，每一个领导干部、党员和职工，都要把响应党的号召，加强农业第一线，增产粮食，克服困难，当作自己的神圣义务。省委决定提前在1961年完成1962年精简职工、减少城镇人口任务中的6万人。《紧急通知》要求，工业、文教、财贸、政法等各系统、各单位，都要进一步提出本系统机构撤并、人员精减的具体计划。

经过一年多的艰苦努力，全省在精减职工和压缩城镇人口方面做了大量工作，取得一定的成绩。1962年初，全省城镇人口还有180万人，城镇居民供应不足，粮食供应仍很紧张。

1962年2月14日，中共中央作出《关于一九六二年上半年继续减少城镇人口700万人的决定》。22日，中共中央在批转中央精简小组《关于各级国家机关、党派、人民团体精简的建议》时指出，目前各级国家机关、党派、人民团体中机构庞杂、人多政繁的现象十分严重，不利于国民经济的全面调整，不利于克服当前的困难，不利于克服官僚主义和分散主义。因此，必须彻底实行"精兵简政"，下决心"拆庙"，裁并机构。据此，省委于4月初，召开地、市、州第一书记会议，认真分析讨论，一致认为全省仍处在十分严重的困难时期，解决吃穿用，特别是吃饭问题是当务之急，必须进一步做好精简工作。会议决定：再精简35万人或40万人，在两三年内，把我省城镇供应人口控制在150万人左右。会议要求全省国民经济各部门必须进一步根据撤、停、并、减、缩进行全面调整，实行定员定额，提高劳动生产率，保证完成任务。4月6日，省委在《关于贯彻执行“中央关于一九六二年上半年继续减少城镇人口七百万人的决定”和“中央对于‘中央精简小组关于各级国家机关、党派、人民团体精简的建议’的批示”的决定》中明确规定：甘肃各级国家机关、党派、人民团体编制，不超过4万人，在原编制的基础上精简30%以上。其中，省级精简28.1%，省辖市平均精简36%，专、县及人民公社平均精简30%。专区一级不直接管理企业事业，不设立人民团体，地委、县委均不设书记处。5月3日，省委第112次常委会原则同意省委精简小组《关于省级国家机关、党派、人民团体及直属事业单位调整意见》，决定省委机关总编制不超过400人。根据这一精神，全省的人口精简和党政机构压缩进一步展开。

6月22日，省委召开全省地、市、州委书记会议，传达学习5月中央工作会议和西北局全体会议精神。会议决定面对自然灾害严重，夏粮减产已成定局，秋粮也不会好，粮食紧缺和干部思想混乱的形势，决定1962年的粮食只能征购3.5亿公斤；再增加精简城镇人口20万；再停一批工厂和学校；大中专学校学生放假回家；对1957年以来农村被批斗的大批干部群众“一风吹”，城市加快甄别平凡，叛属、反属、右派家属帽子摘掉；分田到户、包产到户不搞也不提倡，已经搞了的不急于纠正。

1963年1月4日，副省长葛士英在《关于一九六三年国民经济计划安排的报告》中，对城市人口压缩的结果作出了说明：两年来，缩短了工业生产、基本建设和文教战线，压缩了城镇人口69万人，精简职工55万人，有47万人回到了本省农村，不仅增加了农业劳动力，加强了农业生产战线，而且也减少了粮食销量，减轻了农民的负担。城市粮食销量1961年比1960年减少2.5亿斤，1962年又比1961年减少2.7亿斤；工资总额1961年比1960减少1.63亿元，1962年又比1961年减少7300万元。随着生产的恢复和城市负担的减少，从而保证了城市人民生活的稳定。

## 四、全方位展开调整工作

在农业、工业调整工作取得成效的基础上，省委开始对政治关系及文化教育、医疗卫生等各项事业进行全方位调整。

首先是开展对党员、干部的甄别工作。党员、干部的甄别工作是贯彻落实调整政策的一项重要而复杂的工作。全省的干部甄别工作是分阶段稳步推进的。1961 年 3 月,全省组织工作会议召开。会议通过《甘肃省委关于对反右整风运动中的错案进行复查的决定》。其间,经省委会议研究决定并报请西北局批复同意,成立由省委第二书记高健君、书记王世泰、副省长李培福、监委书记孙润华等八人组成的反右倾整风案件复查委员会。3 月 27 日,全省甄别工作开始,经过一个多月的试点后,在县以上机关全面展开。在中央和西北局工作组的帮助指导下,到年底,基本完成 1959 年反右倾运动中的案件甄别工作,给甄别干部分配了工作,这是第一阶段的工作。1962 年 1 月,根据省委决定,省委监察委员会召开全省甄别工作座谈会议,着重研究 1958 年 1 月省二届二次党代表大会以后处理的一部分案件和农村基层不脱产干部的甄别工作。提出农村基层不脱产干部甄别的时间,应从 1957 年下半年农村进行社会主义大辩论时起到 1960 年 11 月止。在这个阶段被错误批判的干部和党员都应实事求是地加以甄别,并作出正确的结论。而后,根据《中共中央关于加速进行党员、干部甄别工作的通知》和《西北局批转西北局组织部关于加快当前甄别工作进度的意见的报告》精神,省委于 7 月召开全省第四次甄别工作会议,将甄别工作专职干部由 1000 人增加到 2000 人,在充实甄别工作力量的同时,进一步明确甄别对象,把 1957 年下半年到 1961 年上半年各次政治运动中被批斗、戴帽和处理的人都列入甄别范围。为做好这一阶段的甄别工作,8 月,省委发出关于“加强领导加速做好甄别工作”的指示。要求各级党委加强对甄别工作的领导,抽调专职干部,建立机构,按照确定的甄别范围,摸底排队,确定甄别对象,全面进行甄别工作。

在进行甄别工作的同时,多数地区和单位对被甄别平反干部的工作和工资待遇,按照规定及时作了妥善解决。到 1963 年 6 月,全省党员、干部甄别工作基本结束。共甄别各类错案 276285 人。其中党员干部 24267 人,工人、农民、学生 246640 人,右派摘帽 5378 人。启用各级领导干部 2147 人,其中地级 22 人,县级 128 人。尽管在当时的历史条件下，甄别平反错案工作是有限度的，许多甄别结论并不彻底，甚至留有“尾巴”。但这次纠错工作，对于增强党内外团结和民主气氛，调动广大党员、干部、群众的积极性，同心同德克服困难，扭转甘肃困局，实现调整方针，还是起到了重要的思想和政治保障作用。

其次是开展教育文化、医疗卫生等方面的调整。

在“大跃进”期间，全省的教育事业超常规发展，学校和学生数成倍的增长，大大超过了财力和师资的承受能力。教育战线调整工作，是根据中央的方针、政策和省委的有关指示，在和有关部门共同研究之后，有领导、有计划、有步骤地进行的。在高等教育方面，1961 年裁并 30 所学校，保留 13 所。裁并的主要是 1958 年以后办起来的师资缺乏、设备不足、大部分不符合办学条件的学校。1962 年，在保留 13 所学校的基础上，又裁并 7 所，保留 6 所。这批裁并的学校，主要是设置重复和条件较差的学校。甘肃高等学校的调整精减工作，由于贯彻了中央的方针、政策和省委的有关规定、指示，取得显著成绩，基本上解决了高等学校的规模同国民经济，特别是同农业生产水平不相适应的问题；调整教育事业内部的比例关系，改变学校和专业设置重复的情况；保留学校的领导力量和教学力量，对于进一步提高教学质量创造了条件。1961 年和 1962 年，文教事业经过两次调整精减，截至 1962 年 10 月，全省高等学校已从 43 所减到 6 所，中等专业学校从 163 所减到 28 所，中学从 429 所减到 246 所，小学由 15000 多所（公办 6800 多所、民办 8200 多所）减到 9000 多所（公办 6000 多所、民办 3000 多所）。

其间，全省文化、医疗卫生事业单位也进行了调整。1961 年后，全省对地、县所属的各类文工团、剧团进行了调整、撤并，撤销地区以下的各级体育专业运动队。医疗卫生机构进行调整，减少行政人员，加强医务人员和业务人员，医疗水平有所提高。同时，省和专区所属各类研究机构、设计院，除重点保留几所外，绝大部分撤销。

通过对文化、教育等各项事业单位规模的调整，全省教育、卫生、文化等方面的职工人数，从 1960 年的 86000 多人减至 63000 多人。与此同时，省委、省政府对管理体制和财政、金融等商业也进行了相应的调整。

# 第四节　对农业生产责任制的探索

## 一、农村局部地区兴起的大包干到户

“西兰会议”之后，省委贯彻中央方针，带领全省各族人民努力战胜困难，使甘肃的国民经济得到恢复并有新的发展。与此同时，一些地区和农村生产队创造出包工包产到户和大包干到户以及“包山组”“包山户”等多种发展经济形式。这些新的生产方式的推行，有效地促进了农业发展和粮食产量增加，农民生活得到改善。

### （一）大包干到户兴起的背景

在纠正人民公社化运动“一大二公”的错误时，1962 年 5 月，省委向中共中央和西北局报送并向各地、州、市转发《关于加强农业集体生产领导和适当放宽小自由的报告》，提出划小偏大生产队规模，实行粮食征购大包干和粮食按劳分配、改善生产队经营管理的意见，提出对山区小庄独户可以实行“包山组”“包山户”的形式。省委这个文件的颁布，促进了全省农村生产方式的转变。

面对农业生产面临的严峻形势，根据中央和省委指示精神，临夏州委作出将公社、大队和生产队规模划小、基本核算单位归生产队的决定。1962 年 6 月 16 日、21 日和 7 月 30 日，州委先后在一个半月的时间内接连发出《关于建立今年夏收秩序的紧急措施》《关于今后恢复农业生产时期的临时紧急措施的意见》和《关于今后恢复农业生产的措施》等三个紧急通知，要求全州各级党政组织根据不同情况，采取不同措施积极恢复农业生产。在这些文件中，明确了可实行大包干到户的办法，指出：不论采取哪种办法，都应有利于当前生产，巩固集体经济，教育广大社员坚定走社会主义道路的信心。

州委通知下发后，到 8 月上旬的一个多月时间，全州约 80% 的生产队实行“包工包产到户”和“大包干到户”。与此同时，天水、定西、武都、甘南、武威、张掖、庆阳、临洮、酒泉等地也相继出现程度不同的包产到户和大包干及“包山组”“包山户”现象,积极进行生产责任制的新探索。

（二）大包干到户的主要生产方式

采取什么样的生产责任制,也就是用何种形式进行生产是当时全省农村亟待解决的问题。实行大包干到户的部分地区,在坚持有利于调动群众生产积极性、有利于恢复和发展农业生产的原则下,充分尊重群众的意见,因地制宜,根据各地实际情况选择不同的生产方式。主要有三种基本形式:

一是大包干到户。把土地按人头分给社员;大牲畜归集体所有,随土地分给社员使用;规定公购粮、籽种、饲料、公共积累和生产管理费用的包干任务,任务之外全部归个人。也就是只包交公购粮,自种自收自食。但土地、农具、耕畜分户自用,不得买卖。

二是包工包产到组。生产队根据组织生产的条件,予以划分固定的或临时的作业小组,划分地段,实行季节性的或常年的包工,责任到组或到人。

三是集体生产。生产资料集体所有,生产上统一计划安排,以生产队为单位统一分配,农活实行四定小包工。在全省其他地区,仍然多数采用集体生产方式。

为处理好生产中出现的具体问题,临夏州委特别对实行包工包产到户和大包干到户的农户,从土地、牲畜、农具、果树林木、柴山、荒坡等方面作出明确规定。土地按人口和照顾劳动力的办法,划归到户经营。所有权仍然归集体,由生产队统一管理,社员个人不能出租、买卖、典当、转让,也不许雇工剥削;大牲畜饲养固定到户,专人喂养。牲畜使役和畜力报酬,由搭配使用的社员民主讨论决定;农具、大型农具,按劳畜力合理搭配,其他农具均由社员自置、自用、自修;果树林木,归集体所有的果树,按不同品种、产量包产到户经营;柴山、荒坡,划给社员一定的“自留山”,植树造林,解决燃料。对实行包工包产到户的,按所划土地质量和数量评定产量,根据定产负担征购任务和提取公共积累,其余按包工进行分配。对实行大包干到户的,按定产完成征购任务和提取公共积累后,其余归社员安排。由于这两种生产方式反映出农民的意愿,政策一出台，就受到广泛欢迎和拥护，包工包产到户和大包干到户很快就落到实处，迅速推广。

（三）大包干到户的效果

7月16日，省委第一书记汪锋到临夏州进行调研，着重点在包工包产到户和大包干到户。通过与各县、市委书记的座谈及对临夏市、和政、康乐县的调查，得出结论是：大包干的时间虽然不长，但很快见到成效。一是群众的生产积极性普遍提高，改变了过去那种出勤不出力的现象，劳动质量显著提高。在按劳分配的原则下，参加劳动的人不仅有全劳力，半劳力也积极参加，大大提高了劳动生产率。二是加强对农田的管理，群众锄草积极，施肥及时，作业精细，改变了粗放经营。三是责任到人。小偷小摸拿集体庄稼的人明显减少，过去因此而损失粮食总产量20%的现象得到控制，减少了集体损失。四是外流人员明显减少。困难时期，临夏外流人口剧增。实行以包为主的生产责任制后，外流人口减少，甚至还吸引了部分外流人口回乡参加生产。据和政县统计，在实行承包后的一月时间内，就有720余人回乡投入生产。五是社会秩序得以稳定。实行生产责任制，生产计划落实，生活有盼头，人心稳定，社会秩序明显好转。汪锋还对干群所持态度作了调查，其中县级以上干部赞成的占76%，基层干部比例更大，农民则占绝大多数。在随后发出的省委调查组报告也认为这两种生产方式较好地解决了生产队集体经济中所不能解决的一些矛盾，呈现出前所未有的新景象：责任明确，没有靠头；综合利用生产队辅助劳动；堵塞干部贪污多占漏洞。实行责任制后，农民们在翻地、选种、备肥等方面，都做得比往年好。农民们相信，只要政策不变，明年肯定能多打粮。

实际上，大包干到户在1963年就见到成效。这年，临夏全州工农业总产值7676万元，比上年增加165.8%，其中农业总产值7109.4万元。粮食总产量201889吨，比上年增加195.1%。

## 二、大包干到户遭受挫折

（一）对临夏州大包干到户的批评

对于临夏州和其他地区实行大包干到户的大胆做法，当时的省委主要领导认为，“包工包产到户”有社会主义因素，可以把前者转化为后者的生产方式。7月底，省委还发出《关于今后恢复农业生产的措施》，肯定这一做法。文件指出：不论采取哪种办法，都应有利于当前生产，巩固集体经济，教育广大群众坚定走社会主义道路的信心。这个文件的出台，实际上进一步推动了包工包产到户和大包干到户继续发展。

然而，对于部分农村试行的大包干做法，中央的态度起着决定性作用。在1962年8月召开的中央北戴河会议上，毛泽东把前一段在某些农村开始实行并行之有效的农业生产责任制，指责为“单干风”，进行严厉批评。西北局根据中央北戴河会议精神，批评临夏州包产到户是“一个重要的政治事件”，“是怀疑三面红旗”，要求西北地区所有党组织吸取教训。9月初，省委召开常委扩大会议，贯彻中央和西北局会议精神，并发出《关于制止分田到户和包产到户的几项规定》。16日，省委派出工作组到临夏传达中央工作会议精神，批评临夏州委在领导农村工作中迷失了方向，必须进行纠正。在各方巨大压力之下，临夏州委向省委作出《关于临夏地区“包工包产到户”和“大包干到户”问题的检查报告》，承认犯了错误，分析查找犯错误的主要原因，并对如何纠“错”提出初步意见。

10月5日，省委将临夏州委的《检查报告》呈报西北局，并报中央和毛泽东。省委也改变了此前对大包干“有社会主义因素”的判断，认为所谓“包工包产到户”，实际上就是“包产到户”，就是“分田到户”，是把农民从集体主义道路引导到单干的道路上，是方向性的错误。13日，西北局批转《甘肃省委关于临夏回族自治州推行“包工包产到户”和“大包干到户”的检查报告》，认为临夏回族自治州70%以上的生产队在短时期内迅速解体，这是自治州党委有组织有领导地推行“包工包产到户”和“大包干到户”的结果，错误是极其严重的。

（二）对大包干到户的“纠正”

基于对包工包产到户和大包干到户的认识，已经从生产组织形式的变化上升到“两条道路”斗争的“政治事件”，临夏的试验就不得不进行“纠正”。

1962年9月至1963年冬，省委、临夏州委以及所属各市、县委相继派出工作组,前后分两批进行“纠正”工作。将实行“包工包产到户”的农村全部回到集体,重建生产队,“纠正”所有实行单干的生产队。到1963年底,单干生产队全部“纠正”过来,恢复为生产队统一经营的集体化模式。然而,对于包工包产到户和大包干到户的“纠正”,基层干部和群众采取了一定程度的抵制态度,有些地方明集体、暗单干。

包工包产到户和大包干到户的生产经营形式,得到一些地方广大农民的认可和欢迎。因为它在调动群众从事农业生产积极性、解放农村生产力方面具有一定的积极作用。特别是在一些受灾农村,对于克服困难、战胜灾害起到了重要作用。大包干到户的探索虽然受到挫折,在当时没有坚持下去,但是给予后来人的启示是深刻的。在当时的历史条件下,基层干部群众敢于实事求是地解决问题,敢于在实践中探索创新,这一保护和发展生产力的大胆实践,是值得充分肯定的。这从一个侧面反映了党的一切从实际出发、实事求是思想路线的顽强生命力,也为后来农村推广家庭联产承包责任制积累了实践经验。

## 第五节 民族宗教政策的贯彻落实

### 一、民族地区的民主改革

#### (一)民族地区民主改革的必要性

甘肃是一个多民族省份,世居域内的少数民族主要有回、藏、东乡、土、满、裕固、保安、蒙古、撒拉、哈萨克等民族。新中国成立后,对于少数民族地区的封建特权和封建剥削制度,基本上没有触动。

随着党的各项民族政策的逐步推进,甘肃部分藏族农牧区喇嘛寺庙的宗教特权和宗教剥削受到一定程度的削弱,但1958年前,大部分地区寺庙的宗教特权和宗教剥削还存在。民族地区宗教特权和剥削存在的问题,突出表现在这三个方面:经济方面,寺庙占有大量的土地、牲畜、森林、草原和商业资本。寺庙还通过地租、畜租、劳役、高利贷、非法商业活动和其他宗教手段对群众进行剥削。一些地方信教群众的宗教负担很重,有的占年收入的80%。这种状况,严重地妨碍着民族地区的生产发展和人民生活的改善。政治方面,宗教上层和土司、头人要极力维护自身的各种特权。一些寺庙上层对党和政府开展的民主改革、合作化、兴修水利、培养民族干部、办学校等工作中的政策和措施公然抵制,竭力反对,甚至武装对抗。宗教信仰方面,实际上也无真正自由可言。表现在:一是强征喇嘛,强制青少年必须削发为僧。二是将有些工匠、屠夫拒之门外。三是歧视妇女,许多寺院禁止妇女进入某些殿堂。

由此可见,藏区存在的宗教问题,已不单纯是信仰问题,而是如何促进社会公平正义和消除剥削现象问题。这些问题不解决,就会严重阻碍民族地区社会生产力的发展,也是藏区经济落后、社会事业发展缓慢的一个主要原因。不进行彻底的民主改革,就不能真正解放少数民族地区的社会生产力,就不可能进行经济、文化的建设,也就没有民族地区的发展和繁荣。

伊斯兰教同样存在着宗教压迫剥削的现象。当时有关部门对甘肃和宁夏进行调查了解到:一是宗教负担很重。西北回族群众的宗教负担,平均占每人年收入的20%以上。还有一种无偿劳役,就是信徒经常要给拱北、道堂做各种零活,不给报酬,教主、阿訇可以随意支配信徒为他们服务。二是制约文化教育发展。由于宗教的束缚,回族妇女上学的人数比汉族相差很远,且强迫儿童学经文。一些宗教领袖反对文化娱乐,对回族的文化生活和文化艺术的发展有很大消极影响。

(二)民主改革的内容

1958年5月,中国共产党第八次代表大会第二次会议决定,从1958年起在民族地区陆续进行宗教制度改革。主要内容有:

废除宗教封建特权,包括教主放口唤、放阿訇和世袭的伊玛目制度;寺庙私设法庭、监牢和刑罚,干涉民事诉讼;擅自委派部落头人、阿訇;私藏武器,组织武装;干涉婚姻自由,压迫歧视妇女以及干涉文化教育事业等。废除宗教剥削制度,包括废除喇嘛庙和清真寺的生产资料所有制和高利贷、无偿劳役等剥削制度;取消宗教课税;取缔非法商业;禁止寺庙利用宗教巧立名目敲诈勒索信教群众财物或强迫摊派;要求宗教活动不得妨碍生产。废除寺庙内部的封建管理制度,包括管家制度、等级制度、处罚制度和寺庙间的隶属关系等;宗教人员,凡是能够劳动的一般要参加生产,都要履行公民义务;寺庙不得强迫群众当喇嘛,强迫封斋,强迫儿童学经文、当满拉;喇嘛有还俗的自由,群众有自愿当喇嘛或满拉的也不要强加制止。

甘肃坚决贯彻中央决定,在进行改革的实践过程中,对少数民族宗教方面的问题采取慎重态度和区别对待政策,把宗教寺庙的封建特权、封建剥削同群众的宗教信仰问题严格区分开来,把宗教职业者的一般宗教活动同他们对教徒群众的勒索、虐待等行为严格区分开来,把参与叛乱和有现行破坏行为的反动分子同思想反动但无民愤或民愤不大的分子严格区分开来,把发生叛乱的地区同没有发生叛乱的地区严格区分开来。坚决废除宗教中的封建特权,如寺庙私设的法庭、监牢和刑罚,擅自委派部落头人、阿訇,私藏武器,干涉婚姻自由,压迫歧视妇女以及干涉文化教育事业等;废除寺庙占有的生产资料、高利贷、无偿劳役等剥削制度,取缔非法商业。在处理寺庙财产的时候,适当留出一小部分,供留下来的宗教人员通过适当地参加生产劳动,维持正常生活;禁止寺庙敲诈勒索群众财物,宗教活动不得妨碍生产和违反国家的政策法令,但对群众自愿的布施不予干涉;寺庙不得强迫群众当喇嘛,强迫封斋,强迫儿童学经文、当喇嘛,喇嘛有还俗的自由,群众自愿当喇嘛或满拉的也不要强加制止;废除寺庙的封建管理制度,包括管家制度、等级制度和寺庙间的隶属关系等。宗教人员,凡是能够劳动的要参加生产劳动,要履行公民义务。在废除寺庙的封建管理制度后,可以由宗教人员成立新的管理组织,但必须加以领导等。与此同时,坚决贯彻党的宗教信仰自由政策,保护群众的宗教信仰自由,继续团结宗教界一切爱国守法人士,不干涉宗教职业者的正当宗教活动。通过对民族地区的宗教改革,巩固了少数民族地区的人民民主政权,缓解了教派之间的矛盾纷争,保证了信教自由、政教分离,促进了民族的团结和繁荣。

## 二、甘南、临夏局部地区叛乱的平定

1958 年 3 月至 8 月,正当西北地区少数民族群众走农牧业集体化道路和宗教改革之际，西藏上层反动集团与特务分子相勾结，蛊惑、策动和支持甘南藏区反动分子发动叛乱。甘、青省内一部分反动的宗教上层分子和部落头人，为了维护其封建特权，组织叛乱武装，发动反革命武装叛乱。在中央军委和甘肃省委的正确领导下，在甘南各族人民群众的有力支持和配合下，人民解放军和当地群众迅速平息反革命武装叛乱，稳定了当地的生产生活秩序，促进了甘南地区民主改革和各项事业的发展。

（一）甘南局部地区的平叛斗争

叛乱首先发生于甘肃南部的卓尼县。3 月 18 日，一小撮反动分子在车巴沟、扎尕那组成反动武装，狂叫要“赶走共产党，消灭解放军，不要人民政府，不走社会主义道路”。以反动分子为骨干，裹胁群众，发展到 2.9 万余人，枪 1.7 万余支。

在碌曲、玛曲、夏河、舟曲、临潭也发生较大规模的武装叛乱。叛乱人员疯狂地屠杀革命干部和积极分子，对他们施行非人的酷刑残害；攻打部分县、区、乡人民政府，对州府合作镇也形成包围之势；大肆抢劫国家财产，肆无忌惮地焚烧学校、医院、商店、邮电所、粮站等；大量破坏桥梁、公路，砍电杆、割电线，致使有的县、区、乡交通中断，邮电通讯陷入瘫痪。

甘南局部地区叛乱发生后，省委立即采取果断措施予以打击。3 月 24 日，省委专题研究平叛斗争问题，并及时向中央报告。为迅速平息这场叛乱，维护社会秩序的稳定，保证甘南藏区经济社会事业的顺利进行，兰州军区、省委奉中央军委的命令，决定先后抽调 13500 人的兵力，由兰州军区成立前线指挥部统一指挥平叛各部队。

各平叛部队遵循中央“以积极的军事打击与政治争取和发动群众相结合”的原则，采取“边打、边改、边建”的方针，在军事上集中优势兵力，由东向西、由北向南，逐步推进。在战术上采取分路合击、远距离奔袭、拂晓包围天亮攻击、打伏击等作战方式，经过 10 余次较大规模战斗，打击了叛乱分子的嚣张气焰。在大股叛乱者被击败后，解放军各平叛部队采取以营、连为单位的多路追击。同时，各州、县组织由民兵组成的武装工作队，配合解放军平叛。到 8 月 10 日前后，大股叛乱分子被歼，前线指挥部随即撤销。由甘南州委和步兵 11 师、甘南军分区组成甘南剿匪指挥部，指挥各部队分区、分片、分股地继续平叛。

在平叛过程中，各部队采取的主要措施是：一是宣传政策，揭露叛乱的反革命性质。在贯彻军事打击的同时，各平叛部队还深入广大群众中宣传党的民族政策和俘虏政策，揭露叛乱分子的阴谋，讲清叛乱的起源和性质，争取群众的支持和参叛人员的投降。二是严格执行政策，争取参叛人员返乡生产。解放军各平叛部队、民兵武装和工作队所到之处，宣传政策，争取叛乱分子归降，并开展群众性的政治运动，瓦解和动摇叛乱武装。三是实行兵民结合，发挥党的政治优势。充分发挥民兵组织便于开展政治争取和群众工作的作用，发挥民兵了解当地情况，熟悉地形，而又行动目标隐蔽、作战灵活的特点参加平叛工作。

经过解放军和民兵及地方党政工作人员的艰苦战斗，到 12 月底，甘南境内的主要叛乱武装大部被歼灭，一场历时 10 个多月的反革命武装叛乱基本被平息。次年 7 月中旬，基本全歼甘南境内的叛乱武装，平叛取得重大胜利。

（二）临夏局部地区的平叛斗争

1958 年 8 月中旬，临夏回族自治州广河县开始出现叛乱活动。叛乱分子公然高呼反动口号，捣毁基层政府，杀害基层干部，抢劫银行、仓库，破坏公路和电信线路等。叛乱人员数百人集结在广河、和政两县交界处，抢劫供销社物资、合作社马匹，砍断电线，拔走电杆，并扬言兵分两路，攻打广河、和政县城。这种有组织、有预谋的武装叛乱，继而扩大到东乡、康乐、临夏等县。8 月 25 日，中共临夏州委向全州发出《关于当前剿匪、生产工作的紧急指示》，明确提出剿匪的方针和政策。省委及时批准这一报告。8 月下旬，驻临夏地区的人民解放军在当地民兵的协助下，及时开展平叛斗争。经过两个多月的军事清剿和政治争取，11 月底叛乱被平息。

1958 年甘南、临夏等地平息叛乱，是必要的和正确的，是一场维护国家和人民利益的重大斗争，但也不可避免地发生了错捕、错斗、错没收等现象。二十世纪六七十年代，在省委的领导下，遗留的问题全步得到清理，最终彻底解决。

## 三、西北地区第一次民族工作会议

1961年7月11日到8月4日，中共中央西北局在兰州召开西北地区第一次民族工作会议，着重讨论1958年以来西北的牧区工作和牧区人民公社工作，认真检查贯彻执行党的民族、宗教政策的情况，初步总结在这一方面的主要经验，研究改进工作的方针和办法。

会后，西北局于10月给中央上报《西北地区第一次民族工作会议纪要》。中央同意《纪要》中拟定的方针和办法，请西北局下发各级党委贯彻执行，并将《纪要》转发各中央局和各省、市、自治区党委参考。

《纪要》重申解决西北当前民族问题和牧区工作问题的一系列重大政策和措施，明确提出：巩固祖国统一和加强民族团结，在统一的祖国大家庭内，保障各民族在一切权利方面的平等，实行民族区域自治，帮助少数民族进行社会改革，发展政治、经济和文化，逐步改变少数民族经济、政治、文化发展落后于汉族的状况，消灭历史上遗留下来的事实上的不平等，使落后民族得以跻身于先进民族的行列，共同过渡到社会主义社会，这是我们党在整个过渡时期在国内民族问题方面的任务，是党在过渡时期总路线、总任务的一部分。

鉴于西北地区的民族问题比较复杂，青、甘牧区的牲畜损失严重，《纪要》提出：必须十分重视民族工作和牧区工作，坚决贯彻执行党的有关方针、政策，采取有效措施和适当步骤，认真地把西北地区的民族问题进一步解决好，把民族关系进一步处理好，充分调动各民族人民建设社会主义的积极性。在青、甘牧区今后三五年内，应该有一个恢复畜牧业生产的时期。在此期间，必须集中力量在牧区恢复和发展畜牧业生产，逐步发展和繁荣牧区经济，改善牧民生活，凡是有利于恢复、发展畜牧业生产和稳定牧区的，就坚决办，抓紧办；不利的，就不办。必须采取各种措施增畜保畜，保护草原，保护劳动力，提高牧民的生产积极性，尽快地停止牲畜头数的下降，在此基础上力争稳步地向前发展，达到人畜两旺。同时，提出了大力恢复和发展畜牧业生产；彻底消灭残匪，安定社会秩序；必须按照中央规定，坚决纠正平调错误，彻底退赔；正确解决青、甘藏区平息叛乱和反封建斗争中遗留的问题，贯彻执行党的阶级路线；调整牧区人民公社的所有制和组织规模;保障少数民族的平等权利和自治权利;保护宗教信仰自由;加强民族、宗教上层人士的统战工作;加强培养少数民族干部的工作;巩固和发展党的基层组织的问题;总结经验教训,克服民族主义;开展马克思列宁主义、毛泽东思想的学习运动;加强党对民族工作的领导等十三项具体措施。

西北地区第一次民族工作会议的召开以及《纪要》的下发,进一步明确了西北地区贯彻落实党的民族宗教政策中的一些重大问题,对于巩固少数民族地区的人民民主专政,巩固祖国的统一和加强民族团结,发展社会主义民族关系产生了重要的影响。

# 第十三章
# 经济建设和各项事业的发展

通过国民经济各项政策的调整，走出困境的省委逐步深化对省情的认识，积极探索适合本省特点的经济建设方式，努力把握社会主义建设规律，制定并有效执行了“二五”计划，启动并实施三线建设，积极推进全省“工业学大庆”“农业学大寨”和其他社会事业，推动全省经济重新走上稳定发展的道路。经济建设和社会各项事业取得了一定成就，为以后甘肃进行现代化建设奠定了重要的物质技术基础，培养了一批经济社会建设等方面的骨干力量，积累了难得的经验。

## 第一节 “二五”计划的制定和执行

### 一、“二五”计划的编制和修订

1958 年我国开始实施第二个五年计划。“二五”计划制定工作，于 1955 年 8 月启动，以后经过多次修改，在党的八大上通过。由于党的指导方针的变化和“大跃进”运动的影响，各年度的计划数字不断大幅度调整。所以“二五”计划的正式文件始终未颁布，其实施也经历了大起大落的曲折。在这种大背景下，甘肃的“二五”计划，也不可避免地带有脱离甘肃实际、“急于求成”的特征。

1957 年 4 月 19 日，省人委在《关于编制第二个五年计划建议数字的通知》中明确指出:“第二个五年计划的基本任务,结合本省经济特点和第一个五年计划执行情况,在本省社会主义改造取得决定性胜利和国民经济有很大发展的基础上,以既积极又稳妥可靠的步骤进行社会主义建设和完成社会主义改造,大力发展工农业生产,相应的发展交通运输业、商业和文教卫生事业。在发展生产的基础上,增加职工和农民的收入,逐步提高人民物质文化生活水平。”并根据这一指导思想提出了基本任务和具体计划指标。

由于受到“左”的思想影响,“二五”计划在制定和执行中出现了严重的冒进倾向,许多计划指标不断修正和大幅度提高。“二五”计划建议中的一些指标本身就显得过高,如粮食产量要求每年递增 7%,棉花每年递增 44.9%,显然已经超过当时生产力的实际。但在中共甘肃省第二次党代表大会第二次会议通过的中共甘肃省委《鼓足干劲,苦战三年,力争工农业跃进! 再跃进! 》的报告,却认为建议指标太保守,进行了大幅度修订,使各项指标都高上加高。如粮食产量要达到 901 万吨,地方工业总产值要提高到 24 亿元至 28 亿元。

在全国“大跃进”的背景下,根据中共甘肃省第二次党代会第二次会议精神,加上甘肃、宁夏分立,1958 年 7 月 27 日,省经济计划委员会《关于第二个五年国民经济计划和 1959 年计划指标的报告》中,又将“二五”计划的指导思想和任务改为:根据中央指示和西北区协作委员会议案,第二个五年计划要把西北地区建设成为一个基本完整的工业体系。这个体系是以粮食、钢铁、机械为元帅,以铁路、电力、燃料等为骨干进行建设。在完成这个基本完整的工业体系中,依照甘肃的具体条件,应该以钢为“纲”,举一带万,建成一个以钢铁为中心具有相当骨干工业的工业区。并在农业战线上达到千斤省,1959 年实现《农业发展纲要》(即“四十条”)所提出的目标和要求。具体指标是:1962 年工业总产值达到 22.2 亿元,农业总产值达到 12.7 亿元,钢产量达到 630 万吨,铁达到 760 万吨,发电量 150 亿千瓦时,原煤 2000 万吨,化肥 300 万吨,粮食总产达到 500 亿斤(折 2500 万吨),棉花 600 万担,油料 14 亿斤。

这些脱离实际的高指标,在当时是根本无法达到的。在 1958 年秋冬之间掀起的“大跃进”运动中，由高指标带来的高估产、“放卫星”、浮夸不实之风又搁置上述计划，出现更大脱离实际的臆想和冒进，致使1960年全省国民经济比例严重失调，陷入更大困境。直到1960年12月“西兰会议”纠正“左”倾错误时，才对1961年和1962年的年度国民经济计划进行了大幅度调整。

## 二、“二五”计划的完成情况

“二五”时期甘肃经济出现的大滑坡和严重失衡，经过1961年至1962年的初步调整，到1962年底，全省经济形势开始出现转机，但绝大多数经济指标仍低于1957年的水平。

（一）工农业生产

1958年“大跃进”中，由于全民大炼钢铁，大办地方工业，兴修引洮水利工程，农业生产第一线的劳动力急剧减少，加上人民公社化运动一哄而起，急剧改变农村生产关系，脱离了生产力水平。这些因素造成1958年丰产不丰收；许多农田没有秋翻伏耕和冬种，导致“二五”期间粮食和各种经济作物大幅度减产。

农业内部结构也发生一些变化。在通常情况下，随着农村经济的发展、生产水平的提高，农业总产值中的种植业比重会逐步下降，林、牧、副、渔业的比重将逐步上升。由于粮食连续几年减产，迫于吃饭的压力，农业内部结构却向相反的方向运行，种植业比重上升，1960年达到85.25%，比1957年升高9.08%；林、牧、副业的比重下降。农副产品的商品率按社会农副产品收购总额计算，由1957年的29.3%降至1962年的24.5%，出现向自然经济回归的现象。

“二五”时期，工业由于“一五”时期开工兴建的大中型项目，如兰州炼油厂、兰州化学工业公司、白银有色金属公司、永登水泥厂等企业相继建成投产，工业总产值和主要工业产品产量有较大幅度增长。1962年（按1957年不变价格计算）全省工业总产值达到10.27亿元，比1957年的6.35亿元增长61.73%，平均每年递增12.3%。其中，全民所有制工业每年递增1.73%，集体所有制工业每年递增14.10%，轻工业平均每年递增17.3%，重工业每年递增17.86%。轻工业所占比重由1957

年的40.62%下降至1962年的24.69%,五年下降15.93个百分点;重工业所占比重相应上升,由1957年的59.38%升至1962年的75.31%,进一步强化了全省工业的重型结构。

这一时期,全省的基础工业和主要原材料产品有增有降。发电量由1957年的9680万千瓦时增至1962年的8.82亿千瓦时,电力工业的超前发展,为甘肃及西北地区工业的发展提供了能源;原煤产量增长不大,由1957年的155.76万吨增至1962年的185.08万吨;原油加工量由1957年的36.88万吨增至1962年的124.76万吨。

(二)固定资产投资与交通运输

"二五"时期,甘肃仍为国家投资的重点。全省由于续建和新建一批大中型原材料和军工项目,全民所有制固定资产投资累计达38.5亿元,比"一五"时期实际增长57.72%,其中国家投资37.67亿元。同时,新增固定资产27.89亿元,为投资额的72.44%。在固定资产投资中,基本建设投资占97.84%,更新改造投资仅占2.16%,绝大部分为外延扩大投资。固定资产投资各年呈起伏不定状态。1958年和1959年均比上年上升29.52%和28.41%;而1960年和1961年处于经济调整时期,则比上年有所下降。

这一时期基本建设新增生产能力主要有发电、平板玻璃、毛纺锭、机制糖、硫酸、煤炭开采、天然石油开采、铁矿石开采、炼钢、电解铜、电解铝、合成氨、化肥(实物量)、重型机械制造等方面。

"二五"后期,由于调整压缩基本建设规模,缩短基建战线,建筑业产值大幅度下降,建筑业总产值占全省社会总产值的比重由1957年的23.37%降至1962年的6.54%。

"二五"时期,铁路、公路通车里程和运输工具、运输量都有较大增长。铁路通车里程从1957年的715.4公里增至1962年的1937.7公里,增长1.7倍。公路总里程由1957年的1.13万公里发展到1962年的2.02万公里;民用汽车由1957年的8109辆增至1962年的9748辆。铁路旅客运输量由1957年的576万人次增至1962年的1155万人次,铁路货物运输量由1957年的328万吨增至1962年的414万吨。公路客运量由1957年的371万人次增至1962年的499万人次,公路货运量由1243万吨减为411万吨;邮电业务总量由1957年的782.7万元增至1371.7万元。

（三）商贸文卫

“二五”时期,商业受工农业生产和居民货币收入的影响,也呈现出先增后降、动荡不稳的态势。扣除物价因素,1962年与1957年比较,全省社会商品零售总额下降26.11%,平均每年递减5.83%;消费品零售总额下降28.87%,平均每年递减6.59%,主要原因是三年困难时期城乡居民生活水平普遍下降。农业生产资料零售额上升53.44%,平均每年递增8.94%,其原因是农业生产资料主要为人民公社购置,资金有保障。

同期,农副产品收购也出现起伏波动。1958年和1959年有所上升;1960年以后逐年下降。扣除物价因素,1962年全省农副产品收购额比1957年下降40.4%,平均每年递减9.83%。

这个时期,全省对外贸易也呈较大落差。1958年出口额5981万元,1961年陷入谷底,1962年回升,但扣除物价因素后的实际出口额比1957年下降了33.5%。进口额近于停滞。

“二五”时期,全省财政、金融前三年为“大跃进”服务,大收大支;后两年国民经济进行调整,量入为出。1958年至1961年出现赤字。商品短缺,市场供需矛盾突出,通货膨胀,物价上涨,给人民生活造成暂时困难。

这一时期,教育事业也出现大起大落。全省高等学校由1957年的5所、在校生0.79万人增加到1960年的43所、在校生2.15万人,1962年调整为6所、在校生1.4万人;中等学校由1957年的181所、在校生10.5万人发展到1960年的592所、在校生12.3万人,1962年调整为272所、在校生8.37万人;小学由1957年的11393所、在校生118.99万人发展到1960年的15787所、在校生165.03万人,1962年调整为9786所、在校生60.24万人;儿童入学率由1957年的57.5%降至1962年的33.8%。

文艺演出团体由1957年的63个增至1960年的75个,1962年调整为43个;电影放映单位由291个增至454个,1962年调整为431个;

文化馆由 79 个调整为 74 个；剧场由 43 个减至 32 个；公共图书馆由 12 个减至 7 个；图书出版由 1957 年的 402 万册增至 1960 年的 2430 万册，1962 年降至 960 万册。

卫生机构由 1957 年的 1310 个猛增至 1958 年 24680 个，比 1957 年增加 17.8 倍，1962 年调整为 5440 个；卫生技术人员由 1957 年的 15092 人增至 1958 年的 21306 人，1962 年调整为 23805 人。

（四）人民生活

这一时期，由于经济的波折，使城乡居民收入和消费水平大幅度下降。职工平均工资由 1957 年的 790 元降至 1962 年的 716 元，扣除职工生活费用指数，实际下降 38.47%，平均每年递降 9.3%。农民纯收入由 1957 年的人均 92.71 元降至 1962 年的 79.62 元，扣除物价因素，实际下降 24.71%，平均每年递降 5.52%。

总之，甘肃“二五”计划的编制和实施，许多方面脱离甘肃实际，违反经济规律，经济运行出现曲折反复，空涨大落，走了很大的弯路；加上严重自然灾害，给国民经济造成很大损失，给人民生活带来严重困难。但是在“一五”计划取得成就的基础上，省委领导各级干部和人民群众团结奋斗，克服前期的失误，战胜困难，社会经济仍有一定的发展。

## 第二节 “工业学大庆”

### 一、推广大庆经验

大庆是 20 世纪 60 年代工业战线上的先进典型。1964 年初，中共中央和毛泽东主席向全国发出“工业学大庆”的号召，对甘肃工业战线和各行各业都产生广泛而深远的影响，对全省工业发展和经济建设起到积极作用。

1959 年大庆发现油田，对贫油的中国而言，这是振奋全国人民的喜讯。在党中央的果断决策下，一场规模空前的石油大会战随即展开。在 1960 年的石油会战中，涌现出以“铁人”王进喜为代表的一大批先进人物，培养和锤炼了一支敢打硬仗、勇创一流的英雄队伍，培育出以“爱国、创业、求实、奉献”为主要内容的大庆精神和以“自强、自律、负重、拼搏”为主要内容的“铁人”精神，成为激励人们不畏艰难、勇往直前的宝贵精神财富。1964年2月5日，《中共中央关于传达石油工业部〈关于大庆石油会战情况的报告〉的通知》中指出：“它是一个多快好省的典型。它的一些主要经验不仅在工业部门中适用，在交通、财贸、文教各部门，在党、政、军、群众团体的各级机关中也都适用，或者可做参考。”

2月13日，在人民大会堂召开的春节座谈会上，毛泽东主席发出号召，要鼓起劲来，要学解放军、学大庆。要学解放军、学习大庆油田的经验，学习城市、乡村、工厂、学校、机关的好典型。当年底，周恩来总理在三届全国人大一次会议的政府工作报告中高度评价大庆经验，指出：大庆是学习和运用毛泽东思想的典范；是大学解放军，具体运用解放军政治工作经验的典范；大庆自始至终地坚持了集中领导同群众运动相结合的原则，坚持了高度革命精神同严格科学态度相结合的原则，坚持了技术革命和勤俭建国的原则，全面体现了社会主义建设总路线的多快好省的要求。从这以后，中央和各地报刊、电台连续报道大庆石油会战的事迹和经验。大庆经验的传播和推广，振奋了全国人民自力更生、奋发图强的精神，对推进社会主义建设事业的发展产生积极作用，促进了各行各业正在开展的比学赶帮，增产节约，争当五好企业、五好职工运动的深入开展。一个宣传推广大庆经验、学习大庆的“工业学大庆”运动在全国拉开帷幕。

大庆的先进经验，在全省的工业交通战线广大职工中引起强烈反响。特别是大庆经验中的机关革命化、企业革命化和人的思想革命化的经验，有效地推进了“工业学大庆”活动的展开。在省委的部署和推动下，全省各地广泛开展宣传大庆经验的活动。1964年初，省委根据中央关于学习大庆的号召和全国工业交通工作会议的精神，立即采取自上而下、先领导后一般、先党内后党外、先干部后工人的步骤开展传达工作。

5月，在西北局的统一组织和领导下，全省工业交通管理部门和地方重点企业派出由87个单位的96人组成的第一批赴大庆学习团，随西北参观学习团赴大庆实地参观考察，学习取经。学习考察回来后，广泛利用报纸、电台、黑板报、墙报、标语、口号，以及编印小册子等形式，在全省广泛深入地开展传播和推广大庆经验，促进学习大庆活动的开展。随后召开工业学大庆动员大会，推动全省性“工业学大庆”运动广泛开展起来。

为了推进全省“工业学大庆”运动，省委组织工作组深入基层工矿企业蹲点调研，以大庆为榜样，抓典型、树样板，整顿企业管理。邀请大庆油田职工、家属代表前来我省传经送宝，先后向省、市机关、工厂、学校等单位作了 40 余场报告，听众达 8.2 万多人次。

各地工矿企业在学大庆活动中，把学习解放军政治工作的优势与学习大庆经验结合起来，邀请解放军负责同志和到大庆参观学习过的领导干部向机关、企业及政治干部训练班的学员，介绍解放军如何发扬“三八”作风①、坚持“四个第一”②的战斗化、革命化的经验和事例；介绍大庆“三老”③“四严”④“四个一样”⑤“严细准狠快”革命化的经验和事例；介绍生产斗争和科学试验的经验和事例。通过这一系列的学大庆活动，各地工矿企业注意联系实际，学习推广本地区本单位先进经验，并开展了企业间相互学习竞赛。

“工业学大庆”运动的广泛开展，增强了广大干部和职工的工作积极性及责任感，各地加强企业管理，促进了工作效率的提高。全省各地区、各系统、各企业以大庆为榜样，开展比学赶帮、实行增产节约的活动；开展像大庆人那样吃苦耐劳的社会主义劳动竞赛活动；开展学习大庆人、争当五好职工，掀起生产建设新高潮的活动；开展自觉地和大庆作对比，找差距，查原因，订计划，制定学习、生产措施的活动。这些活动的开展，促使各行各业先后树立起一批“铁人”式的职工和一些大庆式的先进企业。

---

① 是指当时人民解放军在部队建设上提出的“坚定正确的政治方向，艰苦朴素的工作作风，灵活机动的战略战术”三句话和“团结，紧张，严肃，活泼”八个字。

② 是指当时人民解放军思想政治工作提出的“人的因素第一，政治工作第一，思想工作第一，活的思想第一”。

③ 是指“对待革命事业，要当老实人，说老实话，办老实事”。

④ 是指“对待工作，要有严格的要求、严密的组织、严肃的态度、严明的纪律”。

⑤ 是指“对待革命工作要做到：黑夜和白天干工作一个样、坏天气和好天气干工作一个样、领导不在场和领导在场干工作一个样、没有人检查和有人检查干工作一个样”。

## 二、树立大庆式典型

在“工业学大庆”活动中,省委也在全省范围内树立起本省的学大庆先进典型,号召工交企业进行学习。

玉门是我国现代石油工业的摇篮,也是新中国成立后建市较早的工业城市之一。玉门油矿是第一个五年计划期间石油工业建设的重点企业,先后发现石油沟、白杨河、鸭儿峡油田。老君庙油田也采取注水和一系列井下作业等措施,开始按科学程序进行全面开发。到1959年玉门油矿已建成一个包括地质、钻井、开发、炼油、机械、科研、教育等在内的初具规模的天然气石油工业基地。当年生产原油占全国原油产量的50.9%。玉门油田在开发建设中取得的丰富经验,为当时和以后全国石油工业的发展提供了重要借鉴。他们立足发展自己,放眼全国,哪里有石油就到哪里去战斗,形成了著名的“玉门风格”,为发展我国石油工业创立了不可磨灭的功绩。正如著名诗人李季赞颂的那样:“苏联有巴库,中国有玉门,凡有石油处,就有玉门人。”

二十世纪五十年代末到六十年代初,全国各地油气勘探捷报频传。作为新中国第一个石油工业基地,玉门油田担负起“三大四出”(大学校、大试验田、大研究所,出产品、出人才、出经验、出技术)的重任,为祖国石油工业大发展作出巨大的贡献。1958年,克拉玛依发现油田,玉门油田抽调一批勘探、钻井、油田开发和建设方面的科技人员和技术前去支援;1959年,四川盆地发现石油,玉门油田有44个钻队,共1700名职工入川会战;1960年,大庆油田发现后,以“铁人”王进喜为代表的18000多名职工,带着成套钻机和设备赴松辽平原会战;此后,玉门油田又相继支援了江汉、吉林、辽河、江苏、河南、中原、华北等油田的建设。玉门油田职工就像种子一样撒遍了祖国的石油工业战线,并在实践中逐步形成了自力更生、艰苦奋斗的“一厘钱”精神;缺乏设备、自己制造的“穷捣鼓”精神;原材料不足、改制代用的“找米下锅”精神;人员不足、多作贡献的“小厂办大事”精神;修旧利废、挖潜改制的“再生产”精神。

王进喜,1923年出生于甘肃玉门赤金村。1938年进入玉门石油公司当徒工。新中国成立后,王进喜当上了国营甘肃玉门石油管理局勘探公司三大队的石油工人,副司钻。1956年升任1259钻井队队长,同年加入中国共产党。1958年,他领导钻井队创造了月进尺5000米的全国纪录,成为中国中型钻机最高标杆单位,荣获“卫星井队”红旗,被命名为“钢铁井队”。大庆石油会战中,王进喜从西北的玉门油田率领1205钻井队赶来,加入了石油大会战。他组织全队职工用“人拉肩扛”的方法搬运和安装钻机,用“盆端桶提”的办法运水保开钻,不顾腿伤跳进泥浆池,用身体搅拌泥浆压井喷,被誉为“铁人”。以“宁可少活二十年,拼命也要拿下大油田”的顽强意志和冲天干劲,苦干5天5夜,打出了大庆第一口喷油井。在随后的10个月里,王进喜率领1205钻井队和1202钻井队,在极端困苦的情况下,克服重重困难,双双达到了年进尺10万米的奇迹。

在大庆油田工作的10年中,王进喜为我国石油事业作出重大贡献,曾获“全国劳动模范”等光荣称号。王进喜身上体现出来的“铁人精神”,激励了一代代的石油工人。

玉门石油工人的精神,体现了在社会主义建设时期中国工人阶级的优秀品质和良好精神面貌,为广大人民群众树立了学习榜样,得到不断传承。在“工业学大庆”运动中,甘肃将学习大庆和学习玉门精神、学习“铁人”精神紧密地联系起来,从各级党组织到广大工矿企业的干部职工都积极投身到学习的热潮之中,有力地促进了社会主义经济建设。

兰州炼油厂是国家“一五”期间的“156项”重点工程项目。自1958年投产以来,历来以出产品、出技术、出经验、出人才、出效益而著称,被誉为新中国炼油工业和石化工业的“摇篮”。1959年正式承接国家炼油生产任务,生产出普通车用汽油、煤油、柴油、润滑油以及沥青等74种产品,并在国内首次生产出95号航空汽油,结束了我国不能生产航空汽油的历史。1959年国庆前夕,兰炼曾派代表将他们亲手炼制的石油产品带到北京,向党中央和毛主席报喜。叶剑英元帅代表党中央和毛主席亲切接见兰炼的同志,赞扬兰炼取得的成绩和对国家的贡献。兰州炼油厂的建成投产,标志着中国石油炼制工业的建设水平和生产水平进入了新的阶段。通过兰州炼油厂的建设和生产,还为石油炼制工业培养了一大批骨干人才,为1960年以后一系列新炼油厂的建设发挥了重要的作用。

刚刚投产不久的兰炼，面对三年自然灾害和国际封锁的沉重压力，坚持“一手抓生产，一手抓生活”，炼“争气油”，大力开发以“三航两剂一重”为中心的炼油工艺技术，为国家经济和国防建设提供了量多质优的紧缺油品，被国务院树为全国勤俭办企业“五面红旗”单位之一。周恩来、朱德、邓小平、彭德怀等老一辈党和国家领导人都相继来兰炼视察。所有这一切，给兰炼人以极大的鼓舞。

在“工业学大庆”运动中，兰炼职工在各级党组织的正确领导下，努力以大庆作为自己学习的榜样、追赶的目标，虚心找差距、踏实做工作，在不长的时间内，使企业呈现出一派新气象。把一个原先只有单一的石油加工厂改造成为既有炼油，又有化工，还有科学研究和机械、仪表制造的综合性企业。中共中央西北局和甘肃省委及时把兰炼先进经验进行推广和宣传，并在 1965 年 12 月召开的西北地区工业交通会议上介绍了兰炼在学大庆方面的做法和经验。

1964 年至 1966 年全省的“工业学大庆”活动，虽然受到一些“左”倾错误的影响，但从总体上看，当时对大庆的宣传还比较客观；对于各地学大庆的要求比较实事求是；对于各项工作的安排与部署，大体上能够结合各地的生产与自然环境的实际情况，强调因地制宜。发展势头是好的，活动的开展是比较健康的。特别是对于调动广大职工的劳动积极性，对于各地狠抓企业管理，提高劳动效率和工作效率，严把产品质量关等都发挥了积极的推动作用，促进了企业的发展。

## 第三节 “农业学大寨”

### 一、树立大寨式典型

大寨是山西省昔阳县的一个小山村，人口不足百户，虽然离县城只有几里地，但“山高坡陡土层薄，十年九旱灾情多”，生产条件和自然环境十分恶劣。全村 802 亩土耕地，分成 4700 多块斜挂在“七沟八梁一面坡上”,小的地块上不了耕锄犁杖,最小的一张草帽就盖住了。全年无霜期只有170天,最好年景亩产也不过百余斤粮食。新中国成立以后,大寨走上了农业合作化道路。正是在这样一个历史进程中,大寨党支部带领大寨群众,经过十年的苦干、实干,使大寨成为全国战天斗地、建设山区、改变落后面貌的榜样。1964年2月,人民日报大篇幅宣传报道大寨发展生产的先进事迹之后,全国掀起学习大寨经验的热潮。

5月10日,毛泽东在听取国家计委领导小组汇报关于第三个五年计划设想时,插话说:“农业要自力更生,要像大寨那样。他们不借国家的钱,也不向国家要东西。”同年6月,毛泽东在中央工作会议上关于第三个五年计划的讲话中又说:“农业主要靠大寨精神,自力更生。”12月,周恩来在三届人大一次会议上作的《政府工作报告》中,对农业学大寨学什么的问题作了精辟的概括,提出要学习大寨大队“坚持无产阶级政治挂帅、毛泽东思想领先的原则,自力更生、艰苦奋斗的精神,爱国家、爱集体的共产主义风格”。

甘肃在学大寨运动中,紧紧贯彻中央的各项要求推进农业生产。2月20日,省委在玉门召开全省农业规划会议,主要任务是学解放军、学大庆、学大寨、学玉门,抓好农业生产。会议讨论了全省农业七年规划草案,提出到1970年,粮食总产量达到40亿公斤至42.5亿公斤;建设旱涝保收、稳产高产农田,解决好粮食作物和经济作物、农业和牧业的关系。全省“农业学大寨”活动由此开始。在学大寨的过程中,省委向全省各级党组织提出“远学大寨,近学本省典型”的要求,先后在本省树立一批“农业学大寨”的先进典型:艰苦奋斗三年,改变农业面貌的玉门经验;天水县五十里铺大队修建水平梯田,夺得粮食高产的事迹;皋兰县火烧沟生产队削山填沟、铺砂造田,发展农业的典型。通过这些典型,进一步激励干部群众发扬自力更生、艰苦奋斗的精神,坚定克服困难的信心,推动农业生产的发展。

3月,中共天水地委、专署召开“学习大寨,自力更生,奋发图强,建设山区,战胜灾荒”经验交流会之后,“农业学大寨”活动在全区广泛开展起来。14日,《甘肃日报》发表社论《学习大寨,学习五十里铺;走大寨之路,走五十里铺之路!》,指出天水县耤口公社五十里铺大队已被人们誉为“甘肃的大寨”,希望全省各农业地区社、队都能从中得到启发,学习五十里铺大队卓有成效的思想工作的经验和敢于向任何困难作斗争的精神,同时大抓农田基本建设,使农林牧副互相结合,全面发展。

5 月,省委批准下达以建设稳产高产田为目标的全省农业科学实验 12 项综合研究任务。全省开始创办以良种化、高产化为主要内容的样板农田,要求各地层层办样板田。10 月 1 日至 14 日,全省农业工作会议召开,副省长李培福在会议总结报告中指出,指导农业生产要以大寨为榜样,坚持自力更生的方针,以革命的精神,掀起农业生产新高潮。11 月 6 日,省人委在转发这个《报告》的通知中要求,在抓好阶级斗争的同时,抓好农业生产,以革命的行动促进生产建设。要教育干部和群众全面地、正确地总结和接受过去的经验教训,坚持科学实验,坚持群众路线,坚持因地制宜、从实际出发的原则,扎扎实实地进行农田基本建设,以保证农业当年增产。

在平凉六盘山西麓崇山峻岭之间的庄浪县,境内山地和丘陵占总面积的 95%,山大沟深,地陡土瘠,自然环境恶劣,水土流失严重。庄浪县按照“农业学大寨”精神,学习大寨人,开展修建“大寨田”的群众运动。庄浪县委、县政府成立农田基本建设指挥部,全县组织 5 万多精壮劳力,筐挑、背篼背、推车推,拉开庄浪县梯田建设序幕。此后,每年秋冬动员 10 多万劳力,大雪封门不停工,冰冻三尺不收兵,在朔风酷寒中苦战,开展声势浩大的农田基本建设群众运动,治理规模逐步扩大,几个大队乃至几个公社联合作战,一处梯田建设工地出动劳力数千人,一次修地上千亩,涌现出赵墩公社等闻名全国的先进典型,建成一批高标准的水平梯田,为稳定提高粮食产量奠定了坚实的基础,确立了农田基本建设在庄浪生产发展中的战略地位。

为了在全省不断掀起“农业学大寨”的热潮,进一步开展“比学赶帮”的社会主义竞赛运动,1965 年 3 月 22 日,省委召开电话会议,向全省各地推荐社队典型:榆中县三角城公社周前大队抓活的思想、掀起春耕生产高潮的经验;天水县耤口公社五十里铺大队奋发图强、鼓足干劲学大寨的经验;张掖县梁家墩公社迎恩大队因地制宜开展集体副业、以副养农、促进春耕生产高潮的经验。甘肃的广大农村学有榜样，干有方向，学大寨运动扎实有效地开展起来。到 1965 年，出现农业生产连年有变化、县县有典型的局面。通过这些学大寨中涌现出的先进典型引路，进一步调动了广大农村干部群众学大寨、赶大寨的积极性。农村中社会主义竞赛形势逐步形成，掀起了农业生产新高潮。

## 二、学大寨典型火烧沟

皋兰县武川乡西北部的火烧沟（今属白银市白银区）是一个完全靠天吃饭的地方。遇到大旱之年，不要说庄稼的长势收成，就是人畜饮水都是大问题。在火烧沟这样一个十年九旱的地方，要让地里多打粮食，人民群众在长期的实践中摸索总结出战胜干旱的办法——压砂造田，所谓“自古压砂一条路”。在同样的自然条件下，砂地多，粮食就多，老百姓的日子就好过。在西部干旱山区，人们对铺压砂田有一种说法，叫“挣死老子，富死儿子，饿死孙子”。意思就是老子辛辛苦苦把砂地铺下，到了儿子手里就是坐享其成的时候，可是到了孙子手里，砂地就“老”了。对于老砂地，要是想继续种，就得把一尺多厚的老砂全部起掉，再铺一层新砂，花在改造老砂地上的力气和劳动力就要比铺压新砂多一倍以上。这无疑是一项既费工又费力的强体力农活。

1958 年，火烧沟年轻社员高学勇被群众推举为生产队队长，翌年秋天加入中国共产党。作为队长的高学勇吃苦在前，带头苦干，硬是带领群众用双手创造出奇迹，像愚公移山那样不分春夏秋冬地削山造地，铺压砂田，从不间断。经过两三年的努力，火烧沟生产队便有 100 多亩新砂田，平均每人超过 1 亩。社员们在打下粮食、吃饱肚子、有余粮以后，更加有决心和信心，铺压更多的砂田，彻底改变火烧沟人的贫困面貌。

到 1964 年，火烧沟生产队人均砂田超过 3.3 亩，超额完成县上提出的每人 3 亩砂田的指标，大大提高了抗御自然灾害的能力。这一年，每户平均生产万斤粮食，不但彻底解决了群众的吃饭问题，超额完成给国家的公购粮任务，而且生产队也有了储备粮；不但粮食问题得到解决，经济收入也大幅度提高，人均达到千元。平均每人拥有 1.8 头大牲畜、3 头猪、11 只羊、4 只鸡。集体经济有了大幅度增加，生产队先后购置大小型拖拉机用于农业生产，拴上马车搞起运输。这个过去穷得“安不住家、扎不住脚”的穷山沟，逐步变成旱涝保收的富山沟。之所以能够取得这样的成绩，就在于农村基层党组织紧紧依靠广大群众，把农民群众组织起来，自力更生、奋发图强，充分发挥人的主观能动性，在改造自然的过程中，实现由贫变富。

1965 年 5 月 22 日，省委在火烧沟召开现场会，推广火烧沟生产队削山填沟、铺压砂田，发展农业生产的经验，并将其树为“农业学大寨”的一面旗帜，“远学大寨，近学火烧沟”也成为当时农业战线上十分响亮的政治口号。火烧沟被树为全省学习的榜样后，省内各地、县组织农村干部群众参观取经学习火烧沟精神，并因地制宜开展农田基本建设。以火烧沟群众为代表的甘肃农民，在环境十分恶劣的艰苦条件下，创造的旱作农业区改变自然条件的奇迹和火烧沟精神，与大寨精神一起体现了新中国农民与自然抗争、建设家园的精神风貌。

## 三、大搞农田和水利基本建设

各地在学大寨活动中，根据不同地域的特点，集中力量努力改变农业生产基本条件。河西地区重点是兴修水利；陇东、陇南地区主要搞水土保持，平整梯田；中部干旱地区既抓小型水利，又抓修梯田、沟坝地、铺压砂田。同时，开展科学实验，积极进行农业技术革新，逐步提高生产水平。这一时期的“农业学大寨”运动，对改变全省农业的基本条件，起到了很好的作用。

1964 年，在学习大寨人、修建“大寨田”的群众运动中，定西县大坪生产队发扬大寨精神，通过自己创造的“山顶种草种树戴帽子、山腰兴修梯田系带子、山底打坝蓄水穿鞋子”的山、水、田、林、路综合治理，战天斗地，改土造田，大力开展水土保持，取得可喜成绩。

河西地区具有“有水就有绿洲，有水就有粮食”的优势和特点。省委、省政府因势利导，决定加快河西水利的恢复和建设步伐，提出《关于恢复和发展河西走廊水利五年规划的报告》，1963 年 2 月，中共中央批转了该《报告》。为了协调各方面的力量，统一行动，共同兴建河西水利，省委决定，由一位副省长挂帅，组织省水利厅、酒泉专区、张掖专区、武威专区、河西规划委员会、农建十一师、省计委、西北水电勘测设计院、物资局、财政厅等有关单位的负责人参加，组成河西水利建设指挥部。

省委同时要求各专区、县亦应成立指挥部，分别负责专区、县水利工作的领导、指挥和检查。专区指挥部要求有一名专员负责，县指挥部由一名县长负责，并分别设立办公室。为了加强对河西地区水利工程的管理，省委、省政府要求河西各流域建立水利管理机构，以适应水利工程建设需要。克服有些地区“重建设，轻管理”的思想和灌区管理体制不够明确以及人员没配齐、领导力量弱的问题。要求疏勒河、讨赖河、黑河、东西大河、石羊河等分别建立流域水利管理处。

为了迅速提高水利管理水平，巩固水利建设成果，各地加强组织建设，充实人员，带领群众制定出完整的管理制度，建立正常的管理秩序，实行节约用水，扩大灌溉效益，逐步减少国家投资和群众负担。

在对每条河流和水库进行规划的基础上，省委制定《关于组织河西水利会战的计划》。《计划》明确河西水利会战的任务，是以渠道建设为主，把渠道防渗、防漏和渠系配套、平田整地、加强灌溉管理以及工程管理三项基本建设抓起来，按照高质量、高速度、高水平的要求，建成现代化的渠系、比较平整的农田和科学的管理制度，并经过试验改变不合理的灌溉，使稳产高产的农田亩产达 200 公斤，面积达 400 万亩。

为实现上述任务，省委提出大力开展灌区配套和渠道的建设，做到主体工程和渠系（干、支、斗、农、毛渠）配套，包括平田整地；要加强灌溉管理和工程管理，切实管好用好现有水利设施；开发利用地下水源；在各河流下游，自流灌溉条件困难，而地下水储量充沛的，提取地下水，发展井灌；为防治土壤盐碱化，首先通过改进灌溉技术，进行渠道防渗，沿渠植树、插柳等办法，防止盐碱化面积继续扩大；在盐碱化严重地区，积极进行排水、掺沙、草田轮作和科学研究，逐步治理盐碱；统一规划，军民兼顾，在保证现有农田灌溉用水的基础上，有计划地重点兴修一些主要的大中型水库，调节水量，增加灌溉水源，扩大新灌区。

从 1963 年起，河西地区的水利工作采取集中力量打歼灭战的方法，开展水利大会战。到 1965 年，取得首战的胜利。河西地区 1 万多公里干支渠道，已衬砌 4000 多公里，其中建成 180 多公里质量好、标准高的防渗、防冲渠道；田间配套工程按“五好”（好渠道、好条田、好林带、好道路、好居民点）农田规划进行，已修建斗渠以下各级渠道 3700 多条，全长 2000 多公里；普遍加强对水利管理工作的领导，开展灌区清查整顿，初步摸索出一套比较先进的用水管理制度。

水利会战培养出一批技术力量，特别是群众技术力量大大增强。设计、施工等方面都比以往大大提高。由于整修、改建、配套大量的水利工程，加强管理，改进了灌溉方法，水的利用率显著提高。到 1965 年新增有效灌溉面积 26.4 万亩，增加保证灌溉面积 52.7 万亩。每年可节约水量近 2 亿立方米，减少堵坝柴草约 75 万公斤，节省劳力约 80 万工日。这些都对农业增产起到积极作用。粮食产量逐年提高，河西三个专区的粮食总产量 1964 年达到 8 亿多公斤，比 1963 年增长 26%；1965 年在河西水量比往年普遍偏小的情况下，粮食产量还比 1964 年增长 10% 左右。造林方面，成绩也明显，河西形成万亩林的公社 2 个，千亩林的生产队 50 多个。

农田基本建设以群众自办为主、国家帮助为辅，1965 年完成平整土地 100 万亩，水平梯田和洪水漫地 160 万亩，铺压砂田 20 万亩，扩大有效灌溉面积 120 万亩。这一时期，全省的学大寨运动执行了正确的政策，在加强农田水利基本建设、实行科学种田方面产生了巨大影响，促进了农业生产的发展。

然而，随着“文化大革命”运动的临近，大寨由生产典型开始向政治典型逐步演变。这样，就使“农业学大寨”中掺杂了一些诸如政治挂帅、阶级斗争的内容，带上较为浓厚的路线斗争色彩，给“农业学大寨”运动带来一定负面影响。

## 第四节　各项事业在调整中发展

### 一、三线建设的启动

三线建设从 1964 年开始一直延续到 70 年代末期，是我国生产力布局由沿海向内地的一次重大战略转移，也是党中央为改变工业布局、加强国防、进行战备的一项重大战略部署。

1964 年 5 月,中央召开工作会议,着重讨论三线建设问题。毛泽东主席就三线建设问题作了重要讲话。他说:只要帝国主义存在,就有战争的危险。我们不是帝国主义的参谋长,不晓得它什么时候要打仗。决定战争最后胜利的不是原子弹,而是常规武器。他提出:要搞三线工业基地的建设,一、二线也要搞点军事工业。各省都要有军事工业,要自己造步枪、冲锋枪、轻重机枪、迫击炮、子弹、炸药。有了这些东西,就放心了。应该首先把攀枝花钢铁基地和相应的交通、煤、电搞起来。根据毛泽东主席的意见,会议作出集中力量,争取时间,建设三线,防备外敌入侵的战略决策。其中,东部地区为一线,中部地区为二线,后方地区为三线。三线又分两大片:一是包括云、贵、川三省的全部或大部及湘西、鄂西地区的西南三线;二是包括陕、甘、宁、青四省区的全部或大部及豫西、晋西地区的西北三线。同时,三线又有大小之分,中央各部委布局建设和管辖的为大三线,各省管辖建设的地方军工和为军工服务的省属项目为小三线。

9 月,省委在向西北局、中央《关于积极着手进行三线建设的报告》中提出:一是成立三线建设小组。二是为了迎接迁厂任务和做好迁厂准备工作,决定派两个勘察组,即赴河西走廊和天水一带进行踏勘调查。同时,组织力量对全省下马企业、停关闭项目、半截子工程作全面调整,研究哪些可以利用,提出如何利用的意见,以便在国家确定迁厂任务时,能争取时间,把一些重要厂子迁来,做到多快好省,搬来后能够很快地投入生产。三是加速地方军事工业的建设。四是责成省计委、经委及时对砖、瓦、灰、砂、石的生产,作出具体安排,以保证供应。五是千方百计把农牧业生产尽快地搞上去。

28 日,省上成立三线建设小组,胡继宗任组长,杨一木、葛士英任副组长;下设三线建设办公室,负责办理日常工作,由石砚之任办公室主任。建设小组的任务主要是:根据中央指示和国家的计划,进行甘肃三线建设的合理布局;协助中央各部做好选厂和迁厂工作;拟定全省的迁厂计划;领导、督促地方军事工业和地方工业的建设等。10 月 16 日至 11 月 20 日,省委派出三个建设选点勘察组,先后赴天水、张掖、武威、兰州等地实地踏勘。国务院国防工办、军委、国防科委和二机部、冶金部、化工部、农机部、轻工部8个部门也来甘肃实地踏勘决定建设的项目。1964年底,中央各部门工作组来甘肃进行选厂工作的共有21个单位,初步提出717个项目。

根据中央的统一部署和安排,甘肃的三线建设是从1964年一、二线工业的迁建开始的。三线建设的全面展开是在1965年。是年,国家确定从一线沿海各省、市迁来甘肃的项目共有33个,其中有工厂20个,大专院校2个,科学研究单位11个,共迁入设备9000台左右。加上酒钢恢复建设,金川镍矿和兰化的新技术项目又是全国打歼灭战的两个建设重点,国防工业又有相当大的基建任务。为了保证三线建设的顺利进行,经省委常委会讨论,于1965年3月23日,同时作出《关于贯彻执行〈西北局加强三线建设领导的决定〉的决定》和《关于贯彻执行〈西北局支援酒钢建设的决定〉的决定》。这两个决定对加强三线建设领导的有关问题作出明确规定。要求省委、兰州市委及有关地委要把三线建设工作列入重要议事日程,作为本地区的重要任务去抓,经常检查,定期讨论,认真解决问题,切实领导好这一工作。集中力量抓好迁建和新建企业的工作。对已经选定使用的9个工厂、3个学校和1个办公楼共24万多平方米的建筑物,要尽快地转让给迁建单位;对于国防工业准备利用的20多万平方米的下马企业,做好转让的准备工作。需要地方担负施工任务的工程项目,要在施工力量上首先保证。要切实安排好迁建职工的生活。商业、粮食、邮电、银行和手工业部门要按照新建企业的需要,安排服务网点。教育部门优先安排新迁职工的子弟入学,医疗卫生部门要做好迁建职工及家属的医疗保健工作。

在三线建设开始后,施工单位认真贯彻“集中力量打歼灭战”的方针,首先保证中央和西北局指定打歼灭战的项目,防止平均使用力量。大力发展地方建筑材料,保证三线建设需要。新建和迁建企业开工以后,有大量的配套和协作产品需要地方予以供应。地方工业在“支援农业,支援大工业,支援市场”的方针下,进一步进行充实和改造。

为了贯彻西北局关于支援酒钢建设的决定,省委和酒泉地委把支援酒钢建设列入党委的重要议事日程,经常讨论,及时帮助解决问题,并建议以冶金部为主,成立指挥部,省委派人参加,统一指挥。要求省内各有关部门要发扬共产主义的风格,困难留己方便让人,主动配合,通力协作,为支援酒钢建设贡献力量。根据西北局的决定,立即着手建立嘉峪关矿区人民委员会。加快农业,特别是河西农业的发展。千方百计地促进农业生产,为三线建设奠定扎实的基础和重要的生活保障。

按照省委两个《决定》的要求,省水利厅、交通厅、商业厅、建工局、人民银行甘肃省分行、体委、邮电局 7 个部门,建立和调整三线建设领导小组,或指定专人负责。建工局成立 9 人组成的领导小组;商业厅成立三线建设临时办公室,抽调 5 名专职干部,专门负责迁建和修建企业的商业、饮食服务网点的规划和商品供应安排工作。对地方建筑材料的缺口和施工力量的严重不足,各地也采取积极措施,设法解决,并成立砖瓦生产指挥部,扩建、改造兰州沙井驿、张掖平原堡砖瓦厂,新建天水、黑山湖砖瓦厂。建工局抽调数十名领导干部组成 5 个工作组,分赴兰州、天水、张掖、酒泉、定西、武威等地挖掘潜力,增产机制砖,在天水、黑山湖砖瓦厂组织打歼灭战。同时,组织铁路沿线社、队生产手工砖。对沙子、石子、石灰的生产,在兰州安排生产石子 28 万立方米,沙子 45 万立方米,石灰 49 万吨;在河西安排生产石子 9 万立方米,沙子 12.8 万立方米,石灰 9500 吨,以保证三线建设中建筑材料的需要。

施工力量的安排上,首先把永登和平化工厂、平凉印刷机械厂、省第一汽车修理厂、天水市砖灰厂作为第一批打歼灭战的项目,成立现场指挥部,集中 2400 多人的基建队伍投入施工。积极进行省第一汽车修理厂的二次搬迁工作,修筑天水甘泉至街子口、北道埠至甘泉两条公路,以保证第三重型机器厂建设的“三通一平”。从省内现有养路工人中调剂人员,负责养护酒钢至镜铁山矿区的道路。

为保证三线建设的全面展开,加大对物资供应、服务设施和迁建企业的配套协作产品的保障。为促进商业网点的科学布局,省商业厅除对兰州、天水、陇西、刘家峡等地的商业机构充实调整外,还新建嘉峪关贸易公司,充实加强金川贸易公司。粮食供应方面,对未转好粮户关系的新迁职工采取预借粮油的办法,在新建矿区增设供应网点增加议价粮的供应，便利职工买粮，并在粮食品种上给予照顾。银行做到机构、人员、业务三跟上，为新建工矿区建立银行机构、抽调人员、建立网点。为了从财政上给予支持，在三线建设施工现场听取意见，发现问题，及时解决，并简化拨款审批手续。轻工业厅派人主动联系，将天水丝织厂、玻璃厂和糖厂的房产作了转让，派出3个组在河西、天水、定西部署，作为三线建设服务的手工业网点，研究落实与迁建企业的产品配套和专业化协作问题。

1965年计划迁建的30个项目(原计划33个，3个有变动)，到8月份，完成迁建的有11个(工厂6个，科研单位5个)；正在施工的有3个；积极筹建和准备搬迁的有6个。全年全部和部分完成迁建任务的有22个，跨年度完成的有8个。当年建成投产的长虹电焊条厂、长通电缆厂、长新电表厂、兰州长津电机厂，都较原计划提前3个月到半年左右完成了迁建任务，几十天就建成了一个工厂。仅半年的时间，为甘肃增加电焊条、电线、电表、小型同步发电机、铝管等新产品。到1969年，一机部迁入甘肃的企业、研究所有21个，机械工业迁入甘肃的企业、研究所有26个，国防工业除小三线省属5个企业外，三线建设还搬迁、新建了10个企业。

三线建设初期，由于国家在短时间内大量增加投资，通过迁建，新增了大量工业项目，极大增强了甘肃的工业基础，形成一批包括冶金、有色金属、石油、化工、电力、煤炭、建材、军工、机械和电器等工业企业。但是，由于三线建设的主要出发点是准备打仗，安排的工业项目也是把军工作为重点，必然使经济结构的协调性受到影响，加之受“左”的思想干扰，在建设上也存在着严重缺陷和失误。

## 二、邓小平视察甘肃

甘肃的国民经济全面调整和经济社会的恢复发展，始终得到党中央和国务院的高度重视和极大关怀。1964年4月中旬，中共中央总书记、国务院副总理邓小平来到甘肃，进行视察和工作指导。

4月12日凌晨，邓小平在专列上接见皋兰县委副书记孙兆甲，简要听取皋兰县关于人口、耕地、粮食产量、人民生活等方面情况的汇报并对农村工作做出重要指示。随后，在省委第一书记汪锋、省经委主任杨一木的陪同下，邓小平再次视察兰州炼油厂。当邓小平得知该厂已能生产高级石油产品时，非常高兴。他说，在苏联只有产量达到 3000 万吨的炼油厂才能生产高级产品，而你们大胆革新，用实际行动打破了苏联的设计框框。事实证明，我们要进一步解放思想，敢想敢干。邓小平在视察兰州化学工业公司、兰州石油化工机器厂之后，又视察了我国第一个五年计划期间建设的大型核工业企业——504 厂。在各工厂的视察结束后，邓小平接见了在兰的厅局级以上领导干部和 300 多名学大庆观摩团代表以及出席会议的部分工业企业书记。

1966 年 3 月上旬，邓小平在参加中共中央西北局在西安召开的三线建设工作会议后，又一次来到甘肃视察三线建设的工作，贯彻落实毛泽东主席关于备战的指示。陪同视察的有国务院副总理李富春、薄一波，中共中央西北局书记刘澜涛，全国妇联主席蔡畅，中共中央西北局书记王林以及国家计委、国家建委、冶金工业部、水电部、国防工办等部门领导 15 人、司局长 30 人。

邓小平一行深入正在建设中的重点项目和企业，从矿山的储量、品位到产量，从工厂的原料、技术到产品，从近期开发到远景规划，从工人的安全、福利到矿山、工厂的环境建设，都作出重要指示。他嘱咐当地的领导要关心群众生活，多注意生产安全。在刘家峡水电站建设工地，他提出“战刘家峡，装盐锅峡，看黑山峡”的黄河上游总体建设规划。在金川公司镍矿，他充分肯定金川是个“金娃娃”“聚宝盆”，由此，镍都渐为世人瞩目。在酒钢，他指示：“酒钢地处三线，毛主席非常关心，要尽快把酒钢建设好，不能再动摇。”这为酒钢的全面发展乃至嘉峪关后来建市奠定了基础。在白银公司铜生产基地，邓小平看到干部职工在艰苦环境中乐干苦干的场面，热情赞扬说：“你们这里是艰苦奋斗”，并指示企业领导“要抓好综合利用”“要搞好技术革新、技术革命”。

## 三、经济调整取得的成就

三年的全面调整，给全省经济社会发展注入了新的活力，到 1965 年，全省地区生产总值达到 24.98 亿元，比 1957 年增长 24.2%，全省各条战线都呈现出勃勃生机。农业生产基本条件得到改善，全省大中型拖拉机由 1957 年的 131 台增加到 1965 年的 1281 台，增加 8.7 倍；排灌动力机械由 336 台增加到 1825 台，有效灌溉面积由 644.59 万亩增加到 876.5 万亩；农村小型水电站由 14 座增至 48 座。

农业生产条件的改善，使农业生产得到全面恢复与发展。粮食调入量逐年下降，库存量逐年上升。农业生产的发展，农副产品的增加，使市场供应明显好转，全省各地出现一派欣欣向荣的景象。1965 年，由于肉食品产量猛增，为增加销路，各地积极动员城市职工和居民吃“爱国肉”，以多吃肉的行动支援祖国建设，这在甘肃历史上是从来没有过的。

经过调整，工业、交通事业有了新的发展。一批老企业得到改造和扩建，钢铁、建材、医疗、电子和国防工业等开始起步，填补了甘肃的一些空白。铁路建设速度加快，1961 年建成兰青线，1962 年建成兰新和甘武线，同时建成玉门南、窑街、红会、王家山、镜铁山、刘家峡等支线，形成了以兰州为中心的铁路网。二十世纪六十年代中期，全省的公路干线基本定型，新建的公路达到 835 公里。在电力建设方面，除了继续发展火电，建设永昌电厂、嘉峪关电厂、安口电厂等几个中小型火电厂和扩建西固热电厂外，开始把建设重点转向开发水电。

刘家峡水电站是黄河干流规划建设的第七个梯级水电站，是按照“独立自主，自力更生”的方针，自己勘测设计、自己制造设备、自己施工安装、自己调试管理的国内第一座百万千瓦级大型水力发电站。1955 年 3 月开始初步设计，1958 年 9 月动工兴建，由于当时国家经济困难，1961 年工程被迫停建，1964 年刘家峡水电站正式复工兴建，使全省的水电建设达到了一个新的水平。这期间，还建成 25 千伏至 110 千伏输电线路 800 余公里，全省初步形成了兰州、天水、永昌、酒泉 4 个电网。到 1965 年底，全省 8 年完成电力基建投资 5.3 亿元，建成大中小型电力生产企业 51 个，装机容量由 1957 年的 7 万多千瓦增加到 44.7 万千瓦，年发电量达到 19.95 亿千瓦时，年平均递增 45.93%。

交通和能源的开发和建设，为充分利用甘肃丰富的自然资源创造了条件。特别是有色金属工业异军突起，使甘肃成为全国重要的有色金属工业基地之一。1960 年 6 月 14 日，白银有色金属公司用现代化工业生产方式炼出第一炉铜锭,到1966年,生产电解铜3.3万吨,超过了设计水平。

1958年,西北煤田地质勘探局145队在永昌县白家嘴发现孔雀石矿点,甘肃省地质局祁连山地质队进一步勘查确认了金川铜镍矿床的存在。1959年,国家决定开发金川镍矿,来自祖国四面八方的上万名建设者怀着满腔热血,汇聚金川这片热土,战严寒、斗风沙,钻地窝、睡草铺,背冰化雪、忍饥挨饿,开始艰苦卓绝的创业。1963年采出第一批矿石。1964年产出第一批电解镍。1966年建成万吨规模的金川一期工程,当年生产电解镍1200吨,形成我国第一条比较完整的镍钴铂族金属生产线,奠定了我国镍钴工业的基石。

同期,西北铜加工厂、西北铝加工厂、兰州铝厂、陇西有色冶金机械厂等一批骨干企业相继开工建设,使甘肃有色金属工业具有相当的规模和生产能力。

石油化工工业得到迅速发展。“一五”计划时期被列入国家重点建设工程的兰州炼油厂、兰州化学工业公司相继在“二五”计划期间建成投产。兰州炼油厂经过不断扩建,到1965年原油加工产品已达125种,其中绝大部分是中国首次生产,有25种产品质量接近或达到当时国际水平。

全省机械工业布局和结构也得到改善,生产能力进一步提高。1962年,全省机械企业由1957年的517个,增加到2125个,工业产值达到1.1亿元。此后,国家有计划地从北京、天津、上海、东北等地迁入风动工具厂、星火机床厂、真空设备厂等26个重点骨干企业,使甘肃机械工业向前迈进了一大步,占同期全省工业总产值的比重由9.7%上升到11.6%。兰州石油化工机器厂、兰州通用机器厂、兰州电机厂等一批骨干企业,成为甘肃工业的重要支柱。

与此同时,全省其他工业,如煤炭、黑色冶炼、医药工业、建筑材料、电子工业、森林工业以及轻纺工业等,有的在原有基础上扩大了规模,提高了生产能力;有的从无到有,填补了甘肃工业的空白。

## 四、社会事业的进一步发展

国民经济的调整和全省经济的恢复,为人民生活的改善和各项事业的发展创造了条件。文化教育、科技、体育、卫生等事业的发展速度和规模与经济建设更趋适应。

各级各类学校虽然数量大大减少,但更加注重提高教学质量的提升,人才的培养更加注重针对性。1965 年 7 月,中国科学院冰川冻土沙漠研究所在兰州成立,标志着我国冰川、冻土、沙漠研究以及相关的干旱地区水文研究进入到一个新的发展时期,同时也改变了甘肃科研基础薄弱落后的局面,进一步增强了全省的科研实力。

全省各项文化事业得到迅速发展,文化艺术部门和文艺工作者创作出一批反映时代面貌和社会主义建设事业的优秀作品。1965 年,甘肃省歌剧团创作的五场歌剧《向阳川》以饱含激情的笔墨,刻画了闪耀着集体主义思想光辉的农民形象,热情讴歌了时代精神风貌,弘扬了“一方有难、八方支援”的新风尚。此剧唱词及音乐的创作素材主要来源于流行在甘肃、青海一带的民歌“花儿”,格调清新优美,纯朴自然,刚柔相济,赋予了此剧浓郁的地方特色,对歌剧的民族化、群众化作了有益的尝试。10 月,《向阳川》在北京参加汇报演出,强烈的社会主义时代生活气息和浓郁的地方特色深深吸引了首都观众,在首都舞台上产生轰动。周恩来总理分别在怀仁堂和人民大会堂小礼堂先后两次观看《向阳川》,评价“这个剧很有生命力”。同时,也指出:“在《向阳川》这个戏上,不要搞大团圆主义。”11 月 14 日晚,《向阳川》剧组在怀仁堂为国务院工作人员及中南海警卫人员演出,周恩来、陈毅、谭震林等人前来观看演出。演出结束后周恩来和其他领导人走到台上向演员挥手、鼓掌,和乐队指挥握手致贺。《向阳川》的创作和演出,是歌剧园地里一个可喜的收获。

建立起各级专业艺术团体。相继成立,涵盖京剧、话剧、陇剧、秦剧、豫剧、蒲剧、晋剧、河北梆子、越剧、歌舞、曲艺、杂技等诸多艺术品种;对民间艺术表演班社的改造基本完成,组建一批地、县级文化馆和农村文化站;通过几次文艺汇演和调演,激发出民间艺人的积极性,民族民间传统文化受到保护和弘扬;社会娱乐场所得以规范,一批演出场所应运而生,演出场所建设取得巨大成就,仅兰州市就有中苏友好馆(后改为省政府礼堂)、兰炼文化宫、兰石文化宫、兰化文化宫、兰州工人文化宫、西北民族学院大礼堂、金兰剧场、中州剧场、大众剧院、兰州剧院等“十大建筑”相继落成。

成立省级博物馆；一批公共图书馆相继诞生；文物保护得到加强。

1962 年 3 月 4 日，国务院公布敦煌莫高窟为第一批全国重点文物保护单位，为进一步推进文物保护工作，省委、省政府向文化部呈交了《关于加强保护莫高窟群的报告》，提出防止鸣沙山山体向前移动，危及石窟岩壁倒塌，使敦煌壁画彩塑毁于一旦的具体加固意见。报告呈送后，受到党中央、国务院的高度重视，国务院派出由文化部副部长徐平羽率领的 10 余名专家学者，组成敦煌工作组来到莫高窟进行考察论证。

维修这座历经 1600 多年，规模宏大，屡遭人为严重破坏和风剥雨蚀等自然侵袭的石窟，耗资巨大，而当时我国刚刚渡过三年困难时期，内忧外患，财力十分拮据。为此，专家组制定了一个先抢救最危险地段，再分期分段实施全面保护的长期规划。1962 年，经国务院会议研究，批准拨专款 100 万元，一步到位用于敦煌莫高窟保护工程。

敦煌莫高窟的第一次大抢修工程是集开凿隧道、支撑悬崖绝壁夯实基础、加固岩壁等于一体的结构复杂的浩大工程，因此中央决定由铁道部承担重任。抢修工程自 1963 年秋季施工，历时三年，在铁道部职工和敦煌搬运社工人的奋战下，攻克一道道难关，于 1966 年竣工。整个工程在石窟群的南北区总计 4040 米的长廊中，加固 195 个石窟，制作 7000 多平方米的挡墙砌体和梁柱，对 363 米长的岩壁作了彻底的加固，并安全地解决 400 多个洞窟上下四层之间的往来通道。修筑的钢筋混凝土和花岗石彻体代替唐代文献记载的“虚栏”。层层叠叠、巍峨壮观的坚固栈道为工作人员和中外游客提供了安全舒适、畅通便捷的通道，使敦煌莫高窟成为我国著名的四大石窟中迄今保护最好的石窟。

在经济建设和社会事业不断发展的同时，整个社会面貌也呈现出积极向上的趋向，特别是在人们的思想、道德、精神方面，发生了可喜的变化。三线建设初期，来自祖国四面八方的援甘人员，离开繁华的都市，来到甘肃的穷乡僻壤施工建厂，他们克服难以想象的严重困难，发扬艰苦奋斗、无私奉献的精神，在陇原大地谱写了一曲曲动人的凯歌。在战胜自然灾害、调整国民经济的过程中，先后涌现出玉门油矿 32137 钻井队、陇西机务段1567机车包乘组等10多个先进集体。各行各业涌现出许多劳动模范和先进工作者。玉门全国先进生产者薛国邦被誉为“不卷刃的钢刀”“拼命干革命的先锋”；国营404厂技术员张同星在“风吹石头跑，百里无人烟”的戈壁滩上立下“安下心、扎下根，戈壁滩上献青春”的豪迈誓言。在先进模范的带领下，学先进、赶先进的热潮不断掀起。建筑系统赶学杨万林、机械系统赶学窦天禄、商业系统赶学樊玉珍、文教系统赶学李景兰、医疗卫生系统赶学李贡等先进人物的活动不断开展，有力地激发了人民群众的社会主义建设热情。省委先后倡议在工业战线开展“五好企业”（政治工作好、计划完成好、企业管理好、生活管理好、干部作风好）和“五好职工”（政治思想好、完成任务好、遵守纪律好、经常学习好、团结互助好）的竞赛。在广大农村开展“五好社队”和“五好社员”的活动。活跃在全省城乡的大批先进模范所表现出来的奉献精神和先进事迹，充分说明在严重的挫折和困难面前，广大干部与群众风雨同舟、共渡难关，以辛勤劳动和毅力，战胜重重困难，把社会主义建设推向前进。各行各业形成的这种团结互助、尊老爱幼、奋发向上、助人为乐的社会风尚，对促进全省国民经济的恢复和工农业生产的发展产生了深远影响。

# 第十四章
# 城乡社会主义教育运动的开展

全省的国民经济调整虽然取得显著成效，但由于中央领导层对政治形势估量和工作指导上的分歧逐渐加大，加上中苏两党争论的激化，毛泽东主席在八届十中全会上重提“阶级斗争”的重要性后，甘肃按照中央要求，通过开展“四清”、社教运动等一系列政治运动来促进各项工作，正常的生产建设和工作秩序被打乱，党内对社会主义建设道路的探索再次出现失误，一些新的问题和矛盾再次产生。

## 第一节　农村社会主义教育运动

### 一、农村社教运动的开展

面对国内形势的变化和中苏两党日趋激烈的争论，毛泽东提出阶级、形势、矛盾问题，强调资产阶级复辟的危险，强调阶级斗争必须年年讲、月月讲。1962 年 9 月，党的八届十中全会对所谓“翻案风”、单干风进行批判的同时，又通过了关于巩固集体经济发展农业生产，关于商业工作等几个决定以及《农业六十条》修正案等文件。全会提出，继续贯彻执行八字方针，继续执行以农业为基础、以工业为主导的发展国民经济的总方针。八届十中全会后，全党全国的工作出现一种复杂矛盾的情况：政治上阶级斗争扩大化的“左”倾错误进一步发展，经济上的调整和恢复工作大体上按原计划进行，直到1965年胜利完成。

八届十中全会结束后，党中央决定在农村进行以“四清”（清理账目、清理仓库、清理财物、清理工分）为主要内容的社会主义教育运动（简称社教运动），在城市开展“五反”（反对贪污盗窃、反对投机倒把、反对铺张浪费、反对分散主义、反对官僚主义）运动，开展大规模的阶级斗争。为了指导运动的开展，毛泽东主席还于1963年5月在杭州主持制定《关于目前农村工作中若干问题的决定（草案）》（即《前十条》）。《前十条》对阶级斗争作了过于严重的估计，认为“四清”和“五反”是打击和粉碎资本主义势力猖狂进攻的社会主义革命斗争，要求各地训练干部进行试点，为普遍开展社会主义教育运动做准备。

1962年下半年，甘肃拉开农村社会主义教育的序幕。当年冬季，省、地、县都先后召开会议，向各级干部传达全会精神，集中训练32万多名农村基层干部，在地、县两级进行重点整顿生产队的试点工作。从1963年1月开始，省、地、县三级陆续抽调1.5万多名脱产干部，采取分期分批、重点整顿的办法，开展以深入阶级教育、贯彻党的政策为内容的社会主义教育运动。为了加强对教育运动的领导，1月31日，省委成立省委社会主义教育运动领导小组。5月30日，省委发出《关于地、县、区、社四级党委书记迅速下去进行调查研究的通知》，要求在下半年以专区为单位，各选择一两个公社，集中县、区，社三级书记进行农村“四清”试点工作。6月初，按照省委的安排，各地、县、区、社党委书记共2500多人陆续到90多个公社、130多个大队进行蹲点。6月中下旬，各地党委先后召开常委会议，地委扩大会议、县委书记会或三级干部会议，传达学习《前十条》，并按照《前十条》要求，重新对全省各地的社教运动作出部署安排。7月，除牧业地区外，全省有97个公社、1034个大队、5319个生产队参加社教运动试点工作。为参加试点工作，全省共抽调1万余名干部，近5000名农民积极分子。平均每个生产队有2名脱产干部，每个生产大队有1名县级以上领导干部参加社教运动。试点结束后，即刻开始第一批农村社教运动，包括试点在内的190多个公社、2000多个生产大队、9000多个生产队，用半年时间开展了农村社教运动，于春节前后结束。

这一阶段社教运动试点，基本上按照六个步骤进行：第一步宣传政策，访贫问苦，扎根串连，忆苦思甜，进行民主革命和社会主义革命思想教育，掌握敌、干、群的基本情况，成立贫下中农临时组织，公开登记阶级成分；第二步开公社三干会，会内外结合帮助干部"下楼洗澡"，作好领导干部"洗澡""下楼""放包袱"。有些地方还进行大队"四清"；第三步生产队开展"四清"；第四步社员评议入会（贫下中农协会），进行群众性的自我教育，解决公私关系，建立贫下中农组织，坚定社会主义方向；第五步评审四类分子，开展对敌斗争（包括对少数蜕化变质干部的批判）；揭露敌人"和平演变"和隐蔽活动的阴谋，结合进行对封建迷信、宗教观念的消毒工作，在少数民族地区揭露和打击宗教压迫和封建特权；第六步组织建设和思想建设，改选干部，整顿基层组织，建立阶级档案，评选五好干部、五好社员，健全经营管理制度，改进生产队的经营管理工作，制订生产计划，掀起生产高潮。这一运动的开展，对于农村侵害集体经济问题的纠正曾起到一定作用，但从全省开展教育运动的实际内容看，已逐步由思想层面的教育，转向阶级斗争为纲和"继续革命"的一系列过火的"批斗"运动。

当年 9 月，根据各地社教运动试点工作中出现的问题，中央制定了《关于农村社会主义教育运动中一些具体政策的规定（草案）》（即《后十条》）。《后十条》在肯定《前十条》的基础上，提出运动"要以阶级斗争为纲"，同时也规定要团结 95% 以上的干部和群众，依靠基层组织和基层干部等一些正确的具体政策。此后，由于中苏两党争论不断升级，中央把"四清"和"五反"看作是与国际上反对修正主义相配合的国内反修防修的斗争。1964 年 9 月中旬，中央正式下发由刘少奇主持修改的《后十条》，对形势作了更不符合实际的严重估计。省委据此对全省的社教运动再次进行部署和安排，进一步加大了向各地派遣社教干部队伍的工作力度。11 月开始，先后抽调 1.7 万名干部、1.1 万名农村积极分子和当年毕业的大学生参加农村社教大会战。

经过集训的各级工作队深入各生产队，寻找典型的贫下中农进行动员，由他们在全队串连，通过诉苦、放包袱、解疙瘩等方式，强化干部和群众的阶级觉悟，组织以贫下中农为主的骨干队伍，开展对地、富、反、坏、右的斗争。农村社会主义教育运动对解决农村社队基层干部中存在的官僚主义作风和多吃多占问题的确产生了较大作用。然而一味采取"四清"方式，用阶级斗争的手段，把大量不属于阶级斗争问题看成阶级斗争，出现了相当大的偏差。农村"四清"运动中，通过扎根串联、检举揭发，"温水洗澡""层层下楼"，小会围攻、大会批斗等做法，更是混淆了两类不同性质矛盾，把农村社队中在经营管理、干部作风方面存在的问题，一概当作阶级斗争在党内的反映。甚至认为农村干部都"烂了"，进而采取"夺权"方式，改组基层党组织。一些地方还出现打人、体罚等现象。

在运动开展过程中，许多原有的大队、生产队两级干部受到严重冲击，一些基层党组织工作陷于瘫痪状态。便由工作队和社员中选出来的贫下中农协会（简称贫协）主持。全省各地先后组建贫下中农协会，以组织和动员农村农民群众，壮大农村基层组织。由于各地贫协是在以阶级斗争为纲，对农村基层干部进行错误批判的基础上组建的，因而未能真正发挥出农村基层组织的积极作用，反倒助长了农村基层组织中的"夺权"行为，"左"倾错误进一步发展。

12 月至 1965 年 1 月，中共中央政治局召开工作会议，在毛泽东主席主持下，制定《农村社会主义教育运动中目前提出的一些问题》（即《二十三条》）。《二十三条》规定，城市和农村社教运动一律统称"四清"（即清政治、清经济、清组织、清思想）。对 1964 年下半年的社教运动中出现的某些"左"倾的偏向作了必要纠正，肯定农村基层干部大多数是好的或比较好的，要求尽快解脱他们；不允许以任何借口去整社员群众，严禁打人体罚，防止逼供信，"四清"要落实到建设方面，增产要成为搞好运动的标准之一。这些政策对稳定农村形势起到了积极作用。但《二十三条》又强调运动的性质是解决社会主义和资本主义的矛盾，提出运动的重点是"整党内那些走资本主义道路的当权派"，使阶级斗争扩大化的理论进一步发展。

按照《二十三条》精神，全省各地继续推进社教运动。省委按照六个批次进行部署，计划在 1967 年完成这项运动。从 1965 年冬开始，在各地农村组建由省、地、县抽调人员组成的社教工作团，采取集中力量打歼灭战、整县推进的办法（除原张掖社教试点的5个县外）在全省铺开。先后两批在天水、武都、平凉、临夏、甘南、酒泉、武威专区及兰州市的红古区等16个县（区）共174个公社、近2000个生产大队开展社教运动。运动体现“阶级斗争为纲”，又有“以生产建设为中心”的要求，以大兵团作战方式，在全省各地农村广泛深入推进。

到“文化大革命”爆发之前，全省三分之一的县社进行了“四清”运动。“四清”运动由于强调“阶级斗争为纲”，对国内外形势判断严重地脱离实际，加之运动矛头直指基层干部，致使一大批农村干部群众遭受不同程度的冲击、迫害，一些基层党组织一度瘫痪。在运动中，农村社员的自留地、家庭副业被视为资本主义的尾巴，遭受批判和取缔，造成农村经济的严重破坏，农民生活水平的下降，农村社会关系紧张。“文化大革命”开始后，农村“四清”运动遂告结束。

## 二、少数民族地区的社教运动

1963年9月，省委召开全省统战工作会议，根据党的八届十中全会精神，按照中央制定的有关社教运动文件和政策的要求，决定在牧区开展社会主义教育运动。1964年1月，省委印发《关于少数民族牧区开展社会主义教育运动若干问题的意见（草案）》。《意见》提出牧区社教运动的总要求是：彻底进行民主革命补课和继续进行社会主义革命，放手发动群众，坚决打退资本主义势力和封建势力的猖狂进攻，进一步巩固平叛、反封建斗争的伟大成果，巩固社会主义阵地，巩固无产阶级专政，巩固集体经济，发展牧业生产。《意见》强调牧区社教运动的主要内容是：以阶级斗争为纲，自始至终地向广大干部和群众进行阶级教育、集体主义教育、爱国主义教育和民族团结教育，放手发动群众，向资本主义和封建势力进行坚决的斗争。

少数民族地区的社教运动在夏河县的甘加乡进行试点，然后在一些农区和牧区进行。根据省委的要求，由省、州、县统一抽调干部组成社教工作团，于1963年下半年进驻试点地区，从五个方面在少数民族牧区开展了社教运动。

公开划定阶级成分。甘南牧区社教运动的主要内容是划定阶级成分。根据中央在牧区只划“两个阶级”,即牧主阶级和牧民阶级,牧主阶级包括封建主和牧主,牧民阶级包括贫苦牧民、不富裕牧民和富裕牧民三个阶层的精神,制定划分了两个阶级、五个阶层的具体标准。根据标准,将牧主阶级数量控制在西北局第一次民族工作会议《纪要》规定的总户数的 3% 到 5% 的界限之内。

清理各种政治帽子。省委《关于少数民族牧区开展社会主义教育运动若干问题的意见(草案)》中,把对“清理和审定过去戴叛乱分子和其他政治帽子”作为一项重要内容。根据这一要求,甘南地区社教运动对各种政治帽子进行全面清理和重新登记。同时,重点清理 1958 年叛乱中参与人员的定性问题。重新确定叛乱分子或反革命分子,对叛乱中罪责较轻或服刑释放后表现较好的,摘掉其叛乱分子或反革命分子的帽子。同时,对在平叛中错误没收的参与叛乱人员的财物和牲畜,进行清理和清退。

健全党的基层组织。社教工作中,各地在教育提高原有党员素质的基础上,大力培养积极分子,把党的组织建设作为社教运动的一项重要工作来抓。首先采取“滚雪球”的办法,自下而上逐步建立起贫苦牧民组织——劳动牧民协会。在此基础上,开展建党、建团工作。在积极分子中发展党团员,建立党团支部。

结合实际,开展“四清”。在广大牧民群众和基层干部中宣传中央文件精神,让群众和干部了解政策界限,明确“四不清”的危害性,并对个别干部中存在的“多吃多占”、封建迷信、贪污盗窃和经济账目不清等问题进行有效清理。

扶持困难群众发展生产。由于受到 1958 年叛乱的破坏和 60 年代初期的自然灾害影响,牧区有些地方牲畜头数大幅度下降,群众生产生活十分困难,一些群众生产生活陷于困境。社教运动中,牧区的工作团坚持帮助困难群众发展生产,同时提高口粮供应标准和减少国家征购任务,对特别困难的群众给予补贴。这些措施,不仅帮助群众渡过了困难,而且扩大了党和政府在少数民族群众中的政治影响。

应当看到的是,少数民族地区的社教运动是在全国“四清”运动的大背景下进行的。由于“左”倾错误思想的影响,对一些人和事进行了过火的批判和斗争,给少数民族地区的经济社会发展带来一定的负面影响。

## 第二节　城市“五反”运动

### 一、城市“五反”运动的部署

1963年2月,中共中央在北京召开工作会议,决定在全国城市分期、分批开展一场大规模的“五反”运动。3月1日,中共中央发出《关于厉行节约和反对贪污盗窃、反对投机倒把、反对铺张浪费、反对分散主义、反对官僚主义的指示》,要求在县级以上机关、企事业单位、物资部门、文教部门,有领导有步骤地开展“五反”运动。

3月23日,省委召开常委扩大会议,传达学习、讨论中央的指示,并结合实际情况,对全省开展城市社教中的“五反”运动作出安排。全省城市“五反”运动分两批进行。第一批范围为省级机关、兰州市、在甘的中央企事业单位和高等学校。从4月初开始至5月中旬为运动的第一阶段,5月下旬至8月为运动的第二阶段和第三阶段,专案处理在10月底基本结束。第二批范围为专区、县机关(包括工委)和在兰州市以外的县以上企事业单位。根据各地情况进行,但结束时间不迟于10月底,专案处理应在年底前完成。要求在运动的各个阶段,都以增产节约为中心(商业部门以改善经营管理为中心,文教单位以提高质量、厉行节约为中心)。强调不能因为开展群众运动影响生产或中心业务的正常进行。按照中央的政策办事,坚决遵守中央指出的五项注意。着重正面教育,在提高觉悟的基础上,自愿检讨。对犯有贪污盗窃、投机倒把罪行的应严肃对待,但在方法上要慎重。对运动中揭发出的问题要抓紧解决,边整边改。各部门、各单位开展运动的方法、步骤、时间安排以及重点不强求一律。省委成立增产节约“五反”运动领导小组,由汪锋任组长,焦善民任副组长。省级机关分别成立工交、财贸、农林、文教和党群政法5个大口的领导小组。各地、市、州委也由书记挂帅,成立领导小组。

## 二、城市“五反”运动的开展

“五反”运动先从清查贪污盗窃、整顿党的基层组织、对广大职工进行思想教育和加强企业管理等形式入手,在进行试点的基础上,逐步把运动的重点转向对各级领导班子夺权和改组,“开展社会主义和资本主义两条道路斗争”,并在全省所有城市的党政机关和企事业单位全面推开。

1963年5月29日,省委召开电话会议,进一步作出《关于地、县开展“五反”运动的几点意见》。《意见》总结全省12个地、州、市一级初步开展增产节约和“五反”运动的情况,提出进一步在地、县级机关开展“五反”运动的具体意见。6月6日,省委增产节约“五反”领导小组和省委宣传部又联合发出《关于各地宣教部门开展增产节约和“五反”运动几个问题的通知》,专门对宣传教育部门如何开展运动提出具体意见。

截至7月上旬,省级机关第一批开展“五反”运动的单位共有63个(包括大专院校)。7月15日省委向中央和西北局作的《中共甘肃省委关于省级机关“五反”运动的检查和部署的报告》中称,运动中群众提的意见有47000多条,揭发和暴露出大量问题。有149名高级干部(参加运动的228人)和627名中级干部(参加运动的1061人)作了“下楼”检查,各单位都进行了不同程度的整改。省级机关“五反”运动,开展得好的单位约占20%;问题没有揭深揭透,存在着“一般化”毛病的约占60%;搞得差的占20%。

这个报告还对全省城市中阶级斗争的形势作出十分严重的判断。认为官僚主义、分散主义和铺张浪费、领导干部生活特殊化,在“省级机关中确实是很严重的”。“牛鬼蛇神确实已有不少钻到国家机关甚至党的某些领导机构中了”。报告认为前一段运动开展不好的一个重要原因是“没有把阶级斗争这个纲抓住”,因而将阶级斗争为纲作为“五反”运动的指导方针。

为了把城市“五反”运动和农村社教运动引向深入,省委制定了一些具体的政策规定。8 月 31 日，省委“五反”办公室提出《中共甘肃省委对于新生资产阶级分子的政策问题的意见（草稿）》，对“新生的资产阶级分子”作出解释。指出：新生资产阶级分子，是指那些在 1956 年社会主义改造基本完成以来，主要是 1961 年以来，利用国家的暂时困难、物资紧张和开放城镇集市贸易等时机，采取贪污盗窃、投机倒把、私设地下工厂、放高利贷、雇工剥削等非法手段，取得暴利，成为“暴发户”的分子以及革命队伍中出现的少数在政治上、思想上、生活上蜕化变质，沦为资产阶级分子的人。《意见》认为，“我们和新生资产阶级分子的矛盾，是敌我矛盾”。9 月 15 日，省委又提出《中共甘肃省委对于犯有各种反动行为的地富反坏分子的政策问题的意见（草稿）》，《意见》提出对敌斗争必须做好三件事：一是做好专政对象的“四清”（即五类分子底数清，反革命阶级基础的底数清，五类分子摘戴帽子的情况清，劳改释放的四类分子情况清）工作。二是做好对四类分子的评审。三是加强对四类分子的监管。很显然，这些政策措施体现了阶级斗争扩大化的特点，理论上站不住脚，实践中必然要走弯路。

城市“五反”运动，客观上对改善干部作风、密切干群关系，具有一定的促进作用。但由于对国内阶级斗争形势作了脱离实际的错误估计，对所谓资本主义、“修正主义”的认识并不明确，开展“五反”运动的目的也不清晰，在方式方法上还存在着严重扩大打击面问题，挫伤了群众和基层干部的政治热情和生产积极性。

## 三、白银有色金属公司的“夺权斗争”

甘肃省在城市“五反”运动中，影响最为突出的是白银有色金属公司（简称“白银公司”）的“夺权”问题。白银公司作为“一五”时期大型的铜、硫联合冶金企业，当时有职工 1 万多人。

还在社教运动开始以前，关于白银公司在组织生产和干部特殊化等方面存在的一些问题就反映出来了。但有关单位向上反映时夸大了，以致造成那里的问题非常严重的假象，省委派驻工作组在 1963 年 3 月 7 日给省委的第二次报告中认为，“公司党委已经烂掉了”，“解决白银有色金属公司的领导问题，是一场尖锐的阶级斗争”。

“五反”运动开始后，根据中央指示精神，1963 年 3 月中旬，由冶金工业部和省委派出的联合工作组进驻白银公司。工作组进驻白银公司调查问题之前，已经将公司存在的问题定性为敌我矛盾，正是因为有这个框框，严重影响了工作组对白银公司问题的看法和判断。

12 月，驻白银公司工作组给甘肃省委、冶金工业部党组上作了题为《白银有色金属公司是怎样转变的》报告。报告中说，这个公司“被资产阶级篡夺了领导权”“在政治上、经济上遭受了严重的损失”。随后，在工作组领导下，白银公司开展了长达 10 个月的“夺权斗争”。在这期间，一大批干部职工被戴上所谓的地、富、反、坏分子和贪污盗窃、投机倒把分子的帽子进行批斗和关押。批斗关押中使用严刑逼供，制造了大量冤假错案，使许多干部和职工蒙受不白之冤。在这一过程中，错批错斗现象十分严重，对公司 5 名主要领导人分别给予开除党籍、留党察看或逮捕等处分，对 2 名处级领导干部判处徒刑。先后有 69 名干部职工被戴上“地富反坏”帽子，47 名干部职工戴上“贪污盗窃分子”帽子，6 名干部定为蜕化变质分子。全公司干部职工中的 0.8% 被戴上各类帽子。

1964 年 5 月，省委和冶金工业部党组向中央报送《关于夺回白银有色金属公司的领导权的报告》，认为白银公司这个企业的领导核心烂掉了，是被“和平演变”的典型。“一个全民所有制的社会主义企业，变成了由贪污盗窃、投机倒把集团，也就是地主、资产阶级所统治的企业”，是“一个令人痛心的反面教材”。报告提出，要动员群众展开斗争，“打击地、富、反、坏分子和资产阶级分子，夺回领导权”。1964 年五六月间，中央工作会议在北京召开。毛泽东主席在 6 月 8 日的讲话中指出：国家有三分之一的权力不拿在我们手里，如白银厂、小站就是搞修正主义。会后，中央于 6 月 23 日批转甘肃省委和冶金部党组的报告，肯定了白银公司的夺权斗争。中央在批示中指出：白银有色金属公司经过“五反”运动的一场激烈的阶级斗争，把企业的领导权从阶级敌人的手中夺了回来，这说明，阶级斗争，一抓就灵。批示要求，各级领导机关和领导干部，都应当从白银有色金属公司的反面材料中吸取有益的教训，努力改进各方面的工作；中央希望大家检查一下，在自己那里有没有类似白银有色金属公司这样的企业和单位，如果有的话，一定要通过社会主义教育和“五反”运动彻底地加以整顿,并且作出总结,教育全党。

中央批转的报告下发后,白银公司的“四清”运动深入展开。先是传达、学习、讨论、贯彻这一文件精神,进而是对广大干部、职工进行阶级斗争、防腐防修的教育,层层深挖“小走资派”和“线上的人物”。随后,白银公司“四清”工作组扩大为白银地区社教工作团,人数达千人,并成立了白银“四清”临时党委。

有关白银公司“夺权斗争”的典型经验连续出台:1965 年 10 月 30 日,工作组负责人亲自主持召开“白银公司夺权斗争经验座谈会”;12 月,中央批转《省部工作组负责人在白银公司的蹲点报告》。工作组负责人还传达毛主席的指示:学阶级斗争到白银厂去。中央对“白银经验”的肯定,进一步助长了白银公司“四清”运动的蔓延和发展。联合工作组不仅剥夺公司党委的领导权,重新调换领导班子,还掀起各基层单位夺权的高潮。白银公司从领导班子到各基层单位的领导权统统被夺。此后,随着“四清”运动的展开,不少企业相继进行“夺取”斗争,“左”的错误进一步发展。

## 第三节　思想文化领域的各项运动

### 一、中共甘肃省第四次代表大会

在城乡社教运动紧张进行的时候,1964 年 8 月 10 日至 15 日,中共甘肃省第四次代表大会在兰州召开。出席大会的正式代表 430 人,候补代表 52 人,代表全省 36.8 万名共产党员。

大会的主要议程是:听取和审议中共甘肃省第三届委员会的工作报告;通过《中国共产党甘肃省第四届代表大会决议》;选举产生中共甘肃省第四届委员会。

省委第一书记汪锋代表中共甘肃省第三届委员会向大会作题为《高举毛泽东思想红旗,把社会主义革命进行到底》的工作报告。

大会全面总结了第三届代表大会以来的省委工作。大会指出:第三届代表大会以来,全省各级党组织和各族人民,在党中央、毛主席和西北局的正确领导下,高举总路线、“大跃进”、人民公社三面红旗,奋发图强、艰苦奋斗,战胜了严重的自然灾害,经受了严峻的考验,在阶级斗争、生产斗争和科学实验三大革命运动中,都取得了伟大胜利。目前全省的政治、经济形势都很好。城乡社会主义教育运动正在逐步深入地开展,获得了显著成绩。广大干部和群众,特别是工人阶级和贫农、下中农,阶级觉悟进一步提高,革命精神大为振奋。在阶级斗争的推动下,群众的生产热情不断高涨。各个战线上以增产节约为中心的比学赶帮争取“五好”运动,正在广泛开展,先进集体和先进人物大批地涌现出来。全省国民经济已经开始全面好转,大部分地区开始出现工农业生产的新高潮。

按照中共八届十中全会精神,大会进一步强调阶级斗争的重要性。大会指出,在进行三大革命的过程中,必须首先坚决地按照党中央和毛主席的教导,紧紧地抓住阶级斗争这条纲,把社会主义革命进行到底。因为不抓住这一条,打垮地富反坏和新旧资产阶级的破坏和复辟活动,就不能逐步建立与巩固无产阶级专政,就不能最大限度地调动广大人民群众的积极性,就不能顺利地进行社会主义建设。因此,大会强调,为了更加迅速地推进全省的社会主义建设,今后各级党组织和各族人民群众的首要任务就是:高举毛泽东思想的伟大旗帜,把社会主义革命进行到底。

大会对正在开展的城乡社会主义教育运动进行部署和安排。大会指出:当前正在全省城乡进行的社会主义教育运动,是一次比过去历次革命运动更加广泛、更加深入、更加复杂、更加艰巨的社会主义革命。这场革命的主要任务是,在城市和乡村,对广大人民群众进行深入的反复的社会主义教育和阶级斗争教育,组织工人阶级和贫农、下中农的革命阶级队伍,团结一切可能团结的人,向资本主义和封建主义势力,向地主、富农、反革命分子、右派分子、贪污盗窃分子、投机倒把分子和蜕化变质分子,进行尖锐的、针锋相对的斗争。与此同时,还提出在社会主义教育运动中,要开展思想文化领域里的阶级斗争。在思想战线,开展兴无灭资的斗争,在干部群众中进行社会主义教育、阶级斗争教育、反对现代修正主义教育。提出在理论学术领域开展反对资产阶级思想和现代修正主义思想的运动,开展文艺改革,进行文艺、教育等领域的改造运动。

这次大会是在中央要求开展城乡社教运动的背景下召开的,因此,大会依据中央和毛泽东对国内主要矛盾的分析和认识,突出强调了阶级斗争问题。尽管大会也提出要继续开展增产节约、比学赶帮活动,也指出在甘肃这一多民族省份开展社会主义教育运动要积极领导、稳步前进,但总的指导思想仍然是阶级斗争为纲的。

大会选举出由 49 名委员、20 名候补委员组成的中共甘肃省第四届委员会;选举出由 25 名委员组成的中共甘肃省监察委员会。在随后召开的中共甘肃省四届一次全委会上,选出省委常委 17 人;选举汪锋为中共甘肃省委第一书记,裴孟飞、高健君、王世泰、陈曾固、胡继宗、李友九为中共甘肃省委书记处书记。

## 二、掀起学习毛主席著作高潮

1960 年 9 月,《毛泽东选集》第四卷出版发行,随后《毛主席诗词》《毛主席语录》《毛泽东著作选读》相继出版发行,全国开始掀起学习毛主席著作的高潮。1961 年、1963 年毛泽东两次发出学习解放军的号召,各地结合学习雷锋、王杰、廖初江等解放军中的英雄模范人物,有力地推动了群众学习毛主席著作活动的开展。1964 年 1 月,解放军总政治部编印《毛主席语录》第一个供内部学习用的版本。这个语录本随后几经增删,到 1965 年 8 月出版再版本。

根据中央关于省级以上干部学习毛泽东哲学著作的决定,省委计划省级以上干部从 1964 年起用两年时间,将《毛泽东选集》一至四卷和新中国成立以来公开发表的毛泽东著作通读一遍,一般干部选读《毛泽东选集》一部分文章。1965 年 4 月,省委宣传部发出《学习毛泽东著作计划》,要求全省各级干部学好《为人民服务》《纪念白求恩》《愚公移山》等文章。

为了加强对学习活动的组织领导,省委成立学习中心组,除保证自身学习外,还领导全省的学习运动。根据“头头抓、抓头头”的原则,中心组成员以身作则，做到学习的自觉性更高一点，学得更多一点，想得更透一点，用得更活一点。在组织学习方面，着重抓好省、地、县领导和省直机关党委书记的学习。

在学习毛主席著作的同时，还积极开展访贫问苦、参观展览，请老贫农讲家史、村史，祭扫烈士墓，组织老干部讲革命斗争史，进行革命传统教育。通过读报、讲故事以及定期报告、文艺晚会等形式，进行时事政策教育。各地还创造“讲用会”① 的形式进行自学自教、互学互教的活动，树立榜样、培养骨干，推动学习运动深入开展。

为了更加广泛深入地开展学习毛主席著作活动，1965 年 6 月，省委召开推广学习毛主席著作经验现场会，宣传推广歇家嘴大队学习毛主席著作的经验。歇家嘴大队属榆中县定远公社，在公社党委和大队党支部的倡导下，大队组织农民群众学习毛主席著作，许多文化程度不高、识字不多的农民群众也都积极参加学习。其经验：一是党支部带头学、自觉自愿学。这个大队的党支部成员首先带头学，组织干部和群众学，自觉启发、由少到多，逐步形成学习的良好氛围。二是活学活用。在学习中，歇家嘴大队党支部针对生产、工作任务学，针对困难学，学了就用，用之又学，学用结合。学习中坚持“读原文、议精神”，从实际出发，有的放矢。三是方法灵活。他们把学习和生产统一安排，利用田间地头、饭前饭后、白天晚上，经常学、反复学。四是培养出自己的学习辅导员。发挥队干部和回乡知识青年的作用。辅导员和群众一起劳动、一起学习，身教和言教相结合，老年和青年共同学。通过这种学习活动，一方面促进了农村群众文化水平的提高，同时也对调动广大农民群众战胜困难、发展生产起到了一定作用。

会议要求，推广好歇家嘴大队的经验，首先各级领导要带头学好毛主席著作，用毛泽东思想解决实际问题。县级以上领导干部要学毛泽东的思想方法、工作方法和领导作风方面的文章和指示，学习毛主席的哲学著作。高级干部还应有计划地选读马克思、恩格斯、列宁、斯大林的有

① 即在学习毛主席著作活动中出现的介绍学习心得体会的活动，有时称作“活学活用毛主席著作讲用会”。

关著作,学习中做到理论联系实际,活学活用。基层干部要学习《为人民服务》《纪念白求恩》《愚公移山》《反对自由主义》《人的正确思想是从哪里来的》五篇著作,结合学习党的方针政策,把学习引向深入。

与此同时,在全省范围内开展学习雷锋的活动。在60年代初期,一个普通的战士——雷锋,走进了千家万户,他的事迹传遍共和国大地的每一个角落,牢牢地镌刻在亿万人民的脑海里。他用22岁短暂的生命,树起一座永恒的丰碑。雷锋作为一名普通士兵,人们从他感人的先进事迹中,领悟到一个共产党员的崇高风尚,体察到一个人民战士的赤胆忠诚。他艰苦朴素的工作作风,公而忘私的高尚品德,全心全意为人民服务的共产主义风格以及对党和祖国无限热爱的深厚感情,构成一种带有强烈震撼力的精神力量,成为全国人民学习的榜样。随后,学习雷锋的活动,从军营中传开,走向全军,直至全国。特别是1963年毛泽东"向雷锋同志学习"题词发表后,使这一活动在全国兴起。全省的各级党组织积极响应毛泽东的号召,以各种方式开展学习雷锋活动。工青妇组织发挥着重要的引导作用,在广大青年学生中开展学雷锋精神、做革命接班人活动。全省各地通过学雷锋,把调动人的积极性作为重要途径,促进各项工作的提高。出版单位还编印《雷锋生平事迹》的连环画,一些单位通过举办小型展览等方式推动全省基层开展学雷锋活动。

这一时期开展的学习活动,对促进思想政治工作起到重要作用,广大干部群众的政治觉悟有所提高,对共产党和社会主义的理解更加深刻,生活中好人好事不断涌现,人们之间互相关心、互相帮助,团结一心、同心同德的风气逐步树立起来。但是,由于在学习毛主席著作的活动中推广林彪提倡的"背诵警句""急用先学"等方法,也使学习活动出现形式主义、实用主义和简单化的倾向,并助长个人崇拜之风。同时,学习毛主席著作也带上"阶级斗争为纲"的色彩,把学习与批判紧密地结合起来,伤害了一些人的感情。

## 三、意识形态领域的过火批判

1962年秋,中共八届十中全会上毛泽东主席重提阶级斗争。会后,全国在意识形态领域开展了批判斗争。1963年9月27日,毛泽东主席在中央工作会议上的讲话中强调:“反修也要包括意识形态方面的问题。文学、艺术、戏剧、电影等都应该抓一下。”这个指示一经传达,各地即“大抓特抓”意识形态领域的问题。

在文化界,开始对一些文艺作品、学术观点和文艺界、学术界一些代表人物进行错误的、过火的政治批判,同时延伸到哲学、经济学、历史学、教育学等各个领域,使一大批文艺界、学术界的知名人士受到冲击和批判。在文艺界对陈荒煤、田汉、夏衍的批判;在哲学界,对著名的马克思主义哲学家杨献珍的批判;在经济学界,对我国著名经济学家孙冶方的批判;在史学界,对历史学家翦伯赞的批判;等等。随着意识形态领域里政治批判的升级,对新中国成立以来思想文化领域的成就成果全面否定、过火批判。

甘肃省委也积极组织力量参加这些错误的批判运动。11 月 5 日,省委发出《关于贯彻执行中共中央西北局〈关于组织力量,批判“合二为一”的反动哲学思想,彻底肃清杨献珍同志的影响的通知〉的意见》。《意见》提出,目前哲学战线上关于“一分为二”和“合二为一”的论战,是一场极为严重的政治斗争。省委要求各地党组织和党员干部根据西北局精神,清理收缴杨献珍所有文章、讲稿,在《甘肃日报》等报刊组织讨论批判。随后,电台、报刊开始刊播省内大专院校、科研机构专家学者和生产一线的工人农民对杨献珍的批判文章。

与此同时,甘肃文艺界及学术界也积极参加意识形态领域声势浩大的批判活动。在文学艺术界,把演不演革命戏、写不写革命人,当作艺术家革命不革命的标准,当作一场严重的阶级斗争。这一时期,全省思想文化领域中最为严重的批判当属对电影《红河激浪》的批判。

《红河激浪》是 1962 年底,由甘肃作家刘万仁、程士荣、吴乙等人编剧,北京电影制片厂摄制完成的故事片。该片反映的是 1935 年左右活跃在陇东地区的一支中共领导下的游击队,发动群众开展武装斗争,粉碎国民党军事“围剿”,创建陕甘边革命根据地的故事。影片塑造了赤胆忠心、英勇善战的游击队队长张铁娃的形象。该电影摄制完成后时,正赶上江青、康生一伙组织力量批判李建彤的小说《刘志丹》“为高岗反党集团翻案”的浪头。所以,电影还没有公开发行,只在首都试映了几场后就被封杀,电影被污为“反党毒草”,作者、编剧、导演,以及电影厂领导等都被调查和批判。1964 年,甘肃省委和北京电影制片厂联合对相关问题作了调查说明。为了不将事态扩大化,西北局、甘肃省委作出“不准在群众中批判”的规定。

## 四、十年建设时期的曲折进展与经验教训

从 1956 年到 1966 年的十年,是甘肃开始全面建设社会主义的十年,是探索建设社会主义道路曲折前进的十年。

十年的建设不仅使甘肃的工业化基础得到不断加强,工农业生产有了较大发展,农业生产条件大大改善,经济实力明显增强。十年的建设为甘肃的文化教育、科学技术事业的进一步发展提供了重要基础,也为甘肃的进一步发展锻炼培养了一大批领导骨干和技术人才。

十年建设的丰富实践,深化了全省广大干部群众对经济建设客观规律的认识及省情的进一步了解,积累了在欠发达地区进行社会主义建设的丰富经验。比如,在同严酷自然环境的长期抗争中,坚持吃苦耐劳、坚韧不拔等多方面的优秀品质;坚持从实际出发,保持农业、轻工业、重工业比较合理的比重关系;扬长避短,依托国家投资,发挥传统产业优势。在农村,充分尊重农民群众的首创精神,因地制宜,积极发展生产,把解决农民吃饭问题当作农村工作的头等大事。

总之,甘肃此后赖以进行现代化建设的物质技术基础,很大一部分是在这个时期打下的;全省经济建设、文化事业、科学技术等方面的骨干力量和工作经验,大部分也是这个时期培养和积累起来的。十年建设所取得的成就,为后来的社会主义建设奠定了初步的物质、技术基础。这个时期建设起来的一些基础设施、基础项目和大中型企业,在此后的国民经济和社会事业中发挥着重要作用。这是这个时期甘肃整个工作的主流和主导方面。

这十年是我们党对社会主义发展道路艰辛探索的十年。在这十年中,全省各级党组织和全省人民为全面推进各项事业发展,改变甘肃落后面貌所表现出的精神难能可贵。在全新的开创性的事业面前,党的各级领导干部和广大党员、群众能够坚持勇于实践创新、开拓进取的精神,

在国内遇到严重经济困难、国际上受到战争威胁的巨大压力面前，全省人民能够保持独立自主、自力更生、英勇顽强、艰苦奋斗的精神状态，特别是在遭受挫折失败的岁月里，广大干部和群众能休戚与共、同甘共苦，为战胜困难而努力拼搏，取得了一定成就。

但是，由于党在探索社会主义建设道路过程中指导方针上发生的严重失误，加之当时错综复杂的国内外局势、自然灾害和党内对建设社会主义道路认识的分歧和矛盾，对甘肃党组织所作的决策和各项工作产生重要影响，导致十年的建设遭受严重挫折，经历了曲折发展过程，留下了极为深刻的教训。

这些错误主要是因为在经济建设中违背了客观规律而造成的。在社会主义改造基本完成后，对国内主要矛盾的认识上，承认社会主义条件下存在一定范围的阶级斗争，警惕和平演变和政权被颠覆的危险是必要的和正确的。但把大量的人民内部矛盾看成敌我矛盾，把一定范围内存在的阶级斗争扩大化、绝对化，把不同思想观点、政策主张、做法以及艺术和学术上的不同流派、不同观点，当作资产阶级意识形态来反对，当作阶级斗争动向来评判，也是错误的、有害的。十年中“左”倾错误的积累和发展，最终构成了“文化大革命”发生的主要原因。

在社会主义经济建设的速度上，力争效益的提高、发展速度的增快是必要的和正确的，但追求主观臆想的、盲目冒进的高速度，是错误的、有害的。在生产关系的变革上，适当调整不适应生产力发展水平的部分，以求在新的生产关系下保护和发展生产力，是必要的和正确的，但片面夸大生产关系对生产力的反作用，追求脱离生产力发展水平的“一大二公”，特别是在所有制问题上急于求纯、急于过渡，也是错误的。

由于复杂的主客观原因，十年探索中的失误和导致的后果是严重的，所造成的损失也是巨大的，但这并不是这个时期党的工作的主导方面。十年中，在“左”的错误在党的工作中占主要地位的情况下，全省的各级党组织以极大的勇气和对人民负责的态度，及时对工作中的失误进行纠正和调整，使党所领导的事业在克服困难、纠正失误、不断探索中继续前进。

# 第　三　编

# “文化大革命”

（1966 年 5 月—1976 年 10 月）

# 第十五章
# “文化大革命”的发动与初期内乱

1966年是执行第三个五年计划的第一年,正当全省人民在省委的领导下,全力投入社会和经济建设的时候,“文化大革命”运动爆发。面对这场突如其来的运动,省委在困惑中积极引导,但全省各级党政机构被相继被夺权,大批领导干部被打倒,导致社会生产和生活秩序陷入严重混乱。在军队的支持下,各级党委建立起“三结合”的“抓革命,促生产”指挥部,使得社会生产、生活秩序有所好转。

## 第一节 “文化大革命”的发动

### 一、省委在运动初期的部署

1965年11月10日,上海《文汇报》发表姚文元的《评新编历史剧〈海瑞罢官〉》,点燃“文化大革命”的导火索。省委按照中央的部署,也开始通过媒体和召集座谈会,声讨“邓拓、吴晗、廖沫沙‘三家村’黑店、黑线”,筹划准备对本省的“走资本主义道路的当权派、资产阶级的反动学术权威”以及其他一切“牛鬼蛇神”展开斗争。1966年5月10日,上海《解放日报》和《文汇报》发表姚文元《评“三家村”——〈燕山夜话〉、〈三家村札记〉的反动本质》的“重要文章”,甘肃也在文化领域开始全面揭批的“三家村”的“黑帮、黑线、黑店”,并在《甘肃日报》开辟学术讨论专栏，开始批判《三家村札记》和《燕山夜话》。

在意识形态领域的批判不断升级背景下，1966 年 3 月 17 日至 20 日，在中央政治局常委扩大会议上，毛泽东主席指出文、史、哲、法、经要搞好"文化大革命"。4 月 14 日，中共中央又下发《林彪同志委托江青同志召开的部队文艺工作座谈会纪要》。省委根据中央的会议和文件精神，开始着手文化领域的这场革命。23 日，省委召开常委会议，传达讨论毛泽东主席有关"文化大革命"的指示，讨论全省开展"文化大革命"的问题。之后，又召开常委会议，对全省的"文化大革命"问题进行专门讨论，并召集学术界、教育界、新闻界、文艺界"四界"负责同志参加的座谈会。5 月 12 日，省委常委会再次组织学习中央批转下发的《林彪同志委托江青同志召开的部队文艺工作座谈会纪要》，听取关于"四界"座谈会情况的汇报，分析全省文化战线上阶级斗争的形势，检查全省在领导文化战线工作中的缺点和错误。并按照中央文件精神，放手发动工农兵群众、广大干部、文教工作人员认真学习讨论，赶写批判文章，批判和声讨邓拓、吴晗、翦伯赞、田汉等所谓"反党反社会主义的罪恶活动"，批判和声讨《前线》《北京日报》《北京晚报》的所谓"资产阶级反动立场"。同时，揭发甘肃省这方面的问题，揪斗所谓的"牛鬼蛇神"、甘肃文化战线"反党反社会主义社会的黑线"和"资产阶级'学术权威'"。按照前期文化教育系统的揭发，确定阮迪民、莫耶、黄文清、陈涌（师大中文系教员）、赵俪生（兰大历史系教授）、刘让言（兰大中语系副主任、副教授）、宋福僧（师大政教系主任、副教授、党总支书记）等 7 人和话剧《"8·26"前夜》、电影《红河激浪》（内部批判）等，作为甘肃"文艺黑线""资产阶级反动学术权威"和"资产阶级教授"，进行重点批判。5 月 14 日，省委城乡社教委员会办公室转发《中央西北局关于组织城乡社教工作团全体人员积极参加文化大革命的通知》，要求城乡社教工作团（队）全体人员在做好城乡"四清"社教运动的同时，积极参加"文化大革命"运动。

当年 5 月 16 日，中共中央政治局扩大会议通过《中国共产党中央委员会通知》（简称"五一六通知"）。《通知》要求"高举无产阶级文化大革命的大旗，彻底揭露那批反党反社会主义的所谓'学术权威'的资产阶级反动立场，彻底批判学术界、教育界、新闻界、文艺界、出版界的资产阶级反动思想。夺取在这些文化领域中的领导权。而要做到这一点，必须同时批判混进党里、政府里、军队里和文化领域的各界里的资产阶级代表人物，清洗这些人，有些则要调动他们的职务。尤其不能信用这些人去做领导文化大革命的工作。”省委收到中央通知后，立即召开省委常委扩大会议认真学习讨论，并形成会议《纪要》。会议决定，“文化大革命”运动由省委第一书记汪锋全力抓，省委常务书记裴孟飞和书记陈曾固以主要精力抓。会议初步确定全省文化革命的重点斗争对象，并支持大专院校学生停课“闹革命”。5 月 17 日，省委把《纪要》作为指导全省“文化大革命”的纲领性文件，制定下发《关于开展社会主义“文化大革命”的情况和安排意见》，对全省“文化大革命”运动作出安排。

“文化大革命”发动以后，绝大多数党的领导干部、党员干部和群众陷入极度的困惑和矛盾之中，对这场来势迅猛的政治运动很不理解。出于组织原则的要求，省委还是积极努力，紧随中央的决策部署，先后多次召开文化革命活动的研讨会。省委认为：“16 年来，我省文化思想战线上的阶级斗争是非常尖锐、非常突出的。从城乡社会主义革命运动中和最近文化革命运动中初步揭发出来的材料看，不论是学术界、教育界，还是新闻出版界、文艺界，问题的严重性不仅仅是普遍存在着大量的资产阶级的、封建主义的反动思想，而是确实存在着一条反党反社会主义社会的黑线，确实被一条黑线专了我们的政，许多单位的领导权不在我们手里或者不完全在我们手里。在教育界，学校实际上为地、富、反、坏和罪大恶极的资产阶级‘学术权威’所垄断。据甘肃师范大学初步摸底排队，党委 13 个委员，没有一个彻底革命派，12 个系基本上都不在我们手里，24 个教授有 15 个，即 65% 的人是伪官吏和政客，其中有胡宗南的少将高参、国民党区分部书记和地主分子。在文艺界，不少剧团实际上掌握在反革命、封建把头之手。省级文化系统共有剧作者 24 人，其中敌伪党团骨干、伪警察骨干、叛徒、右派分子就有 10 人，占 41.8%。甘肃一个时期，坏戏、毒草大量出笼，还出现了像《红河激浪》那样明目张胆地反党的坏电影。在新闻界特别是报纸，长期在资产阶级代言人阮迪民、反党分子莫耶、修正主义分子黄文清等人的操纵下，刊出了大量的坏作品。据初步检查，从1960年到1962年，发表了近百篇毒草和吹捧坏戏、坏电影的文章。值得特别指出的是，文化战线上这样乌烟瘴气，但许多单位的领导人长期以来都是不问政治的，不少人迷信‘权威’，盲目地崇拜‘名牌货’，跪拜在‘名教授’‘名演员’‘名作家’‘名学者’面前，对反党反社会主义的黑线不敢发动群众，针锋相对地揭露和批判，多方进行纵容、包庇、支持，为他们的反党反社会主义的罪恶活动鸣锣开道，这就是反党反社会主义的黑线能够在甘肃存在、发展，并长期占领文化阵地的根本原因。”

6月1日，《人民日报》发表《横扫一切牛鬼蛇神》的社论。同日，中央人民广播电台全文播发北京大学聂元梓等人向北京大学党委和北京市委发难的被称作“全国第一张马列主义的大字报”。此后，兰州大学、兰州铁道学院等高等院校和一些中等学校停课，批斗学校领导干部和所谓“反动学术权威”。

3日，省委决定组建大专院校、文教系统工作组。4日，向兰州各高校派驻工作组，领导“文化大革命”。

《横扫一切牛鬼蛇神》社论的发表和中央决定改组北京市委、北京市委决定改组北大党委的消息公布后，省内许多单位开始“集中火力向本单位的黑线黑店开火”。甘肃师范大学师生接连到省委师大工作团请愿，强烈要求改组师大党委、校务委员会、团委，撤销部分校党委领导干部的一切职务，并且要求开展面对面的斗争。各系也集中揭露出20多个重点人物。师大附中也有五六百名学生陆续到师大声援，并派代表到省委，请求派工作组开展“文化大革命”。兰州铁道学院、教育学院、医学院和兰州大学等单位，在揭露资产阶级“权威”的同时，集中火力转向揭发院校领导的问题。全省各地、各单位的声讨座谈会一个接着一个，形形色色的大字报、黑板报铺天盖地。在兰各工厂全部举行声讨会、座谈会。兰州大学、甘肃师范大学、西北民族学院在三天时间就张贴出大字报2000多张。仅兰州市在短短几天就有3万多人举行各种形式的声讨所谓“反党反社会主义的黑店、黑帮、黑线”的群众大会。

在“文化大革命”的高潮已经发起，并且迅速发展的形势下，7月下旬，省委召开“社会主义文化大革命积极分子座谈会”和省委常委扩大会议。会议根据西北局第三次全体会议（扩大）精神，讨论形成《关于进一步开展文化革命运动的安排意见》，对全省“无产阶级文化大革命”作出进一步安排。25日，省委成立文化革命小组，由马继孔、丁乃光、程萍、马彬、史毅、刘向乙、李坤润、何英、刘爱芝9人组成。其中，省委书记处书记马继孔任组长，省委常委、组织部长丁乃光任副组长。文化革命小组下设办公室，程萍任主任，马彬、史毅、刘向乙、李坤润为副主任。办公室分设秘书组、大学组、综合组。确定城市正在进行社教的中央企业、省级机关和兰州市、玉门市进行社教的企业、机关的文化革命工作，由省委城市社教办公室管理；农村正在进行社教的县级机关及其所属的文教单位的“文化大革命”工作，由省委农村社教办公室管理。

## 二、揭批“阮、吴反党反社会主义黑帮”

1966年5月12日，省委常委会议对全省的“文化大革命”问题进行专门讨论，认为“1964年西北局提出社会主义革命在三条战线上作战，我们虽然也成立了思想战线指挥部，但实际上只抓了两条战线，思想文化战线基本上被挤掉了。在组织工作上，我们对这条战线也是重视不够的，许多单位长期缺乏可靠的领导骨干，对一些政治不好的人员，没有认真清理整顿，还往往把犯错误的干部安插到文化教育部门，有些单位的领导权实际是我们让给人家的”。“文化战线政治情况复杂，坏人坏事多，与这种情况有直接关系的。”因而，在“文化大革命”发动的准备阶段，矛头就对准了文化宣传部门。

6月20日，中共中央批转《文化部为彻底干净搞掉反党反社会主义反毛泽东思想的黑线而斗争的请示报告》。24日，省委报经中央西北局批准，作出《关于阮迪民、吴坚反党反社会主义黑帮问题的决定》，对原省委常委、宣传部长、甘肃日报社总编辑阮迪民和省委宣传部副部长吴坚、雪凡（时任甘肃人民广播电台台长）等以所谓“反党反社会主义黑帮”在报纸上公开点名批判，并撤销了他们的党内外一切职务，造成甘肃“文化大革命”运动中的第一起冤假错案。

7月23日，省委在《甘肃日报》上公布阮迪民、吴坚、雪凡反党反社会主义黑帮的“罪行”。27日,《甘肃日报》以《彻底打倒阮迪民、吴坚反党反社会主义黑帮》为题发表社论,全省各地掀起揭批高潮,使阮迪民、吴坚等人遭到政治迫害,同时株连了许多干部群众。

在不断升级的批判运动中,省委分管文教的书记陈曾固,被认定为“甘肃省阮、吴反党反社会主义反毛泽东思想反革命黑帮的头子、总后台,是甘肃‘五界’牛鬼蛇神的总根子”,“是钻进党内的资产阶级代表人物,是党内走资本主义道路的当权派”。原《甘肃日报》副总编铁军,原省委宣传部副部长、时任甘肃省人民广播电台台长雪凡,甘肃日报社副总编辑莫耶等人成了“阮、吴反党反社会主义黑帮”中的重要成员,原教育处处长曹启宇、原文艺处副处长刘实之等人被打为“阮、吴反党反社会主义黑帮”的走卒。一大批跟阮迪民、吴坚有过业务接触和私人交往的宣传工作者和“五界”人士都遭到错误批判。

## 三、批判《红河激浪》

1966年初,已经被江青定性为“为反党分子高岗翻案”的“大毒草”的电影《红河激浪》,在“文化大革命”开始后,又在中央文革小组负责人江青、康生等人指示下,省话剧团、兰州大专院校红委会等组织相继成立专案调查团,对该片进行再调查。随后,报纸上相继发表批判文章。在众多讨伐文章中,题为《烧毁高岗反党集团的招魂幡——评反动影片〈红河激浪〉》一文,是对《红河激浪》“定性”的文章。该文以“甘肃省革命委员会政治部大批判组、兰州部队战斗文工团革命委员会”的名义,于1968年4月14日发表于《人民日报》,文章给《红河激浪》罗织三大罪状:一、“是高岗反党集团阴谋的继续”;二、“竭力美化反党头子高岗”;三、“竭力鼓吹‘陕北救中央’的反动谬论”。

1969年3月24日,甘肃省革命委员会向中共中央、中央文革提交关于电影《红河激浪》的调查报告,诬称该片是“反党分子习仲勋和张仲良主谋炮制的一株大毒草”,是“反党小说《刘志丹》的变种,是一部为彭德怀、高岗、习仲勋反党集团翻案的反党影片”。接着开始大追查、大批斗,凡是和《红河激浪》有牵连的人员都程度不同地遭到政治迫害。参与《红河激浪》创作的刘万仁、程士荣、吴乙等作家在“文化大革命”中都被打成“反党分子”“黑帮黑线”人物，一直被关，身心受到严重摧残。省委分管文教的书记陈曾固也受到牵连，停职反省。吴坚、铁军等人以及曾审读过该作品的习仲勋、周扬、夏衍、齐燕铭等人也深受牵连。

《红河激浪》在庆阳地区和正宁县也株连了许多人。曾担任顾问的原地委副书记王立成，在“文化大革命”中被批斗、殴打。协助刘万仁一同采访、开会做记录的王长明、高俊峰、路迪也被打成“彭、高、习反党集团”的“黑爪牙”，遭到错误批判，并打入“黑帮队”进行劳动改造。《红河激浪》中主人公张铁娃的原型、南梁革命根据地的老英雄赵铁娃，遭受种种非人磨难，最终含冤而死。

“文化大革命”中，连同《红河激浪》一起被打成“毒草”的文艺作品还有甘肃话剧团汪钺、姚运焕、武玉笑等执笔创作的话剧《在康布尔草原上》，武玉笑创作的话剧《远方青年》，汪钺改编的话剧《岳飞》，陈工一创作的话剧《“8·26”前夜》，高平创作的歌剧《向阳川》《第二次婚礼》等。《陕甘宁边区简史》《甘肃革命运动志》等作品也被认定为“为彭、高、习歌功颂德，树碑立传的大毒草”，遭到点名批判。《甘肃文艺》也被批为“毒草炮制所”。与之相关联的一批文化工作负责人以及剧作家，也都一一遭到批判。

## 第二节　全面内乱

### 一、“六七”事件

兰州大学是甘肃开展“文化大革命”运动比较早的学校之一。1966 年 5 月 10 日，兰州大学召开对邓拓、吴晗、田汉、廖沫沙所谓“反党反社会主义罪行”的声讨大会。此后，校园中贴出大批大字报，召开大量“声讨会”。在批判运动愈演愈烈的情形下，5 月 31 日，校长兼党委书记江隆基在全校政治辅导员、团总支以上干部、党总支书记参加的大会上，代表校党委对兰州大学的“文化大革命”提出“坚持半天学习，半天运动”，

“只能文斗不能武斗”，“座谈会与大字报并重”，“涉及学生的问题不要搞”，“目前主要是揭露”为主要内容的五条具体意见，以维护学校的正常教学秩序，抵制无政府的混乱局面。这五条意见成为日后校党委和校领导遭到批判的导火索。一些“文化大革命”中的“积极分子”认为校党委的这些规定压制了兰州大学的“文化大革命”运动。在“文化大革命”运动的大趋势下，省委主要领导也认为校党委在领导“文化大革命”中犯了“右倾错误”。

6月2日，《人民日报》发表聂元梓等7位北大师生的大字报。同日，兰州大学历史系学生李贵子等11人贴出《校领导的严重右倾保守思想必须立即纠正》《驳“不能质问校领导”之怪论》等大字报。其矛头直指校党委，校领导被诬蔑为“黑帮”“反党反社会主义反毛泽东思想的三反分子”。广大师生对李贵子等造反派所谓的“革命”行动极其愤慨，纷纷起来进行反驳，并对贴大字报、造校党委反的学生进行了批判斗争。

4日，省委副秘书长召集兰州大学、兰州医学院、兰州铁道学院等校部分学生在省委开会。会上，兰大学生代表李贵子作了“炮轰”校党委的发言，部分师生认为李贵子的发言与兰州大学实情不符，引发各院校师生的激烈争论。省委副秘书长代表省委认为李贵子等人“要求革命，就是革命左派”，对他们的造反行动给予支持。这一表态，使矛盾更加激化。同日，省委工作组进驻兰州大学，替代校党委对兰州大学“文化大革命”的领导。一些教授、副教授、讲师被扣上“反动学术权威”的帽子，许多教职工被打成“牛鬼蛇神”“反革命”等遭到批斗。

6日下午，工作组召开全校大会，江隆基代表校党委对“右倾问题”作了检查。工作组认为“兰大党委是千方百计压制群众运动”，决定要在学校深挖“牛鬼蛇神”。紧接着，工作组组织学生用开会和贴大字报等方式“揭发”和攻击校领导人。部分对工作组有意见的师生，也贴出大字报进行批驳。

7日，兰州大学的部分师生与工作组在如何对待与评价校党委书记、校长江隆基的问题上发生冲突。李贵子等人将写大字报批评工作组的人指为“反革命”，受到许多学生反对，由此引起争辩，后来发展到大礼堂数千名师生的大会辩论。部分师生揭露李贵子等人“抱有个人动机”,提出要用毛泽东思想衡量省委,并提出“保卫校党委、保卫总支”,“不准质问校领导”的口号。工作组公开表态支持李贵子,并要求“大家跟工作组走,坚决做无产阶级革命派,不做资产阶级保皇派”,更引起了许多人的激烈反对。会场上群情激奋,秩序混乱。大会从中午12时一直延续到下午5时多仍毫无结果。被临时叫到会场的江隆基见双方都很激动,建议暂时休会,要辅导员将各班学生带出会场。会后,部分学生向党中央发电报、挂电话,要求派人处理;千余名兰大学生也开始驱赶工作组,并派代表冲进省委机关大院,要求与省委领导辩论。当晚,在西安参加西北局会议的省委第一书记汪锋发出六点指示,决定加强工作组,批评江隆基支持“右”派,打击“左”派。

事件发生过程中,省委认为,当右派轰斗工作组和积极分子时,“以江隆基为首的兰大党委,没有一个人站出来坚决站在左派和工作组一边,支持革命势力。相反,许多人还直接参加了这一反对‘文化大革命’的活动”。此事件遂被定性为“右派反革命势力向我猖狂反扑严重事件”。

7日晚,根据西北局的指示,省委连夜召开会议,并立即找江隆基谈话,批评他支持“右派”,打击“左派”,责令他检查交代反省;对来省委集会的“右派”学生,给予严厉驳斥。决定将原来的省委工作组扩大为工作团,连夜抽调142名干部,进入兰大开展工作。

8日,工作团召开全校师生大会,公开批判江隆基“犯有反对毛主席文化革命路线的错误”“打击了无产阶级革命左派,支持资产阶级右派”,并发布工作团给兰大师生的《文告》,对李贵子造反行动表示支持,宣布“兰州大学‘无产阶级文化大革命’的领导权归工作团,兰州大学党委要经常向工作团汇报工作”。

工作团进入大学后,江隆基成为被斗争对象。李贵子联络外系学生组成战斗小组(时称“李贵子小组”)在兰州大学到处揪斗“反革命”“反党分子”“牛鬼蛇神”,并采用压制、搜查、围攻、斗争、限制自由以及一些过激的非法手段打压所谓“右派”的教师、学生。17日,李贵子小组把江隆基从家中拖到操场,罗织了江隆基“严重右倾保守思想”“江隆基公开诋毁毛泽东思想”等“罪行”,对他进行“斗争”。

23日，省委针对兰州大学“六七”事件作出《关于撤销江隆基党内外一切职务的决定》，无端指责江隆基“是一个长期隐藏在党内的资产阶级代表人物，是打着红旗反红旗的黑线”，宣布对他进行系统批判。江隆基被撤销党内外一切职务后，由省委兰州大学工作团团长龙炳初代理兰州大学党委书记职务。《决定》宣布当天，兰州大学又召开“斗争”江隆基大会。25日，江隆基自杀。

对省委6月作出的兰大“六七”事件性质的定性，兰大部分师生表示不同意。9月20日，兰大10位同学前往西安，到西北局表示抗议，刘澜涛接待了他们，对兰大“六七”事件作了认定，认为省委对此事件负有责任，应当及时给予平反。10月下旬，省委按照中共中央批转中央军委、总政《关于军队院校无产阶级文化大革命的紧急指示》和《中共中央关于处理无产阶级文化大革命中档案材料问题的补充规定》，对此事件重新认定后，于1967年1月7日彻底平反，被打成“反革命”“反党分子”“右派分子”“假左派、真右派”的大批师生恢复了名誉，受害者家属也得到了抚恤。

## 二、“八三”事件

“文化大革命”运动开始后，省委给各学校派出工作组，兰州铁路局党委也给铁路学校下派了工作组，以维护学校的正常教学秩序。工作组到校后，遏制了铁路学校“左”派激进势力的发展。因而，兰州铁道学院、兰州铁路一中、兰州铁路三中等学校的激进学生写信给兰大文化革命筹委会，要求支援他们的“文化大革命”。

1966年8月3日，省委召开省、市高中以上学生和党政机关干部5万人大会，宣布省委关于撤销各大专院校工作团的决定。会后，兰州大学部分学生到兰州铁路一中进行串连，支援兰铁一中“闹革命”的学生，揭发批斗“牛鬼蛇神”和“反动学术权威”，发生了与该校师生间的冲突（时称“八三”事件）。省委得讯后，立即派一名书记到现场进行处理。事后，省委撤了铁路一中文化革命工作队队长的职务。“八三”事件激起了铁路职工和家属的怨气。铁路职工和家属不断围攻兰大学生，与兰州大学“革命师生”形成对立，省委多次调解无效。

鉴于“文化大革命”形势的急速发展，省委分析“八三”事件以来社会各界群众对兰州大学“革命师生”支援其他学校“文化大革命”的种种议论，认为在部分干部、学生和群众当中之所以发生责难兰大革命师生的革命行动，挑剔群众运动的缺点，主要是由于有些人对文化革命的形势缺乏正确的认识，站在“糟得很”的立场上看待革命的群众运动。6日，省委召开省、市两级党政机关、工矿企业、文教部门各级党组织负责人参加的会议。会议认为，“兰州市的一些中等学校要求兰大支援他们搞好“文化大革命”是无可非议的，是完全正确的。一切责难、挑剔、反对都是极其错误的”；建议铁道部党委对兰州铁路局党委书记赵滔和兰州铁路局党委副书记、局长苏华予以停职检查；对兰州铁道学院和兰州铁路局一中的铁路院校“文化大革命”工作团、队，因“压制革命群众，打击左派，包庇右派的错误很严重”，建议撤离学校，到省委指定地点集中，进行整训，然后再交回原校，发动学校进行揭发和批判。

省委处理此事时，支持李贵子，认为兰大学生到校外打人是不可避免的，没有采取有力的措施说服和制止；对铁路职工在子弟挨打后的激愤情绪和行动，误认为主要是铁路局党委领导蓄意煽动的。11日，省委又报告中共中央西北局和中共中央，撤销兰州铁路局负责人赵滔、苏华的党内外一切职务，引发了铁路职工的更大对立情绪，形成了地方与铁路系统群众严重的对立局面。

14日，北京支援兰州“文化大革命”运动的首批43名红卫兵来到兰州，针对兰大“六七”事件和兰州铁路局“八三”事件，揭省委的“盖子”，把矛头指向省委。在铁路系统职工、来兰红卫兵和铁路院校师生的压力下，省委为了缓和矛盾，扭转局面，及时请示中央和铁道部，于22日恢复了赵滔和苏华的职务，并向铁道部和兰州铁路局干部职工作了检查，撤销了省委文化大革命领导小组主要领导成员裴孟飞、马继孔等人职务。省委对“文化大革命”运动的领导陷于极其被动的局面。

## 三、红卫兵运动和大串联

1966年8月1日，《人民日报》刊登毛泽东给清华大学附中红卫兵的一封信，表示热烈支持他们的“造反”行动。

8日，在中国共产党第八届中央委员会扩大的第十一次全体会议上，讨论并通过《中国共产党中央委员会关于无产阶级文化大革命的决定》（即《十六条》），进一步推动了“文化大革命”运动的发展，也成了红卫兵运动的助推剂。

18日，毛泽东在首都百万群众庆祝“文化大革命”的集会上首次接见来京进行大串联的全国各地的红卫兵。他戴上“红卫兵”袖章，表明对红卫兵的公开支持。红卫兵运动迅速在北京发起，向全国各地蔓延。北京“西进”串联的一批红卫兵来到兰州煽风点火，接二连三地冲击省委，高喊“造反有理”的口号，要求省委的主要领导出来和他们见面，要揪出制造“兰州‘六七’‘八三’事件”的“总后台”。

22日至29日，新华社连续报道首都和各地红卫兵走上街头，横扫“四旧”的文章。23日，《甘肃日报》在头版头条刊登新华社关于首都红卫兵向所谓“旧思想、旧文化、旧风俗、旧习惯”猛烈开火的消息。红卫兵随即冲出学校，走上街头，大破“剥削阶级的‘四旧’”。仅几天时间，全省各大中小城市的大街小巷，到处都张贴着“打碎旧世界，建立新世界”的标语，“破旧立新”的大字报、大标语、倡议书、通牒信以及更改名称的大红“喜报”。除了大批判和上街“破四旧”外，地名、店铺、公交车站、单位名称也掀起了改名风潮。兰州大街小巷的公交站牌，都被红卫兵涂上了“打碎旧世界，建立新世界，改掉旧站名，建立新站名”的标语。兰园的“友好堂”电影院，改称“革命园”；双城门的素真剧院，改称“东风剧院”；兰州东关外的“中苏友好馆”，改称“反修馆”；陇西路改称“革命路”；百年名校兰州一中也更名为“兰州共产主义劳动学校”，简称“共劳校”……

8月下旬到10月初，全省各地迅速掀起群众性“破四旧，立四新”的热潮。仅天水专区8月底的统计，拆除庙宇6200座，收缴古籍22万余册，焚毁古书画43万余幅，更改街道及地名320处。渭源、靖远、通渭、临洮4县，共拆除庙宇1500多处，砸毁泥像9300多个，捣毁神牌82900多处，销毁家谱、牌位5700多本（个），焚毁各种古旧书籍52300多册、各种迷信用具6400多件，平毁坟头1100多处，陇右名山兴隆山和甘肃道教圣地崆峒山的古建筑也未能幸免，给甘肃传统历史文化和宗教文化造成了无法挽回的巨大损失。红卫兵除了破“四旧”外，还从城市赶走“牛鬼蛇神”，勒令政协、各民主党派解散，通令宗教职业者还俗，到处鼓动“造反”，冲击省、市委机关，揪斗所谓“走资派”，进而发展到自行抓人、揪斗、抄家、游街示众，私设公堂，滥施酷刑，导致社会秩序开始混乱。

9 月初，中共中央、国务院发出关于组织外地师生来京参观“文化大革命”的通知。各地红卫兵纷纷涌入北京“取经”，北京红卫兵分赴各地“点火”，号称“大串联”。兰州地区的红卫兵自毛泽东主席第一次接见红卫兵后开始酝酿串联活动，10 月 6 日，在红卫兵兰州“九三”革命总部的支持下，由兰州中学红卫兵总部发起，正式成立“捍卫毛泽东思想红色长征团”。长征团以学校为单位，组建各分团，其中最有影响的有以兰州一中为主的“红色长征团六分团”，兰州十四中为主的“红色长征团第八分团”和兰州女中为主的“红色长征团第九分团”。长征团成为甘肃“文化大革命”中具有相当影响力的造反派组织。长征团成立后，即开始到北京的“大串联”。

10 月 31 日，从北京“取经”回来的“红色长征团”将斗争矛头指向省委和省委主要领导，并于当天非法进驻省委办公大楼。

11 月，兰州大学、甘肃师范大学、甘肃工业大学、兰州铁道学院、西北民族大学等学校的红卫兵 3000 多人聚集兰州，组成 200 多个“长征队”，徒步前往北京、延安、井冈山、遵义、韶山等地进行“大串联”。在红卫兵大串联中，首先受到冲击的县委是皋兰县委，导致县委书记葛曼自杀。部分红卫兵和青少年在农村串联中，轰斗基层干部和群众，有的红卫兵甚至搜抄社队干部的家，到处散发传单，“勒令限期收回自留地、自留羊、自留树和私有生产资料”“收回一切生产、生活资料归公”，造成农村的混乱局面。

红卫兵在全省各地的串联、支派、批斗中，使用了许多非人道的做法，不仅给许多人造成了严重的身心伤害，也对全省社会、经济、文化事业造成了重大损失。

## 四、汪锋等省委领导遭批判

裴孟飞、马继孔被撤职后，在造反派群众的呼吁下，省委与首都等地来兰红卫兵及省市各单位代表商妥，原定于1966年9月2日召开的兰州市革命群众声讨裴孟飞、马继孔罪行大会，因天气预报2日有雨，按照大会筹委会“遇雨顺延”的规定，推迟了会议的召开。外地来兰红卫兵和以兰州铁路局群众为主的造反派，质疑会议延迟的原因。

2日下午5时，兰州铁道学院红卫兵同哈尔滨、牡丹江、齐齐哈尔3市来兰红卫兵共300余人，到省委大楼门前要求省委第一书记汪锋解释原因。汪锋和李友九作了解释，但红卫兵不依不饶，在他们的围攻下，直至晚12时，汪锋只得签字同意风雨无阻召开大会。

3日上午10时左右，兰州铁道学院、兰州铁路局等单位代表按照预定的时间召开大会，主会场设在七里河体育场，分会场设在红山根体育场，合计约4万人。裴孟飞、马继孔被拉到大会现场，接受造反派群众的声讨。

11时许，会议组织者派数十人到省委寻找汪锋。汪锋与高健君、胡继宗3人当即赶到会场，与群众见面。会议到下午1时以后，有人递条子“把汪锋揪出来”，会议主持人高声宣读后，即令汪锋站在前台，兰州铁道学院和东北来兰红卫兵六七人，纷纷上前，强制汪锋低头认罪。汪锋多次要求跟群众讲话，都被会议主持人阻止。在围斗中，导致汪锋昏迷，被送进医院，引起部分单位、群众对会议组织者的不满，集体退出会场，会议被迫匆匆收场。会后，兰州各界造反派组织对这次会议转移斗争目标、揪斗汪锋提出质疑，也对铁路系统的造反派召集大会的目的产生疑问，相互产生意见分歧。

6日上午8时至下午4时半，兰州市各界群众组织针对“九三”大会和省委前期的错误，又重新组织召开声讨裴孟飞、马继孔罪行的大会。参加大会的群众约10万人。会上有16名代表发言，揭露、批判裴孟飞、马继孔所谓的“破坏无产阶级文化大革命的罪行”；揭发、批判省委在领导“文化大革命”中的错误。最后由王世泰代表省委作检讨发言。但是，一些东北来兰的大学生和铁路系统职工、师生认为，这次大会主席团“是不革命的，是修正主义、反革命”，提出“要改组甘肃省委”“罢汪锋的官，撤汪锋的职”。会后，铁路系统的职工、师生和东北来兰红卫兵1万余人上街游行，并围住省委办公大楼，在省委院内静坐示威直到第二天。与此同时,铁路系统的10辆宣传车和一辆救护车在东方红广场也被1万多名工人、农民、学生、干部围住,要求他们下车进行辩论。群众坚持“不揪出铁路局党委书记赵滔、局长苏华两人,绝不离开”。省委得悉情况后,先后安排高健君、李友九前往劝说,直到第二天,双方才散去。

“九三”“九六”大会后,兰州部分学校的红卫兵借此成立了“九三革命总部”,开始把矛头直指省委和省委第一书记汪锋。

## 第三节　省委稳定局势的努力

### 一、省委工作组进校与撤回

1966年6月3日,为了加强领导各单位的“文化大革命”,省委仿照北京市向各大中专院校派出工作组的做法,决定成立大专院校、文教系统工作组。4日,省委下派的领导文化革命工作组进驻各大中专院校。当时的工作组由3人至5人组成,主要起联络作用。工作组进驻学校后,一方面了解各院校“文化大革命”运动的发展情况,另一方面探索领导学校“文化大革命”的经验。工作组进入大、中学校后,取代了原校领导的职权,开始领导各大、中学校的“文化大革命”运动。在工作组的组织下,开始对各学校所谓“反党反社会主义的头面人物”进行斗争,对文化教育界所谓的“反动学术权威”和“牛鬼蛇神”进行揭发批判。一些学校的主要领导人被指责为“资产阶级代表人物”,许多教授、专家被批判为“反动学术权威”。同时,一些被认为有政治历史问题和有复杂社会关系的教师也遭到歧视。

兰州大学不仅在甘肃各大专院校中有着举足轻重的作用,而且在“文化大革命”发动期间成了各大专院校的排头兵。因而,兰州大学的“文化大革命”运动形势的发展,直接影响到省委对工作组的下派与撤回。

兰州大学“六七”事件、兰州铁路局“八三”事件发生后,省委主管领导认为兰州大学校党委和兰州铁路局党委压制、阻碍了全省“文化大革命”运动的开展,对他们做了组织处理。正是按照对兰大“六七”事件的处理和定性,省委、各级党组织以及省委派出的工作团、队,对这一时期的各大专院校的“文化大革命”运动做了类似处理。如甘农大的“六八”事件、甘工大的“六一二”和“六二四”等事件以及其他事件,都被定性为“反革命事件”,或者虽没有正式定性为“反革命事件”,但实际上当作“反革命事件”做了处理,许多参与这场运动的院校师生被定为“反革命”“反党分子”“右派分子”“假左派、真右派”。

14 日,省委又依照 1964 年社教运动中制定的《关于农村社会主义教育运动中工作团的领导权限的规定(草案)》,制定《关于各大学院校和文化局、出版社等单位文化大革命领导问题的决定》。《决定》要求,各大专院校和文化局、出版社等 10 个单位的“无产阶级文化大革命”运动的领导权,全部归工作团。原来建立的院校党委文化办公室或其他领导“文化大革命”的组织,均一律撤销。由于工作组(团)在各院校“文化大革命”运动中领导和支持“左”派学生揪斗校领导的做法,引起师生的不满,引发全省群众组织的相互批斗,一些师生开始张贴抨击工作组的大字报,有些学生不经过工作组(团),自行组织批斗大会,甚至持有不同意见的两派师生之间相互揪斗,学校秩序更加混乱。

7 月 29 日,北京市委正式发出《关于撤销各大专院校工作组的决定》。当日晚,省委与兰大积极分子商量决定,在兰大召开全校师生大会,辩论工作团领导兰大“文化大革命”的问题。会议结束时,裴孟飞代表省委讲话,支持兰大师生的“革命”积极性,并根据群众的要求宣布撤销兰大工作团,兰大的“文化大革命”由兰大革命筹备委员会领导,让群众自己起来闹革命。并宣布工作团全体人员继续留校,听取群众的批评和揭发,作深刻检查,就地解决问题。

8 月 2 日,省委正式作出《关于撤销各大专学校工作团的决定》。《决定》提出,在工作团撤销之后,大专学校的“文化大革命”,由全校师生员工选举成立各级文化革命的群众组织。在建立正式的文化革命群众组织之前,应由本校各单位提名,充分酝酿,成立文化革命筹备委员会,负责领导全校的"文化大革命"并筹备全校文化革命委员会的选举等工作。已有的文化革命筹备委员会,需要加强、充实或改组的,都由广大师生员工讨论决定。

3日,省委召开省、市高中以上学生和党政机关干部共5万人参加的大会,宣布省委《关于撤销各大专学校工作团的决定》。此后,省委陆续撤回派往各大专院校的工作组(团、队)。随着"彻底批判资产阶级反动路线"运动的开始,各地各类学校的工作组(团、队)也全部撤回。工作组的撤回,进一步削弱了党对各大专院校"文化大革命"运动的领导,加剧了"天下大乱"的局面。

## 二、省委稳定局势的初步举措

### (一)省委的困惑与初期领导的失误

经过两个多月的初步发动,"文化大革命"运动主要在学校及意识形态领域的一些部门发动起来了。但是,从省委一些主要领导到全省各级各部门领导以及广大师生、群众对这场运动都很不理解,认识也很混乱。随着运动逐步由意识形态领域向政治领域的发展,全省各级党组织负责人和许多党员干部以及各层面的群众对混乱局面的忧虑不断增加。因而,这场运动在一开始就受到了不同层面的抵制。如兰州大学"六七"事件、兰州铁路局"八三"事件中,兰州大学师生、铁路院校师生以及院、校工作组(队)对李贵子等人过激批斗行为的抵制;铁路系统群众围堵省委时,地方干部群众的抵触,等等。

1966年5月17日,省委在给中共中央和西北局的报告中反映,"当前在文化革命上的主要的问题是,各级领导上右倾保守"。"许多同志对这次文化革命运动的伟大意义认识不足,没有把它看成一场你死我活的严重的阶级斗争,只看成是学术之争,文化革命刚刚开展,他们就怕这怕那"。由此,省委认为"首先要克服省委领导上的右倾保守思想,省委决心带头自己革自己的命,认真学习毛主席的指示,集中力量领导好这一场伟大的革命斗争"。在6月、7月间召开的西北局会议上,西北局和西北五省区的党委负责人纷纷检讨"文化大革命"开始后,"对意识形态领域的阶级斗争很不清醒,对文化大革命很不理解、很不认真、很不得力",

流露出对运动的困惑和对动乱局面的不安。

正是由于省委对"无产阶级文化大革命"的困惑和不理解，在"文化大革命"极左错误思想引导下，省委及省委主管领导也趋于这一大环境，在领导上出现了一些"左"的偏差与过失。省委主管领导为了响应这场政治运动，一边支持"左派"学生起来"造院校党委的反"，支持部分学生的过火"批判"，一边又调动工人、农民、解放军（不带武器），维护学校秩序，来加强省委对这场运动的领导。省委领导对一些事件的不妥处理，成了以后各派群众组织批判省委执行"资产阶级反动路线"的口实，导致省委领导"文化大革命"运动的被动。

8月17日，参加八届十一中全会的汪锋和王世泰从北京回来以后，积极采取措施，力图扭转群众严重对立的混乱局面。针对"六七""八三"事件以及武斗的混乱局面后出现的问题，18日，省委发出《目前无产阶级文化大革命运动中应该强调的几个问题》的文件，提出8个方面的要求。再次重申不要派人去支援外单位的"文化大革命"；所有单位在"无产阶级文化大革命"运动中，要坚决按照党的政策办事，坚持摆事实、讲道理，严禁打人，严禁互相抓人；"要文斗，不要武斗"；"要立即制止目前群众斗群众、学生斗学生的错误做法"；"抓革命，促生产，争取'无产阶级文化大革命'和生产双丰收"。汪锋还亲自召集铁路工人座谈两次，征求他们和外地来兰红卫兵的意见。下旬，省委及省委主管领导几次召开会议，对兰州铁路局"八三"事件重新作出责任认定，汪锋代表省委向铁路系统职工作了检讨，承认犯了"路线错误"。对省委"文化大革命"前期主要负责人裴孟飞、马继孔等人进行了撤职处理，并恢复赵滔、苏华党内外一切职务，想以此来挽回影响。"九三""九六"事件发生后，省委对兰州铁路局党委的处理，更加激化了铁路系统和当地群众以及各大专院校持不同意见的造反派之间的矛盾，最后使得省委不得不"引火烧身"。

10月2日，省委决定改组省委文化革命小组，来进一步加强对"文化大革命"的领导。改组后，省委"文化大革命"领导小组由李友九、葛士英、韦明、薛浩平、关守信、曹布诚、云尚秀、李福盛、刘爱芝9人组成，李友九任组长，葛士英任副组长。

（二）省委引导和规范群众运动的努力

“文化大革命”开始后，省委一方面及时向党中央、西北局汇报情况，主动争取中央和西北局的领导，另一方面尽力采取一切措施，力图引导和规范群众运动有序开展。

“九三”大会后，为了及时扭转混乱局势，省委于9月4日凌晨4时召开省、（兰州）市两级各单位党员负责干部会议。强调指出：群众中有不同意见的开展辩论，是正常的现象，但是鉴于前一段所犯群众斗群众的严重错误的教训，各单位党组织要尽可能劝说群众在表达对“九三”大会的看法时，不要上街游行；除到省委外，不要到外单位贴大字报；不要出动支持或反对“九三”大会的宣传车；不要派代表到组织“九三”大会的单位提抗议；不要围斗持有不同意见的人，更要严禁打人和变相体罚。5日，省委又召开紧急会议，作出制止动乱扩大的五项规定：一是不要上街游行；二是不要到外单位贴大字报；三是不要出宣传车；四是不要派代表提抗议；五是对持有不同意见的人，不论在什么地方都不能围斗，更要严禁打人。

面对持续混乱的局势，7日晚8时，省委在非常困难的条件下，再次召开省、市党委负责人会议，提出坚决按毛主席指示和《十六条》办事，领导好大鸣、大放、大字报、大辩论；采取有效措施，防止重犯群众斗群众的错误；抓革命，促生产等意见。8日，省委常委会决定，根据中央指示，确定省委常委分工组成领导文化革命和生产建设的两个班子，以文化革命为中心，搞好生产建设工作。10月5日，省委向中央和西北局上报《关于逐步停止大字报、宣传车上街的请示》报告。

红卫兵串联开始后，省委根据大批师生来兰后造成的“住宿非常拥挤，无法安排”的情况，于8月15日发出通知，要求各地设法劝阻学生继续来兰。针对红卫兵在破“四旧”中出现的破坏文物问题，9月10日，省人委批转省文化局《关于在无产阶级文化大革命运动中注意保护文物的报告》，提出凡属“重点文物保护单位”，都要妥善保护，免其遭受破坏和损失，省博物馆、县（市）文化馆等事业单位所保存的历史文物或文物展览，目前一律停止开放。针对红卫兵串连中违背党的农村政策的宣传，导致出现社员乱杀猪宰羊、砍树，甚至破坏生产、生活资料的问题，省委于22日发出通知，明确宣布：“有关自留地等问题，仍按照党中央公布的‘六十条’及省委的有关规定办事，不能改变”，澄清群众中的思想混乱。12月28日，省委又依据中央《关于农村文化大革命的指示（草案）》和《关于抓革命、促生产的十条规定（草案）》，制定下发《关于广泛深入地宣传中央关于农村、厂矿无产阶级文化大革命两个十条的通知》，引导农村和厂矿的“文化大革命”。

1967年1月4日，省委决定对“文化大革命”试行分口分级管理。同时，决定撤销省委文化革命领导小组，由省委常委会负责“文化大革命”，生产工作由生产领导小组负责；撤销省委文化革命领导小组办公室，设立省委文化革命接待室及外地革命师生接待站；撤销农村社教办公室、城市社教办公室及城乡社教委员会；按照工业、农业、文教、大学、财贸、党群政法及综合七个口设立文化革命领导小组，下设办公室（大学设联络组），分别负责所属单位的文化革命事宜；兰州市委，各地、州、县委，应负责处理所属单位的“文化大革命”事宜，并参照省委的组织形式，组织整个机构投入“文化大革命”。

（三）促进生产和保障群众生活

在动荡的局势中，省委、省人委等领导机关仍在继续坚持工作，采取措施，抓紧工农业生产，力争经济建设少受损失，尽力安排好群众生活。1966年7月17日，省委发出《关于当前几项主要工作的安排意见》，要求各级党委都必须“对城乡四清、备战、工农业生产、三线建设等项工作，统筹兼顾，全面安排”。9月21日至28日，省委、省人委召开全省农业生产会议，讨论安排当年秋冬和来年春季的农业生产建设，提出主要任务、指标和各项措施。10月19日，省委发出《关于1966年农村人民公社收益分配工作的意见》，要求各级党委做好当年的收益分配工作，进一步调动社员集体生产的积极性，并明确规定“坚决不购过头粮”。11月下旬，又召开专县、社负责人参加的电话会议，动员全省人民“抓革命，促生产”，认真搞好农田基本建设。

1966年，全省遭受严重自然灾害，受灾面积2400万亩，粮食总产比上年减少13亿斤，人民生活面临严重困难。农村人均口粮只有164公斤，比上年减少58公斤，城镇供应出现很大缺口。面对严重的困难，

1967年1月16日,省委、省人委向党中央、国务院上报《关于粮食问题的报告》,请求中央调拨粮食4.5亿斤,并争取在3月前调进1.5亿斤。中央决定从新疆等省、区给甘肃调粮后,23日,省委、省人委致函新疆维吾尔自治区党委、人委,说明“目前兰州地区和一些灾区粮食情况非常紧张”,请给予帮助,并在乌鲁木齐成立运粮指挥所,集中300辆汽车从新疆运粮。

“文化大革命”开始后,生产秩序遭到严重破坏,特别是铁路运输已经严重影响工农业生产和群众生活。1966年8月17日,省经济委员会向省委上报《关于当前铁路运输生产急剧下降的紧急报告》,省委也将这一情况报告中央。到1967年初,情况更为严重,兰州地区由于工业用煤特别是西固电厂用煤的进煤量下降,严重威胁到兰州地区工业企业的生产。为此,省委、省人委于2月4日,再次联名向国务院、国家计委、国家经委和有关部委紧急报告,要求采取增加煤炭指标和车皮等措施,解决兰州地区的电力燃煤问题。

尽管省委为促进生产和保障群众生活采取了一系列措施,但是由于“文化大革命”运动的开展导致了严重的社会动荡,冲击干扰了全省经济建设的正常秩序,省委和省人委部署的工作很难贯彻落实,工农业生产和人民生活受到严重影响。

## 第四节　省委对局面的失控

### 一、批判“资产阶级反动路线”和省委改组

1966年10月3日,《红旗》杂志第十三期发表《在毛泽东思想的大路上前进》的社论。社论要求“对资产阶级反动路线,必须彻底批判”。

9日至28日,以批判“资产阶级反动路线”为主题的中央工作会议在北京召开。对“资产阶级反动路线”的批判,把矛头集中对准了各级党政领导机关及负责人。18日,省委召开全省彻底揭发批判省委在“文化大革命”中的资产阶级反动路线动员大会。会上,汪锋代表省

委对“文化大革命”初期执行“资产阶级反动路线”的错误做了检讨。并按照中央的指示，不折不扣地“解放”在前一阶段“文化大革命”运动中受到打击的革命群众，对省委、各级党组织以及省委派出的工作团、队，在“文化大革命”前期中的一些失误和对一些事件的处理进行改正。

11 月 5 日至 12 月 16 日，省委又在兰州召开有 452 人参加的省、地、县三级干部会议。会议的中心议题是传达讨论中央工作会议精神，解决省委两条路线的问题。这次会议成为揭批省委执行“资产阶级反动路线”的控诉、声讨和批判会。

会议期间，省委领导王世泰、高健君、胡继宗、葛士英、冯直、李友九、丁乃光、韦明、马继孔、裴孟飞、陈曾固、汪锋等在大会上做了检查。会议听取兰州大学、甘肃工业大学、甘肃师范大学师生对汪锋和省委执行“资产阶级反动路线”问题进行的控诉、声讨和批判。同时，对省级有关部门的负责人以及地区分组、系统分组进行检查、揭发和批判。会议建议中央改组甘肃省委。

11 月 10 日，中央批准西北局对甘肃省委领导成员调整的建议，甘肃省委第一书记汪锋、书记处书记陈曾固停职反省，由胡继宗代理甘肃省委第一书记。甘肃省委书记处除现有的高健君、李友九、王世泰外，增加詹大南（甘肃省军区司令员）、刘昌汉（原西北局计委副书记）。同日，兰州市彻底批判资产阶级反动路线联络总部、九三总部、工人联合战斗队等 42 个群众组织和单位，在七里河体育场召开有 10 多万人参加的批判大会，省委负责人在会上宣布中央《关于决定汪锋停职反省的通知》。此后，全省各地掀起大揭大批所谓“汪锋一小撮推行的资产阶级反动路线”的高潮。随着层层批斗，“文化大革命”运动的浪潮由领导机关推向基层，由上层建筑领域蔓延到各个经济部门及厂矿企业，县以上领导机关基本上处于瘫痪状态，造成全省政治、经济生活和社会秩序的严重混乱。

## 二、“二五”夺权与派系斗争

1967 年 1 月 1 日，《人民日报》《红旗》杂志发表社论《把无产阶级文化大革命进行到底》。社论指出,1967 年是“全国展开阶级斗争的一年”,“将是无产阶级联合其他革命群众,向党内一小撮走资本主义道路的当权派和社会上的牛鬼蛇神,展开总攻击的一年”,要在全国开展全面的阶级斗争,把“文化大革命”从机关、学校、科研单位、文化界,发展到工矿企业和农村。在这种舆论导向下,以上海造反派的“一月夺权”为发端,夺权之风开始在全国刮起。

22 日,《人民日报》发表社论《无产阶级革命派大联合夺走资本主义道路当权派的权》,号召“无产阶级革命派联合起来,向党内一小撮走资本主义道路的当权派夺权”,吹响了在全国范围内向“走资本主义道路的当权派展开群众性的全面夺权”的冲锋号。当日,兰州地区的 105 个群众组织在兰州七里河体育场召开“兰州红色革命造反派联络委员会”(简称“红联”)成立大会,组建兰州地区最大的造反派群众组织。

25 日,《甘肃日报》转载《人民日报》当日社论《山西省无产阶级文化大革命的伟大胜利》一文和《山西革命造反派总指挥部第一号通告》。在上海“一月夺权风暴”直接影响和《山西革命造反派总指挥部第一号通告》的推波助澜下,兰州市红卫兵“九三”总部、“九三”联合造反兵团和兰州铁道学院红卫兵总部、革命“火车头”战斗兵团等“红联”的主要组织开始筹划效仿上海“一月夺权风暴”,夺省委、省人委和兰州市委、市人委的领导权。至此,“文化大革命”由揪斗、批判所谓“反党反社会主义黑帮”和“走资本主义道路的当权派”,发展演变为夺权的“政治大革命”。

2 月 2 日,“红联”召开所属组织负责人会议,矛头直指省委、省人委和兰州市委、市人委。当日晚,“红联”召开军、干、群联席会议,决定 2 月 5 日“夺权”,夺权后的临时权力机构名称为“甘肃省红色革命造反派联合指挥部”(简称“红联指”)。

5 日,兰州地区的造反派在先后完成本系统基层单位的“夺权”斗争之后,“红联指”组织兰州地区的 34 个造反派群众组织以及甘肃省军区和驻兰部队指战员约 10 万人,在七里河体育场召开“甘肃省红色革命造反派大联合大夺权誓师大会”,宣告成立“甘肃省红色革命造反派联合指挥部”,并宣布《甘肃红色革命造反派联合指挥部第一号通告》。

会上，原省委、省人委、兰州市委、市人委的一些领导干部，被诬蔑为“一小撮走资本主义道路的当权派和坚持资产阶级反动路线的顽固分子”而遭到批斗。

“二五”夺权后，省委、省人委的领导机关和办事机构完全瘫痪，全省各级党政机构和基层单位的组织领导系统被肢解，一大批领导干部被打倒。大批干部和工作人员、技术人员、科研人员和其他各类知识分子靠边站、受审查，大批人员被关进“牛棚”。党政工作、科研、教学活动停顿，全省正常的工作、生活、生产秩序完全被打乱，生产指挥和管理基本上陷于瘫痪，整个国民经济建设处于无政府或半无政府状态。

6 日，《甘肃日报》发表《在毛泽东思想的大道上高歌猛进》的社论，号召造反派“全面夺权”。随着省委、省人委、兰州市委、市人委的党、政、财、文等一切大权的被夺，这股“夺权”之风很快蔓延到了全省各地、州、市、县。

“二五”夺权加剧了兰州地区形势的动荡。夺权后，各造反派就夺权后建立的“夺权组织”的广泛性、代表性和组成成员的均衡性等问题，产生不少争议和不满，引起一些群众组织和领导干部的不同看法，随着形势的发展，形成了支持“夺权”和反对“夺权”的两大阵营。以兰州大学红色造反派总部为代表，以一些老产业工人、老共产党员、劳动模范为首，以支持省、市委，反对“夺权”的高中级领导干部为骨干的群众组织，串联兰州地区和省内各专区、县市对“二五”夺权持有不同意见的群众组织，组织召开反“二五”夺权大会。并于 4 月 2 日成立“兰州地区革命造反派联合总指挥部”（简称“革联”）。一些参加社教运动撤回的待分配大学毕业生也加入此阵营。6 日清晨，“革联”控制甘肃人民广播电台，批判“红联”的“二五”夺权是场阴谋，质疑“二五”夺权的正当性。

在此情况下，“红联”内部也发生内讧。“二五”夺权的当天，“红联”下属的“七一战斗队”反对“二五”夺权。第二天，“红联”下属的“红战总部”发表《关于兰州时局》的声明，对“二五”夺权提出不同意见。“红联”内部开始通过所谓的“整风”和“纠正非无产阶级思想”来对内部进行“清洗”，以“纯洁”队伍。2 月 10 日，“红联”开除“七一战斗队”和“红战”，造成“红联”内部的分裂。1967 年 6 月 8 日，以“长征团”

和“工联总部”为首的几个造反派组织“杀出”“红联”，结合“七一战斗队”和“红战”等组织，成立了“兰州地区红色造反派第三总司令部”（简称“红三司”）。

兰州地区形成“红联”“革联”“红三司”三大派群众组织，各派群众组织凭借自己的人力、物力、财力和社会资源攻击和瓦解对方。尤其被视为保守派的“革联”与“红三司”的斗争尤为激烈，两派组织不断制造社会新闻，通过舆论挑起事端，攻击对方，使激烈的派系斗争火上浇油。游行的人数和动用的车辆一次比一次多，规模一次比一次大，有时游行的车队占满了兰州市的主要道路，工厂停工，学生停课，商店关门，公交车辆停止运营，机关不能正常办公。兰州市区陷入一片混乱之中。各群众组织在各自标榜的“两条路线”斗争中唇枪舌剑，相互攻击，指责谩骂，直至发展到武斗。

## 三、武斗逐步升级

蔓延全国各地的武斗使国家财产遭受了严重破坏，企业生产几乎停顿，社会秩序混乱，严重危及人民的生命安全。在此情况下，《人民日报》于 1967 年 5 月 22 日发表《立即制止武斗》的社论，力图控制事态的进一步发展。社论发表后，各地武斗并未停止。7 月 22 日，江青在河南提出所谓“文攻武卫”的口号，武斗之风愈演愈烈，甘肃的武斗再次升级。

1967 年 4 月 18 日甘肃日报社的武斗是兰州群众组织之间武斗的开端。5 月 17 日七里河桥发生武斗。而后，“革联”组织人员在兰州军区门口静坐示威，还进入甘肃省军区大院内进行静坐绝食。

6 月 1 日凌晨，“红三司”在兰州市委大楼和工人俱乐部与“红联”发生摩擦。这次摩擦后，“红联”在东方红广场召开“控诉大会”并进行游行，扩大事态与影响。3 日到 6 日，“红联”下属“八一总部”“二七兵团”“九三总部”等数千人捣毁了在西固的“红三司”所属的“工联五分部”、西固邮电局、兰棉厂、长征廿三团、合成制药厂、平板玻璃厂、兰炼、兰化、水电厂、三〇七厂、煤建公司等单位的“红三司”据点，引起“红三司”与“红联”两派群众组织大规模的武斗。

7 月 20 日，“红联”在红山根体育场召开“热烈欢呼中共中央、国务院、中央军委、中央文革小组关于按系统联合的通知大会”。会后组织万人游行,游行队伍行进到邮电大楼、和平广场附近时,邮电大楼平台上的“红三司”人员以石头、铁弹袭击“红联”游行队伍,导致“红联”和“红三司”数十人伤亡。

22 日、25 日,兰州军区所属部队借“支持武汉地区的无产阶级革命派,声讨陈再道、钟汉华策划的镇压革命左派、反对中央文革、绑架王力同志和残酷文斗迫害谢富治副总理的现行反革命罪行”,举行两次武装示威游行。游行中与“红联”“革联”群众发生冲突。部分游行汽车被砸坏,并相互造成人员受伤。

24 日,“红联”所属“火车头”打伤铁路军管人员 25 人。26 日凌晨 2 时,“红联”所属“火车头”“八一总部”等组织冲击兰州铁路局军管会,绑架走军管会主任王韬等 8 人,与军管会人员发生冲突,造成人员受伤,军管会部分文件和枪支弹药被抢。27 日,“红联”所属“二七兵团”“火车头”“九三”总部部分人员对铁一中 19 名“长征团”人员进行围攻,打伤 6 人。

28 日,“革联”设在中央广场的广播站被“长征团”四十团砸毁。8 月 2 日,“革联”调集以阿干煤矿“联司”为主的 2000 多人,分乘 50 辆大卡车,分别从南关什子、西关什子、东方红广场和静宁路集结后,迅速合围位于少年宫的“长征团”总团和附近的长征团四十分团,“长征团”总团和四十分团团部被砸。下午,得到消息前来支援“长征团”的“工联总部”“514 红色战斗团”的百余辆载着手持大刀、长矛,全副武装工人的大卡车赶到少年宫,“革联”阿干煤矿“联司”的人早已撤离。

8 月 14 日,甘肃省委第一书记汪锋被公开登报批判。当日,“红三司”召开有 10 多万人参加的批判斗争大会,“省革筹”负责人(当时公布的参会领导人头衔)、兰州军区政治部负责人、省军区负责人等参加大会,汪锋等领导干部遭到揪斗和批判。23 日,《甘肃日报》刊登“红三司”的《坚决打倒汪锋一小撮反革命修正主义分子进军令》。同日,《甘肃日报》发表题为《向甘肃人民公敌汪锋猛烈开炮》的社论。

事后,“红三司”就开始谋划“荡平革老保,为革命小将报仇雪恨”的一系列武斗行动。9 月 11 日,“红三司”组织“斗汪大会”。12 日,兰州红色长征团、兰州市中等学校红卫兵及赴兰红卫兵联合战斗队在兰州一中开会，宣布成立“兰州地区打倒汪锋一小撮委员会”。各地“红三司”组织也相继成立“斗汪联络站”。此后，全省各地有计划地分片召开群众大会，掀起批判“汪锋一小撮反革命修正主义分子”的高潮。所有的群众组织矛头都指向汪锋，连原“革联”所属保守组织“兰州市红卫兵总部”也倒戈相向。在批斗所谓“汪锋一小撮”的同时，还在报纸上公开点名批判彭德怀、习仲勋等领导人。20 日至 28 日，“红三司”宣布的“斗汪大会”转入第二阶段，主要任务是揭批所谓“三线一小撮”（指刘少奇、邓小平，薄一波、吕正操、刘澜涛，彭德怀、高岗、习仲勋等三条所谓黑线和“汪锋一小撮”）。省委、省人委、兰州市委、市人委主要领导高健君、王世泰、陈曾固、丁乃光、王孝慈、葛士英、王耀华、蒙定军、孙生贤等以及省直部门主要负责人王德库、郭今吾、韦明、强自修等人和支持“革联”组织的一些干部被打入“汪锋一小撮”，遭到多次批判和斗争。截至 1967 年 12 月底，仅兰州地区就先后召开 200 多次、有 100 多万人次参加的“深揭狠批汪锋一小撮反革命修正主义分子”大会。其间，“革联北京联络站”为传送反映甘肃“文化大革命”材料，强行冲击中南海，在江青“追查幕后指使人”的批示下，“革联”组织遭到重创。21 日，“革联”部分组织抢占省博物馆，建立据点。10 月 5 日，“红三司”组织 3000 多人对省博物馆进行围攻，拔除“革联”据点。

除了三大群众组织间的武斗外，各派内部也经常因派系争斗而发生内讧和武斗。据“红联”1967 年统计，“红三司”内部较大的武斗就有 54 起，死伤严重。之后，随着省革筹的组建和中央支持“红三司”态度的明朗化，兰州地区的武斗逐步降温。

省城兰州时局的动荡，直接影响到全省其他地区。全省各地党政机关被夺权后，各地区群众组织因夺权纷争也形成与省城兰州相对应的两派或三派，展开唇枪舌剑的争斗。除兰州地区以外的 10 个专区、州（市）中，天水地区群众组织联合形成了“红总司”和“红三司”两大派别；平凉地区群众组织联合形成了“平凉地区红色革命造反派筹备委员会”（简称“红革”）和“平凉地区革命造反派东方红联合委员会”（简称“东方红联委”）两大派别；庆阳地区群众组织联合形成了“庆阳专区无产阶级革命造反派联合夺权指挥部"（简称"夺指"）和"庆阳专区红色造反派联合委员会"（简称"红联"）两大派别，之后，又成立"庆阳专区红色造反派第三司令部"，形成三大派别；武都地区群众组织联合形成了"红总司"和"红三司"两大派别；武威地区形成了以武威汽车运输公司"红色工人总团"、武威汽车修理厂"红卫兵联合兵团"、"武威一中突刺师团"等为核心的群众组织联合体"总司"（简称"突派"）和以武威一中学生组织"井冈山""九二〇"为核心的"二司"（简称"井派"）两大派别；张掖地区群众组织联合形成了"张掖专区无产阶级革命职工、革命师生联合造反团"（简称"联造"）、"张掖专区无产阶级革命造反派第三司令部"（简称"张三司"）和"张掖专区无产阶级革命造反派三红联合司令部"（简称"三红联司"）三大派别；酒泉地区群众组织联合形成了"三一二"造反派、"红三司"和联合兵团三大派别；定西地区群众组织联合形成了"定西红色革命造反派联合委员会"（简称"红联"）、"定西红色革命造反派联合战斗兵团"（简称"兵团"，后在大联合中与"定西县红色革命造反派联合委员会"等组织联合，改称"联委"）和"定西红色革命造反派第三司令部"（简称"红三司"）三大派别；甘南藏族自治州群众组织联合形成了"五二五"和"红三司"两大派别；临夏回族自治州群众组织联合形成了"红联""革联"和"红三司"三大派别。

各派群众组织形成后，建据点，搞武斗，加剧社会的混乱局面。据省革命委员会筹备小组办公室的初步统计，1967 年除兰州军分区所辖地区以外，全省其他专、州共发生武斗 233 次，伤 2512 人，亡 103 人；共发生抢夺武器 83 起，有 20 多个军分区、人武部、驻军单位和 21 个地方专政机构（公检法）及其公安设施单位被抢。抢夺武器严重的是庆阳、天水、张掖等地区。1968 年初春，甘谷、正宁、庄浪、灵台、玛曲、成县、文县、临潭、景泰、古浪、高台、武威、平凉、定西、临泽、民勤、永昌等县人武部以及驻军部队等 30 个单位的武器弹药被抢。先后有天水、清水、两当、甘谷、武山、临潭、卓尼、玛曲、张掖、临泽、武都、成县、文县、宕昌、岷县、正宁、武威、酒泉等 18 县发生大小规模不等的武斗 50 多起。

1968 年 4 月 23 日，省革委会发出《关于制止武斗等现象的八条规定》，号召"紧紧掌握斗争大方向，严格区分两类矛盾，要文斗不要武斗”。7月，中共中央、国务院、中央军委、中央文革小组针对发生在广西和陕西等地的武斗恶性事件，先后发布“七三”“七二四”布告，要求立即停止武斗，解散专业武斗组织，拆除武斗工事，收缴武器，恢复社会生产生活秩序。之后，随着各级革命委员会（或筹备小组）的成立，各派群众组织的“大联合”逐步形成，大规模的武斗和群众冲突逐渐缓和。

## 第五节　军队介入地方“文化大革命”

### 一、“三支两军”

全面夺权使各级党组织和政府机构整体陷入瘫痪。在夺权斗争中，各派组织相互倾轧，武斗不断升级，社会生产、生活秩序极度混乱，局面几近失控。

1967年1月23日，中共中央、国务院、中央军委、中央文革小组发布《关于人民解放军坚决支持左派群众的决定》，要求军队全面介入地方工作，积极支持“革命的左派”。2月12日，中央军委指示要各大军区立即停止“四大”（即大鸣、大放、大字报、大辩论），准备参加“支左”。接此指示后，兰州军区立即召开常委会进行传达，并成立“支左”办公室，抽调大批军队干部进行动员和培训，开始“支左”准备工作。甘肃省的“支左”工作开始由兰州军区副司令员杨嘉瑞负责，由甘肃省军区及当地驻军直接承担“支左”任务。

3月，兰州军区和甘肃省军区奉命介入地方“文化大革命”，进行“支左、支工、支农”，在各大专院校开展军训，对公、检、法机关实行军事管制。随着“造反派”全国性夺权，各单位的“当权派”都被“打倒了”，“造反派”又互斗不已，局势越来越混乱，需要“军管”的单位越来越多。3月19日，中央军委作出《关于集中力量执行支左、支农、支工、军管、军训任务的决定》，将“三支两军”作为一个整体性任务向全国全军提出。据此，省军区和驻兰大批解放军指战员投入“三支两军”，直接介入地方

“文化大革命”运动，并且承担起支援地方工农业生产的任务。

同年冬，兰州军区党委按照中共中央《关于今冬明春农村文化大革命的指示》，作出关于驻甘部队组织毛泽东思想宣传队、深入农村，广泛宣传毛泽东思想的安排，驻甘各部队党委积极响应。到 1968 年 1 月中旬，组成 86 个、有 6600 余人参加的毛泽东思想宣传队，进行短期培训后，陆续深入到全省 11 个专（州、市）的 72 个县、市的广大农村。

在“支左”解放军的帮助下，各大、中、小学校很快都进驻了军宣队和工宣队。省革命委员会筹备小组和兰州军区“支左”办公室制定和发布有关消除派性、制止武斗、保持安定、发展生产等三条八项规定，强调对犯错误的干部要按党的干部政策对待，反对“挂黑牌子”“戴高帽子”和随意罚跪捆绑，不准乱揪斗、抄家搜身；规定凡离开工厂、学校到社会上参与活动的工人、学生一律回工厂、学校，就地“斗、批、改”，不准搞大规模的上街游行和批斗大会；要求各单位的各派群众组织联合起来，禁止相互武斗，并下令收缴散落在群众中的枪支、匕首等武器。这些规定对稳定当时全省的局势发挥了一定的作用。

为了维护生产秩序，稳定局势，在甘“支左”部队进驻刘家峡水电站、白银公司、兰化、兰炼、兰州铁路局以及中央在甘的几个重要国防军工企业等重点单位和地区，并组织毛泽东思想宣传队到各大专院校、省市机关，做群众工作，制止武斗，消除派性。对公检法机关、金融系统、电台、档案等机要部门、国防企事业单位、边防沿海交通要道以及党政军一些机关实行军事管制。为稳定农村局势，保证农业生产，“支左”人员做了大量的工作，劝说“造反派”不准到农村串连，农民也不准进城游行等。

由于“文化大革命”初期无政府主义思潮泛滥，许多领导干部都被本单位或社会群众组织分别关押批斗。针对这一状况，“支左”办公室以统一监管的名义，将各群众组织关押审查的省厅级地方干部全部收归“支左”办公室统一监管，取消各群众组织成立的专案组，对这些领导干部起到了一定的保护作用。

“支左”工作贯彻中共中央、国务院、中央军委、中央文革小组提出的“抓革命、促生产”“复课闹革命”以及“备战备荒为人民”的方针，组织工人返回工厂复工，学生返回学校复课，混乱局面初步得到改善，社会生产和生活秩序渐趋稳定。

“三支两军”工作直至1972年8月结束。在“文化大革命”运动局势极端混乱的情况下，派人民解放军实行“三支两军”，为维护社会秩序的基本稳定起了一定的作用，在一定程度上减少了“文化大革命”造成的损失。但“三支两军”的主旨是支持“造反派”，是在“无产阶级专政下继续革命”的错误理论指导下进行活动的，特别是受到林彪、江青集团的干扰和破坏，发生了许多错误，造成了一定的消极后果。

## 二、成立抓革命促生产第一线指挥部

1967年3月11日，中共中央发出关于建立抓革命促生产第一线指挥部的指示。22日，以“红联”为主的群众组织、领导干部、省军区和兰州军区代表，根据中央的精神，正式成立甘肃省抓革命促生产第一线指挥部(简称“省生产指挥部”)。省生产指挥部实行委员会制，由群众组织代表、部队代表、领导干部按“革命三结合”的组织领导原则组成常委会，负责主持日常工作。主要由省军区第二政委龙炳初，原副省长王国瑞、李培福，军代表田浩等负责组成。省生产指挥部的主要任务是：大力宣传毛泽东和党中央“抓革命，促生产”的方针，使毛泽东和党中央的号召家喻户晓，深入人心；用毛泽东思想统帅工农业生产，指挥工农业生产；集中人力、物力、财力到生产第一线上去，落实生产计划，狠抓关键性增产措施；充分发挥革命群众组织负责人、部队代表和革命领导干部的作用，深入基层，充分发动群众，大走群众路线，在无产阶级大民主的基础上实行高度集中；坚决贯彻执行毛泽东“抓革命，促生产”和“备战、备荒、为人民”的方针，促战备、促工作、促生产；实行无产阶级专政，防止“党内一小撮走资本主义道路的当权派”和地、富、反、坏、右分子的阴谋破坏活动。

省生产指挥部组建后，研究决定各专、县和厂矿企业，均应遵照毛泽东“抓革命，促生产”的教导，按照革命的“三结合”原则，由革命群众组织的负责人、当地驻军或武装部的代表和革命的领导干部共同参加，组建本地区、本单位的抓革命促生产第一线指挥部，保证革命和生产有领导、有组织地进行。此后，全省各专区、县和厂矿企业先后成立本地区、本单位的抓革命促生产第一线指挥部。

甘肃具有重要的战略地位，中央对建在甘肃的几个国家大型工矿企业及重点国防军工企业非常重视。“文化大革命”运动开始后，由于派性严重，工程技术人员和管理人员无法正常指挥生产。抓革命促生产第一线指挥部成立后，全省各级部门以及党员干部和群众，努力排除干扰，发展生产。经过军队、地方广大干部群众的不懈努力，顺利完成了三线建设任务。当时，军队干部进驻工地，和施工人员同吃、同住、同劳动，做群众工作，解决派性问题，使工程指挥、技术人员以及施工工人能够不受社会上混乱局面的干扰，专心致志投入生产建设，较顺利地完成了国家在甘肃的三线建设任务，保证了国家急需物资的生产和供应，为国防战略需要和氢弹试爆成功及我国第一颗人造卫星成功发射做出了重要贡献，这在“文化大革命”动乱时期是很不容易的。

## 三、中央解决甘肃问题的“三个文件”

“二五”夺权之后，“红联”“革联”“红三司”三派群众组织观点对立，争斗激烈，并多次发生大规模的武斗。为了解决甘肃的问题，中共中央、国务院、中央军委、中央文革小组、军委文革小组讨论下发了关于解决甘肃问题的“三个文件”，即《关于甘肃问题的几点意见》《兰州军区党委〈请示表态支持甘肃红色造反派联合第三司令部的报告〉的批示》和《关于甘肃问题座谈纪要》。

1967 年 5 月 12 日，在听取兰州军区和甘肃省军区负责人关于甘肃省军区支援甘肃地方“文化大革命”情况的汇报后，中共中央、中央军委、中央文革小组、军委文革小组发出毛泽东批示“照办”的《关于甘肃问题的几点意见》。其主要内容有 4 条：一是肯定甘肃省军区在“三支两军”中的成绩；二是指出甘肃省军区负责人，以军队代表身份参加“红联指挥部”工作中，有严重错误，使甘肃省革命左派大联合受到挫折；三是要求军队的“支左”工作，在当地最高军事领导机关统一领导、统一安排下进行。省军区的“支左”工作要服从兰州军区的领导，重大问题必须请示报告；四是鉴于甘肃省成立“三结合”的临时权力机构还不成熟，决定对甘肃省实行军事管制。

5月13日,兰州军区党委向中央军委、全军文革并中央文革上报《请示表态支持甘肃红色造反派联合第三司令部事》的报告。报告分析了兰州地区“文化大革命”的形势,认为“甘肃红色造反派联合第三司令部”的“斗争大方向是完全正确的”。省委代理第一书记胡继宗等领导干部已公开表态支持“红三司”,“红三司”也决定结合他们。应以“红三司”为核心,实现革命群众组织的大联合,促进“三结合”,建立甘肃省革命委员会。军区党委经过讨论,一致认为应该明确表态支持“红三司”。6月12日至7月22日,中央召开“甘肃文革问题座谈会”,于7月22日形成《关于甘肃问题座谈纪要》。《纪要》主要内容有6个方面:一是肯定“红联”“二五”夺权的大方向是正确的,两级军区支持“红联”和“二五”夺权也是正确的;但认为“二五”夺权以后,甘肃省军区负责人以军方代表身份,在“红联指挥部”工作期间,“犯了方向路线错误”,造成“红联”的分裂。二是指出毛泽东批示“照办”的《关于甘肃问题的几点意见》和毛泽东对兰州军区党委《关于表态支持甘肃红色造反派联合第三司令部事》的批示这两个文件,是解决甘肃问题的指针,必须认真传达,贯彻执行。三是认为兰州“文化大革命”形势越来越好,故提出甘肃省可不实行军事管制,要求成立革命委员会筹备小组,并建议甘肃省革命委员会筹备小组由冼恒汉任组长,徐国珍、张忠、胡继宗任副组长。四是提出对待三大派群众组织的具体方针。五是指出要彻底批判“汪锋一小撮反革命修正主义分子”,认为“这是甘肃当前的斗争大方向”,要求各级群众组织停止“内战”,团结“对敌”。六是认为“兰州军区支左大方向是正确的。省军区的支左工作,必须坚决服从兰州军区党委的领导”。29日,中共中央、国务院、中央军委、中央文革转发《纪要》,认为“《关于甘肃问题座谈会纪要》是正确的,可行的。中央同意《纪要》中的6条意见。”30日,毛泽东作出“此件已阅,很好,照办”的批示。至此,党中央、毛泽东解决甘肃问题的三个文件形成。

8月1日,兰州军区和省军区负责人以及胡继宗在北京听取中央文革小组传达中央关于解决甘肃问题的“三个文件”。中央文革小组对“三个文件”作了说明,并就如何贯彻执行作了具体指示。3日,“三个文件”相继下发。4日下午,兰州军区“支左”办公室召开“红三司”“红联”“革联”三大派群众组织负责人会议,进行传达,并就传达“三个文件”与三大派群众组织负责人达成协议。5日,“红三司”在东方红广场等三个地方召开大会,“红联”在兰州铁路局门前召开大会,向各自所属群众组织传达中央关于解决甘肃问题的“三个文件”。兰州军区和甘肃省军区也分别向机关和部队干部传达中央关于解决甘肃问题的“三个文件”精神。11日,中央文革小组在人民大会堂接见甘肃“红三司”代表,明确表态支持“红三司”,并就“三个文件”作了具体说明。此后,军宣队、工宣队大张旗鼓地宣传中央解决甘肃问题“三个文件”的基本精神,积极促进全省各派群众组织的大联合。兰州军区“支左”办公室要求“支左”人员一律下到基层,重点抓“三个文件”的落实,促进解放干部和各派组织的大联合。

中央解决甘肃问题的“三个文件”,是在“左”倾错误思想指导下,在中央文革小组的积极运作下,为了解决甘肃派系争斗和社会秩序混乱而形成的。对缓解当时社会动荡秩序虽然有一些作用,但在干部的结合上,打击了大批省、市、州、县党政干部,把群众组织分别定性,片面认定“革联”是保守派,“‘红联’违背了毛主席革命路线”,全面支持了“红三司”,使得“红三司”与“红联”“革联”的矛盾更加激化。在贯彻落实“三个文件”过程中,大批群众组织和成员遭到批判斗争,对全省政治局势的发展,产生了负面影响。

# 第十六章

# 省革命委员会成立和“斗、批、改”运动

中央关于解决甘肃问题的“三个文件”下达后，1967年11月，兰州军区组成立以军区领导为主要成员的甘肃省革命委员会筹备小组。1968年1月24日，甘肃省革命委员会成立，开始施行“一元化”领导。全省各专(州)、市、县也相继建立了革命委员会。

省革命委员会成立后，贯彻执行“文化大革命”的一系列“左”倾错误理论和政策，开展“斗、批、改”运动和教育、文艺、卫生领域的“革命”、知识青年上山下乡运动、干部下放劳动，“整党建党”。这其中制造了许多冤假错案。中共甘肃省第五次代表大会组成新一届省委后，在“左”倾错误思想的指导下，并未从根本上解决社会意识形态和社会生产、生活秩序的混乱。

## 第一节　成立各级革命委员会

### 一、省革命委员筹备小组

“全面夺权”后，全省各级党政机构陷于瘫痪，各派群众组织的派性斗争愈演愈烈，局面更加混乱。1967年3月，《红旗》杂志发表《论革命的“三结合”》社论，引述毛泽东指示：“在需要夺权的那些地方和单位，必须实行革命的‘三结合’的方针，建立一个革命的、有代表性的、有无

产阶级权威的临时权力机构。这个机构的名称，叫革命委员会好。”同月，《人民日报》发表《革命的“三结合”是夺权斗争胜利的保证》，要求各地及时建立起有革命干部、军队干部、群众组织代表“三结合”的领导班子。中共中央、中央文革小组关于解决甘肃问题的“三个文件”下达后，甘肃也开始准备筹建革命委员会。

在传达贯彻中央关于解决甘肃问题“三个文件”精神的同时，兰州军区党委对甘肃省革命委员会筹备小组成员的具体人选问题同三大派群众组织负责人进行多次协商。10月30日，兰州军区党委召开常委会，会议通过了兰州军区党委《关于成立甘肃省革命委员会筹备小组的报告》，并于当天上报中央。

11月5日，中共中央、国务院、中央军委、中央文革小组正式批准《关于成立甘肃省革命委员会筹备小组的报告》。甘肃省革命委员会筹备小组由冼恒汉、徐国珍、张忠、胡继宗、李书茂、龙炳初、白学光、王国瑞、邱裕民、肖泽民、赵连壁、李宗虎、于宝亭、白富贵，以及“红联”代表两名、“革联”代表一名等共17人组成。冼恒汉任甘肃省革命委员筹备小组组长，徐国珍、张忠、胡继宗任副组长。

9日上午，甘肃省革命委员会筹备小组成立暨庆祝大会在西关什字召开，兰州地区三大派群众组织和驻兰部队指战员等数万人参加大会。会上宣读中共中央、国务院、中央军委、中央文革小组《关于批准成立甘肃省革命委员会筹备小组的决定》；宣读省革筹小组《第一号公告》。《公告》宣布：“从今天起，甘肃省的党政财文一切权力，统统归于甘肃省革命委员会筹备小组。”公告说，省革筹成立后，将更广泛、更深入地开展革命大批判运动；实现按系统、按行业、按班级的革命大联合，掀起一个革命大联合的新高潮，进一步巩固和发展革命的“三结合”；搞好本单位的“斗、批、改”运动；抓革命，促生产，促工作，促战备，发展农业生产，保证交通运输畅通；坚决执行毛泽东和党中央要复课闹革命的指示，一切大、中、小学校都要立即复课闹革命，热烈响应毛泽东和党中央拥军爱民的伟大号召，坚定不移地相信和依靠人民解放军，协助人民解放军“三支两军”工作，巩固和加强无产阶级专政，坚决镇压国内外阶级敌人的破坏活动；迅速掀起一个更加广泛、更加深入、更有成效的活学活用毛泽东著作的新高潮。

省革筹小组成立后，设立了文化革命办公室和生产办公室两个机构。文化革命办公室由兰州军区第一、第二“支左”办公室合并组成。一个机构，两个牌子：即兰州军区“支左”办公室、省革委会筹备小组办公室。文化革命办公室下设秘书、组织、宣传、政工、群工、政法、工矿企业、院校、专县、情况、总务、接待共12个组。甘肃省抓革命促生产第一线指挥部改名为省革委会筹备小组生产办公室，下设农林水、工交、财贸、综合、文教、建设、秘书共7个组。

甘肃省革命委员会筹备小组组建以后，在解放军“支左”人员主持下，经甘肃省革委会筹备小组批准，各市、专（州）、县（市）以及各系统和各部门，相继成立“三结合”的革命委员会筹备小组，来领导本地区、本系统、本单位的“文化大革命”运动。

## 二、甘肃省革命委员会成立

1967年12月7日，省革筹小组召开会议，讨论《关于成立甘肃省革命委员会的初步方案》。1968年1月5日至8日，省革筹小组召开工代会、农代会、中学红代会、大专红代会和“红三司”负责人联席会议，协商成立省革命委员会的问题。9日，省革筹小组召开会议，最后审定《关于成立甘肃省革命委员会的请示报告》，并于当夜电报中央。《报告》同时提出革委会组成人员名单和省革委会成立后要开展的主要工作。23日，中央批准兰州军区党委和省革筹小组《关于成立甘肃省革命委员会的报告》，同意省革委会由105名委员组成，常委24人。冼恒汉任主任，徐国珍、张忠、胡继宗、邱裕民、肖泽民任副主任。

24日上午，甘肃省革命委员会成立暨庆祝大会在兰州盘旋路广场举行，到会群众约25万人。兰州部队负责人李书茂在会上宣读《中央关于甘肃省成立革命委员会的批示》；省革委会主任冼恒汉、兰州部队负责人张达志、省革委会副主任胡继宗分别在大会上讲话；工代会、农代会、红代会的代表在大会上先后发言。大会通过《给毛主席的致敬电》《告全省人民书》。同日，《甘肃日报》以《紧跟伟大领袖毛主席就是胜利》为题发表社论。26日，《人民日报》和《解放军报》以《春风已到玉门关》为题发表社论，祝贺甘肃省革委会的成立。

省革委会成立时，中央批示同意省革委会由105名委员组成，其中常务委员24人；主任1名，副主任5名。在105名委员中，群众组织人员53名，军队干部16名，地方领导干部30名，另留6名机动名额。当时，由于大部分专（州）、市革委会尚未成立，兰州军区党委和省革筹小组在《关于成立甘肃省革命委员会的报告》中，只上报了已选出的72名革委会委员名单，中央批复同意的105名委员中，还留有空缺33名。

7月，全省11个专区（州）、市已有8个专区（州）、市推选出参加省革委会的代表；各群众组织均按系统归口参加各种代表会，基本实现了革命大联合，但“红联”“革联”等群众组织以及“红三司”内部对省革委会组成成员意见纷纷。27日，省革委会经与各级革委会、各类代表会充分研究协商，广泛征求意见，并经兰州军区党委同意，上报中央《关于增补省革委会委员、常委、副主任的请示报告》，提出增补和调整意见：省革委会再增加20名委员，由原来的105名增加到135名（其中10名留作机动）；省革委会常委由原24名（暂空1名）增补到35名（暂空1名）；省革委会副主任由原5名增补到14名。9月2日，经中共中央、中央文革小组同意，甘肃省革命委员会委员由105名增加到125名；常委由24名增加到35名，增加王国瑞、朱培屏、谢金胜、李宗虎、李荣山、年继荣、陈建兰（女）、高明芳（女）、单秀（女）9人为副主任；增补胡定发、陈国政、马录仁、路克木、年继荣、陈建兰（女）、黄成链、许存贵、高明芳（女）、单秀（女）、梁万弟11人为省革委会常委。18日，省革委会常务会议讨论确定，胡继宗为省革委会常务副主任。

1969年1月，省革委会成立后，按照毛泽东“革命委员会要实行一元化的领导，打破重叠的行政机构，精兵简政，组织起一个革命化的联系群众的领导班子”的指示，对省属行政、企事业单位作了调整，并将省属的203个直属企事业单位下放给各专区（州）、市或县领导。

1970年6月，省革委会决定，省革委会机关设三部一室：办公室、政治部、保卫部、生产指挥部；省革委会成立18个局：轻工业局、重工业局、机械工业局、煤炭化工局、交通邮政局、电信局、农业局、水利电力局、气象局、粮食局、商业局、财政局、物资局、文化局、教育局、卫生局、广播事业管理局、科学技术管理局，以上各局均成立革命领导小组。

## 三、各专区（州）市县革命委员会成立

省革筹小组成立后，提出按系统、按行业、按班级实现“革命大联合”；确定成立工人代表会、农民代表会、大专院校红卫兵代表会、中学红卫兵代表会、党政群干部职工代表会，作为实现“革命大联合”的群众基础，积极筹建基层革委会。1967 年 10 月 14 日，全省第一个基层革委会——兰州第一中学革命委员会成立。11 月，省内高等院校第一个革命委员会——兰州铁道学院革命委员会成立。12 月 15 日，经兰州军区批准，甘肃省第一个“三结合”县级革命委员会——临洮县革命委员会成立。此后，全省各专区、县、厂矿企事业单位和大、中学校等基层单位相继成立革命委员会。到 1967 年底，全省已有 4500 多个基层单位成立革命委员会。

省革委会成立后，尚未成立革委会的基层单位加快筹建的步伐。从 1 月 12 日，临夏回族自治州革命委员会成立起，至 8 月 18 日武威专区革命委员会成立，全省 11 个专区（州）、市已全部成立了革命委员会。县区一级的革命委员会，至 9 月 23 日，宕昌县革命委员会的成立，宣告全省 82 个县（市）全部成立了革命委员会。至此，全省 99% 的国营厂矿企业和农村人民公社也都成立了革命委员会。

1969 年 9 月 4 日，省革命委员会通知，除自治州革命委员会外，将各专区革命委员会的名称改为地区革命委员会，从 10 月 1 日起使用新名称并启用新印章。

## 四、“大批判”与继续揪斗“汪锋一小撮”

省革命委员会成立后，在全省又掀起以“大批判”（主要是指“批判阶级敌人的破坏，批判资本主义倾向，批判资产阶级思想作风，彻底肃清‘刘少奇的反革命修正主义’余毒”）开路的“斗、批、改”高潮。1968 年 1 月 23 日，中共中央在《关于甘肃省成立革命委员会的批示》中，将汪

锋定性为“中国的赫鲁晓夫及其在甘肃的代理人汪锋一小撮反革命修正主义分子”。《批示》要求，甘肃省革命委员会与甘肃省的人民解放军和无产阶级革命派广大群众一道，牢牢掌握斗争大方向，深入开展各单位、各部门的“斗、批、改”，做好各项工作，为“无产阶级文化大革命”立新功。当日，打倒汪锋一小撮委员会组织“三结合”清档领导小组，对省委的档案开始进行彻底清查，株连了一大批干部和家属。2月28日，省革委会作出《关于进一步深入开展革命大批判的计划安排》，提出要在各条战线掀起一个大揭大批“中国赫鲁晓夫及其在甘肃的代理人汪锋一小撮的修正主义建党路线”的新高潮，“以此来带动各个领域、各条战线革命大批判运动的持续进行和斗、批、改的深入发展”。之后，全省“大批判”运动和揪斗“汪锋一小撮”的斗争在各个领域及社会各界再度升温。8月20日至9月12日，省革委会召开第二次全委（扩大）会议。会议作出《坚决打好斗批改这一仗为夺取无产阶级文化大革命全面胜利而奋斗》的决议；号召全省各地、市、州、县全面建立“三结合”的革命委员会（筹备小组），打好“斗、批、改”这一仗。

在“大批判”中，省革委会要求以阶级斗争为纲，在批判中，一是结合狠批现行反革命分子的破坏活动；二是批判社会上的资本主义倾向，防止资本主义复辟；三是批判无政府主义和资产阶级派性；四是批判反革命经济主义。重点是批判当时存在的各派、各部门、各单位以自我为中心和否定革命委员会“一元化”领导的认识和做法。“大批判”的主要方式：一是办毛泽东思想学习班；二是召开各种规模、各种形式的批判会。批判的焦点都集中指向“汪锋一小撮”。省革委会在《关于进一步深入开展革命大批判的计划安排》中明确要求，把斗争的矛头始终对准“党内最大的一小撮走资本主义道路的当权派”和他们在当地的“代理人”，深入批判“阶级斗争熄灭论”，批判“三自一包”“四大自由”，批判“生产第一”“物质刺激”，狠抓“阶级斗争”，狠抓“斗私批修”。与汪锋有正常工作关系的省委、省人委的领导干部，被划为“汪锋一小撮”。随着“斗、批、改”运动的全面展开，这批干部被冠以“一帮叛徒、特务、走资派、‘三反分子’、反革命修正主义分子’”等罪名，遭到更严厉的批判和斗争。1969年3月8日，原省委书记处书记、省政协主席高健君被错误地扣上“叛徒”“特务”“假党员”“老走资派”等多顶帽子,含冤自杀。

## 五、揪斗“反革命政变二套班子”

省革委会成立后,借“反击右倾翻案风”运动,制造了“反革命政变二套班子”,对省委和兰州市委持反对意见的干部进行又一轮打击,一些地、州、市、县的领导干部和部门负责人也被冠以“反革命政变二套班子”受到批判。“反革命政变二套班子”是“文化大革命”中,甘肃发生的又一起重大冤案。

1968 年 3 月中旬,裴孟飞等人被诬陷为阴谋反对兰州军区、反对省革委会,是甘肃“反革命政变二套班子”的总头目。

29 日至 30 日,省革委会召开常委会议,分析了自 1967 年 8 月 5 日中央解决甘肃问题“三个文件”贯彻以来,特别是成立省、市革筹小组和革命委员会前后的斗争,一致认为:“刘(少奇)、邓(小平)苦心经营的西北反革命政变据点的第一套班子,汪锋一小撮被揪出来之后,以裴孟飞为总头目的刘、邓第二套班子一小撮走资派、叛徒、特务又出来同我们斗争了。这个斗争由来已久。斗争的实质是谁掌权的问题,是巩固新生的政权革命委员会,还是复辟资本主义的问题。”会后,在兰州地区发起了揭批所谓“刘、邓在甘肃政变据点第二套班子”的运动。

4 月 5 日,兰州地区工代会、大专院校红代会等联合举行“狠斗二套班子总头目裴孟飞”大会。大会诬陷裴孟飞犯有“动摇、颠覆革委会”和所谓“三反”罪行;提出“打倒裴孟飞,揪出变色龙,砸烂公检法,找出小爬虫”的口号。由此,揪斗所谓“二套班子、小爬虫”的风潮在全省逐步蔓延。

同时,全省各地引发冲砸公、检、法机关,抢夺档案,围攻司法工作人员的事件。尽管事后省革委会发出《关于说服群众不要冲击公检法机关的通知》,但在“文化大革命”的大趋势下,收效甚微。全省公、检、法被迫瘫痪,导致局势更加混乱。4 月 18 日,省革委会召开揭批“反革命政变二套班子”誓师大会,省革委会负责人在会上宣布:“‘反革命政变二套班子’省级机关有,兰州市和地、县也有。”要求各单位“要集中目标,集中火力,狠揭狠批,穷追猛打”。一时,帽子乱扔,棍子乱打,在全省到处挖“反革命政变二套班子”，致使一批干部、职工受到伤害。裴孟飞和兰州市委的白学光、陈荫林、骆是愚、李维时等领导干部被打成“反革命政变二套班子”核心人物。原省委办公厅成了“反革命政变一、二套班子的黑参谋部，是一小撮叛徒、特务、顽固走资派进行招降纳叛、纠集坏人的一个据点”。“旧省委（指革委会成立前的中共甘肃省委）的历任正、副秘书长中，敌我性质的问题占 70% 以上”。

同日，省革委会在兰州召开“坚决贯彻毛主席最新指示，反对右倾保守主义、反对右倾分裂主义、反对右倾投降主义、反对右倾翻案妖风”誓师大会，省革委会主要负责人在讲话中要求把矛头始终指向“以汪锋为首的第一套班子和以裴孟飞为首的第二套班子以及他们在各单位、各部门、各专县的代理人”。20 日，《甘肃日报》发表题为《彻底砸烂中国赫鲁晓夫在甘肃的第二套班子》的社论。同日，兰州地区工代会、农代会、中等学校红代会和省级机关职代会，在东方红广场召开彻底砸烂中国赫鲁晓夫安插在甘肃的第二套班子誓师大会。

23 日，省革委会在《关于当前兰州地区阶级斗争若干问题的决定》中，要求各单位集中目的、集中火力，狠揭狠批、穷追猛打“反革命政变二套班子”，并就组织领导、斗争方向、有关政策等问题作出规定。5 月 23 日，省革委会政治部印发《刘邓在甘肃反革命政变二套班子材料之一（第二套班子总头目裴孟飞的反党罪行材料）》之后，又先后印发“材料之二”“材料之三”“材料之四”“材料之五”，公布“刘邓在甘肃反革命政变二套班子”的“反党罪行材料”。在反复动员、不断加压的情况下，许多地区和单位都掀起揭批“反革命政变二套班子及其代理人”的高潮，受此株连的干部群众达千人，仅省级机关中就新揪出“二套班子”问题的干部 46 人。在“狠揭狠批”“反革命政变二套班子”中，裴孟飞和许多领导干部长期遭受政治迫害和精神肉体折磨。裴孟飞在隔离审查期间患重病，手术后不久又下放农场劳动。1972 年 2 月 24 日，裴孟飞在兰州含冤病逝。原兰州军区“支左”办公室副主任曾招捌，也被打成“反革命政变二套班子总后台”，扣上“地地道道的反革命”等帽子，遭受残酷迫害致死。许多被打成“二套班子”的干部，被送进“学习班”，遭遇了不公正的对待。

# 第二节 “斗、批、改”运动

## 一、“斗、批、改”

“斗、批、改”是斗争、批判、改革的简称。《中国共产党中央委员会关于无产阶级“文化大革命”的决定》（简称《16条》）中就作了较为完整的阐述：“在当前，我们的目的是斗垮走资本主义道路的当权派，批判资产阶级的反动学术‘权威’，批判资产阶级和一切剥削阶级的意识形态，改革教育，改革文艺，改革一切不适应社会主义经济基础的上层建筑，以利于巩固和发展社会主义制度。”1968年9月7日，《人民日报》《解放军报》发表《无产阶级文化大革命的全面胜利万岁》的社论，明确提出“文化大革命”运动已进入了“斗、批、改”阶段。

在甘肃开展“斗、批、改”的第一项内容就是“活学活用毛泽东思想”。1968年2月16日，省革委会召开“广泛深入地开展活学活用毛泽东思想伟大群众运动，彻底围剿派性誓师大会”。会后，全省开始赠送、发行《毛泽东选集》《毛主席语录》和毛泽东像章，掀起“三忠于、四无限”运动高潮。毛泽东著作“天天读，时时读”“早请示、晚汇报”，修“忠”字台，跳“忠”字舞，人人戴像章，处处绘头像，大兴“造神”运动。

28日，省革委会作出《关于进一步深入开展革命大批判的计划安排》。《安排》要求：各级革委会（革筹小组）都要建立强有力的革命大批判的领导班子；各专（州）、县（市）、各大厂矿革委会（革筹小组）、各代会，要结合本系统具体情况，自下而上地制订革命大批判的全面规划；要提出批判的任务、重点、对象、方法、步骤和措施。《安排》提出，要在各条战线掀起一个大揭大批“修正主义建党路线”的新高潮，“以此带动各个领域、各条战线的革命大批判”。之后，全省大批判运动在各个领域和社会各界再度升温。

5月以后，全省“大批判”陆续转入“斗、批、改”阶段。省革委会专案团对大多数原省委常委、副省长以上的领导干部和部分厅局级干部进行隔离审查。审查中，专案团把许多领导干部定为“叛徒”“特务”“走资派”或“三反分子”（指反党、反社会主义、反毛泽东思想）。据省革委会政治部7月12日印发的《省级机关几个数字的统计》显示，省级56个厅局共有高干215人，中干734人，而在审查中被揭出“有问题”的高干就有141人，中干217人，其中还有46人是新揪出的“反革命政变二套班子”成员。

1968年下半年开始，北京“六厂二校”[①]“斗、批、改”的典型经验，向全国推广。按照“六厂二校”实践经验，8月25日，中共中央、国务院、中央军委、中央文革小组发出《关于派工人宣传队进学校的通知》。29日，省革委会根据中央通知精神，向专区（州）、市、县和厂矿企事业单位发出通知，安排部署组派“工人毛泽东思想宣传队”（简称“工宣队”）和“贫下中农毛泽东思想宣传队”（简称“农宣队”）。要求各地革委会要尽快部署，组织工宣队和农宣队，进驻专区所在地和县城中、小学校以及在农村的中学。当日，兰州地区首批工宣队开进兰州大学、甘肃师范大学、西北民族学院、兰州铁道学院、兰州医学院、甘肃教育学院、甘肃工业大学、甘肃农业大学等8所高等院校及一些科研单位，领导“斗、批、改”运动。到9月中旬，全省有近万名工宣队员进驻到450多所学校、科研单位和文艺团体。9月19日，省革委会决定组织第二批工宣队共2010人，进驻尚未派工宣队的学校、科研单位、机关及“还没有搞好斗、批、改”的单位。到1969年2月，全省共组织有1.447万人参加的629个工宣队，进驻1051个单位。其中，省革委会直接领导的52个队，进驻原中共甘肃省委、省人委机关以及在兰的科研设计单位和8所院校等215个单位。

随着“斗、批、改”运动的不断发展，其内容逐步被具体化。开展大批判、活学活用毛泽东思想、清理阶级队伍、一打三反、清查“五一六反

① 指北京针织总厂、北京新华印刷厂、北京北郊木材厂、北京化工三厂、北京二七机车车辆工厂、北京南口机车车辆机械厂以及北京大学、清华大学。“斗、批、改”运动开始后，毛泽东派中央警卫部队8341部队进驻这些工厂和学校，连同进入清华、北大的一些工厂的工人共同组成工人解放军毛泽东思想宣传队，协助这些厂校的革委会进行“斗、批、改”运动。

革命阴谋集团"、精简机构、改革不合理的规章制度、下放科室人员、整党建党、知识青年上山下乡、干部下放到"五七"干校以及文艺、教育、卫生、商业、工厂管理改革等,都成为运动的内容。

## 二、"清理阶级队伍"

"清理阶级队伍",是"文化大革命"中进行"斗、批、改"运动的主要内容之一。

1968 年 3 月 23 日,省革委会发出《关于进一步贯彻中央关于清查敌伪档案和深挖叛徒的指示的通知》。《通知》提出,"清查和深挖工作必须以阶级斗争为纲",清查的重点是敌伪党、政、军、警、特、宪、法院、监狱的政治档案。5 月 19 日,省革委会召开全省电话会议,部署地、县"清理阶级队伍"工作。会议号召全省各级革委会和全体人民"向无产阶级的敌人刮一场十二级台风,将一切隐藏的阶级敌人统统挖出来"。据兰州市不完全统计,在刮"十二级红色台风"中,有 1.3 万多人被揪斗,被审查和强迫交代问题的人数就更多。玉门石油管理局在"清理阶级队伍"中,造成 5 起重大冤案,424 人被揪斗,致死多人。兰州炼油厂 88 名科级以上干部中,被揪斗的就有 71 人,占 80%。

5 月 25 日,中共中央、中央文革小组转发毛泽东关于《北京新华印刷厂军管会发动群众开展对敌斗争的经验》的批示,要求全国各地区、各单位"有步骤、有领导地把清理阶级队伍这项工作做好"。27 日,省革委会发出贯彻中央精神的通知。29 日,召开兰州地区县以上单位负责人大会,传达中央转发的北京新华印刷厂的经验。6 月中下旬,兰州军区"支左"办公室、省革委会先后转发《驻兰州铁道学院军训营、院革委会发动群众开展对敌斗争的经验》和《临洮县开展"对敌斗争"的经验》,作为全省的典型学习推广,带动全省"清理阶级队伍"工作。

7 月 15 日,省革委会发出《关于省属在各专县的工矿企事业单位的无产阶级文化大革命清理阶级队伍工作由当地专县革委会统一领导的通知》,要求各地区、各部门、各系统"要加强对清查敌伪档案的领导和力量"。

“清理阶级队伍”工作开始以后，许多地方和单位任意扩大清查范围和对象，大抓“叛徒”“特务”“国民党残渣余孽”和“间谍分子”，出现挂黑牌、游街、戴高帽、搞喷气式、武斗等现象。其间，对省、市公、检、法机关的12.2万余件敌伪档案进行搜集整理、翻阅审查，查出各类“叛徒（嫌疑）、特务、历史反革命分子”线索73316条，落实到人头合并36161人。这些线索先后发往全国和省内各地、各单位进行落实，查到下落的共29377人。全国各地发来我省的各类线索96561件，被查对象10万余人。

在“清理阶级队伍”及此后的“整党建党”中，成立了庞大的专案团，对省委常委、副省长以上干部及部分厅、局级干部进行政治审查。各地、市、州、县和省级各单位、各部门也成立了许多审查干部的专门班子，对各级领导干部和其他干部进行政治审查。他们混淆是非界限和敌我界限，无限上纲，把许多干部定为“叛徒”“特务”“走资派”“反革命修正主义分子”。截至1968年6月底，仅兰州地区就揭发出“叛徒、特务、走资派、牛鬼蛇神”等共12302人。其中，党政群系统揭发出有各种“问题”的干部群众共415人；省委原19名常委中，被定性为敌我矛盾的就有8人；省级机关在职的274名部、厅、局长以上高干中，“揭发出有各种严重和比较严重问题”的有192人。其中，“按敌我矛盾要打倒的”就有138人。全省8所大专院校中，共揭发出有各类“问题”的共1050人，占教职员工总数的5.5%。“清理阶级队伍”的工作一直延续到“文化大革命”后期，不少人因此遭到株连和迫害。

1970年6月，省革委会核心小组向中共中央、中央军委、中央文革呈报《关于清查敌伪档案工作情况的报告》中提出，鉴于甘肃清查敌伪档案工作已基本完成，拟撤销各级清档小组，遗留工作由保卫部和档案馆承办。

在阶级斗争扩大化和“天下大乱”的背景下，从1968年下半年到1970年，甘肃也跟全国一样，在“清理阶级队伍”中带有强烈的主观随意性，往往成为派系争斗、挟嫌报私、排除异己和处理一些所谓“历史问题”的堂皇理由。许多人被无中生有、捕风捉影地污蔑为“阶级敌人”而遭受“群众专政”，酿成大量冤假错案。

## 三、“一打三反”运动

1970年1月31日，中共中央发出《关于打击反革命破坏活动的指示》。2月5日，中共中央又发出《关于反对铺张浪费的通知》和《关于反对贪污盗窃、投机倒把的指示》。这三份文件发布后，在全国范围开始进行“一打三反”运动。

2月初，省革委会开始在全省展开“三个文件”精神的宣传和“一打三反”运动的安排部署。省革委会成立甘肃省革命委员会落实中央“三个文件”办公室，具体负责指导全省的“一打三反”运动，各地、州、县（市）也成立由一把手挂帅的领导小组和办事机构。

2月16日，省革委会召开兰州地区“坚决打击反革命破坏活动，反对贪污盗窃、投机倒把、铺张浪费动员大会”。会后，全省抽调88600余人，组成2200多个毛泽东思想宣传队，深入全省各地宣传中央“三个文件”精神。据3月20日统计，全省有53万多人参加，组建7万多个毛泽东思想宣传队，举办有680多万人参加的各类学习班，对中央的“三个文件”进行宣传。

甘肃“一打三反”运动从兰州地区开始后，很快发展到全省城乡各地，从打击浮在表面的“反革命”活动入手，进而向隐藏的“一小撮阶级敌人”发起猛烈地全面地进攻。运动中通过检举、揭发、批判、清查相结合，普遍召开动员大会、批斗大会、公判大会。除了地、富、反、坏、右分子外，对于盗窃犯、诈骗犯、杀人放火犯、流氓集团和各种严重破坏社会秩序的坏分子，也从严实行“专政”。

全省的“一打三反”运动大体经历大检举、大揭发、大批判和有目标地深挖以及反对铺张浪费几个阶段。从1970年2月15日至3月下旬为第一阶段，共揭发出有各种问题的96700多人。从3月下旬至5月下旬为第二阶段。到5月底共揭发出有各种问题的共264684人，揭发出“政治问题和经济问题”的集团3706个，揭发出贪污盗窃、投机倒把获利金额4320多万元。5月12日，省革委会召开办公会议，专门听取全省“一打三反”运动进展情况的汇报，并对运动的进一步深入开展进行讨论。省革委会主要领导对运动的发展作了五点具体指示，提出“要通过革命大批判提高觉悟”，还要“胸中有全局，手中有典型”，运用典型，指导运动。会后，根据省革委会的安排，运动转入有目标的深挖阶段。8月20日，省革委会党的核心小组转发省革委会落实中央“三个文件”办公室《关于当前“一打三反”运动中几个问题的报告》。全省“一打三反”运动逐步转入“反对铺张浪费”阶段。到1970年9月底，全省揭发出有政治、经济问题的共计327008人。其中，有政治问题71747人，经济问题255261人。经过内查外调，落实有政治、经济问题的共计269037人。其中，有政治问题的61581人，经济问题的207456人。全省共批捕13121人。1971年4月16日，省委向中央报告，截至1970年底，甘肃“一打三反”运动共“挖出叛徒、特务、反革命分子等”35700多人，“挖出”千元以上的“贪污盗窃、投机倒把犯”9800多人。

“一打三反”运动由于指导思想的错误和一些地方派性严重，存在着混淆两类矛盾，进行“逼供信”等问题，造成许多冤假错案。同时，在“阶级斗争为纲”和“无产阶级专政下继续革命”的思想指导下，人为地扩大了斗争的打击面和打击力度。连续的“清理”“打击”“清查”运动，使更多经历“天下大乱”的人们又置身于“阶级斗争”的紧张氛围之中。

## 四、清查“五一六反革命阴谋集团”

1970年3月，中共中央发出《关于清查“五一六”反革命阴谋集团的通知》。省革委会根据中央通知精神，也开始进行清查“五一六反革命阴谋集团”的运动。中央文件下发后，全省各地各单位普遍组织学习和传达讨论。省革委会成立清查“五一六”办公室，各地、市、县也成立相应机构，负责清查工作。

首先对北京来甘人员进行清查，部分地区还对1968年和1969年毕业分配的学生进行摸底清查。4月10日，省革委会清查“五一六”办公室召集省电业局、机械局、煤炭局、农水局、兰州铁路局、兰化、兰炼、兰棉等8个外来人口集中的重点单位分别进行座谈。经过摸底清查，全省共清理出与北京“五一六”组织有关联以及有反革命嫌疑的怀疑对象63名，重点怀疑对象20人，几乎全是北京来甘人员和北京一些院校毕业分配来甘学生。由于挖不出什么与北京“五一六”有勾结和牵扯的人和事,省革委会落实中央“三个文件”办公室在《关于清查“五一六”反革命的情况汇报》中认为,甘肃初步揭出一批与“五一六”有关的问题,但也存在着对中央通知学习和传达的不深入、不广泛,没有全面领会中央通知精神;深挖得不够,“对我们这里‘文化大革命’中和北京‘五一六’组织有联系的,以及和‘五一六’同样性质的其他秘密反革命集团,更是深挖不够”。此后,运动向深挖“和北京‘五一六’组织有联系的以及和‘五一六’同样性质的其他秘密反革命阴谋集团”发展。

1971 年 4 月 2 日,省委召开常委会议,听取和讨论政治部《关于开展清查“五一六”反革命阴谋集团意见的汇报提纲》。会议决定,“甘肃清查‘五一六’的重点在兰州,省、市专案小组可以联合办公。”29 日,省委发出《清查“五一六”反革命阴谋集团的通知》。省革委会清查“五一六”办公室全力转向深挖“二套班子”和“革联”冲击中南海事件的台前幕后指使人以及对省革委会成立和组成成员有不同意见的群众组织人员的清理排查工作。在全省清查“五一六”运动中,省革委会清查“五一六”办公室主要对两拨人作为甘肃反革命“五一六”阴谋集团进行了清查:一是对以所谓“裴孟飞二套班子”主要成员和与其相关联的兰州市委、市人委各单位部分领导,以及共青团兰州市委“七一战斗队”等群众组织主要成员,除裴孟飞、白学光、骆是愚、李维时、陈荫林、肖泽民、杜芳义外,共 79 人,对其中 21 人进行重点立案审查;二是对参与“革联”冲击中南海事件的重点相关人员进行清查,除王孝慈、葛士英、韦明、丁乃光、郭今吾、王德库外,对其中 10 人重点立案审查。此外,还对省军区以刘烨、王宝珊、贾长明为主组织成立的“省高中干服务组”30 多名成员进行清查。全省经过三年多时间的清查,并没有找到这些人与北京“五一六”组织的联系证据,对这些已经被打倒的干部又强加了一顶“‘土生土长’的‘五一六’分子”的帽子。

1972 年 1 月 12 日,省委常委会议听取省革委会保卫部关于清查“五一六”运动情况和请示的几个问题的汇报,认为“全省清查‘五一六’运动成绩是显著的,基本上是健康的”。1973 年 8 月 29 日,省委常委会议讨论决定,鉴于甘肃清查“五一六”工作已基本结束,省委清查

“五一六”办公室可予撤销。今后涉及“五一六”方面的问题，由省革委会保卫部负责处理。至此，大规模的清查“五一六”运动基本告一段落。

## 五、教育、文艺、卫生领域的“革命”

在“左”倾错误思想为指导的“斗、批、改”运动中，还进行教育“革命”和文艺、卫生等领域的“革命”。

“教育革命”。这是“文化大革命”的预期目标和重要任务之一。1966年5月，毛泽东在著名的“五七指示”中，提出教育革命的若干预期设想，如“学生以学为主，兼学别样”“学制要缩短，教育要革命”等。在《十六条》中也提出：“改革旧的教育制度，改革旧的教学方针和方法，这是“无产阶级文化大革命”的一个极其重要的任务”等。正是按照这一构想，在“文化大革命”进入“斗、批、改”阶段后，围绕对中小学原有办学模式和大专院校原有招生的改革，从学校的领导体制、教学体制、教学内容、招生制度等诸多方面展开了一系列教育“革命”。

1967年10月，全省各学校成立革命委员会后，许多学校废除教导处、教研室，取消班级及班主任制度，师生按班、排、连、营建制编队。11月，全省中小学开始“复课闹革命”。

1968年7月22日，《人民日报》刊载毛泽东主席21日为《从上海机床厂看培养工程技术人员的道路》一文所写的编者按：“大学还是要办的，我这里主要说的是理工科大学还要办，但学制要缩短，教育要革命，要无产阶级政治挂帅，走上海机床厂从工人中培养技术人员的道路。要从有实践经验的工人农民中选拔学生，到学校学几年以后，又回到生产实践中。”即“七二一”指示。省革委会贯彻“七二一”指示，号召毕业生走与工农相结合的道路，坚持四个面向（即面向农村、面向工矿、面向基层、面向边疆），并认为“大学生当农民、当工人是一次深刻的教育革命，也是一场翻天覆地的社会大革命”。8月25日，省革委会按照中共中央、国务院、中央军委、中央文革《关于派工人宣传队进学校的通知》精神，组织派出工宣队和农宣队进驻全省各大中小学校，进行所谓的“工人阶级（或贫下中农）管理学校”，批判“智育第一”“分数挂帅”“教学第一”“读书做官”等“修正主义思想”，开始兴办“社会主义的新型学校”。

10月19日,省革委会政治部发出《关于复课闹革命并做好教材改革工作的通知》,决定中学学制改为“二二制”(初中、高中各二年),知识课主要学数学和物理合并的工业基础知识课,化学和农学合并的农业基础知识课,也可适当开设文艺课和军体课。1969年2月,省革委会决定改变中小学学制,由秋季招生改为春季招生,小学试行五年制,中学试行四年“二二分段制”。《红旗》杂志在1969年第二期发表兰州第五中学和兰州铸造厂进行“教育革命”的《厂办校,两挂钩》的长篇调查报告,将这一“经验”推向全国。3月1日,省革委会批转《全省中小学教育革命座谈会纪要》,提出学习推广兰州第五中学改为兰州铸造厂中学的“经验”。全省城镇中小学按照这一“经验”,实行厂校合一、工厂办校或定厂办校的体制。

1970年6月27日,中共中央批准《北京大学、清华大学关于招生〈试点〉的请示报告》,高等院校开始招生复课。同时,中共中央决定废除大学招生历来实行的统一考试、择优录取的办法,改为面向工人、农民和解放军战士,“实行群众推荐,领导批准和学校复审相结合的办法”,学制二至三年。这些“工农兵学员”学习期间的任务是“上大学,管大学,改造大学”。按照这一精神,全省各大专院校都陆续开始招收工农兵学员。1971年5月,省革委会发出《关于选拔工农兵教师改造文教队伍的指示》,计划聘请644名工农兵专职教师充任大学教师。1971年10月,全省各高校陆续开学,第一批1800多名“工农兵学员”进入校园学习。这一系列的“教育革命”,搞乱了学制,造成了教学秩序的混乱和教育质量的下降。

文艺戏曲的“革命”。“文化大革命”前期,毛泽东主席在不同场合多次提出,中国戏剧舞台不能充斥古代帝王将相、才子佳人,要展示革命历史题材以及工农大众、革命人民的现实生活。“文化大革命”开始后,在江青的指导下,中国京剧院对中国戏剧进行了重大改革,排演了革命现代京剧《红灯记》《沙家浜》《智取威虎山》《奇袭白虎团》《海港》和舞剧《红色娘子军》《白毛女》《杜鹃山》《龙江颂》,以及交响音乐《沙家浜》等一大批样板戏剧目,作为文艺戏剧(曲)改革推陈出新的样板,向全国各省、市及地方剧团、文工团、剧院推广。1967 年 5 月 31 日，《人民日报》发表评论《革命文艺的优秀样板》，率先号召“普及革命样板戏，推动文艺革命的发展”。全省各地的剧团、文工团以及民间剧团都开始移植样板戏，把革命样板戏推广到全省的各个角落，基本做到家喻户晓。

卫生等领域的“革命”。1967 年，按照毛泽东主席“把医疗卫生工作的重点放到农村去”的指示（即“六二六”指示），中央先后共派来 10 批、4000 多人次的北京医疗队到甘肃河西地区。同时，还有北京、上海等地 2000 余名医疗卫生工作者、医学院毕业生，响应毛泽东“六二六”号召，到全省农村安家落户，创建各种形式的“六二六”卫生医疗机构，服务甘肃，为农村培训医疗技术人才，为群众解除病痛，宣传卫生常识，改造卫生环境。省革委会也于 1968 年 2 月召开全省卫生工作会议，研究制定贯彻落实“六二六”指示的初步实施方案，要求医疗卫生人员要到农村去，为贫下中农服务。4 月 11 日，兰州地区第一批“六二六”医疗队的 1200 名医务工作者分赴农村牧区。1969 年 10 月 27 日至 11 月 9 日，全省卫生工作会议在兰州召开。会议提出，在半年内要组织县以上城市中 50% 的医务人员到农村安家落户，要大力推广合作医疗，力争到 1970 年底，全省每个生产大队配备 2 名至 3 名“赤脚医生”。1970 年 2 月 10 日，省革委会批转《全省卫生工作会议纪要》，要求各级革委会从战备的观点出发，全面落实会议提出的任务，迅速把医疗卫生工作的重点转向农村去，以尽快改变全省卫生工作的落后面貌。这次卫生改革，在一定程度上缓解了全省农村卫生医疗缺医少药的薄弱局面，为甘肃农村各地卫生事业的发展做出了贡献。

## 第三节　知识青年上山下乡和干部下放劳动

### 一、城镇居民到农村安家落户和知识青年上山下乡

“文化大革命”开始后，由于大学不招生，工厂基本不招工，商业和

服务行业处于停滞状态，城市初、高中毕业生既不能升学，也无法分配工作，众多的毕业生就业成了刻不容缓的严重社会问题。

1968 年 5 月，会宁县城关镇在开展活学活用毛泽东思想群众运动中，一些居民在学习班上提出“我们也有两只手，为什么要住在城里吃闲饭”的问题。他们认为“应该听毛主席的话，到农村去，参加农村社会主义建设”，并向城关镇革委会递交“申请书”，要求“到农村安家落户”。这一要求得到城关镇革委会的支持。7 月 22 日，会宁县城关镇部分居民到会宁县河畔公社落户。在会宁县革委会的宣传和号召下，会宁县城镇居民中出现了下乡落户的热潮。到 1968 年 12 月中旬，会宁县的 588 户城镇居民中有 178 户、932 人分别到会宁县 13 个公社安家落户。

12 月 10 日，《甘肃日报》在头版显著位置报道了会宁县部分城镇居民到农村安家落户的消息，并号召全省城镇居民向会宁城镇居民学习，到农村安家落户。22 日，《人民日报》以《我们也有两只手，不在城里吃闲饭》为题，报道会宁县城镇居民到农村安家落户的消息，并加了编者按。编者按传达了毛泽东的指示：“知识青年到农村中去，接受贫下中农的再教育，很有必要。要说服城里干部和其他人，把自己初中、高中、大学毕业的子女，送到乡下去，来一个动员。各地农村的同志，应当欢迎他们去。”

1969 年 1 月 11 日，省革委会在会宁召开现场会议，总结推广“动员组织青年和城镇居民到农村安家落户的经验”。同时，省革委会成立知识青年上山下乡安置办公室，负责全省的知识青年上山下乡调配安置工作。此后，知识青年上山下乡和城镇居民到农村安家落户在全省迅速兴起。“仅一个月的时间，全省就有 14000 多户、48400 多名城镇居民和职工家属到农村安家落户”，“上山下乡知青已达 51000 多人”。

随着知识青年上山下乡制度化，1973 年 5 月，省革委会落实中央政治局专题会议精神，成立由 11 人组成的甘肃省革命委员会上山下乡安置工作领导小组，省委常委、省革委会副主任朱培屏任组长。各地、市、县也成立由主管领导负责的对应机构，配备专人负责。同时，按照全国知青工作会议精神，省革委会先后两次制定知识青年上山下乡长远规划。之后，省革委会先后下发一系列文件，对全省知青上山下乡工作进行指导，解决知青安置及生产、生活问题。1975 年开始，全省采取“知识青年对口下，教育对口抓，支援农业对口帮，带队干部对口派，厂社挂钩，集体安置”的办法，兰州市下乡知青安置在河西商品粮基地的就有 58162 人，占全省下乡知青的一半。到 1977 年底，全省共建成知青安置点 9414 个，全省先后共有 245500 多名知识青年上山下乡。其中先后有 17300 多人担任民办教师、赤脚医生、拖拉机手、农技员、农科员、农村夜校辅导员等。除了农村安置外，还在一些农场和有条件的工矿企业单位的农副业基地进行安置。到 1980 年，全省有知青场队 184 个，有安置知青的农副业基地 247 个，国营农场 50 个。

全省知识青年上山下乡运动一直持续到 1979 年（当年仍有 73 名知青下乡），全省每年大约有近 3 万名知识青年上山下乡。1980 年 3 月 7 日，省政府知青办向国务院、财政部呈报的《关于我省知青经费管理使用情况的报告》中提到，“甘肃省自 1973 年以来共安置下乡知青 190082 人（含 1979 年下乡的 73 人）。几年来，除招工、升学、参军、招干等外，目前农村实有 36494 人。”这里只统计了设立知青点后的数字。实际上从 1962 年开始到 1979 年，全省先后有 25 万多人（不包括回乡知青）上山下乡，占全国知青总数的 1.47%。到 1980 年底，全省仍有 2600 多人未安置。直到 1981 年才全部安置。

知识青年上山下乡，到农村和农场，经受了锻炼，接触了生产实践，增长了才干，为振兴甘肃农村、改变农村贫穷落后面貌作出了贡献，他们中间涌现出一大批优秀的建设人才和领导骨干。但是，正值青春年华却失去接受高等教育的机会，造成人才的断层，给国家现代化建设带来长远的危害，也给成千上万的知识青年家长和部分安置地区的农民加重了负担。上山下乡知识青年返城后又得不到及时妥善安置，引发了一系列社会问题。

## 二、干部下放劳动

1966 年 5 月 7 日，毛泽东主席审阅解放军总后勤部《关于进一步搞好部队农副业生产的报告》后，给林彪写了一封信。在这封后来被称为“五七指示”的信中，毛泽东要求全国各行业都要办成“一个大学校”，这个大学校学政治、学军事、学文化，又能从事农副业生产，又能办一些中小工厂，生产自己需要的若干产品和与国家等价交换的产品。又能从事群众工作，又要随时参加批判资产阶级的文化革命斗争。“五七指示”发出后，中共中央转发了这封信。8 月 1 日，《人民日报》发表《全国都应该成为毛泽东思想的大学校——纪念中国人民解放军建军 39 周年》的社论，对“五七指示”作了进一步阐释。

1968 年 4 月，黑龙江省革委会在庆安县的原省委机关农场创办柳河“五七”干校，作为没有结合进革委会的部分干部下放劳动的场所。10 月 5 日，《人民日报》发表《柳河“五七”干校为机关革命化提供了新的经验》一文，公布了毛泽东主席关于柳河“五七”干校经验的批语。毛泽东主席认为，干部下放劳动，这对干部是一种重新学习的极好机会，除老弱病残者外都应这样做。在职干部也应分批下放劳动。此后，全国各地的党政机关纷纷仿效柳河“五七”干校，在农村办起“五七”干校。党政机关、高等院校、文教科技战线的大批干部、教师、专家、文艺工作者等知识分子被下放到农村，到“五七”干校参加体力劳动，接受贫下中农“再教育”。同日，省革委会常委会决定安排干部下放劳动，并成立全省干部下放劳动领导小组。

会后，全省迅速掀起一个学习黑龙江柳河“五七”干校经验和大办“五七”干校的高潮。省革委会在徽县红旗山、张掖九公里园艺场、靖远北湾开办了三所“五七”干校。全省各地和许多部门在农村也大办各种类型的“五七”干校和农场。“五七”干校一般选址在比较偏远、贫困的农村。

经过“文化大革命”前期一波又一波运动的揭发、批判、斗争、清理阶级队伍、整党建党和反复清查，各部门中的许多人都被戴上诸如“走资派”“反动学术权威”“坏分子”“资产阶级知识分子”“三反分子”之类的帽子。这些被罢了官、戴了帽、靠边站的人，自然成了被下放接受劳动改造的对象。还有派性斗争的失利者及运动中挟嫌报私行为的受害者，也成为精简下放的对象，纷纷被送到干校和农场参加劳动，接受“再教育”。到 1968 年底，全省共下放到干校劳动锻炼的干部有 5.2 万多人，其中绝大多数为党政机关、大专院校的在职干部和教师，包括正在接受审查和批斗的原各级党政领导干部。

“五七”干校的“学员”，无论资历深浅、职务高低，所有人都叫“五七战士”。他们不分年龄、性别，一律按照军队建制，编入划定的连、排、班，由军宣队或工宣队管理。“学员”除了参加体力劳动，如种田、挑粪、养猪、做饭、挑水、打井、盖房……要求自食其力，接受劳动锻炼外，还层层大办各种类型的毛泽东思想学习班，校部办、班排连队办、田间地头办和贫下中农一起办，大力开展活学活用毛主席著作的群众运动，把学习、宣传、贯彻、落实毛泽东思想放在重于一切、大于一切、高于一切、先于一切的地位，把“宣传最新指示不过夜，学习最新指示不漏人，落实最新指示不掉队，执行最新指示不走样”，作为理论文化宣传学习的标准。还采取“走出去”“请进来”的形式，请当地的老工人、老贫农、老干部讲三史（家史、村史、阶级斗争史）、诉三苦（阶级苦、民族苦、资产阶级反动路线苦），让“学员”接受工农兵“再教育”。干校还组织毛泽东思想宣传队，深入周围生产队和学校，宣传毛泽东思想，开展革命大批判，狠批所谓的“修正主义”。

1969 年 6 月 6 日，《人民日报》发表《用毛泽东思想教育知识分子与工人结合》的报道，介绍兰州石油化工机器厂对知识分子“再教育”的经验。当年《红旗》杂志第 9 期发表《一所留校插队相结合的“五七”干校》的调查报告和编者按，介绍兰州市白银区“五七”干校全体学员“艰苦创业、劳动锻炼、改造世界观”的经验。此后，《人民日报》于 1971 年 8 月 31 日发表调查报告，认为兰州市白银区“五七”干校留校与插队相结合的做法，“已被证明是教育干部的好形式”。1971 年 4 月，省委、省革委会政治部召开“五七”干校座谈会，总结“经验”。会议要求全省各单位都要办“五七”干校或学校，形成制度长期办下去。省“五七”干校轮训省级机关干部，各地干部由所在地区轮训，争取在三至五年内使全省所有干部普遍轮训一遍。截至 1971 年 4 月，全省创办“五七”干校 126 所，下放干校学习劳动的干部共有 2.74 多万人。之后，省革委会将全省 126 所“五七”干校合并调整为 56 所。

1971 年“九一三”事件发生后，全省各条战线都转入“批林批孔”运动，“五七”干校逐步走向低落。1972 年 4 月 24 日，《人民日报》刊发

《惩前毖后 治病救人》的社论,要求正确执行党的干部政策,解放了一大批老干部和专家教授。随着他们的返城,“五七”干校也渐趋衰落、冷清。之后,各地把“五七”干校当作让干部轮流去劳动、学习一段时间的场所。当全国掀起“批林批孔”“批儒评法”“学习无产阶级专政理论”“评《水浒》”运动时,各地的“五七”干校则成了办应景学习班的场所,平时只有看守房舍和农具的留守人员。直至 1979 年 2 月国务院发出《关于停办“五七”干校有关问题的通知》,全省各地此类干校方陆续宣告正式撤销。全省先后有 4 万余名干部到干校接受了学习和劳动锻炼。

干部参加劳动,在一定程度上增加了干部对农村的了解,尤其对一部分长期不接触农村的干部来说,通过参与农业生产,经受农村生活的锻炼,了解和掌握农村信息,改变工作作风,有一定的益处。但是,长期把大批党政干部、教育科技人才和文化卫生骨干下放到农村,变相进行劳动改造,影响了社会各项事业的发展,也带来了一定的消极后果。

## 第四节 “整党建党”与中共甘肃省第五次代表大会

### 一、“吐故纳新”与整党建党

“文化大革命”中,开展“整党建党”被作为运动的一个重要内容。1967 年 10 月 27 日,毛泽东主席在批阅中共中央《关于已经成立了革命委员会的单位恢复党的组织生活的指示》时指出:“党组织应是无产阶级先进分子所组成,应能领导无产阶级和革命群众对于阶级敌人进行战斗的朝气蓬勃的先锋队组织。”(简称“五十字建党方针”)12 月 2 日,中共中央、中央文革小组发出《关于整顿、恢复、重建党的组织的意见和问题》,提出“五十字建党方针”是这次整党建党所遵循的最基本规则。1968 年,《红旗》杂志第 4 期社论传达毛泽东主席关于“吐故纳新”的指示，全国各地陆续开始“整党建党”。

1968 年 10 月 16 日，《甘肃日报》转载《红旗》杂志 1968 年第 4 期《吸收无产阶级新鲜血液》的社论，提出“要吸收无产阶级革命造反派分子入党”，全面执行“吐故纳新”的指示。10 月 28 日，省革委会印发《关于当前整党及发展新党员的安排》。《安排》提出，要认真落实毛主席“吐故纳新”的指示，做好整党工作，并积极慎重地、有步骤地吸收一批“优秀的造反派”和产业工人中的先进分子入党。要求进行整党和发展新党员的单位，都要成立整党领导小组，整党领导小组必须是一个坚决执行无产阶级革命路线的“三结合”的领导班子。规定整党领导小组成员由革委会常委会中的党员组成，确定兰州地区 18 个整党试点。11 月 5 日，省革委会转发国营长风机器厂革委会《关于整党工作的安排》，要求各地参考。16 日，省革委会第一批授权的长风机器厂等 23 个单位发展新党员。21 日，成立省革委会整党领导小组。

12 月 23 日至 27 日，省革委会整党领导小组召开整党工作座谈会，形成《全省整党工作座谈会议纪要》，下发到公社一级。《纪要》对整党指导思想、领导班子、步骤、整顿组织、政策、发展新党员、建立党的基层组织、整党与其他工作的关系、整顿共青团组织等十三个方面的工作作出具体规定。强调全省整党“必须把狠抓阶级斗争，把反对和防止‘和平整党’贯彻始终”“必须把狠抓思想‘吐故纳新’，突出无产阶级政治贯彻始终”。并提出全省整党工作的五个规定步骤，即组织准备，思想动员；大学毛泽东建党路线，大批反革命修正主义路线；系统深刻地斗私批修；整顿组织，清除“废料”；吸收“新鲜血液”，建立党的基层组织。此后，全省城乡以“吐故纳新”为主要内容的整党建党工作，由点到面，分期分批陆续展开。

1969 年 1 月 10 日至 30 日，省革委会举行第三次全委（扩大）会议。省革委会成员，各专（州、市）和部分厂矿革委会、工宣队、部队“三支两军”负责人参加会议。会议的主要议题是集中解决政权建设中存在的问题，着重揭发、批判省革委会内某些人和“工代会”负责人搞“多中心即无中心论”的错误。会议称此为“出现在我省的一股资产阶级思潮”，号召立即在全省范围内打一场“人民战争”，从思想上、政治上对

“多中心即无中心论”进行批判。会议作出《甘肃省革命委员会第三次全体委员(扩大)会议决议》。《决议》号召对“那些资产阶级‘多中心论’盘踞的地方和单位,要充分发动群众,大张旗鼓地进行批判”,重申在整党工作中要“实行开门整党、大搞群众运动”“要坚决反对关门整党、和平整党、复旧保守等倾向”“要把坚决执行毛主席革命路线的优秀党员,选拔到各级领导岗位上来”。2月,省革委会整党领导小组又确定第八冶金建设公司等40个单位为全省第二批授权发展党员的单位。10月20日至11月2日,省革委会召开全省组织工作座谈会。会议以战备的观点分析全省组织工作形势,着重讨论如何用毛泽东思想统帅整党建党和加强干部队伍革命化建设的问题。会议通报,截至8月底,全省已“解放”高、中级干部3067人,占总数的80.9%;清理阶级队伍工作已进入“定案处理阶段”;整党建党工作已在70%以上的厂矿和60%以上的生产大队展开。会议重申,在整党中各单位要把思想整顿和建设放在首位;把经过“文化大革命”考验的“先进分子”吸收入党。会议强调,党委会的组成“新生力量要占优势”。会议号召,各级革委会要全面规划,统筹安排,掀起一个整党建党为中心的“斗、批、改”群众运动的新高潮。

“整党建党”期间,一些派性严重的单位出现“大吐大纳”“造反入党”“吐疏纳亲”等问题。整党中,不少单位把“清除”对象指向“造反派”不满意的领导干部和党员,致使许多党员被错误处理;“突击入党、突击提干”又使一些靠“造反起家”的人和打砸抢分子混入党内和党组织领导机构,其结果是一部分符合条件的党员不能恢复党的组织生活或被开除出党,而接纳的新党员中则有许多不符合党员条件。与此同时,省革委会强调向各级领导班子“掺沙子”,给各级党委、革委会配备从事领导工作的不脱产工农委员1.8万余人,造成全省党组织在思想、作风、组织上的严重不纯。

1970年5月26日,经中共中央批准,中共甘肃省革命委员会核心小组成立。核心小组成员由冼恒汉、皮定均、胡继宗、徐国珍、张忠、王国瑞、朱培屏、李书茂、龙炳初、胡定发、姚树荫、白明、蔺进生13人组成,冼恒汉任组长,皮定均、胡继宗任副组长。6月3日,省革委会核心领导小组发出通知，决定核心小组下设办公室，省革委会整党领导小组即行撤销。8 月 15 日，省革委会核心小组发出《通知》，就关于成立党的核心小组问题、关于建立各级党委问题、关于授权发展新党员问题提出具体意见。17 日，省革委会核心小组召开各地、州、市革委会负责人座谈会，研究建立省、地、县三级党委问题。9 月以后，全省各地、州、市、县革命委员会先后成立整党领导小组或党的核心小组，党的组织逐步得到恢复，大多数基层党组织和党员陆续恢复组织生活。

1971 年 1 月 20 日，省革委会党的核心小组向中央呈报《关于召开甘肃省第五次党代表大会的请示报告》，报告了运动的进展情况：“大多数地、县领导核心已逐步形成。原有常委 20 人，已解放并且结合的 6 人；原地区一级负责干部 92 人，已解放 62 人，其中结合 41 人，占 44.6%；原县、市党政一、二把手 165 人，已解放 127 人，占 77%，其中结合 90 人，占 54.5%。”“深入开展整党建党运动，加强了党的一元化领导。全省原有党员 43 万多名，在经过整党的 39.4 万多名党员中，有 36.7 万多名党员恢复了组织生活，占 93.2%；全省共有党支部 25333 个，其中有 96% 的支部已经过整顿；建立新的党支部 19093 个，占 75.3%；应建基层党委 1913 个，已建 1262 个，占 65.9%；全省 84 个县、市、旗(区)，已有 57 个建立了新党委，占 67.8%。”

经过这次“整党建党”，全省各级党的组织和大多数党员的组织生活基本得到恢复，这对于遏制混乱局势、推进生产和各项工作具有一定作用。但这次整党是建立在对党的性质、任务的错误认识和对党的队伍错误估计的基础上进行的，“文化大革命”中滋生的无政府主义、破坏党的组织纪律、闹派性、争权夺利等思潮没有得到根本性的扭转。党员之间、党员与党组织之间大都处于一种不正常的关系状态。

按照毛泽东主席预期的设想，本想通过“斗、批、改”运动结束“文化大革命”，而事实上“文化大革命”并未就此收场。“斗、批、改”任务的提出，实际上将“文化大革命”的“左”倾错误具体化到社会的各个领域、各个层面，结果造成了党内矛盾和社会矛盾的扩大化。全省以“大批判”开路的一系列“斗、批、改”行动，伤害了大批党的干部和群众，造成了社会局面的继续动荡和混乱。1971 年 9 月，林彪集团覆灭后，“斗、批、改”运动才被打断,转入“批林批孔”运动阶段。之后,“斗、批、改”运动很少再被提及。

## 二、中共甘肃省第五次代表大会

1969 年 4 月 1 日至 24 日,党的第九次全国代表大会在北京举行。这次大会是在绝大多数党员还没有恢复组织生活,各省、市、自治区党委还没有建立起来的不正常情况下召开的。党的九大在思想上、政治上和组织上制定了一系列错误的指导方针。

党的九大以后,省委按照九大提出的“认真搞好斗批改,把上层建筑领域的社会主义革命进行到底”的“战斗任务”,领导各地区、各单位积极组建“三结合”的革命委员会,开展大批判、清理阶级队伍、整党建党、精简机构、改革不合理的规章制度、下放科室人员等各项工作。同时,也开始积极筹划召开各级党的代表大会。

1969 年 12 月 5 日至 1970 年 1 月 5 日,省革委会第八次全委(扩大)会议在兰州召开,为即将召开的中共甘肃省第五次代表大会作了准备。1970 年 10 月 28 日,中共中央发出《关于召开地方各级代表大会的通知》。1971 年 1 月 7 日,省革委会核心小组向毛泽东和中共中央呈报《关于召开中国共产党甘肃省第五次代表大会的请示报告》,认为经过整党建党,全省有 93% 的党员恢复组织生活,农村已有 94% 的大队建立党支部,87% 的公社建立党委,68% 的县(市、旗、区)建立新县委,60% 的厂矿企业、机关、学校建立党的支部。推选出出席省党代表大会代表,协商新省委的人数和候选人名单,拟召开省第五次党代表大会。

2 月 11 日至 17 日,中共甘肃省第五次代表大会在兰州召开。出席这次会议的代表有 1098 名,代表全省 43 万多名正式党员。会议的中心议题是贯彻党的第九次全国代表大会路线和九届二中全会提出的方针和任务。会议的议程:一是听取省革委会核心小组组长冼恒汉作题为《高举党的“九大”团结胜利的旗帜,沿着毛主席的革命路线奋勇前进》的工作报告;二是选举中共甘肃省第五届委员会。

省第五次党代表大会以“无产阶级专政下继续革命的理论”为指导,全面肯定了“文化大革命”在甘肃的“伟大胜利”,分析甘肃“文化大革命”以来的“大好形势”，总结“文化大革命”的“经验”。大会提出继续完成中共九大部署的各项“斗、批、改”任务，坚持用毛泽东思想统帅一切，继续广泛开展活学活用毛泽东思想的群众运动，深入开展大批判、巩固和加强无产阶级专政；突出思想整顿，搞好整党建党，加强党的“一元化”领导；以阶级斗争和路线斗争为纲，认真搞好斗、批、改，持久性地开展群众性的大批判等一系列“左”倾错误方针和路线。同时，在经济上提出“农业要实现粮食上《纲要》，做到自给有余；工业要把我省建设成为国家的一个新兴的工业基地，并且逐步建立起一个为农牧业服务的‘小而全’的地方工业体系”等目标和任务。

大会选举产生中国共产党甘肃省第五届委员会。第五届委员会有正式委员 68 名，候补委员 24 名，常务委员 14 名。冼恒汉任省委第一书记，皮定均、胡继宗任书记。至此，中共甘肃省委重新恢复。根据中央有关精神，新党委成立后，不另设重叠的办事机构，革委会的办事机构基本上就是党委会的办事机构。各级党委成立后，新党委和原来的革委会是两块牌子一套班子，党委的第一书记基本上都兼任革委会主任。3 月 20 日，省委发出通知，指出省委不再另设办事机构，省革委会三部一室是省委的办事机构。省委、省革委会一套机构，两块牌子。省革委会办公室、政治部、生产指挥部和保卫部党委承办省委交办的日常业务。同时，撤销省革委会党的核心小组；撤销省革委会工业、农业、新闻、电子工业 4 个领导小组。

省委五届一次全委会还根据毛泽东主席的批示和中央《关于从反对居功骄傲方面进行整风的通知》精神，作出《中共甘肃省委关于整风的决定》，在全省开展反对骄傲自满、提倡谦虚谨慎的自我教育运动。之后，全省贯彻中央和省第五次党代会精神，在 1971 年 1 月至 6 月间，各地、州、市、县相继召开党的代表大会，选举产生了新一届地方党委。

1972 年 7 月，经中央同意，调兰州军区国防工业办公室副主任宋平任甘肃省委书记、省革委会副主任。1972 年 8 月，中央决定“三支两军”人员撤回部队，凡建立党委的地方和单位，军管、军宣队、支左领导机构撤销。此后，大部分参加革委会的军队代表陆续返回部队，各级地方党委成员适当调整，更多的地方干部担任主要领导职务。1973 年 10 月，省革委会“三部一室”撤销，成立办公厅、公安局、知识青年上山下乡办公室。省委恢复办公厅、组织部、宣传部、统战部等工作机构。之后，省革委会又恢复和建立了一些工作机构。1975 年 1 月，经中央同意，禹贵民、茅林、秦彦章、王世泰、李芳远任省革委会副主任。

# 第十七章

# 批林整风和纠正极左思潮

1971年4月，中共中央发出《关于把批陈整风运动推向纵深发展的通知》后，省委在全省组织开展批陈整风运动。9月13日，林彪叛逃事件发生，批陈整风运动逐渐转变为批林整风运动。1972年下半年，全省开始纠正极左思潮，落实党的干部政策、知识分子政策和民族政策。其间，省委、省革委会领导下，全省范围内的"工业学大庆"运动和"农业学大寨"运动，在曲折中开展。1974年开始，开展"批林批孔"运动和反"复辟回潮"运动，纠正极左思潮的工作中止，全省形势又出现混乱，经济社会发展受到影响。

## 第一节　批陈整风与批林整风

### 一、"批陈整风"运动

1970年8月23日至9月6日，中共九届二中全会在庐山召开。鉴于林彪、陈伯达等在会议期间的宗派活动，毛泽东对陈伯达等人提出严厉批评。11月16日，中共中央发出《关于传达陈伯达反党问题的指示》。《指示》指出："在党的九届二中全会上，陈伯达采取了突然袭击，煽风点火，制造谣言，欺骗同志的恶劣手段，进行分裂党的阴谋活动。"《指示》发出后，全党开展"批陈整风"（对外称"批修整风"）运动。

1971年2月,省委开始向县团级以上党委常委传达“陈伯达反党的问题”。2月18日至25日,省委召开有常委和各地区及省革委会机关负责人参加的扩大会议,开展“批陈整风”。2月26日至3月15日,省委组织召开有地县、厂矿、院校、机关和部队403人参加的县以上党员负责干部“批陈整风”会议,遵照毛泽东关于“开展批陈整风运动时,重点在批陈,其次才是整风”的指示,传达学习中共中央关于“批陈整风”运动的十二个文件,重点批判陈伯达的一系列罪行,特别是批判其反革命修正主义谬论。4月9日,省委发出《关于贯彻执行〈中共中央关于把批陈整风运动推向纵深发展的通知〉的通知》,要求在“批陈整风”运动中,始终以毛泽东《我的一点意见》为指导,通过读马列主义的书,以马列主义、毛泽东思想为武器,批判陈伯达的“四论”(唯心的先验论、反动的唯生产力论、地主阶级人性论、阶级斗争熄灭论)以及他反对无产阶级政治、反对“抓革命、促生产”等一系列方针的罪行。

1971年4月,中共中央召开批陈整风汇报会议。9日,省委向中央汇报开展“批陈整风”的情况,认为通过开展“批陈整风”,“使大家受到了生动而实际的思想和政治路线的教育”,表示“一定要把这个运动抓紧、抓好,把县以上领导骨干的‘批陈整风’和基层单位的批修整风作为工作的中心,带动各项工作前进”。29日,中共中央发出《关于把批陈整风运动推向纵深发展的通知》,把运动扩大到全国。此后,“批陈整风”运动开始向基层发展,甘肃全省各地县、厂矿、机关、院校召开“批陈整风”会议,传达学习中央文件,在召开“批陈整风”会议的基础上,在群众中掀起了大批判的高潮。6月下旬,省委召开工作会议,讨论通过《关于深入开展批修整风运动若干问题的决议》,要求总结经验,把运动引向深入。根据省委的决议,7月,省委和县以上各级党委先后举办“批修整风”学习班,甘肃全省展开“批修整风”运动。8月9日,省革委会政治部批转《宣传组关于学习〈共产党宣言〉、〈唯物主义和经验批判主义〉的安排意见的通知》,要求在学习中以马列主义和毛泽东思想为指导,推动“批陈整风”运动向前发展。

11月14日,省委批转省革委会政治部党委《关于今冬明春在全省深入进行思想和政治路线教育的安排的请示报告》,指出:遵照毛泽东关于“进行一次思想和政治路线方面的教育”的指示，全省广大干部、共产党员和革命群众要把学文件和学马列、毛泽东著作结合起来，和学习党内两条路线斗争史结合起来，学好唱好《国际歌》《三大纪律八项注意》两首革命歌曲，在开展“批陈整风”运动的基础上进行正面的思想和路线教育。

## 二、“批林整风”

1971 年 9 月 13 日林彪叛逃事件发生后，中共中央于 9 月 18 日向党内高级干部发出《关于林彪叛国出逃的通知》。10 月 6 日，中共中央发出通知，扩大传达林彪叛党叛国事件。通知要求各级党委将传达、讨论和揭发批判林（彪）陈（伯达）反党集团的罪行，当作当前头一位的大事来抓，并准备在 10 月下旬扩大传达到全体共产党员、解放军指战员和广大工人、贫下中农。12 月 11 日，中共中央下发中央专案组整理的《粉碎林、陈反党集团反革命政变斗争》材料，全国开始“批林整风”运动。

10 月 26 日，省委接到中央将林彪叛党叛国事件扩大传达到广大工农兵的通知后，当晚召开常委会议，讨论形成《关于传达中央七个文件和 10 月 24 日电报精神的意见》，要求各级党委把传达中央七个文件当作头等大事来抓，要抓紧、抓细、抓好。27 日至 31 日，根据省委的安排部署，全省地、县以上党委都作出传达中央文件的具体安排，到 11 月 25 日，传达工作基本结束，全省有 950 万人听取传达，约占全省总人口的 58%。此后，“批林整风”运动进入学习、批判阶段。11 月 24 日，省委批转省革委会政治部《关于今冬在全省深入进行思想和路线教育的意见》，对“批林整风”运动的开展进行安排部署。

1972 年 2 月 8 日，省委常委会议听取省委五届二次全委会、省革委会第九次全委会“关于批判林彪一伙反革命罪行的情况汇报”，提出“深入开展大批判”的具体要求。9 日，省委批转《1972 年政治工作要点》，要求继续深入进行思想和政治路线方面的教育，以马列主义、毛泽东思想为武器，进一步开展对林（彪）陈（伯达）反党集团的批判，加强党委会和党支部建设，把各条战线的“斗批改”深入下去。5 月，省委向中央上报《关于批林整风运动情况的报告》。6 月 28 日至 7 月 4 日，省委召开常委扩大会议，传达中央“批林整风”汇报会精神，6 日，向中央提交《关于传达中央批林整风汇报会精神的报告》。为了进一步传达、学习、贯彻中央“批林整风”汇报会精神，了解全省“批林整风”运动的开展情况，对下一步的工作进行再部署，15 日至 8 月 5 日，省委召开县团级以上党员干部“批林整风”汇报会议。全省各地县、各大厂矿、各大专院校、省级各局负责人、省革委会党员常委和兰州军区生产建设兵团、省军区与各军分区负责人共 498 人参加会议。8 月 3 日，省委发出《关于扩大传达中央批林整风汇报会议文件的通知》，要求全省各地在传达中央“批林整风”会议文件时，要以《毛主席致江青同志的信》《我的一点意见》《毛主席在外地巡视期间同沿途各地负责同志的谈话纪要》和毛泽东的一系列指示为主要内容，通过领导干部亲自宣讲、举办学习班等办法，向广大群众进行党的十次路线斗争教育，进一步揭发林彪反党集团的罪行，开展对林彪反党集团的批判。5 日，全省县团级以上党员干部“批林整风”汇报会议结束，省委第一书记冼恒汉作总结讲话。根据省委的统一部署和要求，从 8 月上旬开始，全省各级党委分别向县团级和行政十九级以上党员干部传达中央“批林整风”汇报会议文件。9 月中旬以后，陆续向农村社队和厂矿、机关、学校、街道广大干部群众传达中央“批林整风”汇报会议文件。10 月 16 日、26 日，省革委会政治部分两批召开全省“批林整风”座谈会，根据中央指示研究冬季继续深入开展“批林整风”问题。11 月 30 日，省委批转省革委会政治部《关于继续深入开展批林整风的几点意见》。

1973 年 3 月 6 日，全省政治工作会议通过的《关于继续深入开展批林整风的意见》强调，搞好“批林整风”，重要的是看书学习，以批林推动读书，以读书促进批林。10 日，在北京召开的兰州军区及陕、甘、宁、青四省区“批林整风”汇报会议结束后，省委于 3 月 20 日至 4 月 23 日组织召开省委常委（扩大）“批林整风”会议，传达兰州军区及陕、甘、宁、青四省区“批林整风”汇报会议精神，省委常委、省革委会党员常委和各地（州、市）委，省直机关、省军区、军分区、独立师、兰州军区生产建设兵团负责人共 187 人参加会议。5 月 2 日，省委向中央报告了会议情况。

林彪事件的发生对全党全国的震撼是巨大的,它客观上宣告了“文化大革命”理论和实践的破产,动摇了人们对“文化大革命”一系列基本理论的理解和认识。全省广大党员、干部和人民群众痛恨林彪反革命集团分裂党和国家的罪行,也开始从“文化大革命”的狂热中觉醒,盼望纠正“左”倾错误。全省开展的“批林整风”运动在一定程度上为纠正极左思潮、落实干部政策、恢复整顿经济创造了有利条件。但是,由于“批林整风”运动是在不能触及“文化大革命”根本错误的前提下进行,因此,整风运动难以取得明显效果。

## 第二节　纠正极左思潮

### 一、落实干部政策和知识分子政策

在“批陈整风”和“批林整风”运动中,周恩来在一系列会议上开展对极左思潮的批判,并在毛泽东的支持下,从落实党的干部政策入手,纠正“左”的错误。1972 年 4 月 24 日,《人民日报》发表经周恩来审查同意的社论《惩前毖后　治病救人》。社论针对“文化大革命”中老干部遭受打击迫害的事实,重申党的干部政策;强调要严格区分两类不同性质的矛盾,对一切犯错误的同志,都要坚持“团结——批评——团结”和以教育为主的方针。社论指出:“经过长期革命斗争锻炼的老干部”,“是党的宝贵财富”。8 月 15 日,周恩来主持中央政治局会议传达毛泽东的批示。中共中央通知中共江西省委,宣布邓小平立即解除监督劳动,恢复党组织生活,作一些调查活动。10 月 1 日,《人民日报》《红旗》杂志、《解放军报》联合发表周恩来主持起草的题为《夺取新的胜利》的社论。社论提出:要“加快社会主义建设的步伐”,“继续落实毛主席的干部政策、知识分子政策、经济政策等各项无产阶级政策”;“要提倡又红又专,在无产阶级政治统帅下,为革命学业务、文化和技术”。根据中央精神,全省开始落实干部政策和知识分子政策的工作,一些被打倒的领导干部重新被安排工作,走上领导岗位。

1973年4月7日，省委发出《关于认真传达学习中央1973年14号文件的通知》，要求各级党组织要认真组织传达和学习，尤其是各级领导干部要充分认识落实干部政策的重要性；要紧密联系实际，对照检查本地区、本单位落实干部政策的情况，进一步抓紧抓好落实党的干部政策工作；对尚未作出结论的干部，要实事求是地尽快作出结论，力争半年内基本搞完；对已定案件中存在的问题，要严肃谨慎地进行复查；对于定性不准、处理不当的干部要加以纠正，确实搞错的要平反；对干部的安排使用情况要进行一次认真的分析研究；对少数确实安排使用不当的干部要有计划地作适当调整；对尚未安排的，要尽快地分配适当工作，作出适当的安排；要纠正那种迟迟不作结论或结论了又不及时安排使用的错误做法；在狠抓落实干部政策的工作中，必须注意加强对干部进行思想和政治路线方面的教育。在此前后，省委对一些领导干部的所谓“问题”作出新结论。1972年11月30日，省委常委会决定，同意把王孝慈、葛士英、韦明、丁乃光、郭今吾、王德库等人的“问题”不再以集团案定性。1973年2月9日，省委向中央提交《关于霍维德同志问题的报告》，认为原定“给霍维德同志撤销甘肃省委书记处书记、常委、副省长的处分是不妥当的，建议予以撤销”。1974年1月31日，省委向中央报告，提出对原甘肃省委书记王世泰“适当分配工作”。

1972年9月7日，省革委会政治部召开兰州大学、甘肃工业大学、甘肃农业大学、甘肃师范大学、兰州医学院、兰州铁道学院等6所高等院校落实知识分子政策座谈会。会议讨论落实干部政策和知识分子政策，加强学校党的一元化领导，逐步撤出工宣队、军宣队，依靠教职员工和学生中的积极分子办好学校的问题。11月14日，省委批转这次座谈会的报告，要求各地各单位认真做好落实党的知识分子政策工作；对过去已定案的部分案件进行复查，纠正定性不准、处理不当的案件；提出各校进一步加强对落实政策工作的领导，认真贯彻执行党的政策，贯彻落实党对知识分子“团结、教育、改造”的方针；有计划、有步骤地分批撤出驻校工宣队、军宣队；各高校系一级不再设立革委会，要尽快成立党支部，设立系主任。兰州大学遵照省委要求，于9月下旬至10月由学校党委牵头，检查干部和知识分子政策落实情况，于11月20日撤出最后一批工宣队，并撤销各系革委会。全省其他各高等院校和教育主管部门也积极按照省委的指示精神，认真开展落实党的知识分子政策工作，复查、纠正错案，分批撤出工宣队、军宣队，在高等院校系一级成立党支部、设立系主任。1973 年 1 月 16 日，国务院教科组批复甘肃省革委会，同意恢复西北民族学院，面向本省、兼顾西北地区和西藏自治区招生。

落实党的干部政策和知识分子政策的工作，把被打倒的大批领导干部解放出来，重新走上工作岗位，对稳定局势和推动各项工作起了重要作用；同时，客观上加强了党内抵制和纠正“文化大革命”错误的力量，为终结“文化大革命”从一个方面准备了条件，在一定程度上也促进了科技教育事业的恢复和发展。但是，由于受到“四人帮”和极左思潮的严重干扰阻挠，仍有相当多的干部没有得到解放，许多冤假错案没有平反，各项工作特别是科技文化教育工作，在其后不久开展的反“右倾回潮”的冲击下受到摧残。

## 二、整顿企业、落实农村分配政策和救灾扶贫

1971 年 12 月 16 日至 1972 年 2 月 12 日，全国计划会议在北京举行。会前，周恩来在 12 月 5 日听取国家计委汇报会议情况时指出，现在我们的企业管理乱得很，要整顿。随后，国务院主持起草了《1972 年全国计划会议纪要》，提出若干整顿的措施，其中包括加强统一计划，整顿企业管理，落实党对干部、工人和技术人员的政策，坚持又红又专，反对“空头政治”，反对无政府主义等；在企业的管理上，明确规定恢复和健全岗位责任制、考勤制度、技术操作规程、质量检验制度等 7 项制度；企业要抓产量、品种、质量、原材料、燃料、动力消耗、劳动生产率等 7 项指标。

1972 年 2 月，省委五届二次全委会议和省革委会第九次全委会议提出，当年要狠抓基础工业，大打矿山之仗，打好轻工业自给仗，大抓企业经营管理，深入开展增产节约运动；一定要把企业非生产人员降低到 17% 左右，提高质量，降低成本，全面完成国家下达的各项物资节约指标。3 月 21 日，全省计划会议要求各地、各局党委要加强对厂矿企业的领导，要恢复和建立健全规章制度，克服无组织、无纪律的现象，要发挥

老工人的骨干作用,教育青年工人,调动知识分子、技术人员的积极性;要讲究核算,降低成本,提高产品质量,扭转亏损局面。10 月 10 日至 21 日,省委组织召开全省工业会议。会议提出,当前要深入进行思想和政治路线方面的教育,进一步落实党的各项政策,特别是干部政策、知识分子政策和老干部政策;整顿和加强企业管理,迅速建立起以岗位责任制为中心的七项生产管理制度,健全生产指挥系统;要开展社会主义劳动竞赛,加强党对生产工作的领导。11 月 2 日,省委向全省印发这次会议的纪要,要求认真贯彻执行。在企业整顿中,省委、省革委会根据国务院的通报精神,严肃查处了兰州第一毛纺织厂、第二毛纺织厂集体私分毛纺产品的问题,通报批评交通邮电局等少数单位,擅自搞计划外工程、修建楼堂馆所的问题。

与此同时,省委根据中央的指示精神,积极落实农村分配政策。1972 年 8 月 17 日,省委召开常委会议,专门研究农业发展问题。会议认为,甘肃农业还很落后,必须认真对待,农业第一的思想绝对不能动摇;要坚决贯彻落实党在农村的各项政策,坚持“多劳多得、少劳少得、不劳动者不得食”的社会主义原则,坚持自愿互利、等价交换的原则,严禁平调;自留地、自留树、自留畜以及肥料政策都要坚决按照《六十条》的规定继续落实。10 月 10 日至 26 日,省委召开农村工作会议,重新学习《国务院关于北方地区农业会议的报告》,研究打好农业翻身仗、加快农业发展步伐的问题,制定下发《中共甘肃省委关于贯彻党的农村经济政策若干问题的规定》。全省各地各级党委认真贯彻省委指示,积极落实农村分配政策,一定程度上改变了平调的错误做法,调动了广大干部群众的生产积极性,促进了农业生产的发展。

1973 年,甘肃中部、东部遭受严重的自然灾害,群众生活出现严重困难。5 月 20 日至 31 日,省委第一书记冼恒汉、省委书记宋平参加中央工作会议。26 日,宋平在西北组会议上向周恩来总理汇报甘肃的灾情和群众生活困难的情况。29 日,周恩来在全体会议上说:“这次会上,我听了甘肃中部地区群众生活困难的情况,心里很难过,很不安”。“我们一定要帮助那里的人民,扶持那里的生产,一定要把那里的穷困面貌改变过来。国务院各部委的同志要和甘肃人民一起商量一下,研究出个办法来，争取一年小变，三年中变，尽快把甘肃农业搞上去。”[①]会后，国务院组成八个部委参加的工作组到甘肃开展灾情调研。7月18日，省委和国务院工作组共同给中共中央、国务院上报《关于甘肃中部干旱山区群众生产生活困难情况的报告》。8月9日，国务院回电甘肃省委，已批准动用国库粮1.3亿斤；拨发救灾款和医药费800万元，布匹570万米，棉花102.6万斤；解放军总后勤部紧急调拨军用棉、单衣45.6万套，被子25万条和部分农机、农具救灾。11日，省委转发《国务院关于解决甘肃省干旱山区群众生产生活困难问题的意见》，要求各地认真学习讨论，坚决贯彻执行。8月中旬，救灾物资分配工作由宋平主持下在全省灾区全面展开。在争取中央支持、解决灾区群众燃眉之急的同时，省委、省革委会大力组织灾区群众积极开展生产自救，力争把灾害造成的损失减少到最低程度。9月7日，省委上报《关于请求中央调入粮食的报告》。1974年2月24日，省委、省革委会上报《关于我省灾区生活安排和粮食调拨问题的请示报告》，继续向中央反映灾情加重、灾民生活困难的情况。周恩来高度重视甘肃灾情，委托国务院副总理华国锋派工作组赴甘肃灾区检查、指导救灾工作。4月23日，国务院工作组给国务院上报《关于在甘肃省了解灾区群众生活安排情况的报告》。据此，国务院立即采取措施，在4月份给甘肃调入返销粮4.5亿斤，并将原定的1974年甘肃返销粮由17.8亿斤增加到18.3亿斤，再增拨救济款2000万元。

1975年，甘肃武都地区、定西地区再次遭受自然灾害，群众生活出现困难。在省委的积极争取和多方努力下，5月14日，国家计委向国务院提出《关于解决甘肃省武都和定西地区群众生活困难问题的报告》。《报告》要求农林部、商业部会同甘肃省委检查武都和定西地区上年度粮食征购和销售情况，认真执行粮食征购政策，使社员留够口粮；对灾区缺粮的群众，要发放救济粮、钱，以安定生活。

在省委的积极努力和国务院及有关部委的关心支持下，全省灾区群众在大灾之年顺利渡过困难，生产状况和生活水平逐步有所提高和改善。

---

① 牛颖、彭效忠：《宋平在甘肃》，中央文献出版社2003年版，第11页。

## 三、落实党的民族政策

1972年4月,根据中共中央指示精神,省委派出两个调研组分赴甘南州和临夏州,就落实党的民族政策进行调查,同时要求河西6个民族县(旗)也进行调查研究。在调查研究的基础上,7月16日,省委向中共中央提交《关于民族问题的调查报告》,认为新中国成立以来,甘肃各民族自治州、县(旗)在党中央的领导下,做了大量的工作,取得很大的成绩;但是,“还存在不少问题,有些问题还是相当严重的”。《报告》强调指出,今后要深入进行路线教育和党的民族政策教育;认真贯彻党的民族区域自治政策,切实尊重和保障各少数民族的自治权利;加强党团建设;立即着手认真解决过去平叛扩大化中的遗留问题;认真贯彻党的宗教政策;帮助各少数民族得到发展和进步,尽快改变民族地区的落后面貌。

8月25日至30日,省委在兰州召开全省民族工作座谈会。会议分析全省民族工作形势,检查总结贯彻执行党的民族政策的情况,讨论进一步做好民族工作的意见。会议认为,二十多年来,在党的领导下,全省民族工作取得很大的成绩;但是,由于受极左思潮的影响,在贯彻执行党的民族政策方面,还存在不少问题。比较突出的是:党的民族政策观念淡薄,大汉族主义思想有所滋长,对少数民族的生活习惯和宗教信仰尊重不够;有些地方对党的民族区域自治政策贯彻不力,不重视培养选拔少数民族干部;在领导工作上忽视少数民族地区的特点,指导一般化;对平叛和反封建斗争遗留的一些问题还没有很好解决;对少数民族地区的生产建设和文教卫生事业的发展帮助不够。会议提出要重点抓好的工作是:继续进行思想和政治路线教育;认真贯彻党的民族区域自治政策;加强党的基层组织建设,认真解决平叛和反封建斗争中遗留的问题;认真贯彻党的宗教政策;认真落实党的经济政策,积极支援少数民族地方的经济建设;积极发展文教卫生事业;切实加强党对少数民族工作的领导。会后,省委印发了《全省民族工作座谈会纪要》。9月11日,省委将这次座谈会议情况向中央作出书面报告。

根据全省民族工作座谈会议精神,少数民族地区有领导、有步骤地展开落实党的民族政策工作，清理和解决平叛和反封建斗争中的遗留问题。甘南、临夏等地对绝大多数因被骗上当或裹胁参叛而被错判、错管、错戴、错划的群众，一律宣布平反纠正；对错没收财物的，酌情退赔或救济。12 月 18 日，省委在甘南州委《划定资本家成分中存在的问题及处理意见的请示报告》的批复中指出：划定资本家成分的标准和实践界限，应坚决按照《中央人民政府政务院关于划分农村阶级成分的决定》和《中共中央关于划分农村阶级成分的补充规定（草案）》执行，凡是不符合上述文件精神规定的应坚决纠正过来；对可划可不划资本家成分的坚决不划；对划定为资本家成分的（不含反动资本家），在政治上坚决执行党的“团结、批评、教育”的政策；尚未划定资本家成分的城镇，暂不划定。23 日，省委在批转临夏州委《关于汪集公社清理、解决 1958 年平叛和反封建斗争中遗留问题的试点报告》中指出：凡是存在 1958 年平叛、反封建遗留问题的地方，都应当在当地党委领导下，经过试点，总结经验，认真地、有步骤地做好审查清理工作。1973 年 7 月 11 日，省委发出《关于解决甘南平叛和反封建斗争遗留问题的意见》，要求甘南州委应着重于政治，要认真落实党的政策，坚决纠正错判、错管、错戴、错划和由于逼供信造成的假案，以调动广大群众的革命积极性；在处理经济问题时，要把侧重点放在解决贫下中牧当前生活上的实际困难；要认真总结经验，切实加强党的领导。

7 月 30 日，公安部赴甘肃调查组在《关于甘肃省处理平叛斗争遗留问题的调查报告》中认为，甘肃省委对处理平叛斗争遗留问题“很重视、决心很大，抓得很紧，并已收到显著成效”。1974 年 6 月 18 日，国务院副总理李先念在中共甘肃省委统战部向中央统战部汇报有关少数民族生产、生活中的问题和要求的材料上作出批示，指出：“根本问题在于发展生产。不发展生产是没有出路的。”

1974 年 11 月 26 日至 12 月 7 日，全省牧区工作会议召开。会议分析牧区形势，研究进一步贯彻落实党的民族政策和牧区工作方针的问题，制定全省牧区 1975 年至 1980 年的建设规划。会议要求，切实加强党对牧区工作的领导，加强牧区党的建设，积极培养少数民族干部，逐步做到各基层单位都有党员或党的组织；明确牧区建设的主攻方向，认真落实党的经济政策和民族政策，大搞牧区基本建设，加速改变牧区生产条件。1975 年 1 月 13 日，省委批转了《全省牧区工作会议纪要》。

根据中央和省委的指示精神，全省各民族地区党委认真贯彻落实党的民族宗教政策，解决历史遗留问题，调动广大农牧民群众的积极性，领导少数民族地区干部群众大力发展农牧业生产和文教卫生事业，使少数民族地区政治稳定、经济发展、群众生活有所改善。

## 第三节 “批林批孔”运动与反“复辟回潮”

### 一、“批林批孔”运动

1973 年 8 月，党的十大召开，会议继续党的九大的“左”倾错误。十大以后，江青、王洪文、张春桥、姚文元在中央政治局内结成“四人帮”，江青反革命集团的势力得到进一步加强。1974 年 1 月，江青等人提出开展“批林批孔”运动，得到毛泽东的批准。18 日，中共中央将受江青控制的北京大学、清华大学大批判组汇编的《林彪与孔孟之道》（材料之一）作为中共中央一号文件的附件转发全党，“批林批孔”运动在全国展开。从此，中共十大要求放在首位的“批林整风”运动变成了“批林批孔”运动。

30 日，省委发出《关于传达贯彻中发（1974）一号文件的通知》，要求各级党委领导成员应首先学习讨论中央一号文件，省、地、县（厂矿）都要召开“批林批孔”动员大会；要培训骨干，广泛发动党、政、军、民、学，深入开展大批判。2 月 2 日，中共甘肃省委、兰州军区在兰州召开深入“批林批孔”动员大会，有 18 万多人参加。4 日，省委作出决定：一、中央部属和省属驻兰州以外厂矿、企事业单位的“批林批孔”运动，由所在地委领导；二、省委成立“批林批孔”办公室，由秦彦章负责；三、省级机关单位从即日起，半天办公，半天加晚上搞“批林批孔”运动。4 月 20 日至 24 日，省委召开地委负责人“批林批孔”汇报会。会议听取各地区开展“批林批孔”的情况汇报，讨论研究如何把“批林批孔”运动进一步开展起来的问题。会议认为，各地区两个多月以来把“批林批孔”运动作为头等大事，培训了44.5万多名骨干，地、县委主要负责人亲自搞了444个单位的试点。但是运动发展不平衡，搞得好的是少数，多数处于一般化状态，少数还很差；运动存在的问题是有些单位的主要领导怕字当头，不敢放手发动群众。会议提出，必须加强党的领导，紧密联系实际，把领导机关的“批林批孔”运动作为重点。5月25日至7月12日，省委五届五次、省革委会第十二次全委（扩大）会议在兰州召开。会议分析全省“批林批孔”运动的形势，研究如何把全省“批林批孔”运动引向深入的意见。会议决定，迅速掀起“批林批孔”和抓革命、促生产的新高潮；各单位要研究总结“儒法斗争”的历史经验，同时组织专题批判；加速理论队伍建设，地、县和厂矿企业、大专院校要举办理论学习班和成立理论辅导组，加强对大批判积极分子的培养和对各种学习小组的辅导。8月5日，省委在向中共中央、国务院上报的《关于传达贯彻中央（1974）21号文件的情况报告》中指出，省委根据中央文件精神，切实加强党对“批林批孔”运动的领导，迅速在全省范围内掀起一个群众性的学习马列和毛主席著作、研究“儒法斗争”历史经验的热潮，把“批林批孔”运动深入、普及、持久地开展下去，夺取革命和生产的新胜利。12日，省委向全省发出《关于加强马克思主义理论队伍的通知》，要求各级党组织必须把加强理论队伍建设作为深入开展“批林批孔”运动的重要措施，既要在各条战线大力培养不脱产的工农兵理论队伍，也要建设专业理论队伍，省、地、县三级领导机关都要建立专职理论学习辅导队伍或写作班子。17日，省委发出通知，要求各级党委组织党、政、军、群各部门主要负责人深入基层，宣讲文件，同群众一起批判林彪资产阶级军事路线，批判“孔孟之道”，研究“儒法斗争”的经验。

“批林批孔”运动从1974年初开始至同年8月，历时半年多时间。这次运动不但在历史研究领域和社会伦理道德方面造成混乱，搞乱了人们的思想，而且在江青一伙煽动的“反右倾回潮”的冲击下，纠正极左思潮出现的趋向稳定的局势和各方面工作好转的局面遭到破坏。省委按照中央指示组织开展的“批林批孔”运动，不仅在干部群众思想上造成极大混乱，而且使当时开展的整顿企业管理和落实党的农村政策、干部政策、知识分子政策和民族政策等工作遭受挫折。

## 二、教育战线的反“复辟回潮”

“四人帮”在“批林批孔”运动中歪曲事实，制造事端，大反“复辟回潮”。1973 年底和 1974 年初，《人民日报》《北京日报》先后发表一个小学生的信、《日记摘抄》和辽宁省高考交白卷的“反潮流英雄”等消息，大抓河南省的“马振扶中学事件”。① 在这股极左思潮的影响下，全省特别是教育战线迅速掀起反“复辟回潮”的浪潮。

1974 年 1 月 4 日，省委否定 1972 年撤销高等院校工宣队的决定，重申为了加强工人阶级对高等院校的领导，决定再次向高等院校派出工宣队。同日，省委向兰州大学增派 44 名工宣队员进校。10 日，省建一局第二中学两名学生写信给《甘肃日报》编辑部，反映该校一名教师体罚学生问题是“修正主义教育路线的回潮”。《甘肃日报》收到来信后，派记者进行调查并写出《调查附记》，说这名教师“在思想和感情上没有背叛他出身的剥削阶级家庭，在教学中照搬旧的一套，师道尊严严重，对待学生完全是统治者对待被统治者的态度。”《调查附记》还批评学校党支部在“修正主义教育路线复辟的严重事件”面前表现右倾，助长其“猖狂气焰”。

2 月 19 日，兰州大学召开“批林批孔”大会，组织师生发言批判孔孟之道及修正主义教育路线的回潮。3 月初，甘肃农业大学以“突然袭击”的方式，对在校的 227 名教师进行“向封、资、修宣战”的“考试”，结果“及格”的只有一人。驻该校的工宣队则以此为据，“狠狠回击了复辟资本主义的反动思潮”。3 月 22 日，省委转发《甘肃农业大学工宣队负责人在全校教师会议上的讲话》，认为“前进与倒退，革命与复辟的斗争依然十分激烈”，要求各大专院校党委和工宣队，保持清醒的头脑，站在“批林批孔”斗争的前列，大胆地领导好这场运动。同日，省委发出《转

① 指 1973 年 7 月 10 日，河南省唐河县马振扶公社中学发生的一起学生自杀事件。在“批林批孔”运动中，被江青一伙称为“教育战线复辟回潮的典型”事件。

发两位同学一封信的通知》,认为“教育战线广大革命师生,在深入批判林彪效法孔老二克己复礼的反动纲领的同时,联系阶级斗争、两条路线斗争的实际,揭露和批判修正主义教育路线回潮、复辟的种种表现。大量事实证明,资产阶级向无产阶级猖狂反攻倒算,否定‘无产阶级文化大革命’,否定毛主席的教育路线,问题是严重的。各级党组织对此必须要有清醒的认识。”要组织广大群众,“联系教育战线上肯定还是否定‘文化大革命’的伟大成果,支持还是敌视‘无产阶级文化大革命’的新生事物等大是大非问题”,“深入批判上智下愚、智育第一、分数挂帅、师道尊严等反动思想,批判复活旧的教育制度的一套,坚决击退资产阶级向无产阶级的进攻,把批林批孔斗争进行到底。”同年4月,宁县桌子头小学一位学生以《校门到底为谁开》为题写出一张大字报,“揭露”该校“修正主义教育路线回潮”的种种表现。《甘肃日报》为此进行专题报道,认为该校在提高教育质量的名义下,“片面追求智育”,“强迫学生死记硬背”,大搞“师道尊严”,号召对这股“逆流”进行批判。宁县中村公社郝家小学一位学生违反纪律,教师在管教中有体罚现象。县委认为,“这是马振扶中学事件的重演”,即派出工作组进行调查,并写出调查处理报告。5月7日,县委在中村公社召开4000人参加的批判大会,会上逮捕了体罚学生的教师。之后,全省教育战线展开声势浩大的反击“复辟回潮”运动。教育系统按照上级部署,大抓“马振扶事件”,批判教育战线“复辟回潮”的“代表人物”。

5月2日,省文教局长座谈会宣布兰州二中一名学生自杀等23起事件为“修正主义教育路线回潮、复辟的严重事件”。6日至16日,省委召开全省高等院校工宣队工作会议。会议认为“工宣队进驻学校打破了资产阶级知识分子独霸的一统天下,工宣队要在学校中长期留下来,永远领导学校”。5月下旬,在省委主要负责人指示下,兰州大学批判辛安亭[①]著的《历史歌》《儿童三字经》及崔乃夫的《兰大路线分析》。6月1日,兰州大学党委常委开会,批判崔乃夫[②]的《从开门办学看兰州大学

① 辛安亭:时任兰州大学副校长。

② 崔乃夫:时任兰州大学党委宣传部长、教务长。

的路线斗争》。9 月 14 日，全省高等院校政治工作会议结束。会议提出“要发挥工农兵上、管、改的作用”，“要充分估计高等院校封资修的流毒年深日久的严重性”。11 月 26 日，兰州大学数力系一名工农兵学员写信给省委和省教育局，建议“对假期进行一次革命，春节不放假”，“革命师生分赴各地学工、学农”。省教育局转发了这封来信，要求各大专院校“在春节期间，组织广大干部、教师和工农兵学员，赴各地学工学农，批林批孔”。

1975 年 7 月 12 日，兰州大学举行两委（扩大）会议，传达省上召开的教育革命座谈会议精神，并对“文革”前 17 年的教育路线展开批判。根据教育革命座谈会议精神，12 月 24 日至 1976 年 1 月，兰州大学开展“教育革命大辩论”，批判“右倾回潮”。1976 年 2 月 15 日，省委向党中央、毛泽东报告说，全省 39952 所各类学校，正在掀起“教育革命”大辩论的热潮；“右倾翻案风，不仅在教育界、科学界，而且在其他战线都已造成严重的影响”。此后，《甘肃日报》连续数月发表刊载了大量所谓教育革命大辩论的文章。

全省教育战线的反“复辟回潮”运动使极左思潮进一步泛滥，批判斗争不断升级，使刚刚得到恢复的学校正常教学秩序遭到严重干扰和破坏，一大批教师受到批判迫害。

## 第四节　“工业学大庆”“农业学大寨”的曲折发展

### 一、“工业学大庆”的曲折发展

1971 年 6 月 20 日，《人民日报》发表题为《工业学大庆》的社论，指出，“大庆是伟大领袖毛主席提倡的一面红旗，工业学大庆是毛主席向全国人民发出的伟大号召，大庆的道路是按照毛主席的无产阶级革命路线发展工业的道路”。此后，“工业学大庆”运动在全国重新开展起来。这个阶段的“工业学大庆”运动在“文化大革命”的历史环境下，坚持“无产阶级专政下继续革命”的理论，以大批判开路，以政治运动的形式向前推进，走上了曲折发展的道路。

7月10日，省革命委员会根据中央的指示精神，召开全省工业生产座谈会。会议的主题是以大庆为榜样，抓革命、促生产，把“工业学大庆”运动深入持久地开展下去，加快社会主义建设。10日至21日，省委、省革委会召开全省“工业学大庆”会议，通过《关于进一步开展工业学大庆群众运动的决定》，要求各级党组织要加强对“工业学大庆”运动的领导，要通过各种形式对照检查，总结提高，使全省“工业学大庆”运动更加广泛深入地开展起来，坚持下去。8月28日，省委、省革委会下发《关于进一步开展工业学大庆群众运动的决定》。以这次会议为标志，全省开始新一轮的“工业学大庆”运动。

之后，省委、省革委会多次通过会议、文件以及报刊发表社论，反复倡导学习大庆精神、“铁人”精神；在省委的倡导、号召下，全省各地各级党委按照中央和省委的指示，广泛开展“工业学大庆”运动；省级工交各局、各地区、各厂矿企业党委加强对“工业学大庆”运动的领导，使运动不断向前推进。全省各行各业展开轰轰烈烈、声势浩大的“工业学大庆”运动。主要形式有：召开学大庆现场会；就地举办学习班，学习文件，开展讨论；总结推广本系统、本地区学大庆先进单位的经验；等等。

全省各地再次掀起的“工业学大庆”高潮，推动了国民经济的发展。截至1971年9月底，全省工业总产值完成全年计划的75.15%，比1970年同期增长27.8%；全省93种主要产品中，钢、钢材、水泥、平板玻璃、木材、合成橡胶、工业锅炉、工业泵、棉布、呢绒、毛线、毛毯、搪瓷制品等36种产品完成年计划的75%以上；交通运输中的铁路货运量完成年计划的75%，公路货运量也有大幅度增长。1971年底，全省国内生产总值37.87亿元，其中第一产业8.33亿元，第二产业24.62亿元，第三产业4.92亿元，人均国内生产总值231元。

玉门石油管理局是当时全省“工业学大庆”的一面旗帜。在总结、宣传以玉门石油管理局为代表的“大庆式”企业经验的同时，组织各行业领导干部、工人和技术人员到玉门油矿参观学习，跟班劳动，对照玉门找自己的差距，推动甘肃省“工业学大庆”运动和国民经济的发展。截至1972年9月底，工业总产值比1971年同期增长7%，86种主要工业产品已有43种完成年计划的75%以上，其中木材、拖拉机外胎、电石、金属切削机床、农业泵、电焊条等8种已超额完成全年计划；钢、化肥、载重汽车、工业泵、低压阀门、油漆等6种产品已经完成年计划的90%以上；铁路货运量完成年计划的79.8%，比1971年同期增长12%，公路货运量完成年计划的89%，比1971年同期增长13%。1972年底，全省国内生产总值41.17亿元，其中第一产业9.88亿元，第二产业24.70亿元，第三产业6.59亿元，人均国内生产总值243元。

这一时期，全省“工业学大庆”运动虽然取得了一些成效，但还存在一定的问题，如运动发展不平衡，实际效果不明显，对大庆经验和大庆精神真正学得好的只是少数；企业管理水平低，劳动生产率、产品质量、原材料消耗等方面差距大；计划完成得不够好；国家计划要求建成和部分建成投产的项目有些没有实现等。

1972年10月10日至21日，省委召开全省工业会议，学习中央领导同志关于工业生产问题的讲话，检查“工业学大庆”运动的开展情况，强调从政治上、思想上、理论上进一步批判修正主义，肃清其流毒是工业、交通、基本建设战线的首要任务，讨论以大庆为榜样，整顿和加强企业管理，建立和健全各项规章制度，同时对全省工业生产、交通运输和基本建设的工作做了安排。省委第一书记冼恒汉主持会议并作了讲话。会议要求，工业、交通和基本建设部门要以大庆为榜样，坚定走“五七指示”确定的道路，促进社会主义企业更加革命化。

这次会议后，全省各行各业组织开展“工业学大庆”运动，学习大庆管理社会主义企业的经验，把高度的革命精神和严格的科学态度结合起来，大力加强企业管理，努力提高企业管理水平；各厂矿企业发动群众从实际出发，建立和健全岗位责任制、考勤制、技术操作规程、质量检验制、设备管理和维修制、安全生产制、经济核算制等7项规章制度，做到出勤有考核、工时有定额、成本有核算、质量有检验，大大提高了产品质量，降低了成本，使一度严重破坏的经济建设出现了恢复性增长，初步扭转了“文化大革命”以来经济建设的被动局面。甘肃冶金公司广大职工在公司党委的领导下，高举“鞍钢宪法”的旗帜，深入开展“工业学大庆”的群众运动，年年超额完成国家生产计划。广大工人群众充分发挥主力军作用，为国家多作贡献。“开路先锋”十六号红旗车组，1973 年提前 98 天完成了全年计划，1974 年提前 111 天完成了全年矿石运输任务。一〇四青年包机组的 3 名工人，在拉运矿石中发挥了突击队的作用，1974 年他们提前 184 天完成了全年计划。

随着“工业学大庆”运动的不断深入发展，全省树立起了一批像玉门石油管理局那样的大庆式企业。学大庆精神，走大庆道路，办大庆式的企业，做“铁人”式的好干部和好工人，已成为广大职工的自觉行动。大庆精神、“铁人”精神激励着广大职工坚守岗位，坚持生产，为经济建设艰苦奋斗。1974 年 10 月 7 日至 22 日，省委、省革委会召开甘肃省“工业学大庆”经验交流会。会议分析全省“工业学大庆”的形势，总结和交流全省贯彻“鞍钢宪法”、开展“工业学大庆”运动的经验，表彰了 36 个“工业学大庆”先进单位、先进集体，432 个“抓革命、促生产”成绩显著的先进单位和先进集体及 183 名模范人物。会议号召全省广大干部职工高举“鞍钢宪法”的旗帜，以大庆为榜样，大讲革命团结，大鼓革命干劲，大搞增产节约，以实际行动迎接国民经济的新跃进。经验交流会结束后，经省委、省革委会批准，组织甘肃省“工业学大庆”宣讲队，分两个组，通过现身说法的形式到全省 12 个地区和 22 个县宣讲学大庆的先进经验。宣讲队共作报告 170 余场，听众约 10 万人次，切实把经验交流会精神和学大庆的先进经验直接传播到广大干部和工人群众中去，激发了广大职工生产建设的积极性，进一步推动了全省“工业学大庆”运动的向前发展。截至 11 月底，全省工业总产值已完成年计划的 91. 58%，比 1973 年同期增长 9. 1%。煤炭、原油、水泥、合成橡胶、卷烟、棉布、毛毯、手扶拖拉机、内燃机、架子车等 50 种产品都已提前完成全年国家计划。

1975 年，在加强党的领导，把国民经济搞上去的思想指导下，全省“工业学大庆”运动围绕全面整顿深入发展。3 月，根据全国工业书记会议精神，为迎接全国“工业学大庆”会议的召开，加强对“工业学大庆”运动的具体组织领导，省委、省革委会成立甘肃省“工业学大庆”临时办公室。办公室成立后，着重对全省“工业学大庆”的情况进行调查研究，总结推广经验，反映报告情况，筹备参加全国“工业学大庆”会议有关工作。这一做法对全省“工业学大庆”运动的向前发展起到了一定的积极作用，进一步推动了生产建设的发展，形成生产形势持续上升的新局面。截至当年 8 月底，全省工业总产值完成年计划的 68.92%，比 1974 年同期增长 21.29%。劳动生产率不断提高，产品品种增多，质量稳步上升。原煤、原油、原油加工、合成橡胶、焦炭、铁矿石、铜、石油设备、交流发电机、机床、轴承、棉布、棉纱、毛线、卷烟、塑料制品、水泥、发电量、手扶拖拉机、交流电动机、农业水泵等 56 种产品完成或超额完成年进度的要求，气体压缩计、化工设备、锻压设备、打井机、饲料粉碎机等已提前完成全年计划。铁路、公路货运量比 1974 年同期也有所增长。

11 月，中央开始发动“批邓、反击右倾翻案风”运动。随着运动的不断升级，严重冲击了全国“工业学大庆”运动的正常开展，许多工业企业的生产秩序再度陷入混乱。

“文化大革命”时期全省的“工业学大庆”运动，在“左”倾错误思想的影响下，坚持“以阶级斗争为纲”，坚持“抓革命、促生产”的方针，同各种政治运动密切挂钩，不同程度为政治运动所左右，存在着用政治运动、群众运动的方式推动经济建设和社会发展的根本缺陷，既有推动工业生产和国民经济向前发展的成绩，也有“左”倾错误干扰下群众性的政治运动对经济社会发展造成的负面影响，其发展轨迹是曲折的。

“工业学大庆”运动中，全省各级党委贯彻执行中央坚持高度革命精神同严格科学态度相结合的原则，坚持技术革命和勤俭建国的原则，全面体现社会主义建设多快好省的要求等一系列指示精神，加强统一计划，整顿企业管理，落实党对干部、工人和技术人员的政策，推动工业生产和国民经济不断向前发展；在整顿企业中，加强了领导班子的建设，恢复和建立了正常的生产秩序、工作秩序，狠抓了以提高产品质量为中心的各项基础工作，在部分企业中推行了全面质量管理、全面经济核算和全员培训，使很多企业管理工作逐步走上了正轨；工交战线上的广大职工以大庆为榜样，加强政治工作，发扬艰苦奋斗、创业实干、无私奉献的精神，坚持科学态度，完善各项规章制度，使广大工交企业生产得到很大发展，干部群众建设社会主义的热情不断高涨。

在“工业学大庆、普及大庆式企业”运动中，也存在“抓革命、促生产”、过分强调政治挂帅，通过开展阶级斗争和路线斗争推动经济建设，用大批判开路，大搞群众运动，搞形式主义等问题。如：组织大检查、大评比、大参观，规模越来越大，时间越拉越长，甚至出现“千人百日检查团”，铺张浪费，效果不好。学习大庆经验，有些单位不从实际出发，生搬硬套，有的甚至提出“大庆怎么干，我们就怎么干”“大庆怎么迈步，我们就怎么走路”的口号，说一些过头的话、做一些过头的事；对大庆的经验照抄照搬，把学不学大庆说成是革命不革命的问题；把大庆的一些经验模式化、绝对化，用一个模式去指导各行各业的工作，提出了一些不切实际的要求；在普及大庆式企业中，存在着要求过急、降低标准的情况和形式主义的毛病，脱离了自身的环境、条件，使学习的效果大打折扣。

## 二、“农业学大寨”的曲折发展

1967 年 5 月 6 日，省抓革命促生产第一线指挥部转发《甘肃省农业厅关于 1967 年农村人民公社经营管理工作意见》。《意见》提出，要积极推行山西大寨劳动管理上“标兵工分汇报公议”的经验。此后，农业上大批“工分挂帅”，使平均主义盛行。农民把这种“大寨工”称为“大概工”。1968 年 5 月 14 日，省革委会生产指挥部发文，要求农村认真推广大寨“一心为公劳动，自报公议工分”的劳动管理经验。12 月 20 日，省革命委员会作出《关于进一步掀起“农业学大寨”群众运动新高潮的决定》，要求各级革委会把“农业学大寨”作为农村斗、批、改的一项重要任务去抓，使学大寨的群众运动广泛、深入地开展起来。《决定》指出：学大寨，必须狠抓根本，把活学活用毛泽东思想放在高于一切、大于一切、先于一切、重于一切的地位；学大寨，必须狠抓阶级斗争和路线斗争，坚定地、旗帜鲜明地站在毛主席的无产阶级革命路线一边，站在贫下中农一边，站在社会主义一边，向一切阶级敌人展开猛烈进攻；学大寨，必须坚定地依靠贫下中农，放手发动群众，大搞群众运动；学大寨，必须落实规划，落实措施；学大寨，必须加强领导，狠抓典型，树立样板。在《决定》精神的指导下，这一时期全省的“农业学大寨”运动作为农村斗、批、改的一项重要任务，重点进行阶级斗争，给农业生产和农村经济社会发展造成巨大障碍。

1970 年 8 月至 10 月，国务院召开以推广“农业学大寨”运动为主要内容的北方地区农业会议（简称“北农会议”）。9 月 23 日，《人民日报》发表《农业学大寨》的社论，推动“农业学大寨”运动在全国进一步开展。10 月 30 日，省革委会发出《关于贯彻北方地区农业会议精神，进一步开展“农业学大寨”群众运动的指示》，要求在全省范围内来一个大动员，把大寨经验由点到面迅速推开，要立即把一切能够动员的劳动力都动员起来，迅速投入到兴修水利、水平梯田、平整条田、铺压砂田、改造盐碱地等项农田基本建设当中，各行各业都要为支援农业生产作出自己的贡献。1971 年 7 月 28 日，省委、省革委会批转《关于全省农业座谈会议的报告》，要求“各级党委和革委会必须紧紧抓住有利时机，以批修整风为中心，更加广泛深入地开展农业学大寨的群众运动”。1972 年 1 月 22 日，《人民日报》发表题为《依靠人民群众去战斗——中共安西县委是怎样带领群众学大寨的》报道，并在编后语中写道：“中共安西县委的经验告诉我们：只要坚决执行毛主席的革命路线，充分地依靠人民群众去战斗，落后面貌是能很快改变的。”8 月 17 日，省委召开常委会议，专门研究当前农业发展的状况、潜力、主要矛盾及解决问题的办法。9 月 10 日至 26 日，省委召开农村工作会议，重新学习《国务院关于北方地区农业会议的报告》，检查两年来开展“农业学大寨”运动的情况，研究学大寨、赶昔阳、打好农业翻身仗、加快农业发展步伐的问题。会议要求，全省各地农村要继续深入开展“农业学大寨”运动，坚决落实党在农村的各项政策，狠抓“五个 100 万亩”（新增水地、保灌水地、新修水平梯田、条田、植树造林成活各 100 万亩），“书记亲自动手，全党大办农业”。会议制定《中共甘肃省委关于贯彻党的农村经济政策若干问题的规定》。10 月 9 日，省委向全省印发《中共甘肃省委农村工作会议纪要》，进一步推动“农业学大寨”运动向前发展。

1973 年 9 月 20 日至 10 月 6 日，甘肃省“农业学大寨”经验交流会议在兰州举行。中共中央政治局委员、国务院副总理陈永贵出席会议并讲话。会议认为，自“北农会议”以来，甘肃“农业学大寨”的群众运动有新发展，上《纲要》的县、社、队逐年增加，学大寨运动正在由建设大寨式的社、队向建设大寨式的县发展，但从全省来说，进展是缓慢的；真正从根本上学大寨学得好、成绩突出的是少数，多数是有发展但不够显著，还有少数是学得很不认真，很不得力；要通过总结交流经验，提高认识，增强信心，鼓舞斗志，把“农业学大寨”的群众运动推向新的高潮，为彻底改变甘肃农业落后面貌而奋斗。会议提出，学大寨，必须坚持党在农村的基本路线，必须认真落实党在农村的经济政策，必须依靠群众大干苦干，必须狠抓各级领导班子的革命化建设。会后，省委于 11 月 7 日发出《关于“农业学大寨”几个问题的通知》，指出农村工作的主要任务是：以“批林整风”为纲，认真进行党的基本路线和政策教育，推动“农业学大寨”群众运动的深入发展；各地都要把本地区学大寨先进单位的经验认真推广开，充分发挥先进社、队带头人的作用；必须按照路线教育的精神把群众发动起来，大干苦干。

1974 年 8 月 5 日，省委在给党中央、国务院的《报告》中指出，省委最近根据中央文件精神，对当前农业生产方面存在的问题，专门作了研究讨论。在农业上采取的主要措施是：结合传达贯彻全国农业机械化预备会议精神，通过狠抓省级领导机关对以农业为基础的态度问题，促进全省“农业学大寨”运动不断深入发展，为今冬明春掀起一个更大的农田基本建设高潮，努力改变生产条件，实现“农业三年大改变”，从思想上、组织上、物质上做好准备。8 月 16 日，省委决定：为了加强河西商品粮基地建设和尽快改变中部干旱地区落后面貌，成立“河西地区农业工作小组”和“中部地区农业工作小组”，在省委统一领导下，加强对这两个地区农业工作的领导；搞好调查研究，认真总结经验，及时解决“农业学大寨”运动中出现的问题；协助制定和落实农业发展规划，力求尽快把河西三地区建成商品粮基地，把中部 18 个干旱县的农业生产搞上去。9 月 5 日，省委书记宋平代表省委向中央和国务院有关领导汇报甘肃农业问题时，提出甘肃农业发展的基本方针，即以建设河西走廊商品粮基地为重点，来加快甘肃农业的发展步伐，同时改变中部干旱地区的面貌，并注意东部地区的发展。9 月 6 日至 9 日，省委召开农业座谈会，号召全省各地深入开展“批林批孔”运动,大力促进农业生产;在今冬明春掀起一个大规模的农田基本建设高潮;认真贯彻执行“以粮为纲,全面发展”的方针,抓好多种经营,夺取明年农业生产的新胜利。

11月7日,省委第一书记冼恒汉在武威检查工作时,就干部参加劳动和农田基本建设问题致信省委。8日,省委批转来信,要求各级领导干部一定要深入基层,带头参加集体生产劳动,在现场指挥,使思想作风来一个彻底转变。省委决定,从省级机关和大专院校抽调5000多人,由省委、省革委会负责人带领,到榆中县参加农田基本建设劳动。此后,新华社内部参考刊登甘肃省委领导带头大搞农田基本建设的消息,国务院领导看后批示:“甘肃大搞农田基本建设的精神很好,似应大造一下舆论。”12月10日,《人民日报》报道:甘肃省各级领导干部带头深入农业第一线参加劳动,全省迅速掀起一个声势浩大的农田基本建设高潮,并发表题为《大搞农田基本建设》的短评文章,指出:“他们深入基层,调查研究,和群众一起‘批林批孔’,一起大干社会主义农业。一批二干三带头,这是一条很重要的经验。”20日至24日,省委召开农村工作座谈会。省委第一书记冼恒汉在会上指出,1975年农村工作要进一步深入开展“农业学大寨”的群众运动,大批资本主义,大干社会主义,力争粮食总产量达到60亿斤,做到自给有余并对国家有所贡献。

“农业学大寨”运动还被推广到牧区。1974年11月26日至12月7日,全省牧区工作会议召开。会议分析牧区形势,研究开展牧业学大寨问题。会议要求进一步广泛深入地开展牧业学大寨的群众运动,认真推广碌曲县贡巴大队学大寨的经验。

1975年5月9日至23日,省委举办省委常委、省级机关负责同志学习班,学习“无产阶级专政理论”。省委主要负责人在会上提出“用无产阶级专政的办法办农业”的观点,认为“不从无产阶级专政的高度看农业,问题就看不清,认识就提不高;不用无产阶级专政的办法去办农业,农业就办不好,就上不去”。此后,“用无产阶级专政的办法办农业”被当作主要经验在全省农村普遍推广,社员自留地、家庭副业、农村集贸市场被当作“产生资本主义的土壤”而加以批判,并被当作“资本主义尾巴”割掉了;在作物种植上采取强制手段,大搞瞎指挥、“一刀切”,使农业生产受到严重影响和损害。10月29日至11月5日,省委召开常委扩大会议,初步研究提出甘肃省1976年至1980年加速建设大寨县,整顿县委领导班子,在农村进行党的基本路线教育,大搞农田基本建设和基本上实现农业机械化等方面的规划和意见。会议提出《关于整顿县、社、队领导班子的意见》和《关于普及大寨县的初步设想》,提出“在五年内把全省三分之一的县建成大寨县”和“在1980年基本上实现农业机械化”的目标。11月6日,省委召开省直机关干部大会,传达全国“农业学大寨”会议精神。省委第一书记冼恒汉在会上讲话指出,党、政、军、民、学,各级党委、各条战线、各个部门,全省各族人民,都要紧张地动员起来,用积极的全力以赴的态度,像当年搞土改、合作化那样,以战斗的行动,投入到“农业学大寨”、普及大寨县的革命运动中去。根据省委的要求,全省各地区各级党组织在农业的整顿中,狠抓领导班子整顿,坚持多种经营、全面发展的方针;在大力发展粮食生产的同时,因地制宜地开展各种经济作物的种植生产,推动农业和畜牧业的发展;开展以修梯田、搞水利和科学种田为主要内容的农田基本建设。1975年,全省完成农田基本建设土石方工程量达1.7亿多立方米;水利工程2万多项,扩大灌溉面积116万多亩,修水平梯田和条田共计317万多亩。1975年,全省粮食产量比上年增长一成多,林业和畜牧业、油料、药材等经济作物和其他农副业生产也有新发展。

尽管这一时期的“农业学大寨”运动受到“左”倾错误思想的干扰和影响,在运动中强调路线斗争和阶级斗争,开展群众运动,但是,省委和各级党委认真贯彻国务院北方地区农业会议精神,按照周恩来、邓小平等中央领导的指示,纠正运动中“左”的错误做法,结合甘肃实际,落实农村经济政策,整顿县和社、队领导班子;在中央的帮助指导下关心群众疾苦,解决群众生活困难,大力实施商品粮基地建设和农田基本建设,在山区大力开展开坡地修梯田、兴修水库和拦洪坝,引水灌溉,在平原干旱区打水井抽水灌溉,发展和扩大水浇地面积,推动农业生产不断向前发展,人民生活状况有所改善,进一步激发了各级干部群众以大寨人为榜样,以大干、苦干、实干精神改变农村落后贫穷面貌、发展农业生产的积极性。

甘肃省“农业学大寨”运动所取得的成绩受到了中央媒体的关注。1975 年 12 月 26 日，《人民日报》刊发《深入开展“农业学大寨”运动，甘肃粮食今年又增产》的报道。报道说：“地处西北黄土高原的甘肃省继去年农业丰收之后，今年粮食的总产量又比去年增产一成”。“最近几年来，甘肃省各级党委认真贯彻以农业为基础、工业为主导的总方针，正确处理农、轻、重的关系，全面规划，加强领导，从人力、物力和财力等方面给予农业大力的支援。近两年来，省里把地方财力的大部分用于农业。省、地两级每年都派出大批干部深入基层，狠抓县、社、队领导班子的思想建设和组织建设，带领群众学习大寨的根本经验，认真解决发展农业的方向道路问题。陇东高原的庆阳地区，是甘肃省粮食主要产区之一。去秋和今春以来，地委组织三千多名干部，深入农业生产第一线，学理论，抓路线，对广大社员和干部进行党的基本路线教育，紧密联系实际，批判修正主义，批判资本主义倾向。广大群众发扬革命老根据地的光荣传统，艰苦奋斗，大干社会主义，促进了农业生产的发展。今年全区粮食总产量达到十八亿斤，比去年增长三成以上，比一九七〇年总产翻了一番。”

1976 年 9 月 26 日至 10 月 6 日，全省第二次“农业学大寨”经验交流会召开。会议要求全党动员，大办农业，加快“农业学大寨、普及大寨县”的步伐，为在 1980 年实现全省粮食上《纲要》，基本实现农业机械化而奋斗。省委书记禹贵民代表省委作了题为《继承毛主席遗志，按既定方针办，为加快农业学大寨、普及大寨县的步伐而斗争》的总结报告。

“文化大革命”时期，省委和各级党组织结合甘肃实际，落实农村经济政策，推动农业生产不断向前发展，人民生活状况有所改善，进一步激发了各级干部群众以大干、苦干、实干精神改变农村落后贫穷面貌、发展农业生产的积极性；广大干部群众以极大的热情艰苦奋斗，努力改变农业落后面貌，推动农业生产向前发展，特别是农田基本建设取得了一定成绩。但是，“文化大革命”时期的甘肃“农业学大寨”运动，从指导思想到具体做法上都存在许多问题。在“左”的错误思想指导下，在运动中大搞路线斗争和阶级斗争，大搞群众运动，特别是提出“用无产阶级专政的办法办农业”的观点，被当作主要经验一度在全省农村普遍推广，使“农业学大寨”运动中平均主义、形式主义、命令主义盛行，大搞阶级斗争和路线斗争，向所谓的阶级敌人展开猛烈进攻，一大批干部群众受到错误批判和打击，干部群众的生产积极性受到严重伤害，影响了农业生产的向前发展。

# 第十八章
# “三五”和“四五”计划执行概况

1966年开始，全省制定并实施国民经济第三个五年计划，但由于“文化大革命”造成的政治动乱使国民经济计划遭受严重影响。其间，在中苏关系恶化、战备任务加重的背景下，从1970年开始，三线建设在全省展开。1971年，开始制定和实施第四个五年计划，经过纠正“左”倾错误和调整整顿，国民经济运行的混乱局面有所扭转。这一时期，工业经济逐步走向全面发展，形成了比较完整的工业体系，促进了全省特别是边远地区经济与社会的发展。但由于各种条件的限制和影响，不可避免地也存在一些问题。

## 第一节　“三五”计划的制定与实施

### 一、“三五”计划的制定

1966年初，甘肃省人委根据中央有关制定“三五”计划的指示精神，提出《甘肃省第三个五年国民经济计划草案》。主要精神是：从战备考虑，经济建设和生产安排完全服从三线建设，把国防和原材料工业建设放在首位，加快农业生产发展，相应发展交通运输业、修筑战备公路网。按照这一基本思路，确定甘肃省国民经济“三五”计划的基本任务：

一是把支援国防建设作为头等重要任务，全力以赴，保质保量完成。积极支援以酒泉钢铁厂、刘家峡水电站为中心的基础工业建设，包括有色金属、石油、化工、煤炭、电力、机械和一些新的技术项目。

二是大力发展农业，增加粮食、牲畜和经济作物，尽快做到粮食自给有余。

三是积极发展地方工业。围绕“三就四为”（就地取材、就地生产、就地销售，为国防服务、为农业服务、为大工业服务和为人民生活服务）的方针，重点发展原材料和燃料生产，搞好化肥建设，增加机械加工能力，开展资源综合利用，积极改善交通运输条件，特别是加强同备战有关的交通建设。

四是各行各业都要进一步做好支援农业的工作。国民经济各部门，都要面向农村、面向生产、面向群众，为农业生产和农民群众服务。

五是大力推行亦工亦农的劳动制度和半工半读的教育制度，实行男工女农，按照大庆的办法，组织家属参加农业或工业生产，搞好生活服务网点。严格控制城市人口，精兵简政，实现机关、企业的革命化。

六是按照“靠山、分散、隐蔽”的原则，逐步改变工业布局，开辟新的工业点，尽快把新工业点的煤、电、路、水等条件促上去。对兰州市工业布局要贯彻执行中共中央西北局提出的“充分利用、适当发展、积极改造、坚决控制”的方针，除必要的配套项目外，不再摆新的项目。

“三五”期间，省委对全省工业布局的安排，除兰州等原有的几个工业地区外，新建厂安排在六个专区，形成“九点一线”，九点是：酒泉、张掖、永登、红古、靖远、临夏、定西、天水、平凉；一线是：白银至靖远宝积山的铁路线，再加上军工的布点，可以说是星罗棋布，点线结合，成片成串，使分散隐蔽与经济合理紧密地结合起来。

另外，“三五”期间，甘肃的工业建设，主要是加强国防工业和基础工业建设。在国防工业建设中，除完成搬迁任务外，还承担着小三线建设的任务。在小三线建设方面，除已基本建成的和平化工厂（995 厂）和金城机械厂（9912 厂）两个项目，还计划完成华丰（9938 厂）、丰收（978 厂）和红锋机械厂（920 厂）三个项目的建设任务。省委提出，要集中打歼灭战，尽快地把这些工厂建设起来，一旦发生战争，就可以支援前方,也可以使全省的民兵得到较好的装备。从而使甘肃基础工业的建设,包括冶金、有色金属、石油化工、煤等重要组成部分,既能够适应国防、备战和建设的需要,又可以彻底改变工业布局。经过五年的建设,全省的基础工业建设,可以形成五个原材料工业基地,即酒泉的钢铁基地,金川的镍钴基地,红古的铝镁基地,白银的铜、硫、铅、锌基地,兰州西固的石油、化工基地,将为全面经济建设创造有利的条件。

## 二、“三五”计划的实施

### (一)“三五”计划实施的良好开局与初受影响

1966 年是执行第三个五年计划的第一年,我国在胜利完成调整任务之后,进入一个新的发展时期。甘肃人民在省委的领导下,同心同德,奋发图强,进一步发扬自力更生、艰苦奋斗的精神,全力以赴地进行经济建设。在 1965 年全省工农业生产全面好转,出现前所未有的大好形势之后,1966 年一开始,又取得了令人鼓舞的成绩。

3 月 16 日至 4 月 1 日,中共中央总书记邓小平和国务院副总理李富春、薄一波等来甘肃,视察兰州炼油厂、兰州化学工业公司、兰州石油化工机械厂、金川有色金属公司、白银有色金属公司、刘家峡水电站、酒泉钢铁公司等大型企业,对甘肃的经济建设作出具体指示。4 月 3 日,省委召开常委会议,传达邓小平等中央领导同志在视察甘肃期间对甘肃地方工厂的厂址和干部安排,河西地区的军事工业、民兵工作和工农业建设、农业发展、体制改革以及精简机构、成立甘肃省委外事领导小组等具体问题的指示。4 月下旬,省委组织抽调 1 万多名干部,深入到工厂和农村,带领群众创办“大庆”“大寨”式单位。前 4 个月,工农业总产值达到了历史同期最高水平,主要工业产品的数量大幅度增长,质量提高,成本下降,全员劳动生产率比 1965 年同期提高 15% 以上;基本建设和交通运输部门超额完成计划,情况十分喜人。

5 月 7 日,毛泽东主席“五七”指示发表,“指示”号召各行各业、党政机关工作人员要亦工亦农、亦文亦武。省驻军、机关、企事业单位及学校广大职工和干部响应毛泽东主席的号召,积极开荒种地,大办农场。同年 10 月,成立省级农副业生产办公室,全省各地、州、市、县也固定专人领导机关农副业生产。到1967年5月，为93个机关、厂矿、企事业单位和学校划拨荒地140多万亩，开辟生产基地约76万亩。广大干部职工在机关内外及生产基地植树造林，绿化荒山，积极开展副业生产，取得了一定的成效。

“文化大革命”开始后，省委和省人委在极端困难的情况下坚持工作，组织领导工农业生产。8月17日至26日，中共中央西北局建设委员会在玉门召开西北地区工农结合、厂社结合现场会议，学习贯彻毛泽东关于人民解放军、工厂、农村、人民公社、学校、商业服务行业和党政机关应成为革命化的大学校的指示，参观学习玉门油矿实行亦工亦农和厂社结合的经验。9月21日至28日，省委、省人民委员会组织召开甘肃省农业生产会议，讨论安排当年秋冬和次年春季农业生产的相关工作，提出了农业生产的主要任务、指标和措施。9月下旬，省委、省人委联合召开农业生产会议，部署农村工作，号召全省人民搞好“三秋生产”，搞好积肥造肥运肥和备耕工作。10月19日，省委、省人委下发《甘肃省农业生产会议纪要》，要求各地认真贯彻执行。11月下旬，又召开专、县、社负责人参加的电话会议，动员全省人民“抓革命、促生产”，认真搞好农田基本建设。各条战线的广大干部群众在党政机关、企事业单位的领导被揪斗，一些正常的工作、生产、生活秩序被打乱的情况下，克服困难，坚守岗位，坚持工作和生产。

当年，农业生产因遭受旱灾有所下降，其他经济部门都受到严重干扰和影响，总体呈下降态势。

（二）政治动乱使国民经济计划的实施遭受严重影响

1967年至1968年，是“文化大革命”中武斗激烈、经济秩序混乱的两年。

1967年“二五”夺权后，夺权风暴席卷全省各地，政治经济指挥和管理基本上陷于瘫痪，整个国民经济运行处于无政府或半无政府状态。3月22日，“甘肃省抓革命促生产第一线指挥部”成立，负责领导全省经济建设方面的工作，处理全省日常行政事务。之后，全省各地、县也相继成立了类似机构。各级指挥部成立后，处理了经济建设中亟待解决的一些问题，对于缓解全省工农业生产等方面的无政府和半无政府状态，稳定经济形势,减少工农业生产的损失起了一定的积极作用。但是,由于社会秩序和生产、工作秩序被完全打乱,全省工农业生产继续大幅度下降。5 月中旬,兰州发生大规模武斗,省内一些地、县也发生武斗,造成交通连续中断、供电供水极不正常、人民生命财产得不到保障。混乱的社会秩序使全省经济建设遭到严重破坏。11 月 9 日,甘肃省革命委员会筹备小组正式成立。随着各级革命委员会筹备小组的成立,各派群众组织的“大联合”逐步形成,大规模的武斗和群众冲突逐渐平息。

1968 年 1 月 24 日,经中共中央批准,甘肃省革命委员会正式成立。甘肃省革命委员会成立后,在“左”倾错误思想指导下,批判“唯生产力论”“物质刺激”“奖金挂帅”“专家治厂”,各项经济政策、管理制度和正确做法难以执行,在理论上、思想上造成严重混乱,给经济建设造成极大危害,经济全面下滑的局面未能扭转。

(三)通过调整整顿,国民经济运行的混乱局面有所扭转

1969 年 2 月至 3 月 24 日,按照周恩来的指示,全国计划工作座谈会召开,讨论制定《1969 年国民经济计划纲要(草稿)》,国民经济开始缓慢复苏。在全国形势影响下,全省社会经济的混乱局面有所扭转,1969 年和 1970 年两个年度按计划安排生产。在广大干部群众的努力下,工农业生产有所恢复和回升。

4 月 11 日,省革委会组织召开的全省“抓革命、促生产”座谈会结束。会议主要总结和推广了长风机器厂及秦安县王李大队等 6 个单位的经验。会议提出,要继续批判“经济领域里的反革命修正主义路线”,要加强工业对农业的支援,加快全面实现农业机械化的步伐。会议号召,战胜一切困难,“力争全面地、高质量地完成和超额完成全省 1969 年国民经济计划”。24 日,省革委会生产指挥部在《关于 1969 年工业支援农业的几点意见》中提出八条意见,即完成 8.5 万吨化肥生产任务;自制 3 套年产 0.5 万吨的小型氮肥设备;生产 200 台小型拖拉机;抓紧农机配件生产;扩大农机修理网点;做好半机械化农具和改良农具的推广工作;多生产农村日用品;优先安排支农物资的运输。5 月 12 日,省革委会批转了这个《意见》,强调此举对力争 1969 年粮食自给意义重大,要求各地、各级和各行各业抓紧落实。

7月17日至27日，省革委会再次组织召开全省“抓革命、促生产”座谈会。会议主要分析工农业生产的形势，检查上半年国民经济计划的执行情况，讨论落实农村经济政策问题以及如何做好下半年工农业生产的问题。会议提出，下半年要突出政治、突出战备，掀起一个更大规模的“抓革命、促生产”的新高潮，尽快改变甘肃粮食不能自给和手无寸铁的局面，想尽一切办法实现粮食总产40亿公斤，完成6亿公斤征购任务和全年工业计划任务，特别是关系到国防、战备和国家重点建设的重要产品。为此，会议就必须抓好的几个方面工作进行安排部署。

1970年1月16日至25日，省革委会召开第四次全委（扩大）会议。会议用战备的观点，检查、总结1969年的工作并安排1970年的工作，着重讨论了粮食过关问题，突出强调要抓战备落实。兰州军区、省革委会负责人分别就国际国内形势、上半年总结、“打农业翻身仗”、国防工业生产、战备工作以及发展地方“五小”工业[①]等问题作了报告和讲话。27日，省革委会印发了这次会议的《纪要》，要求各地、各部门和各有关单位认真贯彻落实。31日至2月4日，省革委会再次召开常委（扩大）会议，在兰州的中央、省属厂矿企业和省级工交、财贸、科研、文教、卫生等部门负责人参加。会议专题讨论了国民经济各部门特别是工业支援农业的问题。会议认为，“能不能把工业部门的工作转移到以农业为基础的轨道上来，实质上是举什么旗、走什么路的大问题”。8日，省革委会印发《讨论工业支援农业问题的会议纪要》。3月17日，省革委会发出《关于狠抓基本建设两条路线斗争，多快好省地完成今年建设任务的通知》。《通知》强调，各地区、各单位的一切工程都要从战备出发，立足于“打”；要争时间，抢速度，以临战的姿态把国家重点项目抢上去；在建设中要坚决贯彻“靠山、分散、隐蔽”的原则，因地制宜，因陋就简，以保证生产为目的。9月30日，酒泉钢铁厂一号高炉炼出第一炉铁，结束了该厂建设13年没出一公斤铁的历史。

---

① “五小”工业：主要指地县两级主办的小钢铁、小机械、小化肥、小煤窑、小水泥或小水电等，各地资源不同，“五小”工业的内容稍有不同。

1969年至1970年,是新中国成立以来最大的全国性备战高潮时期,三线建设进程明显加快,因此全省工农业生产出现明显进展,服务三线建设的地方“五小”工业也得以大力发展。然而,在“备战、备荒、为人民”和加强三线建设的形势下所出现的甘肃经济回升,并没能长久持续下去。由于“左”的指导方针的干扰破坏,无政府主义影响严重存在,工业战线上又出现了一批“老大难”单位,生产连年亏损,劳动生产率不断下降。一些机关工作人员和技术干部重新分配工作之后,未能得到合理安排和使用,不能充分发挥作用。另外,全省大批领导干部和机关工作人员、技术干部,有的在“五七”干校劳动,有的在继续接受审查,使各项工作受到了很大影响。加之连续两年基本建设大幅度增长,大大超过了国家财力、物力和人力所能允许的限度,随之带来许多难以解决的问题,如在能源供应、交通运输、生活物资供应、生活福利等方面显露出十分突出的矛盾。全省职工人数突破、工资支出突破、粮食销量突破的“三个突破”问题也比较突出。1970年,全省共增加职工15万多人,比上年增长18.39%。从1971年第二季度开始,全省经济发展速度明显减缓。

甘肃“三五”计划的执行,是在三年继续调整的良好基础上进行的,计划规定的指标留有较大的余地,加上三线建设的进行,中央一批大中型企业下放、迁移到甘肃,加之广大干部群众对“左”倾错误的抵制和艰辛努力,全省经济建设有一定程度的发展,基本完成“三五”计划的各项主要指标。但由于受到“备战备荒”思想的影响和“文化大革命”的干扰破坏,一些计划确定的任务并未完成。

## 第二节 “四五”计划的制定与实施

### 一、“四五”计划的制定

1970年2月15日至3月21日,国务院召开全国计划会议,讨论和拟定了《1970年国民经济计划和第四个五年国民经济计划纲要(草案）》。8月，中共九届二中全会印发《第四个五年计划纲要》。1971年3月，中共中央将《纲要》主要指标下发全国。

根据全国《第四个五年计划纲要（草案）》精神，甘肃着手制定全省“四五”计划。1970年4月10日至5月7日，全省计划会议召开。会议以战备为纲，在传达全国计划会议精神的基础上，安排落实1970年的任务和措施并讨论了甘肃省第四个五年国民经济计划纲要。会议提出，计划的拟定必须把立足点放到对付国外敌人的突然袭击，备战备荒，要尽快把甘肃建成具有稳固的农业基础和比较完整的、小而全的工业体系的省份。5月16日，省革委会就会议情况和所提出的指标向国务院作了汇报。8月15日至31日，省革委会组织召开全省“四五”规划座谈会。会议初步拟定甘肃省1971年国民经济计划和“四五”规划。规划的主要设想是：以战备为中心，抓紧三线建设，实现地方工业小而全，建立起以我为主、独立作战的经济体系；建立强大的农业基础，使全省粮食在1969年36.5亿公斤的基础上，三年超过50亿公斤，五年翻一番。规划还提出，“四五”期间要逐步做到只购不销，队队有储备，户户有余粮。

1971年11月15日，经省委常委会议讨论同意，省革委会生产指挥部向国家计委并国务院有关部门呈报《甘肃省1972年和第四个五年国民经济计划的报告》。《报告》提出，“四五”计划的指导思想是：以战备为中心，加紧大、小三线建设，把甘肃建设成部门齐全、工农业协调发展的强大战略后方，以冶金、国防、机械、燃料动力、化学等工业为重点，大力发展地方“五小”工业，建设每人一亩稳产高产农田，一般轻工业品达到基本自给。《报告》提出，甘肃省在此期间的奋斗目标是：在保证完成国家国防军工建设、努力增加战备生产的同时，集中力量发展农业；加速农业机械化进程，打好农业翻身仗；狠抓矿山建设，发展原材料工业和配套的机械产品，提高工业配套水平，实现原材料基本自给；轻纺工业以发展化纤纺织及轻工原料为主，基本解决穿衣问题；逐步使甘肃省工农业能够协调发展，以增加战备力量。

围绕上述指导思想和目标任务，“四五”计划规定：工农业总产值1975年计划为100亿元，比1970年增长63.1%，年平均增长10.3%；

工业总产值由1970年的47.6亿元增加到1975年的81.5亿元，增长71.2%，年均增长11.4%；农业总产值由1970年的13.7亿元增加到1975年的18.5亿元，增长35%，年均增长6.2%；五年内基本建设计划总投资55.7亿元，其中国防军工占7.6%，工业占71.5%（其中原材料工业占61.1%，轻工业占6.9%），农林、水利、气象合占9.2%，文教、文生、广播、科学事业合占2.1%。这个计划重点突出国防军工和重工业投资，相对挤压农业和轻工业。

## 二、“四五”计划的实施

（一）三线建设加速推动国民经济在艰难中回升

1971年2月26日至3月28日，甘肃省计划会议在兰州召开。会议认为，农业问题仍然是全省经济工作最突出的问题。会议提出1971年国民经济的主要任务是：狠抓三线建设和国防建设；大办农业，继续打好农业翻身仗；集中力量把原材料搞上去，特别要打好矿山之仗。12月12日，省委决定，为了迅速将全省农业搞上去，提供更多的商品粮，要重点抓好酒泉等25个重点县，作为商品粮基地。15日至22日，省委召开工业支援农业会议，提出各厂矿企业必须狠抓路线教育，每年拿出较充足的、为农业发展所急需的工业产品；必须进一步加强工业对农业的支援，强调“这是全省的任务，是发展我省国民经济最关键的问题”。由于国家加大三线建设的投入，1971年全省国民经济有一定的发展，工农业总产值完成原订计划的106.6%，重工业猛增26.5%。但是，原订的其他计划指标多数没有完成，农业略有增长。当年国民经济计划的执行中出现厂矿企业管理不善、设备技术状况不好、产品质量不过关、基建投资层层加码、规模迅速扩大、战线拉长等问题，导致全省国民经济比例严重失衡。

1972年2月1日至22日，省委五届二次全委会议和省革委会九次全委会议在兰州召开。会议在传达讨论中共中央4号文件、批判林彪反革命政治纲领《“571工程”纪要》的同时，传达全国计划会议精神，讨论甘肃省1972年国民经济计划。会议强调，要大打农业翻身仗；狠抓基础工业，大打矿山之仗；打好轻工业自给仗；要大抓企业经营管理，深入开展增产节约运动。3月21日，全省计划会议结束。省委第一书记、省革委会主任冼恒汉在讲话中指出，1972年的计划要把农业和为农业服务的工业突出出来，中央给地方的投资以及地方自筹资金用于农业和为农业服务的要占到50%以上；要集中力量打歼灭战，把劳动力、财力、物力集中起来保重点；各地、各局党委要加强对厂矿企业的领导；要狠抓农业、大打农业翻身仗；要抓钢铁，一定要把钢铁搞上去。7月7日，省委常委会议听取省革委会生产指挥部关于1972年上半年国民经济计划执行情况的汇报，强调：在基本建设中，要注意处理好几个关系，对生产性的和非生产性的关系，应首先搞好生产性的建设；对重点和非重点的建设，要首先搞好重点工程；工业和农业的关系，要首先抓农业方面的建设，要把农业放在第一位。8月17日，省委召开常委会议，专门研究农业问题，提出要摆好农、轻、重的关系，认真解决甘肃农业落后的问题，坚持农业第一的思想绝对不能动摇。9月10日至21日，省委召开全省工业会议，总结检查前三季度工业、交通、基本建设计划执行情况，研究第四季度如何完成和超额完成国家计划的问题。会议提出，要深入进行思想和政治路线教育，进一步落实党的各项政策，整顿和加强企业管理，开展社会主义劳动竞赛，加强党对生产工作的领导。根据中央关于调整整顿的精神，省委于1972年下半年对国民经济计划的实施作出调整：一是在基本建设计划中加强农业，要求1972年必须集中力量抓好农业和支援农业建设项目，加快农业机械化进程；二是在加强基础工业和国防工业建设的同时，严格控制基建规模，缩短基建战线，调整基建投资方向；三是开展整顿和加强企业管理，建立健全规章制度，大搞工艺技术改革，降低原材料消耗，把产品质量放在首位；四是在农业计划中强调经济作物的生产；五是在劳动工资计划中，强调要严格控制职工人数和工资总额。

（二）纠正“左”倾错误，调整国民经济

从1972年下半年开始，根据党中央、国务院关于整顿工作的部署和指示精神，甘肃省针对当时企业领导班子中普遍存在的不敢抓生产、抓业务，生产指挥系统失灵的倾向，要求企业确定一个负责人主管生产和行政工作，并由其他几位负责人协助分管各项业务工作，以便有效地指挥生产；要求企业要设置必要的职能科室，充实一定专业人员，健全生产指挥系统。之后，全省工业战线干部和职工排除干扰，纠正错误倾向，改进、加强了工业企业管理，使企业面貌发生了变化，促进了生产的发展。

经过调整，1972 年全省经济形势有所好转。但是，由于“左”倾错误思想的影响和各种政治运动的干扰、冲击，上述调整措施没有得到完全的贯彻执行，钢铁、煤炭、运输赶不上需要，基建战线仍然过长，企业管理不善、产品质量不高、职工生活没有明显改善等问题仍然存在，当年新增职工人数再度突破原计划。

在 1973 年的国民经济计划安排中，省委、省革委会作出《关于坚决压缩超计划增加的职工和杜绝招工“走后门”现象的指示》，要求各地将 1972 年超计划增加的职工（36000 多人）压缩下来，并对存在的问题进行检查。在劳动工资计划中，提出精简职工 4 万人，规定 1973 年不再从社会上招收新职工，实行劳动工资集中统一管理，控制劳动计划和工资总额。4 月 9 日至 5 月 3 日，全省计划会议讨论如何加速农业发展的问题以及增产节约、缩短基本建设战线、精简职工等重大问题，拟定 1973 年全省国民经济计划。5 月 3 日，省委、省革委会批转《甘肃省 1973 年国民经济计划要点》，全省基建总投资国家计划安排 8.4 亿元，用于农业和支农基建投资占全省地方基建总投资的 48.8%，是历年来最高的。至年底，财政收入超额完成计划，基本建设固定资产交付使用率达到 74.7%，为“四五”期间最高水平。职工人数与工资总额得到一定程度的控制。由于遭受严重自然灾害，当年农业生产大部分计划指标都未完成，粮食产量下降。

由于 1973 年粮食受灾减产，1974 年前半年全省缺粮数量较大，农业问题已成为关系全省经济发展的头等大事。1974 年 1 月 14 日至 29 日，省革委会第十一次全委（扩大）会议重点讨论农业三年（1973 年至 1975 年）大改变的问题。会议通过了《甘肃省 1974 年—1975 年农业发展要点（草案）》《甘肃省两三年改变农业面貌奋斗指标（草案）》。8 月 5 日，省委在给中共中央和国务院的报告中提出的应对措施是：认真抓好薄弱环节和后进单位；农业上集中抓好夏收和秋田管理，搞好抗旱斗争；工业上抓紧解决燃料、原材料不足和运输紧张的问题，大搞增产节约，以节约保增产，以增产保计划。经过各级干部和广大群众的努力，加上风调雨顺，1974 年全省农业获得较大丰收，粮食产量突破 500 万吨，比上年增长 25.5%。

1974 年初，全省开展的“批林批孔”运动使此前纠正“左”倾错误、调整国民经济出现的各方面工作好转的局面又一次遭受挫折，“左”倾错误对经济社会发展的干扰和破坏进一步加剧，工业战线整顿中取得的成效遭到损害，经济建设再次受挫：新增固定资产、固定资产交付率比上年下降，铁路货运量未完成计划。

（三）全面整顿使甘肃经济发展出现良好势头

1975 年 1 月，四届人大会议之后，周恩来病重住院，邓小平在毛泽东主席支持下主持中共中央日常工作和国务院工作。邓小平根据毛泽东主席提出的“要安定团结”和“把国民经济搞上去”的方针，排除“四人帮”的破坏和各种干扰，对各方面的工作进行全面的整顿。

在国民经济全面整顿的推动下，主要工业品产量明显增加；建筑业、运输业也有较大增加，为“四五”期间最高水平；财政收入超额 7% 完成原计划，比上年增长 6.5%；基建任务完成较好，当年新增固定资产 7.3 亿元，比上年增长 11.7%；农业总产值比上年增长 5.25%，粮食产量达到 551.7 万吨，比上年增长 10.34%。当年计划执行中存在的问题是：重工业占工业总产值的 79.65%，而轻工业增长比例不大，农业仍处于落后状况，国民经济比例不协调的情况没有明显改善。

从 1975 年 12 月开始，全国开展“批邓、反击右倾翻案风”的运动，工业整顿至此夭折，经济发展再次受阻。

“四五”计划的执行历程是曲折的，但“四五”期间，全省国民经济整体上取得了一定的成就，经济发展保持一定的增长速度，总体情况明显好于“三五”时期。这不能不说与 1972 年的整顿中及时消除计划指标过高等问题和 1975 年整顿经济发展秩序有着直接的关系。正是在这一过程中，广大的干部群众进一步认识到社会安定团结和坚持生产的重要性，这为以后粉碎和深入揭批“四人帮”和拨乱反正积累了经验。

# 第三节 三线建设

## 一、三线建设的全面开展

1966年“文化大革命”开始后，三线建设受到严重冲击和影响。1967年至1969年，由于政治运动对三线建设的干扰破坏，每年都有一些建设项目不能按确定计划搬迁，扩建、新建、在建项目的施工进度亦大受影响。1967年10月26日，兰州市成立以兰州军分区政委苏达为组长的兰州市三线建设领导小组来加强组织领导工作。1968年11月，开始中川机场的建设，按照“先生产后生活”的建设原则，建设者发扬艰苦奋斗的精神，嚼咸菜、啃干粮、喝苦水、住帐篷，一年后完成长3400米、宽45米的跑道。1970年7月，中川机场正式投入使用。

1969年2月5日，经中共中央、中央文革、国务院、中央军委批准，成立兰州军区、甘肃省革委会领导下的嘉峪关地区总指挥部，统一领导在该地区参加酒泉钢铁公司建设的各单位。3月，中苏两国在珍宝岛发生边界武装冲突，中国面临着霸权主义的严重威胁。为了抵御可能发生的侵略战争，全国进入战备高潮，三线建设作为当务之急迅速得到恢复。1970年2月，全国计划工作会议讨论《第四个五年计划纲要（草案）》，强调国家建设的重点是大三线战略后方，到1975年将内地建成一个部门比较齐全，工农业协调发展的强大的战略后方。在这样的背景下，甘肃三线建设全面铺开。

3月5日，省革委会生产指挥部发出《关于认真学习鄂西、豫西地区三线建设经验的通知》，要求迅速掀起一个学先进、赶先进、超先进的热潮，加快三线建设步伐。6月26日至30日，兰州军区和甘肃省革委会、冶金部在兰州召开支援酒钢“十一”出铁会战会议。物资部、一机部、煤炭部、水电部、铁道部、西北各省区负责人和西北地区76个企业（单位）的负责人出席会议。会议传达中共中央、国务院对酒钢的亲切关怀和重要指示，强调建设酒钢的意义，研究落实具体支援的任务和措施，决心打好酒钢“十一”出铁这一仗。当年10月1日，西北地区第一座大型高炉——酒钢第一号高炉出铁。1970年，根据中央军委部署，五机部在平凉、天水等地开始筹建5203厂、5204厂、5206厂、5207厂。这些军工企业在1970年至1975年间先后建成投产。

1970年4月10日至5月7日，甘肃省计划会议在兰州召开。会议强调，以战备为纲，在传达全国计划会议精神的基础上，安排落实1970年的任务和措施，并讨论全省第四个五年国民经济计划纲要。

1970年至1972年，兰州三线建设除继续进行企业搬迁外，重点是续建、改建和扩建国防科技工业及冶金、电力、机械、交通等大中型项目。兰州连城铝厂专用铁路、公路、大桥和水电于1969年开工，1974年部分投产，并生产出合格产品。

继1971年2月的全省计划会议之后，10月23日，省委作出《关于加快开发金川镍矿的决定》，就皇城滩水库建设、电力问题、施工力量、材料设备、矿山建设、科研队伍等问题提出具体要求。11月15日，经省委常委会议讨论同意，省革委会生产指挥部向国家计委及有关部门呈报《甘肃省1972年和第四个五年国民经济计划的报告》。以战备为前提、以大规模国防工业和基本建设为核心的国民经济计划的制定与实施，促进了三线建设在甘肃的发展。

在1971年至1975年的甘肃省第四个五年计划中，基建计划总投资55.7亿元，其中对三线项目的计划投资高达42.7亿元，占总投资的76.7%。1971年后，中央采取措施，解决基建战线过长、三线建设过急给国民经济带来的不良影响。1972年，国家针对经济工作中已暴露出来的粮食销量、工资总额、职工人数“三个突破”的问题，开始调整建设步伐，控制基本建设规模。从1972年开始，甘肃在国民经济计划中降低对军工建设的投资。5月27日至6月1日，全省军工座谈会议研究如何贯彻执行国务院、中央军委《关于整顿国防工业产品质量和加强配套问题的指示》，着重解决领导干部的思想认识问题，要求从根本上改变国防工业产品质量不好、配套不全和军品备件不足的局面。1973年，按农、轻、重的顺序，把三线建设调整为经济建设的第三位。至此，三线建设纳入正常计划，进入关、停、并、转、迁的调整改造阶段。7月，国家对

“四五”计划作了修改,降低了一些高指标,强调发展农业和轻工业,对三线建设规模进行适当收缩。根据中央和省委的方针,兰州市三线建设大规模收缩,绝大多数在建项目作了调整,全市实际完成基本建设投资7.54亿元,比上年减少34.3%。1974年,建设规模继续压缩,有9个项目列为停建或缓建,已列入“三五”和“四五”计划而未动工的项目都不再开工。1976年,兰州市安排的34个大中型项目都进入扫尾工程,进行投产。

## 二、三线建设的成就

第一,使甘肃全省工业逐步走向全面发展,形成了比较完整的工业体系。建设中形成的工业体系,尤其是技术力量雄厚、设备精良、自动化程度较高的国防科技工业的发展,在促进甘肃经济发展中发挥了极其重要的作用。比较完整的工业体系有:

有色金属工业。建设期间,国家累计向甘肃投资155.53亿元,有计划地从北京、天津、上海、东北等地向甘肃内迁一批重点机械工业企业,相继建成酒泉钢铁公司、西北铁合金厂、兰州碳素厂等冶金企业和西北铜加工厂、西北铝加工厂、兰州铝厂、连城铝厂、甘肃铝厂、金川有色金属公司等有色金属企业。

石油化工工业。兰州石油化学工业公司完成从西德、英国引进的砂子裂解炉装置等4个项目,建成西北油漆厂、刘家峡化工厂等,并相继投产。到1975年,全省化工工业总产值比1965年增长136%,年均增长13.6%。从1970年开始,随着长庆油田进行综合勘探和开发建设,石油产量也有大幅度的增长。到1975年,石油工业总产值增长7.4%,石油工业已经成为全省工业的重要支柱之一。

电力工业。完成以刘家峡水电站、盐锅峡水电站、八盘峡水电站为中心的兰州电网建设,把兰州、天水、永昌三个电网联成一体,使甘、陕、青三省电网形成联合系统。到1975年底,全省发电量达95亿多千瓦时,比1965年增长377%,平均年增长37.7%,为经济建设提供充足的电能。

机械制造工业。“三五”“四五”期间共完成投资9.2亿元,占全省工业同期总投资的13.2%。许多大中型企业,如甘肃长通电缆厂、甘肃光学仪器厂、兰州电力修造厂、天水长城控制电器厂、天水长城开关厂、天水风动工具厂、天水海林轴承厂、兰州长津电机厂、兰州真空设备厂等,都是在这一时期从东北及沿海地区迁来扩建的三线项目。到1975年底,全省机械工业总产值达21.7亿元,占全省工业总产值的34.39%,在工业总产值构成中,由1965年的第四位跃居第一位。

电子工业。从1965年起,四机部所属的部分企业陆续搬迁到甘肃,如新建虹光电子管厂、建华机器厂、庆华机器厂、永红器材厂、天光电工厂等。这一时期,地方电子工业开始兴起,红卫机器厂、春光器材厂、敬东机器厂、甘肃省无线电器材供应公司等一批电子工业相继投产。

第二,增强了省会兰州的科技实力。建设中,由于一大批现代化企业、科研和教学单位内迁,给兰州带来了大批学者、专家、教授及工程技术人员和大量先进的科技设备。全省科技队伍已逐步发展为包括中央各部所属研究院(所)、中国科学院所属研究所、国防科技工业部门所属科研单位、地方科研单位和高等院校在内的“五路大军”。在国家统一计划下,搬迁到兰州的研究院、所有14个,其中有兰州石油化工设计院、兰州电源车辆设计所、中科院兰州化学物理研究所、中科院兰州地质研究所、中国农业科学院兰州兽医研究所、中国市政工程西北设计院、兰州化学工业公司化工设计院、化工部涂料工业研究所等。截至1978年,这些院所的科研人员已达到4000余人,成为一支建设兰州、振兴甘肃的科研大军,取得了一批引人注目的科研成果。

第三,促进了边远地区经济与社会的发展。建设期间,部署在兰州安宁区的电子工业,部署在兰州城关、七里河区的机械工业,部署在红古区的冶金工业,部署在永登县的建材工业,促进了省会兰州特别是贫困地区经济与社会的发展。与此同时,按照“靠山、分散、隐蔽”的原则,中央和省上在河西走廊部署了酒泉钢铁厂,在天水地区部署了第三重型机器厂等一批军工企业,在平凉地区部署了红峰、虹光、建华、丰收、跃进、胜利、前进机械厂等一批军工企业。同时,兴建了与工业企业特别是军工企业相配套的交通、邮电、商业服务设施和学校、医院等生活设施。三线建设的展开,带动了上述边远贫困地区工农、交通、文教卫生、科技等事业的发展,增强了这些地区的经济实力。

由于对国际形势的估计过于严重,加上“文化大革命”的冲击,三线建设出现过过急过大,选址过于强调战备的“靠山、分散、隐蔽”原则,导致工业布局不太合理,不注重经济结构和效益等弊端,但整体上,对甘肃经济社会发展的积极意义是毋庸置疑的。

## 第四节　经济发展的成绩与问题

### 一、主要成绩

国家三线建设的实施,“工业学大庆”和“农业学大寨”运动的开展,特别是广大干部群众对“左”的错误的抵制和艰苦努力,使“文化大革命”时期全省经济依然取得了一定发展。

(一)工业体系的形成

“文化大革命”初期,甘肃经济发展受到政治运动的冲击和“左”倾错误思想的影响,三线建设进展不快。随着政治局面趋于相对稳定,特别是随着国家三线建设的加速,从外地搬迁来机械、电子、轻工业等一批骨干企业,先后建成酒泉钢铁公司、刘家峡水电厂、兰州铝厂、西北铁合金厂、长庆油田、刘家峡化肥厂、盐锅峡化工厂等一批大中型企业,大大提高了甘肃工业生产能力,形成了以石油化工、有色金属、机械、电力等行业为代表的具有特色的地方工业体系。内迁来甘肃和国家投资兴建的大中型厂矿企业,生产规模较大,设备先进,现代化程度高,技术力量强,对地方工业的发展起到了重要的带动和促进作用。从沿海地区和工业化程度较高的省、市迁来的老企业,不仅带来了较高水平的生产能力,而且带来了先进的管理经验和生产技术,带来了好的作风和传统,对甘肃工业的发展也起到了带动作用。1969 年,刘家峡水电站开始发电,金川有色金属公司形成了万吨镍生产能力。1970 年,酒泉钢铁公司开始大量生产生铁。由上海、哈尔滨、南京、长春等地陆续迁入甘肃的天水长城精密电表厂、甘肃光学仪器厂、天水红山试验机械厂等一批企业开始投产。与此同时，甘肃新建、扩建、改建的一批地方企业也开始发挥效益。三线建设对全省工业生产能力的提高起了很大作用，促进了甘肃经济的发展。

（二）地方“五小”工业发展迅速

在三线建设“加强战备、准备打仗、夺取工农业生产更大胜利”和“工业学大庆”运动的推动下，全省地方“五小”（小钢铁、小煤窑、小化肥、小水泥、小水电）工业迅速发展。到1970年，全省办起地方“五小”厂矿1700多个，产品达到400多种。[①]各地、县农机修造厂和一些经济效益好又为社会提供了急需产品的中小型厂矿企业的建设投产，对推动甘肃经济的发展特别是对农业的支援发挥了重要作用。加之当时比较重视工业对农业的支援，全省28个厂矿包了31个县，许多县办工厂也包了一些公社，还有的社办工厂包了一些大队和生产队，为农业提供机具、材料、技术力量等，在一定程度上促进了农业的发展。另一方面是，广大干部和群众对“打倒一切”“全面内战”，表示了极大的厌恶，对生产连年下降的局面深表忧虑，他们中间绝大多数人在极其困难的情况下，坚持生产，为经济建设贡献力量。1972年，兰州市“工业学大庆”运动以“抓革命、促生产”为主线，以发展“五小”工业为突破口。市委、市革委会向全市工交企业发出通知，为了加快地方工业的发展速度，要求各县、区、局大办“五小”工业。市革委会成立了“五小工业办公室”，对小工业进行布局、规划和安排。通过开展“工业学大庆”运动，1972年兰州市地方工业特别是“五小”工业得到迅速发展。地方“五小”工业，在国民经济建设中发挥了重要作用，大大促进了农业机械化和农业技术改造的进程，不仅为县、区工业的发展创造了一定的条件，而且为大工业服务、为支援农业和繁荣市场起到了积极作用。

（三）农田基本建设成效明显

1970年8月，周恩来主持召开了北方农业会议。在北方农业会议

---

① 《当代中国》丛书编辑委员会，《当代中国的甘肃》上，当代中国出版社1992年版，第123页。

精神的推动下，全省“农业学大寨”运动全面展开，在农村进行了大规模的农田基本建设，每年冬、春两季，全省有上百万劳动力投入以改土治水为中心的农田基本建设，最多的一年有260多万人上阵。农田基本建设虽然在工作指导、组织形式和建设规划上存在许多问题，但广大人民群众战天斗地、用辛勤的汗水所换取的成绩是显著的。从1970年至1974年，每年平均发展水地66万亩，兴修梯田106万亩、条田139万亩，分别相当于1970年以前21年平均数的2.7倍、10倍和17倍。到1974年底，配套机井达32600多眼，平均每年发展6500多眼，新增有效灌溉面积330多万亩，保灌面积283多万亩，梯田533多万亩，条田695万多亩。由于农业生产条件得到了改善，在农业经济的发展中发挥了作用，使农业生产取得了一定的成效。1975年，全省农田基本建设有很大进展，各地普遍把农田基本建设专业队和群众治理结合起来，集中力量，进行了一些大块连片治理，取得了较显著的效果。截至1975年底，累计完成土石工程量1.7亿多立方米，完工各项水利工程2万多项，扩大灌溉面积116万多亩，修水平梯田142万多亩、条田175万多亩。

（四）工业及各行各业对农业的支援成绩显著

北方农业会议之后，在全省范围内动员工业对农业进行对口支援，先后动员组织省内机械、冶金、电力、燃化、轻工、铁路、建筑等行业的近200个企业，参加制造小化肥设备、大型提灌设备、柴油机设备、农电设备、推土铲配套设备、打井机配套设备、机井配套设备等；制造出小氮肥设备10套、小磷肥设备19套，并为国家调进的9套小氮肥设备进行了补套；还制造9项骨干电灌工程70%的设备，制造打井机800台，制造和补套机井设备47000多套，制造柴油机专机设备形成生产能力15600台；帮助制造18400公里的农业用电线路设备，使全省65%的公社通了电；为70%链式拖拉机配上了推土铲；帮助建设电站、化肥厂、农机修配厂、糖厂60多处。工业对农业的对口支援，提高了农业生产能力，农机工业有了较快发展，增加了农田有效灌溉面积。1974年全省第一个大型电灌工程——景泰川电灌工程经三年建设，已初具规模，开始发挥经济效益，灌溉土地可达15万亩。在全面整顿的1975年，全省农业获得全面丰收，2100多万亩冬、春小麦，比上年增产一成半。粮食总产量达到55亿公斤，比上年增长一成多。油料、甜菜、药材等经济作物都有较大幅度的增长，林业、畜牧业和副业都有新的发展。从全省看，各地区各县普遍增产，大多数县创造了历史新水平。干旱低产的定西地区，粮食总产也比上年增长了一成。全省有11个县粮食总产量比1970年翻了一番。酒泉、张掖、武威3个地区和嘉峪关市向国家提供的商品粮比1972年增长1倍。

“文化大革命”时期，甘肃经济发展虽然几经风雨，几番起伏，但仍然有一定发展，取得了较大成绩。工农业总产值1976年比1965年增长170.25%。农业总产值1976年比1965年增长75.06%，其中粮食总产量增长29%。农田基本建设新增梯田880多万亩，条田980多万亩，水利灌溉面积增长近1倍。

## 二、取得进展的原因

（一）国家投资力度加大，推动了经济的发展

甘肃是中央确定的三线建设的重点建设地区。三线建设过程中，除了当时原有的一些建设项目被确定为重点建设工程之外，陆续从外地迁来一些大中型企业。这些企业的建设过程中调集人力、财力、物力，进行重点突破，促进了工程进度。与此同时，甘肃新建、扩建、改建的一批企业也开始发挥效益。在三线建设中形成的甘肃工业体系，尤其是技术力量雄厚、设备精良、自动化程度较高的国防科技工业的发展，在促进甘肃经济发展中发挥了极其重要的作用。

三线建设高潮时期，在“加强战备、准备打仗、夺取工农业生产更大胜利”的形势下，建立相对完整的工业体系和战时后勤保障体系的指导思想，推动甘肃地方“五小”工业迅速发展。这些企业的建设投产，对推动甘肃经济的发展特别是对农业的支援发挥了显著的作用，为农业提供机具、材料、技术力量，在一定程度上促进了农业的发展。

（二）排除“左”倾错误的干扰和影响，调整、整顿国民经济促进了发展

1971年10月，周恩来在毛泽东支持下主持中央日常工作。之后，

周恩来提出批判极“左”思潮,努力落实党的各项政策。全省开始纠正“左”倾错误,开展落实党的干部政策、知识分子政策和经济政策的工作,将被打倒的大批领导干部解放出来,对稳定局势和推动经济建设起了重要作用;省委贯彻中央精神,整顿和加强企业管理,要求各地区、各部门迅速建立起以岗位责任制为中心的生产管理制度,健全生产指挥系统,开展社会主义劳动竞赛,加强党对生产工作的领导。1972 年 10 月,省委制定下发《中共甘肃省委关于贯彻党的农村经济政策若干问题的规定》。全省各地各级党委认真贯彻省委指示,积极落实农村分配政策,努力改变“一平二调”的错误做法,调动了广大干部群众的生产积极性,促进了农业生产的发展。根据中央指示精神,全省各民族地区党委认真贯彻落实党的民族宗教政策,解决历史遗留问题,领导少数民族地区干部群众大力发展农牧业生产和文教卫生事业,使少数民族地区经济社会向前发展,群众生活有所改善。

1975 年,全面整顿期间,全省采取有力措施,建立健全规章制度,认真加强企业管理,改变企业管理中存在的混乱局面;狠抓领导班子的整顿和建设,在企业生产中发挥好指挥领导作用;在全省范围内对企业设备进行大检查、大检修,同时把检修设备和技术革新结合起来,组织人员攻关,研究使用新技术、新工艺、新材料。由于采取了以上措施,全省工业生产效益明显好转,劳动生产率不断提高。

### (三)广大干部群众抵制“左”倾错误,为经济建设贡献了力量

根据中央指示精神,省委和各级党委组织开展的纠正极“左”错误,落实党的干部政策、知识分子政策、民族宗教政策和农村经济政策的工作,充分调动了各民族、各地区、各行业广大干部群众的生产积极性。广大干部群众对各种“左”的政治运动和错误做法表示出极大的厌恶,对政治运动带给工农业生产的冲击和生产连年下降的局面深表忧虑,在极其困难的情况下,坚守岗位,坚持生产。“工业学大庆”运动中,广大干部职工抵制和排除“左”倾错误思想的干扰和影响,学习和发扬“铁人”精神,用“三老四严”要求自己,强化企业管理,健全规章制度,进行技术革新和以“比、学、赶、帮”为特色的社会主义劳动竞赛,推动工业经济不断向前发展。“农业学大寨”运动中,为了加强河西商品粮基地建设和尽

快改变中部干旱地区落后面貌，各级党委按照省委的要求，号召广大干部群众把一切能够动员的劳动力都动员起来，迅速投入到兴修水利、水平梯田、平整条田、铺压砂田、改造盐碱地等农田基本建设当中，努力改变落后、贫穷的社会面貌，使农业生产条件有所改善，粮食和其他经济作物产量有所提高，群众生活水平有所提高。

## 三、存在的主要问题

### （一）“左”倾错误对经济发展影响巨大

“文化大革命”时期，甘肃和全国一样，在经济领域里，把生产力在社会发展中是最终决定因素的理论当作“唯生产力论”来批，把讲求经济效益、创造更高的利润率当作“利润挂帅”来批，把贯彻物质利益原则、实行按劳分配当作“物质刺激”“奖金挂帅”来批，把社员家庭副业、集市贸易和自留地当作“资本主义”来批，否定了经济建设中正确的方针和政策。而大抓“阶级斗争和路线斗争”，对许多干部和群众进行残酷的斗争和无情的打击，大大伤害了广大人民群众参加生产劳动的积极性，正常的生产、生活秩序受到严重破坏。在农村不断地“割资本主义的尾巴”，“堵资本主义的路”，不准社员搞家庭副业，禁止劳力外出，限制集市贸易，堵塞城乡经济交流，使农业和农村经济的发展受到严重损害。同时，工作上存在严重的强迫命令、瞎指挥和蛮干作风，不顾客观条件和可能，随意发号施令，致使许多还不该上的项目盲目上马，还不该办的事情盲目去办，造成严重浪费。

由于“批邓、反击右倾翻案风”运动的破坏，全省工业战线在1975年整顿中出现的好势头被断送。社员自留地、家庭副业以及农村集市贸易统统当作“产生资本主义的土壤”而加以批判，并被当作“资本主义尾巴”割掉了。在作物种植上采取强制手段，大搞瞎指挥、“一刀切”。生产队的种植计划、作物倒茬、生产措施、经营管理、收益分配等，社员都无权过问。有些地方生产上的强迫命令和瞎指挥到了十分荒诞的程度。为了推广种植高粱，出苗的玉米也得整块拔掉；为了推广带状种植技术，硬要把大片的小麦青苗推开行子，再种上别的作物；为了推广果林上山的经验，平川里的树木都得统统砍光。不看农时节气，硬性规定提前一个月或二十天播种冬小麦，在一个县一个地区范围内规定同一个时间开耧播种，限期播完，并派驻工作组和“民兵小分队”“坐阵督战”。因为播种时间太早，有违农时，致使大量麦苗坏死，大幅度减产。1976 年，全省冬小麦减产范围之广、幅度之大是解放以来最严重的一年。1976 年，全省农作物产量大幅度下降，粮食总产量仅达到 48 亿公斤，比上年减产 7 亿公斤。农业总产值仅达到 13.55 亿元，比上年降低 5.5%。

（二）比例严重失调，经济发展不稳，效益下降

“文化大革命”期间，国民经济比例关系严重失调。首先是农业与工业的比例关系失调，全省工农业总产值中大部分年份的工业总产值占 75% 左右，1970 年达 80.96%。其次是轻、重工业的比例关系失调，在工业总产值中，重工业总产值每年都在 80% 以上，1969 年甚至高达 85.84%。由于轻工业比较落后，不仅不能满足人民日常生活的需要，造成市场供应紧张，而且影响了重工业的发展。最后是农业内部的比例关系失调，粮食总产量 1976 年比 1965 年增长 28.64%，而这期间，棉花、油料等经济作物或增长很少，或产量减少。由于经济作物发展慢，严重影响了人民生活水平的提高。

“文化大革命”十年中，甘肃经济发展几起几落，忽高忽低，很不稳定。工农业总产值 1966 年至 1976 年十年间，1970 年比上年增长 37.08%，增长速度是比较高的，而 1967 年、1976 年却分别比上年降低 6.37% 和 0.3%，1968 年仅比上年增长 0.84%。农业总产值 1966 年、1967 年连续出现负增长，1968 年有所回升，达到 7.95 亿元，1969 年再次出现负增长，1970 年至 1975 年逐年有所增长，到 1976 年又一次出现负增长。工业总产值 1970 年比上年增长 43.33%，这个增长速度已经大大超过了增长的警戒线，而其他大部分年份的增长速度却在 1%—7% 之间，1967 年还比上年降低 8.87%。这种不稳定的情况，反映了“文化大革命”时期全省经济发展所走过的曲折道路，也充分说明“文化大革命”对全省经济所造成的破坏及其严重后果。同时，这样大起大落不稳定的发展，造成了经济建设中的严重浪费和生产管理上的严重混乱，也势必会出现经济比例关系的严重失调，给生产的进一步发展带来困难。由于正常的生产秩序被破坏，生产管理制度被批判，生产管理混乱，十

年内乱中经济效益一直比较差。1965 年每百元积累增加的国民收入为 46.48 元，而 1966 年至 1976 年的十年间，除 1970 年外，其他年份都没有超过 1965 年。全民所有制建筑企业全员劳动生产率 1965 年为 3515 元，1975 年为 3375 元，下降了 3.98%。至于一批“老大难”企业，由于连年亏损，一直靠国家拨款过日子。

（三）总体经济特别是农村经济发展缓慢，农民生活状况长期贫困落后

总体经济特别是农村经济发展缓慢，大大制约了广大农民群众生活的提高和改善，使相当一部分群众长期处于贫困线上，温饱问题得不到解决，靠吃返销粮、靠救济款过日子。农村返销粮从 1966 年的 1.6 亿公斤上升至 1976 年的 3.2 亿公斤，增加 1 倍。

由于在农村搞“穷过渡”，硬性变革生产关系；农田基本建设中推行“左”的错误做法，“用无产阶级专政的办法办农业”，长期否定个体经济，忽视集体经济的发展；对改善人民生活投入较少等，束缚了经济社会的发展，导致农民生活长期贫困落后。

# 第十九章
# 全面整顿与“文化大革命”结束

在党中央领导下,1975年2月开展全面整顿,使全省各条战线生产、工作秩序逐渐好转,铁路运输秩序得到扭转,工业生产取得一定成绩;一些地区和部门的严重派性得到抑制和纠正,落实干部政策工作取得较大进展,社会秩序渐趋稳定。当年11月开展“批邓、反击右倾翻案风”运动,整顿工作被迫中断。从整顿中看到希望的人民群众对“批邓、反击右倾翻案风”普遍持抵制和反对态度。整顿与反整顿的较量和斗争进一步增强了全省广大党员、干部和群众与“左”倾错误斗争的意志和信心。

## 第一节 铁路整顿

### 一、中共中央《关于加强铁路工作的决定》

1975年1月13日至17日召开的四届全国人大一次会议,重申党的一系列正确的经济建设方针,特别是实现四个现代化的宏伟目标,充分体现了广大人民群众的意愿,给人民群众以极大的鼓舞。四届人大后,在党中央领导下,以整顿领导班子、批判和消除派性为主要措施,从整顿铁路入手,开始了大刀阔斧的全面整顿。

1975年2月10日,中共中央发出《批转一九七五年国民经济计划的通知》，要求全党“团结一切可以团结的人，调动一切积极因素，坚持抓革命、促生产、促工作、促战备的方针，把国民经济搞上去，当前特别要把交通运输和煤炭、钢铁生产抓上去”。当时铁路运输是国民经济中突出的薄弱环节，由于“四人帮”及其帮派势力的破坏，徐州、南京、南昌、兰州等铁路枢纽的运输长期堵塞，阻碍了津浦、京广、陇海、浙赣四条铁路大动脉的畅通，并影响其他铁路干线的运输，生产部署被全部打乱，严重危及工业生产和与城乡群众生活密切相关的物资供给。因此，解决铁路运输的问题迫在眉睫。

2月25日至3月8日，中央召开全国各省、市、自治区党委主管工业的书记会议，着重研究解决铁路运输问题。会议提出，解决铁路问题的办法是要加强集中统一管理，建立必要的规章制度，增强组织纪律性。邓小平在讲话中明确指出，全党要以“四化”为大局，全党全国都要为实现这一伟大目标而奋斗。他着重强调了加强集中统一领导、建立必要的规章制度和坚决反对派性等三条整顿方针。3月5日，中共中央发出《关于加强铁路工作的决定》（即中央〔1975〕9号文件）。《决定》指出，铁路运输仍是当前国民经济中一个突出的薄弱环节，不能适应生产发展的需要，不能适应加强战备的需要。因此决定对铁路实行以铁道部领导为主的管理体制，铁路的管理、运输的指挥、职工的调配、政治工作都由铁道部集中统一管理。同时，要建立健全必要的规章制度，加强组织纪律性，整顿铁路秩序，同各种破坏行为作斗争。《决定》明确指出，“对少数资产阶级派性严重，经过批评和教育仍不改正的领导干部和派性头头，应该及时调离，不宜拖延不决，妨害大局”。

中共中央《关于加强铁路工作的决定》在全国各地引起强烈反响，全国铁路系统大张旗鼓地宣传中央9号文件精神。铁道部及时派出工作组，会同有关省、市、自治区党委，重点整顿一些问题严重的路局。

## 二、省委贯彻中央决定的部署

根据中央的统一部署，甘肃整顿工作也由铁路整顿为起点，并逐步向其他领域展开。

兰州铁路局是西北地区的铁路枢纽，管辖甘、宁、青三省区铁路，共有7万多名职工，下属五个分局，分设在西北三省区。

1974年，遵照中央和国务院有关文件精神，省委对铁路运输中存在的问题提出了一些整顿意见，但当时主要强调“深入批林批孔，从思想路线上解决问题”，要求“对职工要进行路线教育，讲路线、讲阶级”，并没有切中因派性斗争而造成问题和矛盾堆积这一症结，没有取得实质性成效。

1975年整顿前的兰州铁路局运输秩序混乱，铁路设备器材被盗窃和破坏现象严重，运输物资被盗高达30%；违反规章制度和玩忽职守造成各种事故频发。1974年至1975年3月前的14个月，兰州铁路局全线发生行车重大和大的事故达58起，火灾事故33起，国家财产损失严重。

整顿铁路运输秩序，确保铁路运输畅通，关系着发展国民经济的全局。为贯彻中央《关于加强铁路工作的决定》和全国工业书记会议精神，1975年3月11日和12日，省委召开常委会议，在统一思想的基础上，对兰州铁路局的整顿工作做出具体安排部署。会议认为，中央《关于加强铁路工作的决定》极为重要，文件总的精神不仅是针对铁路而且适用于国民经济的各个部门和各行各业，中央决定实行全国铁路以铁道部领导为主的管理体制，是一个英明决策，对于搞好铁路运输工作有重大意义，表示坚决拥护，认真贯彻执行。会议提出，“省委对铁路应该做的事情，一定协助搞好”，各级党委，特别是兰州铁路局党委，一定要将文件学习好，传达好，上上下下来个总动员，造成声势，使铁路职工、家属和沿线的群众都知道，使大家懂得铁路工作的重要性及其与国民经济发展的关系，要迅速把铁路的运输、生产和建设促上去，狠抓这一薄弱环节，扭转被动局面，以适应工农业生产发展的需要，适应加强战备的需要；各行各业要以中央《关于加强铁路工作的决定》为动力，联系实际，认真落实，条条落到实处，搞好革命和生产。会议要求，兰州铁路局党委在解决所属单位的问题时，必须坚持有利于团结，有利于安定的指导思想和方针，对于问题较多，严重影响铁路运输的单位，局党委应采取有力措施，限期加以解决，绝不能迁就。会议强调，有的单位的领导干部，资产阶级派性严重，经过批评教育仍不改正，要采取组织措施，坚决调整他们的工作,不能拖延不决,妨害大局。对于至今还在搞资产阶级派性的人坚决不能重用,严重违法乱纪的要给予处分。会议同时要求,省公安局要认真协助铁路局党委整顿好铁路运输秩序,沿线各地、县公安机关,切实协助抓好铁路沿线的秩序,同各种破坏行为作斗争,对于阻拦火车、中断运输、破坏列车和铁路设施等违法行为,必须坚决制止。会议决定,由兰州铁路局、省军区、省公安局共同协商,负责组织,尽快搞好铁路沿线当地驻军、公安机关和路社联防,维护铁路运输秩序,保障运输安全畅通。针对当时存在的少数人利用职权,内外勾结的各种违法违纪现象,会议提出要在提高觉悟的基础上,严肃批判,认真加以解决,形成舆论,通过教育,争取多数,启发自觉,积极引导;对于搞破坏活动者,要发动群众,坚决打击,依法惩办。力争在3月份把铁路问题解决好,第二季度迅速把铁路工作搞上去。

省委要求兰州铁路局一定要把即将召开的党委扩大会议开好,通过传达学习中央《关于加强铁路工作的决定》,揭露矛盾,分析原因,制定措施,限期解决;局所属各单位,层层宣传动员,形成一个声势浩大的学文件,揭矛盾,促转化的群众运动,把兰铁局的工作促上去。省委还确定主管工业的省委书记、省革委会副主任宋平,省委常委、省革委会工交办公室主任李超伯帮助兰州铁路局党委抓好贯彻中央《关于加强铁路工作的决定》并解决存在的各种问题。

## 三、铁路整顿初见成效

兰州铁路局整顿工作全面展开后,存在着整顿和反整顿的斗争。

1975年3月18日至19日,根据省委的有关决定,省军区党委、省公安局党委、兰州铁路局党委联合召开由铁路沿线各地(市)、县(区)和各铁路分局的党委、武装、公安部门以及省直各有关部门负责人(共185人)参加的紧急会议,研究贯彻中央《关于加强铁路工作的决定》精神,安排部署整顿铁路运输秩序问题。会议根据全省铁路运输的实际情况,提出具体的贯彻落实意见,并于22日将《关于贯彻中央〔1975〕9号文件精神,整顿铁路运输秩序的请示报告》呈报省委。

省军区党委、省公安局党委、兰州铁路局党委在《请示报告》中认为“我省铁路运输秩序总的看是好的”，但也指出，全省铁路运输中存在物资和铁路设备器材被盗、被抢、被破坏，行车事故频发等问题，其主要原因是阶级敌人破坏、站车秩序混乱、思想麻痹和玩忽职守造成的。《请示报告》对当时阻碍铁路生产和运输的根本性问题——派性斗争没有涉及，没有提出任何整顿措施。而兰州铁路局的主要负责人根本不承认有派性，对中央的有关决定采取消极态度，省委主要负责人也回避兰州铁路局的派性问题。所以，中央《关于加强铁路工作的决定》在兰州铁路局实际上贯彻执行不力，兰州铁路局整顿铁路秩序的工作并没有落到实处，甚至出现一些“奇怪”现象。如来信上访人员急剧增加，运输生产出现被动局面，全局运输生产不断下滑……此前似乎“平稳”的兰州铁路局开始出现“混乱”局面。从后来的发展看，兰州铁路局此前的所谓“平稳”和“总的看是好的”，只是矛盾和问题被掩盖的假象。

29 日，省委向全省批转《请示报告》，要求铁路沿线各级地方党委迅速行动起来，严格执行国家规定的铁路管理制度；切实抓紧抓好铁路运输秩序的整顿工作，在短期内抓出成效，把铁路运输工作很快搞上去。

铁道部十分重视兰州铁路局的问题，9 月 10 日，派出以临时领导小组成员兼政治部主任黎光为组长的工作组来到兰州，帮助兰州铁路局贯彻落实中央《关于加强铁路工作的决定》精神。13 日，黎光向省委有关领导汇报情况，建议省委派人参加工作组，共同解决兰州铁路局的问题。但省委的主要负责人回避兰州局的派性问题，对解决兰州铁路局的问题持消极态度，表示没有力量参加铁道部工作组，并强调说 9 号文件规定铁路局以部管为主，你们搞我们支持。同时却又一再肯定兰州铁路局在“文化大革命”中的夺权方向是正确的。13 日至 21 日，黎光主持召开兰州铁路局领导班子会议。从会上揭露的问题可以清楚看出，当时兰州铁路局存在的主要问题是领导班子派性严重，压制群众。在干部任用上以派划线，支持一派（少数派），压制一派（多数派）；不讲原则，包庇坏人。问题一直被掩盖着，表面上看似平稳，实际上潜伏着危机。中央《关于加强铁路工作的决定》下达后，广大铁路职工群众坚决拥护，积极行动，盼望整顿，而兰州铁路局领导对整顿则采取消极抵抗的态度，并没有认真贯彻执行中央精神。这就出现了当时工人中流传的“水上鸭子,面上稳,下面忙”等说法。在由铁道部工作组主持召开的局领导班子会议上,由于兰州铁路局主要领导人根本不承认错误,强调客观,邀功诿过,极力阻挠整顿,而当时省委对解决兰州铁路局问题也有不同看法,省委主要负责人对工作组的工作持消极观望态度,所以会议未能取得预期的效果。

26 日,黎光回京向铁道部党的临时领导小组如实汇报了兰州铁路局存在的严重问题。铁道部党的临时领导小组听取汇报后决定:召开兰州铁路局党委扩大会议,充分发动群众揭发存在的问题;局党委主要领导进行检查,对领导班子进行组织调整。10 月 3 日,黎光再次来到兰州。4 日至 13 日,在铁道部工作组帮助下,兰州铁路局党委召开五届九次全委(扩大)会议。会议号召铁路职工加强团结,用党性克服派性。会后,根据职工群众揭发的事实和要求,经与省委协商,工作组宣布铁道部党的临时领导小组关于调整兰州局领导班子的决定,将局党委书记和两名副书记调离领导岗位,并对有关部门的一些干部也进行调整;任命蔺子安为代理书记,于长源为副书记,成国辉为副书记兼革委会第一副主任。

铁道部调整兰铁局领导班子的决定得到多数干部、群众的拥护和支持,广大职工的革命和生产热情增强,铁路运输混乱的局面开始得到扭转,并渐呈稳步上升趋势。兰州铁路局的整顿工作在整顿与反整顿的斗争中初见成效。

## 第二节　整顿工作全面展开

1975 年 9 月 15 日至 10 月 19 日,国务院召开全国“农业学大寨”会议。邓小平在这次会议上首次明确地向全党提出进行军队、地方、工业、农业、商业、文化、教育、科技、文艺 9 个方面整顿的任务。随着铁路及整个工交系统整顿的深入开展,全国工业生产停滞不前的局面开始扭转，全面整顿逐步展开。

## 一、钢铁生产的整顿

工业整顿主要是钢铁生产的整顿。1975年5月8日至29日，中央召开全国钢铁工业座谈会，重点解决钢铁工业1974年以来严重欠产的问题。

6月4日，中共中央《关于努力完成全年钢铁生产计划的批示》要求，各省、市、自治区党委必须加强对钢铁工业的领导；要加强全局观点，努力完成和超额完成国家计划；要继续贯彻中央9号文件精神，认真落实党的政策，调动一切积极因素，坚决把国民经济搞上去。省委常委先后两次进行学习讨论中央指示精神，并于6月9日至11日召开全省工业书记会议。会议传达学习中央有关文件和中央领导的重要指示，讨论贯彻执行中央《关于努力完成今年钢铁生产计划的批示》精神；检查贯彻执行中央《关于加强铁路工作的决定》的情况，分析全省工业生产特别是钢铁生产的形势，研究制定动员全党迅速把钢铁生产搞上去，把工业交通和基本建设各项工作搞上去的主要措施。

6月18日，省委在向中共中央上报的《关于贯彻中央13号文件和全国钢铁工作座谈会议精神情况的报告》中指出，省委正在狠抓班子整顿，派干部到钢铁企业蹲点，帮助工作；发动群众，“抓纲保钢”，努力完成和超额完成国家计划，加强企业管理，整顿企业秩序，严格规章制度，认真解决有章不循和无章可循的问题；狠抓钢铁生产薄弱环节，打好矿山之仗和轧钢之仗，提高产品质量；加强党对钢铁工业的领导。

6月18日，省委向中共中央、国务院上报《关于贯彻中央十三号文件和全国钢铁工业座谈会议精神情况的报告》。《报告》陈述：“现在，主要的问题是钢铁没有上去，对国民经济影响很大。同时，在工交部门中还有24%的企业长期亏损，而且亏损额逐年增加。”为此，省委“坚持以毛主席的三项指示为总纲，下定决心迅速把钢铁生产搞上去，把各项工作搞上去”。《报告》提出的具体整顿措施：第一，狠抓领导班子整顿，端正领导思想政治路线。整顿领导班子，要抓住路线问题，放手发动群众，批判资产阶级派性，认真落实党的政策，帮助领导端正思想政治路线，建立一个强有力的领导班子。对于至今尚未转变的后进单位,要下定决心,在6月份解决问题。第二,放手发动群众,大搞群众运动。把大张旗鼓地发动群众同深入细致的思想政治工作结合起来。要增强广大职工的主人翁责任感,群策群力,抓纲保钢,努力完成和超额完成国家计划,要全心全意依靠工人阶级,加强企业管理,整顿企业秩序,严格必要的规章制度,加强组织纪律性,认真解决有章不循和无章可循的问题。第三,狠抓钢铁生产薄弱环节。要按照冶金部总的部署,6月份要大上,三季度要战高温,夺高产,努力还清欠账;整个工交战线要努力增产,以丰补欠。四季度,冶金和其他各工交企业都要进一步作战,全面完成和超额完成今年的国家计划。第四,加强党对钢铁工业的领导。各行各业要支持钢铁生产,同时统筹安排好各项工作;各局、各地区特别是冶金局和钢铁企业,都要制订出贯彻执行中央13号文件和进一步贯彻中央9号文件的计划,并采取有力措施,坚决贯彻实施;各级党委要认真改进领导作风和工作方法,深入基层,抓好典型,参加劳动,调查研究,总结推广先进经验,不断研究新问题。

7月26日至27日,省委常委会在学习讨论6月24日至7月15日中共中央军委扩大会议精神时认为,要争取时间把国民经济搞上去,特别要把钢铁和粮食搞上去;要在党政领导机关和各系统、各单位的领导班子中,根据邓小平副总理的指示,搞好思想组织整顿,加强党的领导,保持和发扬党的优良作风,下决心在短时间内把那些处于老大难单位的状况彻底改变过来。

按照省委的统一部署,全省掀起新的生产热潮。特别是冶金工业的职工变压力为动力,变被动为主动,战高温、夺高产,截至1975年6月上半月"全省14种主要冶金新产品中,比5月上半月增长的有10种。其中,生铁增长19.4%,钢锭增长7.7%,焦炭增长48.3%,电解铜增长35.4%,电解铝增长7.5%"。

## 二、干部政策的落实

1975年全面整顿期间,党的干部工作整顿是从进一步落实干部政策入手,使一些被打倒的老干部尽快恢复工作开始的。

根据中央有关精神，8 月 20 日至 29 日，省委召开落实政策工作座谈会。会议检查落实政策的情况，研究加快落实政策的措施。针对有些地方和单位落实政策工作无人负责、久拖不决的情况，会议要求各级党委把落实政策工作作为当年的重点工作之一，列入党委议事日程，按照干部管理权限，分级负责，专人分管；专案工作力量不足的，要充实加强；对资产阶级派性严重的人，要进行调整；案件复查工作，力争年底完成。经过复查，确实搞错了的要甄别平反，无罪受害的要分配工作，一切诬蔑不实之词应予推倒，被迫害致死的应予昭雪，恢复名誉。

10 月 16 日，省委向中央上报《关于专案处理落实政策的情况报告》。《报告》说，“文化大革命”以来，全省立案审查的 25300 多名干部，已结论处理了 24900 多名，占受审查全部总数的 98.4%。其中，受审查的原省委书记、副省长 10 人和原县委正副书记、县长 117 人，已全部作出结论；受审查的原地委正副书记、专员，省级机关部、厅、局长和相当于这一级的干部 241 人，已作结论的 234 人，占 97%。对已审查结论的各级干部，凡属人民内部矛盾的，绝大多数分配了适当工作或作了妥善安置。

省委加强落实政策工作，对调动一切积极因素，促进安定团结起了一定作用。一批被“解放”和起用的富有经验的老干部，在全省各行各业的整顿工作中发挥了重要作用。

## 三、领导班子的整顿

1975 年 7 月，邓小平提出整顿党组织的问题。他明确指出，整顿要抓整党这个中心环节，以整党为核心，整党主要是整顿各级领导班子的思想。

根据中央的精神，省委要求党政领导机关和各系统、各单位的领导班子，要以邓小平提出的领导班子整顿的重点是整顿“软、散、懒”为标准，搞好思想组织整顿，加强党的领导，保持和发扬党的优良作风，下决心在短时期内把那些长期处于老大难单位的状况彻底改变过来。好的领导班子要不断提高，不断加强。

10 月 29 日至 11 月 5 日，省委常委扩大会议在研究加速建设大寨县等工作时提出:“加强党的领导,一个很重要的问题就是整顿好党的各级领导班子”,“在一个省、一个地区,能不能尽快普及大寨县,省委、地委的领导是起决定性作用的”,首先要把“省委和省级机关整顿好,这样才有说服力,才有主动权、发言权”。会议要求,“通过整风,把各级党委的路线搞正,把团结搞好,把干劲搞足,把班子搞硬;决不能迁就和容许那种‘软、散、懒’的班子再继续存在下去”。会议决定,省委要对整顿党组织的问题专门研究,作出具体安排部署。

会议形成《关于整顿县、社、队领导班子的意见》,提出“普及大寨县,县委是关键”。《意见》对整顿好、建设好县委领导班子提出具体要求:普遍开门整风,揭露矛盾,寻找差距;地委要作出计划,对问题多的县,要由负责同志亲自带领精干的工作组去帮助整顿,下决心解决问题;在坚持思想整顿为主的同时,在确有必要的地方,也要注意做好组织整顿。《意见》建议省委下决心从省、地、县抽调大批干部到农村去。对整顿社、队领导班子问题,《意见》要求地、县党委对基层党组织和社、队领导班子的整顿工作要订出具体规划,要采取集中力量,分期分批,上下结合,社、队一齐整的方法;整顿结束,一定要经过验收,注意巩固提高,防止走过场和走回头路。但该项工作没有来得及全面铺开就停顿了。

## 四、教育等其他领域的整顿

9月26日,邓小平在主持国务院会议讨论《科学院工作汇报提纲》时指出:“要后继有人,这是对教育部门提出的问题”。他提出:“要解决教师地位问题”;“教育战线也要调动人的积极性”。邓小平的这些讲话推动了教育整顿的开展。

和全国一样,甘肃教育领域在“文化大革命”中也是一个重灾区。特别是1971年《全国教育工作会议纪要》所作的“两个估计”①,全盘否定17年教育工作的成绩。1971年8月,省委召开全省教育工作会议,

---

① 1971年4月,《全国教育工作会议纪要》提出了所谓的“两个估计”,即解放后十七年“毛主席的无产阶级教育路线基本上没有得到贯彻执行”,“资产阶级专了无产阶级的政”;大多数教师和解放后培养的大批学生的“世界观基本上是资产阶级的”。

传达贯彻《全国教育工作会议纪要》。会后,即以“两个估计”为依据,在全省教育战线批判“修正主义教育路线”,教育领域的混乱思想被搞得更乱,许多问题是非更加混淆不清。

1975 年 10 月 15 日,省委下发《关于召开全省宣传、文教工作经验交流会的通知》,确定会议任务为“以党的基本路线为纲,认真贯彻执行毛主席的三项重要指示和对宣传、文教工作的一系列指示,总结交流宣传、文教战线坚持毛主席革命路线和政策,加强党的领导,深入进行社会主义革命,积极发展文教科学事业,把无产阶级专政任务落实到基层的经验,研究宣传、文教工作怎样更好地为无产阶级政治服务,为工农兵服务,为社会主义的经济基础服务等问题”。《通知》提出要“努力把宣传、文教工作搞上去”。10 月 29 日至 11 月 5 日,省委召开常委扩大会议,贯彻落实全国农业学大寨会议精神。会议要求“各行各业都要围绕普及大寨县这个中心任务,安排好自己的工作,以全国农业学大寨会议精神为动力,把计划、工交、财贸、文教、科研、卫生和计划生育等各项工作带起来,促上去……”会上,宣传文教领域负责人围绕“普及大寨县,宣传文教战线怎么办”“为普及大寨县积极培养人才”等问题进行讨论。会议提出,要进一步加强农村文化教育工作,“各大专院校和中等学校,都要在办好普通班的同时,积极开办各种类型的短训班、专业班,培养农村需要的各种技术人员。抓好农民业余教育,力争在 1980 年以前使全省的青壮年脱盲。”

1975 年 8 月 23 日至 9 月 2 日召开的全省卫生工作会议明确提出,要讲党性、讲大局、讲团结、讲纪律。会议要求,各级卫生行政部门,要在党委的一元化领导下,对卫生工作既要实行认真的政治领导,又要实行认真的业务技术领导;要防止不抓业务,空谈政治的倾向,搞好科研工作,搞好业务经验交流,开展学术讨论,不断提高业务技术水平。

但全省刚刚开始的宣传、教育、科研等领域的整顿,因“反击右倾翻案风”运动旋即中断。

1975 年全面整顿工作的曲折进程,整顿与反整顿的较量和斗争进一步增强了全省广大党员和干部、群众与“左”倾错误斗争的意识和信心,坚定了对以邓小平为代表的党的正确领导的拥护,形成了反对“四人帮”和“左”倾错误的广泛社会基础,为后来的揭批“四人帮”斗争以及实现历史性转折奠定了一定的思想基础和群众基础。

## 第三节 “反击右倾翻案风”

### 一、教育领域首先“反击右倾翻案风”

1975年的全面整顿,是在“文化大革命”的特殊历史条件下进行的,广大干部和群众由此看到了希望的曙光,但随着整顿工作的日益深化,必然会触及“文化大革命”的“左”倾错误,其发展趋势也必然要对“文化大革命”以来的“左”倾错误进行比较系统的纠正,这就遭到“四人帮”的疯狂反对和攻击。同时,毛泽东也感到邓小平的全面整顿有全面否定“文化大革命”之嫌而不能容忍。从1975年11月下旬开始,一场从教育领域发端的“反击右倾翻案风”运动在全国展开。

甘肃“反击右倾翻案风”也首先从教育领域开始。

12月17日至23日,省委召开常委扩大会议,传达学习毛泽东对清华大学问题的重要指示和中共中央有关文件,“初步揭摆”所谓“右倾翻案风”在甘肃的一些反映和表现,并对否定“文化大革命”的言论“进行了严肃的批判”。会议强调,当前重点要抓好教育战线,有组织、有计划地搞好大、中、小学的教育革命大辩论;大专院校可先行一步,然后在中、小学逐步展开。会议提出:“范围是由小到大,先党内后党外,先骨干后群众,可采取办学习班、开座谈会的方式,培训骨干,发动群众,联系实际,提出问题进行辩论,弄清路线是非”。会议要求,对中共中央通知《转发毛主席审阅批准的〈打招呼的讲话要点〉》和中共中央通知《清华大学关于教育革命大辩论的情况报告》,地委要召集直属机关、厂矿(包括在当地的中央和省属厂矿单位)进行传达;各县可自行传达到县委委员、公社书记和中、小学党支部书记;省级各部、委办、局可召集在兰的县级以上党员干部进行传达;各级党委要将传达讨论情况,专题报告省委。

之后,在全省39952所各类学校中掀起的“教育革命大辩论的热潮”中，整顿时提出和实施的一些提高教育质量的思路和做法，被指是“刮右倾翻案风”，要“动大手术”。

1976年1月下旬，省教育局召开有局领导、高等院校党委负责人、工宣队队长、工农兵学员代表参加的座谈会。会议提出，要联系阶级斗争实际，批判否定无产阶级教育革命的“右倾翻案风”，要以阶级斗争为纲，把教育战线上的大是大非辩论清楚，巩固和发展教育革命成果，使学校真正成为无产阶级专政的工具。

25日，兰州大学校党委和驻校工宣队组织师生员工，学习毛泽东关于阶级斗争和无产阶级专政的论述，要求紧密联系教育战线两个阶级、两条道路、两条路线斗争的实际，批判“三项指示为纲”，回击“右倾翻案风”。

随后，全省8620名担任现职的县级以上干部参加学习讨论，“反击右倾翻案风”的运动波及全省各个领域和各条战线。

## 二、省委五届六次全委扩大会议

3月6日至10日，省委召开常委扩大会议。12日至19日，省委召开五届六次全委扩大会议。这两次会议都是以深入揭发、批判“邓小平的修正主义路线”“反击右倾翻案风”为主要内容的。3月19日，省委主要负责人在省委五届六次全委扩大会议结束时发表讲话。他说，这次会议“在以下几个问题上认识有了提高：第一，走资派是共产党内的资产阶级”；“第二，‘三项指示为纲’的要害是复辟资本主义”；“第三，‘无产阶级文化大革命’是完全必要的，是非常及时的”；“第四，资产阶级民主派是社会主义革命的反对派”。省委主要负责人在讲话中还提出深入开展反击右倾翻案风斗争的意见。22日，省委向全省县级以上党委转发了省委主要负责人在省委五届六次全委扩大会议结束时的讲话。24日，省委向毛泽东主席、党中央上报《关于传达、学习毛主席重要指示和中央文件的情况报告》时，对这两次会议的“主要收获”作了如下总结：“进一步提高了对反击右倾翻案风斗争的性质和重大意义的认识；揭批了邓小平修正主义路线错误；坚定了把反击右倾翻案风斗争进行到底的信心和决心。”《报告》还特别提及“邓小平在去年夏季前后刮的右倾翻案风,也刮到了我们省里”。将深受广大职工拥护的 1975 年兰州铁路局的整顿,诬蔑为是“大搞右倾翻案风,是一个严重的复辟事件”。此后,甘肃“批邓、反击右倾翻案风”运动进入一个高潮。

## 三、铁路系统“反击右倾翻案风”

全省“批邓、反击右倾翻案风”运动迅速发展到铁路系统。兰州铁路局经过整顿刚刚出现的生产稳定上升的良好局面遭到破坏,一些在整顿中被撤职或调离的派性严重的干部和造反派头头立刻开始活动,借“反击右倾翻案风”之机为自己翻案。兰州铁路局派性复起,领导班子瘫痪,生产运输再次陷入混乱。广大干部、职工对此局面不可理解,心情压抑。

为妥善处理兰州铁路局的问题,1975 年 12 月 29 日,铁道部领导小组会议研究决定再次派黎光带领工作组赴兰州。兰州铁路局的一些造反派头头在省委主要领导的支持下,围攻揪斗铁道部赴兰州工作组组长黎光,并扣住不放,不准回京。形势日趋恶化。

省委主要负责人对 1975 年铁道部派工作组帮助兰州铁路局贯彻中央《关于加强铁路工作的决定》,纠正极“左”思潮和派性的工作,始终抱着消极、推诿的态度。因此,当“反击右倾翻案风”运动一开始,立即有人把铁道部工作组来兰州贯彻中央文件,说成是“刮右倾翻案风”;攻击兰州铁路局的整顿工作是“复辟事件,是邓小平‘三项指示为纲’修正主义纲领的产物,是搞复辟倒退的突出典型,是这股右倾翻案风的缩影”。1976 年 2 月 9 日,省委主要负责人以个人名义向中央提出《关于解决兰州铁路局问题的意见》。其主要内容:一、兰州铁路局整顿的错误性质是“右倾翻案风”;二、错误的实质是否定“文化大革命”;三、责任全在铁道部,省委是反对的;四、解决的办法,是在省委统一领导下,坚决回击“右倾翻案风”。《意见》歪曲事实,说什么兰州铁路局“长期以来是个安定团结的局面,革命和生产形势一直是比较好的,而且一年比一年好”。而铁道部工作组来兰州后,不同省委商量,偏听偏信,错误地认为兰州铁路局的问题主要是资产阶级派性的问题,黎光整顿兰州铁路局期间，“在兰州局刮起了一股右倾翻案风。借批派性为名，实际上批了‘无产阶级文化大革命’，批了在‘文化大革命’和批林批孔运动中表现好的一些干部和积极分子。”《意见》认为，“铁道部整顿兰州铁路局出现的问题是属于路线上的大是大非，是犯了方向路线错误。对此，黎光同志必须向兰州局广大干部、职工公开检讨，承认错误，铁道部领导也应承担责任。”《意见》提出：“要采取一定的组织措施，对上次整顿中撤换调动的领导班子，要逐步地进行调整和加强”。《关于解决兰州铁路局问题的意见》得到了中央和国务院有关领导的肯定。15 日，中央和国务院有关领导在接见河南、甘肃省委主要负责人时，指示“就照两个省委提出的意见办”，强调“要在两个省委一元化领导下解决问题”；同时，指示铁道部临时领导小组要与河南、甘肃省委领导统一思想，统一意见，分别写出《关于解决郑州铁路局问题的报告》《关于解决兰州铁路局问题的报告》，并征得两省省委领导同意，再上报中央批转。这实际上是否定铁道部在 1975 年整顿工作中对郑州和兰州两局问题的处理，从而否定中央 1975 年 3 月《关于加强铁路工作的决定》的精神。

同日，省委在《关于传达贯彻中央〔1975〕23 号、26 号文件的情况报告》中，再次对兰州铁路局的整顿工作进行否定。兰州铁路局局势很快发生逆转，整顿期间受过处分或批判的派性头头和少数的干部、工人到铁道部上访，冲击铁道部机关。兰州铁路局所属一些单位的上访中的几十人居然强占铁道部部长万里等领导的办公室为“联络站”，成群结伙地在部机关大楼里对部里一些领导和工作人员进行谩骂和人身攻击，干扰部机关的正常工作，影响极为恶劣。万里当时分析大批上访人员问题时曾说：“去年我们铁路在全面整顿中带了头，批了派性，调整了一些单位的领导班子。这些人来闹，主要是借‘批邓、反击右倾翻案风’之机为自己翻案。问题是为什么闹得这么凶，这么严重，有两个值得注意的背景：一是上下串通、一是内外勾结。省委领导有人支持，铁道部里的领导实际上也有人支持他们。”① 万里的这些看法为事实所证明。甘肃省委自“反击右倾翻案风”运动以来，在各种会议和有关文件中对铁路整顿

① 张广友、丁龙嘉：《万里》，中共党史出版社 2000 年版，第 180 页。

的批判和攻击，就是对这些闹事者的支持。

4 月 21 日，根据中央关于解决兰州铁路局问题的指示精神，经省委讨论，决定改组兰州铁路局党委，赵滔任书记，张恒云、章良、李宗虎、成国辉任副书记。在此前后，兰州铁路局层层抓“走资派”，大搞人人“转弯子”，打击迫害了大批同志，其中被撤换调整的各级领导干部达 1100 多人。同时，还在《甘肃日报》刊登兰州铁路局的所谓《全面整顿就是全面复辟》的文章和一些歪曲事实的新闻报道，不点名地给整顿期间的兰州铁路局领导干部戴上“走资派”的帽子。

兰州铁路局开展的整顿是人心所向，深得民心的，取得的成绩也是有目共睹的。而“批邓、反击右倾翻案风”使兰州铁路局的整顿工作夭折，使得经过整顿初见成效的兰州铁路局形势严重恶化，生产运输再次陷入混乱之中。

## 四、“反击右倾翻案风”再度造成混乱

“批邓、反击右倾翻案风”运动对整顿工作中许多正确政策和采取的有效措施肆意攻击、批判，把全面整顿说成是“右倾翻案风”，使各条战线经过整顿刚刚出现的稳定局势遭受破坏，一批主持整顿和坚决执行整顿方针政策的干部受到打击，而一些在整顿中被撤职或调离的派性严重的人则被再次重用。对于整顿中起用被解放干部和发挥知识分子及工程技术人员的作用，被说成是“搞复辟”“请隐士”“举逸民”；把老干部统统说成是“民主派”，而“民主派就是走资派”，认为“走资派还在走”；把建立正常的生产秩序和规章制度说成是“修正主义的一套”，把抓生产、抓管理说成是“唯生产力论”，再度造成严重的思想混乱。

1976 年 2 月 14 日，省委常委会在听取省委宣传部《关于当前省级各大口、各地区和科技单位回击右倾翻案风情况的汇报》后，再次要求各级党委要继续加强对运动的领导，要把开展“反击右倾翻案风”的斗争放在首位抓紧抓好；“领导同志要清理一下自己的思想，做到心中有数，放下包袱，取得对运动的主动权，站在运动的前列，充分发动群众，同群众一起投入回击右倾翻案风的斗争”。会议还提出“右倾翻案风的鼓吹者否定‘无产阶级文化大革命’，否定社会主义新生事物，否定以阶

级斗争为纲，否定党的基本路线，就是代表资产阶级反对无产阶级的修正主义”，等等。15日，省委向毛泽东、党中央上报《关于传达贯彻中央〔1975〕23号、26号文件的情况报告》，全面否定了1975年整顿工作中提出的正确政策和采取的积极措施。

此后，由清华大学发端的“反击右倾翻案风”成为各项工作的中心任务。“反击右倾翻案风”运动的开展使已初见成效的各条战线的整顿工作被打断，刚刚出现的稳定局面和经济发展形势又一次遭到破坏，全省的工农业生产受到严重损害。1976年工业总产值仅比上年增长1.71%；兰州铁路局所辖线路的运输、生产陷入半停顿状态，严重影响了西北地区的经济建设、国防建设和人民生活。在农业方面，在“用专政办法办农业”的错误思想指导下，将社员的自留地、家庭副业和开放农村集市贸易，统统当作“产生资本主义的土壤”加以批判和铲除；在农业生产的领导指挥上采取强制手段，搞瞎指挥、“一刀切”，生产队无权过问作物种植计划、作物的倒茬、生产措施、经营管理、收益分配等，严重违背农业生产规律，造成农业大幅度减产。

## 五、干部群众抵制“批邓、反击右倾翻案风”

1975年的整顿工作取得的显著成效，体现了党的正确领导，反映了广大干部和群众的愿望，全面整顿工作的成效有目共睹，深得广大干部和群众的拥护。所以，当“反击右倾翻案风”运动突然而至时，干部群众、企业员工必然会有抵触情绪，并进行抵制。在1976年二三月中，省委宣传部先后几份给省委的关于当前全省反击右倾翻案风的情况汇报中，反映出“部分单位的领导干部中还存在着一等二看三怕的思想”，觉得“真假难分”；出现“对这场斗争不重视、不认真、不得力的地区和单位”和“不时流露出各种消极情绪的同志”；出现一些单位领导和“把自己置于运动之外”的现象。特别是一些在整顿中取得成效的企业，虽然“也开始动起来”，但“搞得好的是少数”。一些企业干部职工提出了“总讲政治挂帅，生产还要不要？”“斗争，看这几年斗成了什么样子？”的疑问，并坚信，“社会主义是干出来的！”在实际当中依然“忙于抓生产，对运动不大关心，运动搞得冷冷清清”，有些企业里“运动只是一般的学习、批判”,走走过场。即便是首先开展“反击右倾翻案风”的教育界,也同样存在着“少数大学领导至今还在消极等待,不抓运动”的现象。

干部、群众不仅对“批邓、反击右倾翻案风”运动普遍持抵制和反对态度,对接连不断的政治运动也有着疑虑和担心,这种情绪在默默地增长,终于在1976年4月5日以北京天安门事件为代表的人民抗议运动中爆发。在此前后,省城兰州也出现人民群众悼念敬爱的周恩来总理、声讨“四人帮”祸国殃民罪行的群众场面。全省人民群众还以各种方式寄托对周总理的怀念和哀思,表达对“四人帮”的痛恨。一些外出开会、参观、学习、探亲的人,放假回兰的学生以及一些工作在外地的甘肃人,带回或寄回当时在全国范围广泛流传的“悼念总理诗词”,在广大干部群众中引起强烈共鸣,大家争相传抄。4月3日,兰化石油化工厂仪表车间团支部,组织60多名团员和青年到兰州华林山烈士陵园悼念周恩来。他们抬着有周总理肖像的花圈到陵园后,遭到无理干涉,并发生严重争执。当一些人秉承当时省革委会领导人的旨意进行追查时,兰化公司党委理直气壮地顶住了,“不仅党委不进行检查,而且声明前去扫墓的青年是出于对革命先烈的热爱,是党的一贯传统,没有任何错误,有力地保护了这些青年和团员,坚持了真理”。[①] 公司党委还在兰化礼堂公开举行悼念周总理大会。

省城干部、群众对天安门事件的定性表示不满和颂扬邓小平功绩的言论以及反对“左”倾错误特别是反对“四人帮”的斗争,省委曾错误地认为是“政治谣言”“反革命事件”,采取压制措施。9日,省委常委会紧急会议决定,当天下午在兰州东方红广场召开有20万人参加的“甘肃省、兰州市拥护中央两个决议,愤怒声讨邓小平反动罪行群众大会”。此后,省委又多次召开常委会讨论研究“如何进一步深入开展反击右倾翻案风斗争的问题”,“掀起批判邓小平、反击右倾翻案风、追查反革命的高潮”,并连续发出通知,要求各级党委抓紧追查“反革命政治谣言”“反动标语、诗词”和“制造者”“幕后策划者”,追查侦破“反革命案件”,进而提出“各级党委要把这项工作作为批邓和反击右倾翻案风斗争的重要

---

① 葛士英:《在华北和西北的岁月》,甘肃人民出版社2003年版,第238—239页。

组成部分,层层负责,发动群众,彻底追查,一追到底”。“对查证落实案件中的重点人物,要组织群众进行批斗;对尚未查破的重大案件,要建立专案,迅速查破”。

这种对广大干部和群众爱国爱党感情的强行压制只能是暂时的,反而更加唤醒了人民的觉悟,加深了人民群众对党的正确领导的真情拥护,增强了人民群众与“四人帮”和“左”倾错误斗争的决心和意志。当时就有许多部门、单位以及一些重点企业的领导班子对这些错误指示不予理睬,也禁止保卫部门干预此事。

## 六、“文化大革命”的结束

1976 年 9 月 9 日,中国共产党、中国人民解放军、中华人民共和国的主要缔造者,中国各族人民的伟大领袖毛泽东逝世,“四人帮”加紧篡党夺权阴谋活动。10 月 6 日,党中央一举粉碎“四人帮”。全省广大干部群众热烈庆祝粉碎“四人帮”的胜利,迅速掀起揭批“四人帮”的热潮。历时十年的“文化大革命”在甘肃终于结束!

1981 年 6 月,中共十一届六中全会通过的《关于建国以来党的若干历史问题的决议》指出:“1966 年 5 月至 1976 年 10 月的‘文化大革命’,使党、国家和人民遭到建国以来最严重的挫折和损失。”

“文化大革命”是中国共产党在探求中国自己的社会主义道路的历史进程中遭到的严重挫折。“文化大革命”延缓了甘肃经济、社会、文化等各方面的发展,但正是由于全省各级干部、广大党员和工人、农民、知识分子对“左”倾错误的抵制、斗争和共同努力,才使“文化大革命”对甘肃的破坏受到一定程度的限制,也使“文化大革命”时期全省经济虽几经风雨,几番起伏,但仍然有所发展。历史再次证明:中国人民是伟大的人民,中国共产党有能力靠自己的力量纠正错误,中国共产党和社会主义制度具有强大的生命力。

粉碎“四人帮”是文革结束的标志,但“批邓反右”照常进行,直到 1977 年 7 月召开三中全会。

# 第 四 编

# 在徘徊中前进与真理标准讨论

（1976 年 10 月—1978 年 12 月）

# 第二十章
# 揭批“四人帮”运动

1976年10月粉碎“四人帮”之后，全省各级党组织、广大共产党员和群众坚决拥护中共中央的重大决策，开始揭批“四人帮”的斗争。粉碎“四人帮”后的八个月里，由于省委主要负责人的原因，全省揭批“四人帮”运动进展缓慢，其他各项工作也没有明显变化。1977年6月，中共中央对中共甘肃省委领导班子进行调整后，全省揭、批、查斗争不断深入发展，揭批“四人帮”运动开始呈现出新的局面。

## 第一节　揭批“四人帮”运动的初步开展

### 一、揭批“四人帮”运动的初步进行

1976年10月6日，中共中央政治局执行党和人民的意志，采取果断措施，对江青、张春桥、王洪文、姚文元实行隔离审查，一举粉碎了“四人帮”。18日，中央发出《关于王洪文、张春桥、江青、姚文元反党集团事件的通知》，向全国人民公布这一重大事件。

粉碎“四人帮”以后，全省各族人民欢欣鼓舞，欢庆粉碎“四人帮”的伟大胜利。10月21日至24日，省委组织兰州地区军民连续4天举行盛大集会和游行，坚决拥护中央的决定，庆祝粉碎“四人帮”的伟大胜利。其中22日，30万军民在兰州市集会和游行，省委书记宋平主持大

会，省委第一书记冼恒汉、兰州部队司令员韩先楚和工农兵代表在会上讲话。与此同时，省内各地也举行有700多万人参加的各种庆祝粉碎“四人帮”的集会和游行活动，其规模和声势之大，在甘肃历史上是空前的。

根据中央的指示精神，省委对揭批“四人帮”运动作出部署和安排。24日，省委电话通知各级党委，要求：一是要迅速传达中央文件精神，做到一人不漏、一户不漏。厂矿企业的车间、班组，农村的生产队以及其他基层单位，都要采取声讨会、批判会等各种形式，狠批“四人帮”篡党夺权的滔天罪行。有关情况反映和揭发材料要及时报送省委。二是要严格执行中央16号文件规定的政策。斗争矛头始终要对准王、张、江、姚反党集团，不能搞扩大化，不要层层乱揪乱斗。三是要密切注视阶级斗争的新动向。对矛头指向毛主席、攻击党中央、替“四人帮”鸣冤叫屈歌功颂德的阶级敌人，要严厉惩办；对破坏运动的分子和借机搞打砸抢者，要坚决镇压。

11月2日，省委召开省级机关各部门党的负责干部会议，省委第一书记冼恒汉讲话指出：一要广泛深入学习中央16号文件精神，真正认清“四人帮”的反动本质。二要迅速掀起揭发批判王、张、江、姚“四人帮”反党集团罪行的高潮，“深入揭发批判‘四人帮’篡党夺权的滔天罪行和他们搞修正主义路线的极右实质”，省委在常委领导下成立甘肃省揭发“四人帮”罪行材料组。三要加强党委对这场斗争的领导，“要继续批邓、反击右倾翻案风”。四要“通过同‘四人帮’反党集团斗争，进一步发展大好形势”。6日，《甘肃日报》以《痛击“四人帮”夺取革命生产双胜利》为题，报道省委召开会议的消息。文章指出，省委号召全省广大农村贫下中农、基层干部和社员群众，掀起对“四人帮”反党集团大揭发、大批判的高潮，坚持抓革命、促生产、促工作、促战备的方针，深入开展“农业学大寨、普及大寨县”的群众运动，进一步发展大好形势。

7日，省委召开宣传工作座谈会，省委常委、省革委会常委和省军区负责人出席会议，省委第一书记冼恒汉、省委书记宋平在会上讲话指出，要宣传群众，动员群众，要把群众最广泛地发动起来，人人口诛笔伐，个个挥戈上阵，彻底揭穿“四人帮”的真面目。9日，兰州地区召开揭发批判“四人帮”反党集团罪行大会，2.5万人参会，10个单位的代表在会上发言。

12月3日，省委发出《关于在全省进一步开展揭批查“四人帮”反革命罪行群众运动的意见》。《意见》指出，粉碎“四人帮”以来，全省各级党委按照党中央的部署，连续召开各种会议，层层举办学习班，组织广大干部、群众宣传贯彻中央文件精神，愤怒控诉、揭发、批判“四人帮”反党集团的罪行。据不完全统计，截至11月下旬，全省举办领导骨干、积极分子学习班48000多期，参加学习的有100多万人；从省级机关到基层单位，召开揭批“四人帮”罪行大会20多万场。《意见》要求，放手发动群众，结合甘肃实际，大打揭批查“四人帮”罪行的人民战争。在揭批查“四人帮”的斗争中，要开展群众性的清查活动，发现有“四人帮”插手的地方和单位，对与“四人帮”有牵连的人和事，必须要组织力量，一件一件地查清，决不能轻易放过。省、地两级都要成立主要负责人参加的清查组。清查工作要依靠群众，重事实，重调查研究。要做好知情人的工作，解除他们的思想顾虑，促使他们揭发问题。在斗争中加强学习，掌握思想武器。把广大干部群众在斗争中激发出来的积极性引导到抓革命、促生产上来，大干社会主义，发展大好形势。各级党委要进一步加强对运动的领导。

10日，党中央向全党全国下发《王洪文、张春桥、江青、姚文元反党集团罪证（材料之一）》，罪证材料之二、之三也相继下发。25日，中共中央主席、国务院总理华国锋在第二次全国“农业学大寨”会议上发表讲话，宣布要经过“三个战役”① 开展揭批“四人帮”的斗争。

13日，省委提出贯彻中央精神的意见，要求各级党委立即召开党委会（或扩大会），认真学习、讨论，深刻领会中央文件精神，提高对粉碎“四人帮”伟大意义的认识，把“四人帮”的罪证搞清。不论城乡基层单位，都应召开群众会，由各级领导人亲自传达中央文件，宣讲罪证材料，

① 即揭发批判“四人帮”篡党夺权的阴谋，揭发批判“四人帮”反革命面目和罪恶历史，揭发批判“四人帮”的反革命修正主义路线的极右实质及其在各方面的表现。

并作必要的解释。通过传达贯彻中央文件，继续放手发动群众，掀起揭发批判清查“四人帮”罪行的新高潮。正在召开的各种会议，都要立即传达中央文件精神，宣读罪证材料，拿出一定的时间，认真开展大批判。此后，省委又多次召开会议，对揭批“四人帮”战役进行安排部署。

1977 年 1 月 20 日至 2 月 3 日，省委五届七次、省革委会第十四次全委（扩大）会议召开。省委委员、候补省委委员，各地、县及省级各部门、地级厂矿企事业单位、各大专院校主要负责人共 458 人参加会议。会议把毛泽东《论十大关系》和华国锋在第二次全国“农业学大寨”会议上的讲话作为指导方针，对准“四人帮”搞分裂、搞阴谋诡计，篡党夺权这个要害，从政治上、思想上、组织上揭批“四人帮”的罪行。96 人在大会上发言，其中省委、省革委会常委 22 名。会议整理简报、发言材料 30 多套。

会议期间，省委于 1 月 31 日召开全省广播大会，有 28 万多人收听会议上的揭批发言。与会人员发言指出，长期以来，“四人帮”把自己打扮成“马克思主义理论家”、毛主席的“学生和战友”“文化大革命的旗手”“正确路线的代表”，利用窃取的一部分权力，利用舆论阵地篡改、歪曲毛主席的指示，践踏马克思主义基本原理，宣扬唯心主义、形而上学，大整中央和地方党政军领导的黑材料，搞乱了人们的思想，搞乱了党的组织，搞乱了国民经济。“四人帮”违背党心民意，逆历史潮流而动，搞分裂、搞阴谋诡计，以篡夺党和国家最高领导权为根本目的。从上层建筑到经济基础，从革命到建设，从理论到实践，从党内到党外，从中央到地方，从历史到现实，都受到“四人帮”的破坏和影响。全国深受其害，甘肃也不例外。从以往的清查和这次会议的揭发来看，“四人帮”在甘肃的危害主要有三种情况：一是“四人帮”直接派亲信下来搞反革命串连。二是少数人千方百计向“四人帮”及其亲信写信挂钩，投门子，找靠山。有几个单位的少数几个人，有的写“效忠信”，有的要求“取得支持”，有的捏造罪名诬告革命领导干部，对这些单位的革命和生产造成一定影响。三是“四人帮”的谬论流毒很深，影响很大。特别突出的是在“四人帮”反动思潮的影响下，兰州铁路局党委少数人在“反击右倾翻案风”中搞层层转弯，大量撤换干部，挫伤广大干部和群众的社会主义积极性，对全局的革命和运输生产造成严重被动的局面，对甘肃以至西北地区的国民经济产生严重影响。在这个问题上，省委是有责任的。

会议认为，全省揭批查“四人帮”的运动，按照党中央的部署，正在深入进行。但是，运动的发展还不平衡，有些单位和地方的领导对这场运动的伟大意义认识不足，领导不力，放手发动群众不够，揭批查工作搞得不深不透。参加这次会议的各级领导，在学习文件、带头揭批、提高认识的基础上，一致表示要坚决响应党中央的号召，发动群众，把揭批“四人帮”的运动进行到底。会议提出，最根本的任务是深入揭批查“四人帮”，这是当前的主题，是头等大事，是各项工作的纲。一定要立场坚定，旗帜鲜明，加强领导，把这个运动抓紧抓好抓到底。会议通过学习中央关于揭批“四人帮”的两个重要文件，对提高各级干部揭批“四人帮”的认识是有帮助的。但由于省委主要负责人的阻挠，揭批“四人帮”没有能够紧密联系甘肃实际，对“四人帮”在甘肃的危害也没有能够深入揭发批判。

2 月 13 日，省委转发《甘肃省迎接〈毛泽东选集〉第五卷出版的宣传、印刷、发行准备工作会议纪要》时指出，各级党委要加强对这项工作的领导，在全省迅速掀起一个学习马列和毛主席著作的新高潮，深入开展揭发批判“四人帮”的群众运动。3 月 27 日至 4 月 5 日，省委召开常委（扩大）会议，部署全省揭批“四人帮”的第二个战役。4 月 29 日，省委和兰州市委召开有 11500 多人参加的揭批“四人帮”经验交流会。中央帮助兰州铁路局工作领导小组办公室负责人在会上发言，介绍他们放手发动群众，不断排除干扰，紧密联系兰州铁路局的实际揭批“四人帮”的经验。

粉碎“四人帮”以后，在党中央的领导下，全省各级党组织、广大共产党员和人民群众表现出空前的积极性和热情，使全省的揭批“四人帮”运动取得一些进展。但一些被“四人帮”搞乱的思想得不到澄清，“四人帮”在甘肃的帮派势力得不到清查，“文化大革命”造成的冤假错案得不到平反，甘肃省委原第一书记汪锋等许多老干部的问题得不到解决，迟迟不能出来工作。6 月 5 日，省委召开省级各部门、在兰地级厂矿和大专院校负责人会议，省委书记宋平在讲话中严肃指出，我们的运动取得一定的成绩,但在全省范围中放手发动群众、大打人民战争很不够,清查工作也查得不狠,联系实际批得不深。这些问题关键在省委,领导不力,显得被动。在随后召开的省委常委会上,常委们查问题,揭矛盾,找差距,开展了严肃的批评和自我批评。

## 二、贯彻第二次全国"农业学大寨"会议精神

第二次全国"农业学大寨"会议是粉碎"四人帮"之后,党中央召开的第一个重要会议。会议结束后,1977 年 1 月 5 日,省委召开兰州地区 5 万人大会,传达贯彻第二次全国"农业学大寨"会议精神,号召全省人民打一场大揭大批"四人帮"的人民战争,掀起"农业学大寨、普及大寨县"运动的高潮,努力把国民经济搞上去。宋平讲话指出,第二次全国"农业学大寨"会议是揭发批判"四人帮"的动员大会,是深入开展"农业学大寨、普及大寨县"运动的促进大会。一定要把会议精神传达好、宣传好、贯彻执行好。在传达、宣传大会精神时,要同深揭狠批"四人帮"篡党夺权的罪行结合起来,同实际结合起来,把"四人帮"的罪行揭深、批透,把"四人帮"弄乱的思想、颠倒的事情端正过来,深入发动干部和群众,共同讨论出扎扎实实的措施,大大加快全省"农业学大寨、普及大寨县"的步伐。

大会之后,在全省掀起学习、宣传、贯彻、落实的热潮。截至 1 月底,省、地、县三级党委都召开常委会、常委(扩大)会或两委(扩大)会传达学习。之后,全省 82 个县(市、旗、区)分别召开有 25 万多人参加的四级干部会议。组织有 100 多万名干部、职工和学校师生参加的宣传队向群众广泛宣传,有 1200 多万人听取了会议精神。

## 三、农村"党的基本路线教育"

1975 年 9 月 15 日,全国农业学大寨会议在山西省昔阳县召开,国务院副总理华国锋作了题为《全党动员,大办农业,为普及大寨县而奋斗》的总结报告,在报告中提出了"在全国普及大寨县"和"深入进行党的基本路线教育"的号召。此后,一个以建设大寨县为中心任务的党的基本路线教育(以下简称"路线教育")在全国农村展开。

1976年1月,省委在全省抽调包括43名局级干部和182名县处级干部在内的2.2万名干部,同地、县、社干部一起,在全省4700多个大队进行“党的基本路线教育”,“和基层广大干部群众一起大批修正主义,大批资本主义,大干社会主义”。8月,省委发出通知,要求各级领导干部为了更好地贯彻落实毛泽东关于社教的批示精神,必须带头走出机关,深入基层,参加劳动,实行三同,与工人、农民画等号。领导干部要以普通劳动者身份,老老实实地拜人民群众为师,恭恭敬敬地向工人、贫下中农学习,认认真真地同工人、农民同吃、同住、同劳动,从群众中吸取丰富的营养,努力改造世界观,不断促进思想革命化。

1977年2月14日,省委召开省级机关农村“党的基本路线教育”工作队动员大会,继续在全省开展“党的基本路线教育”。全省省、地、县机关坚决实行“三三制”,计划继续抽调2.5万名干部到400个公社、4500个大队开展“党的基本路线教育”,其中省级机关计划抽调1500名干部到中部干旱地区。会议认为“在农村进行党的基本路线教育,是无产阶级战胜资产阶级,社会主义战胜资本主义的重大斗争,是反修防修、巩固无产阶级专政的百年大计。”会议强调,今年农村“党的基本路线教育”的主要任务:一是放手发动群众,大打揭批“四人帮”的人民战争。二是加强党的建设,认真搞好整党整风。三是大批资本主义,不断向农民灌输社会主义思想。四是大干社会主义,把农业生产搞上去。

这次教育期间,各驻队工作队和开展路线教育的党委、支部,组织干部群众认真学习马列主义、毛泽东思想,深入揭批“四人帮”,对社队领导班子进行整顿,认真抓党的各项农村政策的贯彻落实,确保“农业学大寨”运动的开展。不可否认,由于“左”的思想影响还没有彻底清除,教育活动仍然强调政治挂帅,割资本主义尾巴等,尤其是一些地方形而上学生搬硬套的学大寨,反而在一定程度上限制了农业生产的发展。

## 四、全省第二次“工业学大庆”经验交流会议

1977年2月25日至3月9日,全省第二次“工业学大庆”经验交流会议在兰州举行。这是继1974年10月全省第一次“工业学大庆”经验交流会议后的又一次会议。省委、省革委会、兰州军区、省军区负责

人和来自全省的1200名代表出席会议。会议认真学习大庆的基本经验,总结交流全省“工业学大庆”运动的经验;制定普及大庆式企业的规划,讨论部署今后的工作任务。省委书记宋平在会上作题为《深揭狠批‘四人帮’的滔天罪行,广泛深入地开展工业学大庆的群众运动》的报告,提出大打一场深入揭批“四人帮”的人民战争;建设一个团结战斗的领导班子;建设一支特别能战斗“铁人”式的职工队伍;全心全意依靠工人阶级,加强企业管理;大干社会主义,加快工业建设的步伐;建设社会主义新型矿区;切实加强对“工业学大庆”运动的领导共七个方面的问题。会上,省委、省革委会作出决定,授予玉门石油管理局、兰州化学工业公司、兰州炼油厂、白银有色金属公司等42个企业为“大庆式企业”称号,表彰“工业学大庆”先进企业190个,先进集体351个,先进人物408名。

5月8日下午,省委、省革委会召开全省工交基建战线电话会议,动员各级党组织和广大干部、群众,把全国“工业学大庆”会议精神学习好、宣传好、贯彻落实好。24日,省委、省革委会召开有150万人参加的广播大会,传达贯彻全国“工业学大庆”会议精神。会上,“工业学大庆”会议代表团团长宋平传达了全国“工业学大庆”会议精神,冼恒汉作了讲话。

全省第二次“工业学大庆”经验交流会议的召开和全国“工业学大庆”会议精神的传达贯彻,促进了全省工交基建战线“工业学大庆”运动的深入开展,加快了普及大庆式企业的步伐。

## 第二节　中共中央调整省委主要负责人

### 一、揭批“四人帮”遇到阻力

兰州铁路局是西北地区的铁路枢纽,兰州铁路局的运输、生产状况,不仅关系甘肃,也影响到整个西北地区的经济发展、国防建设和人民生活。

粉碎“四人帮”之后,广大铁路职工情绪高涨,纷纷要求联系甘肃和兰州铁路局的实际揭批“四人帮”。省委派出由2名书记、3名常委带领的30多人的工作组进入兰州铁路局。但省委工作组和铁路局党委一些人捂盖子、压群众，揭批“四人帮”走过场，运动搞得冷冷清清，甚至指责群众写大字报揭批“四人帮”搅乱了省委部署，要进行追查。1976年12月3日，兰州铁路局3名干部贴出大字报，揭发本局一些人紧跟“四人帮”的事实，强烈要求发动群众，联系兰州铁路局实际深入揭批“四人帮”。这件事在兰州铁路局引起强烈反响，得到广大干部职工的支持，但也触痛了省委和兰州铁路局一些人，他们竟公然采取手段报复压制。12月5日，省委秘书长在听取兰州铁路局党委的汇报后，经省委主要负责人决定，将兰州铁路局3名贴大字报揭批“四人帮”的干部以“隔离审查”的名义关押。

兰州铁路局捕人事件发生后，激起广大干部职工的愤怒，激化了干部职工同极少数“造反派”之间的矛盾。兰州铁路局生产形势不断恶化，造成铁路运输瘫痪。至当年底，仅积压的外运煤炭达170多万吨，导致全省77个企业因运输问题停产和半停产，周边省区也因缺少燃煤而纷纷告急，严重影响西北几个省区的国民经济和人民生活。

兰州铁路局的问题引起中央领导的高度重视和关注。1977年1月7日，中央通知冼恒汉到京，向华国锋、叶剑英、李先念、陈锡联、纪登奎、汪东兴、吴德、陈永贵、吴桂贤等中央政治局领导和国务院副总理谷牧汇报兰州铁路局的情况。中央领导人听取汇报后，指出了存在的问题，并就解决兰州铁路局问题作出重要指示：当前兰州铁路局的革命和生产情况不好，应当很快把革命和生产搞上去。兰州铁路局是西北的一个枢纽，是通往新疆的一个咽喉，铁路不通，怎么得了呢？铁路必须搞畅通。兰州铁路局问题怎么解决？还是在甘肃省委领导下解决。铁道部要积极支持地方党委。如果需要的话，铁道部可以派些人去，在省委领导下，帮助工作，但主要是靠省委解决问题。中央领导也听取了正在北京参加“工业学大庆”筹备会的省委书记宋平的意见。宋平建议采取解决郑州铁路局的办法，派铁道部干部参加。12日，冼恒汉、宋平等向中央报送《关于解决兰州铁路局问题的报告》。《报告》建议，中央派出一个帮助兰州铁路局工作的领导小组。由兰州军区副司令员黎原任组长，铁道兵政委李际祥任第一副组长，甘肃省委书记宋平任副组长，领导小组在省委领导下进行工作。请铁道部抽派一些干部，到兰州铁路局帮助一个时期工作。这个报告得到中央批准。其后，中央多次指出兰州铁路局问题，2 月 15 日形成的《全国铁路工作会议纪要》和 23 日华国锋在接见全国铁路工作会议代表时的讲话中，都指出兰州铁路局受“四人帮”干扰破坏的严重影响，造成运输堵塞，影响西北几个省、区经济建设和国防建设的问题。

1 月 14 日，中央帮助工作领导小组到达兰州，开始工作。铁道部派来帮助工作的 518 名干部，也陆续于月底前到达。此时，兰州铁路局面临着非常严峻的形势。至 15 日前，局内保留列车 77 列，影响局外保留列车 48 列，共达 125 列；运用车超过保有 4377 辆。运输处于瘫痪状态，接不进来，开不出去。由于运输阻塞，造成全省冶金、石化系统重要的 40 个企业停产，33 个半停产，中小企业就更多。青海省最紧张时，汽油库存仅三四百吨，80% 的公共汽车停驶，中央分配给青海的 6 万吨化肥，一吨也没有运到。陕西许多化肥厂停工待料，进藏的许多物资运不进去。

中央帮助兰州铁路局工作领导小组进驻兰州铁路局后，于 15 日召开全局电话广播大会，传达中央“关于解决兰州铁路局问题的两个文件”（即《中央领导同志听取甘肃省委汇报兰州铁路局问题时的指示》和《关于解决兰州铁路局问题的报告》）。20 日，中央帮助兰州铁路局工作领导小组宣布释放因贴大字报揭批“四人帮”被关押的 3 名干部，黎原、李际祥、宋平接见了他们。24 日，再次召开全局电话广播大会，进行揭批“四人帮”动员，领导小组组长黎原讲话。黎原在讲话中指出兰州铁路局问题的严重性，强调揭批“四人帮”必须联系铁路局实际。在此期间，还通过组织打通线路的十天战役，疏通兰西枢纽。至 24 日，基本实现全局线路畅通，3 月份提前 1 天完成月计划，结束兰州铁路局连续 19 个月完不成月计划的局面。兰州铁路局开始兴起揭批“四人帮”，把铁路运输搞上去的高潮。

3 月 4 日至 14 日，省委在兰州召开贯彻全国铁路工作会议精神的工作会议。数十名干部群众在大会上联系兰州铁路局实际，揭发批判

“四人帮”。兰州铁路局党委、革委会主要成员进行了检查。省委书记宋平在总结报告中指出，在“四人帮”的严重影响下，铁路局党委几个犯错误的同志是非颠倒，好坏不分，搞乱了思想，搞乱了组织，破坏了团结，败坏了作风，严重挫伤了广大干部、群众的社会主义积极性。打倒“四人帮”以后，广大铁路职工欢欣鼓舞，奋起揭批“四人帮”，而铁路局党委中的同志却捂盖子、压群众，并对有些贴大字报的群众进行追查，甚至作出对几个同志的错误决定，相反地，对反动言论，对与“四人帮”阴谋有牵连的人和事，却不认真追查，听之任之。这是造成兰州铁路局前一段革命和生产严重被动局面的关键。

4 月 2 日，中央帮助兰州铁路局工作领导小组黎原、李际祥、宋平在省委扩大会议上联合发言，指出兰州铁路局受“四人帮”破坏是严重的，在全国铁路系统也是少有的。对兰州铁路局的问题，决不能低估，决不能把“四人帮”对兰州铁路局破坏看轻了，看小了。联合发言指出，兰州铁路局存在的反击右倾翻案风另搞一套，提干、纳新不按标准和条件，攻击中央 9 号文件，与铁道部对着干，不顾法纪包庇坏人，对抗中央指示压制群众揭批“四人帮”等严重问题。联合发言还介绍了中央帮助兰州铁路局工作领导小组开展的各个方面的工作和取得的初步成效。4 月 5 日和 6 日，黎原、李际祥、宋平等两次就兰州铁路局情况向中央作了汇报。12 日晚，华国锋、李先念、陈锡联、吴德、陈永贵等中央领导接见黎原、李际祥，肯定了中央帮助兰州铁路局工作领导小组的工作，并指示，对与“四人帮”阴谋活动有牵连的人和事，一定要彻底查清，决不能心慈手软。

5 月 10 日，省委就兰州铁路局问题向中央报告，指出：党中央对解决兰州铁路局的问题非常重视，多次听取甘肃省委和中央帮助兰州铁路局工作领导小组负责人的汇报，作了一系列重要指示。报告认为，省委认真贯彻执行中央的指示，为解决兰州铁路局的问题做了大量工作，认真传达贯彻全国铁路工作会议、全国铁路治安工作会议精神；联系实际，深入开展揭批“四人帮”的斗争，帮助犯错误的同志从思想上、政治上、组织上清除“四人帮”的流毒和影响；大力整顿铁路治安秩序，以线带面，以面保线，取得明显好转；广泛开展设备整修大会战和社会主义劳动竞赛，狠抓运输生产。报告中，省委主要负责人没有深刻认识自己的错误。

中央帮助兰州铁路局工作领导小组进驻兰州铁路局后，省委主要负责人对工作组的工作采取了冷淡、消极的态度。对此，宋平在6月5日省委召开的省级各部门、在兰地级厂矿和大专院校负责人会上的讲话中指出，在中央工作组的领导下，兰州铁路局揭批“四人帮”运动逐步深入，问题弄得比较清楚了。省委没有利用机会讲清楚，表明态度。中央工作会议上中央领导再次点出兰州铁路局问题后，省委仍然没有讲清问题的实质，没有给中央帮助小组以有力支持。无怪广大干部和广大群众议论和不满。全国揭批“四人帮”的斗争轰轰烈烈，我们许多干部和广大群众也心急火燎，迫切要求省委加强对运动的领导，扭转领导不力的被动局面。针对这些问题，新华社记者先后写了两篇内参，为中央了解和解决甘肃省委领导班子问题提供了真实情况。

## 二、中共中央调整省委主要负责人

1977年6月7日至9日，华国锋、叶剑英和中央其他领导人听取中共甘肃省委、兰州军区党委主要负责人冼恒汉、宋平、韩先楚、肖华关于甘肃省揭批“四人帮”运动情况的汇报，并于13日对解决甘肃省委问题作出重要指示。

中央领导指出，粉碎“四人帮”后，甘肃省的广大军民同全国人民一样，奋起揭批“四人帮”，取得一定的成绩。但是，总的来说，运动的发展同中央的要求还有很大的距离。粉碎“四人帮”已经8个月了，甘肃省至今还没有放手发动群众，紧密联系本省实际，深入揭批“四人帮”，清查工作做得也很不认真，运动还有很大阻力，广大群众的革命积极性受到压抑。问题的根子在省委，主要在省委的主要领导同志。这种情况如不迅速扭转，对甘肃的工作是不利的。

中央领导指出，甘肃省委的大多数领导同志和干部是好的和比较好的，广大军民是坚决听党中央的话的，揭批“四人帮”的革命积极性是很高的。在抓革命、促生产、促工作、促战备方面作出了贡献。但是，对“四人帮”在甘肃的流毒和影响决不能低估。省委有的领导同志对“四人帮”搞的那一套是跟得紧的。他们在铁路系统“反击右倾翻案风”中另搞一套，使兰州铁路局一度瘫痪，严重影响了西北几个省区的经济建设、国防建设和人民生活。“四人帮”在甘肃其他各条战线上的干扰和破坏也是严重的。

中央领导指出，我们党同“四人帮”的斗争，是一场你死我活的大搏斗，对“四人帮”的反革命罪行和他们推行的反革命修正主义路线，一定要揭深批透，彻底肃清其影响，把被“四人帮”颠倒了的路线是非一定要纠正过来。对于同“四人帮”阴谋活动有牵连的人和事，一定要一件件、一桩桩彻底查清，不能留下后患。为了揭批“四人帮”，必须加强党的领导，整顿好各级领导班子，排除运动中的阻力，放手发动群众，紧密联系甘肃的实际，大打揭批“四人帮”的人民战争。在运动中，要认真执行党的政策，严格区分和正确处理两类不同性质的矛盾。把群众在揭批“四人帮”斗争中激发出来的社会主义积极性，引导到抓革命、促生产、促工作、促战备上来。要把甘肃的工作搞上去，特别要千方百计把农业搞上去。

为加强省委的领导，扭转甘肃省揭批查斗争发展缓慢的局面，尽快把全省的经济工作搞上去，中央作出调整省委领导的决定，免去原省委主要负责人的职务，任命肖华为兰州军区第一政委、党委第一书记、中共甘肃省委书记；宋平为中共甘肃省委第一书记、省革委会主任、甘肃省军区第一政委、兰州军区第二政委。中央还决定，原派到甘肃省“支左”的军队干部，原则上调回军队分配工作。具体由甘肃省同兰州军区商定办理。

中央领导对甘肃问题的指示和中央对中共甘肃省委领导的调整，结束了粉碎“四人帮”后，甘肃揭批查运动进展缓慢、其他各项工作停滞不前的状况，打开了全省揭、批、查斗争和拨乱反正的新局面。

## 第三节　深入揭批“四人帮”

### 一、清查工作与整顿领导班子

中央调整省委领导后，省委采取一系列措施，在全省开展“三大讲”

和十个“要不要”① 的讨论,把大打人民战争同组织骨干队伍深入专题批判结合起来,紧密联系实际,边批边改边纠正,把被林彪、“四人帮”颠倒了的路线、思想、理论是非一个一个地纠正过来。推动全省揭发批判“四人帮”斗争和各项工作深入发展。

1978 年 7 月 19 日,省委召开干部群众 10 余万人参加的广播大会,要求各级党委拿出更大的精力,加强领导,带领广大干部和群众,紧密联系实际,把揭批“四人帮”伟大斗争深入下去,进行到底,夺取全胜。

省委提出,在揭批“四人帮”的斗争中,始终要把“既解决问题,又稳定局势”“扩大教育面,缩小打击面”“团结教育大多数”的方针作为这场运动的根本指导思想,始终把清查的重点放在地局级以上单位的领导班子,特别是彻底清查省委、省革委会常委内部。省委认为,全省各级党组织要引导广大干部群众在深入批判林彪、“四人帮”的反革命罪行上下功夫,要从政治上、思想上、理论上认清其反动本质,肃清其流毒和影响。对和“四人帮”有牵连的人和事,一定要发动群众查清弄明,但在处理上要严格按照政策,慎之又慎。省委还认为,甘肃“在‘四人帮’肆虐之时,虽然存在着‘四人帮’的严重影响和某些帮派势力,但没有形成帮派体系。要实事求是,不能无限上纲,更不能无情打击。”9 月 6 日,宋平在省委五届九次全委(扩大)会议的讲话中指出,绝大多数干部和群众是好的和比较好的;在揭批查运动中,一定要坚决执行党的干部政策;要相信大多数,绝不能出现新的冤假错案;要扩大教育面,缩小打击面,防止扩大化,真正做到团结百分之九十五以上的干部和群众;对犯有严重错误的干部采取必要的组织措施是对的,而对执行上级指示,犯了执行错误的人,则应帮助他们认清是非,接受教训,挺起腰板干工作。

省委领导下的全省清查工作,共列为审查对象的 852 人,其中,有原中央委员、四届人大常委和原省委常委、省革委会副主任等地方干部 15 人,省革委会常委和地局级干部 147 人,县处级干部 365 人,审查中采取各种组织措施的 341 人。对上述人员分别按党的政策规定分为参

---

① 即要不要坚持党的基本路线,要不要党的领导,要不要全心全意依靠工人阶级,要不要搞好生产,要不要规章制度,要不要社会主义积累,要不要实行各尽所能,按劳分配的原则,要不要无产阶级自己的专家,要不要引进新技术,要不要计划经济。

与“四人帮”活动骨干分子、犯有严重政治错误、犯有政治错误、犯有一般性错误四类分别进行处理。自1977年12月5日至1978年10月25日,在省委党校举办局级以上审查对象学习班,有33人参加学习。学习班始终把学习文件、清理思想、检查错误、转变立场作为基本任务,使大多数清查对象端正了态度,认识和检查了自己的严重错误。

在清查工作中,还揭发出打砸抢分子283人,现行反革命分子9人,刑事犯罪分子25人,贪污盗窃、投机倒把分子4人,分别依法进行了惩处。

结合揭批查运动,省委对县以上单位的领导班子反复进行分析研究,对于问题较多、长期处于后进状态、运动和工作比较被动或主要负责人错误严重的采取必要的组织措施。先后对35个省级部委、办、局,9个地州市,80个县区市及25个地级企事业单位的领导班子进行调整。选拔年富力强的青壮年干部270人,充实到各级领导班子。同时,还对“文化大革命”中提拔起来的不称职的地局级干部60人、正副县委书记37人,作出适当调整和妥善安排。省委在整顿各级领导班子的过程中,对一些坚持原则、工作能力强而长期受到排斥、打击的干部,又重新恢复安排工作,充分发挥他们的作用。

在省委的领导下,全省通过清查“文化大革命”期间与林彪、“四人帮”篡党夺权阴谋活动有牵连的人和事,基本上查清了林彪、“四人帮”两个反革命集团在甘肃的罪行和有牵连的人和事,清除了林彪、“四人帮”两个反革命集团在甘肃的势力,教育和挽救了一批犯错误的人员。通过对领导班子进行调整,纯洁了领导班子和干部队伍,对稳定全省的政治局面,促进各项工作的发展起到重要作用。

## 二、“一批两打”运动

粉碎“四人帮”后,随着揭批“四人帮”斗争的深入开展,全省的政治、经济形势逐渐好转。但是,由于“四人帮”帮派残余势力还没有完全肃清,社会上一些犯罪分子乘机作案,破坏社会秩序的稳定,也出现贪污盗窃、投机倒把等经济破坏活动,影响国民经济的恢复和发展。1977年11月2日,省委发出《关于开展“一批两打”斗争的通知》。《通知》要求,放手发动群众,开展一场深揭狠批“四人帮”,打击阶级敌人的破坏活动，打击贪污盗窃、投机倒把分子斗争的运动（简称“一批两打”运动，或“双打”运动）。省委决定，从12月初开始，集中一段时间，在全省范围内大张旗鼓地开展“一批两打”斗争。要求各级党委必须做到：一、组织广大干部、群众认真学习毛主席有关教导，学习党中央的重要指示，根据中央文件的要求，做好关于王、张、江、姚反党集团罪证（材料之三）的传达和宣传工作，联系实际，从路线上、思想上、理论上深揭狠批“四人帮”的流毒、影响。二、发动群众，大打人民战争，掀起一个大检举、大揭发、大批判、大清查的高潮。各地、各单位要利用各种宣传工具，反复动员，扫除思想障碍，排除干扰和阻力，号召群众大胆检举揭发恶毒攻击毛主席、周总理和党中央，破坏揭批“四人帮”运动的现行反革命分子；检举揭发搞打、砸、抢者；检举揭发制造事故、煽动停工停产、煽动哄抢物资、破坏交通运输的犯罪分子；检举揭发贪污盗窃、投机倒把、侵吞国家集体资财的不法分子。三、认真执行党的政策。要严格区分和正确处理两类不同性质的矛盾。坚持惩办与宽大相结合的方针。贯彻坦白从宽、抗拒从严的原则。要重证据，重调查研究，不轻信口供。四、加强党的领导。各级党委要把这场斗争抓紧抓好，切实做到首长负责，亲自动手。

根据通知精神，省委成立“一批两打”领导小组，由省委书记冯纪新任组长，领导小组办公室设在省公安局。各地党委也都设立领导小组和办事机构，抽调专门人员参与“双打”办公室的办案工作。

11月，全省各地开始“一批两打”斗争的准备工作，进行排队摸底，区别情况，全面规划，具体部署。从12月起，“一批两打”斗争在各地展开。“一批两打”开始后，通过举办各种类型的学习班，召开各种会议等多种形式，组织广大干部群众学习党中央关于“双打”运动的指示，提高认识。经过一段时间的学习和动员后，各地运动转入“大检举、大揭发、大批判、大清查”阶段。

1978年3月7日，省委召开“双打”动员大会。会议要求各级党委要加强对运动的领导，注意克服松劲麻痹情绪，决心要大，劲头要足，旗帜鲜明地站在斗争的前列，带领群众把运动搞得既轰轰烈烈，又扎扎实实。22日，省委召开有200多万人参加的广播大会，进一步动员全省各族人民，立即行动起来，迅速掀起“大检举、大揭发、大批判、大清查”的

“双打”运动新高潮。为了发动群众造成声势,各地、各部门首先选择一批典型案例,召开群众大会,宣判一批从宽和从严处理的罪犯。

至 1978 年 5 月底,全省在“一批两打”运动中揭发出刑事犯罪线索 9500 多件;经济问题线索 6.6 万多件。揭发出贪污盗窃、投机倒把金额 890 多万元;粮食、粮票 86.5 万多公斤,布匹、布票 11.5 万多米。挖出贪污盗窃、投机倒把集团 82 个。查出有贪污盗窃、投机倒把问题的 2 万多人,其中万元以上的 51 人,5000 元以上的 55 人,1000 元以上的 1069 人。各地两次采取集中统一行动,公判 850 名罪犯,逮捕拘押 1203 名犯罪分子。5 月 30 日,省委“双打”运动办公室举行“双打”经验交流会。6 月 15 日,省委召开“一批两打”运动汇报会。会后,“一批两打”运动向更深层次发展。

“一批两打”运动的开展是必要的。这场运动是揭批“四人帮”斗争的组成部分,一些被“四人帮”搞乱了的政策和制度得到恢复和完善,推动了揭批“四人帮”斗争的深入发展。但是,由于当时党内“左”的指导思想还没有得到系统纠正,对“资本主义势力”缺乏科学认识,运动中将一些公社社员的家庭副业视为“资本主义势力”,将一些正常的经商行为视为“投机倒把”,错误地给予了打击。

## 第四节　领导机构和群众组织的调整恢复

### 一、中央调整省委、省革委会领导班子

随着揭批“四人帮”斗争的深入,“支左”的军队干部原则上调回军队,省委、省革委会的领导班组成员中一些与“四人帮”有牵连的人员被处理和调整,省委领导成员发生变化,除省委主要领导外,原任 4 名书记中,1 人停职审查,2 人免职;原任 13 名常委中,5 名军队干部免职返回部队,1 人停职审查,3 人免职。中共中央先后四次作出干部调整决定。

1977 年 8 月 24 日,中共中央通知,任命冯纪新为省委委员、常委、

书记，省革委会委员、常委、副主任；任命李超伯为省委书记、省革委会委员、常委、副主任；任命马继孔、李友九为省委委员、常委，省革委会委员、常委、副主任；任命李培福、权星垣为省革委会副主任。

1978 年 2 月 24 日，中共中央决定，肖剑光任甘肃省委委员、常委、副书记，省革委会委员、副主任。

3 月 22 日，中共中央通知：赵处琪、李登瀛任甘肃省委委员、常委、书记。

7 月 15 日，中共中央通知：马继孔任甘肃省委副书记，葛士英、陈煦任甘肃省委委员、常委。

其间，省委于 6 月 7 日决定：省革委会党组由冯纪新、王世泰、马继孔、葛士英、曹幼民、权星垣、李芳远、李培福、史毅、陈永林、黎中、王治邦、窦述、陈大德等 14 人组成。冯纪新任党组书记，马继孔、葛士英任党组副书记。

## 二、省五届人大一次会议

1977 年 12 月 23 日至 29 日，甘肃省第五届人民代表大会第一次会议在兰州召开。出席这次大会的代表共 784 名。省委第一书记宋平，省委书记冯纪新、茅林、李超伯，省军区负责人梁仁芥等出席会议。冯纪新致开幕词。宋平代表省革委会向大会作工作报告。报告分析了全省的形势，提出今后 8 年的奋斗目标和任务是：力争在 1985 年以前，把甘肃建设成为有稳固的农业基础，以有色金属、石油化工为主要特点，农、轻、重协调发展的工业基地，在此基础上继续向四化进军。大会通过《关于省革命委员会工作报告的决议》，选出甘肃省新的一届革命委员会，宋平当选为省革委会主任，冯纪新、王世泰、马继孔、李友九、曹幼民、葛士英、冯直、权星垣、李芳远、李培福、史毅（女）、陈永林、黎中当选为省革委会副主任。

## 三、恢复政协甘肃省委员会

“文化大革命”期间，政治协商会议停止工作。1977 年 10 月 31 日，省委决定，恢复政协甘肃省委员会。

12月22日至30日，政协甘肃省第四届委员会第一次全体委员会议在兰州举行。参加这次会议的委员中，包括中国共产党、各人民团体、各民主党派、各民族、各界爱国人士和特邀人士等方面的代表共303人，代表性十分广泛。省委第一书记宋平，省委书记冯纪新、茅林、李超伯，兰州军区负责人孔俊彪、兰文兆，省军区负责人何光宇、梁仁芥、朱声达等出席会议。省政协副主席吴鸿宾作政协甘肃省第三届委员会常务委员会工作报告。宋平在开幕式上讲话指出，这届政协委员会的召开，对进一步发展壮大甘肃统一战线，加强全省各族人民的团结，更好地调动党内外一切积极因素，团结一切可以团结的力量，实现党的十一大提出的各项战斗任务具有重要的意义。要进一步落实党的统一战线政策、民族政策、知识分子政策和华侨政策，调动一切积极因素，更好地为社会主义服务。会议通过政协甘肃省第四届委员会第一次全体会议决议。选出政协甘肃省第四届委员会常务委员76人，王世泰当选为主席，李芳远、李培福、兰文兆、吴鸿宾、朱声达、谢松柏、丁乃光、蒙定军、王世杰、杨澄中、黄正清、李克如、卢忠良、严树棠为副主席。

1978年12月23日，经中共中央批准，强自修、郑重远任省政协副主席。

## 四、省工、青、妇代表大会

1978年7月17日至22日，甘肃省第六次妇女代表大会在兰州召开。这次大会是在粉碎“四人帮”之后召开的全省各族妇女的空前盛会。出席大会的正式代表有1148人，特邀代表26名。省委第一书记、省革委会主任宋平，兰州军区第一政委、省委书记肖华，省委书记赵处琪、马继孔和省委、省革委会其他负责人以及兰州军区、甘肃省军区、省级各群众团体负责人出席会议。这次会议总结甘肃五年来妇女运动的经验与教训，确定新时期妇女工作的任务，选举产生由94名委员、20名候补委员组成的甘肃省妇女联合会第六届委员会，选举产生出席中国妇女第四次代表大会的36名代表。

8月22日至27日，甘肃省工会第五次代表大会在兰州召开。这次大会是粉碎“四人帮”之后，甘肃工运战线和工会工作者的一次盛会。

出席会议的代表有1100多人及部分特邀代表。省委第一书记、省革委会主任宋平，兰州军区第一政委、省委书记肖华，省委书记赵处琪、马继孔和省委、省革委会、兰州军区、甘肃省军区、省级各群众团体负责人出席会议。在这次大会上，来自全省工业、交通、基本建设、财贸、文教等各条战线的代表，总结甘肃工人运动和工会工作的历史经验，讨论确定今后工作的任务。会议选举产生甘肃省总工会第五届委员会和出席中国工会第九次代表大会的代表。

9月4日至9日，共青团甘肃省第五次代表大会在兰州召开。这次大会是粉碎“四人帮”后，甘肃共青团召开的第一次盛会，也是广大团员、青年进行新长征的誓师大会。出席这次大会的有来自全省各条战线的1200多名代表和特邀代表。省委第一书记、省革委会主任宋平，省委书记赵处琪、李登瀛、马继孔和省委、省革委会、兰州军区、甘肃省军区、省级各群众团体负责人出席会议。大会总结交流五年来全省共青团工作的经验，着重讨论在新的历史时期如何团结全省青年，搞好共青团工作，为完成新时期的总任务而奋斗的问题，明确了今后共青团工作的方针和任务。大会以无记名投票方式选举产生由54名委员和15名候补委员组成的共青团甘肃省第五届委员会。选举产生出席共青团全国第十次代表大会的代表37名。9月9日，宋平在闭幕式上作重要讲话，希望广大团员、青年和全省人民一道，为实现新时期的总任务而奋斗。

# 第二十一章

# 局部拨乱反正与真理标准讨论

在深入揭批“四人帮”的斗争中，由于“文化大革命”和长期“左”倾错误造成的影响和“两个凡是”的推行，全省各级党组织和有关部门开展平反冤假错案、落实党的各项政策的工作在徘徊中逐步推进。真理标准问题讨论开展后，广大干部群众的政治枷锁和思想枷锁得以解除，实事求是的思想作风恢复，极大地调动了干部群众的积极性，为各项工作的拨乱反正和恢复发展创造了条件。

## 第一节　平反冤假错案

### 一、平反“文化大革命”造成的冤假错案

1977 年 6 月以后，省委和各级党委迅即成立清理积案领导小组，从全省抽调 1 万多名干部，调查研究，冲破各种阻力，开始了规模空前的平反冤假错案工作。

7 月，党的十届三中全会后，在全国平反冤假错案工作逐步展开的形势下，甘肃平反冤假错案工作也迅速展开。首先是从“文化大革命”中被打倒的原省委第一书记汪锋冤案和“汪锋一小撮”开始。省委于 19 日向中央呈报《关于对汪锋同志审查情况的报告》，撤销了省革委会党的核心小组 1970 年 10 月 29 日和省委 1975 年 4 月 5 日给中央的两

个审查报告,否定了诬蔑不实之词,恢复汪锋党的组织生活,建议中央分配工作。

1978 年 5 月 16 日,省委向中央报告,甘肃省委原委员、副省长王孝慈在“文化大革命”中被诬陷为“叛变自首、攻击无产阶级文化大革命”并开除出党。经查证,王孝慈没有上述问题,应予彻底平反,恢复名誉。同年 6 月 12 日,省委作出《对高健君同志问题的复查结论》,决定为其平反昭雪。

7 月初,省委成立由省委书记赵处琪任组长,省委常委、组织部部长崔西山任副组长的清理积案领导小组,专门负责冤假错案的清理和平反工作,冤假错案的清理和平反工作步伐进一步加快。

12 月 16 日,省委作出决定,对“汪锋一小撮”和高健君冤案予以彻底平反。决定指出:对划为“汪锋一小撮”的领导同志均予以平反,安排工作;对其中遭受迫害致死的同志,予以昭雪;对受到株连的其他同志均应予以平反,恢复名誉。

在平反“汪锋一小撮”的同时,全省还开展了各类冤假错案的平反工作。

1977 年 11 月 2 日,省委批转省委清查领导小组《关于所谓“反革命政变二套班子”调查情况和处理意见的报告》。《报告》认为,所谓“反革命政变二套班子”是原省委主要负责人造成的一起冤案,省委决定予以平反;形成的有关档案材料彻底销毁;凡因此问题受到处分的干部、职工一律平反,恢复名誉。

伴随着以上冤假错案的平反,省委还先后为“文化大革命”时期发生“阮吴黑帮”、所谓“冲击中南海”事件、受诬陷的“红联”“革联”群众组织、清查“首都五一六红卫兵”运动、兰州市“一二〇专案”、第十一冶金公司所谓“资产阶级土围子”、“反革命告状团”、追查革命群众悼念周总理活动、追查“政治谣言”等事件中的冤假错案平反,为受迫害人员恢复名誉。

自 1977 年 7 月至 1978 年 12 月的一年半时间里,在省委领导下,省委清理积案领导小组及有关部门努力工作,全省共平反集团性的冤假错案 121 起,为 4600 多名干部群众平反。全省平反冤假错案工作取得了显著成效。对此,新华社于 1978 年 2 月 28 日以《甘肃省委恢复和发扬党的优良传统重视人民来信来访工作　认真处理"四人帮"及其代理人制造的假案冤案》为题发表通讯,记述了省委领导高度重视来信来访,平反冤假错案的情况。文章指出,去年 6 月,党中央解决甘肃省委的领导问题后,"省委第一书记宋平从七月初开始,先后几次找信访部门,询问情况,听取汇报,研究改进信访工作的措施,并阅批了群众来信 168 封,接待了许多被'四人帮'打击迫害的老干部,妥善安排了他们的工作。在宋平同志的带动下,省委其他领导干部和各部门负责人,都用一定时间抓信访工作。""甘肃省委在改进信访工作的过程中,首先从分清敌我和大是大非着手,抓紧处理大案、要案","分清是非,拨乱反正",认真处理冤假错案和群众反映的各种问题,恢复和发扬了党密切联系群众的优良传统和作风。

甘肃平反冤假错案是拨乱反正的开端,不仅解决了长期遭受冤屈和不公正对待者的问题,为他们解除了政治包袱,也是党的实事求是思想路线的具体体现,为党的十一届三中全会之后全省全面彻底平反历史冤假错案创造了重要条件。

## 二、平反"文化大革命"前的冤假错案

自从 1957 年"反右派"斗争扩大化以后,由于党内"左"的错误的发展,在历次政治运动中造成了一些冤假错案。省委坚持实事求是和"有反必肃,有错必纠"的原则,高度重视对这些案件的复查工作,并为冤假错案平反。

平反强自修"右倾机会主义反党集团"冤案。强自修原为中共甘肃省委常委、兰州市委书记,后任省委书记。1958 年,在"大跃进"运动的"左"的政治氛围中,兰州市委揭发出以强自修为首的 3 人"右倾机会主义反党集团"。1959 年 9 月,省委在对强自修继续揭发批判后,作出"是一个混入党内的阶级异己分子"的结论。1960 年 5 月,中共中央批准甘肃省委通过的《关于对阶级异己分子、右倾机会主义反党集团首领强自修的处分决定》,错误地将强自修清除出党。1978 年 1 月 12 日,省委向中央呈交关于强自修问题的复查报告。10 月 23 日,中央通知撤销对强

自修的处理决定,恢复组织生活,安排适当工作。据此,省委对同案被错误处理的兰州市委原书记李景亭也彻底平反。

平反周宗恕、牛瑞如、张道兴“反党反社会主义分子”冤案。1962年1月,中央召开七千人大会,号召大家发扬社会主义民主,实行不抓辫子、不戴帽子、不打棍子的“三不主义”。中共白银市委在贯彻中央精神时要求大家说心里话,实事求是地总结经验教训。原白银市建设公司党总支副书记周宗恕、原白银市劳动局副局长牛瑞如、省硫黄厂厂长张道兴3人,在几次会上发言,反映实际情况。后来在找“阶级斗争表现”时,市委将他们的发言列为“反党言论”上报省委。1964年,将周宗恕等3人定为“反党反社会主义分子”并开除党籍,周宗恕被降薪使用,牛瑞如、张道兴被开除公职,留用察看。省委经过复查、讨论,决定撤销1964年原省委对周宗恕3人的处分,恢复他们的党籍和原工资级别,妥善安排工作。1978年12月7日,新华社发表题为《认真发扬民主,落实“三不主义”》的电讯予以报道。《人民日报》在编者按中指出:“向党组织说心里话,说实话,这是共产党员的党性表现。同时,在党的会议上,对党的工作提出批评,是完全符合党章规定的。但是,在一个时期,特别是在林彪、‘四人帮’横行的时候,党的民主原则遭到严重破坏,党内生活中出现了毫无民主可言的极不正常的现象,党员向党组织说实话,对党的工作提出批评,竟成了弥天大罪。这种现象促进了官僚主义、霸王作风的滋长,助长了党员向党组织说违心话、说假话等歪风邪气的蔓延。这种现象如不彻底纠正,健全党的民主生活、提高党的战斗力便是一句空话。我们要从原甘肃省白银市委这一事例中吸取教训,认真整顿党的作风,恢复党的光荣传统,使解放战争时期、延安时期的那种生动活泼的政治局面,在全党、全国发扬光大。”

平反白银公司“地主资产阶级篡夺企业领导权”错案。在“四清”运动中,白银公司的主要党政领导错误地遭到严重打击和严肃处理,公司原党委书记、后任省委常委、副省长的黄罗斌,公司党委第一副书记兼公司经理李子奇和公司党委其他领导成员分别以“修正主义分子”“地主、资产阶级代言人”“阶级异己分子”等罪名受到各种处分,许多干部群众受到株连。1978 年 3 月,在省委的高度重视和中共中央组织部的帮助下,开始对白银公司“四清”案件进行复查。由于“两个凡是”的影响,复查一开始阻力重重。4 月 13 日,省委常委会议专门研究复查工作,宋平在会上指出,纠正冤假错案非抓不可!对于真正冤屈了的,搞错了的,就得平反,就是要坚持“有反必肃,有错必纠”的原则。要求工作人员减少顾虑,抓紧工作。对白银公司的案件,要一个一个地调查研究,成熟一个解决一个。8 月 21 日,中央组织部部长胡耀邦在北京听取工作组的汇报后指出,纠正“四清”错案,不是翻“四清”的案,不要搞形而上学,有错必纠。长期不纠正错误,会使我们党和国家吃亏。9 月 2 日,省委召开常委会议,学习贯彻胡耀邦指示。此后,对白银公司一案的甄别工作加快步伐。

经过十个月艰苦细致的工作,12 月 27 日,中组部、甘肃省委、冶金部联合形成《关于黄罗斌同志问题的复查报告》。《报告》认为:中央 1964 年批转的“四清”中形成的《关于夺回白银有色金属公司领导权的报告》和《单行材料》中所定黄罗斌同志的问题,是不真实的;1964 年 6 月将他定为“修正主义分子”,开除党籍,在 1966 年 1 月工资降四级,纯属错案,应予以平反,恢复名誉,分配工作。此后,省委于 1979 年 2 月 22 日讨论决定:对于白银公司“四清”案中涉及的李子奇、常耀华、崔国权等人的错误结论予以纠正,恢复他们的名誉和原工资级别,分配工作。3 月 16 日,省委发出通知指出:“以黄罗斌为首的地主资产阶级篡夺白银公司领导权”的案件,经多方查证,是个错案。经党中央批准,为这个错案彻底平反。对该案涉及的 2058 名各级干部,都予以平反,落实政策。

## 三、“全部摘掉右派分子帽子”

省委在平反冤假错案的同时,本着实事求是的精神,在全省开展了落实党的各项政策、处理历史遗留问题的工作。

1977 年 6 月开始,着重复查反右派、“反右倾”运动、“四清”运动、敌党团合并问题和集训特训中受错误处理的党员、干部。该项工作 1980 年 6 月结束。

反右派、"反右倾"遗案的复查。在1957年的反右派斗争和后来历年的各项政治运动中,全省错划右派分子12447名(包括后来运动中补划)。1959年到1964年间,按照中央有关文件精神,先后分5批为5378人摘掉了右派帽子(占原定右派总数的48.3%)。但在"四清"运动和"文化大革命"中,又有一些人被重新戴上右派分子的帽子。1978年4月5日,中共中央批准统战部、公安部《关于全部摘掉右派分子帽子的请示报告》。9月17日,中共中央又批转中央组织部、中央宣传部、中央统战部、公安部、民政部《关于贯彻中央关于全部摘掉右派分子帽子决定的实施方案的通知》,要求对过去错划为右派的人,要坚持有错必纠的方针,做好改正工作。接到中央文件后,宋平批示由省委书记李登瀛主管全部摘掉"右派分子"帽子工作,要求组织好落实好。此项工作中,全省抽调2500多名干部参与其中。摘掉右派分子帽子工作于1983年底才宣告结束。

对社教运动和敌党团合并问题遗案进行复查。1963年到1966年以"四清"为主要内容的社会主义教育运动中,错误处理干部8547名,经复查纠正8456人,占99%;对1959年到1960年审干工作中因敌党团合并问题受到错误处理的8136名干部,经复查纠正7978人,占98%。

集训特训中干部和申诉案件的复查。对1961年整风整社运动中被集训特训且立案处理而定、凡本人提出申诉的3422件案件都进行了复查,结案3097件,占91%。

## 第二节　落实党的各项政策

### 一、落实党的干部政策和"人的政策"

省委抓得落实干部政策。截至1978年6月底,省级机关复查结案的干部,占需要复查干部总数的34%。平反处理集团性的冤案、假案32起,为受迫害牵连的3600多名干部、群众平反。

1978年7月8日,省委召开省级机关落实干部政策汇报会,进行安排部署,进一步加快落实干部政策工作。省委常委会专门听取省级机关落实干部政策工作的汇报,并研究决定,总的要求是,落实干部政策要加快速度,要搞得快一点、好一点。9月25日,省委批转省委清理领导小组办公室《关于当前全省落实干部政策情况和今后意见的报告》。《报告》指出,截至9月15日,全省平反集团性冤、假、错案107起,为受迫害的4100多名干部、职工从政治上平反。《报告》强调,加快落实干部政策工作,一要进一步加强领导,书记挂帅,层层负责,定期讨论,全党办案;二要解决好后进单位的问题。当前20%左右的后进单位,不仅影响着全省落实干部政策工作全面均衡地向前发展,而且继续压抑着一些干部和群众的积极性,必须抓紧解决这个问题。省委省级机关落实干部政策汇报会后,全省加快了落实干部政策工作的步伐,到1978年底,“文化大革命”中的错案基本复查完毕。

在平反冤假错案和落实党的干部政策的同时,省委十分关注解决基层干部和群众的冤假错案问题,决定以问题比较严重、群众反映比较强烈的临洮县为重点,取得突破,指导和推动全省工作的开展。

临洮县是“文化大革命”中全省县、区一级中最早发生“夺权”斗争和第一个建立“革命委员会”的县。在“文化大革命”中,该县被乱揪乱斗的干部和群众有7628人,株连家属不下3万人。其中基层脱产干部400多人,大队、生产队干部800多人,公社社员和其他人员5000多人。全县25个公社书记中,被以“走资派”罪名打倒的有23人。县委书记被定为“走资本主义道路的当权派”遭残酷批斗。粉碎“四人帮”后,临洮县的广大干部和群众强烈要求平反冤假错案和落实党的政策。

7月,省委组成工作组赴临洮帮助临洮县委开展平反冤假错案、落实党的政策工作。工作展开后,省委十分关注并及时给予指导。宋平曾三下临洮,两次在省委常委会上听取汇报,亲自研究指导工作。10月17日,宋平在临洮县三干会上指出,平反冤假错案,落实“人的政策”,要尽快完成。首先要解决“文化大革命”中的冤案、假案、错案问题,“文化大革命”前的申诉案件也要复查。这个工作除县委主抓以外,各公社党委、各个支部都应该抓紧。凡是搞错了的,都要实事求是,予以平反。

在省委的重视和工作组的帮助下，临洮县平反冤假错案的工作进展很快，成效显著。临洮县委在落实脱产干部政策的过程中，同时狠抓落实农村基层干部、人民公社社员、工人、营业员、城镇居民等所有人的政策，纠正一切冤、假、错案，开大会宣布平反。8 月 29 日，临洮县委召开第一次落实政策大会，为原县委书记牛金铭和 695 名受到迫害的干部和群众平反。其后，临洮县先后三次召开落实政策大会，为 1425 名受到迫害的干部和群众平反。各公社、各单位也分别召开群众大会，为受到迫害的干部和群众平反昭雪。

11 月 20 日，省委批转《临洮县委关于落实人的政策的情况报告》。《报告》指出，截至目前，已复查 6767 人的问题，占应复查总数的 93.4%。其中全错的 5219 人，占已复查总数的 77.1%；部分错的 761 人，占已复查总数的 11.2%；维持原结论的（主要是经济问题）只有 787 人，占已复查总数的 11.7%。县委大张旗鼓地公开平反冤案、假案、错案，全县人民欢欣鼓舞，开始出现上下一致、干群团结、心情舒畅、生动活泼的新局面。省委认为，这种做法是完全正确的。希望各级党委，都能像临洮县委那样，把所有人的政策的落实工作，切实抓紧抓好，以便把全省人民的积极性调动起来，为加快实现四个现代化而共同奋斗。

在临洮县的示范和推动下，全省落实政策工作迅速推进。“文化大革命”以来，干部和群众结论需要复查以及本人申诉需要复查的共 238200 多人，到 1978 年 12 月，全省共复查结案 200858 人，占 88.3%，其中原定为敌我矛盾的 2858 人，已复查 2572 人，占 90%。剩余的冤假错案，党的十一届三中全会后都得到了平反。

## 二、落实党的统战政策、侨务政策

“文化大革命”中，受“左”倾错误的影响，党的统战政策、侨务政策受到严重破坏，许多统战对象和侨眷、归侨、台湾同胞受到不公正对待，有的甚至遭到批判斗争和打击迫害。根据中央精神，省委努力落实党的统战政策和侨务政策，使统一战线工作和侨务工作、对台工作呈现出新的局面。

1978年3月24日，省革委会召开全省侨务工作座谈会，研究解决落实党的侨务政策问题。会议要求，各地要切实清理几年来因所谓“海外关系”而受打击迫害的侨眷、归侨的问题，解决好他们生活上存在的实际困难，做好华侨、外籍华人及台湾、港澳地区同胞探亲旅行的接待，改进出境的审批工作，认真执行关于保护侨汇的政策等。根据这一精神，全省平反纠正侨界冤假错案399件，清理3000多名归侨、侨眷的档案，销毁各种歧视性材料2780件，清退侨胞和港澳同胞房屋26669平方米。

5月8日，省委批转省委统战部的报告，要求各地认真落实党的统战政策，对前几年处理过的统战对象，认真进行复查，凡原系统战对象，“文化大革命”中没有发现什么问题的，都应维持原结论，恢复其工资待遇，被扣减的工资予以补发，被遣送农村的，允许迁回城镇。对前几年处理过的资产阶级工商业者的问题，应按1962年7月16日国务院《关于处理资产阶级工商业者的退休问题的补充规定》予以纠正。

10月11日，省委批转省对台领导小组《关于全省对台工作会议的情况报告》。省委指出，台湾是我国的神圣领土，台湾人民是我们的骨肉同胞。在台、澎、金、马和到海外的各方面人员，他们当中爱国的多，卖国的少。党和政府的一贯政策，是爱国一家，爱国不分先后，欢迎他们来大陆探亲、参观。各级党委要加强对广大干部、群众关于解放台湾的宣传教育，进一步落实对台湾同胞和原国民党军政人员、家属的政策，充分调动党内外一切积极因素，共同为祖国四化建设贡献力量。随后，省上责成专门机构具体负责这方面工作，为480多位台胞、台属落实有关政策，并成立台胞联谊会。居住省内的8名台湾籍同胞，在“文化大革命”前因“台湾关系”问题而被诬陷为“特务”，受到错误审查并强令离职下放。省委及有关部门对这些错案都先后作出平反决定，对相关人员给予妥善安置。

## 三、落实党的民族宗教政策

甘肃是一个少数民族聚居地，新中国成立后，在党的民族团结平等政策指引下，呈现出各民族团结和睦、共同发展的局面。“文化大革命”

中,受“左”倾错误的影响,党的民族、宗教政策受到严重破坏。在“文化大革命”结束后,拨乱反正,恢复党的民族宗教政策,是甘肃面临的一项紧迫任务。

1978年,省委多次召开会议,专门研究解决落实党的民族、宗教政策问题。省委指出:在甘肃,做好少数民族地区的工作,对发展全省安定团结局面和发展生产、繁荣经济,具有十分重大的意义。民族工作要引起各级党委的高度重视。一定要采取正确的政策,认真做好民族工作。5月8日,省委批转省委统战部的报告,要求各地认真落实党的民族政策,恢复健全机构,切实加强民族工作。9月,甘肃省民族事务委员会正式恢复工作。其后,部分宗教机构重新建立,重新开放了宗教寺院,宗教活动开始恢复。10月5日,在庆祝甘南藏族自治州、张家川回族自治县成立25周年之际,《甘肃日报》发表题为《认真落实民族政策　切实做好民族工作》的社论,指出:“各级党委要加强对民族工作的领导,要提高对民族工作重要性和长期性的认识,要把民族工作提到党委重要议事日程上来,经常研究,经常抓。要定期检查执行民族政策的情况,切实解决存在的问题。”

从1978年起,开始清理和平反少数民族地区的冤假错案,一批民族、统战、宗教界上层人士的冤假错案得以平反,重新走上领导岗位和恢复工作。甘南、临夏两个自治州和各民族自治县也都进行了平反冤假错案、落实政策的工作。一大批民族干部和数万名信教群众在政治上得到解放,经济上获得赔偿。全省民族地区开始呈现出团结稳定的新局面。

## 第三节　开展真理标准问题的讨论

粉碎“四人帮”以后,党内“左”的指导思想还未能从根本上改变,加上“两个凡是”的影响,拨乱反正进行得十分艰难,各项工作出现徘徊中前进的局面。省委在领导拨乱反正的实践中,强调坚持党的实事求是的思想路线,对真理标准问题形成了宝贵的初步认识。

省委在领导拨乱反正的实践中,由于受“两个凡是”的阻挠,一些重大的冤假错案应该平反,但由于是上面批准的而不能触动;一些科学、教育、文化领域的拨乱反正,也遇到阻挠而不能深入;一些行之有效发展经济的措施和办法,因禁区重重而难以推行。省委认识到,要把甘肃的事情办好,就必须端正思想路线,坚持实事求是,一切从实际出发。因此,十分注意领导干部群众正本清源,端正思想路线,提高思想水平和理论认识。1977 年 7 月 29 日,宋平在省委召开常委(扩大)会议,研究党的作风问题。宋平指出:坚持实事求是的作风,如实反映事物的本来面目。有一说一,有二说二,好就好,坏就坏,既不夸大,也不缩小,真正说老实话,办老实事,做老实人。要相信群众,依靠群众,坚持从群众中来,到群众中去。他要求各级党委和领导干部发扬民主,取消“帽子工厂”“棍子工厂”和“鞋子工厂”。只有在高度的民主基础上,才能有高度的集中。只有在充分的群众路线的基础上,才能有正确的领导。只有实事求是,才能办事比较正确。

8 月,省委组织了一次大规模的农村调查,这对认识粉碎“四人帮”之后的甘肃情况,坚持从甘肃实际出发制定方针政策有着重要作用。10 月,省委组织有理论界、新闻界的许多专家学者和实际工作部门负责人参加的甘肃省双周理论讨论会,就一些重要的理论与实际工作中的问题进行研讨。双周理论讨论会连续举行了一年多时间,许多省委领导包括宋平在内多次参加讨论会。双周理论讨论会没有框框,不设禁锢,不作记录,不抓辫子,不打棍子,畅所欲言,生动活泼,提倡解放思想,广泛深入进行思想交流,对肃清“文化大革命”的“左”倾错误影响,坚持党的实事求是的思想路线,提高领导干部的思想认识水平具有重要作用,有力地推动着全省各领域拨乱反正的发展。

1978 年 4 月初,宋平在兰州高等院校领导干部理论讨论会上,针对“两个凡是”的阻力尖锐指出:“要把我们的工作搞上去,就要解放思想,敢于冲破禁区。检验真理的标准只能是实践,实践是检验真理的唯一标准。要根据客观实际,实事求是地研究问题,解决问题。”25 日,宋平在省革委会召开的会议上说:“要解放思想,对一切事物都要敢于采取实事求是的态度，采取历史唯物主义和辩证唯物主义的态度。对我们工作中遇到的一切问题，要有鲜明的观点。是，就敢于说是，非，就敢于说非。”

在领导拨乱反正的实践中，省委对于恢复党的思想路线和对真理标准问题形成的初步认识，是十分宝贵的，是全国真理标准问题讨论酝酿的组成部分，有力地推动着全省思想解放的深入发展和拨乱反正的开展。

1978 年 5 月 11 日，《光明日报》刊登特约评论员文章《实践是检验真理的唯一标准》一文，批判了“两个凡是”，在全国引起了一场真理标准问题的大讨论。

由于省委在甘肃拨乱反正的实践中，对于恢复党的思想路线和对真理标准问题的论述形成的影响，《实践是检验真理的唯一标准》一文一发表，就在全省广大党员、干部和群众中引起了巨大反响，一场真理标准问题的讨论在全省迅速兴起。省委旗帜鲜明，主动积极，组织和带领全省干部群众结合甘肃实际开展讨论。6 月 26 日，新华社发表题为《在实践中不断开辟认识真理的道路——中共甘肃省委大兴调查研究之风》的文章，指出：“在揭批‘四人帮’斗争的推动下，中共甘肃省委大兴调查研究之风”。“甘肃省委反复强调如下几个问题：一是必须坚持唯物论的反映论，一切从实际出发，以实践作为检验真理的唯一标准；二是要敢于坚持实事求是，以革命利益为重，顶住吹牛浮夸的歪风；三是要尊重生产队的自主权，尊重生产队长和群众的意见，反对‘瞎指挥’；四是要不断研究新问题，总结新经验，使自己的思想跟上发展的形势。”

6 月 25 日，省委召开全省理论工作座谈会。参加会议的有各地、州、市和部分厂矿的宣传干部，省委党校和大专院校的负责人以及专业理论研究工作者等。省委常委和宣传部负责人也出席了会议。宋平在会上作重要讲话，指出：“路线是非是可知的。实践是检验真理的唯一标准。有些问题已经有了实践，有些问题还有待继续实践，真正通过实践证明是正确的，心里也就踏实了，就应当坚持。我们搞社会科学的同志，一定要坚持唯物主义，坚持真理，当老实人，要拿出勇气来，追求真理。”宋平还要求，从事理论工作的同志，要解放思想，打掉“四人帮”强加在我们身上的精神枷锁，跳出框框，大胆工作。他强调，要从两个方面狠下功夫：第一，学习马列著作和毛主席著作，不能限于单纯的引证，更重要的是要在完整地、准确地理解马克思主义、毛泽东思想体系上去下功夫。第二，要在马克思主义理论与实践相结合的原则的指导下，进行调查研究，占有资料，实事求是地分析和说明实际问题。对于重大的理论问题，要敢于研究，在马列主义、毛泽东思想的基础上，敢于提出自己的见解。要有勇气，敢于探索，要破除清规戒律，做思想上的前卫战士，不要这个是禁区，那个也是禁区，不敢去研究。批判"四人帮"要有分析，要讲道理，要以理服人；要讲辩证法，不要搞形而上学。要刻苦学习，弄懂理论。

27 日，新华社以《理论工作者要在揭批"四人帮"中发挥更大作用》为题报道了这次会议的情况，指出："到会同志对'四人帮'及其在甘肃的代理人"多年来在理论上、思想上、组织上、作风上对全省思想战线的严重干扰和破坏，进行严肃的批判，交流一年多来各地开展理论学习和宣传工作的经验。会议对甘肃省进一步加强理论宣传工作和组织好全省干部群众的理论学习作出安排，旗帜鲜明地支持实践是检验真理的唯一标准的观点。

关于真理标准问题的讨论，全国各省、自治区、直辖市和中央的一些部门，以及各大军区、各军兵种、军委直属单位的主要负责人，相继于 7 月底发表讲话或文章，公开表明支持实践是检验真理的唯一标准的立场。显然，宋平的这篇讲话，要早于全国各大军区和各省市区主要负责人，对真理标准问题的讨论产生了积极的推动作用。

同日，根据宋平的指示，省委宣传部和《甘肃日报》联合召开理论座谈会，讨论真理标准的问题。在兰部分大专院校、省委党校和兰州市委党校、部分厂矿企事业单位的理论工作者参加会议。30 日，《甘肃日报》报道了这次会议的情况，指出：参加座谈会的同志一致认为，《实践是检验真理的唯一标准》《马克思主义的一个最基本的原则》等重要文章，正确地阐明了实践是检验真理的唯一标准这个马克思主义的基本原理。这些文章，对林彪、"四人帮"多年来颠倒理论和实践关系的罪行，进行了深刻的揭露和批判，对我们从思想上、理论上深入揭批"四人帮"，有十分重要的意义。报道说：与会人员指出，多年来，林彪、“四人帮”反对马列主义和毛泽东思想的一个十分恶毒的办法，就是打着“高举”的幌子，宣传什么“句句是真理”“一句顶一万句”“顶峰”“最高真理”“绝对权威”“句句照办”等，从而把马列主义和毛泽东思想绝对化、宗教化。他们这样做的目的是窒息马列主义、毛泽东思想的革命灵魂，否定它是科学真理。这样，他们就可以从根本上推翻马列主义和毛泽东思想，从根本上埋葬党的实事求是的优良传统，以致整个毁坏党的革命事业。我们许多同志至今办事情、做工作，不从实际情况出发，不看它是否合乎客观实际，是否对广大群众有利，而是以它是否符合本本而定；执行上级指示，不结合本地区本单位的实际情况，而是照本宣科，照抄照转，当“收发室”“传达室”等，就是这种流毒的反映。大家一致表示，一定要下定决心，彻底清除他们的流毒。

在这两次会议之后，省委还组织省、地、县干部对真理标准问题进行学习和讨论。10 月 11 日，省委宣传部发出通知，要求全省各地认真组织学习和讨论实践是检验真理的唯一标准等问题。

全省理论工作座谈会为在甘肃开展真理标准问题讨论起了先导和重要的推动作用。随后，一个关于真理标准问题的讨论在全省广泛开展，省上的各报纸杂志都先后发表关于真理标准问题的讨论文章，各大专院校、省委党校和理论宣传部门召开理论研讨会进行研讨，许多领导干部纷纷表态，赞成《光明日报》特约评论员文章的观点。

1978 年 7 月 25 日，《人民日报》发表宋平的《一切从实际出发，按客观规律办事》的长篇文章，再次重申实践是检验真理的唯一标准、实践第一的观点。

文章结合甘肃农业发展的实际，总结经验教训。指出，我省在农业发展上所走过的曲折道路，所经历的两起两落的严重教训，深刻地教育了我们：一切从实际出发，按客观规律办事，是马克思列宁主义的一个根本原则。遵循这个原则，我们的事业就前进，生产就发展；违背这个原则，就必然要犯错误，生产就会停滞不前，甚至给人民带来灾难。

要做到一切从实际出发，按客观规律办事，首先要认识客观规律。事实告诉我们，要想搞好工作，改变面貌，就必须首先去认识和掌握客观规律，而要做到这一点，就得实践。实践是认识的源泉，也是检验认识是否正确的唯一标准。离开了实践，坐在房子里苦思冥想，不能获得真知，也不能掌握客观规律，所以我们一定要坚持实践第一的观点，在实践中细心地体察情况，认真地研究问题，不断地总结经验。

要做到一切从实际出发，按客观规律办事，还有一个问题是敢不敢坚持实事求是的原则。文章针对“两个凡是”的观点指出，对上级指示，我们要坚决执行，外地的先进经验，要虚心学习，但都必须结合本地的实际情况，不能生搬硬套，也不能做那种盲目执行的巧妙“怠工者”。我们共产党员是全心全意为人民服务的，做任何事情，都必须以能否给人民群众带来实际利益，是否为多数群众所拥护为衡量工作好坏的尺度。因此，在任何时候、任何情况下都应当本着对党和人民高度负责的精神，抛弃一切私心杂念，敢于坚持实事求是的原则。

宋平在文章中还认为，充分发扬民主，让群众说话，这对于保证我们按客观规律办事极为重要。群众是真正的英雄，他们最有实践经验，最了解实际情况，最有发言权。领导者只有经常以普通劳动者的身份深入群众，以平等态度待人，虚心听取各方面的意见，善于对各种意见作马克思主义的分析，才能提出符合客观规律的思想、计划、办法，实施正确的领导，避免主观主义。

文章还指出，人们对事物的认识往往经过多次反复才能完成我们制定的规划，提出的一些主张是否符合实际，还需要经过实践反复的检验。甘肃省幅员辽阔，地域差异性很大，各地的具体条件也很不一样，我们对甘肃省这个客观世界的认识还是很肤浅的。要做到按客观规律办事，因时因地制宜地指导好革命和建设工作，还必须遵循“实践、认识、再实践、再认识”这样一个辩证唯物主义的认识路线，经常深入实际，深入群众，调查研究，解放思想，探索新问题，提出新观点，创造新经验，在实践中不断开辟认识真理的道路。

11 月 10 日，《人民日报》再次报道宋平在省委常委（扩大）会议上的讲话。报道指出，中共甘肃省委最近召开常委（扩大）会议，热烈讨论实践是检验真理的唯一标准问题。省委第一书记宋平在发言中指出，实践是检验真理的唯一标准，这是马克思主义的常识，是区别唯物主义和唯心主义的一个根本标准。他说：现在有些同志顾虑较多，说话、办事生怕和毛主席的某句话对不上号，有损伟大的旗帜。对这个问题，必须从思想上、理论上加以解决。宋平强调，现在一个重要问题，就是要大胆实践。今天我们学习、讨论这个问题，目的之一就是树立实践第一的观点，没有实践就不能认识客观世界、客观规律，就没有科学。

省委组织和领导“真理标准”讨论，认识明确，行动迅速，旗帜鲜明。多年之后宋平回忆说：“毛主席说的‘检验真理的标准只能是实践’，是唯物主义的一条基本原理，是最锐利的思想武器。更重要的是，当时甘肃的思想禁区很多，不开展这个讨论，弄不清真正的是非，任何工作都无法进行下去。”①

真理标准问题讨论开展以后，由于省委高度重视，态度明确，抓得比较早，取得很大成效，有力地推动着全省各项工作的开展。1979 年 5 月，省委工作会议决定在全省范围内开展真理标准讨论补课，将这场讨论进一步引向深入，从而为解放思想，确立马克思主义的思想路线，实现甘肃工作重点的转移奠定了思想理论基础。

---

① 牛颖、彭效忠著：《宋平在甘肃》，中央文献出版社 2003 年版，第 56 页。

# 第二十二章
# 国民经济和社会事业在徘徊中前进

在省委领导下，通过开展揭批林彪、“四人帮”反革命集团罪行和拨乱反正，使“左”倾错误的影响在全省得到一定程度的肃清，广大干部群众建设社会主义的积极性空前高涨，为经济和各项社会事业的恢复和发展，创造了良好的政治氛围和社会环境。省委顺应广大干部和群众的要求，狠抓国民经济和各项社会事业，使全省经济迅速得到恢复和发展，各项社会事业也呈现出欣欣向荣的新局面。

## 第一节　农业生产的恢复和发展

### 一、农村调查与省委关于农业的两个文件

由于“文化大革命”的破坏，粉碎“四人帮”之后，甘肃农村面临着非常严峻的局面。1976 年，全省夏粮减产。1977 年，全省挖库存、挤储备，有将近一半的农业人口吃回销粮，回销数字超过以往任何一年。这一年重灾县有 18 个，许多地方的农民缺吃少穿，生活非常困难，有的地方甚至出现人口外流现象。2 月，国务院专门召开会议，农林、商业、财政、铁道等部门人员共同听取了省委负责人关于群众生活安排情况的汇报，国家决定拨出大量的钱粮进行救济，还决定把军队换下来的 10 万套棉衣给甘肃，救济困难群众。

农业是国民经济的基础。农业问题是甘肃的一个大问题,是影响全局的根本性问题。省委紧紧抓住农村问题,拨乱反正,开展大规模的农村调查,探索发展农业的道路。6 月 18 日至 29 日,省委五届八次、省革委会第十五次全委(扩大)会议在兰州召开。会议印发 1973 年周恩来总理在听取省委负责人关于定西农业生产和人民生活的情况汇报后的讲话,要求尽快改变甘肃中部干旱地区的面貌,在三年内使这个地区的农业有一个大的变化。会议提出,全党动员,大办农业,下定决心,在三五年内,甩掉甘肃农业落后的帽子。农村工作要特别强调执行政策,用党的政策来调动广大农民的积极性。各地对于农村经济政策的执行情况,要进行专门调查,向省委写出报告。

7 月,省委办公厅下发《农村调查提纲》,就"农业学大寨"、农田基本建设、农村经营管理、农村分配政策、农村社队体制、放宽小自由等 6 个方面的 21 个问题在全省进行调查。省委要求各地州县和省农口各厅局的领导干部,亲自深入农村调查研究,向省委写出调查报告。到 8 月中旬,各地各部门形成几十份调查报告报送省委。9 月中下旬,宋平和省委几位主要领导分别带队到困难最多的中部干旱山区和具有很大增产潜力的河西走廊进行调查研究。同时,省委还决定,恢复省委调查研究室,创办《农村调查》内部刊物,聘请 20 位地、县委书记为省委特约政策研究员。《甘肃日报》还开辟"切实搞好人民公社经营管理"专栏,发表文章,就落实党的农村政策进行讨论。这些措施,都为省委了解农村情况、制定农村政策提供了保证。

通过农村调查,反映出全省农村当时面临的严重问题主要表现在这几个方面:农村生产力水平低下,不少地方集体经济有名无实,社员生活十分贫困,有的地方全年人均口粮只有 300 斤。农村经济政策混乱,"瞎指挥"和形式主义严重,社队非生产人员越来越多。不断批判农村"资本主义",堵塞了农副业生产的路子。长期贫困生活使群众对集体经济失去信心,没有生产积极性。

对发现的问题,省委采取措施努力解决。11 月 29 日至 12 月 14 日,省委召开全省农村工作会议,号召全党动员起来,千方百计把甘肃农业搞上去,为高速度发展农业生产而奋斗。会议提出,力争到 1980 年,全省必须有三分之一的县建成大寨式的县，粮食总产达到60亿公斤至65亿公斤，油料总产1.25亿公斤，棉花总产700万公斤，甜菜总产2.5亿公斤，猪680万头。要求各地在大力发展粮食生产的同时，使各类经济作物和林、牧、副、渔各业都有较大的增长。会议制定了《关于目前农村工作中若干问题的意见》（又称《二十条》）。这个文件纠正了长期以来实行的"左"的错误农村政策，明确规定还生产队的自主权，重申按劳分配的原则，明确提出经营管理责任制，放宽农村的"小自由"等内容，受到广大农民群众的热烈欢迎，生产积极性开始高涨，但在一些地方，由于长期以来受"左"倾错误思想的影响很深，干部不敢抓落实工作，表现为"心有余悸不敢抓，怕得罪人不狠抓，私心杂念不愿抓，不懂政策不会抓"。针对这种情况，省委明确要求各级领导干部都要到基层去，要抓住农村存在的突出问题，一面继续肃清"左"的错误思想影响，一面狠抓政策的落实。省委第一书记宋平前往临洮、省委书记李登瀛前往庆阳，其他省委领导分别深入各地，解决落实党的农村政策、农民负担过重和干部作风等问题，进一步推动新政策的贯彻落实。

1978年2月，省委、省革委会召开全省农村人民公社经营管理工作会议，着重讨论如何进一步落实"各尽所能，按劳分配"的政策和加强人民公社经营管理的问题。会议要求，各地党委和革委会要大抓经营管理各项规章制度的贯彻落实，努力做到产量高、成本低，增产增收。会议提出，要合理组织劳动力，建立健全生产责任制；建立专业组或作业组，推行"六定"责任制（即定领导、定劳力、定任务、定质量、定时间、定报酬）；继续实行"两基本保一基本"① 制度；尊重生产队自主权，坚决纠正"一平二调"。8月9日，省委转发省委基本路线教育办公室和省农林局的联合调查报告，指出当前农村要解决的问题是：必须保证农业生产第一线有足够的劳动力；坚持等价交换原则，纠正无偿使用生产队劳力和财物的错误做法；发扬党的优良传统，反对讲假话，搞形式主义、命令主义、瞎指挥等坏作风；搞好农田基本建设，妥善处理当年建设与长远建设

① 即社员达到基本出勤天数和完成基本肥料任务保证基本口粮。

的关系；保持和繁殖牲畜，尽力增加各种农家肥料。12月6日，省委决定，中部干旱地区凡有荒山、荒坡、荒沟的地方，可按各地具体情况，划给每户1亩至2亩荒坡，由社员种草种树，谁种归谁所有。公社要按照山水田林路综合治理的原则，作出统一规划，尽快落实到户，长期不变。全省其他各地凡有条件的均参照执行。

省委的调查研究工作引起了新华社的关注，于3月22日、6月26日两次予以报道，充分肯定了甘肃省委的做法。

经过将近一年的贯彻实施，省委在《二十条》的基础上，于1979年1月又制定公布《关于当前农村经济政策十个问题的试行规定》（又称为《十条》）。《十条》强调要尊重生产队的生产指挥权、经营管理权和产品分配权，明确提出在全省农村普遍推行作业组，牲畜可以分户喂养，进一步放宽社员的"小自由"，有荒山、荒坡、荒沟的地方，可以划给每户一至二亩种草种树等。《十条》发布后，全省各地积极贯彻执行，到1979年3月，全省河东地区90%的生产队划分了作业组。

省委《二十条》和《十条》两个文件，有力地促进了农村干部群众解放思想，从实际出发，探索发展农业生产的途径，在少数地方开始实行各种形式的生产责任制。

1978年，宕昌县金木公社将全社846亩当归田实行定产到户、超产加奖，当年亩产比1977年平均增产40斤。秋收后，公社兑现合同，将超产的12000斤当归按对半开奖给超产社员。12月，中共宕昌县委召开扩大会议，讨论金木公社实行责任田的做法，决定在全县推行"联产到组，五定一奖"（即定土地、定工分、定产量、定牲畜、定投资和超产加奖）责任制。宕昌县哈达铺公社下罗三队是一个年人均口粮不足200斤，年人均收入只有8.8元，靠吃回销粮的穷队。1978年春，这个队悄然开始实行药材生产责任到户，当年产量增加一倍多。下罗三队的变化引起哈达铺公社的关注，公社领导深入群众进行调查研究，肯定下罗三队实行责任田的做法，贯彻县委实行"联产到组，五定一奖"的精神，于当年年底制定《关于当前经济政策的八项具体规定》，并于1979年1月3日在全公社公布执行。这八项具体规定包括：生产队实行按劳分配加照顾，牲畜实行分户包养，允许社员饲养家禽家畜，给社员划分三荒地种树，经济作物实行包产到户形式责任田，回销粮照顾劳动力多的户，允许社员个人种药材，允许社员搞个体经营。哈达铺公社的八项规定受到广大干部群众的热烈欢迎，仅几天时间，全社 52 个生产队实行了经济作物责任田，其中还有 21 个生产队实行了全部农作物责任田。

省委在全党“左”的指导思想还没有得到系统纠正的情况下，解放思想，坚持党的实事求是的思想路线，在开展大规模调查研究基础上制定的《二十条》和《十条》两个文件，是突破“左”的农村政策的大胆探索，纠正了长期以来被“左”倾错误搞乱了的党的农村经济政策，调动了广大干部和农民群众的生产积极性，有力地推动了全省农业生产的发展。

省委《二十条》和《十条》两个文件制定和实施的过程，《中国共产党历史》作为“一些地方负责人开始从本地区的实际出发，对农村政策进行大胆调整”① 的典型作了记载。包产到户、包产到组、包干到户等生产形式，在农业合作化过程中几起几落，几落几起，说明它还是有一定生命力的。正因为这样，某些地方不怕再次被打压的风险，实行这一政策措施增加农民收入，发展农村经济，这确实是一个解放思想，打破“左”倾错误思想禁锢的过程。事实证明，这不仅有力地促进了干部群众的思想解放，也为党的十一届三中全会后全省农村改革奠定了重要的基础，创造了有利条件。

## 二、农村“党的基本路线教育”的深化

调整后的省委通过深入揭批林彪、“四人帮”的“左”倾错误思想，赋予农村“党的基本路线教育”以新的内容，就拨乱反正做了大量的工作。1978 年 1 月 7 日，省委发出《当前农村党的基本路线教育运动中的几个问题》的文件，进一步明确开展路线教育的任务、时间、工作队伍建设、执行党的干部政策及如何检查验收等问题，文件要求全省力争 1979 年

① 中共中央党史研究室:《中国共产党历史》第二卷（1949—1978）下册，中共党史出版社 2011 年版，第 1034 页。

全部完成基本路线教育的任务。当年，全省共抽调 12800 多名干部，分两期（酒泉地区一期）在 246 个公社、2662 个大队开展农村“党的基本路线教育”，并对 35 个公社、143 个大队进行补课。教育着重在 6 个方面进行：

第一，深入开展揭批林彪、“四人帮”的斗争，肃清在甘肃的影响，揭开个别地方长期捂着的盖子，清查同“四人帮”有牵连的人和事，从理论上、思想上分清是非。第二，开展“打击阶级敌人破坏活动，打击资本主义势力猖狂进攻”的“双打”运动，稳定农村的社会秩序。第三，贯彻落实农村政策，调动干部群众的生产积极性。对于向生产队伸手，挖生产队墙脚和干部违法违纪问题进行揭摆查处。第四，平反、纠正、昭雪一批冤假错案，为农村基层干部和群众落实政策。第五，进行整党整风，加强社队领导班子建设。第六，全面落实党在农村的各项经济政策，促进农业生产的发展。

1978 年在开展路线教育的社队，共揭露清理出截留、平调、克扣生产队资金 383 万元，其他实物折价 117 万元；平调劳动力 654 万个，无偿占用土地 37000 多亩，房屋 587 间。到当年 12 月底，各级占用单位共向生产队退赔现金 161 万元，占应退数的 37.6%；其他实物折价 91 万元，占应退数的 78%；清退兑现平调劳动力 181 万个，退还无偿占用耕地 18000 多亩、房屋 297 间。清理出干部职工历年来拖欠生产队现金 95 万元，粮食 75 万斤；请客送礼、挥霍浪费的资金 106 万元，粮食 358 万斤。减少非生产人员 2404 人，约占原有非生产人员的 30%。

1978 年开展路线教育的社队，需要进行复查的案件共约 13500 起，基层干部群众 15443 人。经查证核实，当年平反纠正案件 11991 起，全部平反纠正的 13770 人，约占需要进行复查案件的 89%。另外，还对在“四清”运动和“文化大革命”中错划成分的 1273 户，错戴帽子的 900 人，全部进行了纠正。

另外，在开展路线教育的社队，通过揭批林彪、“四人帮”和开展“两打”斗争，发动党员群众揭露领导班子中存在的问题，在思想教育的基础上进行组织整顿，由群众民主选举产生新的领导班子。经过整顿和建设，有 38 个公社、766 个大队的领导班子发生了显著变化。其间，社队都狠抓省委《二十条》的贯彻落实，纠正“一平二调”、瞎指挥、强迫命令、违法违纪等错误做法，落实党的农村经济政策，进一步调动了群众的生产积极性，不少社队实现了增产，社员分配也普遍增加。酒泉地区开展路线教育的 86 个大队中，增产的有 40 个。静宁县开展路线教育的 5 个公社、30 个大队，夏粮都实现增产。

此次全省农村“党的基本路线教育”，虽然名义上与“文化大革命”中开展的“党的基本路线教育”相同，形式上也具有连续性，但目的与内容则有着重大变化与区别。因为纠正了“文化大革命”中“党的基本路线教育”以阶级斗争为纲，搞“批、割、堵”和“整、撤、换”的“左”的错误做法，拨乱反正，恢复党在农村的各项政策，促进了农业生产的发展，取得了很大的成绩。党的十一届三中全会召开之后，历时三年的全省农村“党的基本路线教育”结束。

## 三、农副业生产和社队工业的新发展

省委坚持党的实事求是的思想路线，在调查研究基础上，制定符合甘肃农村实际的政策，初步纠正了长期以来被“左”倾错误搞乱的党的农村经济政策，调动了广大干部和农民群众的生产积极性，有力地推动了农业生产的发展。1978 年，全省战胜严重干旱，夺取较好收成，粮食总产量达 51 亿多公斤，比 1977 年增长 3.3%。1978 年，全省农副业产品的收购量接近和达到历史最高水平，社会商品零售总额完成 20.72 亿元，比 1976 年增长 12.3%。全省集市贸易成交额约 1 亿元，比 1977 年增长 5.2%。

这一时期社队企业有所发展。1978 年底，全省有 1.3 万个社队工业企业，固定资产值约为 2.08 亿元，从业人员 14.26 万人，占农村总劳力的 2.67%；总收入 2.52 亿元，占农村总收入的 9.8%。农村建筑企业 1118 个，从业人员 3.86 万人，占农村总劳力的 0.72%；总收入 0.48 亿元，占农村经济总收入的 1.9%。在农村农副工三业总产值中，社队企业产值、副业产值所占的比重逐步上升，初步改变了长期以来以粮为纲，只抓粮食生产的农业单一结构。

## 四、"引大入秦" 工程开工兴建

水利是农业的命脉。甘肃是一个地表水资源缺乏的省份，缺水成为甘肃农业发展的最大障碍和制约全省经济社会发展的重要因素。位于兰州市西北方的秦王川，面积 640 多平方公里，由于缺水，这里只能靠天吃饭，粮食产量低下，遇到干旱年景，更是颗粒无收。秦王川以西约 100 公里外的大通河水量充沛，如果将大通河水引入秦王川，不仅将根本改变秦王川的农业面貌，也对兰州的发展有着巨大的作用。因此，引大通河水进入秦王川，成为甘肃人民的企盼。1949 年甘肃解放后，党和政府为改变这里的贫困干旱面貌，于 1956 年到 1966 年间，由甘肃省水电勘测设计院对 "引大入秦" 工程先后进行过 3 次踏勘。在 50 年代，省委提出引大通河水的计划，但由于经历三年困难时期而搁置。70 年代初期，甘肃连年大旱，当地人民群众急切盼望引大工程开工建设。水利部门于 1970 年开始勘测设计和规划，1973 年完成规划的初步设计方案。

1975 年初，省水利部门和兰州市向省委提交引大入秦工程重新上马的报告。省委领导高度重视，宋平等多次带人沿线进行实地勘察和论证。9 月 2 日，省委常委会研究引大入秦水利工程问题。10 月 1 日，省革委会向国务院上报关于将引大入秦工程列为专项的报告。1976 年 1 月 24 日，国家计委正式复文，同意兴建引大入秦工程。6 月 4 日，省委常委会讨论批准引大入秦工程尽早开工，由兰州市组织实施。6 月底，兰州市委决定成立引大入秦工程指挥部。11 月 25 日，引大入秦工程开工典礼在兰州市永登县河桥公社沙沟口隆重举行，引大入秦工程开始动工兴建。引大入秦工程总干渠、干渠、抽水分渠总长 205. 7 公里；支渠 45 条，总长 675 公里；共有 71 座隧洞，总长 110 公里；有渡槽 28 座，倒虹吸 3 座，各类建筑物 4500 多座；可灌溉面积 86 万亩。鉴于引大入秦工程浩大，仅兰州市负责确有困难，1978 年 2 月 18 日，省委决定移交省上，成立甘肃引大入秦工程指挥部，具体负责施工。此后，引大入秦工程历经缓建、复建，克服重重困难，终于在 1994 年 10 月胜利竣工通水。

# 第二节 “两西”建设起步

## 一、“两西”建设的早期酝酿

河西走廊灌溉农业地区和以定西为代表的中部干旱地区，是甘肃农业发展的战略重点地区。河西五地、市有16个农业县市区，4个牧业县，总面积27.6万平方公里（约占全省总面积的60%），总人口378万人，耕地1009.36万亩，人均3.3亩。河西地区日照充足，祁连山雪水和地下水资源丰富，耕地平坦，是甘肃的重点商品粮基地。搞好河西水利建设，就为农业生产发展奠定了坚实的基础，可以大幅增加粮食产量。以定西为代表的中部干旱区共18个县，总面积6.9万平方公里，农业人口520.61万人，耕地2096万亩，人均4亩。这里植被稀少，水土流失严重，干旱多灾，粮食产量低而不稳，是全国有名的贫困地区之一。在长期实践中，农民群众兴修水利和梯田、种草种树，为改善农业生态、发展农业生产而不懈努力。

1973年、1974年两年，甘肃遭受严重干旱。1974年8月16日，省委召开常委会议，宋平在深刻总结经验教训的基础上，从全省农业发展全局和战略的高度，正式提出“两西”建设的问题。宋平在会上指出，河西地区和以定西为代表的中部干旱地区，是甘肃省经济发展，特别是解决农村问题的两个大头。抓住了这两个大头，就是抓住了解决甘肃农村问题的关键。对于“两西”建设，应当在认识和总结以往经验教训的基础上，有一个整体思路，有一个长远的规划，同时要争取中央的支持。会议决定分别成立河西地区和中部地区农业工作领导小组，下设办公室，进行协调和调查研究工作。

9月初，宋平等领导带领有关部门负责人，赴京向国务院副总理余秋里及国家计委、农业部、水电部负责人进行汇报，得到肯定和支持。26日，宋平在省委常委会议上传达了国务院有关领导关于“两西”建设的指示，并指出：省委关于“两西”建设的设想，中央领导和国务院已经同意；以建设河西商品粮基地为重点，兴西济东，同时改变中部干旱地区面貌，这是一个陡坡，这个陡坡再苦再累也要爬上去；“两西”建设是件大事，要在全省统一认识，在群众中广泛宣传，要变成广大群众的实际行动。

甘肃“两西”建设规划虽然得到中央领导和国务院的批准和支持，但后来随着“反击右倾翻案风”运动的开展，一些深层次问题因得不到解决而没有能够全面启动起来。

## 二、“两西”建设开始实施

1977 年 11 月 29 日至 12 月 14 日，在全省农村工作会议上，省委决定重新成立河西商品粮基地领导小组和中部干旱地区领导小组，定西县作为改变中部地区面貌的试点县。同时，开始着手制定《甘肃省河西商品粮基地八年建设规划》和《甘肃省中部缺粮地区八年建设规划》。

1978 年 5 月 22 日至 25 日，省委在张掖召开常委（扩大）会议，研究确定加快建设河西商品粮基地的规划和实施规划的指导方针以及各项重大措施。会上，宋平就建设河西商品粮基地的重要意义、规划内容、建设速度、农村经济政策和干部作风等问题作了重要讲话。他指出，党中央决定建立包括河西地区在内的 11 个大面积商品粮基地，这是迅速把农业搞上去，解决我国粮食问题的一项重大战略措施；河西地区条件好，稳产高产，潜力很大，建成商品粮基地，能较快地解决甘肃的粮食问题；在甘肃，只要解决粮食问题，我们的工作就主动了；建设河西商品粮基地，不仅是河西干部和人民的事，也是全省人民和全省各级党组织的事。会议讨论《甘肃省河西商品粮基地八年建设规划（草案）》，并提出河西地区今后八年的奋斗目标是：在 1977 年基础上，努力做到产量翻一番，贡献增两倍，储备一年粮，生活大改善。1985 年，粮食总产达到 55 亿斤至 60 亿斤，平均每个农业人口生产粮食 1600 斤至 1800 斤，提供商品粮 20 亿斤至 22.5 亿斤，同时，棉花、油料等经济作物也有一个大的发展。《规划》中还提出 6 条具体指导方针和 10 条具体措施。会议前后，省委组织 5 个工作组，由省委第一书记宋平、省委书记李登瀛、省革委会副主任曹幼民等率领，分赴河西各地、县协助干部群众制定规划，落实措施。

6 月 24 日至 28 日，省委在定西召开省委常委（扩大）会议，召集中部 18 个干旱县和所在地区的领导人，研究制定中部干旱地区的建设规划。18 个干旱县包括定西、陇西、会宁、通渭、靖远、临洮、秦安、静宁、庄浪、华池、环县、东乡、永靖、榆中、皋兰、永登、古浪、景泰等县。会上，宋平就中部干旱地区建设规划、深入揭批“四人帮”、坚持实事求是的思想路线和领导作风等问题作了重要讲话。他针对部分干部群众中存在的“没治论”的畏难情绪，分析中部地区的有利条件，坚定表示我们对前途充满胜利信心，我们的事业大有希望，任何悲观的观点都是没有根据的，都是要不得的。省委号召中部地区各级党组织和广大干部群众，振奋革命精神，扎扎实实地工作，到 1980 年做到粮食自给，1985 年粮食自给有余，农林牧副全面发展，从根本上改变贫穷落后的面貌。会议讨论《甘肃省中部缺粮地区八年建设规划（草案）》，提出要坚持“以土为首，土水林综合治理”的方针，努力抓好粮食生产和多种经营。到 1980 年，做到粮食自给；1985 年，播种面积达 1545 万亩，亩产 293 斤，总产 45 亿斤，人均产粮 800 斤，基本解决吃饭问题。

7 月 1 日，省委、省革委会向党中央、国务院上报《关于“两西”建设规划的报告（草案）》和《甘肃省中部缺粮地区八年建设规划（草案）》，得到党中央、国务院领导的赞同和支持。党的十一届三中全会召开之后，“两西”建设沐浴改革开放的春风开始起步。

进行“两西”建设是省委作出的关系全省经济社会发展的重大战略决策。这项决策得到党中央、国务院的有力支持和帮助，后来作为国家扶贫开发项目启动实施。这项决策的贯彻实施，不仅对“两西”地区的经济社会发展产生了重大而深远的影响，改变了长期缺粮和贫穷落后的局面，也有力地推动了全省经济社会的发展，积累了农业生产和扶贫开发的宝贵经验，开了全国区域开发和扶贫开发的先河，对其他老区、贫困地区的扶贫开发有借鉴意义。

## 第三节 工交生产秩序的恢复与经济状况好转

### 一、“工业学大庆”的深入发展

1977年9月12日至17日，省委在兰州召开全省“工业学大庆”座谈会。会议总结检查全省贯彻“工业学大庆”会议精神的情况，肯定成绩，寻找差距，对照兰化公司学大庆的做法，讨论研究进一步开展“工业学大庆、普及大庆式企业”的群众运动，实现抓纲治国当年初见成效奋斗目标的措施。

1978年2月15日，省委转发省工交办公室《关于整顿工交企业的意见》，要求各级党委要重视对工交企业的整顿，加强领导，作出规划，具体进行部署，一定要在今明两年内，肃清“四人帮”的影响，把现有企业普遍整顿一次，纠正存在的混乱现象。省委还指出，整顿企业的重点是整顿领导班子，同时对企业管理实行全面整顿。根据省委的安排，在1978年和1979年两年中，对全省工交企业进行了全面整顿。

4月30日至5月18日，全省“工业学大庆”工作会议召开。会议传达中央领导的重要指示和全国会议的精神，学习大庆、鞍钢的经验，分析全省“工业学大庆”的形势，进一步揭露矛盾，对工交战线今后一段时间的工作，特别是对企业整顿的问题进行认真的研究。会议认为，贯彻全国会议精神和《工业三十条》，要抓好深入开展新时期总任务的宣传学习运动；认真搞好企业整顿，重点是整顿领导班子；加快建设大庆式企业的步伐。

8月9日至15日，全省“工业学大庆”会议在兰州举行。参加这次会议的有大庆式企业代表、学大庆先进企业代表、劳动英雄模范和先进工作者，有各地（州、市）、县（市、旗、区）和省级各委、办、局的负责人共1100多人。省委第一书记、省革委会主任宋平，兰州军区第一政委、省委书记肖华及省委、省革委会、省军区的负责人出席会议。陕西、宁夏、青海三省区代表也出席会议，并向大会赠送了锦旗。会议指出，要学习、领会、贯彻党中央一系列指示和《工业三十条》,狠抓“一批、双打、三整顿”,把企业全面整顿好,在思想上来个大解放,作风上来个大改变,工作上来个‘大跃进’,把甘肃“工业学大庆、普及大庆式企业”的群众运动推向新的阶段。宋平在会上作了重要讲话,要求各级党组织要充分发挥主动性、积极性,解放思想,大胆领导,带领群众甩开膀子大干。各级领导干部必须打破林彪、“四人帮”设置的种种精神枷锁,来一个思想大解放。要有实事求是的精神,要敢于实事求是,按客观规律办事,要敢于坚持真理,提倡调查研究,向群众学习。宋平在讲话中还要求,经过这次会议,把全省“工业学大庆”运动更广泛、更深入地开展起来,使更多的企业变成大庆式企业,把我们的职工队伍建设成为铁人式的、能打硬仗的队伍。会上宣读了省委、省革委会关于命名大庆式企业和表彰学大庆先进单位、先进生产(工作)者决定,授予甘肃冶金地质勘探公司一零六队等75个单位为全省大庆式企业,表彰全省“工业学大庆”先进企业232个,先进生产者455名。

通过深入揭批“四人帮”,许多工业企业恢复和健全各项规章制度,经营管理的混乱局面有所改善,企业的素质有不同程度的提高,全省工业生产出现好的形势。1978年,工业总产值比1976年增长13.39%,达到39.04亿元;全民所有制工业企业劳动生产率达11042元,比1976年提高1.84%;工业企业上交地方财政的收入达10.34亿元,比1976年增长7.15%;工业企业职工平均工资达755元,比1976年增加8.78%,扣除物价因素,增长7.9%。

## 二、铁路运输秩序的恢复

1977年6月后,省委大力支持中央帮助兰州铁路局工作领导小组开展工作,扭转“四人帮”错误造成的混乱局面。

工作组通过放手发动群众,深入揭批“四人帮”,查清同“四人帮”阴谋活动有牵连的人和事;本着多换思想少换人的原则,调整加强路局和四个分局及155个基层站段的领导班子;深入开展“工业学大庆”的群众运动,把铁路运输搞上去,广泛开展社会主义劳动竞赛,千方百计完成运输生产计划,出现全路局大干快上的新局面。自1977年1月

24 日疏通线路后，2 月份开始好转，3 月份大幅上升，超过历史同期最高水平，继上半年实现“时间过半，完成全年任务过半”的要求后，第三季度三个月连续超额完成装车计划。到 1978 年，铁路客运量达 686.4 万人，比 1976 年增长 13.49%；货运量完成 2215.9 吨，比 1976 年增长 38.24%。

## 三、固定资产投资规模增长

1978 年，全省固定资产投资达 10.49 亿元，比 1976 年增长 20.42%，其中国家投资 8.46 亿元，增长 17.49%。投资结构大幅度向重工业倾斜，其比重由 1976 年的 56.0% 上升到 1978 年的 60.8%；农业比重由 18.5% 下降到 14.3%；轻工业由 3.7% 下降为 3.1%；建筑及地质勘探、交通邮电、科研文教卫生等部门的投资恢复到 1976 年水平。当年基本建设新增固定资产 7.48 亿元，固定资产交付使用率为 80.8%，创历史最高水平。

1978 年，施工投资在 10 万元以上的建设项目共 795 项，全部建成投产的有 195 项，完成单项工程 182 个，全省建成住宅面积近 60 万平方米。基建投资的效益明显提高，建设周期缩短，固定资产交付使用率，房屋竣工率都较 1976 年有了明显提高。

## 四、财贸企业的整顿

省委在恢复发展工农业生产的同时，通过深入揭批和肃清“四人帮”在财贸企业（包括商业、供销、粮食、外贸企业和财政、银行基层单位）的影响，开展财贸学大庆、学大寨的“双学”活动，整顿财贸企业，使全省财贸战线呈现出新的局面。

1978 年 2 月 22 日，省委、省革委会发出《关于迎接全国财贸“双学”会议及召开全省财贸“双学”会议的通知》，要求各级财贸部门认真做好各项工作，迎接全国财贸“双学”会议及全省财贸“双学”会议召开；《通知》要求，各级财贸部门要打好揭批“四人帮”第三战役，搞好清查工作；深刻认识社会主义财贸在国民经济中的重要地位和作用；认真贯彻执行“发展经济、保障供给”的财经工作总方针，大力支援工农业生产；切实整顿好财贸企业和各级领导班子；加强对财贸“双学”的领导。《通知》下发后，全省各级党委、革委会认真贯彻执行，动员广大职工开展财贸“双学”运动，兴起了比学赶帮超的社会主义劳动竞赛热潮。

3 月 13 日，省委批转省财办《关于整顿财贸企业、加强基层建设的报告》，决定对全省城乡财贸企业进行整顿。每期整顿 4 个至 6 个月，以独立核算单位计算，全省共有 7700 多个企业，计划 1978 年、1979 年两年完成。整顿的重点是领导班子问题，真正建立起一个党性强、干劲大、作风好、熟悉业务、精干有力的好班子。

5 月 18 日至 27 日，甘肃省财贸战线学大庆学大寨会议在兰州召开。全省各级党政和财贸部门的领导，财贸战线的先进集体和先进个人，省级有关部门的领导和部队、厂矿、企业代表，财贸战线老模范等共 1117 人出席会议。省委书记、省革委会副主任冯纪新作题为《高举毛主席伟大旗帜，抓纲治财贸[①]，为实现新时期的总任务作出新贡献》的报告。省革委会命名 25 个单位为大庆大寨式企业（单位），授予 13 人劳动模范的光荣称号；表彰 187 个学大庆学大寨先进企业（单位或集体）和 62 位先进工作（生产）者。

随着生产的恢复和发展，全省财贸状况开始好转。1978 年全省农副业产品的收购量接近和达到历史最高水平，社会商品零售总额完成 20.72 亿元，比 1976 年增长 12.33%。全省集市贸易成交额约 1 亿元，比 1977 年增长 5.2%。财政收入达 20.52 亿元，超计划 1.2%，按可比口径计算，比 1977 年增长 12%。支出 14.34 多亿元，比 1977 年增长 12.91%。

## 五、经济状况好转与存在的主要问题

粉碎“四人帮”之后，全省经济状况开始好转。1977 年，全年国内生产总值达 58.72 亿元，其中第一产业 13.51 亿元，第二产业 35.28 亿元，第三产业 9.93 亿元，人均国内生产总值 318 元；财政收入 172053 万元。主要工农业产品产量：原煤 963.38 万吨，原油 85.67 万吨，发电量 113 亿千瓦小时，生铁 34.74 万吨，钢 13.33 万吨，粮食 494.29 万吨，

---

① 此处的“纲”，是指揭批“四人帮”。

棉花 0.37 万吨,油料 9.90 万吨;社会消费品零售总额 195201 万元;进出口贸易总额 5905 万元。至 1978 年,国内生产总值达 64.73 亿元,其中第一产业 13.21 亿元,第二产业 39.04 亿元,第三产业 12.48 亿元,人均国内生产总值 348 元;财政收入 205280 万元。主要工农业产品产量:原煤 978.33 万吨,原油 81.97 万吨,发电量 114.48 亿千瓦小时,生铁 46.58 万吨,钢 15.39 万吨,粮食 510.55 万吨,棉花 0.34 万吨,油料 8.60 万吨;社会消费品零售总额 207222 万元;进出口贸易总额 5941 万元。

全省国民经济虽然有了一定的恢复和发展,但过去长期积累下来的一些主要问题没有得到根本解决:一是国民经济基本比例不够协调,产业结构不合理,农业基础设施薄弱,工业基本建设投资比例失调;二是管理混乱,功效下降,浪费严重,平均主义和"大锅饭"现象没有根本改变;三是重生产,轻生活,人民群众生活水平提高幅度不大。这种状况势必影响国民经济的可持续发展,使全省的经济发展缺乏后劲。

## 第四节 科技事业的恢复和发展

### 一、省科学大会

省委高度重视科学技术工作。根据省委的指示精神,1977 年 7 月 15 日,《甘肃日报》发表题为《下定决心,迅速把科学技术工作搞上去》的社论。8 月,省委召开全省科技工作会议。这是粉碎"四人帮"之后召开的全省科技战线规模最大的一次会议。会议学习党中央对科学工作的重要指示,揭批"四人帮"干扰、破坏科技工作的"左"倾错误,端正科技战线的路线、方针和政策。省委第一书记宋平在会上讲话强调,各级党委都要认识科技工作不仅是科研部门的事情,而且是全党的事情,科技工作搞不上去,就不能加快国民经济的发展。全省科技战线的干部职工尽快把甘肃科技工作搞上去,为实现四个现代化作贡献。

9 月 29 日,省委作出《关于贯彻〈中共中央关于召开全国科学大会的通知〉的决定》。10 月 7 日,省委召开 50 万人参加的广播大会,传达《中共中央关于召开全国科学大会的通知》和《中共甘肃省委关于贯彻〈中共中央关于召开全国科学大会的通知〉的决定》,号召全省各级党组织和广大科技人员、干部、工农兵群众,坚决贯彻执行中央《通知》精神,大办科学,向科学技术现代化进军。省委《决定》指出,要把我省科技工作搞上去,必须首先要狠抓揭批"四人帮"。各级党组织要进一步加强对科技工作的领导,抓紧抓好整顿工作。为了加强对科技工作的领导,省委决定成立甘肃省科学技术委员会,恢复甘肃省科学技术协会和各种专业学会,农村要建立健全四级农科网,筹建甘肃省科学院;省级各有关部门、大专院校和大、中型厂矿企业都要成立相应的科学研究机构和科技管理机构。《决定》还要求,各级党组织要认真落实党的知识分子政策,抓紧,抓好,抓出成效。10 月 12 日至 20 日,省委召开全省科教工作会议。会议传达讨论全国科学大会预备会议和全国高等学校招生工作会议精神,研究贯彻意见和具体工作安排,要求各级党委迅速行动起来,大办科学,大抓教育,向四个现代化的宏伟目标奋勇进军。

1978 年 1 月 19 日至 23 日,甘肃省高等学校首届科学大会在兰州召开,来自全省高校的 150 多名代表出席会议。会议交流经验,检阅成果,表彰先进,制定《甘肃省高等学校科学技术发展规划》。会议号召全省各高等学校,掀起向科学技术现代化进军的高潮,以实际行动迎接全国科学大会的召开。

1 月 27 日至 2 月 2 日,甘肃省科学大会在兰州举行。出席会议的有全省各个地区、各条战线的科学技术先进工作者和领导干部,有老科学家、老教授、老工程师、青年科技人员、教育工作者和技术革新能手、科学种田的劳动模范等 1181 人。

省委第一书记宋平出席会议并致开幕词。他指出,这次大会是我省科技史上的一次空前盛会,对我省科技事业将是一个很大的推动。大会的任务是:贯彻执行中央领导关于科学工作的重要指示和中共中央关于召开全国科学大会的通知精神,揭批"四人帮"在科技方面的谬论,总结交流科技工作经验,表彰先进,讨论甘肃科学技术发展规划,动员全省科学技术工作者和人民群众,向科学技术现代化进军。宋平强调指出,要实现我们的奋斗目标,科技事业必须有一个高速度的发展,科学研究必须走在生产建设的前头。就我省来说,加快国民经济,特别是农业的发展,是我们的当务之急,更是科技工作者的当务之急和光荣任务。他号召全省科技工作者树雄心、立壮志,勇攀科技高峰。

省委常委、省革委会副主任马继孔在会上作题为《动员起来,加快速度,为实现甘肃科学技术现代化而奋斗》的报告。报告分析全省科技战线的形势,总结主要成绩和基本经验,提出奋斗目标、任务和措施。报告指出,从 1978 年起到 1985 年,甘肃在科技方面的设想和主攻方向是:第一,建成一个布局合理,重点突出,适应国民经济发展要求,具备地方特点的专群结合的全省科学技术研究体系和组织管理体系;第二,迅速扩大工人阶级又红又专的科学技术队伍;第三,集中力量攻克一批重大科学技术关键问题,基本掌握主要生产部门的现代化先进技术,力争在农业、畜牧业、冶金、能源、石油化工、轻工、自动化技术和环境保护这八个方面有重大突破。为了实现上述目标,报告还提出把科技战线揭批"四人帮"的斗争进行到底,切实抓紧搞好整顿,建立一支工人阶级又红又专的科技队伍,认真搞好后勤服务工作,大力开展科学普及工作,广泛组织社会主义竞赛等措施。马继孔在报告中指出,这次向全省科学大会献礼的重大项目有 143 项。1977 年全省列入计划的 237 项科学研究项目,已有 15 项获得重大突破。现在全省已有 168 个专业科研机构,建立起了一个包括 40 多个科技领域、具有一定规模的科研系统。科技人员总数 6 万多人。这支队伍中 95% 以上是解放后党自己培养出来的。全省工矿企业普遍建立技术革新小组。农村科学实验组织发展到 7.7 万个,参加人数 28 万多人。

大会向 206 个先进集体、413 个先进个人和 688 项科研成果的研究单位代表颁发奖状。2 月 3 日,《甘肃日报》发表题为《努力赶超国内外先进水平　向科技现代化进军——热烈祝贺甘肃省科学大会胜利闭幕》的社论。

## 二、科技事业的恢复和发展

全国科学大会和甘肃省科学大会的相继召开,有力地推动着全省科技事业的发展。1978 年 3 月 31 日,全国科学大会甘肃代表团向省委提出《关于传达贯彻全国科学大会的建议》,主要包括:要把全国科学大会精神落实下去,关键在于各级领导干部的思想认识;要狠抓科研单位的整顿工作,整顿好领导班子和队伍;建立健全科技管理机构;继续抓紧落实知识分子政策,平反冤假错案,建立职称评定制度,加快技术人员归队;保证科研人员的业务研究时间等 11 条。4 月 5 日,宋平针对《建议》作出批示:"这些意见很重要,问题是要具体化,并有人负责落实。请继孔同志具体抓一下。"①

全国科学大会和甘肃省科学大会召开之后,省委高度重视科技领域拨乱反正和科技事业的发展,并以此为契机,制定一系列有关发展科学技术的政策措施,推动全省科技工作的恢复和发展,为全省科技工作的发展奠定了坚实基础。

1978 年 11 月,省委转发省科委《一九七八——一九八五年甘肃省科学技术发展规划纲要(草案)》,从奋斗目标、重点科学技术研究项目、科研队伍和机构、具体措施、规划的执行与检查五个方面,对发展全省的科技事业作出全面部署。

12 月,省委决定为"文化大革命"中惨遭迫害,蒙冤入狱后仍致力于科普工作的原省地质局区域地质调查队技术员杨联康彻底平反,恢复名誉。

全省相继成立一批自然和社会科学学会、协会、研究会和科技研究单位。12 月,中国科学院兰州分院重新建立,包括兰州近代物理研究所、兰州化学物理研究所、兰州冰川冻土研究所、兰州沙漠研究所、兰州高原大气物理研究所、兰州地质研究所以及中国科学院兰州图书馆等。据统计,新中国成立以来至 1979 年 2 月,甘肃省共完成重大科研成果 1250 项,被全国科学大会授奖的 497 项。授奖项目中,甘肃省单独完成的有 118 项。

① 全国科学大会甘肃省代表团:《关于传达贯彻全国科学大会的建议》,1978 年 3 月 31 日。

# 第五节　文化、教育事业的初步繁荣

## 一、文艺事业的初步繁荣

“文化大革命”中，甘肃文艺事业遭到严重摧残，许多文艺作品被当作“大毒草”“黑戏”遭到批判，一批著名的文艺工作者被戴上“反动文人”“封、资、修的代言人”“叛徒、特务”等帽子被打倒，有的被下放劳动，有的甚至被开除党籍、公职。

省委采取一系列有效措施拨乱反正，肃清“四人帮”的影响，平反冤假错案，落实党的文艺政策。

1977 年 11 月 26 日，在兰的部分专业和业余文艺工作者举行座谈。27 日，省文化局、《甘肃文艺》、甘肃人民广播电台、《甘肃日报》编辑部邀请甘肃省和兰州部队部分文艺工作者举行座谈会。与会者紧密联系实际，控诉和批判“四人帮”炮制的“文艺黑线专政”论的罪行。12 月 2 日，省委召开有 4000 多人参加的批判“文艺黑线专政”论大会。1978 年 1 月 24 日，省委宣传部举行在兰文艺工作者 50 多人参加的座谈会，热烈讨论如何繁荣社会主义文艺创作等问题。省委第一书记宋平出席座谈会并作重要讲话。他在讲话中指出，必须深揭狠批“四人帮”，把被“四人帮”颠倒了的路线是非、思想是非、理论是非颠倒过来。必须整顿和加强文艺队伍，特别要注意培养新生力量。文艺工作者必须深入生活，进一步同工农兵相结合。

2 月 10 日，省委批转省委宣传部《关于召开全省文艺工作座谈会的请示报告》，并指出：文艺工作是整个革命事业不可缺少的一部分；“四人帮”利用文艺进行反党活动，给我省文化艺术事业带来极其严重的危害；在揭批“四人帮”斗争中，必须彻底批判他们的罪行，肃清其流毒和影响；要调动广大文艺工作者的积极性，努力繁荣我省社会主义的文化艺术。其后，全省文艺工作座谈会在兰州举行。会议讨论了在文艺战线肃清“四人帮”的流毒和影响、澄清思想路线和理论是非、繁荣甘肃文艺创作的意见和建议，制定发展文化艺术事业、繁荣文艺创作的规划及近期打算，文联和各协会等群众文艺团体和文艺队伍的整顿和建设等问题。

座谈会后，省委抽调力量，开始对甘肃文艺界的冤假错案进行复查。1978年3月，宋平指示有关部门，把《红河激浪》作为全省文艺界平反冤假错案的重点来抓。5月24日，《甘肃日报》编辑部、甘肃人民广播电台编辑部、《甘肃文艺》编辑部联合邀请文艺界人士，就电影《红河激浪》座谈，"充分肯定《红河激浪》是体现毛主席武装斗争思想的好影片，揭发批判'四人帮'及其在我省的代理人制造《红河激浪》冤案的罪行"。9月30日，省委召开大会为《红河激浪》彻底平反。会上宣布了省委《关于为电影〈红河激浪〉冤案彻底平反的决定》。《决定》指出，《红河激浪》是一部颂扬毛主席和党领导下的人民武装斗争的好影片，根本不是什么反党影片。"四人帮"强加给《红河激浪》的种种罪名和一切诬蔑不实之词，应全部推倒。凡因《红河激浪》问题受过牵连和处分的同志一律平反，被迫害致死的予以昭雪。凡因《红河激浪》问题所形成的各种材料，一律清理销毁。发动群众揭批"四人帮"制造《红河激浪》冤案的罪行，彻底批判"文艺黑线专政"论和法西斯文化专制主义，公开上映电影《红河激浪》。宋平在讲话中，向因《红河激浪》冤案而受到迫害的同志表示深切慰问，要求文艺工作者要进一步解放思想，冲破"四人帮"在文艺界设置的种种"禁区"，拨乱反正，繁荣创作，解放思想，大胆创作，拿出更多更好的作品来。

与此同时，省委先后为陇剧《枫洛池》、话剧《"8·26"前夜》《岳飞》《远方青年》《滚滚的白龙江》《教育新篇》和短篇小说《敬老院的斧声》等作品平反。到1979年4月，甘肃文艺界的520多件冤假错案全都得到纠正。歌剧《向阳川》、陇剧《枫洛池》、话剧《岳飞》等优秀剧目复出舞台，受到广大观众的热烈欢迎。

为电影《红河激浪》和甘肃文艺界的冤假错案平反，解除禁锢广大文艺工作者的枷锁，极大地调动了他们的创作热情，迎来甘肃文艺创作的新繁荣，使甘肃文艺界呈现出继五六十年代繁荣景象之后的第二个春天。1977年夏天，省话剧团创作排演11场话剧《西安事变》，第一次在舞台上展现了毛泽东、周恩来、朱德等老一辈无产阶级革命家的光辉业绩和形象。1978年,甘肃省歌舞团继上演舞剧《骄杨颂》之后,又排演大型舞剧《丝路花雨》,兰州市京剧团创作演出京剧《南天柱》等。这些优秀剧目多次荣获国家奖励,为甘肃人民争得了荣誉。1978年3月5日,省委、省革委会表彰奖励省话剧团创作演出《西安事变》获得成功,并奖励1万元。

## 二、教育事业的恢复和发展

教育领域是遭受“文化大革命”破坏的重灾区。“文化大革命”十年,甘肃教育事业也遭到严重的破坏,许多学校停办,一批专家、教授被戴上“走白专道路”“反动学术权威”“叛徒、特务”等帽子被批判斗争,有的被下放劳动,有的被开除党籍、公职,甚至含冤去世。

省委高度重视落实党的知识分子政策工作和教育事业发展。下大力气,拨乱反正,肃清“四人帮”的影响,平反冤假错案,落实党的知识分子政策,使全省教育事业恢复了生机和活力,有了新的发展。

首先是开展揭批“四人帮”炮制的“两个估计”,开启甘肃教育事业拨乱反正的新局面。1977年11月21日,兰州大学党委、西北师范大学党委分别召开教师座谈会,揭批“四人帮”炮制“两个估计”的罪行。22日,省教育局、《甘肃日报》编辑部邀请省内高等院校教育工作者座谈。23日,《甘肃日报》刊发座谈会上的几篇发言,并在编者按中指出:“‘两个估计’给我省教育战线带来了灾难。‘四人帮’在我省的代理人把‘两个估计’当成‘尚方宝剑’,用来整教师、乱学校、毁教育,严重挫伤了广大教育工作者的积极性,阻碍了我省教育事业的发展。”11月23日,省委召开批判“四人帮”炮制“两个估计”大会,主会场与19个分会场共有2万余人参加。省委第一书记宋平在会上讲话指出,揭批“四人帮”炮制“两个估计”是全党的一件大事,各级党组织一定要充分认识揭批“四人帮”炮制“两个估计”的重大意义,切实组织和发动广大群众,联系实际,迅速掀起一个揭批“四人帮”炮制“两个估计”的高潮。彻底砸烂精神枷锁,尽快把我省教育工作搞上去。

在清除“四人帮”炮制“两个估计”思想影响的同时，省委及时开展平反冤假错案的工作。1977 年 9 月 17 日，省委为“马振抚事件”中受到错误处理的省建一局二中教师肖道智恢复名誉。同时，要求各地凡抓了类似“马振抚事件”的，必须实事求是地作出处理。

兰州大学是遭到“文化大革命”破坏的重灾户，全校先后有 1500 多名师生员工受到冲击，40 名教授、副教授中，有 39 名受到迫害。仅在“清理阶级队伍”运动中被立案审查的达 450 多人，多人被迫害致死。在省委的直接领导下，兰州大学党委推倒一批冤假错案，为受迫害的师生平反昭雪。

为“江隆基案件”平反昭雪。江隆基被迫害致死，是“文化大革命”中甘肃教育系统最早发生的冤案。对江隆基和兰州大学的案件，省委高度重视，派干部到兰州大学帮助平反。省委指示，要首先查清江隆基一案，尽快为其平反昭雪。1978 年 1 月 26 日，省委同意省委宣传部对兰州大学党委《关于江隆基同志问题的审查报告》的意见。《报告》指出，江隆基在“文化大革命”中受迫害致死，强加给他的罪名和一切诬蔑不实之词，应予推倒。原省委批复江隆基问题审查报告的决定和一切处分，予以撤销。4 月 10 日，省委在兰州为江隆基举行隆重的追悼大会。此后，8 月 17 日，兰州大学召开全校平反昭雪大会，为在“文化大革命”中被迫害致死师生和因“六七反革命事件”“五一六”等问题被批斗、迫害的 1100 多名教职员工和学生彻底平反昭雪，恢复名誉。

1978 年 2 月 28 日，《甘肃日报》刊登消息，省委、省革委会决定：今年上半年适当的时候召开全省教育大会。在此前后，省委组织力量，向各大专院校派出工作组或调查组，调查了解情况，帮助各校平反冤假错案，落实知识分子政策。省委工作组或调查组在帮助开展工作的同时，也及时向省委反映了大专院校遭受“文化大革命”摧残后面临的种种问题。

5 月下旬，省委赴甘肃农业大学调查组向省委报送题为《农大十教授的现状》的调查报告，反映教授们工作、生活面临的各种困难。省委第一书记宋平看了后非常震惊和关注，5 月 30 日，他给甘肃农业大学负责人写信，督促他们尽快采取措施，落实知识分子政策，改善教授们的工作、生活条件。信中说:“看了《农大十教授的现状》,很感慨。好好的一个农大,破坏成这个样子,党的知识分子政策完全被破坏了,颠倒了。”“我想农大当前的问题,第一是深入揭批‘四人帮’,把是非弄清,把阵线弄清。在这个基础上,整顿好各级领导班子。第二是认真落实干部政策和党的知识分子政策。对一些老教授和有真才实学的教学人员,要为他们创造起码的工作条件。”宋平在信中叮嘱解决教授家属调动、办好食堂、吃上热饭喝上开水、调整住房等问题,并说“先把这几件事办到了,也给人一个希望。”7 月 27 日,《甘肃日报》发表题为《甘肃农大揭批“四人帮”运动出现新局面》的报道,指出:“冰雪消融,大地回春。随着揭批‘四人帮’斗争的开展和党的干部政策、知识分子政策的落实,农大原来那种病入膏肓、工作陷于半瘫痪的状态开始发生变化,大家感到有了希望,有了奔头。”对农业大学的问题,省委后来曾于 1979 年 8 月和 12 月两次召开专题会议,研究解决面临的各种问题,促进落实知识分子政策工作,推动了学校各项工作的发展。

6 月 19 日至 7 月 1 日,全省教育工作会议在兰州举行。会议传达贯彻全国教育工作会议和招生工作会议精神,认真学习邓小平的重要讲话,研究全省教育工作中亟待解决的问题,讨论当年的招生工作。省委第一书记宋平出席会议并讲话,省委常委、省革委会副主任马继孔作总结讲话。会议要求,教育战线要加强领导,切实搞好思想整顿和组织整顿,认真落实党的政策,把教育工作搞上去。当前具体要做好六个方面的工作:深入揭批“四人帮”,彻底砸烂“两个估计”;千方百计提高教育质量,集中力量办好重点学校;搞好整顿工作,建立正常的教学秩序;切实解决实际问题,逐步改善办学条件;坚持招生制度的重大改革,认真搞好今年招生工作;加强党的领导,把教育工作搞上去。7 月 6 日,《甘肃日报》以《深入揭批“四人帮”狠抓教育质量》为题,报道了会议情况,并发表社论,指出“当前教育工作的中心环节,是提高教育质量,争取多出人才,快出人才。要做到这一点,需要做的事情很多,而最重要的是抓住揭批‘四人帮’这个纲,拨乱反正,抓好思想整顿,抓好组织整顿,抓好党的干部政策和知识分子政策的落实”。

全省教育工作会议联系甘肃教育战线的实际,深入揭批“四人帮”,

总结经验教训，研究亟待解决的问题，明确教育战线面临的任务与要求，对甘肃教育战线拨乱反正和各项工作的深入开展，产生了重要的推动作用。1977年，随着高考制度的恢复和教学秩序的恢复，全省教育工作开始呈现出蓬勃发展的新局面。

自1976年10月粉碎“四人帮”，到1978年12月党的十一届三中全会召开的两年多时间，是新中国成立以来，甘肃党的历史上的一个重要而关键的阶段。

1977年6月，中共中央对中共甘肃省委领导主要负责人进行调整，这是甘肃党的历史上的重大事件。此后，在省委领导下，通过揭批林彪、“四人帮”反革命集团斗争的深入进行，部分恢复了党实事求是的思想路线，积极稳妥地开展平反冤假错案，落实党的各项政策工作，开展了真理标准问题的讨论，解除桎梏人们的政治枷锁和思想精神枷锁，极大地调动了广大干部群众的积极性，为新时期甘肃的发展，创造了重要的条件。省委大力开展调查研究，从实际出发，狠抓经济工作和各项社会事业，在各个领域、各条战线拨乱反正，使全省国民经济迅速得到恢复和发展，各项社会事业呈现出欣欣向荣的崭新局面。这不但恢复和增强了人们对中国社会主义事业的信心，改善和提高了人民群众的生活水平，也为党的十一届三中全会之后甘肃经济社会发展奠定了基础，提供了宝贵经验。

1978年12月，党的十一届三中全会在北京召开。全会结束了粉碎“四人帮”之后党的工作在徘徊中前进的局面，实现了新中国成立以来党的历史的伟大转折。1979年1月6日至24日，省委召开工作会议，传达、学习党的十一届三中全会精神，联系甘肃实际，着重研究怎样把工作重点转移到社会主义现代化建设的问题。从此，以党的十一届三中全会精神为指引，省委带领全省各级党组织、共产党员和各族人民群众，进入了改革开放和现代化建设的历史新时期。

# 后　记

存史鉴今，资政育人。编写中国共产党甘肃历史是中共中央党史研究室的安排部署，是中共甘肃省委赋予省委党史研究室的一项重要工作任务。经中共甘肃省委批准，由省委党史研究室组织编写的《中国共产党甘肃历史》第二卷（1949—1978），经过编写组数年的努力，业已完成。在省十三次党代会召开和迎接党的十九大胜利召开之际，出版发行。

《中国共产党甘肃历史》第二卷反映的是自1949年10月中华人民共和国成立到1978年12月党的十一届三中全会召开29年间，中国共产党团结、带领甘肃各族人民进行社会主义革命和建设的历史过程。在编写过程中，坚持以马克思列宁主义、毛泽东思想、邓小平理论、“三个代表”重要思想、科学发展观和习近平总书记系列重要讲话精神特别是关于党史工作的重要论述为指导，坚持以中共中央《关于建国以来党的若干历史问题的决议》为准绳，坚持辩证唯物主义和历史唯物主义，坚持党史姓党的原则，以历史事实为依据，实事求是地总结正反两方面的经验，着力体现甘肃地方党史的特色和亮点，为建设幸福美好新甘肃、实现中华民族伟大复兴中国梦提供历史的借鉴。

《中国共产党甘肃历史》第二卷的编写，自始至终得到省委和省委领导同志的高度重视、大力支持和精心指导。2011年12月，省委党史研究室在基本完成社会主义革命和建设时期专题史料征编的基础上，把编写《中国共产党甘肃历史》第二卷正式纳入《2011—2015年全省党史工作规划》，得到省委批准。2010年7月，省委成立《中国共产党甘肃历史》编撰委员会（甘办发〔2010〕56号），2014年3月，省委办公厅、省政府办公厅《关于调整和撤销部分议事协调机构有关事项的通知》（甘办字〔2014〕18号）对编委会作了调整。2016年4月，省委、省政府下发《关于调整部分省级议事协调机构组长（主任）、副组长（副主任）及成员的通知》（甘委〔2016〕20号），编委会组成人员再次调整。其间，编委会高度重视本书的编撰工作，多次作出批示，提出明确要求，给予指导。

在编委会的领导下，省委党史研究室组织本室主体研究力量和部分省内党史专家成立编写组，经反复修改制定编撰大纲，采用时经事纬、条块互补的记述方式编写，参照《中国共产党历史》第二卷确定编、章、节、目的标题。本书共设4编22章82节，全书由刘正平、杨元忠、伏晓春、李荣珍和省委党校党史党建教研部原主任秦生总统稿。各编、章撰稿人: 王晋林（第一编1至5章），孙瑛（第一编6至8章），王一林（第二编9至11章），康民（第二编12至14章），魏洁庆（第三编15至16章），袁志学（第三编17至18章），李军（第三编19章），秦生（第四编20至22章）。

本书先后经历了启动、编撰、统稿、审定四个阶段。

第一阶段，准备启动。为做好前期的史料准备，从2007年开始，省委党史研究室确定由二处牵头，全室参与，按照社会主义革命和建设时期重要节点、重大历史活动和事件，确立党史研究专题30余个，全面征集专题资料达千万余字。在此基础上于2012年3月正式启动了本书编撰工作。省委党史研究室领导组织制定《编写方案》《编写规范》和《编写大纲（草案）》，特邀省内党史专家和资深理论、文字工作者一同座谈、推敲论证，修订完善了《编写大纲》。

第二阶段，编撰补充。2013年初，撰写工作全面展开。编写组多次召开碰头会、协调会，研究解决撰写中的具体问题，相互帮助、拾遗补漏。经过全体编撰人员的共同努力，年底基本完成初稿。

第三阶段，统稿修改。按照《编写方案》要求，采取分统稿和总统稿两级把关，明确分工、明确目标责任。编写组多次召开统稿协调会，推进书稿补充完善工作。先后五易其稿，于2014年12月完成统稿工作。2015年1月，形成《征求意见稿》，向部分健在的老领导、当事人和专家学者征求意见。在甘肃任过职的宋平等党和国家领导同志，还有部分老领导、老同志等进行了审阅。马西林、窦述、郭方忠、杨若愚、杨瑞华、牛颖、张克复、郝玉屏、王杰等部分离退休老领导,作为历史事件见证者和时代亲历者,对征求意见稿提出了宝贵的指导意见。王渊、范鹏、王述维、范圣予、王劲、魏其荣等专家学者在审读过程中,提出了具体的修改意见。省军区、省直机关各相关部门单位领导和各市州党史部门负责同志,也提出了有益补充意见。

第四阶段,审定出版。2015年11月,经过修改完善后形成了《送审稿》,上报中央党史研究室审定,同时报送中共党史出版社申请出版。按照中央党史研究室第一次审读意见,统稿组组织力量逐条研究,认真分析吸纳,形成了《终审稿》。根据该书编委会常务副主任、省委欧阳坚副书记"可征求相关老领导、老同志的意见,再做完善"的批示,向省内外现任和曾在甘肃任过领导职务的44位老领导再次征求意见后,又对提出的修改意见进行了一次全面认真的吸纳和完善。2016年6月,按照中央党史研究室的第二次审读意见对书稿进行了校订。8月,省委党史研究室将修改完善的《终审稿》报送省委批准出版。2017年3月,中央党史研究室通过终审,同意出版。

全书史料主要来自甘肃省档案馆档案资料、省委党史研究室社会主义革命和建设时期系列专题资料丛书和各市州、县党史部门征集编纂的部分专题资料,还有近年来党史专家学者最新研究成果和部分老同志撰写的回忆文章,以及公开出版的各种历史、党史、档案书籍。在资料征集过程中,省档案馆、省图书馆对本编写工作给予大力支持。中央党史研究室第二研究部副主任傅颐和中共党史出版社汪晓军社长在本书的审读和出版过程中也给予了很多帮助。在此一并表示感谢。在成书过程中,省委党史研究室原副巡视员王亚民和各处室负责同志及业务骨干,积极参与资料的提供、书稿修改和编校工作。孙瑛、苏英、张泽对书稿进行了全面校对。王一林、韦思军、苏英、魏洁庆、贾玉婷负责组织协调联系工作。

由于编写者水平有限,书中难免存在一些不妥和不足之处,恳请广大读者批评指正,以便再版时修订完善。

中共甘肃省委党史研究室

2017年3月

# 修订后记

2021年9月，中央党史和文献研究院拟出版全国各省（区、市）党史二卷本集成。为全面贯彻落实中央和省委对新时代党史工作的具体要求，进一步发挥党史以史鉴今、资政育人的作用，以此为契机，中共甘肃省委党史研究室决定修订出版《中国共产党甘肃历史（第二卷）》。

修订工作是在2017年5月出版发行的《中国共产党甘肃历史（第二卷）》第一版的基础上进行的。近年来，习近平总书记在庆祝中国共产党成立100周年等系列讲话中对社会主义革命和建设时期党的历史做出了许多新的论述；省内外专家学者对社会主义革命和建设时期甘肃党史的研究不断深入，涌现出了一些重要的研究成果，这一系列论述和研究成果为修订工作奠定了良好的基础。修订过程中，我们对相关论述和最新研究成果进行了充分借鉴和吸收。

在修订时，我们坚持以马克思列宁主义、毛泽东思想、邓小平理论、“三个代表”重要思想、科学发展观、习近平新时代中国特色社会主义思想为指导，充分体现《关于建国以来党的若干历史问题的决议》《中共中央关于党的百年奋斗重大成就和历史经验的决议》精神，坚持党性与史实相统一，实事求是，与时俱进；坚持全面反映党领导甘肃人民进行社会主义革命和建设的光辉历程和党不断发展壮大、加强自身建设的历史；对原二卷本结构不做重大调整，按照中共党史出版社最新的编辑规范和要求，对原书稿进行增补、修改和适当调整。此次修订，主要围绕以下几个方面进行：

1. 史实、数字错讹、表述不准确的。

2. 内容重复、逻辑不顺的。

3.错、别字和标点符号使用不当的。

4.注释不规范的。

省委党史研究室高度重视《中国共产党甘肃历史(第二卷)》的修订工作,作为重点项目列入全省2022年度党史工作要点。室主任刘正平亲自审定修订工作方案,主持召开专题会议,研究确定修订原则,充分论证新增内容,对修订工作予以全程领导和指导。室二级巡视员孙瑛具体负责修订工作,张秀娟、诸葛云艺、贾玉婷、张永平参与具体修订、编辑、校对等工作。在修订过程中,为了确保修订质量,我们在充分收集吸纳相关专家意见的基础上,认真对原稿进行反复审读,前后进行了五轮编校,全书共4编22章81节,减少近3万字。

在此,我们对在修订过程中给予帮助指导、提出修改意见建议的专家学者表示衷心的感谢!希望本书的修订出版,对于开展革命传统教育和爱国主义教育,不断加强党的建设,全面引导全省党员干部群众学习党史,反对历史虚无主义,进一步推动党史学习教育常态化长效化发挥应有的作用。

中共甘肃省委党史研究室

2022年4月

# 丛书后记

历史是最好的教科书。党的十八大以来，以习近平同志为核心的党中央高度重视党史和文献工作。全国党史和文献部门深入贯彻落实习近平总书记关于党史和文献工作的一系列重要论述，扎实开展党史研究和编写工作，推出系列党史编研成果，充分发挥了以史鉴今、资政育人的作用。

为庆祝中国共产党成立100周年，中央党史和文献研究院组织各省（自治区、直辖市）党史和文献部门编写和修订本地区新民主主义革命时期的中国共产党历史基本著作，由中共党史出版社推出《中国共产党历史（地方卷）集成·新民主主义革命时期》（简称“一卷集成”），为开展党史学习教育和“四史”宣传教育提供了重要读本，受到社会各界的好评。

为迎接党的二十大胜利召开，深入贯彻落实中共中央办公厅《关于推动党史学习教育常态化长效化的意见》，“推动正确党史观更深入、更广泛地树立起来，让正史成为全党全社会的共识”，中央党史和文献研究院组织《中国共产党历史（地方卷）集成·社会主义革命和建设时期》（简称“二卷集成”）编写出版工作，用党的光辉历程和伟大成就鼓舞斗志、明确方向，用党的光荣传统和优良作风坚定信念、凝聚力量，用党的实践创造和历史经验启迪智慧、砥砺品格，为实现中华民族伟大复兴的中国梦提供不竭精神动力。

“二卷集成”编写出版工作，坚持以习近平新时代中国特色社会主义思想和习近平总书记关于党史、文献工作的重要论述为指导，以党的第二个历史决议、第三个历史决议为遵循，注重吸收最新研究成果。中央党史和文献研究院院务会高度重视此项工作，曲青山院长给予大力指导。各地党史和文献部门积极配合，26个省（自治区、直辖市）完成了“二卷集成”的编写出版任务。“二卷集成”的出版，是全国党史和文献部门向党的二十大献上的一份厚礼！

党有所需，史有所为。编写出版中央和地方党史基本著作，是党中央赋予全国党史和文献部门的重要职责。我们将继续做好后续集成丛书的编写出版工作，全面系统讲好党的历史，修好红色家谱，为广大党员干部群众在新时代新征程深入学习党史、从党史中汲取前进的智慧和力量，不断作出新的贡献。

中央党史和文献研究院第七研究部

2022年9月